# HEINRICH
# VON
# KLEIST

SÄMTLICHE
WERKE UND BRIEFE
IN VIER BÄNDEN
VIERTER BAND

CARL HANSER
VERLAG

Herausgegeben von Helmut Sembdner

Umschlag und Kassette: Christian Diener

Abbildungen:

Band IV und Schuber: H. v. Kleist.
Miniatur von Peter Friedel, 1801
(Bildarchiv Preußischer Kulturbesitz, Berlin).
Band I: H. v. Kleist. Anonyme Kreidezeichnung
(vermutlich 1806) nach der Miniatur von 1801
(Archiv für Kunst und Geschichte, Berlin).
Band II: H. v. Kleist. Stich von C. H. Sagert
nach der Miniatur von 1801
(Archiv für Kunst und Geschichte, Berlin).
Band III: H. v. Kleist. Jugendbildnis. Anonymes Ölgemälde
(Archiv für Kunst und Geschichte, Berlin).

ISBN 3-446-13549-9
Alle Rechte vorbehalten
© 1982 Carl Hanser Verlag München Wien
nach der 6., ergänzten und revidierten Auflage 1977
Druck und Bindung: Ebner, Ulm
Printed in Germany

## INHALTSÜBERSICHT

| | |
|---|---|
| Briefe | 463 |
| Lebenstafel | 891 |
| Nachwort | 901 |
| Inhaltsverzeichnis | 909 |
| Gesamtübersicht | 917 |

# BRIEFE

## 1. An Auguste Helene von Massow

Frankfurt am Main, den 13. (-18.) März 1793

Gnädigste Tante!

Was soll ich Ihnen zuerst beschreiben, zuerst erzählen? Soll ich Ihnen den Anblick schöner Gegenden, oder den Anblick schöner Städte, den Anblick prächtiger Paläste oder geschmackvoller Gärten, fürchterlicher Kanonen oder zahlreicher Truppen zuerst beschreiben? Ich würde das eine vergessen und das andere hinschreiben, wenn ich Ihnen nicht von Anfang an alles erzählen wollte. Ich fahre also in der Beschreibung meiner Reise fort.

Es war 10 Uhr als ich den Brief an Gustchen zusiegelte, und ihn dem Aufwärter übergab. Ich legte mich im Bette. Es war seit 3 Tagen die erste ruhige Nacht. Folgenden Tags am Donnerstag war es noch nicht bestimmt wenn wir abreisen wollten, und der Kaufmann beschloß bis Freitag früh um 7 Uhr auf Briefe zu warten, und dann abzureisen. Ich besah mir noch die Pleissenburg und die umliegende Gegend; ich kann Ihnen aber dieses unmöglich genau beschreiben, ich hätte zuviel zu tun; denn je näher ich nach Frankfurt kam, je schöner je romantischer wurde die Gegend. – Ein Feuer das in unsere Nähe entstand, hielt uns bis 11 Uhr wach; wir schliefen aus und fuhren den Freitag, da noch keine Briefe kamen, von Leipzig ab. Kapaun und Kuchen war aufgezehrt; ein Kalbsbraten ersetzte die Stelle. Auch riet man mir, mich wegen herumstreifenden Franzosen in der Nähe von Frankfurt in Acht zu nehmen; mein Mantel wurde also umgekehrt und die Sporen abgemacht. Wir kamen über Alt-Ranstädt, einem Städtchen wo einst ein wichtiger Friede geschlossen ward, über Lützen bei den Stein vorbei, welcher uns an den großen meuchelmörderisch gefallenen *Gustav Adolf* erinnerte, und endlich nach *Rippach*. Hier sah ich im Posthause den Stuhl auf welchen *Friedrich* nach der Bataille von Roßbach ausruhte. Dieser Stuhl steht noch so, wie er stand als König Friedrich davon aufstand; über ihm ist ein Aschenkrug mit der Inschrift gemalt: Place de repos de Fréderic II R. d. P. après la bataille de Roßbach. Von hier fuhren wir über das Schlachtfeld von Roßbach, durch das Schloß Weißenfels an dem Ufer der prächtigen Saale nach *Naumburg*. Was ich hier für Gegenden sah, Tantchen das kann ich Ihnen gar nicht beschreiben. Die Gegenden an der Saale sind die schönsten in ganz Sachsen. Ich habe nie geglaubt daß es in der Natur so schöne Landschaften geben könne, als ich sie gemalt gesehen habe; jetzt aber habe ich grade das Gegenteil erfahren. Vor Naumburg liegt ein hoher Felsen; eine alte Burg stand darauf. Man erzählte mir ein hundertjähriger Greis sei der einzige Bewohner dieses Ritterschlosses; dies hören, und den Entschluß gefaßt zu haben ihn zu sehen, war eins. Alles Protestierens des Herrn Romerio, der sich nicht gern aufhalten wollte, ungeachtet, fing ich an den schroffen Felsen hinanzuklettern. Ein Tritt auf einen losen Stein welcher abbrach, und ein darauffolgender 5 Fuß hoher Fall, schreckte mich von meinem Vorhaben ab, und hätte schlimmere Folgen für mich haben können, wenn unser zweiter Begleiter Herr Meier mich nicht aufgefangen hätte. Wir sahen immer noch die Saale an unserer Seite, ein Gegenstand der uns den ganzen Tag sehr amüsierte. Jetzt passierten wir eine Saline (Salzwerk) und von hier aus konnten wir nun schon den Thüringer Wald *sehen*. Um 8 Uhr abends trafen wir in *Auerstädt* ein. Hier übernachteten wir, waren aber um 3 Uhr wieder in den Wagen und kamen ohne viel gesehen zu haben in *Buttelstädt* an. Je weiter wir nun reisten, je majestätischer zeigte sich uns das prächtige Gebürge. In *Erfurt* sah ich die große Glocke, und die ersten Mainzischen und Kaiserl. Truppen. In Gotha sprach ich abends um 6 Uhr den Generalsuperintendenten Löffler; er trug mich auf ihm bei Ihnen zu empfehlen, und erinnerte sich unsers Hauses mit vielem Vergnügen. Hinter Gotha kamen wir nun wirklich in das mit Schnee bedeckte Gebürge. Nur schade daß es finster war und daß ich also nichts gesehen habe, folglich nichts erzählen kann. Wir begegneten auf der Fahrt von Gotha nach Eisenach einem Menschen im tiefsten Gebürge, der uns mit einem Straßenräuber nicht viel Unähnliches zu haben schien. Er klammerte sich heimlich hinten an den Wagen; und da dies der Postillion bemerkte so schlug er nach ihm mit der Peitsche. Ganz still blieb er sitzen und ließ schlagen. Der Postillion trat im Fahren auf den Bock, und hieb mit der Peitsche so lange bis er herunter war. Nun fing der Mensch gräßlich an zu schreien. Denken Sie sich nur ein Gebürge; wir ganz allein in dessen Mitte, hier wo man jeden Laut doppelt hört, hier schrie dieser Mensch so fürchterlich. Uns schien es nicht *eine* Stimme, uns schienen es ihrer 20 zu sein; denn an jedem Berge tönte das Geschrei doppelt stark zurück. Die Pferde, dadurch scheu gemacht, gingen durch, der Postillion der auf dem Bock noch immer stand, fiel herunter, der Mensch brüllte immer hinter uns her – bis endlich einer von uns der Pferde Zügel haschte. Dem Räuber (denn dies war er ganz gewiß) zeigten wir nun den blanken Säbel, und frugen ihm was er eigentlich wollte; er antwortete mit Schreien und Toben und Lärmen. Der Postillion fuhr scharf zu, und wir hörten den Menschen immer noch von weitem pfeifen. Unter diesem charmantem Konzert kamen wir des Nachts um 12 in *Eisenach* an, fuhren aber um 3 Uhr schon wieder ab. Die Chaussee die sich schon von Gotha anfing die reizte uns, sie zu benutzen; ohne ihr hätten wir es nicht gewagt im Gebürge herumzuirren. Nach einer zweistündigen Reise ohngefähr passierten wir die Wartburg. Sie entsinnen sich gewiß noch *Friedrichs mit der gebißnen Wange?* und seiner Burg? – Da wir ohnedem wegen der steilen Berge neben den Wagen gingen, so kletterte ich heimlich den Felsen zur Burg hinan. Ein steiler Fußweg zeigte mir die Öffnung zum Schloß. Auf dem höchsten Felsen liegt hier weiter nichts als ein altes eingefallnes Haus und 2 Türme. So eine antike eingefallne bemooste Burg können Sie sich auf einem steilen Felsen beinah vorstellen; *die* Aussicht aber die man hier genießt kann man sich unmöglich denken. Hier sieht man über alle beschneite Gebürge weg; hundertjährige Tannen und Eichen verschönern es. In der Ferne sehen Sie eine meilenlange Wiese, in dessen Mitte das Postamt *Berka* liegt, und in noch weiterer Ferne bemerken Sie Berge die Sie aber gleichsam nur wie durch einen blauen Flor sehen. Über sie ging eben die Sonne auf! – (Sonderbar ist es was solch ein Anblick bei mir für Wirkungen zeigt. Tausend andere heitert er auf; ich dachte an meine Mutter und an Ihre Wohltaten. Mehr darf ich Ihnen nicht sagen. –) Ich eilte dem Wagen nach der schon eine Strecke voran war, und in Abwechselungen der schönsten Gegenden kamen wir in dem obenbenannten Postamt (das heißt in dem letzten sächsisch-thüringischen) an. Auf unserer Reise begegneten wir viele Kuriere, und grade einer der hier von Frankfurt a. Main abstieg brachte Nachricht, daß die Franzosen von den Kaiserlichen aufs Haupt geschlagen, und viele Kanonen, Fahnen, und Soldaten erbeutet worden sind – Nach einem kleinen Frühstück traten wir die Reise nach *Vach* an; es verlor hier zwar schon das Gebürge, allein Ritterschlösser, Wiesen, Felsen und überhaupt schöne Gegenden sahen wir dennoch. Zwar vermißten wir den Anblick nie; denn auf unserer ganzen Reise war keine Minute die uns Langeweile gewährte, außer – die doppelt langen Minuten der Nacht. Aus dem Fuldischen Postamt, kamen wir in dem Hessischen *Schüchtern* und von hier wieder in dem erstern, in *Fulda* selbst an, die schönste, nein die angenehmste Stadt die ich je gesehen – (doch ich entsinne mich Ihnen Leipzig als die schönste angepriesen zu haben. Sie werden mir diesen Fehler verzeihen, denn zuletzt weiß ich selbst das Schönste was ich gesehen habe nicht zu nennen.) – Von Fulda kamen wir nach *Westminster*, von hier nach *Kellnhausen*, und nach *Hanau*. Hier fanden wir schon Preußen und Hessen und sahen schon lauter Kriegsbewegungen, das heißt hier Kanonen, dort Munitionswagens auf dem Felde herumfahren. Ich konnte nicht erwarten nach *Frankfurt* zu kommen, und wir eilten also etwas und waren den *11. März anno 1793 um halb zwölf Uhr in Frankfurt am Main* (und also grade 8 Tage auf der Reise).

Mein erster Gang war natürlich zum Cap. v. Franckenberg. Er glaubte mich nicht so früh zu sehen, doch freut' es ihm. Seine Verwunderung nahm aber ab, als ich ihm sagte daß *Frankfurt a. Oder* für mich, seitdem ich keine Mutter besitze, kein Aufenthalt der Freude mehr sei. Er nahm wahren Anteil an meinen Verlust und wünschte mir Glück, wenigstens keine *verlassne* Waise zu sein, und versprach sich meiner nur um desto mehr anzunehmen. Ich eilte nun mein Quartier zu besuchen; man stellte es mir frei mich eins auszusuchen. Ein Unteroffizier ging mit mir herum und ich besah mich eins nach dem andern. Aber eh ich alles in Ordnung brachte war es finster, und es war 7 Uhr und hatte noch kein Quartier. Mein letzter Versuch gelang. Der Kaufmann *Romerio* erlaubte mir eine Nacht in seiner Stube zu schlafen. Den andern Tag meldete ich mir bei die Herrn Stabsoffizier, und alles auf der Parade freute sich, mich so bald wieder bei ihnen zu sehen – Nun fand ich auch ein Quartier. Ein Vorzimmer und eine Stube mit einer wirklich schönen japanischen

Tapete und mit schönen Malereien ausgeziert gehört mir und meinen Burschen ganz allein. Zwar ist sie so finster, daß ich dies was ich hier schreibe kaum erkennen kann; zwar dringt keine Sonnenstrahl in die Mitte der Stube, allein ich wäre zufrieden und wenns ein Keller wäre. Was mich aber über alle Maßen sonderbar vorkommt, ist dies, daß ich für ein eigenes Bette, worum ich meine Wirtin gebeten habe, *wöchentlich* – 1 Rth. sage *einen Reichsthaler* geben muß. Es ist unerhört; allein ich müßte es ihr geben und wenn sie auch nicht einen Pfennig abließe. Eigentlich muß ich mit dem Burschen zusammenschlafen, und dies geschähe auch recht gern; denn wenn der Mensch reinlich ist, so ist dies gar nicht sonderbar. Allein auch er hat nur einen Strohsack und eine Decke. Ich könnte dies meinem Capitaine sagen, und er wäre gewiß so gütig für mich besser zu sorgen; ich mag mich aber das nicht aussetzen, daß es heißt, ich bin mit nichts zufrieden und es käme mir nur ungewohnt vor. Das Mittagessen besteht in einer Suppe und Gemüse, öfters als zum Beispiel heute fehlt die Suppe. Kaffee und Zucker hab ich selbst. Abendbrot eß ich bei den Wirt einer meiner Kameraden, bei einen herzensguten Mann, sehr gut und wohlfeil. Was ich aber in meinem Quartier verzehre muß ich aufs teuerste bezahlen. Glauben Sie etwa nicht daß dies ein Appendix zu dem Gespräch sei was wir einmal hatten, nämlich daß die Söhne ihren Eltern öfters von Unglücksfällen vorlügen; dies ist der Fall nicht und wird es nie sein. *Jetzt* darf ich zu dem Mittel meine Zuflucht noch nicht nehmen, und für die Folge da werden Sie, gnädigste Tante, schon sorgen. Gott sei Dank daß es nicht mehr lange dauern wird, denn wir marschieren Donnerstag oder Freitag (d. 21. oder 22.) ganz gewiß. Vier Esquadrons von Golz haben eine französische Batterie von 18 Kanonen bei Rüremonde erobert; 12 Stück zwölfpfündige stehen schon als Siegstrophäen auf dem hiesigen Römerplatz. Die Franzosen oder vielmehr das Räubergesindel wird jetzt allerwärts geklopft. Mastricht ist entsetzt, die Feinde sind von den Österreichern an drei Orten zurück geschlagen worden. Täglich ziehen Kaiserliche, Sächsische, Hessische und allerlei Truppen hier durch die Stadt. Täglich kommen schwere Batterien auf Frachtwagen aufgepackt hier nach Frankfurt. Bereits sind 180 schwere östreichsche Batterien hier, ohne die preuß'schen und ohne die, die noch kommen. Man erwartet täglich den Anfang des Bombardements von Mainz, und so ganz ohne Nutzen wird die Garde hier wohl nicht sein. Übermorgen ohngefähr (denn heute schreiben wir schon den 18.) marschieren wir, wohin? das weiß kein Mensch noch nicht, und wenn bestimmt, ebensowenig. Wahrscheinlich sollen wir eine Meile von hier die Stelle des Korps von Hohenlohe *mit* ersetzen was über den Rhein setzen soll. Sollte ich bald mit Briefe von Ihnen, gnädiges Tantchen, oder von meinen lieben Schwestern beglückt werden, so adressieren Sie nur, wenn Sie nicht genau den Ort unsers Aufenthalts wissen, den Brief nach Frankfurt a. Main, und so werd ich ihn wohl bekommen. – Haben Sie die Güte und empfehlen Sie mich der Frau Landrätin v. Gloger zu Gnaden; ihren Herr Sohn hab ich gesund und wohl gesprochen und bereits Brief und Pack abgegeben. – Ich gefalle mich also hier in Frankfurt sehr gut, und meiner völligen Zufriedenheit fehlt nichts als das *gewisse* Bewußtsein Ihrer aller Gesundheit. In den vergnügtesten Augenblicken stört mich freilich öfters der Gedanke beinahe 100 Meilen von Ihnen entfernt zu sein; von Ihnen allen, die einzigen, die ich noch lebhaft liebe und schätze, und an deren Liebe ich noch natürlichen Anspruch machen darf. Der Gedanke an Ihnen, beste Tante, erpreßt mir Tränen, indem ich zugleich an eine verlorne zärtliche Mutter denke, und der Gedanke an Ihre Wohltaten tröstet mich indem ich nun keine *verlaßne* Waise zu sein glaube. Dies alles, Tantchen, Schmerz und Freude, ist bei der Neuheit dieses unglücklichen Vorfalls natürlich; die beste Trösterin aller Leiden, die Zeit, wird nach und nach auch *mich* trösten, aber vergessen werd ich die Ursach nie.

Bei dem Auspacken meines Felleisens erinnerte mich jede Kleinigkeit an Ihre Sorgfalt, und viele von die Sachen die Sie so vorsorgend mir mitgaben, muß ich zurücklassen. Kaum daß ich das Kaffeezeug mitnehmen kann. Mein Capitaine hätte gewiß meinen ganzen Mantelsack mitgenommen, wenn er noch wie sonst fahren dürfte. Es ist aber bei Kassation verboten, und darf bloß gepackt werden; die Stelle meines Bettsacks den ich nun wohl verkaufen werde, wird ein 2. *Turnister* ersetzen, wo ich ich denn alles höchst Notwendige einpacken und ihn so dem

Capitaine übergeben werde. Alles Überflüssige bleibt hier in *Frankfurt am Main in sicherer Verwahrung*.

Nun, bestes Tantchen, ist auch meine ganze Erzählungs-Suade erschöpft, denn in diesen Augenblick fällt mir nichts bei was ich Ihnen noch mitteilen könnte, und doch bin ich überzeugt noch vieles vergessen zu haben. Um Ihnen nun aber alles mitzuteilen, was mir und die jetzige Lage der Dinge anbetrifft, so werde ich immer fortfahren Ihnen meinen hiesigen Lebenswandel zu beschreiben. Mir verschafft das Beschäftigung und Vergnügen, und vielleicht ist dies Ihnen auch nicht ganz unangenehm. Freilich, lange werde ich Beschäftigung nicht mehr suchen dürfen; die wird sich auf einem baldigen Marsch schon von selbst einfinden. –

Allen meinen Angehörigen, Teilnehmern und Freunden bitte ich meine Empfehlung zu machen, und mit der Bitte, ja meinen Mischmasch von Brief nicht zu kritisieren und genau zu betrachten, habe ich die Ehre mit der schuldigsten Ehrfurcht und aufrichtigsten Liebe mich zu nennen

gnädigstes Tantchen

Ihr gehorsamer Knecht<br>Heinrich v. Kl.

P. S.

Beinahe hätte ich vergessen das Wichtigste Ihnen zu melden. Ich bin nämlich durch einen gewißen Lieut. v. Haak der bei der Suite mit Avantage versetzt ist um eine Stufe avanciert, und habe Hoffnung zu mehr. – Wenn Sie die Gnade haben mich bald mit der Nachricht Ihres Wohlbefindens zu beglücken, so erbitte ich mich von Ihnen mir doch den Eindruck zu beschreiben, den die Nachricht des Verlusts unsrer Mutter bei die 4 Cousins gemacht hat. – Dieses einzige Mal, Tantchen, würken Sie nur noch bei Gustchen Verzeihung aus, daß ich ihr nicht schreibe; ich könnte wohl noch auf den künftigen Posttag warten, allein der Marsch übereilt uns. Ich erwarte und hoffe aber von beiden lieben Schwestern Briefe.

## 2. *An Ulrike von Kleist*

Eschborn, den 25. Febr. 1795

Liebe Ullrique,

Ein Geschenk mit so außerordentlichen Aufopferungen von Seiten der Geberin verknüpft, als Deine für mich gestrickte Weste, macht natürlich auf das Herz des Empfängers einen außerordentlichen Eindruck. Du schlägst jede Schlittenfahrt, jede Maskerade, jeden Ball, jede Komödie aus, um, wie Du sagst, Zeit zu gewinnen, für Deinen Bruder zu arbeiten; Du zwingst Dir eine Gleichgültigkeit gegen die für Dich sonst so reizbaren Freuden der Stadt ab, um Dir das einfachere Vergnügen zu gewähren, Deinen Bruder Dich zu verbinden. Erlaube mir daß ich hierin sehr viel finde; *mehr*, – als *gewöhnlich* dergleichen Geschenke an wahren inneren Wert in sich enthalten. Gewöhnlich denkt sich der Geber so wenig bei der Gabe, als der Empfänger bei dem Danke; gewöhnlich vernichtet die Art zu geben, was die Gabe selbst vielleicht gut gemacht haben würde. Aber Dein Geschenk heischt einen ganz eignen Dank. Irre ich nicht, so hältst Du den Dank für überflüssig, für gleichgültig, oder eigentlich für geschmacklos. Auch hast Du in gewisser Rücksicht recht, wenn Du von jener Empfindung sprichst, die in dem Munde einer gewissen Art von Menschen, weiter nichts als der Klang einer hohlen Schelle ist. Was mich dahin leitet Dir zu danken, ist aber eine sehr natürliche Empfindung, ist bloß Folge Deines glücklich gewählten Geschenks. Es flößt mir die wärmste Erkenntlichkeit gegen eine Schwester ein, die mitten in dem rauschenden Gewühl der Stadt, für deren Freuden sie sonst ein so fühlbares Herz hatte, an die Bedürfnisse eines weit entfernten Bruders denkt, nach einem jahrelangen Schweigen an ihn schreibt, und mit der Arbeit ihrer geschickten Hand, den Beweis ihrer Zuneigung ihm gibt. Du siehst wenigstens, liebe Ullrique, daß ich den Wert Deines Geschenkes zu schätzen weiß, und ich wünsche mir Glück, wenn ich Dich davon überzeugt habe. –

Gustchens Brief, und der Brief von der Tante Massow und der Nogier haben mir ein gleich lebhaftes Vergnügen gemacht. Sie beweisen mir alle eine gleiche Teilnahme an meine Lage, und ich muß meine Erkenntlichkeit teilen. Der Brief von der gnädigen Tante enthält die Verwunderung daß ich das Geld durch den Kaufmann Meyer noch nicht erhalten habe; auch mir ist der Vorfall unbegreiflich, und ich würde den Rat der Tante, an ihn zu schreiben, gern befolgen, wenn ich nur den Ort seines Aufenthaltes wüßte. Das Paket, worin die Strümpfe von der Nogier, und noch andere Wäsche war, nebst die Briefe vom 21. Dezbr. 1794, habe ich durch die Post erhalten; um so mehr ist es mir unerklärbar, warum der Kaufmann Meyer nicht zugleich das Geld abgeschickt hat. Ich verliere dabei zwar nichts, denn der Cap. v. Franckenberg ist so gnädig mir meine Zulage, selbst in seiner Abwesenheit auszahlen zu lassen; allein ich fürchte für eine Verwirrung mit den Geldern. Doch wird sich das alles wohl mit der nächsten Messe heben. –

Die Nähe unserer Abreise nach Westfalen hindert mich daran, die Briefe von der Tante und der Nogier zu beantworten; einige nicht unwichtige Geschäfte erhalten mich diese kurze Zeit über, so ziemlich in Bewegung. Dagegen wird die erste Zeit der Ruhe, die wir in Westfalen genießen, mir Gelegenheit geben, meine Pflicht zu beobachten. Ich hoffe auch von da aus zugleich die Nachricht von meinem Avancement abschicken zu können; der Marsch hat eine Änderung darin gemacht, sonst wäre ich vielleicht jetzt schon Offizier. Es macht mir indessen eine herzliche Freude, zu hören, daß Leopold schon so früh zum Offizier reift. Der Stand, in den er bisher gelebt hat, führt so manches Unangenehme, so manche Unbequemlichkeit mit sich, die sein junges Alter, vielleicht zu sehr angreifen würden. Auch hat ihm der Feldzug gegen die Polen genug mit Erfahrungen bereichert um einige Ansprüche auf diese Stelle machen zu können. Gebe uns der Himmel nur Frieden, um die Zeit, die wir hier so unmoralisch töten, mit menschenfreundlicheren Taten bezahlen zu können! –

Und nun nur noch ein paar Worte: ein Auftrag, mich der gnädigen Tante, der Fr. und Frl. v. Gloger, dem Protzenschen Hause, der Bonne, Martinin, Gustchen, mit deren Brief ich für diesmal nicht ganz zufrieden bin, und allen meinen Geschwistern zu empfehlen: die Bitte, mein jetziges Schreiben bald zu beantworten, und: die Versicherung, meiner unveränderlichen herzlichen Freundschaft.

Heinrich.

## 3. An Christian Ernst Martini

Potsdam, den 18. (und 19.) März 1799

Halten Sie mich für keinen Streitsüchtigen, mein Freund! weil ich diesen Brief mit jener Streitfrage anfange, die wir in unserer Unterredung wegen Kürze der Zeit unentschieden lassen mußten. Es ist nötig, mich hierüber zu erklären, um den Gesichtspunkt festzustellen, aus welchem ich die Absicht dieses Briefes beurteilt wissen will. Ich ersuche Sie im voraus, sich bei Lesung desselben mit Geduld zu rüsten; weil er in der Voraussetzung, daß der festzustellende Gesichtspunkt gefaßt und gebilligt wird, eine möglichst vollständige Darstellung meiner Denk- und Empfindungsweise enthalten soll. – Die Frage war die: ob ein Fall möglich sei, in welchem ein denkender Mensch der Überzeugung eines andern mehr trauen soll, als seiner eigenen? Ich sage: ein *denkender Mensch*, und schließe dadurch alle Fälle aus, in welchen ein blinder Glaube sich der Autorität eines andern unterwirft. Unter dieser Einschränkung scheint für unsere Streitfrage der einzige mögliche Fall der zu sein, wenn sich die Überzeugung des andern vorzugsweise auf die Erfahrung und die Weisheit des Alters gründet. Aber was heißt es: der Überzeugung eines andern trauen? Aus Gründen einsehen, daß seine Meinung wahr ist, das heißt, seine Meinung zur meinen machen, und ist es dann nicht immer nur meine eigene Überzeugung, welcher ich traue und folge? – Alles, was ein denkender Mensch tun soll, wenn die Überzeugung eines älteren und weiseren der seinigen widerspricht, ist, daß er gerechte Zweifel gegen die Wahrheit seiner Meinung erhebe, daß er sie streng und wiederholt prüfe und sich hüte, zu früh zu glauben, daß er sie aus allen Gesichtspunkten betrachtet und beleuchtet habe. Aber gegen seine Überzeugung glauben, heißt glauben, was man nicht glaubt, ist unmöglich.

Wenn man also nur seiner eigenen Überzeugung folgen darf und kann, so müßte man eigentlich niemand um Rat fragen, als sich selbst, als die Vernunft; denn niemand kann besser wissen, was zu meinem Glücke dient, als ich selbst; niemand kann so gut wissen, wie ich, welcher Weg des Lebens unter den Bedingungen meiner physischen und moralischen Beschaffenheit für mich einzuschlagen am besten sei; eben weil dies niemand so genau kennt, niemand sie so genau ergründen kann, wie ich. Alle diejenigen, die so schnell mit Ratgeben bei der Hand sind, kennen die Wichtigkeit und Schwierigkeit des Amtes nicht, dem sie sich unterziehen, und diejenigen, die sein Gewicht genug einsehen, scheuen sich, es zu verwalten, eben weil sie fühlen, wie schwer und selbst wie gefährlich es ist. Es ist also ein wahres Wort: daß man nur den um Rat fragen soll, der keinen gibt.

Aus dem Grunde schreib ich an Sie, mein Freund! Aus diesem Grunde? Ja, mein Teurer! so paradox das auch klingen mag. Als ich Ihnen meinen Entschluß, den Abschied zu nehmen, um mich den Wissenschaften zu widmen, eröffnete, äußerten Sie mir zwar eine herzliche Teilnahme; aber Sie hüteten sich eben so sehr, diesen Entschluß zu erschüttern, wie ihn zu befestigen; Sie taten nichts, als mich zu einer neuen, strengen Prüfung desselben einzuladen. Ich erkenne aus dieser klugen Behutsamkeit, daß Sie das Geschäft eines Ratgebers genug zu würdigen wissen. Sie hielten mir nur Ihr Urteil zurück, weil Sie den Gegenstand dieses Urteils noch nicht genau kannten; wenn ich Sie aber in den Stand gesetzt habe, ihn zu beurteilen, werden Sie mir Ihre Meinung über denselben nicht verweigern, und ich kann sicher und gewiß sein, daß sie geprüft und überlegt ist.

Unterdes fühle ich die Notwendigkeit, mich einem vernünftigen Manne gerade und ohne Rückhalt mitzuteilen, und seine Meinung mit der meinigen vergleichen zu können. Allen, die um meinen Entschluß wissen, meiner Familie, mit Ausschluß meiner Schwester Ulrike, meinem Vormunde, habe ich meinen neuen Lebensplan nur zum Teil mitgeteilt, und daher trafen auch alle Einwürfe von ihrer Seite denselben nur halb. Mich ihnen ganz zu eröffnen, war aus Gründen, deren Richtigkeit Sie nach vollendeter Durchlesung dieses Briefes einsehen werden, nicht ratsam.

Alle diese Leute schiffen ins hohe Meer und verlieren nach und nach die Küste mit ihren Gegenständen aus den Augen.

Gefühle, die sie selbst nicht mehr haben, halten sie auch gar nicht für vorhanden. Dieser Vorwurf trifft besonders meine sonst sehr ehrwürdige Tante, die nichts mehr liebt, als Ruhe und Einförmigkeit, und jede Art von Wechsel scheut, wäre es auch die Wanderung aus einer Wohnstube in die andere.

Um Sie aber in den Stand zu setzen, ein richtiges Urteil zu fällen, werde ich etwas weiter ausholen müssen, und ich wiederhole daher meine Bitte um Geduld, weil ich voraussehe, daß der Gegenstand und die Fülle seiner Betrachtung mich fortreißen wird.

Ohne die entfernteren Gründe meines Entschlusses aufzusuchen, können wir sogleich bei dem verweilen, aus welchem er zunächst fließt: bei dem Wunsche, glücklich zu sein.

Dieser Grund ist natürlich und einfach und zugleich in gewisser Rücksicht der einzige, weil er im richtigen Sinn alle meine anderen Gründe in sich faßt.

Unsere ganze Untersuchung wird sich allein auf die Untersuchung dieses Wunsches einschränken, und um Sie in den Stand zu setzen, darüber zu urteilen, wird es nötig sein, den Begriff von Glück und wahrem Vorteil festzustellen. Aber ich stoße hier gleich auf eine große Schwierigkeit; denn die Begriffe von Glück sind so verschieden, wie die Genüsse und die Sinne, mit welchen sie genossen werden. Dem einen ist es Überfluß, und wo, mein Freund! kann dieser Wunsch erfüllt werden, wo kann das Glück sich besser gründen, als da, wo auch die Werkzeuge des Genusses, unsere Sinne, liegen, worauf die ganze Schöpfung sich bezieht, worin die Welt mit ihren unendlichen Reizungen im Kleinen sich wiederholt. Da ist es auch allein unser Eigentum, es hangt von keinen äußeren Umständen ab; kein Tyrann kann es uns rauben, kein Bösewicht es stören; wir tragen es mit uns in alle Weltteile umher.

Diese Betrachtungen, die ich mir häufig und mit Vergnügen wiederhole, entzücken mich bei jeder meiner Vorstellung von denselben, weil ich mit ganzer Seele fühle, wie wahr sie sind und wie kräftig sie meinen Entschluß begünstigen und unterstützen. So übe ich mich unaufhörlich darin, das wahre Glück von allen äußeren Umständen zu trennen und es nur als Belohnung und Ermunterung an die Tugend zu knüpfen. Da erscheint es in schönerer Gestalt und auf sicherem Boden.

Zwar wenn ich so das Glück als Belohnung der Tugend aufstelle, denke ich mir das erste als Zweck und das andere nur als Mittel. Dabei fühle ich aber, daß in diesem Sinne die Tugend nicht in ihrer höchsten Würde erscheint, ohne jedoch angeben zu können, wie das Mißverhältnis in der Vorstellung zu ändern sei. Es ist möglich, daß es das Eigentum einiger wenigen schöneren Seelen ist: die Tugend allein um der Tugend willen zu lieben.

Aber mein Herz sagt mir, daß auch die Erwartung und Hoffnung auf ein sinnliches Glück und die Aussicht auf tugendhafte, wenn gleich nicht mehr so reine Freuden nicht strafbar und verbrecherisch sei. Wenn Eigennutz dabei zum Grunde liegt, ist es der edelste, der sich denken läßt, der Eigennutz der Tugend selbst.

Und dann dienen und unterstützen sich diese beiden Gottheiten so wechselseitig, das Glück als Ermunterung zur Tugend, die Tugend als Weg zum Glück, daß es den Menschen wohl erlaubt sein kann, sie neben einander und in einander zu denken. Es ist kein besserer Sporn zur Tugend möglich, als die Aussicht auf ein nahes Glück, und kein schönerer und edlerer Weg zum Glücke denkbar, als der Weg der Tugend.

Sie hören mich so viel und lebhaft von der Tugend reden ---
Lieber! ich schäme mich nicht zu gestehen, was Sie befürchten: daß ich nicht deutlich weiß, wovon ich rede, und tröste mich mit unseren Philistern, die unter eben diesen Umständen von Gott reden. Sie erscheint mir nur wie ein hohes, erhabenes, unnennbares Etwas, für das ich vergebens ein Wort suche, um es durch die Sprache, vergebens eine Gestalt, um es durch ein Bild auszudrücken. Und dennoch strebe ich diesem unbegriffenen Dinge mit der innigsten Innigkeit entgegen, als stünde es klar und deutlich vor meiner Seele. Alles, was ich davon weiß, ist, daß es die unvollkommenen Vorstellungen, deren ich jetzt nur fähig bin, gewiß auch enthalten wird; aber ich ahnde noch etwas Höheres, und das ist es wohl eigentlich, was ich nicht ausdrücken und formen kann.

Mich tröstet die Erinnerung dessen, um wie viel dunkler, verworrener als jetzt, in früheren Zeiten der Begriff von Tugend in meiner Seele lag, und nur nach und nach, seitdem ich denke und an meiner Bildung arbeite, auch das Bild der Tugend für mich an Gestalt und Bildung gewonnen hat; daher hoffe und glaube ich, daß, so wie es sich in meiner Seele nach und nach mehr aufklärt, auch das Bild sich in immer deutlicheren Umrissen mir darstellen, und, je mehr es an Wahrheit gewinnt, meine Kräfte stärken und meinen Willen begeistern wird.

Wenn ich Ihnen mit einigen Zügen die undeutliche Vorstellung bezeichnen sollte, die mich als Ideal der Tugend, im Bilde eines Weisen umschwebt, so würde ich nur die Eigenschaften, die ich hin und wieder bei einzelnen Menschen zerstreut finde und deren Anblick mich besonders rührt, zum Beispiel Edelmut, Standhaftigkeit, Bescheidenheit, Genügsamkeit, Menschenliebe, zusammenstellen können; aber freilich, eine Definition würde es immer noch nicht und mit nichts als einer Scharade zu vergleichen sein (verzeihen Sie mir das unedle Gleichnis!), der die sinnreiche Bezeichnung des Ganzen fehlt.

Es sei mit diesen wenigen Zügen genug. – Ich getraue mir zu behaupten, daß, wenn es mir gelingt, bei der möglichst vollkommenen Ausbildung meiner geistigen und körperlichen Kräfte, auch diese benannten Eigenschaften einst fest und unerschütterlich in mein Innerstes zu gründen, ich, unter diesen Umständen, nie unglücklich sein werde.

Ich nenne nämlich Glück nur die vollen und überschwenglichen Genüsse, die – um es Ihnen mit *einem* Zuge darzustellen – in dem erfreulichen Anschauen der moralischen Schönheit unseres eigenen Wesens liegen. Diese Genüsse, die Zufriedenheit unsrer selbst, das Bewußtsein guter Handlungen, das Gefühl unserer durch alle Augenblicke unseres Lebens, vielleicht gegen tausend Anfechtungen und Verführungen standhaft behaupteten Würde sind fähig, unter allen äußern Umständen des Lebens, selbst unter den scheinbar traurigsten, ein sicheres, tiefgefühltes, unzerstörbares Glück zu gründen. Und verdienen wohl, bei diesen Begriffen von Glück, Reichtum, Güter, Würden und alle die zerbrechlichen Geschenke des Zufalls diesen Namen ebenfalls?

So arm an Nüancen ist unsere deutsche Sprache nicht. Ich finde vielmehr leicht ein paar Worte, die, was diese Güter bewirken, sehr passend ausdrücken: Vergnügen und Wohlbehagen. Um diese angenehmen Genüsse sind Fortunens Günstlinge freilich reicher als ihre Stiefkinder, und es sei! Die Großen der Erde mögen den Vorzug vor den Geringern haben, zu schwelgen und zu prassen. Alle Güter der Welt mögen sich ihren nach Vergnügen lechzenden Sinnen darbieten, und sie mögen ihrer vorzugsweise genießen. Nur, mein Freund! das Vorrecht, *glücklich zu sein*, wollen wir ihnen nicht einräumen. Mit Gold sollen sie den

Kummer, wenn sie ihn verdienen, nicht aufwiegen können. Es waltet ein großes unerbittliches Gesetz über die ganze Menschheit, dem der Erste wie der Bettler unterworfen ist. Der Tugend folgt die Belohnung, dem Laster die Strafe. Kein Gold besticht ein empörtes Gewissen, und wenn der lasterhafte Fürst auch alle Blicke, Mienen und Reden besticht, wenn er auch alle Künste des Leichtsinns und der Üppigkeit herbeiruft, um das häßliche Gespenst vor seinen Augen zu verscheuchen – umsonst! Ihn quält und ängstigt sein Gewissen wie den Geringsten seiner Untertanen. Vor diesem größten der Übel mich zu schützen und jenes einzige Glück mir zu erhalten und zu erweitern, soll allein mein innigstes und unaufhörliches Bestreben sein, und wenn ich mich bei der Sinnlichkeit der Jugend nicht entbrechen kann, neben den Genüssen des ersten und höchsten innern Glückes mir auch die Genüsse des äußern zu wünschen, will ich wenigstens in diesen Wünschen so bescheiden und genügsam sein, wie es einem Schüler der Weisheit ansteht.

Auf diese Begriffe von Glück und Unglück gründet sich zuerst und zunächst der Entschluß, den Mittelpfad zu verlieren, teils, weil die Güter, die er als Belohnung an jahrelange Anstrengung knüpft, Reichtum, Würden, Ehren, eben durch sie unglaublich an Vorteil und Reiz verlieren; teils, weil die Pflichten und Verhältnisse, die er gibt, die Möglichkeit einer vollkommenen Ausbildung und daher auch die Gründung des Glückes zerstören, das allein und einzig das Ziel meines Bestrebens sein soll. – –

Was man nach der gemeinen Regel Glück und Unglück nennt, ist es nicht immer; denn bei allen Begünstigungen des äußern Glückes haben wir Tränen in den Augen des Ersten und bei allen Vernachlässigungen desselben ein Lächeln auf dem Antlitze des andern gesehen.

Wenn also das Glück sich nur so unsicher auf äußere Dinge gründet, wo wird es sich dann sicher und unwandelbar gründen? Ein Traum kann diese Sehnsucht nach Glück nicht sein, die von der Gottheit selbst so unauslöschlich in unserer Seele erweckt ist und durch welche sie unverkennbar auf ein für uns mögliches Glück hindeutet. Glücklich zu sein ist ja der erste aller unsrer Wünsche, der laut und lebendig aus jeder Ader und jedem Nerv unsres Wesens spricht, der uns durch den ganzen Lauf unsres Lebens begleitet, der schon dunkel in den ersten kindischen Gedanken unsrer Seele lag, und den wir endlich als Greise mit in die Gruft nehmen werden – – – – – –

Dem einen Ruhm, dem andern Vergessenheit, dem einen ein Szepter, dem andern ein Wanderstab! Auch zeigt sich uns das Ding in den wunderbar ungleichartigsten Gestalten, wird vermißt, wo alle Präparate sein Dasein verkündigen, und gefunden, wo man es am wenigsten vermutet haben würde.

So sehen wir, zum Beispiel, die Großen der Erde im Besitze der Güter dieser Welt. Sie leben in Gemächlichkeit und Überfluß: alle Schätze der Natur scheinen sich um sie und für sie zu versammeln, und darum nennt man sie Günstlinge des Glücks. Aber der Unmut trübt ihre Blicke, der Schmerz bleicht ihre Wangen, der Kummer spricht aus ihren Zügen. Dagegen sehen wir einen armen Tagelöhner sich im Schweiße seines Angesichts sein Brot erwerben. Mangel und Armut umgeben ihn; sein ganzes Leben scheint ein ewiges Sorgen und Schaffen und Darben. Aber die Zufriedenheit blickt aus seinen Augen, die Freude lächelt aus seinem Antlitz, Frohsinn und Vergessenheit umschweben die ganze Gestalt. – – –

Den 19. März

Lesen Sie diesen Brief, wie ich ihn geschrieben habe, an mehreren hintereinanderfolgenden Tagen. Ich komme nun zu einem neuen Gegenstande, zu der Natur des Standes, den ich jetzt zu verlassen entschlossen bin, und es ist nötig, Ihnen auch hierüber meine Denkweise mitzuteilen, weil sie Ihnen einigen Aufschluß über die Ursachen meines Entschlusses gewähren wird.

Ich teile Ihnen zu diesem Zwecke einen Brief mit, den ich bei dem Eifer für die Güte meiner Sache vor einem Jahre in der Absicht an den König schrieb, um denselben an ihn abzuschicken; aber, nach Vollendung desselben, abzuschicken nicht für gut fand, weil ich fühlte, daß die Darstellung des Gegenstandes so fehlerhaft wie unvollständig ist, und daß die Sprache, die ich darin führe, nicht besonders geschickt ist, um zu überzeugen und einzunehmen. Dennoch werden Sie unter vielen Irrtümern notwendig auch manche Wahrheit entdecken, und auf jeden Fall einsehen, daß der Gesichtspunkt, aus welchem ich den Soldatenstand betrachte, ein neuer, entscheidender Grund ist, ihn so bald wie möglich zu verlassen.

Denn eben durch diese Betrachtungen wurde mir der Soldatenstand, dem ich nie von Herzen zugetan gewesen bin, weil er etwas durchaus Ungleichartiges mit meinem ganzen Wesen in sich trägt, so verhaßt, daß es mir nach und nach lästig wurde, zu seinem Zwecke mitwirken zu müssen. Die größten Wunder militärischer Disziplin, die der Gegenstand des Erstaunens aller Kenner waren, wurden der Gegenstand meiner herzlichsten Verachtung; die Offiziere hielt ich für so viele Exerziermeister, die Soldaten für so viele Sklaven, und wenn das ganze Regiment seine Künste machte, schien es mir als ein lebendiges Monument der Tyrannei. Dazu kam noch, daß ich den übeln Eindruck, den meine Lage auf meinen Charakter machte, lebhaft zu fühlen anfing. Ich war oft gezwungen, zu strafen, wo ich gern verziehen hätte, oder verzieh, wo ich hätte strafen sollen; und in beiden Fällen hielt ich mich selbst für strafbar. In solchen Augenblicken mußte natürlich der Wunsch in mir entstehen, einen Stand zu verlassen, in welchem ich von zwei durchaus entgegengesetzten Prinzipien unaufhörlich gemartert wurde, immer zweifelhaft war, ob ich als Mensch oder als Offizier handeln mußte; denn die Pflichten beider zu vereinen, halte ich bei dem jetzigen Zustande der Armeen für unmöglich.

Und doch hielt ich meine moralische Ausbildung für eine meiner heiligsten Pflichten, eben weil sie, wie ich eben gezeigt habe, mein Glück gründen sollte, und so knüpft sich an meine natürliche Abneigung gegen den Soldatenstand noch die Pflicht, ihn zu verlassen.

Das, mein teurer Freund! ist die getreue Darstellung der Gründe, die mich bewogen, den Soldatenstand zu verlassen. Welche Gründe ich für die Wahl eines anderen Standes habe, braucht nicht untersucht zu werden; denn wenn ich mich den Wissenschaften widmen will, ist das für mich kein neuer Stand, weil ich schon, seit ich in Potsdam, mehr Student als Soldat gewesen bin. Ich habe mich ausschließlich mit Mathematik und Philosophie, – als den beiden Grundfesten alles Wissens, beschäftigt und als Nebenstudien die griechische und lateinische Sprache betrieben, welche letztere ich nun zur Hauptsache erheben werde. Ich habe außer einer nicht sehr bedeutenden Hülfe eines übrigens gescheuten Mannes, des Konrektors Bauer, jene beiden Wissenschaften und besonders die Philosophie ganz allein studiert, und bin daher auch in den zwei Jahren, welche ich der Mathematik, und in dem halben Jahre, welches ich der Philosophie gewidmet habe, nicht weiter vorgerückt, als in jener Wissenschaft bis zur Vollendung der gemischten Arithmetik –, mit Einschluß der Lehre von den geometrischen Reihen und einigem der Geometrie, sowie in dieser nicht ganz bis zur Vollendung der reinen Logik. Dagegen aber darf ich mich getrauen zu behaupten, daß ich das, was ich betrieben habe, weiß und fühle, nicht bloß über fremder Herren Länder gewandelt zu sein, sondern es zu meinem Eigentume gemacht zu haben. Sie fragten mich in Frankfurt, welcher Grund mich bei dem schon lange gebildeten Entschlusse, den Dienst zu verlassen, besonders bestimmt habe, es in diesem Zeitpunkte zu tun, und luden mich ein, ihn zu prüfen. An den Grund, den ich Ihnen vortragen werde, knüpft sich noch die nahe Exerzierzeit, die mir eine kostbare Zeit rauben würde, wenn ich ihr nicht zu entgehen suchte, und, Lieber! dieser Grund ist an sich so zufällig und scheinbar unbedeutend, daß Sie sich so ganz in meine Denkungsart versetzen müssen, um ihn wichtig genug zu finden, diese Folge zu bestimmen. Vergessen Sie auch nur nicht, daß der Wille, den Dienst zu verlassen, schon längst in meiner Seele lag.

Mich fesselte nichts in Potsdam als das Studium der reinen Mathematik, das ich hier zu beendigen wünschte, und ich glaubte, daß mir ohne alle Hülfe meines Lehrers dieses Studium, besonders für die Zukunft die Algebra, zu schwer fallen oder wenigstens durch diese Hülfe erleichtert werden würde. Haben Sie aber Lust, eine Geschichte zu hören, so will ich Ihnen den Vorfall erzählen, der mich von meiner irrigen Meinung heilte.

Ich studierte die Wissenschaft gesellschaftlich mit einem jüngeren Freunde vom Regiment. Wir hatten bei unserm Lehrer Bauer den Unterricht in der Geometrie angefangen, und, um schneller fortzurücken, die Einrichtung getroffen, daß wir uns zu jeder Stunde präparierten und in den Stunden selbst, ohne weiteren Vortrag von Seiten unseres Lehrers, abwechselnd der Reihe nach die Wahrheiten der Lehrsätze erwiesen, so daß unserem Lehrer kein anderes Geschäft, als die Beurteilung übrig blieb, ob wir die Resultate richtig gefaßt hätten. Schon diese Einrichtung war nicht viel mehr als eigenes Studium. Aber daß auch das wenige, was wir von der Hülfe unseres Lehrers genossen, nicht wert sei, darum die Ausführung meines Entschlusses zu verschieben, ward mir klar, als wir kürzlich zu dem Beweise kamen, daß auch irrationale Verhältnisse der Linien wie rationale angesehen werden können, weil das Maß jeder Linie kleiner als jede denkbare Größe ist. Der Beweis war indirekt und so weitläufig geführt, daß ich bei einiger Übereilung den Schlüssen nicht ganz folgen konnte, wie denn überhaupt Kästners indirekte Beweise keine Einsicht in die Natur der Sache gewähren und immer mir auch unglaublich sein werden, weil ich mich unaufhörlich sträube, als wahr vorauszusetzen, was ich für falsch erkennen muß. Kurz, ich erschien für diesen Beweis unvorbereitet in den Stunden, und unglücklicherweise traf mich die Reihe, ihn zu führen. Ich konnte es nicht. Mein Lehrer demonstrierte mir ihn; aber was ich nicht verstehen kann, wenn ich es lese, verstehe ich noch weit weniger, wenn ich es höre; wenn ich einen Beweis lese, gehe ich nicht eher zur Folgerung, als bis ich den Grund einsehe, und baue nicht fort, ehe ich nicht den Grundstein gelegt habe. Nichts stört mich in meiner Betrachtung, und wenn mich irgend ein sich ergebender Umstand zum Nachdenken verführt, erkläre ich mich über diesen auch und gehe von dannen weiter, wo ich stehen blieb. Wie ganz anders ist es dagegen, wenn ich höre! Der Lehrer folgert und schließt nach dem Grade seiner Einsicht, nicht nach dem Grade der meinigen. Der Gang, den er nimmt, kann der beste sein; aber in meiner Seele bildete sich einmal der Entwurf eines anderen, und die Abweichung von diesem macht eine störende Diversion in meinem Denkgeschäfte, oder ich falle mit Lebhaftigkeit über einen uns merkwürdigen Umstand her, der noch nicht berührt worden ist, und mich unwillkürlich beschäftigt, meine Aufmerksamkeit vom Ziele abzieht, das mein Lehrer, tauben Ohren predigend, mir indessen entgegenrückt. Kurz, ich begriff zum zweiten und dritten Male nicht, was der Lehrer demonstrierte, und es blieb, zu meiner nicht unempfundenen Schande, kein ander Mittel übrig, als meinem Freunde das Geschäft des Demonstrierens zu übertragen, der sich dessen auch vollkommen gut entledigte. Zu meinem Troste gestand er mir, als wir das Zimmer unsers Lehrers (diesmal für mich ein Inquisitions-Tribunal, weil ich bei jeder Frage heiße Tropfen schwitzte,) verlassen hatten, daß er den Beweis schon vor der Stunde vollkommen eingesehen habe und ohnedies mit mir ein gleiches Schicksal gehabt haben würde, weil auch er gleich mir aus derselben Ursache der Demonstration des Lehrers (für deren Richtigkeit ich übrigens stehe) nicht habe folgen können. Ich eilte mit meinem Lehrbuche nach Haus, las, verstand, führte Beweis, streng systematisch, für die verschiedenen Fälle, und in zwei Tagen war ich in Frankfurt, um keinen Augenblick mehr die Erfüllung meines Entschlusses aufzuschieben. Man machte mir Einwürfe, fragte mich, welche Brotwissenschaft ich ergreifen wolle; denn daß dies meine Absicht sein müsse, fiel niemanden ein, zu bezweifeln. Ich stockte. Man ließ mir die Wahl zwischen Jurisprudenz und der Kameralwissenschaft.

Ich zeigte mich derselben nicht abgeneigt, ohne mich jedoch zu bestimmen. Man fragte mich, ob ich auf Konnexionen bei Hofe rechnen könne? Ich verneinte anfänglich etwas verlegen, aber erklärte darauf, um so viel stolzer, daß ich, wenn ich auch Konnexionen hätte, mich nach meinen jetzigen Begriffen schämen müßte, darauf zu rechnen. Man lächelte, ich fühlte, daß ich mich übereilt hatte. Solche Wahrheiten muß man sich hüten, auszusprechen. Man fing nun an, nach und nach zu zweifeln, daß die Ausführung meines Planes ratsam sei. Man sagte, ich sei zu alt, zu studieren. Darüber lächelte ich im Innern, weil ich mein Schicksal voraus sah, einst als Schüler zu sterben, und wenn ich auch als Greis in die Gruft führe. Man stellte mir mein geringes Vermögen vor; man zeigte mir die zweifelhafte Aussicht auf Brot auf meinem neuen Lebenswege; die gewisse Aussicht auf dem alten. Man malte mir mein bevorstehendes Schicksal, jahrelang eine trockene Wissenschaft zu studieren, jahrelang und ohne Brot mich als Referendar mit trockenen Beschäftigungen zu quälen, um endlich ein kümmerliches Brot zu erwerben, mit so barocken Farben aus, daß, wenn es mir, wenn auch nur im Traume, hätte einfallen können, meine jetzige, in vieler Hinsicht günstige Lage darum mit diesem Lebensplane zu vertauschen, ich mich den unsinnigsten Toren hätte schelten müssen, der mir je erschienen wäre.

Aber alle diese Einwürfe trafen meinen Entschluß nicht. Nicht aus Unzufriedenheit mit meiner äußern Lage, nicht aus Mangel an Brot, nicht aus Spekulation auf Brot, – sondern aus Neigung zu den Wissenschaften, aus dem eifrigsten Bestreben nach einer Bildung, welche, nach meiner Überzeugung, in dem Militärdienste nicht zu erlangen ist, verlasse ich denselben. Meine Absicht ist, das Studium der reinen Mathematik und reinen Logik selbst zu beendigen und mich in der lateinischen Sprache zu befestigen, und diesem Zwecke bestimme ich einen jahrelangen Aufenthalt in Frankfurt. Alles was ich dort hören möchte, ist ein Kollegium über literarische Enzyklopädie. Sobald dieser Grund gelegt ist – und um ihn zu legen, muß ich die benannten Wissenschaften durchaus selbst studieren –, wünsche ich nach Göttingen zu gehen, um mich dort der höheren Theologie, der Mathematik, Philosophie und Physik zu widmen, zu welcher letzteren ich einen mir selbst unerklärlichen Hang habe, obwohl in meiner früheren Jugend die Kultur des Sinnes für die Natur und ihre Erscheinungen durchaus vernachlässigt geblieben ist und ich in dieser Hinsicht bis jetzt nichts kann, als mit Erstaunen und Verwunderung an ihre Phänomene denken.

Diesen Studienplan lege ich Ihrer Prüfung vor und erbitte mir darüber Ihren Rat, weil ich hierin meine Vernunft nicht als alleinige Ratgeberin anerkennen, nicht vorzugsweise meiner Überzeugung trauen darf, und es einen Gegenstand betrifft, dessen ich unwissend bin, und über den andere aufgeklärt sind. – Welche Anwendung ich einst von den Kenntnissen machen werde, die ich zu sammeln hoffe, und auf welche Art und Weise ich mir das Brot, das ich für jeden Tag, und die Kleidung, die ich für jedes Jahr brauche, erwerben werde, weiß ich nicht. Mich beruhigt mein guter Wille, keine Art von Arbeit und Broterwerb zu scheuen, wenn sie nur ehrlich sind. Alle Beispiele von ungeschätztem Verstande und brotlosen, wiewohl geschickten Gelehrten und Künstlern, von denen es freilich, leider! wimmelt, erschrecken mich so wenig, daß ich ihnen vielmehr mit Recht dies Schicksal zuerkenne, weil niemand zu hungern braucht, wenn er nur arbeiten will. Alle diese Leute (mit Ausschluß der

Kranken und Unvermögenden, welche freilich kein hartes Schicksal verdienen) sind entweder zu unwissend, um arbeiten zu können, oder zu stolz, um jede Art von Arbeit ergreifen zu wollen. Brauchbare und willige Leute werden immer gesucht und gebraucht. Diese Überzeugung beruht nicht auf der Tugend der Menschen, sondern auf ihrem Vorteile, und um so weniger soll sie mir, zu meinem Glücke, jemand rauben. Vielleicht ist es möglich, daß Zeit und Schicksale in mir Gefühle und Meinungen ändern; denn wer kann davor sicher sein! Es ist möglich, daß ich einst für ratsam halte, eine Bedienung, ein Amt zu suchen, und ich hoffe und glaube auch für diesen Fall, daß es mir dann leicht werden wird, mich für das Besondere eines Amtes zu bilden, wenn ich mich für das Allgemeine, für das Leben gebildet habe. Aber ich bezweifle diesen möglichen Schritt; weil ich die goldne Unabhängigkeit, oder, um nicht falsch verstanden zu werden, die goldne Abhängigkeit von der Herrschaft der Vernunft mich gewiß stets zu veräußern scheuen würde, wenn ich erst einmal so glücklich gewesen wäre, sie mir wieder erworben zu haben. Diese Äußerung ist es besonders, die ich zu verschweigen bitte, weil sie mir ohne Zweifel viele Unannehmlichkeiten von Seiten meines Vormundes verursachen würde, der mir schon erklärt hat, ein Mündel müsse sich für einen festen Lebensplan, für ein festes Ziel bestimmen. Sobald ich aber nur erst meinen Abschied erhalten habe, um dessen Bewilligung ich bereits nachgesucht, werde ich freimütig und offen zu Werke gehen. Welcher Erfolg dieses Schrittes im Hintergrunde der Zukunft meiner wartet, weiß allein der, der schon jetzt wie in der Zukunft lebt. Ich hoffe das Beste; wiewohl ich auch ohne Bestürzung an schlimme Folgen denke. Auch in ihnen ist Bildung, und vielleicht die höchste Bildung möglich, und sie werden mich nicht unvorbereitet überraschen, wenigstens mich unfehlbar nicht meinen Entschluß bereuen machen. Ja, täten sie dies, müßte ich dann nicht dasselbe fürchten, als wenn ich bliebe, wo ich bin? Man kann für jeden Augenblick des Lebens nichts anderes tun, als was die Vernunft für ihren wahren Vorteil erkennt.

Ein zufälliger Umstand schützt mich vor dem tiefsten Elende, vor Hunger und Blöße in Krankheiten. Ich habe ein kleines Vermögen, das mir in dieser Rücksicht – und weil es mir manchen

Vorteil für meine Bildung verschaffen kann – sehr teuer ist, und das ich mir, aus diesem Grunde, möglichst zu erhalten strebe. Mein Glück kann ich freilich nicht auf diesen Umstand gründen, den mir ein Zufall gab, und ich will es daher nur wie ein Geschick, nicht wie eine angeborne Eigenschaft genießen, um mich, wenn ich es verlieren sollte, wenigstens nicht ärmer zu fühlen, als ich war. Ich sinne oft nach, welchen Weg des Lebens ich wohl eingeschlagen haben würde, wenn das Schicksal mich von allen Gütern der Erde ganz entblößt hätte, wenn ich ganz arm wäre? Und fühle eine nie empfundene Freude Kopf und Herz wechselseitig kräftigen, daß ich dasselbe, ganz dasselbe getan haben würde.

Ja, Lieber! Nicht Schwärmerei, nicht kindische Zuversicht ist diese Äußerung. Erinnern Sie sich, daß ich es für meine Pflicht halte, diesen Schritt zu tun; und ein Zufall, außerwesentliche Umstände können und sollen die Erfüllung meiner Pflicht nicht hindern, einen Entschluß nicht zerstören, den die höhere Vernunft erzeugte, ein Glück nicht erschüttern, das sich nur im Innern gründet. In dieser Überzeugung darf ich gestehen, daß ich mit einiger, ja großer Gewißheit einer fröhlichen und glücklichen Zukunft entgegensehe. In mir und durch mich vergnügt, o, mein Freund! wo kann der Blitz des Schicksals mich Glücklichen treffen, wenn ich es fest im Innersten meiner Seele bewahre? Immer mehr erwärmt und begünstigt mein Herz den Entschluß, den ich nun um keinen Preis der Könige mehr aufgeben möchte, und meine Vernunft bekräftigt, was mein Herz sagt, und krönt es mit der Wahrheit, daß es wenigstens weise und ratsam sei, in dieser wandelbaren Zeit so wenig wie möglich an die Ordnung der Dinge zu knüpfen.

Diese getreue Darstellung meines ganzen Wesens, das volle unbegrenzte Vertrauen, dessen Gefühle mir selbst frohe Genüsse gewähren, weil eine zufällige Abgezogenheit von den Menschen sie so selten macht, wird auch Sie nicht ungerührt lassen, soll und wird mir auch Ihr Vertrauen erwerben, um das ich im eigentlichsten Sinne buhle. Den Funken der Teilnahme, den ich bei der ersten Eröffnung meines Plans in Ihren Augen entdeckte, zur Flamme zu erheben, ist mein Wunsch und meine Hoffnung. Sein Sie mein Freund im deutschen Sinne des Worts, so wie Sie einst mein Lehrer waren, jedoch für länger, für immer!

Es wird mir lieb sein, wenn dieser Brief nebst beiliegendem Aufsatz meiner Schwester Ulrike zur Lesung überschickt wird. Sie ist die einzige von meiner Familie, der ich mich ganz anzuvertrauen schuldig bin, weil sie die einzige ist, die mich ganz verstehen kann. Diesen Aufsatz bitte ich aufzubewahren, bis ich ihn mir in Frankfurt selbst abfordere. Ihr Freund Kleist.

*Königl. Kabinettsorder an Kleist*

An den vom Rgt. Garde verabschiedeten Lieut. v. Kleist in Potsdam.

*13. April 1799*

*Ich habe gegen Euern Vorsatz, Euch den Studien zu widmen, nichts einzuwenden, und wenn Ihr Euch eifrig bestrebet, Eure Kenntnisse zu erweitern, und Euch zu einem besonders brauchbaren Geschäftsmanne zu bilden, so werde Ich dadurch auch in der Folge Gelegenheit erhalten, Mich zu bezeigen als Euer p. p.*

*4. Revers*

Nachdem Sr. Königlichen Majestät von Preußen mir Endesunterschriebenem den aus freier Entschließung und aus eignem Antriebe um meine Studia zu vollenden alleruntertänigst nachgesuchten Abschied aus Höchstdero Kriegsdiensten in Gnaden bewilliget: so reversiere ich mich hierdurch auf Höchstdero ausdrücklichen Befehl: daß ich weder ohne Dero allerhöchsten Konsens jemals in auswärtige Krieges- oder Zivildienste treten, noch in Höchstdero Staaten wiederum in Königl. Kriegsdienste aufgenommen zu werden, anhalten will; dagegen ich mir vorbehalte, nach Absolvierung meiner Studia Sr. Majestät dem Könige und dem Vaterlande im Zivilstande zu dienen. Diesen wohlüberdachten Revers habe ich eigenhändig ge- und unterschrieben. So geschehen Frankfurt a. Oder, den 17. April 1799.

Heinrich v. Kleist
vormals Lieut. im Regt. Garde

*5. An Ulrike von Kleist*

[Frankfurt a. d. Oder, Mai 1799]

Wenn ich von jemandem Bildung erhalte, mein liebes Ulrikchen, so wünsche ich ihm dankbar auch wieder einige Bildung zurückzugeben; wenn ich aus seinem Umgange Nutzen ziehe, so wünsche ich, daß er auch in dem meinigen einigen Nutzen finde; nicht gern möchte ich, daß er die Zeit bei mir verlöre, die ich bei ihm gewinne.

Wie lehrreich und bildend Dein Umgang mir ist, wie vielen *wahren Vorteil* Deine Freundschaft mir gewährt, das scheue ich mich nicht, Dir offenherzig mitzuteilen; vielmehr es ist recht und billig, daß ein Wohltäter den ganzen Umfang seiner Wohltat kennen lernt, damit er sich selbst durch das Bewußtsein seiner Handlung und des Nutzens, den sie gestiftet hat, belohne. Du, mein liebes Ulrikchen, ersetzest mir die schwer zu ersetzende und wahrlich Dich ehrende Stelle meiner hochachtungswürdigen Freunde zu Potsdam. Ich scheue mich auch nicht Dir zu gestehen, daß die Aussicht auf Deine Freundschaft, so sehr ich sonst andere Universitäten zu beziehen wünschte, mich dennoch, wenigstens zum Teil, bestimmte, meinen Aufenthalt in Frankfurt zu wählen. Denn Grundsätze und Entschlüsse wie die meinigen, bedürfen der Unterstützung, um über so viele Hindernisse und Schwierigkeiten unwandelbar hinausgeführt zu werden. Du, mein liebes Ulrikchen, sicherst mir den guten Erfolg derselben. Du bist die einzige die mich hier ganz versteht. Durch unsere vertraulichen Unterredungen, durch unsere Zweifel und Prüfungen, durch unsere freundlichen und freundschaftlichen Zwiste, deren Gegenstand nur allein die Wahrheit ist, der wir beide aufrichtig entgegenstreben und in welcher wir uns auch gewöhnlich beide vereinigen, durch alle diese Vorteile Deines Umgangs scheidet sich das Falsche in meinen Grundsätzen und Entschlüssen immer mehr von dem Wahren, das sie enthalten, und reinigen sich folglich immer mehr, und knüpfen sich immer inniger an meine Seele, und wurzeln immer tiefer, und werden immer mehr und mehr mein Eigentum. Deine Mitwissenschaft meiner ganzen Empfindungsweise, Deine Kenntnis meiner Natur schützt sie um so mehr vor ihrer Ausartung; denn ich fürchte nicht allein mir selbst, ich fürchte nun auch Dir zu mißfallen. Dein Beispiel schützt mich vor alle Einflüsse der Torheit und des Lasters, Deine Achtung sichert mir die meinige zu. – Doch genug. Du siehst, wie unaufhaltsam mir Dein Lob entfließt, mit wie vielem Vergnügen ich mich als Deinen Schuldner bekenne. Ich schätze Dich als das edelste der Mädchen, und liebe Dich, als die, welche mir jetzt am teuersten ist. Wärst Du ein Mann oder nicht meine Schwester, ich würde stolz sein, das Schicksal meines ganzen Lebens an das Deinige zu knüpfen.

Doch genug hiervon. So viele von Dir empfangene und innig empfundene Wohltaten will ich dadurch zu belohnen suchen, daß ich unaufgefordert und mit der Freimütigkeit der Freundschaft bis in das Geheimste und Innerste Deines Herzens dringe; und finde ich es nicht, wie ich es wünsche, finde ich Dich unentschieden, wo Du längst entschieden sein solltest, finde ich Dich schlummern, wo Du längst wach sein solltest, dann will ich mit der Kühnheit der Freundschaft Dich wecken.

Traue mir zu, daß es meine innige Überzeugung ist, auf welcher sich das jetzt Folgende gründet. Bei so vielen Fähigkeiten, die Deinen Verstand, bei so vielen herrlichen Tugenden, die Dein Herz schmücken, scheint es lieblos und unedel eine dunkle Seite an Dir dennoch auszuspüren. Aber grade diese dunkle Seite, ist keine unbedeutende, gleichgültige. Ich denke, sie würde Deinem Wesen die Krone aufsetzen, wenn sie im Lichte stünde, und darum wünsche ich, sie zu erhellen. Und wenn auch das nicht wäre, – wenn jemand so nahe am Ziele steht, so verdient er schon allein um der seltnen Erscheinung willen, daß man ihn ganz hinaufführe.

Tausend Menschen höre ich reden und sehe ich handeln, und es fällt mir nicht ein, nach dem Warum? zu fragen. Sie selbst wissen es nicht, dunkle Neigungen leiten sie, der Augenblick bestimmt ihre Handlungen. Sie bleiben für immer unmündig und ihr Schicksal ein Spiel des Zufalls. Sie fühlen sich wie von unsichtbaren Kräften geleitet und gezogen, sie folgen ihnen im Gefühl ihrer Schwäche wohin es sie auch führt, zum Glücke, das sie dann nur halb genießen, zum Unglücke, das sie dann doppelt fühlen.

Eine solche sklavische Hingebung in die Launen des Tyrannen Schicksal, ist nun freilich eines freien, denkenden Menschen höchst unwürdig. Ein freier, denkender Mensch bleibt da nicht stehen, wo der Zufall ihn hinstößt; oder wenn er bleibt, so bleibt er aus Gründen, aus Wahl des Bessern. Er fühlt, daß man sich über das Schicksal erheben könne, ja, daß es im richtigen Sinne selbst möglich sei, das Schicksal zu leiten. Er bestimmt nach seiner Vernunft, welches Glück für ihn das höchste sei, er entwirft sich seinen Lebensplan, und strebt seinem Ziele nach sicher aufgestellten Grundsätzen mit allen seinen Kräften entgegen. Denn schon die Bibel sagt, willst du das Himmelreich erwerben, so lege selbst Hand an.

So lange ein Mensch noch nicht im Stande ist, sich selbst einen Lebensplan zu bilden, so lange ist und bleibt er unmündig, er stehe nun als Kind unter der Vormundschaft seiner Eltern oder als Mann unter der Vormundschaft des Schicksals. Die erste Handlung der Selbständigkeit eines Menschen ist der Entwurf eines solchen Lebensplans. Wie nötig es ist, ihn so früh wie möglich zu bilden, davon hat mich der Verlust von sieben kostbaren Jahren, die ich dem Soldatenstande widmete, von sieben unwiederbringlich verlornen Jahren, die ich für meinen Lebensplan hätte anwenden gekonnt, wenn ich ihn früher zu bilden verstanden hätte, überzeugt.

Ein schönes Kennzeichen eines solchen Menschen, der nach sichern Prinzipien handelt, ist Konsequenz, Zusammenhang, und Einheit in seinem Betragen. Das hohe Ziel, dem er entgegenstrebt, ist das Mobil aller seiner Gedanken, Empfindungen und Handlungen. Alles, was er denkt, fühlt und will, hat Bezug auf dieses Ziel, alle Kräfte seiner Seele und seines Körpers streben nach diesem gemeinschaftlichen Ziele. Nie werden seine Worte seinen Handlungen, oder umgekehrt, widersprechen, für jede seiner Äußerungen wird er Gründe der Vernunft aufzuweisen haben. Wenn man nur sein Ziel kennt, so wird es nicht schwer sein die Gründe seines Betragens zu erforschen.

Ich wende mich nun zu Dir, mein liebes Ulrikchen. Deiner denkenden Seele stünde jener hohe Charakter der Selbständigkeit wohl an. Und doch vermisse ich ihn an Dir. Du bist für jeden Augenblick des Lebens oft nur zu bestimmt, aber Dein *ganzes* Leben hast Du noch nicht ins Auge gefaßt. Aus diesem Umstande erkläre ich mir die häufigen Inkonsequenzen Deines Betragens, die Widersprüche Deiner Äußerungen und Handlungen. Denn ich sinne gern bei Dir über die Gründe derselben nach, aber ungern finde ich, daß sie nicht immer übereinstimmen.

Du äußerst oft hohe vorurteilsfreie Grundsätze der Tugend, und doch klebst Du noch oft an den gemeinsten Vorurteilen.

Nie sehe ich Dich gegen wahren echten Wohlstand anstoßen, und doch bildest Du oft Wünsche und Pläne, die mit ihm durchaus unvereinbar sind. Ich hoffe Du wirst mich überheben, diese Urteile mit Beispielen zu belegen. Du bist entweder viel zu frei und vorurteillos, oder bei weitem nicht genug. Die Folge davon ist, daß ich nicht bestimmen kann, ob das, was Du willst und tust, recht sei, oder nicht, und ich muß fürchten, daß Du selbst darüber unentschieden bist.

Denn warum hättest Du mir, als ich Dir gestern die rasche Frage tat, ob Du Dir einen bestimmten Lebensplan gebildet hättest, mit Verwirrung und Schüchternheit, wenigstens nicht mit jener Dir eigentümlichen Reinheit und Gradheit geantwortet, Du verstündest meine Frage nicht? Meine simple Frage deren Sinn doch so offen und klar ist? Muß ich nicht fürchten, daß Du nur in der Notwendigkeit mir eine Antwort geben zu müssen, die Deiner nicht würdig ist, lieber diesen – Ausweg gewählt hast?

Ein Lebensplan ist – – Mir fällt die Definition vom Birnkuchen ein, die Du einst im Scherze Pannwitzen gabst, und wahrlich, ich möchte Dir im Ernste eine ähnliche geben. Denn bezeichnet hier nicht ebenfalls ein einfacher Ausdruck einen einfachen Sinn? Ein Reisender, der das Ziel seiner Reise, und den Weg zu seinem Ziele kennt, hat einen Reiseplan. Was der Reiseplan dem Reisenden ist, das ist der Lebensplan dem Menschen. Ohne Reiseplan sich auf die Reise begeben, heißt erwarten, daß der Zufall uns an das Ziel führe, das wir selbst nicht kennen. Ohne Lebensplan leben, heißt vom Zufall erwarten, ob er uns so glücklich machen werde, wie wir es selbst nicht begreifen.

Ja, es ist mir so unbegreiflich, wie ein Mensch ohne Lebensplan leben könne, und ich fühle, an der Sicherheit, mit welcher ich die Gegenwart benutze, an der Ruhe, mit welcher ich in die Zukunft blicke, so innig, welch ein unschätzbares Glück mir mein Lebensplan gewährt, und der Zustand, ohne Lebensplan, ohne feste Bestimmung, immer schwankend zwischen unsichern Wünschen, immer im Widerspruch mit meinen Pflichten, ein Spiel des Zufalls, eine Puppe am Drahte des Schicksals – dieser unwürdige Zustand scheint mir so verächtlich, und würde mich so unglücklich machen, daß mir der Tod bei weitem wünschenswerter wäre.

Du sagst, nur Männer besäßen diese uneingeschränkte Freiheit des Willens, Dein Geschlecht sei unauflöslich an die Verhältnisse der Meinung und des Rufs geknüpft. – Aber ist es aus Deinem Munde, daß ich dies höre? Bist Du nicht ein freies Mädchen, so wie ich ein freier Mann? Welcher andern Herrschaft bist Du unterworfen, als allein der Herrschaft der Vernunft?

Aber dieser sollst Du Dich auch vollkommen unterwerfen. *Etwas* muß dem Menschen heilig sein. Uns beide, denen es die Zeremonien der Religion und die Vorschriften des konventionellen Wohlstandes nicht sind, müssen um so mehr die Gesetze der Vernunft heilig sein. Der Staat fordert von uns weiter nichts, als daß wir die zehn Gebote nicht übertreten. Wer gebietet uns aber die Tugenden der Menschenliebe, der Duldung, der Bescheidenheit, der Sittsamkeit zu üben, wenn es nicht die Vernunft tut? Der Staat sichert uns unser Eigentum, unsre Ehre, und unser Leben; wer sichert uns aber unser inneres Glück zu, wenn es die Vernunft nicht tut?

So innig ich es nun auch wünsche, Dich überhaupt für die Annahme irgend eines Lebensplans zu bestimmen, weil ich Dir gern das Glück gönne, das die Kenntnis unsrer Bestimmung, der sichere Genuß der Gegenwart und die Ruhe für die Zukunft gewähren, so möchte ich doch nicht gern einen Einfluß auf die Annahme eines bestimmten Lebensplanes haben. Das möge allein das Werk Deiner Vernunft sein. Prüfe Deine Natur, beurteile welches moralische Glück ihr am angemessensten sei, mit einem Worte, bilde Dir einen Lebensplan, und strebe dann seiner Ausführung entgegen. Dann wird nie wieder geschehen, was ich vorher an Dir tadelte, dann werden sich Deine Wünsche und Deine Pflichten, Deine Worte und Deine Handlungen nie widersprechen.

Aber noch weit mehr als ich fürchte, Du möchtest noch bisher keinen Lebensplan gebildet haben, muß ich fürchten, daß Du grade den einzigen Lebensplan verworfen hast, der Deiner würdig wäre. Laß mich aufrichtig, ohne Rückhalt, ohne alle falsche Scham reden. Es scheint mir, – es ist möglich daß ich mich irre, und ich will mich freuen, wenn Du mich vom Gegenteile überzeugen kannst, – aber es scheint mir, als ob Du bei Dir entschieden wärest, Dich nie zu verheiraten. Wie? Du wolltest nie Gattin und Mutter werden? Du wärst entschieden, Deine höchste Bestimmung nicht zu erfüllen, Deine heiligste Pflicht nicht zu vollziehen? Und *entschieden* wärst Du darüber? Ich bin wahrlich begierig die Gründe zu hören, die Du für diesen höchst strafbaren und verbrecherischen Entschluß aufzuweisen haben kannst.

Eine einzige simple Frage zerstört ihn. Denn wenn Du ein Recht hättest, Dich nicht zu verheiraten, warum ich nicht auch? Und wenn wir beide dazu ein Recht haben, warum ein Dritter nicht auch? Und wenn dieses ist, warum nicht auch ein Vierter, ein Fünfter, warum nicht wir alle? Aber das Leben, welches wir von unsern Eltern empfingen, ist ein heiliges Unterpfand, das wir unsern Kindern wieder mitteilen sollen. Das ist ein ewiges Gesetz der Natur, auf welches sich ihre Erhaltung gründet.

Diese Wahrheit ist so klar, und das Interesse, das sie bei sich führt, dem Herzen des Menschen so innig eingepflanzt, daß es schwer wird zu glauben, sie sei Dir unbekannt. Aber was soll ich glauben, wenn Dir der, nicht scherzhafte, nur allzu ernstliche Wunsch entschlüpft, Du möchtest die Welt bereisen? Ist es auf Reisen, daß man Geliebte suchet und findet? Ist es dort wo man die Pflichten der Gattin und der Mutter am zweckmäßigsten erfüllt? Oder willst Du endlich wenn Dir auch das Reisen überdrüssig ist, zurückkehren, wenn nun die Blüte Deiner Jahre dahingewelkt ist, und erwarten, ob ein Mann philosophisch genug denke, Dich dennoch zu heiraten? Soll er Weiblichkeit von einem Weibe erwarten, deren Geschäft es während ihrer Reise war, sie zu unterdrücken?

Aber Du glaubst Dich trösten zu können, wenn Du auch einen solchen Mann nicht fändest. Täusche Dich nicht, Ulrickchen, ich fühle es, Du würdest Dich nicht trösten, nein, wahrlich, bei Deinem Herzen würdest Du Dich nicht trösten. Gesetzt, es wäre Dein Wille, Dich nach der Rückkehr von Deiner Reise irgendwo in einer schönen Gegend mit Deinem Vermögen anzukaufen. Ach, dem Landmann ist ein Gatte unentbehrlich. Der Städter mag seiner entbehren, ich will es glauben, das Geräusch der Stadt kann seine geheimen Wünsche unterdrücken, er lernt das Glück nicht vermissen, das er entbehrt. Aber der Landmann ist ohne Gattin immer unglücklich. Da fehlt ihm Trost und Hülfe in Widerwärtigkeiten, da ist er in Krankheiten ohne Wartung und Pflege, da sieht er sich allein stehen in der weiten lebendigen Natur, er fühlt sich unvermißt und unbeweint, wenn er an den Tod denkt. Und selbst wenn seine Bemühungen gedeihen und mit Früchten wuchern, – wo will er hin mit allen Erzeugnissen der Natur? Da fehlen ihm Kinder, die sie ihm verzehren helfen, da drückt er wehmütig fremde Kinder an seine Brust und reicht ihnen von seinem Überflusse. – Täusche Dich daher nicht, Ulrikchen. Dann erst würdest Du innig fühlen, welches Glück Du entbehren mußt, und um so tiefer würde dies dich schmerzen, je mehr Du es selbst mutwillig verworfen hast.

Und was würde Dich für so vielen Verlust schadlos halten können? Doch wohl nicht der höchst unreife Gedanke frei und unabhängig zu sein? Kannst Du Dich dem allgemeinen Schicksal Deines Geschlechtes entziehen, das nun einmal seiner Natur nach die zweite Stelle in der Reihe der Wesen bekleidet? Nicht einen Zaun, nicht einen elenden Graben kannst Du ohne Hülfe eines Mannes überschreiten, und willst allein über die Höhen und über die Abgründe des Lebens wandeln? Oder willst Du von Fremden fordern, was Dir ein Freund gern und freiwillig leisten würde?

Aus allen diesen Gründen deren Wahrheit Du gewiß einsehen und fühlen wirst, gib jenen unseligen Entschluß auf, wenn Du ihn gefaßt haben solltest. Du entsagst mit ihm Deiner höchsten Bestimmung, Deiner heiligsten Pflicht, der erhabensten Würde, zu welcher ein Weib emporsteigen kann, dem einzigen Glücke, das Deiner wartet.

Und wenn Mädchen wie Du sich der heiligen Pflicht Mütter und Erzieherinnen des Menschengeschlechts zu werden, entziehen, was soll aus der Nachkommenschaft werden? Soll die Sorge für künftige Geschlechter nur der Üppigkeit feiler oder eitler Dirnen überlassen sein? Oder ist sie nicht vielmehr eine heilige Verpflichtung tugendhafter Mädchen? – Ich schweige, und überlasse es Dir, diesen Gedanken auszubilden. –

### 6. An Ulrike von Kleist

Frankfurt a. d. Oder, den 12. November 1799

Ich war zuerst willens, der langen Verspätung dieses Briefes eine Rechtfertigung voranzuschicken; aber es fällt mir ein, daß doch eben nicht viele Billigkeit dazu gehört, sie zu entschuldigen, wenn man mich und die Absicht meines Hierseins kennt. Ich habe mir ein Ziel gesteckt, das die ununterbrochene Anstrengung aller meiner Kräfte und die Anwendung jeder Minute Zeit erfordert, wenn es erreicht werden soll. Ich habe besonders in diesem meinem zweiten akademischen Kursus eine Masse von Geschäften auf mich geladen, die ich nicht anders als mit dem allermühsamsten Fleiße bearbeiten kann; eine Masse von Geschäften, die selbst nach dem Urteile Hüllmanns zu schwer für mich ist, und von der ich daher, wenn ich sie dennoch trage, mit Recht sagen kann, daß ich das fast Unmögliche möglich gemacht habe. Unter diesen Umständen siehst Du wohl ein, daß es bisher nötig war, mich oft mit einem augenblicklichen Andenken an Dich zu begnügen; und daß mir selbst jetzt die Zeit einer schriftlichen Unterhaltung mit Dir noch nicht geworden wäre, wenn durch den Eintritt der Messe die akademischen Vorlesungen nicht ausgesetzt worden wären. Diese vierzehn Tage der Ruhe, diesen Sonntag für meine lange geschäftsvolle Woche, benutze ich, um mich einmal nach Herzenslust zu vergnügen; und dieses Vergnügen soll ein Brief an Dich sein.

Wenn man sich so lange mit ernsthaften abstrakten Dingen beschäftigt hat, wobei der Geist zwar seine Nahrung findet, aber das arme Herz leer ausgehen muß, dann ist es eine wahre Freude, sich einmal ganz seine Ergießungen zu überlassen; ja es ist selbst nötig, daß man es zuweilen ins Leben zurückrufe. Bei dem ewigen Beweisen und Folgern verlernt das Herz fast zu fühlen; und doch wohnt das Glück nur im Herzen, nur im Gefühl, nicht im Kopfe, nicht im Verstande. Das Glück kann nicht, wie ein mathematischer Lehrsatz bewiesen werden, es muß empfunden werden, wenn es da sein soll. Daher ist es wohl gut, es zuweilen durch den Genuß sinnlicher Freuden von neuem zu beleben; und man müßte wenigstens täglich *ein* gutes Gedicht lesen, *ein* schönes Gemälde sehen, *ein* sanftes Lied hören – oder ein herzliches Wort mit einem Freunde reden, um auch den schönern, ich möchte sagen den menschlicheren Teil unseres Wesen zu bilden.

Dieses letzte Vergnügen habe ich seit Deiner Abwesenheit von hier gänzlich entbehren müssen, und grade dieses ist es, dessen ich am meisten bedarf. Vorsätze und Entschlüsse wie die meinigen bedürfen der Aufmunterung und der Unterstützung mehr als andere vielleicht, um nicht zu sinken. *Verstanden* wenigstens möchte ich gern zuweilen sein, wenn auch nicht aufgemuntert und gelobt, von *einer* Seele wenigstens möchte ich gern zuweilen verstanden werden, wenn auch alle andern mich verkennen. Wie man in einem heftigen Streite mit vielen Gegnern sich umsieht, ob nicht einer unter allen ist, der uns Beifall zulächelt, so suche ich zuweilen Dich; und wie man unter fremden Völkern freudig einem Landsmann entgegenfliegt, so werde ich Dir, mein liebes Ulrikchen entgegenkommen. Nenne es immerhin Schwäche von mir, daß ich mich so innig hier nach Mitteilung sehne, wo sie mir so ganz fehlt. Große Entwürfe mit schweren Aufopferungen auszuführen, ohne selbst auf den Lohn *verstanden zu werden* Anspruch zu machen, ist eine Tugend, die wir wohl bewundern, aber nicht *verlangen* dürfen. Selbst die größten Helden der Tugend, die jede andere Belohnung verachteten, rechneten doch auf diesen Lohn; und wer weiß, was Sokrates und Christus getan haben würden, wenn sie voraus gewußt hätten, daß keiner unter ihren Völkern den Sinn ihres Todes verstehen würde. Willst Du es doch eine Schwäche nennen, so ist es höchstens die Schwäche eines Münzensammlers z. B. der zwar hauptsächlich für sich und zu seinem Vergnügen, zu seinem Nutzen sammelte, und daher auch nicht zürnt, wenn die meisten gleichgültig bei seiner sorgfältig geordneten Sammlung vorübergehen, aber eben deswegen um so viel lieber einmal einen Freund der Kunst in sein Kabinett führt. Denn meine Absichten und meine Entschlüsse sind solche Schaumünzen, die aus dem Gebrauche gekommen sind und nicht mehr gelten; daher zeige ich sie gern zuweilen einem Kenner der Kunst, damit er sie prüfe und mich überzeuge, ob, was ich so emsig und eifrig sammle und aufbewahre, auch wohl echte Stücke sind, oder nicht.

– Ich überlese jetzt den eben vorangegangnen Punkt, und finde, daß er mir mißfallen würde, wenn ich ihn, so wie Du hier, aus dem Munde eines jungen Menschen hörte. Denn mit Recht kann man ein Mißtrauen in solche Vorsätze setzen, die unter so vielen Menschen keinen finden, der sie verstünde und billige. Aber doch ist es mit den meinigen so; verstanden werden sie nicht, das ist gewiß, und daher, denke ich, werden sie nicht gebilligt. Wessen Schuld es ist, daß sie nicht verstanden werden –

das getraue ich mich wenigstens nicht zu meinem Nachteil zu entscheiden. Wenn ein Türke und ein Franzose zusammenkommen, so haben sie wenigstens *gleiche* Verpflichtung, die Sprache des andern zu lernen, um sich verständlich zu machen. Tausend Bande knüpfen die Menschen aneinander, gleiche Meinungen, gleiches Interesse, gleiche Wünsche, Hoffnungen und Aussichten; – alle diese Bande knüpfen mich nicht an sie, und dieses mag ein Hauptgrund sein, warum wir uns nicht verstehen. Mein Interesse besonders ist dem ihrigen so fremd, und ungleichartig, daß sie – gleichsam wie aus den Wolken fallen, wenn sie etwas davon ahnden. Auch haben mich einige mißlungene Versuche, es ihnen näher vor die Augen, näher ans Herz zu rücken, für immer davon zurückgeschreckt; und ich werde mich dazu bequemen müssen, es immer tief in das Innerste meines Herzens zu verschließen.

Was ich mit diesem Interesse im Busen, mit diesem heiligen, mir selbst von der Religion, von *meiner* Religion gegebnen Interesse im engen Busen, für eine Rolle unter den Menschen spiele, denen ich von dem, was meine ganze Seele erfüllt, nichts merken lassen darf, – das weißt Du zwar nach dem äußern Anschein, aber schwerlich weißt Du, was oft dabei im Innern mit mir vorgeht. Es ergreift mich zuweilen plötzlich eine Ängstlichkeit, eine Beklommenheit, die ich zwar aus allen Kräften zu unterdrücken mich bestrebe, die mich aber dennoch schon mehr als einmal in die lächerlichsten Situationen gesetzt hat.

Die einzige Gesellschaft, die ich täglich sehe, ist Zengens, und ich würde um dieser peinlichen Verlegenheit willen, auch diese Gesellschaft schon aufgegeben haben, wenn ich mir nicht vorgenommen hätte, mich durchaus von diesem unangenehmen Gefühl zu entwöhnen. Denn auf meinem Lebenswege werden mir Menschen aller Art begegnen, und jeden muß ich zu nutzen verstehen. Dazu kommt, daß es mir auch zuweilen gelingt, recht froh in dieser Gesellschaft zu sein; denn sie besteht aus lauter guten Menschen, und es herrscht darin viele Eintracht, und das Äußerste von Zwanglosigkeit. Die älteste Zengen, Minette, hat sogar einen feineren Sinn, der für schönere Eindrücke zuweilen empfänglich ist; wenigstens bin ich zufrieden, wenn sie mich zuweilen mit Interesse anhört, ob ich gleich nicht viel von ihr wieder erfahre. Aber von allem diesen ist nichts, wenn der ganze

Haufen beisammen ist. Ein Gespräch kann man ihr sich durchkreuzendes Geschwätz nicht nennen. Wenn ein Gespräch geführt werden soll, so muß man bei dem Gegenstande desselben verweilen, denn nur dadurch gewinnt es Interesse; man muß ihn von allen seinen Seiten betrachten, denn nur dadurch wird es mannigfaltig und anziehend. Aber hier – doch Du kennst das. Ich wollte Dir nur zeigen, daß das Interesse, das mir die Seele erfüllt, schlecht mit dem Geiste harmoniert, der in dieser Gesellschaft weht; und daß die Beklommenheit, die mich zuweilen ergreift, hieraus sehr gut erklärt werden kann.

Ich sage mir zwar häufig zu meinem Troste, daß es nicht die *Bildung für die Gesellschaft* ist, die mein Zweck ist, daß diese Bildung, und mein Zweck, zwei ganz verschiedne Ziele sind, zu denen zwei ganz verschiedne Wege nach ganz verschiednen Richtungen führen – denn wenn man z. B. durch häufigen Umgang, vieles Plaudern, durch Dreistigkeit und Oberflächlichkeit zu dem einen Ziele kommt, so erreicht man dagegen nur durch Einsamkeit, Denken, Behutsamkeit und Gründlichkeit das andere usw. Auch soll mein Betragen jetzt nicht gefallen, das Ziel, das ich im Sinne habe, soll für töricht gehalten werden, man soll mich auf der Straße, die ich wandle, auslachen, wie man den Colomb auslachte, weil er *Ostindien* in *Westen* suchte. Nur dann erst bewunderte man ihn, als er noch mehr gefunden hatte, als er suchte – usw. Das alles sage ich mir zu meinem Troste. Aber dennoch möchte ich mich gern von dieser Beklommenheit entwöhnen, um so viel mehr, da ich mit Verdruß bemerke, daß sie mich immer öfter und öfter ergreift.

Aber ich fürchte, daß es mir in der Folge wie den meisten Gelehrten von Profession gehen wird; sie werden in ihrem äußern Wesen rauh, rêche, wie der Franzose sagt, und für das gesellige Leben untauglich. Ich finde das aus vielen Gründen sehr natürlich. Sie haben ein höheres Interesse lieb gewonnen, und können sich nicht mehr an dem gemeinen Interesse erwärmen. Wenn ein anderer z. B. ein Buch, ein Gedicht, einen Roman gelesen hat, das einen starken Eindruck auf ihn machte und ihm die Seele füllte, wenn er nun mit diesem Eindruck in eine Gesellschaft tritt, er sei nun froh oder schwermütig gestimmt, er kann sich mitteilen, und man versteht ihn. Aber wenn ich einen mathematischen Lehrsatz ergründet habe, dessen Erhabenheit und Größe mir auch die Seele füllte, wenn ich nun mit diesem Eindruck in eine Gesellschaft trete, wem darf ich mich mitteilen, wer versteht mich? Nicht einmal ahnden darf ich lassen, was mich zur Bewunderung hinriß, nicht *einen* von allen Gedanken darf ich mitteilen, die mir die Seele füllen. – Und so muß man denn freilich zuweilen leer und gedankenlos erscheinen, ob man es gleich wohl nicht ist.

Der größte Irrtum ist dann wohl noch der, wenn man glaubt, ein Gelehrter schweige aus Stolz, etwa, weil er die Gesellschaft nicht der Mitteilung seiner Weisheit wert achtet. Ich wollte schwören daß es meistens grade das Gegenteil ist, und daß es vielleicht grade der äußerste Grad von Bescheidenheit ist, der ihm Stillschweigen auflegt. Ich rede hier besonders von großen Gelehrten, die ihr Lob in allen Zeitschriften lesen. Man besucht sie häufig um den Giganten doch einmal in der Nähe zu betrachten; man erwartet von ihnen, das wissen sie selbst, lauter Sentenzen, man glaubt, daß sie wie in ihren Büchern reden werden. Sie reden aber nur wenige gemeine Dinge, man verläßt sie mit dem Verdacht, daß sie aus Stolz geschwiegen haben, ob sie zwar gleich nur aus Bescheidenheit schwiegen, weil sie nicht immer in den erwarteten Sentenzen reden konnten, und doch nicht gern, die gute Meinung, die man von ihnen hatte, zerstören wollten.

In solchen Lagen hat man die gelehrtesten Männer oft in der größten Verlegenheit gesehen. Unser gescheuter Professor Wünsch, der gewiß hier in Frankfurt obenan steht und alle übersieht, würde doch gewiß, des bin ich überzeugt, durch die abgeschmacktesten Neckereien des albernsten Mädchens in die größte Verlegenheit gesetzt werden können. Du weißt, wie es Rousseau mit dem Könige von Frankreich ging; und man braucht daher weder dumm noch feig zu sein, um vor einem Könige zu zittern. Ein französischer Offizier, der, als Ludwig der 14. ihn heranrief, sich zitternd seinem Könige näherte, und von ihm mit kalter königlicher Überlegenheit gefragt wurde, warum er so zittere? hatte dennoch die Freimütigkeit zu antworten: Sire, ce n'est pas devant vos ennemis, que je tremble ainsi.

———

Meine Briefe werden lang, mein liebes Ulrikchen; und was

das Schlimmste ist, ich rede immer von mir. Verzeihe mir diese kleine menschliche Schwachheit. Vieles verschweige ich noch, das ich bis zu Deiner Rückkunft aufbewahre. Ob Dich Neuigkeiten mehr interessiert hätten, als der Inhalt dieses Briefes? – Wer weiß. Aber auf alle Fälle gab es keine Neuigkeiten, außer die alte Leier, daß die Messe schlecht sei. Die Kleist aus Schernewitz war hier, und hat mir gut gefallen. Sie will künftiges Jahr nach Flinzberg ins Bad reisen, und wünschte eine Reisebegleiterin – wen habe ich ihr wohl vorgeschlagen? Sie hat mir also förmlich aufgetragen, Dich zu dieser Reise einzuladen.

Bis dahin denke ich wirst Du doch noch einmal nach Frankfurt kommen? Was in aller Welt machst du denn in Werben? Niemand von uns, ich selbst nicht, kann begreifen, was dir den Aufenthalt dort auf viele Monate so angenehm machen kann. Wenn es kein Geheimnis ist, so schreibe es mir. Grüße Schönfeld und Frau, Onkel und Tante Pannwitz, kurz alles was Pannwitz heißt, auch Caroline. Ist sie noch böse? – Adieu.

Dein treuer Bruder Heinrich.

N. S. Hier kommen noch einige Supplemente, die ich Dir zur Bekanntmachung an Pannwitz, den das interessieren wird, mitteile. Schätzel hat das 3. Batl. bekommen aber ausgeschlagen und verlangt Pension. Gaudy ist Major geworden und hat Schätzels Kompanie. Welchen Eindruck dies gemacht hat, und in welchem Tone die Grumbkow spricht, kannst Du Dir denken. Das Sonderbarste hierbei ist, daß Gen. Kleist an Hagen geschrieben hat, es täte ihm dieser Einschub, von dem er auf sein Ehrenwort nichts wüßte, sehr leid. Wir wollen nicht glauben, daß hier eine Falschheit zum Grunde liege, ob ich Dir zwar gleich in der folgenden Neuigkeit ein Beispiel von einer unerhörten, unmenschlichen Falschheit geben werde. Der Kaufmann Scholz ist seines Arrests entlassen, statt seiner sitzt seine Frau – warum? das hast Du schon zu Anfange der ganzen Geschichte vorausgesehen. Die Sache ist keinem Zweifel mehr unterworfen. Sie hat sich selbst verraten. Ein Fragment aus einem Briefe von ihrem Manne, worin sie das Wort *Geld* in *Gift* umgefälscht hat, um den Verdacht gegen ihn zu verstärken, hat sie verraten. Einige Zeugen, ein Student und zwei Mädchen, die sie bewegt hatte, einen falschen Eid für ihren Betrug zu schwören, haben sie verraten. Sie selbst hat es schon eingestanden, daß sie einen Betrug gespielt habe. – Ist es wohl glaublich, daß dies ein Weib sei? – –

*Zweite Nachschrift.*

Ich liefre Dir noch ein Supplement zum Supplement. Schätzel ist Gen. Major geworden, erhält 800 Rth. Pension und bleibt nun in Frankfurt.

Noch eine Hauptnachricht, die Dich vielleicht bewegen wird, sogleich nach Frankfurt zu kommen. Zengens und unsre Familie nebst viele andere Damen Frankfurts nehmen ein Kollegium über Experimentalphysik bei Wünsch. *Nehmen,* sagte ich? Das klingt ja beinah, als wäre von Medizin die Rede. So übel schmeckt es indessen nicht. Es ist eine Brunnenkur zum Nutzen und Vergnügen. Du wirst sie nicht verschmähen. Willst du die Vorlesung von Anfang an beiwohnen, so mußt Du auf irgend eine Art suchen, *sogleich* nach Frkft. zu kommen.

*7. An Wilhelmine von Zenge*

[Frankfurt a. d. Oder, Anfang 1800]

Inliegenden Brief bin ich entschlossen morgen abend Ihrem Vater zu übergeben. Ich fühle, seit gestern abend, daß ich meinem Versprechen, nichts für meine Liebe zu tun, das ein Betrug Ihrer würdigen Eltern wäre, nicht treu bleiben kann. Vor Ihnen zu stehen, und nicht sprechen zu dürfen, weil *andere* diese Sprache nicht hören sollen, Ihre Hand in der meinigen zu halten und *nicht sprechen* zu dürfen, weil ich mich *diese Sprache* gegen *Sie* nicht erlauben will, ist eine Qual, die ich aufheben will und muß. Ich will es daher erfahren, ob ich Sie *mit Recht* lieben darf, oder gar nicht. Ist das letzte, so bin ich entschlossen, das Versprechen, welches ich Ihrem Vater in den letzten Zeilen meines Briefes gebe, auszuführen. Ist es nicht, so bin ich glücklich – Wilhelmine! *Bestes* Mädchen! Habe ich in dem Briefe an Ihren Vater zu kühn in Ihre Seele gesprochen? Wenn Ihnen etwas darin mißfällt, so sagen Sie es mir morgen, und ich ändere es ab.

Ich sehe, daß das neue Morgenlicht meines Herzens zu hell leuchtet, und schon zu sehr bemerkt wird. Ohne diesen Brief könnte ich Ihrem Rufe schaden, der mir doch teurer ist als alles in der Welt. Es komme nun auch, was der Himmel über mich verhängt, ich bin ruhig bei der Überzeugung, daß ich recht so tue.

Heinrich Kleist.

N. S. Wenn Sie morgen einen Spaziergang nicht abschlagen, so könnte ich von Ihnen erfahren, was Sie von diesem Schritte urteilen und denken. – Von meiner Reise habe ich, aus Gründen, die Sie selbst entschuldigen werden, nichts erwähnt. Schweigen Sie daher auch davon. *Wir verstehn uns ja.*

### 8. An Wilhelmine von Zenge

[Frankfurt a. d. Oder, Anfang 1800]

[Der Anfang fehlt.] . . . sichtbar die Zuversicht von Ihnen geliebt zu werden? Atmet nicht in jeder Zeile das frohe Selbstbewußtsein der erhörten und beglückten Liebe? – Und doch – wer hat es mir gesagt? Und wo steht es geschrieben?

Zwar – was soll ich aus dem Frohsinn, der auch Sie seit gestern belebt, was soll ich aus den Freudentränen, die Sie bei der Erklärung Ihres Vaters vergossen haben, was soll ich aus der Güte, mit welcher Sie mich in diesen Tagen zuweilen angeblickt haben, was soll ich aus dem innigen Vertrauen, mit welchem Sie in einigen der verflossenen Abende, besonders gestern am Fortepiano, zu mir sprachen, was soll ich aus der Kühnheit, mit welcher Sie sich jetzt, weil Sie es dürfen, selbst in Gegenwart andrer mir nähern, da Sie sonst immer schüchtern von mir entfernt blieben – ich frage, was soll ich aus allen diesen fast unzweifelhaften Zügen anderes schließen, was anderes, Wilhelmine, als daß ich geliebt werde?

Aber darf ich meinen Augen und meinen Ohren, darf ich meinem Witze und meinem Scharfsinn, darf ich dem Gefühle meines leichtgläubigen Herzens, das sich schon einmal von ähnlichen Zügen täuschen ließ, wohl trauen? Muß ich nicht mißtrauisch werden auf meine Schlüsse, da Sie mir selbst schon einmal gezeigt haben, wie falsch sie zuweilen sind? Was kann ich im Grunde, reiflich überlegt, mehr glauben, als was ich vor einem halben Jahre auch schon wußte, ich frage, was kann ich mehr glauben, als daß Sie mich *schätzen* und daß Sie mich wie *einen Freund* lieben?

Und doch wünsche ich *mehr*, und doch möchte ich nun gern

*wissen*, was Ihr Herz für mich fühlt. Wilhelmine! Lassen Sie mich einen Blick in Ihr Herz tun. Öffnen Sie mir es einmal mit Vertrauen und Offenherzigkeit. So viel Vertrauen, so viel unbegrenztes Vertrauen von meiner Seite verdient doch wohl *einige* Erwiderung von der Ihrigen. Ich will nicht sagen, daß Sie mich lieben müßten, weil ich Sie liebe; aber vertrauen müssen Sie sich mir, weil ich mich Ihnen unbegrenzt vertraut habe. – Wilhelmine! Schreiben Sie mir einmal *recht innig und herzlich*. Führen Sie mich einmal in das Heiligtum Ihres Herzens das ich noch nicht mit Gewißheit kenne. Wenn der Glaube, den ich aus der Innigkeit Ihres Betragens gegen mich schöpfte, zu kühn und noch zu übereilt war, so scheuen Sie sich nicht es mir zu sagen. Ich werde mit den Hoffnungen, die Sie mir gewiß nicht entziehen werden, zufrieden sein. Aber auch dann, Wilhelmine, wenn mein Glaube gegründet wäre, auch dann scheuen Sie sich nicht, sich mir ganz zu vertrauen. Sagen Sie es mir, wenn Sie mich lieben – denn warum wollten Sie sich dessen schämen? *Bin ich nicht ein edler Mensch*, Wilhelmine?

Zwar eigentlich – – ich will es Ihnen nur offenherzig gestehen, Wilhelmine, was Sie auch immerhin von meiner Eitelkeit denken mögen – eigentlich bin ich es *fest überzeugt*, daß Sie mich lieben. Aber, Gott weiß, welche seltsame Reihe von Gedanken mich wünschen lehrt, daß Sie es mir sagen möchten. Ich glaube, daß ich entzückt sein werde, und daß Sie mir einen Augenblick, voll der üppigsten und innigsten Freude bereiten werden, wenn Ihre Hand sich entschließen könnte, diese drei Worte niederzuschreiben: *ich liebe Dich*.

Ja, Wilhelmine, sagen Sie mir diese drei herrlichen Worte; sie sollen für die ganze Dauer meines künftigen Lebens gelten. Sagen Sie sie mir *einmal* und lassen Sie uns dann bald dahin kommen, daß wir nicht mehr nötig haben, sie uns zu wiederholen. Denn nicht durch Worte aber durch Handlungen zeigt sich *wahre Treue* und *wahre Liebe*. Lassen Sie uns bald recht *innig* vertraut werden, damit wir uns ganz kennen lernen. Ich weiß nichts, Wilhelmine, in meiner Seele regt sich kein Gedanke, kein Gefühl in meinem Busen, das ich mich scheuen dürfte Ihnen mitzuteilen. Und was könnten Sie mir wohl zu verheimlichen haben? Und was könnte Sie wohl bewegen, die erste Bedingung der Liebe, *das Vertrauen* zu verletzen? – Also offenherzig, Wilhelmine, *immer offenherzig*. Was wir auch denken und fühlen und wünschen – etwas Unedles kann es nicht sein, und darum wollen wir es uns freimütig mitteilen. Vertrauen und Achtung, das sind die beiden unzertrennlichen Grundpfeiler der Liebe, ohne welche sie nicht bestehen kann; denn ohne Achtung hat die Liebe keinen Wert und ohne Vertrauen keine Freude.

Ja, Wilhelmine, auch die Achtung ist eine unwiderrufliche Bedingung der Liebe. Lassen Sie uns daher unaufhörlich uns bemühen, nicht nur die Achtung, die wir gegenseitig für einander tragen, zu erhalten, sondern auch zu erhöhen. Denn dieser Zweck ist es erst, welcher der Liebe ihren höchsten Wert gibt. *Edler und besser sollen wir durch die Liebe werden*, und wenn wir diesen Zweck nicht erreichen, Wilhelmine, so mißverstehen wir uns. Lassen Sie uns daher immer mit sanfter menschenfreundlicher Strenge über unser gegenseitiges Betragen wachen. Von Ihnen wenigstens wünsche ich es, daß Sie mir offenherzig alles sagen, was Ihnen vielleicht an mir mißfallen könnte. Ich darf mich getrauen alle Ihre Forderungen zu erfüllen, weil ich nicht fürchte, daß Sie überspannte Forderungen machen werden. Fahren Sie wenigstens fort, sich immer so zu betragen, daß ich mein höchstes Glück in Ihre Liebe und in Ihre Achtung setze; dann werden sich alle die guten Eindrücke, von denen Sie vielleicht nichts ahnden, und die ich Ihnen dennoch innig und herzlich danke, verdoppeln und verdreifachen. – Dafür will ich denn auch an Ihrer Bildung arbeiten, Wilhelmine, und den Wert des Mädchens, das ich liebe, immer noch mehr veredlen und erhöhen.

Und nun noch eine Hauptsache, Wilhelmine. Sie wissen, daß ich bereits entschlossen bin, mich für ein Amt zu bilden; aber noch bin ich nicht entschieden, *für welches Amt* ich mich bilden soll. Ich wende jede müßige Stunde zum Behufe der Überlegung über diesen Gegenstand an. Ich wäge die Wünsche meines Herzens gegen die Forderungen meiner Vernunft ab; aber die Schalen der Waage schwanken unter den unbestimmten Gewichten. Soll ich *die Rechte* studieren? – Ach, Wilhelmine, ich hörte letzthin in dem Naturrechte die Frage aufwerfen, ob die Verträge der Liebenden gelten könnten, weil sie in der Leidenschaft geschehen – und was soll ich von einer Wissenschaft halten, die sich den

Kopf darüber zerbricht ob es ein Eigentum in der Welt gibt, und die mir daher nur zweifeln lehren würde, ob ich Sie auch wohl jemals mit Recht *die Meine* nennen darf? Nein, nein, Wilhelmine, nicht die Rechte will ich studieren, nicht die schwankenden ungewissen, zweideutigen Rechte der Vernunft will ich studieren, an die Rechte meines Herzens will ich mich halten, und ausüben will ich sie, was auch alle Systeme der Philosophen dagegen einwenden mögen. – Oder soll ich mich für das *diplomatische Fach* bestimmen? – Ach, Wilhelmine, ich erkenne nur ein höchstes Gesetz an, die *Rechtschaffenheit*, und die Politik kennt nur ihren Vorteil. Auch wäre der Aufenthalt an fremden Höfen kein Schauplatz für das Glück der Liebe. An den Höfen herrscht die Mode, und die Liebe flieht vor der unbescheidnen Spötterin. – Oder soll ich mich für das *Finanzfach* bestimmen? – Das wäre etwas. Wenn mir auch gleich der Klang rollender Münzen eben nicht lieb und angenehm ist, so sei es dennoch. Der Einklang unsrer Herzen möge mich entschädigen, und ich verwerfe diesen Lebensweg nicht, wenn er zu unserm Ziele führen kann. – Auch noch ein Amt steht mir offen, ein ehrenvolles Amt, das mir zugleich alle wissenschaftlichen Genüsse gewähren würde, aber freilich kein glänzendes Amt, ein Amt, von dem man freilich als Bürger des Staates nicht, wohl aber als Weltbürger weiterschreiten kann – ich meine ein *akademisches Amt*. – Endlich bleibt es mir noch übrig *die Ökonomie* zu studieren, um die wichtige Kunst zu lernen, mit geringen Kräften große Wirkungen hervorzubringen. Wenn ich mir diese große Kunst aneignen könnte, dann Wilhelmine, könnte ich ganz glücklich sein, dann könnte ich, ein freier Mensch, mein ganzes Leben Ihnen und meinem höchsten Zwecke – oder vielmehr, weil es die Rangordnung so will – meinem höchsten Zwecke und *Ihnen* widmen.

So stehe ich jetzt, wie Herkules, am fünffachen Scheidewege und sinne, welchen Weg ich wählen soll. Das Gewicht des Zweckes, den ich beabsichte, macht mich schüchtern bei der Wahl. Glücklich, glücklich, Wilhelmine, möchte ich gern werden, und darf man da nicht schüchtern sein, den rechten Weg zu verfehlen? Zwar ich glaube, daß ich auf jedem dieser Lebenswege glücklich sein würde, wenn ich ihn nur an Ihrer Seite zurücklegen kann. Aber, wer weiß, Wilhelmine, ob Sie nicht vielleicht besondere Wünsche haben, die es wert sind, auch in Erwägung gezogen zu werden. Daher fordere ich Sie auf, mir Ihre Gedanken über alle diese Pläne, und Ihre Wünsche, in dieser Hinsicht, mitzuteilen. Auch wäre es mir lieb von Ihnen zu erfahren, was Sie sich wohl eigentlich von einer Zukunft an meiner Seite versprechen? Ich verspreche nicht unbedingt den Wunsch zu erfüllen, den Sie mir mitteilen werden; aber ich verspreche bei gleich vorteilhaften Aussichten denjenigen Lebensweg einzuschlagen, der Ihren Wünschen am meisten entspricht. Sei es dann auch der mühsamste, der beschwerdenvollste Weg. Wilhelmine, ich fühle mich mit Mut und Kraft ausgerüstet, um alle Hindernisse zu übersteigen; und wenn mir der Schweiß über die Schläfe rollt und meine Kräfte von der ewigen Anstrengung ermatten, so soll mich tröstend das Bild der Zukunft anlächeln und der Gedanke mir neuen Mut und neue Kraft geben: *ich arbeite ja für Wilhelmine.* Heinrich Kleist.

## 9. An Wilhelmine von Zenge

Frankfurt a. d. Oder, den 30. Mai 1800

Liebe Wilhelmine. Die wechselseitige Übung in der Beantwortung zweifelhafter Fragen hat einen so vielseitigen Nutzen für unsre Bildung, daß es wohl der Mühe wert ist, die Sache ganz so ernsthaft zu nehmen, wie sie ist, und Dir eine kleine Anleitung zu leichteren und zweckmäßigeren Entscheidungen zu geben. Denn durch solche schriftlichen Auflösungen interessanter Aufgaben üben wir uns nicht nur in der Anwendung der Grammatik und im Stile, sondern auch in dem Gebrauch unsrer höheren Seelenkräfte; und endlich wird dadurch unser Urteil über zweifelhafte Gegenstände festgestellt und wir selbst auf diese Art nach und nach immer um eine und wieder um eine interessante Wahrheit reicher.

Die Antwort auf meine erste Frage ist, ihrem Sinne nach, ganz so, und die Antwort auf meine zweite Frage, ihrem Sinne nach, vielleicht noch besser, als ich sie selbst gegeben haben würde. Nur in der Einkleidung, in der Anordnung und in der Ausführung beider Entscheidungen ließe sich einiges anführen, das zu tadeln wäre.

Das behalte ich aber unseren mündlichen Unterhaltungen bevor, und begnüge mich, Dir hier bloß den Weg vorzuzeichnen, den ich selbst bei der Beantwortung einer ähnlichen Frage einschlagen würde.

Gesetzt, Du fragtest mich, *welcher von zwei Eheleuten, deren jeder seine Pflichten gegen den andern erfüllt, am meisten bei dem früheren Tode des andern verliert;* so würde alles, was in meiner Seele vorgeht, ohngefähr in folgender Ordnung aneinander hangen.

Zuerst fragt mein Verstand: *was willst Du?* das heißt, mein Verstand will den Sinn Deiner Frage begreifen. Dann fragt meine Urteilskraft: *worauf kommt es an?* das heißt, meine Urteilskraft will den Punkt der Streitigkeit auffinden. Zuletzt fragt meine Vernunft: *worauf läuft das hinaus?* das heißt, meine Vernunft will aus dem Vorangehenden das Resultat ziehen.

Zuerst stellt sich also mein Verstand den Sinn Deiner Frage deutlich vor, und findet, daß Du Dir zwei Eheleute denkst, deren jeder für den andern tut, was er seiner Natur nach vermag; daß Du also voraussetzest, jeder verliere bei dem Tode des andern *etwas*, und daß Du endlich eigentlich nur wissen willst, auf wessen Seite das Übergewicht des Verlustes befindlich ist.

Nun stellt sich meine Urteilskraft an die Quelle der Streitigkeit, und fragt: was tut denn eigentlich jeder der beiden Eheleute, seiner Natur nach, für den andern; und wenn sie dieses gefunden hat, so vergleicht sie das, was beide für einander tun, und bestimmt daraus, wer von beiden am meisten für den andern tut. Da findet nun die Urteilskraft zuerst, daß der Mann nicht bloß der Mann seiner Frau, sondern auch noch ein Bürger des Staates, die Frau hingegen nichts als die Frau ihres Mannes ist; daß der Mann nicht bloß Verpflichtungen gegen seine Frau, sondern auch Verpflichtungen gegen sein Vaterland, die Frau hingegen keine andern Verpflichtungen hat, als Verpflichtungen gegen ihren Mann; daß folglich das Glück des Weibes zwar ein wichtiger und unerläßlicher, aber nicht der *einzige* Gegenstand des Mannes, das Glück des Mannes hingegen der *alleinige* Gegenstand der Frau ist; daß daher der Mann *nicht mit allen* seinen Kräften für seine Frau, die Frau hingegen mit ihrer *ganzen Seele* für den Mann wirkt; daß die Frau, in der Erfüllung der Hauptpflichten ihres Mannes, nichts empfängt, als Schutz gegen Angriffe auf Ehre und Sicherheit, und Unterhalt für die Bedürfnisse ihres Lebens, der

Mann hingegen, in der Erfüllung der Hauptpflichten seiner Frau, die ganze Summe seines häuslichen, das heißt überhaupt, *alles* Glückes von ihr empfängt; daß zuletzt der Mann nicht immer glücklich ist, wenn es die Frau ist, die Frau hingegen immer glücklich ist, wenn der Mann glücklich ist, und daß also das Glück des Mannes eigentlich der Hauptgegenstand des Bestrebens beider Eheleute ist. Aus der Vergleichung dieser Sätze bestimmt nun die Urteilskraft, daß der Mann bei weitem, ja unendlich mehr von seiner Frau empfängt, als die Frau von ihrem Manne.

Nun übernimmt die Vernunft das letzte Geschäft, und zieht aus jenem letzten Satze den natürlichen Schluß, daß derjenige, der am meisten empfängt, auch am meisten verlieren müsse, und daß folglich, da der Mann unendlich mehr empfängt, als die Frau, er auch unendlich mehr bei dem Tode derselben verlieren müsse, als die Frau bei dem Tode ihres Mannes.

Auf diesem Wege wäre ich also durch eine Reihe von Gedanken, deren jeden ich, ehe ich mich an die Ausführung des Ganzen wage, auf einem Nebenblatte aufzuschreiben pflege, auf das verlangte Resultat gekommen und es bleibt mir nun nichts übrig, als die zerstreuten Gedanken in ihrer Verknüpfung von Grund und Folge zu ordnen und dem Aufsatze die Gestalt eines abgerundeten, vollständigen Ganzen zu geben.

Das würde nun ohngefähr auf diese Art am besten geschehen: »Der Mann ist nicht bloß der Mann seiner Frau, er ist auch ein Bürger des Staates; die Frau hingegen ist nichts, als die Frau ihres Mannes; der Mann hat nicht bloß Verpflichtungen gegen seine Frau, er hat auch Verpflichtungen gegen sein Vaterland; die Frau hingegen hat keine andern Verpflichtungen, als Verpflichtungen gegen ihren Mann; das Glück des Weibes ist zwar ein *unerlaßlicher*, aber nicht der *einzige* Gegenstand des Mannes, ihm liegt auch das Glück seiner Landsleute am Herzen; das Glück des Mannes hingegen ist *der einzige* Gegenstand der Frau; der Mann ist nicht mit allen seinen Kräften für seine Frau tätig, er gehört ihr nicht ganz, nicht ihr allein, denn auch die Welt macht Ansprüche auf ihn und seine Kräfte; die Frau hingegen ist mit ihrer ganzen Seele für ihren Mann tätig, sie gehört niemandem an, als ihrem Manne, und sie gehört ihm *ganz* an; die Frau endlich, empfängt, wenn der Mann seine Hauptpflichten erfüllt, nichts von ihm, als Schutz gegen Angriff auf Ehre und Sicherheit, und Unterhalt für die Bedürfnisse ihres Lebens, der Mann hingegen empfängt, wenn die Frau ihre Hauptpflichten erfüllt, die ganze Summe seines irdischen Glückes; die Frau ist schon glücklich, wenn es der Mann nur ist, der Mann nicht immer, wenn es die Frau ist, und die Frau muß ihn erst glücklich machen. Der Mann empfängt also unendlich mehr von seiner Frau, als umgekehrt die Frau von ihrem Manne.

Folglich verliert auch der Mann unendlich mehr bei dem Tode seiner Frau, als diese umgekehrt bei dem Tode ihres Mannes. Die Frau verliert nichts als den Schutz gegen Angriffe auf Ehre und Sicherheit, und Unterhalt für die Bedürfnisse ihres Lebens; das erste findet sie in den Gesetzen wieder, oder der Mann hat es ihr in Verwandten, vielleicht in erwachsenen Söhnen hinterlassen; das andere kann sie auch als Hinterlassenschaft von ihrem Manne erhalten haben. Aber wie will die Frau dem Manne hinterlassen, was er bei ihrem Tode verliert? Er verliert die ganze Inbegriff seines irdischen Glückes, ihm ist, mit der Frau, die Quelle alles Glückes versiegt, ihm fehlt alles, wenn ihm eine Frau fehlt, und alles, was die Frau ihm hinterlassen kann, ist das wehmütige Andenken an ein ehemaliges Glück, das seinen Zustand noch um so trauriger macht.«

---

Ich füge jetzt hier noch eine Frage bei, die auf ähnlichem Wege aufgelöset werden könnte: *Sind die Weiber wohl ganz ohne allen Einfluß auf die Staatsregierung?* H. K.

*10. Verschiedene Denkübungen für Wilhelmine von Zenge*

[Frankfurt a. d. Oder, Frühjahr bis Sommer 1800]

[1]

1. Wenn jemand einen Fehler, von welchem er selbst nicht frei ist, an einem anderen tadelt, so hört man ihm oft antworten: du machst es selbst nicht besser und tadelst doch andere? – Ich frage: darf man darum nie einen Fehler an anderen tadeln, weil man ihn selbst beging?

2. Was für ein Unterschied ist zwischen *rechtfertigen* und *entschuldigen*?

3. Wenn beide, Mann und Frau, für einander tun, was sie ihrer Natur nach vermögen, wer verliert von beiden am meisten, wenn einer zuerst stirbt?

4. Eine Frau kann sich die Achtung und das Vertrauen ihres Mannes erworben haben, ohne sein Interesse zu besitzen. Wodurch gewinnt und erhält sie sich dieses?

[2]

*Frage.*

Eine Frau, die *achtungswürdig* ist, ist darum noch nicht *interessant*. Wodurch erwirbt und erhält sich nun wohl eine Frau *das Interesse* ihres Mannes?

*Antwort.*

Es ist mit dem Interesse wie mit allen Dingen dieser Erde. Es ist nicht genug, daß der Himmel sie *erschaffen* hat, er muß sie auch *unterhalten*, wenn sie fortdauern sollen. Und nichts bedarf der Nahrung, der sorgfältigsten, mehr, als das rätselhafte Ding, das sich erzeugt, wir wissen nicht wie, und oft wieder verschwindet, wir wissen nicht wie – das *Interesse*.

Interesse erwecken, und es sich selbst überlassen, heißt einem Kinde das Leben geben, und es sich selbst überlassen. Das eine stirbt wie das andere dahin, nicht, weil man ihm etwas Schädliches zufügt, sondern weil man ihm *nichts* zufügt.

Aber das Kind ist nicht so ekel in der Ernährung, als das Interesse. Das Kind begnügt sich mit *einer* Nahrung, das Interesse will immer eine ausgesuchte, verfeinerte, wechselnde Nahrung. Es stirbt, wenn man ihm heute und morgen vorsetzt, was es schon gestern und vorgestern genoß.

Denn nichts ist dem Interesse so zuwider, als Einförmigkeit, und nichts ihm dagegen so günstig, als Wechsel und Neuheit. Daher macht uns das Reisen so vieles Vergnügen, weil mit den immer wechselnden Standorten auch die Ansichten der Natur immer wechseln, und daher hat überhaupt das Leben ein so hohes, ja das höchste Interesse, weil es gleichsam eine große Reise ist und weil jeder Augenblick etwas Neues herbeiführt, uns eine neue Ansicht zeigt oder eine neue Aussicht eröffnet.

Nun ist aber nichts so fähig, eine immerwechselnde Gestalt anzunehmen, als Talente. Die Tugend und die Liebe tragen ihrer Natur nach immer nur *ein* Gewand, und dürfen es ihrer Natur nach, nicht wechseln. Talente hingegen können mit Form und Einkleidung unaufhörlich wechseln und gefallen vielleicht eben nur darum weil sie das können.

Daher wird eine Frau, die sich das Interesse ihres Mannes erhalten will, ihre Talente, wenn sie von der Natur damit beschenkt ist, immer ausbilden und üben müssen, damit der Mann immer bei ihr den Genuß des Schönen finde, den er nie ganz entbehren kann, und den er sonst bei Fremden suchen müßte. Denn Tugend und Liebe begründen zwar das Familienglück, aber nur Talente machen es wirklich anziehend. Dabei ist nicht eben notwendig, daß die Talente der Musik, des Zeichnens, des Vorlesens etc. bis zur Vollkommenheit ausgebildet sind, wenn nur überhaupt der *Sinn* für das *wahre* Schöne dabei herrschend ist.

[3]

*Frage.*

Was ist wünschenswerter, *auf eine kurze Zeit*, oder *nie* glücklich gewesen zu sein?

*Antwort.*

Wenn man den Zustand dessen, der ein Glück verlor, mit dem Zustande dessen vergleicht, der nie ein Glück genoß, so schwanken die Schalen unter den Gewichten fast gleicher Übel und es ist schwer die Frage zu entscheiden. Doch scheint es, als ob sich die Waage auf der Seite des letztern neige.

Wer einst an den Brüsten des Glückes den goldnen Traum des Lebens träumte, der streckt zwar, wenn ihn das Schicksal mit rauher Stimme weckt, wehmütig die Arme aus nach den göttlichen Gestalten, die nun auf immer entfliehen, und sein Schmerz ist um so größer, je größer das Glück war, dessen er genoß; aber ihm ist doch aus dem Füllhorne des Segens, das von oben herab sich öffnet, auch ein Blümchen zugefallen, das ihn selbst in der Erinnerung noch erfreuen kann, wenn es gleich längst verblüht ist. Ihm sind doch die Ansprüche, die er an dies Leben zu machen hatte, nicht ganz unerfüllt geblieben, nicht mit allen seinen Forderungen ist er von der großen Erbschaft abgewiesen worden, welche der Himmel den Kindern der Erde vermacht hat, nicht murren wird er mit dem Vater der Menschen, der ihn von seiner Liebe nicht ausschloß, nicht mit bitterm Groll seine Geschwister beneiden, die mit ihm nur zu gleichen Teilen gingen, nicht zürnen auf den Genuß seines Glückes, weil er nicht ewig währte, so wie man dem Frühlinge nicht zürnt, weil er kurz ist, und den Tag nicht verwünscht, weil ihn die Nacht ablöset. Mutiger und sicherer als wenn er nie auf hellen Pfaden gewandelt wäre, wird er nun auch die dunkeln Wege seines Lebens durchwandeln und in der Erinnerung zuweilen mit wehmütiger Freude die bemoosten Ruinen seines ehemaligen Glückes besuchen, um das Herbstblümchen der Weisheit zu pflücken.

Aber wem von allen seinen brennenden Wünschen auch nicht der bescheidenste erfüllt wurde, wer von jenem großen Vermächtnis, von dessen Überfluß alle seine Brüder schwelgen, auch nicht einmal den Pflichtteil erhalten hat, der steht da wie ein verstoßner Sohn, ausgeschlossen von der Liebe des Allvaters, der sein Vater nicht ist – und die Schale, auf welcher sein Zustand ruht, neigt sich tief gegen die Schale des andern. –

[4]

1. Wenn der Mann sein brutales *Recht des Stärkern* mit den *Waffen der Gewalt* gegen die Frau ausübt, hat nicht auch die Frau ein Recht gegen den Mann, das man das *Recht des Schwächern* nennen könnte, und das sie mit den *Waffen der Sanftmut* geltend machen kann?

2. Was knüpft die Menschen mehr mit Banden des Vertrauens aneinander, *Tugenden* oder *Schwächen*?

3. Darf die Frau *niemandem* gefallen, als dem Manne?

4. *Welche* Eifersucht stört den Frieden in der Ehe?

Damit indessen nicht immer bloß Dein Verstand geübt wird, liebe Wilhelmine, sondern auch andere Seelenkräfte, so will ich auch einmal Deiner Einbildungskraft eine kleine Aufgabe geben. Du sollst mir nämlich die Lage beschreiben, die Deinen Erwartungen von dem künftigen Glücke der Ehe am meisten entsprechen könnte. Du kannst dabei Deiner Einbildungskraft freien Lauf lassen, den Schauplatz des ehelichen Glückes ganz nach Deinen Begriffen vom Schönen bilden, das Haus ganz nach Deiner

Willkür ordnen und einrichten, die Geschäfte bestimmen, denen Du Dich am liebsten unterziehen würdest, und die Vergnügungen nennen, die Du Dir oder mir oder andern am liebsten darin bereiten möchtest.

[5]

*Fragen.*

1. Darf man jeden irrigen Grundsatz anderer Menschen bekämpfen, oder muß man nicht unschädliche Grundsätze dulden und ehren, wenn an ihnen die Ruhe eines Menschen hangt?

2. Darf man wohl von einem Menschen immer mit unerbittlicher Strenge die Erfüllung seiner Pflichten verlangen, oder kann man nicht schon mit ihm zufrieden sein, wenn er seine Pflichten nur immer anerkennt und den guten Willen, sie zu erfüllen, nie verliert?

3. Darf der Mensch wohl alles tun, was recht ist, oder muß er sich nicht damit begnügen, daß nur alles recht sei, was er tut?

4. Darf man sich in dieser Welt wohl bestreben, das Vollkommene wirklich zu machen, oder muß man sich nicht begnügen, nur das Vorhandene vollkommner zu machen?

5. Was ist besser, gut sein oder gut handeln?

---

Wenn ein Mädchen gefragt wird, was sie von einer zukünftigen Ehe fordert, um am glücklichsten darin zu sein, so muß sie zuerst bestimmen,

1. welche Eigenschaften ihr künftiger Gatte haben soll, ob er an Geist und Körper außerordentlich, oder gewöhnlich, und in welchem Grade er dies sein soll etc., ferner ob er reich, vornehm etc.

2. welch ein Amt er bekleiden soll, ob ein militärisches, oder ein Zivilamt, oder gar keines.

3. wo der Schauplatz der Ehe sein soll, ob in der Stadt, oder auf dem Lande, und wie er in einem dieser Fälle seinen einzelnen Bestimmungen nach beschaffen sein soll, ob er im Gebirge, oder in der Ebene, oder am Meere liegen soll etc.

4. wie das Haus selbst eingerichtet sein soll, ob groß und prächtig, oder nur geräumig, bequem etc. etc.

5. ob Luxus in der Wirtschaft herrschen soll, oder Wohlstand etc.

6. welche Geschäfte sie führen will, welche nicht etc.

7. welche Vergnügungen in dem Hause herrschen sollen, ob geräuschvolle, oder stille, prächtige oder edle, moderne oder sinnreiche etc. etc.

8. welchen Grad von Herrschaft sie darin führen und welchen sie ihrem Gatten überlassen will?

9. wie ihr Gatte sich überhaupt gegen sie betragen soll, ob schmeichelnd oder wahr, demütig oder stolz; ob er im Hause lustig, oder froh oder ernst sein soll; ob er sie außer dem Hause mit Eklat ehren soll, oder ob es genug sei, wenn dies zu Hause im Stillen geschieht; ob überhaupt außer dem Hause vor den Menschen viel geschehen müsse, oder ob es nicht genug sei, ganz im Stillen desto mehr zu genießen?

---

Da das Ganze nichts als ein Wunsch ist, so hat die Phantasie ihren uneingeschränkten Spielraum, und darf sich an keine Fessel der Wirklichkeit binden. –

### 11. An Ulrike von Kleist

Berlin, den 14. August 1800

Noch am Abend meiner Ankunft an diesem Orte melde ich Euch, daß ich gesund und vergnügt bin, und bin darum so eilig, weil ich fürchte, daß Ihr, besonders an dem letztern, zweifelt.

Denn eine Reise, ohne angegebnen Zweck, eine so schnelle Anleihe, ein ununterbrochenes Schreiben und am Ende noch obenein Tränen – das sind freilich Kennzeichen eines Zustandes, die dem Anschein nach, Betrübnis bei teilnehmenden Freunden erwecken müssen.

Indessen erinnere Dich, daß ich bloß die Wahrheit verschweige, ohne indessen zu lügen, und daß meine Erklärung, das Glück, die Ehre, und vielleicht das Leben eines Menschen durch diese Reise zu retten, vollkommen gegründet ist.

Gewiß würde ich nicht so geheimnisreich sein, wenn nicht meine beste Erkenntnis mir sagte, daß Verheimlichung meines Zweckes notwendig, *notwendig* sei.

Indessen Du, und noch ein Mensch, Ihr sollt beide mehr erfahren, als alle übrigen auf der Welt, und überhaupt alles, was zu verschweigen nicht notwendig ist.

Dabei baue ich aber nicht nur auf Deine unverbrüchliche Verschwiegenheit (indem ich will, daß das Scheinbar-Abenteuerliche meiner Reise durchaus versteckt bleibe, und die Welt weiter nichts erfahre, als daß ich in Berlin bin und Geschäfte beim Minister Struensee habe, welches zum Teil wahr ist), sondern auch auf Deine feste Zuversicht auf meine Redlichkeit, so daß selbst bei dem widersprechendsten Anschein Dein Glaube an dieselbe nicht wankt.

Unter diesen Bedingungen sollst Du alles erfahren, was ich sagen *kann*, welches Du aber ganz allein nur für Dich behalten und der Welt nichts anderes mitteilen sollst, als daß ich in Berlin bin. Ich glaube, daß das *Vortreffliche* meiner Absicht, die Ausbreitung dieses Satzes, selbst wenn er zuweilen eine Lüge sein sollte, entschuldigt und rechtfertigt.

Ich suche jetzt zunächst einen edeln, weisen Freund auf mit dem ich mich über die Mittel zu meinem Zwecke beraten könne, indem ich mich dazu zu schwach fühle, ob ich gleich stark genug war, den Zweck selbst unwiderruflich festzustellen.

Wärst Du ein Mann gewesen – o Gott, wie innig habe ich dies gewünscht! – Wärst Du ein Mann gewesen – denn eine Frau konnte meine Vertraute nicht werden, – so hätte ich diesen Freund nicht so weit zu suchen gebraucht, als jetzt.

Ergründe nicht den Zweck meiner Reise, selbst wenn Du es könntest. Denke, daß die Erreichung desselben zum Teil an die Verheimlichung vor allen, *allen* Menschen beruht. Für jetzt wenigstens. Denn einst wird es mein Stolz und meine Freude sein, ihn mitzuteilen.

Grüße W. v. Z. Sie weiß so viel, wie Du, aber nicht viel mehr. – Schicke mir doch durch die Post meine Schrift, über die Kantische Philosophie, welche Du besitzest, und auch die Kulturgeschichte, welche Auguste hat; aber sogleich.

Ich kehre nicht so bald wieder. Doch das alles behältst Du für Dich. Du sollst jedesmal den Ort erfahren, wo ich bin; Du wirst von diesem Vertrauen keinen Gebrauch machen, der der Erreichung meines Zweckes hinderlich wäre.

Sei ruhig. Sei ganz ruhig. – Wenn auch die Hülle des Menschen mit jedem Monde wechselt, so bleibt doch eines in ihm unwandelbar und ewig: *das Gefühl seiner Pflicht*.

Dein treuer Bruder Heinrich.

N. S. Deine Aufträge werden morgen besorgt werden. – – Du mußt auf alle Adressen an mich immer schreiben, daß der Brief selbst abgeholt werden wird.

## 12. An Wilhelmine von Zenge

An das Stiftsfräulein Wilhelmine v. Zenge, Hochwürden und Hochwohlgeboren zu Frankfurt a. O.

Berlin, den 16. August 1800

Mein liebes, teures Herzensminchen, sei nicht böse, daß Du so spät diesen Brief erhältst. Gestern hielten mich viele Geschäfte vom Schreiben ab – doch das ist eine schlechte Entschuldigung. Kein Geschäft darf mich von der Erfüllung der Pflicht abhalten, meinem lieben, treuen Mädchen zur bestimmten Zeit Nachricht von mir zu geben. Nun, verzeihe diesmal. Wenn ich jetzt diese Zeilen auf die Post gäbe, so fändest Du freilich bei Deiner Rückkehr von *Tamsel* einen Brief von mir vor; aber kann man 7 Zeilen einen Brief nennen? Laß mich also lieber noch ein Weilchen mit Vertrauen und Innigkeit mit Dir plaudern.

Mit welchen Empfindungen ich Frankfurt verlassen habe – ach, liebes Mädchen, das kann ich Dir nicht beschreiben, weil Du mich doch nicht ganz verstehen würdest. Als ich mich von Dir trennte, legte ich mich noch ins Bett, und lag da wohl noch 1½ Stunde, doch mit offnen Augen, ohne zu schlafen. Als ich im Halbdunkel des Morgens abfuhr, war mirs, als hörte ich ein Geräusch an dem einen Fenster Eures Saales. Mir fuhr ein schneller Gedanke durch die Seele, ob Du das wohl sein könntest. Aber Du warst es nicht, ob ich gleich eine brennende Sehnsucht hatte, Dich noch einmal zu sehen. Der Wagen rollte weiter, indessen mein Auge immer noch mit rückwärtsgewandtem Körper an das geliebte Haus hing. Mir traten Tränen ins Auge, ich wünschte herzlich zu weinen, aber ich bin schon zu lange davon entwöhnt.

Auf meiner ganzen Reise nach Berlin ist der Gedanke an Dich nur selten, sehr selten aus meiner Seele gewichen. Ich bin überzeugt, daß wenn man die Augenblicke der Zerstreuung zusammenrechnen wollte, kaum eine kleine Viertelstunde herauskommen würde. Nichts zerstreute mich, nicht das wirklich romantische *Steinhöffel* (ein Gut des Hofmarschalls *Massow*), wo gleichsam jeder Baum, jeder Zweig, ja selbst jedes Blatt nach einer entworfenen Idee des Schönen gepflanzt, gebogen und geordnet zu sein scheint; nicht der emporstrebende Rauch der Feueressen am Schlosse, der mich an die Anstalten erinnerte mit welchen man eine königliche Familie hier empfangen wollte; nicht der ganze königliche Troß, der, in eine Staubwolke gehüllt, vor mir dahin rollte; nicht die schöne, bereits fertige Chaussee von Friedrichsfelde nach Berlin, auf welcher ich jetzt nicht ohne Freude, aber, wenn ich sie gebaut hätte, nicht ohne Stolz gefahren wäre; selbst nicht die brennende Hitze des Tages, die mir auf den Scheiteln glühte, als ob ich unter der Linie wäre, und die so sehr sie auch meinen Körper erschlaffte, doch meinen Geist nicht in seiner liebsten Beschäftigung, in der Erinnerung an Dich stören konnte.

Als ich hinein fuhr in das Tor im Halbdunkel des Abends, und die hohen weiten Gebäude anfänglich nur zerstreut und einzeln umher lagen, dann immer dichter und dichter, und das Leben immer lebendiger, und das Geräusch immer geräuschvoller wurde, als ich nun endlich in die Mitte der stolzen Königsstadt war, und meine Seele sich erweiterte um so viele zuströmende Erscheinungen zu fassen, da dachte ich: wo mag wohl das liebe Dach liegen, das einst mich und mein Liebchen schützen wird? Hier an der stolzen Kolonnade? dort in jenem versteckten Winkel? oder hier an der offnen Spree? Werde ich einst in jenem weitläufigen Gebäude mit vierfachen Reihen von Fenstern mich verlieren, oder hier in diesem kleinen engen Häuschen mich immer wieder finden? Werde ich am Abend, nach vollbrachter Arbeit, hier durch dieses kleine Gäßchen, mit Papieren unter dem Arm zu Fuß nach meiner Wohnung gehen, oder werde ich mit Vieren stolz durch diese prächtige Straße vor jenes hohe Portal rollen? Wird mein liebes Minchen, wenn ich still in die Wohnung treten will, mir von oben herab freundlich zuwinken, und auf dieser dunkeln Treppe mir entgegenkommen, um früher den Kuß der Liebe auf die durstenden Lippen zu drücken, oder werde ich sie in diesem weiten Palast suchen und eine Reihe von Zimmern durchwandern müssen, um sie endlich auf dem gepolsterten Sofa unter geschmückten und geschminkten Weibern zu finden? Wird sie hier in diesem dunkeln Zimmer nur den dünnen Vorhang zu öffnen brauchen, um mir den Morgengruß zuzulächeln, oder wird sie von dem weitesten Flügel jenes Schlosses her am Morgen einen Jäger zu mir schicken, um sich zu erkundigen, wie der Herr Gemahl geschlafen habe? – – Ach, liebes Minchen, nein, gewiß, gewiß wirst Du das letzte nicht. Was auch die Sitte der Stadt für Opfer begehrt, die Sitte der Liebe wird Dir gewiß immer heiliger sein, und so mag denn das Schicksal mich hinführen, wohin es will, hier in dieses versteckte Häuschen oder dort in jenes prahlende Schloß, eines finde ich gewiß unter jedem Dache, *Vertrauen* und *Liebe*.

Aber, unter uns gesagt, je öfter ich Berlin sehe, je gewisser wird es mir, daß diese Stadt, so wie alle Residenzen und Hauptstädte kein eigentlicher Aufenthalt für die Liebe ist. Die Menschen sind hier zu zierlich, um wahr, zu gewitzigt, um offen zu sein. Die Menge von Erscheinungen stört das Herz in seinen Genüssen, man gewöhnt sich endlich in ein so vielfaches eitles Interesse einzugreifen, und verliert am Ende sein wahres aus den Augen.

*Carln* sprach ich gleich gestern morgen, aß bei ihm zu Mittag, er bei mir zu Abend. Ich grüßte *Kleisten* auf der Promenade, und ward durch eine Einladung zu heute Abend gestraft, denn dies ist wider meinen Plan. Mein erster Gang war zu *Struensee*, er war, was ich bloß fürchtete, nicht gewiß wußte, nicht zu Hause. Du brauchst dies nicht zu verschweigen. *Struensee* kommt den 26. wieder und dann werde ich ihn sprechen. Das ist *gewiß*. Du kannst sagen, daß ich so lange hier bleiben werde, welches jedoch nicht wahr ist. *Du* wirst die Wahrheit erfahren. – Mein zweiter Gang war zu *Beneken*, den ich aber heute wiederholen muß, weil er nicht zu Hause war. – Mein dritter war in den Buchladen, wo ich Bücher und Karten für Ulriken, den *Wallenstein von Schiller* – Du freust Dich doch? – für Dich kaufte. Lies ihn, liebes Mädchen, ich werde ihn auch lesen. So werden sich unsre Seelen auch in dem dritten Gegenstande zusammentreffen. Laß ihn nach Deiner Willkür auf meine Kosten binden und schreibe auf der innern

Seite des Bandes die bekannte Formel: H. v. K. an W. v. Z. Träume Dir so mit schönen Vorstellungen die Zeit unsrer Trennung hinweg. Alles was *Max Piccolomini* sagt, möge, wenn es einige Ähnlichkeit hat, für mich gelten, alles was *Thekla* sagt, soll, wenn es einige Ähnlichkeit hat, für Dich gelten.

Gestern abend ging ich in das berühmte *Panorama der Stadt Rom*. Es hat indessen, wie es scheint, seinen Ruhm niemandem zu danken, als seiner Neuheit. Es ist die erste Ahndung eines Panoramas (Panorama ist ein griechisches Wort. Für Dich ist es wohl weiter nichts, als ein unverständlicher Klang. Indessen damit Du Dir doch etwas dabei denken kannst, so will ich es Dir, nach Maßgabe Deiner Begreifungskraft, erklären. Die erste Hälfte des Wortes heißt ohngefähr so viel wie: *von allen Seiten, ringsherum;* die andere Hälfte heißt ohngefähr: *sehen, zu Sehendes, Gesehenes*. Daraus magst Du Dir nun nach Deiner Willkür ein deutsches Hauptwort zusammensetzen.) Ich sage, es ist die erste Ahndung eines Panoramas, und selbst die bloße Idee ist einer weit größeren Vollkommenheit fähig. Denn da es nun doch einmal darauf ankommt, den Zuschauer ganz in den Wahn zu setzen, er sei in der offnen Natur, so daß er durch *nichts* an den Betrug erinnert wird, so müßten ganz andere Anstalten getroffen werden. Keine Form des Gebäudes kann nach meiner Einsicht diesen Zweck erfüllen, als allein die kugelrunde. Man müßte auf dem Gemälde selbst stehen, und nach allen Seiten zu keinen Punkt finden, der nicht Gemälde wäre. Weil aber das Licht von oben hinein fallen und folglich oben eine Öffnung sein muß, so müßte um diese zu verdecken, etwa ein Baumstamm aus der Mitte sich erheben, der dick belaubte Zweige ausbreitet und unter dessen Schatten man gleichsam stünde. Doch höre, wie das alles ausgeführt ist. Zu mehrerer Verständlichkeit habe ich Dir den Plan beigelegt.

Am Eingange wird man höflichst ersucht, sich einzubilden, man stünde auf den Ruinen des Kaiserpalastes. Das kann aber wirklich, wenn man durch einen dunkeln Gang hinaufgestiegen ist bis in die Mitte, nicht ohne große Gefälligkeit geschehen. Man steht nämlich auf tüchtigen Fichtenbrettern, welche wie bekannt, mit dem carrarischen Marmor nicht eben viele Ähnlichkeit haben. Aus der Mitte erhebt sich ein vierkantiger Pfahl, der eine glatte hölzerne Decke trägt, um die obere Öffnung zu verdecken. Was das eigentlich vorstellen soll, sieht man gar nicht ein; und um die Täuschung vollends mit dem Dolche der Wirklichkeit niederzubohren, hangen an jeder Seite des Pfahles vier niedliche Spiegel, die das Bild des Gemäldes auf eine widerliche künstliche Art zurückwerfen. Der Raum für die Zuschauer ist durch eine hölzerne Schranke begrenzt, die ganz an die Barrieren der Luftspringer oder Kunstreiter erinnert. Drüber hin sieht man zunächst weiß und rot marmorierte Leinwand in gestaltlosen Formen aufgehängt und gestützt, und vertieft und gehoben, was denn, wie Du Dir leicht denken kannst, nichts weniger als die durch den Zahn der Zeit zerknirschten Trümmer des Kaiserpalastes vorstellen soll. Nächst diesem Vordergrunde, folgt eine ohngefähr 3 Fuß hohe im Kreise senkrecht umhergestellte Tapete, mit Blättern, Gesteinen, und Trümmern bemalt, welches gleichsam den Mittelgrund, wie auf unsern Theatern, andeutet. Denke Dir dann im Hintergrunde, das eigentliche Gemälde, an einer senkrechten runden Wand, denke Dir einen inwendig bemalten runden Turm, und Du hast die ganze Vorstellung des berühmten Panoramas.

Der Gegenstand des Gemäldes ist interessant, denn es ist *Rom*. Aber auch dieser ist zuweilen schlecht ausgeführt. Die Natur selbst, bilde ich mir ein, hat es wenigstens gewiß besser gemacht. Das ist eine Fülle von Gegenständen, ein Reichtum von Schönheiten und Partien, deren jede einzeln einen Ort interessant machen würde. Da sind Täler, Hügel, Alleen, heilige Haine, Grabmäler, Villen, Ruinen, Bäder, Wasserleitungen (nur kein Wasser selbst), Kapellen, Kirchen, Pyramiden, Triumphbögen, der große ungeheure Zirkus und das prächtige Rom. Das letzte besonders tut sein möglichstes zum Betrug. Der Künstler hat grade den Moment des Sonnenunterganges gut getroffen, ohne die Sonne selbst zu zeigen, die ein Felsen (Numro 1) verbirgt. Dabei hat er Rom, mit seinen Zinnen und Kuppeln so geschickt zwischen der Sonne und dem Zuschauer situiert, daß der melancholische dunkle Azurschleier des Abends, der über die große Antike liegt, und aus welchem nur hin und wieder mit heller Purpurröte die erleuchteten Spitzen hervorblitzen, seine volle Wirkung tut. Aber kein kühler Westwind wehte über die Ruinen, auf welchen wir standen, es war erstickend heiß in dieser Nähe von Rom, und ich eilte daher wieder nach Berlin, welche Reise diesmal nicht beschwerlich und langwierig war. –

Soeben tritt ein bewaffneter Diener der Polizei zu mir herein, und fragt mich, ob ich, der ehemalige Lieut. v. K., mich durch Dokumente legitimieren könne. Gott sei Dank, dachte ich, daß du nicht ein französischer oder polnischer Emigrierter bist, sonst würde man dich wohl höflichst unverrichteter Sache wieder zum Tore hinaus begleiten. Wer weiß ob er nicht dennoch nach Frankfurt schreibt, um sich näher nach mir zu erkundigen. Denn der seltsame militärisch-akademische Zwitter schien ihm doch immer noch ein Anomalon (Ausnahme von der Regel) in dem Bezirk seiner Praxis zu sein. –

Soeben komme ich von *Beneken* zurück und bringe meiner Schwester Wilhelmine gute Nachrichten. Gib ihr einliegenden Zettel. – Zu welchen Abscheulichkeiten sinkt der Mensch hinab, wenn er nichts als seinen eignen Vorteil im Auge hat. Pfui! Lieber alles verlieren, als durch solche Mittel gewinnen. Mein armes Minchen hatte auch ein besseres Schicksal verdient. Das sind die Folgen eines einzigen unseligen Entschlusses! – Werden wir wohl noch einmal uns scheiden? Statt dieser zärtlichen Briefe gerichtliche Klagen und Vorwürfe aufschreiben? In diesen wohlwollenden Herzen einst Haß und Rache nähren? Mit diesen getreuen Kräften einst wechselseitig uns in Schande und Elend stürzen? – Werden *wir* uns scheiden? – *Wir nicht*, mein liebes Mädchen. Aber *einer* wird uns freilich scheiden, *einer*, der auch schwarz aussehen soll, wie man sagt, ob er gleich kein Priester ist. Doch der scheidet immer nur die Körper.

Als ich von *Beneken* zurück kam, begegnete ich *Neddermann*, zierlich geputzt, in Schuhen, triefend von Schweiß. Wo kommen Sie her, mein Freund? – Aus dem Examen. –

---

Ich eile zum Schlusse. Lies die Instruktion oft durch. Es wäre am besten wenn Du sie auswendig könntest. Du wirst sie brauchen. Ich vertraue Dir *ganz*, und darum sollst Du mehr von mir erfahren als irgend einer.

Mein Plan hat eine Änderung erlitten, oder besser, die Mittel dazu; denn der Zweck steht fest. Ich fühle mich zu schwach *ganz allein* zu handeln, wo etwas so Wichtiges aufs Spiel steht. Ich suche mir daher jetzt, ehe ich handle, einen *weisen, ältern* Freund auf, den ich Dir nennen werde, sobald ich ihn gefunden habe. Hier ist er nicht, und in der Gegend auch nicht. Aber er ist – – soll ich Dir den Ort nennen? Ja, das will ich tun! *Ulrike* soll immer nur erfahren, wo ich *bin*, Du aber, mein geliebtes Mädchen, *wo ich sein werde*. Also kurz: Morgen geht es nach – – – – *Pasewalk. Pasewalk?* Ja, Pasewalk, Pasewalk. Was in aller Welt willst du denn dort? – Ja, mein Kind, so fragt man die Bauern aus! Begnüge Dich mit raten, bis es für Dich ein Glück sein wird, zu *wissen.* In 5 oder höchstens 7 Tagen bin ich wieder hier, und besorge meine Geschäfte bei Struensee. Dann ist die Reise noch nicht zu Ende – Du erschrickst doch nicht? Lies Du nur fleißig zur Beruhigung meine Briefe durch, wie ich Deine Aufsätze. Und schreibe mir nicht anders, als bis ich Dir genau andeute, wohin? Auch mußt Du immer auf Deine Briefe schreiben: *selbst abzuholen.* Morgen denke ich hier einen Brief von Dir zu finden. Jetzt aber mußt Du gleich wieder schreiben, und zwar so, daß der Brief den 22. spätestens in Berlin eintrifft. Sei klug und verschwiegen. Restés fidèle.

Dein Freund H. K.

N. S. Carl kommt mir nicht von der Seite und zerbricht sich den Kopf, was ich vorhabe. Ich werde ihm das Versprechen abnehmen, nicht zu erforschen, was ich will. Unter dieser Bedingung will ich ihm versprechen, daß er immer von Dir erfahren soll, wo ich bin. Das kannst Du ihm dann schreiben, doch weiter nichts. Du kannst auch sagen, daß ich in Berlin bei Carln wohne. Sollte er auf Urlaub nach Fr. kommen, so bin ich ausgezogen, nach Potsdam gegangen, wie Ihr wollt, nur immer Ihr beide einstimmig. Wenn Carl nur sieht, daß Du alles weißt, so wird er nicht erstaunen und sich verwundern, welches ich in alle Fälle gern vermeiden möchte. Hilf mir meinen Plan so ausführen, liebes Mädchen, *Dein* Glück ist so gut dabei interessiert, ja vielleicht mehr noch, als das meinige. Das alles wirst Du einst besser verstehen. Lebe wohl. Predige nur in allen Deinen Briefen Carln Verschwiegenheit vor. Er soll gegen niemanden viel von mir sprechen, und dringt einer auf ihn ein, antworten, er wisse von nichts. Adieu. Adieu. In 3 Tagen folgt ein zweiter Brief.

(Nimm immer die Karte von Deutschland zur Hand und siehe zu, wo der Ort liegt, in welchem ich mich befinde.) – Der erste, dem Du das Gedicht von *Schiller* leihst, muß *Ulrike* sein.

### 13. An Wilhelmine von Zenge

An das Stiftsfräulein Wilhelmine v. Zenge
Hochwürden und Hochwohlgeboren zu Frankfurt a. O.

Pasewalk, den 20. August 1800

Mein teures liebes Mädchen. Kaum genieße ich die erste Stunde der Ruhe, so denke ich auch schon wieder an die Erfüllung meiner Pflicht, meiner lieben, angenehmen Pflicht. Zwar habe ich den ganzen Weg über von Berlin nach Pasewalk an Dich geschrieben, trotz des Mangels an allen Schreibmaterialien, trotz des unausstehlichen Rütteln des Postwagens, trotz des noch unausstehlicheren Geschwätzes der Passagiere, das mich übrigens so wenig in meinem Konzept störte, als die Bombe in Stralsund Carln XII. in dem seinigen. Aber das Ganze ist ein Brief geworden, den ich Dir nicht anders als mit mir selbst und durch mich selbst mitteilen kann, denn, unter uns gesagt, es ist mein Herz. Du willst aber schwarz auf weiß sehen, und so will ich Dir denn mein Herz so gut ich kann auf dieses Papier malen, wobei Du aber nie vergessen mußt, daß es bloße Kopie ist, welche das Original nie erreicht, nie erreichen kann.

Ich reisete den 17. morgens um 8 Uhr mit der Stettiner bedeckten Post von Berlin ab. Deinem Bruder hatte ich das Versprechen abgenommen, weder das Ziel noch den Zweck meiner Reise zu erforschen, und hatte ihm dagegen das Versprechen gegeben, durch meine Vermittlung immer von Dir den Ort meines Aufenthaltes zu erfahren. Diesen kannst Du ihm denn auch immer mitteilen, es müßten denn in der Folge Gründe eintreten, welche mir das Gegenteil wünschen lassen. Das werde ich Dir aber noch schreiben.

Ich hatte am zweiten Abend vor meiner Abreise bei *Kleisten* gegessen, und obgleich die Tafel gar nicht überflüssig und leckerhaft gedeckt war, so hatte ich doch gleichsam in der Hitze des Gesprächs mit sehr interessanten Männern mehr gegessen, als mir dienlich war. Ich befand mich am andern Tage und besonders in der letzten Nacht sehr übel, wagte aber die Reise, welche *notwendig* war, doch, und der Genuß der freien Luft, Diät, das Rütteln des Wagens, vielleicht auch die Aussicht auf eine frohe Zukunft haben mich wieder ganz kuriert.

– Ich habe auch deinen lieben *Wittich* in Berlin gesehen und gesprochen, und finde, daß mir mein ehemaliger Nebenbuhler keine Schande macht. Ich habe zwar bloß sein Äußeres, seine Rüstung, kennen gelernt, aber es scheint mir, daß etwas Gutes darunter versteckt ist. Ich würde aber dennoch den Kampf mit ihm um Deine Liebe nicht scheuen. Denn obgleich seine Waffen heller funkeln als meine, so habe ich doch ein Herz, das sich mit dem besten messen kann; und Du, hoffe ich, würdest entscheiden, wie es *recht* ist.

Von meiner Reise läßt sich diesmal nichts sagen. Ich bin durch Oranienburg, Templin, Prenzlow hierhergekommen, ohne daß sich von dieser ganzen Gegend etwas Interessanteres sagen ließe, als dieses daß sie ohne alles Interesse ist. Das ist nichts, als Korn auf Sand, oder Fichten auf Sand, die Dörfer elend, die Städte wie mit dem Besen auf ein Häufchen zusammengekehrt. Denn rings um die Mauern ist alles so rein und proper, daß man oft einen Knedelbaum vergebens suchen würde. Es scheint als ob dieser ganze nördliche Strich Deutschlands von der Natur dazu bestimmt gewesen wäre, immer und ewig der Boden des Meeres zu bleiben, und daß das Meer sich gleichsam nur aus Versehn so weit zurückgezogen und so einen Erdstrich gebildet hat, der ursprünglich mehr zu einem Wohnplatz für Walfische und Heringe, als zu einem Wohnplatz für Menschen bestimmt war.

Diesmal mußt Du also mit dieser magern Reisebeschreibung vorlieb nehmen. Ich hoffe Dir künftig interessantere Dinge schreiben zu können. – Und nun zu dem, worauf Du gewiß mit Deiner ganzen Seele gespannt bist, und wovon ich Dir doch nur so wenig mitteilen kann. Doch alles, was jetzt für Dich zu wissen gut ist, sollst Du auch jetzt erfahren.

Du kannst doch Deine Lektion noch auswendig? Du liesest doch zuweilen meine Instruktion durch? Vergiß nicht, liebes Mädchen, was Du mir versprochen hast, *unwandelbares Vertrauen in meine Liebe zu Dir*, und *Ruhe über die Zukunft*. Wenn diese beiden Empfindungen immer in Deiner Seele lebendig wären, und durch keinen Zweifel niemals gestört würden, wenn ich dieses *ganz gewiß* wüßte, wenn ich die *feste Zuversicht* darauf haben könnte, o dann würde ich mit Freudigkeit und Heiterkeit meinem Ziele entgegen gehen können. Aber der Gedanke – Du bist doch nur ein schwaches Mädchen, meine unerklärliche Reise, diese wochenlange, vielleicht monatelange Trennung – – o Gott, wenn Du krank werden könntest! Liebes, teures, treues Mädchen! Sei auch ein *starkes* Mädchen! Vertraue Dich mir ganz an! Setze Dein ganzes Glück auf meine Redlichkeit! Denke Du wärest in das Schiff meines Glückes gestiegen, mit allen Deinen Hoffnungen und Wünschen und Aussichten. *Du* bist schwach, mit Stürmen und Wellen kannst *Du* nicht kämpfen, darum vertraue Dich mir an, mir, der mit Weisheit die Bahn der Fahrt entworfen hat, der die Gestirne des Himmels zu seinen Führern zu wählen, und das Steuer des Schiffes mit starkem Arm, mit *stärkerm* gewiß als Du glaubst, zu lenken weiß! Wozu wolltest Du klagen, Du, die Du das Ziel der Reise, und ihre Gefahr nicht einmal kennst, ja vielleicht Gefahren siehst, wo gar keine vorhanden sind? Sei also ruhig! So lange der Steuermann noch lebt, sei ruhig! *Beide* gehen unter in den Wellen, oder *beide* laufen glücklich in den Hafen; kann sich die Liebe, die *echte* Liebe, ein freundlicheres Schicksal wünschen?

Eben damit Du ganz ruhig sein möchtest, habe ich Dir, die einzige in der Welt, alles gesagt, was ich sagen durfte, nichts, auch das mindeste nicht vorgelogen, nur verschwiegen, was ich verschweigen mußte. Darum, denke ich, könntest Du wohl auch schon Vertrauen zu mir fassen. Das meinige wird von Dir nie wanken. Ich habe zwar am Sonntage keinen Brief gefunden, ob Du mir gleich versprochen hattest, noch vor Deiner Reise nach Tamsel an mich zu schreiben; aber ich fürchte eher, daß Du Deine Gesundheit, als Deine Liebe zu mir verloren hättest, ob mir gleich das erste auch schrecklich wäre. – Liebes Mädchen, wenn Du krank sein solltest, und ich erfahre dies in Berlin, so bin ich in zwei Tagen bei Dir. Aber ich fürchte das nicht – o weg mit dem häßlichen Gedanken!

Ich komme zu einer frohen Nachricht, die Dir gewiß auch recht froh sein wird. Denn alles was mir zustößt, sei es Gutes oder Böses, auch wenn Du es gar nicht deutlich kennst, das trifft auch Dich, nicht wahr? Das war die Grundlage unseres Bundes. Also höre! Mein erster Plan ist ganz vollständig geglückt. Ich habe einen *ältern, weisern* Freund gefunden, grade den, den ich am innigsten wünsche. Er stand nicht einen Augenblick an, mich in meinem Unternehmen zu unterstützen. Er wird mich bis zu seiner Ausführung begleiten. Nun bist Du doch ruhig? Du weißt doch mit welcher Achtung ich und Ulrike von einem gewissen *Brokes* sprach, den wir auf *Rügen* kennen gelernt haben? Der ist es. – Gott gebe, daß mir die Hauptsache so glückt, dann sind niemals zwei glücklichere Menschen gewesen, als *Du* und *ich*. – Aber das alles behältst Du für Dich. Das habe ich niemandem anvertraut, als der *Geliebten*. Das Fräulein von Zenge weiß es aber nicht anders, als daß ich in *Berlin* bin, und so darf es auch kein anderer anders von ihr erfahren. Grüße Vater und Mutter und beide Familien von dem Herrn von Kleist der in Berlin ist. Da treffe ich auch wirklich wieder den 24. August ein, doch halte ich mich dort nicht lange auf. Ich empfange bloß einen Brief von Dir, den ich *gewiß* aufzufinden hoffe, und spreche mit *Struensee;* dann geht es weiter, wohin? das sollst Du erfahren, ich weiß es selbst noch nicht gewiß. Du sollst dann überhaupt mehr von dem Ganzen meiner Reise erfahren; doch Dein Brief, den ich in Berlin erhalten werde, wird bestimmen – wie viel. Wenn ich mit *ganzer Zuversicht* auf Dein *Vertrauen* und Deine *Ruhe* rechnen kann, so lasse ich jeden Schleier sinken, der nicht notwendig ist.

Dein treuer Freund H. K.

*14. An Ulrike von Kleist*

Coblentz bei Pasewalk, den 21. August 1800

Du vergißt doch nicht, daß ich *Dir allein* meinen Aufenthalt mitteile, und daß er aus Gründen jedem andern Menschen verschwiegen bleiben muß? Ich habe ein unumschränktes Vertrauen zu Dir, und darum verschweige ich Dir nichts, was zu verschweigen nicht notwendig ist. Vertraue auch mir, und tue keinen eigenmächtigen Schritt, der üblere Folgen haben könnte, als Du glaubst. Elisabeth ehrte die Zwecke Posas, auch ohne sie zu kennen. Die meinigen sind wenigstens gewiß der Verehrung jedes edeln Menschen wert.

Ich habe mich hier mit *Brokes* vereinigt. Er hat mit mir denselben Zweck, und das könnte Dich noch ruhiger machen, wenn Dich die Unerklärlichkeit meiner Reise beunruhigen sollte. *Brokes* ist ein trefflicher junger Mann, wie ich wenige in meinem Leben gefunden habe. Wir werden beide gemeinschaftlich eine Reise machen – nicht zu unserm Vergnügen, das schwöre ich Dir; wie hätte ich Dich so um Deine liebsten Freuden betrügen können? – Nein. Vielmehr es liegt ein *sehr ernster* Zweck zum Grunde, der uns wahrscheinlich nicht eher ein ganz ungestörtes Vergnügen genießen lassen wird, als bis er erreicht ist. Die Mitwissenschaft eines Dritten war unmöglich, wenigstens stand es nicht in meiner Willkür über das Geheimnis zu schalten; sonst würde meine *edelste* Schwester gewiß auch meine *Vertraute* geworden sein.

Ich baue ganz auf Dein Vertrauen zu mir und auf Deine Verschwiegenheit. Wenn ich das nicht darf, Ulrike, so schreibe es mir nach Berlin, und ich ergreife andere Maßregeln. Nur in der festen Zuversicht auf Deine unwandelbare Treue wirst Du immer von mir den Ort erfahren, an welchen mich die Bahn unsers Zweckes führt. Täuschen wirst Du mich nicht. Du wirst meine gerechte Forderungen erfüllen, auch ohne es versprochen zu haben. Denn alles was wenige tun würden, erwarte ich von Dir.

Ich bleibe hier in Coblentz bis morgen. Ich treffe d. 24. in Berlin ein. Dahin mußt Du mir gleich nach Empfang dieses Briefes schreiben, wenn Du mir die Freude machen willst, von Deiner Hand zu sehen, was Du von meinem Vorhaben denkst. Ich habe alles Hiesige von Dir gegrüßt. Alles läßt Dich wieder grüßen. Ich habe der Gräfin den Wallenstein zurückgelassen, weil sie es wünschte. Sie wird ihn Dir bei ihrer Durchreise durch Frankfurt überliefern. Du kannst das Buch als ein Geschenk von mir betrachten, denn sein Inhalt muß nicht gelesen, sondern gelernt werden. Ich bin begierig ob Wallenstein den Carlos bei Dir verdrängen wird. Ich bin unentschieden.

Adieu. Grüße alles von mir *aus Berlin*. Die Gräfin Eickstedt wird zwar, wenn sie in Frankfurt ist, von mir und meiner Gegenwart in Coblentz erzählen; allein Du kannst alsdann sagen, ja, Du wüßtest es, ich hätte Dich aber gebeten, es zu verschweigen. So wünschte ich, daß Du es mit allem machen möchtest, was von meiner Reise entdeckt werden sollte. Hilf mir meinen Plan ausführen, liebes Ulrikchen, er verdient es. Adieu.

Heinrich.
– N. S. Weißt Du, daß das Turnier in Schwedisch-Pommern beim Gf. v. Falkenstein in Consages sein wird?

## 15. An Wilhelmine von Zenge

Coblentz bei Pasewalk, den 21. August 1800

Weil doch die Post vor morgen abend nicht abgeht, so will ich noch ein Blättchen Papier für Dich beschreiben, und wünsche herzlich daß die Lektüre desselben Dir nur halb so viel Vergnügen machen möge, als mir das Geschäft des Schreibens. Du wirst zwar nun ein paarmal vergebens auf die Post schicken, und das Herzchen wird mit jeder Stunde stärker und stärker zu klopfen anfangen; aber Du mußt vernünftig werden, Wilhelmine. Du kennst *mich*, und, wie ich hoffe, doch gewiß *im Guten*. Daran halte Dich. Du kennst überdies immer den Ort meines Aufenthaltes, und von dem Zwecke meiner Reise weißt Du doch wenigstens so viel, daß er *vortrefflich* ist. *Unser Glück* liegt dabei zum Grunde, und es kann, welches eine Hauptsache ist, *nichts dabei verloren*, doch *alles dabei gewonnen* werden. Also beruhige Dich für immer, was auch immer vorfallen mag. Wie leicht können Briefe auf der Post liegen bleiben, oder sonst verloren gehen; wer wollte da gleich sich ängstigen? Geschrieben habe ich gewiß, wenn Du auch durch Zufall nicht eben sogleich den Brief erhalten solltest. Damit wir aber immer beurteilen können, ob unsere Briefe ihr Ziel erreicht haben, so wollen wir beide uns in jedem Schreiben wechselseitig wiederholen, wie viele Briefe wir schon selbst geschrieben und empfangen haben. Und so mache ich denn hiermit unter folgender Rubrik den Anfang:

| *Abgeschickt* | *Empfangen* |
|---|---|
| Von *Berlin* den 1. Brief. | – – – – |

Ich hoffe, daß ich auch bald die andere Rubrik werde vollfüllen können. – Und noch eins. Ich führe ein Tagebuch, in welchem ich meinen Plan täglich ausbilde und verbessre. Da müßte ich mich denn zuweilen wiederholen, wenn ich die Geschichte des Tages darin aufzeichnen sollte, die ich Dir schon mitgeteilt habe. Ich werde also dieses ein für allemal darin auslassen, und die Lücken einst aus meinen Briefen an Dich ergänzen. Denn das Ganze hoffe ich wird Dir einst sehr interessant sein. Du mußt aber nun auch diese Briefe recht sorgsam aufheben; wirst Du? Oder war schon dieses Gesuch überflüssig? Liebes Mädchen, ich küsse Dich.

Und nun zur Geschichte des Tages. – Ach, mein bestes Minchen, wie unbeschreiblich beglückend ist es, einen weisen, zärtlichen Freund zu finden, da wo wir seiner grade recht innig bedürfen. Ich fühlte mich stark genug den hohen Zweck zu entwerfen, aber zu schwach um ihn allein auszuführen. Ich bedurfte nicht sowohl der Unterstützung, als nur eines weisen Rates, um die zweckmäßigsten Mittel nicht zu verfehlen. Bei meinem Freunde *Brokes* habe ich alles gefunden, was ich bedurfte, und dieser Mensch müßte auch Dir jetzt vor allen andern, *nach mir* vor allen andern teuer sein. Ihm habe ich mich ganz anvertraut, und er ehrte meinen Zweck, sobald er ihn kannte, so wie ihn denn jeder edle Mensch, der ihn fassen kann, ehren *muß*. Ach, mein teures *edles* Mädchen, wenn auch Du meinen Zweck ehren könntest, auch selbst ohne ihn zu kennen! Das würde mir ein Zeichen Deiner Achtung sein, ein Zeichen, das mich unaussprechlich stolz machen würde. Niemals, niemals wirst Du mir einen so unzweideutigen Beweis Deiner Achtung geben können, als jetzt. Ach, wenn Du dies versäumtest – – Wirst Du? Oder war auch diese Erinnerung überflüssig? Liebes Mädchen, ich küsse Dich wieder – –

Auch *Brokes* sieht ein, daß die Wahrscheinlichkeit eines glücklichen Erfolges groß ist. Wenigstens, sagte er, ist keine Gefahr vorhanden, in keiner Hinsicht, und wenn ich nur auf Deine Ruhe rechnen könnte, so wäre ein Haupthindernis gehoben. Ich hatte über den Gedanken dieses Planes schon lange lange gebrütet. Sich dem blinden Zufall überlassen, und warten, ob er uns endlich in den Hafen des Glückes führen wird, das war nichts für mich. Ich war Dir und mir schuldig, zu handeln. »Nicht aus des Herzens bloßem Wunsche keimt« etc. – »der Mensch soll mit der Mühe Pflugschar« etc. etc. – das sind herrliche, wahre Gedanken. Ich habe sie so oft durchgelesen, und sie scheinen mir so ganz aus Deiner Seele genommen, daß Deine Schrift das übrige tut um mir vollends einzubilden, das Gedicht wäre von keinem andern, als von Dir. So oft ich es wieder lese fühle ich mich gestärkt selbst zu dem Größten, und so gehe ich denn fast mit Zuversicht meinem Ziele entgegen. Doch werde ich vorher noch gewiß *Struensee* sprechen, um mir auf jeden Fall den Rückzug zu sichern. – *Brokes*, der schon diesen Herbst zu einer Reise bestimmt hatte, wird mich begleiten. Also kannst Du noch um so ruhiger sein. Du mußt nichts als die größte Hoffnung auf die Zukunft in Deiner Seele nähren.

Hast Du auch *Deine* Freundin schon wieder gefunden? Die Clausius, oder die Koschenbahr? Herzlich, herzlich, wünsche ich es Dir. Wahre, echte Freundschaft kann *fast* die Genüsse der Liebe ersetzen – Nein, das war doch noch zu viel gesagt; aber viel, sehr viel kann ein Freund tun, wenn der Geliebte fehlt. Wenigstens gibt es keine anderen Genüsse, zu welchen sich die Liebe so gern herab ließe, wenn sie ihr ganzes Glück genossen hat und auf eine Zeitlang feiern muß, als die Genüsse der Freundschaft. Vor allen andern Genüssen ekelt ihr, wie dem Schlemmer vor dem Landwein wenn er sich in Champagner berauscht hat. Daher ist es mit einer meiner herzlichsten Wünsche, daß Du eine von diesen beiden Freundinnen recht lange bei Dir behalten mögest, wenigstens so lange, bis ich zurückkomme. Erzähle ihr immerhin von mir, wenn sie Dir von dem *ihrigen* erzählt hat; denn das könnt ihr Weiber doch wohl nicht gut lassen, nicht wahr? Aber sei klug. Was ich Dir vertraue, *Dir allein*, das bleibt auch in Deinem Busen vor allen andern verschlossen. Laß Dich nicht etwa in einer zärtlichen Stunde verleiten mehr zu erzählen, als Du darfst. Minchen, Du weißt es nicht, wie viel an Deine Verschwiegenheit hangt. *Dein* Glück ist auch dabei im Spiel; also sorge für Dich und mich zugleich, und befolge genau, ohne Einschränkung, ohne Auslegung, wörtlich worum ich Dich herzlich und ernsthaft bitte. Kannst Du Dir den Genuß einige von meinen Briefen Deiner lieben Freundin mitzuteilen, nicht verweigern, so zeige ihr frühere Briefe, aber *diese* nicht; wenigstens daraus nichts, aus welchem sich nur auf irgend eine Art mein *wirklicher* Aufenthalt erkennen ließe. Denn dieser *muß* vor allen Menschen verschwiegen bleiben, außer vor *Dir* und *Ulriken*.

Doch ich wollte Dir ja die Geschichte des Tages erzählen und komme immer wieder zu meinem Plane zurück, weil mir der unaufhörlich im Sinne liegt. Du bist aufs Innigste mit meinem Plane verknüpft, also kannst Du schließen, wie oft ich an Dich denke. Denkst Du wohl auch so oft an mich? – – Doch zur Sache.

Weil, wie gesagt, die Post, die mich und *Brokes* nach Berlin führen soll, erst morgen abend abgeht (denn dieselbe Post trennt sich in Prenzlow und bringt Dir diesen Brief nach Frankfurt), so beschloß ich mit *Brokes* so lange auf seinem bisherigen Wohnort zu verweilen. Dies ist *Coblentz*, ein Landgut des Grafen von *Eickstedt*, der die Güte hatte, mich einladen zu lassen. Seine Gemahlin hatte ich auf *Rügen* kennen gelernt. Wir bestellten die Post in *Pasewalk* nach *Berlin* und fuhren den 20. nachmittags um 2 Uhr von dort ab.

Ich fand in der Nähe von Coblentz weite Wiesen, mit Graben durchschnitten, umgeben mit großen reinlich gehaltenen Wäldern, viel junges Holz, immer verzäunt und geschlossen, ausgebesserte Wege, tüchtige Brücken, viele zerstreute Vorwerke, massiv gebaut, fette zahlreiche Herden von Kühen und Schafen etc. etc. Die Vorwerke hießen: Augustenhain, Peterswalde, Carolinum, Carolinenburg, Dorotheenhof etc. etc. Wo nur eine Tür war, da glänzte auch ein Johanniterkreuz, auf jedem Dache, auf jedem Pfahle war es vielfach aufgepflanzt. Als ich vor das Schloß fuhr, fand ich, von außen, zugleich ein uraltes und nagelneues Gebäude, zehnmal angefangen, nie vollendet, heute nach dieser Idee, über das Jahr nach einer andern, hier ein Vorsprung, dort ein Einschnitt, immer nach dem Bedürfnis des Augenblicks angebaut und vergrößert. Im Hause kam mir die alte würdige Gräfin freundlich entgegen. Der Graf war nicht zu Hause. Er war mit einigen andern Damen nach Augustenhain gefahren. Indessen ich lernte ihn doch noch in seinem Hause kennen, noch ehe ich ihn sah. Dunkle Zimmer, schön möbliert, viel Silber, noch mehr Johanniterkreuze, Gemälde von großen Herren, Feldmarschälle, Grafen, Minister, Herzoge, er in der Mitte, in Lebensgröße, mit dem Scharlachmantel, auf jeder Brust einen Stern, den Ordensband über den ganzen Leib, an jeder Ecke des Rahmens ein Johanniterkreuz. Wir gingen, Brokes und ich, nach Augustenhain. Ein ordentlicher Garten, halb französisch, halb englisch, schöne Lusthäuser, Orangerien, Altäre, Grabmäler von Freunden, die vornehme Herren waren, ein Tempel dem großen

Friedrich gewidmet; große angelegte Waldungen, weite urbargemachte, ehemals wüste, jetzt fruchtbare Felder, viele Meiereien, Pferde, Menschen, Kühe, schöne nützliche Ställe auf welchen aber das Johanniterkreuz nie fehlte – – – – Wenn man die Schnecke an ihrer Muschel erkennen kann, rief ich, so weiß ich auch wer hier wohnt.

Ich hatte es getroffen. Ich fand Ökonomie und Liberalität, Ehrgeiz und Bedürfnis, Weisheit und Torheit in einem Menschen vereinigt, und dieser war kein andrer als der Gr. v. Eickstedt.

---

Liebes Mädchen, ich werde abgerufen, und kann Dir nun nicht mehr schreiben. Lebe wohl. In Berlin finde ich einen Brief von Dir, und wenn er mir recht gefällt, recht *vernünftig* und *ruhig* ist, so erfährst Du viel Neues von mir. Adieu. H. K.

*16. An Ulrike von Kleist*

Berlin, den 26. August 1800

Mein liebes Ulrickchen. Es steht eine Stelle in Deinem Briefe, die mir viele Freude gemacht hat, weil sie mir Dein festes Vertrauen auf meine Redlichkeit, selbst bei den scheinbar widersprechendsten Umständen, zusichert. Du wirst finden daß ich dessen bedarf. Ich teile *Dir* jetzt ohne Rückhalt alles mit, was ich nicht verschweigen muß. Ich reise mit Brockes nach Wien. Ich werde manches Schöne sehen, und jedesmal mit Wehmut daran denken, wie vergnügt Du dabei gewesen wärest, wenn es *möglich* gewesen wäre, Dich an dieser Reise Anteil nehmen zu lassen. Doch das Schöne ist diesmal nicht Zweck meiner Reise. Unterlasse alle Anwendungen, Folgerungen, und Kombinationen. Sie *müssen* falsch sein, weil Du mich nicht *ganz* verstehen kannst. Halte Dich bloß an das, was ich Dir gradezu mitteile. Das ist buchstäblich wahr.

Du bietest mir Deine ferneren Dienste an. Ich werde davon Gebrauch machen, ohne Deine Freundschaft zu mißbrauchen. Du wirkst unwissend zu einem Zwecke mit, der *vortrefflich* ist. Ich stehe daher nicht an, Dich um eine neue Gefälligkeit zu ersuchen. Oder eigentlich ist es Brockes, für den ich etwas erbitte.

*Brockes* reisete mit mir von Coblentz ab, und nannte der Eickstädtschen Familie kein anderes Ziel seiner Reise als Berlin. Du darfst der Gräfin Eickstädt, wenn Du sie in Frankfurt sprichst, diesen Glauben nicht benehmen. *Brockes* hatte einen Wechsel von 600 Rth., auf einen Bankier in Schwerin gestellt. Es war zu weitläufig, das Geld sich von Schwerin her schicken zu lassen. Er nahm ihn also nach Berlin mit, um ihn bei dem hiesigen mecklenburgischen Agenten umzusetzen. Der aber war verreiset und kein andrer hiesiger Bankier kennt Brockes. Er hat nun also doch von hier aus nach Schwerin schreiben müssen. Wir dürfen uns aber in Berlin nicht länger verweilen. Das Geld könnte frühstens in 4 Wochen in Wien sein. Wir bedürfen dies aber gleich, nicht um die Reisekosten zu bestreiten, sondern zu dem eigentlichen Zwecke unsrer Reise. Ferner würde der Mecklenburgische Bankier dadurch erfahren, daß Brockes in Wien ist, welches durchaus verschwiegen bleiben soll. Uns bleibt also kein anderes Mittel übrig als unsre einzige Vertraute, als Du. Wir ersuchen Dich also, wenn es Dir möglich ist, 100 Dukaten nach Wien zu schicken, und zwar an den Studenten Buchholz, denn so heißt Brockes auf dieser Reise. Das müßte aber bald geschehen. Auch müßte auf der Adresse stehen, daß der Brief selbst abgeholt werden wird. Nun höre die Bedingungen. Du erhältst dies Geld auf jeden Fall, Du magst in unsere Bitte willigen oder nicht, in spätestens 3 Wochen von Schwerin. Brockes hat nämlich auf meine Versicherung, daß Du gewiß zu unserm Zwecke mitwirken würdest, wenn es Dir möglich wäre, bereits nach Schwerin geschrieben, an den mecklenburgischen Minister Herrn von Brandenstein. Dieser wird in Schwerin das Geld heben und es Dir nach Frankfurt schicken. Sollte es Dir also nicht möglich gewesen sein, uns früher mit Geld auszuhelfen, so schicke uns wenigstens das empfangne Geld sogleich nach Wien unter untenstehender Adresse. Solltest Du aber schon aus eigenen Mitteln uns 100 Dukaten überschickt haben, so behältst Du die empfangenen 60 Fr.dor, und Brockes wird sich mit Dir bei unserer Zurückkunft berechnen wegen des Agios. Sollte bei dem zu empfangenden Gelde zugleich ein Brief von Brandenstein an Brokes vorhanden sein, so darfst Du diesen unter der Adresse: an Brokes nicht nachschicken, sondern Du kannst ihn erbrechen und bei Dir behalten, und uns nur den Inhalt melden.

Brokes heißt nicht Buchholz sondern *Bernhoff*. Die Adresse also ist:

An

den Studenten der Ökonomie

Herrn Bernhoff

Wohlgeboren

     zu *Wien*

(selbst abzuholen)

---

Willst Du mich mit einem Brief erfreuen, so ist die Adresse:

An

den Studenten der Mathematik

Herrn Klingstedt

Wohlgeb.

     zu *Wien*

(selbst abzuholen)

---

Ich brauche doch nicht zu wiederholen, daß niemand dies alles erfahren darf? Niemand weiß es als *Du* und *W.Z.*, wird es also verraten, so ist einer von Euch unfehlbar der Verräter. Doch wer dürfte das fürchten?

Ich werde Dir gleich von Wien aus schreiben. Ich komme sobald unser Geschäft beendigt ist, nach Frankfurt zurück, und dies geschieht auf jeden Fall vor dem 1. November. Fragt jemand nach uns, so heißt es, ich wäre verreiset, etwa ins Erzgebirge.

Nun bitte ich noch um einige Gefälligkeiten. Ich will meine Kollegia in Frankfurt bezahlen von dem Gelde, welches ich den 1. Oktober von Dames empfangen soll.

| | | |
|---|---|---|
| Madihn ———— 10 Rth. | | Kalau ———— 10 Rth. |
| und noch den Preis eines Buches, dessen Wert ich nicht kenne. | | Mit Wünschen werde ich selbst sprechen. Grüße ihn gelegentlich. Auch Hüllmann. |
| Huth ———— 15 Rth. | | Überhaupt alle. |
| Hüllmann ———— 15 Rth. | | |

          *Sei ruhig.* Adieu. H. K.

*17. An Wilhelmine von Zenge*

An das Stiftsfräulein Wilhelmine v. Zenge
Hochwürd. u. Hochwohlgeb. zu Frankfurt a. d. Oder

Leipzig, den 30. August (und 1. September) 1800

Mein liebes Minchen. Erst will ich Dir das Notwendige, nämlich den Verlauf meiner Reise erzählen, und dann zusehen, ob mir noch zu andern vertraulichen Gedanken Zeit übrig bleibt. Woran ich aber zweifle; denn jetzt ist es 8 Uhr abends, und morgen früh 11 Uhr geht es schon wieder fort von hier. –

Am Abend vor meiner Abreise von Berlin schickte die *Begerow* zu uns, und ließ uns ersuchen zu ihr und der Löschbrandt zu kommen. (Du mußt wissen, daß die Löschbrandt mir ihre Ankunft in Berlin zuvor gemeldet und mich um meine Unterstützung gebeten hatte, welche ich ihr aber abschlagen mußte) Ich konnte für diesen Abend nicht, weil ich schon ganz ausgezogen und mit meinem Briefe an Dich beschäftigt war. Weil ich aber doch noch am andern Morgen zu Struensee gehen mußte, ehe ich abreisete, so beschloß ich auch meine Schwester noch einmal zu sehen. Doch höre, wie dies ablief.

Ganz wehmütig umarmte sie mich, mit der Äußerung, sie hätte nicht geglaubt mich noch einmal zu sehen. Ich verstand gleich den eigentlichen Sinn dieser Rede, und gegen Dich will ich ganz ohne Rückhalt sprechen, *denn wir verstehen uns*. Mit Tränen in den Augen sagte sie mir, meine ganze Familie, besonders Tante Massow, sei höchst unruhig, und alle fürchteten, ich würde nie wieder nach Frankfurt zurückkehren. So sehr mich dies auch innerlich schmerzte, so blieb ich doch anfänglich äußerlich ruhig, erzählte ihr, daß ich vom Minister angestellt sei, daß ich ja Tanten *mein Wort* gegeben und noch nie in meinem Leben ehrlos gehandelt hätte. Aber das alles half doch nur wenig. Sie versprach zwar, selbst ruhig zu sein und auch Tanten zu beruhigen; aber ich bin doch überzeugt, daß sie noch immer heimlich dasselbe Mißtrauen in mir hegt.

Und nun urteile selbst, Wilhelmine, welch ein abscheuliches Gerücht während meiner Abwesenheit in Frankfurt von mir ausgebreitet werden kann! Du und Ulrike, Ihr seid die beiden einzigen, die mich davor retten könnt. Ulrike hat mir einige vortreffliche Briefe geschrieben, von Dir hoffe ich das Beste. Auf

Euch beide beruht mein ganzes Vertrauen. So lange Ihr beide ruhig und sicher seid, wird es die Welt auch sein. Wenn Ihr beide aber mir mißtrauet, dann freilich, dann hat die Verleumdung freien Spielraum, und mein Ruf wäre dahin. Meine baldige Rückkehr würde zwar dies alles wieder vernichten und meine Ehre wiederherstellen; aber ob ich zwei Menschen, die mich so tief entehrten, dann selbst noch würde ehren können, das ist es, was ich bezweifeln muß. – Aber ich fürchte das nicht. – – Wenn ich nur bald einen Brief von Dir erhalten könnte, um zu erfahren, wie Du meine Erklärung, daß ich nach *Wien* reisen würde, aufgenommen hast. – Aber ich hoffe, gut. – Doch höre weiter.

Ich reisete den 28. früh 11 Uhr mit *Brokes* in Begleitung *Carls* von Berlin ab nach Potsdam. Als ich vor Linkersdorfs Hause vorbeifuhr, ward es mir im Busen so warm. Jeder Gegenstand in dieser Gegend weckte irgendwo in meiner Seele einen tiefen Eindruck wieder auf. Ich betrachtete genau alle Fenstern des großen Hauses, aber ich wußte im voraus, daß die ganze Familie verreiset war. Wie erstaunte ich nun, wie froh erstaunte ich, als ich in jenem niedrig-dunkeln Zimmer, zu welchem ich des Abends so oft geschlichen war, *Louisen* entdeckte. Ich grüßte sie tief. Sie erkannte mich gleich, und dankte mir sehr, sehr freundlich. Mir strömten eine Menge von Erinnerungen zu. Ich mußte einigemal nach dem einst so lieben Mädchen wieder umsehen. Mir ward ganz seltsam zu Mute. Der Anblick dieses Mädchen, das mir einst so teuer war, und dieses Zimmer, in welchem ich so viele Freude empfunden hatte – – – Sei ruhig. Ich dachte an Dich und an die Gartenlaube, noch ein Augenblick, und ich gehörte wieder *ganz Dir*.

In Potsdam wohnten wir bei Leopolden. Ich sprach einiges Notwendige mit Rühlen wegen unseres Aufenthaltes in Berlin. Dies war die eigentliche Absicht unseres Verweilens in Potsdam. Rühle hat bereits um seinen Abschied angehalten und hofft ihn noch vor dem Winter zu erhalten. Weil noch vor Einbruch der Nacht einige Zeit übrig war, so nutzten wir diese *Brockes* flüchtig durch Sanssouci zu führen. Am andern Morgen früh 4 Uhr fuhr ich und *Brokes* wieder ab.

Die Reise ging durch die Mark – – also gibt es davon nichts Interessantes zu erzählen. Wir fuhren über *Treuenbritzen* nach *Wittenberg* und fanden, als wir auf der sächsischen Grenze das

Auge einigemal zurück auf unser Vaterland warfen, daß dieses sich immer besser ausnahm, je weiter wir uns davon entfernten. Nichts als der Gedanke, mein *liebstes Wesen* darin zurückzulassen, machte mir die Trennung davon schwer.

In *Wittenberg* wäre manches Interessante zu sehen gewesen, z. B. Doktor *Luthers* und *Melanchthons* Grabmale. Auch wäre von hier aus die Fahrt an der Elbe entlang nach *Dresden* sehr schön gewesen. Aber das Vergnügen ist diesmal nicht Zweck unsrer Reise, und ohne uns aufzuhalten, fuhren wir gleich weiter, die Nacht durch nach *Leipzig* (über *Düben*).

Hier kamen wir den 30. (heute) früh um 11 Uhr an. Unser erstes Geschäft war, uns unter unsern neuen Namen in die Akademie inskribieren zu lassen, und wir erhielten die Matrikeln, welche uns zu Pässen verhelfen sollen, ohne alle Schwierigkeit. Weil aber die Post erst morgen abgeht, so blieb uns der Nachmittag noch übrig, den wir benutzten, die schönen öffentlichen Anlagen rund um diese Stadt zu besehen. Gegen Abend gingen wir beide ins Schauspiel, nicht um des erbärmlichen Stückes *Aballino* willen, sondern um die Akteurs kennen zu lernen, die hier sehr gelobt wurden. Aber wir fanden auch eine so erbärmliche Vorstellung, und dabei ein so ungesittetes Publikum, daß ich wenigstens schon im 2. Akt das Haus verließ. Ich ging zu Hause um Dir zu schreiben und erfülle jetzt in diesem Augenblick mein Versprechen und meine Pflicht. Aber ich bin von der durchwachten Nacht so ermüdet und daher, wie Du auch an diesem schlechten Briefe merken wirst, so wenig aufgelegt zum Schreiben, daß ich hier abbrechen muß, um mich zu Bette zu legen. Gute Nacht, liebes Mädchen. Morgen will ich mehr schreiben und vielleicht auch etwas Besseres. Gute Nacht.

den 1. September

Diesesmal empfange ich auf meiner Reise wenig Vergnügen *durch* die Reise. Zuerst ist das Wetter meistens immer schlecht, auch war die Gegend bisher nicht sonderlich, und wo es doch etwas Seltneres zu sehen gibt, da müssen wir, unser Ziel im Auge, schnell vorbeirollen. Wenn ich doch zuweilen vergnügt bin, so bin ich es nur durch die Erinnerung an Dich. Vorgestern auf der Reise, als die Nacht einbrach, lag ich mit dem Rücken auf dem Stroh unsers Korbwagens, und blickte grade hinauf in das unermeßliche Weltall. Der Himmel war malerisch schön. Zerrissene Wolken, bald ganz dunkel, bald hell vom Monde erleuchtet, zogen über mich weg. *Brokes* und *ich*, wir suchten beide und fanden Ähnlichkeiten in den Formen des Gewölks, er die seinigen, ich die meinigen. Wir empfanden den feinen Regen nicht, der von oben herab uns die Gesichter sanft benetzte. Endlich ward es mir doch zu arg und ich deckte mir den Mantel über den Kopf. Da stand die geliebte Form, die mir das Gewölk gezeigt hatte, ganz deutlich, mit allen Umrissen und Farben im engen Dunkel vor mir. Ich habe mir Dich in diesem Augenblick ganz lebhaft und gewiß vollkommen wahr, vorgestellt, und bin überzeugt, daß an dieser Vorstellung nichts fehlte, nichts an Dir selbst, nichts an Deinem Anzuge, nicht das goldne Kreuz, und seine Lage, nicht der harte Reifen, der mich so oft erzürnte, selbst nicht das bräunliche Mal in der weichen Mitte Deines rechten Armes. Tausendmal habe ich es geküßt und Dich selbst. Dann drückte ich Dich an meine Brust und schlief in Deinen Armen ein. –

Du hast mir in Deinem vorigen Briefe geschrieben, Dein angefangner Aufsatz sei bald fertig. Schicke ihn mir nach Wien, sobald er vollendet ist. Du hast noch viele Fragen von mir unbeantwortet gelassen und sie werden Dir Stoff genug geben, wenn Du nur denken und schreiben willst.

Unser Reiseplan hat sich verändert. Wir gehen nicht über *Regensburg*, sondern über *Dresden* und *Prag* nach *Wien*. Dieser Weg ist näher und in *Dresden* finden wir auch einen englischen Gesandten, der uns Pässe geben kann. Ich werde Dir von *Dresden* aus wieder schreiben.

| *Empfangen* | | *Abgeschickt* |
|---|---|---|
| 2 Briefe | den | 1. aus Berlin |
| | | 2. aus Pasewalk |
| | | 3. aus Berlin |
| | | 4. aus Berlin |
| | | und diesen aus Leipzig. |

Lebe wohl, liebes Mädchen. Ich muß noch einige Geschäfte abtun. In zwei Stunden reise ich ab nach *Dresden*.

Dein treuer Freund Heinrich
*Klingstedt*

N. S. Was wird Kleist sagen, wenn er einst bei Dir Briefe von Klingstedt finden wird?

---

Mein Geschäft ist abgetan und weil noch ein Stündchen Zeit übrig ist, ehe die Post abgeht, so nutze ich es, wie ich am besten kann, und plaudre mit Dir.

Ich will Dir umständlicher die Geschichte unsrer Immatrikulation erzählen.

Wir gingen zu dem Magnifikus, Prof. *Wenk*, eröffneten ihm wir wären aus der Insel Rügen, wollten kommenden Winter auf der hiesigen Universität zubringen; vorher aber noch eine Reise ins Erzgebirge machen und wünschten daher jetzt gleich Matrikeln zu erhalten. Er fragte nach unsern Vätern. *Brokes* Vater war ein Amtmann, meiner ein invalider schwedischer Kapitän. Er machte weiter keine Schwierigkeiten, las uns die akademischen Gesetze vor, gab sie uns gedruckt, streute viele weise Ermahnungen ein, überlieferte uns dann die Matrikeln und entließ uns in Gnaden. Wir gingen zu Hause, bestellten Post, wickelten unsre Schuhe und Stiefeln in die akademischen Gesetze und hoben sorgsam die Matrikeln auf.

Nimm doch eine Landkarte zur Hand, damit Du im Geiste den Freund immer verfolgen kannst. Ich breite, so oft ich ein Stündchen Ruhe habe, immer meine Postkarte vor mir aus, reise zurück nach Frankfurt, und suche Dich auf des Morgens an Deinem Fenster in der Hinterstube, Nachmittags an dem Fenster des unteren Saales, gegen Abend in der dunkeln Laube, und wenn es Mitternacht ist in Deinem Lager, das ich nur einmal flüchtig gesehen habe, und das daher meine Phantasie nach ihrer freiesten Willkür sich ausmalt.

Liebes Mädchen, ich küsse Dich – – Adieu. Ich muß zusiegeln. Ich habe auch an Tante und Ulrike geschrieben.

Dein Heinrich.

*18. An Wilhelmine von Zenge*

An Fräulein Wilhelmine von Zenge Hochwohlgeb. zu Frankfurt a. d. O.

Dresden, den 3. September 1800, früh 5 Uhr<br>(und 4. September)

Gestern, den 2. September spät um 10 Uhr abends traf ich nach einer 34stündigen Reise in diese Stadt ein.

Noch habe ich nichts von ihr gesehen, nicht sie selbst, nicht ihre Lage, nicht den Strom, der sie durchschneidet, nicht die Höhen, die sie umkränzen; und wenn ich schreibe, daß ich in Dresden bin, so *glaube* ich das bloß, noch *weiß* ich es nicht.

Und freilich – es wäre wohl der Mühe wert, sich davon zu überzeugen. Der Morgen ist schön. Lange wird mein Aufenthalt hier nicht währen. Vielleicht muß ich es morgen schon wieder verlassen. Morgen? das schöne Dresden? Ohne es gesehen zu haben? Rasch ein Spaziergang –

Nein – und wenn ich es nie sehen sollte! Ich könnte Dir dann vielleicht von hier gar nicht schreiben, und so erfülle ich denn lieber jetzt gleich meine Pflicht.

Ich will durch diese immer wiederholten Briefe, durch diese fast ununterbrochene Unterhaltung mit Dir, durch diese nie ermüdende Sorgfalt für Deine Ruhe, bewirken, daß Du zuweilen, wenn das Verhältnis des Augenblicks Dich beklommen macht, wenn fremde Zweifel und fremdes Mißtrauen Dich beunruhigen, mit Sicherheit, mit Zuversicht, mit tiefempfundnem Bewußtsein zu Dir selbst sagen mögest: ja, es ist gewiß, *es ist gewiß*, daß er mich liebt!

Wenn Du mir nur eine Ahndung von Zweifel hättest erblicken lassen, gewiß, mir würde Deine Ruhe weniger am Herzen liegen. Aber da Du Dich mit Deiner ganzen offnen Seele mir anvertraut hast, so will ich jede Gelegenheit benutzen, jeden Augenblick ergreifen, um Dir zu zeigen, daß ich Dein Vertrauen auch vollkommen verdiene.

Darum ordne ich auch jetzt das Vergnügen, diese schöne Stadt zu sehen, meiner Pflicht, Dir Nachricht von mir zu geben, unter; oder eigentlich vertausche ich nur jenes Vergnügen mit einem andern, wobei mein Herz und mein Gefühl noch mehr genießt.

Mein Aufenthalt wird hier wahrscheinlich nur von sehr kurzer Dauer sein. Soeben geht die Post nach *Prag* ab und in 8 Tagen nicht wieder. Uns bleibt also nichts übrig als Extrapost zu nehmen, sobald unsre Geschäfte bei dem englischen Gesandten abgetan sind. Daher will ich Dir so kurz als möglich den Verlauf meiner Reise von Leipzig nach Dresden mitteilen.

Als wir von Leipzig abreiseten (mittags d. 1. September), hatten wir unser gewöhnliches Schicksal, schlechtes Wetter. Wir empfanden es auf dem offnen Postwagen doppelt unangenehm. Die Gegend schien fruchtbar und blühend, aber die Sonne war hinter einen Schleier von Regenwolken versteckt und wenn die Könige trauern, so trauert auch das Land.

So kamen wir über immer noch ziemlich flachen Lande gegen Abend, nach *Grimma*. Als es schon finster war, fuhren wir wieder ab. Denke Dir unser Erstaunen, als wir uns dicht vor den Toren dieser Stadt, plötzlich in der Mitte eines Gebirges sahen. Dicht vor uns lag eine Landschaft, ganz wie ein transparentes Stück. Wir fuhren auf einem schauerlich schönen Wege, der auf der halben Höhe eines Felsens in Stein gehauen war. Rechts der steile Felsen selbst, mit überhangendem Gebüsch, links der schroffe Abgrund, der den Lauf der *Mulde* beugt, jenseits des reißenden Stromes dunkelschwarze hohe belaubte Felsen, über welche in einem ganz erheiterten Himmel der Mond heraufstieg. Um das Stück zu vollenden lag vor uns, am Ufer der Mulde, auf einem einzelnen hohen Felsen, ein zweistockhohes viereckiges Haus, dessen Fenster sämtlich, wie absichtlich, erleuchtet waren. Wir konnten nicht erfahren, was diese seltsame Anstalt zu bedeuten habe, und fuhren, immer mit hochgehobnen Augen, daran vorbei, sinnend und forschend, wie man bei einem Feenschlosse vorbeigeht.

So reizend war der Eingang in eine reizende Nacht. Der Weg ging immer am Ufer der Mulde entlang, bei Felsen vorbei, die wie Nachtgestalten vom Monde erleuchtet waren. Der Himmel war durchaus heiter, der Mond voll, die Luft rein, das Ganze herrlich. Kein Schlaf kam in den ersten Stunden auf meine Augen. Die Natur und meine brennende Pfeife erhielten mich wach. Mein Auge wich nicht vom Monde. Ich dachte an Dich, und suchte den Punkt im Monde, auf welchem vielleicht Dein Auge ruhte, und maß in Gedanken den Winkel den unsre Blicke im Monde machten, und träumte mich zurück auf der Linie Deines Blickes, um so Dich zu finden, bis ich Dich endlich wirklich im Traume fand.

Als ich erwachte waren wir in *Waldheim*, einem Städtchen, das wieder an der Mulde liegt. Besonders als wir es schon im Rücken hatten und das Gebirgsstädtchen hinter uns im niedrigen Tale lag, von buschigten Höhen umlagert, gab es eine reizende Ansicht. Wir fuhren nun immer an dem Fuße des Erzgebirges oder an seinem Vorgebirge entlang. Hin und wieder blickten nackte Granitblöcke aus den Hügeln hervor. Die ganze Gebirgsart ist aber Schiefer, welcher, wegen seiner geblätterten Tafeln, ein noch wilderes zerrisseneres Ansehn hat, als der Granit selbst. Die allgemeine Pflanze war die Harztanne; ein schöner Baum an sich, der ein gewisses ernstes Ansehn hat, der aber die Gegend auf welcher er steht meistens öde macht, vielleicht wegen seines dunkeln Grüns, oder wegen des tiefen Schweigens das in dem Schatten seines Laubes waltet. Denn es sind nur einige wenige, ganz kleine Vögelarten, die, außer Uhu und Eule, in diesem Baume nisten.

Ich ging an dem Ufer eines kleinen Waldbachs entlang. Ich lächelte über seine Eilfertigkeit, mit welcher er schwatzhaft und geschmeidig über die Steine hüpfte. Das ruht nicht eher, dachte ich, als bis es im Meere ist; und dann fängt es seinen Weg von vorn an. – Und doch – wenn es still steht, wie in dieser Pfütze, so verfault es und stinkt.

Wir fanden dieses Gebirge wie alle, sehr bebaut und bewohnt; lange Dörfer, alle Häuser 2 Stock hoch, meistens mit Ziegeln gedeckt; die Täler grün, fruchtbar, zu Gärten gebildet; die Menschen warm und herzlich, meistens schön gestaltet, besonders die Mädchen. Das *Enge der Gebirge* scheint überhaupt auf das *Gefühl* zu wirken und man findet darin viele Gefühlsphilosophen, Menschenfreunde, Freunde der Künste, besonders der Musik. Das *Weite des platten Landes* hingegen wirkt mehr auf den *Verstand* und hier findet man die Denker und Vielwisser. Ich möchte an einem Orte geboren sein, wo die Berge nicht zu eng, die Flächen nicht zu weit sind. Es ist mir lieb, daß hinter Deinem Hause die Laube eng und dunkel ist. Da lernt man fühlen, was man in den Hörsälen nur zu oft verlernt.

Aber überhaupt steht der Sachse auf einem höhern Grad der Kultur, als unsre Landleute. Du solltest einmal hören, mit welcher Gewandtheit ein solches sächsisches Mädchen auf Fragen antwortet. Unsre (maulfaulen) Brandenburgerinnen würden Stunden brauchen, um abzutun, was hier in Minuten abgetan wird. Auch findet man häufig selbst in den Dörfern Lauben, Gärten, Kegelbahnen etc. so, daß hier nicht bloß, wie bei uns, für das Bedürfnis gesorgt ist, sondern daß man schon einen Schritt weiter gerückt ist, und auch an das Vergnügen denkt.

Mittags (d. 2.) passierten wir *Nossen* und zum drittenmale die Mulde, die hier eine fast noch reizendere Ansicht bildet. Das östliche Ufer ist sanft abhangend, das westliche steil, felsig und buschig. Um die Kante eines Einschnittes liegt das Städtchen *Nossen*, auf einem Vorsprung, dicht an der Mulde, ein altes Schloß. Rechts öffnet sich die Aussicht durch das Muldetal nach den Ruinen des Klosters Zelle.

In diesem Kloster liegen seit uralten Zeiten die Leichname aller Markgrafen von Meißen. In neuern Zeiten hat man jedem derselben ein Monument geben wollen. Man hat daher die Skelette ausgegraben, und die Knochen eines jeden möglichst genau zusammengesucht, wobei es indessen immer noch zweifelhaft bleibt, ob jeder auch wirklich den Kopf bekommen hat, der ihm gehört.

Gegen Abend kamen wir über *Wilsdruf,* nach den Höhen von *Kesselsdorf;* ein Ort, der berühmt ist, weil in seiner Nähe ein Sieg erfochten worden ist. So kann man sich Ruhm erwerben in der Welt, ohne selbst das mindeste dazu beizutragen.

Es war schon ganz finster, als wir von den Elbhöhen herabfuhren, und im Mondschein die Türme von *Dresden* erblickten. Grade jener vorteilhafte Schleier lag über die Stadt, der uns, wie Wieland sagt, mehr erwarten läßt, als versteckt ist. Man führte uns durch enge Gassen, zwischen hohen meistens fünf- bis sechsstöckigen Häusern entlang bis in die Mitte der Stadt, und sagte uns vor der Post, daß wir am Ziele unsrer Reise wären. Es war ½11 Uhr. Aber da die Elbbrücke nicht weit war, so eilten wir schnell dahin, sahen rechts die Altstadt, im Dunkel, links die Neustadt, im Dunkel, im Hintergrunde die hohen Elbufer, im Dunkel, kurz alles in Dunkel gehüllt, und gingen zurück, mit dem Entschluß, wiederzukehren, sobald nur die große Lampe im Osten angesteckt sei.

---

Liebes Minchen. Soeben kommen wir von dem engl. Ambassadeur, Lord *Elliot* zurück, wo wir Dinge gehört haben, die uns bewegen, nicht nach Wien zu gehen, sondern entweder nach *Würzburg* oder nach *Straßburg*. Sei ruhig, und wenn das Herzchen unruhig wird, so lies die Instruktion durch, oder besieh Deine neue Tasse von oben und unten.

Diese Veränderung unseres Reiseplans hat ihre Schwierigkeiten, die jedoch nicht unüberwindlich sind; besonders wegen Deiner Briefe, die ich in Wien getroffen haben würde. Doch ich werde schon noch Mittel aussinnen, und sie Dir am Ende dieses Briefes mitteilen.

Übrigens bleibt alles beim alten. Ich gehe nicht weiter, als an einen dieser Orte, und kehre zu der einmal bestimmten Zeit, nämlich vor dem 1. November gewiß zurück, wenn nicht vielleicht noch früher.

Denke nicht darüber nach, und halte Dich, wenn die Unmöglichkeit, mich zu begreifen, Dich beunruhigt, mit blinder Zuversicht an Deinem Vertrauen zu meiner Redlichkeit, das Dich nicht täuschen wird, *so wahr Gott über mich lebt.*

Einst wirst Du alles erfahren, und mir mit Tränen danken.

Täglich werde ich Dir schreiben. Ich reise morgen von hier wieder ab, und werde Tag und Nacht nicht ruhen. Aber ein Stündchen werde ich doch erübrigen, Dir zu schreiben. Mehr kann ich jetzt für Deine Ruhe nicht tun, liebes, *geliebtes* Mädchen.

Abends um 8 Uhr

Ich habe den übrigen Teil des heutigen Tages dazu angewendet, einige Merkwürdigkeiten von *Dresden* zu sehen, und will Dir, was ich sah und dachte und fühlte, mitteilen.

*Dresden* hat enge Straßen, meistens 5 bis 6 Stock hohe Häuser, viel Leben und Tätigkeit, wenig Pracht und Geschmack. Die Elbbrücke ist ganz von Stein, aber nicht prächtig. Auf dem *Zwinger* (dem kurfürstl. Garten) findet man Pracht, aber ohne Geschmack. Das kurfürstliche Schloß selbst kann man kaum finden, so alt und rußig sieht es aus.

Wir gingen in die berühmte Bildergalerie. Aber wenn man nicht genau vorbereitet ist, so gafft man so etwas an, wie Kinder eine Puppe. Eigentlich habe ich daraus nicht mehr gelernt, als daß hier viel zu lernen sei.

Wir hatten den Nachmittag frei, und die Wahl, das grüne Gewölbe, Pilnitz, oder *Tharandt* zu sehen. In der Wahl zwischen Antiquität, Kunst und Natur wählten wir das letztere und sind nicht unzufrieden mit unsrer Wahl.

Der Weg nach *Tharandt* geht durch den schönen *Plauenschen Grund.* Man fährt an der *Weißritz* entlang, die dem Reisenden entgegen rauscht. Mehr Abwechselung wird man selten in einem Tale finden. Die Schlucht ist bald eng, bald breit, bald steil, bald flach, bald felsig, bald grün, bald ganz roh, bald auf das Fruchtbarste bebaut. So hat man das Ende der Fahrt erreicht, ehe man es wünscht. Aber man findet doch hier noch etwas Schöneres, als man es auf diesem ganzen Wege sah.

Man steigt auf einen Felsen nach der Ruine einer alten Ritterburg. Es war ein unglückseliger Einfall, die herabgefallenen Steine weg zu schaffen und den Pfad dahin zu bahnen. Dadurch hat das Ganze aufgehört eine Antiquität zu sein. Man will sich den Genuß erkaufen, »wärs auch mit einem Tropfen Schweißes nur«. Du bist mir noch einmal so lieb geworden, seitdem ich um Deinetwillen reise.

Aber die Natur hat zuviel getan, um mißvergnügt diesen Platz zu verlassen. Welch eine Fülle von Schönheit! Wahrlich, es war ein natürlicher Einfall, sich hier ein Haus zu bauen, denn ein schönerer Platz läßt sich schwerlich denken. Mitten im engen Gebirge hat man die Aussicht in drei reizende Täler. Wo sie sich kreuzen, steht ein Fels, auf ihm die alte Ruine. Von hier aus übersieht man das Ganze. An seinem Fuße, wie an den Felsen geklebt, hangen zerstreut die Häuser von *Tharandt*. Wasser sieht man in jedem Tale, grüne Ufer, waldige Hügel. Aber das schönste Tal ist das südwestliche. Da schäumt die Weißritz heran, durch schroffe Felsen, die Tannen und Birken tragen, schön gruppiert wie Federn auf den Köpfen der Mädchen. Dicht unter der Ruine bildet sie selbst ein natürliches Bassin, und wirft das verkehrte Bild der Gegend malerisch schön zurück.

Bei der Rückfahrt sah ich *Dresden* in der Ferne. Es liegt, vieltürmig, von der Elbe geteilt, in einem weiten Kessel von Bergen. Der Kessel ist fast zu weit. Unzählige Mengen von Häusern liegen so weit man sieht umher, wie vom Himmel herabgestreut. Die Stadt selbst sieht aus, als wenn sie von den Bergen herab zusammengekollert wäre. Wäre das Tal enger, so würde dies alles mehr konzentriert sein. Doch auch so ist es reizend.

Gute Nacht, liebes Mädchen. Es ist 10 Uhr, morgen früh muß ich Dir noch mehr schreiben und also früh aufstehen. Gute Nacht.

den 4. September, morgens 5 Uhr

Guten Morgen, Minchen. Ich bin gestern bei meiner Erzählung zu rasch über manchen interessanten Gegenstand hinweggegangen und ich will das heute noch nachholen.

In der Mitte des *Plauenschen* Grundes krümmt sich das Tal und bildet da einen tiefen Einschnitt. Die *Weißritz* stürzt sich gegen die Wand eines vorspringenden Felsens und will ihn gleichsam durchbohren. Aber der Felsen ist stärker, wankt nicht, und beugt ihren stürmischen Lauf.

Da hangt an dem Einschnitt des Tales, zwischen Felsen und Strom, ein Haus, eng und einfältig gebaut, wie für einen Weisen. Der hintere Felsen gibt dem Örtchen Sicherheit, Schatten winken ihm die überhangenden Zweige zu, Kühlung führt ihm die Welle der Weißritz entgegen. Höher hinauf in das Tal ist die Aussicht schauerlich, tiefer hinab in die Ebene von Dresden heiter. Die *Weißritz* trennt die Welt von diesem Örtchen und nur ein schmaler Steg führt in seinen Eingang. – Eng sagte ich, wäre das Häuschen? Ja freilich, für Assembleen und Redouten. Aber für 2 Menschen und die Liebe weit genug, weit hinlänglich genug.

Ich verlor mich in meinen Träumereien. Ich sah mir das Zimmer aus, wo ich wohnen würde, ein anderes, wo jemand anderes wohnen würde, ein drittes, wo wir beide wohnen würden. Ich sah eine Mutter auf der Treppe sitzen, ein Kind schlummernd an ihrem Busen. Im Hintergrunde kletterten Knaben an dem Felsen, und sprangen von Stein zu Stein, und jauchzten laut –

In dem reizenden Tale von *Tharandt* war ich unbeschreiblich bewegt. Ich wünschte recht mit Innigkeit Dich bei mir zu sehen. Solche Täler, eng und heimlich, sind das wahre Vaterland der Liebe. Da würden wir Freuden genossen haben, höhere noch als in der Gartenlaube. Und wie herrlich müßte einmal ein kurzes Leben in der idealischen Natur auf Deine Seele wirken. Denn tiefe Eindrücke macht der Anblick der erhabenen edlen Schöpfung auf weiche, empfängliche Herzen. Die Natur würde gewiß das Gefühl und den Gedanken in Dir erwecken; ich würde ihn zu entwickeln suchen und selbst neue Gedanken und Gefühle bilden. – O, einst müssen wir einmal *beide* eine schöne Gegend besuchen. Denn da erwarten uns ganz neue Freuden, die wir noch gar nicht kennen.

So erinnert mich fast jeder Gegenstand durch eine entfernte oder nahe Beziehung an Dich, mein liebes, geliebtes Mädchen. Und wenn mein Geist sich einmal in einer wissenschaftlichen Folgereihe von Gedanken von Dir entfernt, so führt mich ein Blick auf Deinen Tobaksbeutel, der immer an dem Knopfe meiner Weste hangt, oder auf Deine Handschuh, die ich selten ausziehe, oder auf das blaue Band, das Du mir um den linken Arm gewunden hast, und das immer noch, unaufgelöst, wie das Band unserer Liebe, verknüpft ist, wieder zu Dir zurück.

| *Abgeschickt* | *Empfangen* |
|---|---|
| den 1. Brief aus Berlin | Zwei Briefe, nur zwei, aber |
| 2. ──────── Pasewalk | zwei herrliche, die ich mehr |
| 3. ──────── Berlin | als einmal durchgelesen habe. |
| 4. ──────── Berlin | Wann werde ich wieder etwas |
| 5. ──────── Leipzig | von Deiner Hand sehen? |
| und diesen aus Dresden. | |

Wegen der nun folgenden Instruktion will ich mich kurz fassen. Ich habe Ulriken das Nötige hierüber geschrieben und sie gebeten Dir ihren Brief mitzuteilen. Mache Du es mit Deinen Briefen, wie sie es mit dem Gelde machen soll. Schreibe gleich nach Würzburg in Franken. Sei ruhig. Lebe wohl. Morgen schreibe ich Dir wieder. In 5 Minuten reise ich von hier ab.

Dein *treuer* Freund Heinrich.

(Diese Korrespondenz wird Dir vieles Geld kosten. Ich werde das ändern, so viel es möglich ist. Was es Dir doch kostet, werde ich Dir schon *einst* ersetzen.)


*19. An Wilhelmine von Zenge*

An das Stiftsfräulein Wilhelmine von Zenge, Hochwürden und Hochwohlgb. zu Frankfurt a. d. Oder, frei bis Berlin. [Berlin abzugeben bei dem Kaufmann Clausius in der Münzstraße.]

Öderan im Erzgebirge, den 4. Septbr. 1800, abends 9 Uhr
(und 5. September)

So heißt der Ort, der mich für diese Nacht empfängt. Er ist zwar von Dir nicht gekannt, aber er sorgt doch für Deine Wünsche wie für einen alten Freund. Denn er bietet mir ein Stübchen an, ganz wie das Deinige in Frankfurt; und ich werde nicht einschlafen, ohne tausendmal an Dich gedacht zu haben.

Unsere Reise ging von *Dresden* aus südwestlich, immer an dem Fuße des Erzgebirges entlang, über *Freiberg* nach *Oderan*. Die ganze Gegend sieht aus wie ein bewegtes Meer von Erde. Das sind nichts als Wogen, immer die eine kühner als die andern. Doch sahen wir noch nichts von dem eigentlichen Hochgebirge. Bei *Freiberg* gingen wir wieder über denselben Strom, den wir schon bei *Nossen* auf der Reise nach Dresden passiert waren; welches aber nicht die Mulde ist. In dem Tale dieses Flusses liegt das Bergwerk. Wir sahen es von weitem liegen und mich drängte die Begierde, es zu sehen. Aber mein Ziel trat mir vor Augen, und in einer halben Stunde hatte ich *Freiberg* schon wieder im Rücken.

Hier bin ich nun 6 Meilen von Dresden. *Brokes* wünscht hier zu übernachten, aus Gründen, die ich Dir in der Folge mitteilen werde. Ich benutzte noch die erste Viertelstunde, um Dir an *einem* Tage auch noch den *zweiten* Brief zu schreiben. Mein letzter Brief aus Dresden ist auch vom 4., von heute. Du sollst an Nachrichten von mir nicht Mangel haben. Aber diese Absicht ist nun erfüllt, und eigentlich bin ich herzlich müde. Also gute Nacht, liebes Mädchen. Morgen schreibe ich mehr.

Chemnitz, den 5. September, morgens 8 Uhr

Wie doch zwei Kräfte immer in dem Menschen sich streiten! Immer weiter von Dir führt mich die eine, die Pflicht, und die andere, die Neigung, strebt immer wieder zu Dir zurück. Aber die höhere Macht soll siegen, und sie wird es. Laß mich nur ruhig meinem Ziele entgegen gehen, Wilhelmine. Ich wandle auf einem guten Wege, das fühle ich an meinem heitern Selbstbewußtsein, an der Zufriedenheit, die mir das Innere durchwärmt. Wie würde ich sonst mit solcher Zuversicht zu Dir sprechen? Wie würde ich sonst Dich noch mit inniger Freude die Meinige nennen können? Wie würde ich die schöne Natur, die jetzt mich umgibt, so froh und ruhig genießen können? Ja, liebes Mädchen, das letzte ist entscheidend. Einsamkeit in der offnen Natur, das ist der Prüfstein des Gewissens. In Gesellschaften, auf den Straßen, in dem Schauspiele mag es schweigen, denn da wirken die Gegenstände nur auf den Verstand und bei ihnen braucht man kein Herz. Aber wenn man die weite, edlere, erhabenere Schöpfung vor sich sieht, – ja da braucht man ein Herz, da regt es sich unter der Brust und klopft an das Gewissen. Der erste Blick flog in die weite Natur, der zweite schlüpft heimlich in unser innerstes Bewußtsein. Finden wir uns selbst häßlich, uns allein in diesem Ideale von Schönheit, ja dann ist es vorbei mit der Ruhe, und weg ist Freude und Genuß. Da drückt es uns die Brust zusammen, wir können das Hohe und Göttliche nicht fassen, und wandeln stumpf und sinnlos wie Sklaven durch die Paläste ihrer Herren. Da ängstigt uns die Stille der Wälder, da schreckt uns das Geschwätz der Quelle, uns ist die Gegenwart Gottes zur Last, wir stürzen uns in das Gewühl der Menschen um uns selbst unter der Menge zu verlieren, und wünschen uns nie, nie wiederzufinden.

Wie froh bin ich, daß doch wenigstens *ein Mensch* in der Welt ist, der mich ganz versteht. Ohne *Brokes* würde mir vielleicht Heiterkeit, vielleicht selbst Kraft zu meinem Unternehmen fehlen. Denn ganz auf sein Selbstbewußtsein zurückgewiesen zu sein, nirgends ein paar Augen finden, die uns Beifall zuwinken – und doch *recht tun*, das soll freilich, sagt man, die Tugend der Helden sein. Aber wer weiß ob Christus am Kreuze getan haben würde, was er tat, wenn nicht aus dem Kreise wütender Verfolger seine Mutter und seine Jünger feuchte Blicke des Entzückens auf ihn geworfen hätten.

Die Post ist vor der Türe, adieu. Ich nehme diesen Brief noch mit mir. Er kömmt zwar immer weiter von Dir ab und später wirst Du ihn nun erhalten. Aber das Porto ist teuer, und *wir beide* müssen für ganzes Geld auch das ganze Vergnügen genießen.

Noch einen Gedanken – –. Warum, wirst Du sagen, warum spreche ich so geheimnisreiche Gedanken halb aus, die ich doch nicht ganz sagen will? Warum rede ich von Dingen, die Du nicht verstehn kannst und sollst? Liebes Mädchen, ich will es Dir sagen. Wenn ich so etwas schreibe, so denke ich mich immer zwei Monate älter. Wenn wir dann einmal, in der Gartenlaube, einsam, diese Briefe durchblättern werden, und ich Dir solche dunkeln Äußerungen erklären werde, und Du mit dem Ausruf des Erstaunens: ja so, so war das gemeint – –

Adieu. Der Postillion bläst.

Lungwitz, um ½11 Uhr

O welch ein herrliches Geschenk des Himmels ist ein schönes Vaterland! Wir sind durch ein einziges Tal gefahren, romantisch schön. Da ist Dorf an Dorf, Garten an Garten, herrlich bewässert, schöne Gruppen von Bäumen an den Ufern, alles wie eine englische Anlage. Jeder Bauerhof ist eine Landschaft. Reinlichkeit und Wohlstand blickt aus allem hervor. Man sieht aus dem Ganzen, daß auch der Knecht und die Magd hier das Leben genießen. Frohsinn und Wohlwollen spricht uns aus jedem Auge an. Die Mädchen sind zum Teil höchst interessant gebildet. Das findet man meistens in allen Gebirgen. Wahrlich, wenn ich Dich nicht hätte, und reich wäre, ich sagte à dieu à toutes les beautés des villes. Ich durchreisete die Gebirge, besonders die dunkeln Täler, spräche ein von Haus zu Haus, und wo ich ein blaues Auge unter dunkeln Augenwimpern, oder bräunliche Locken auf dem weißen Nakken fände, da wohnte ich ein Weilchen und sähe zu ob das Mädchen auch im Innern so schön sei, wie von außen. Wäre das, und wäre auch nur ein Fünkchen von Seele in ihr, ich nähme sie mit mir, sie auszubilden nach meinem Sinn. Denn das ist nun einmal mein Bedürfnis; und wäre ein Mädchen auch noch so vollkommen, ist sie *fertig,* so ist es nichts für mich. Ich selbst muß es mir formen und ausbilden, sonst fürchte ich, geht es mir, wie mit dem Mundstück an meiner Klarinette. Die kann man zu Dutzenden auf der Messe kaufen, aber wenn man sie braucht, so ist kein Ton rein. Da gab mir einst der Musikus Baer in Potsdam ein Stück, mit der Versicherung, das sei gut, *er* könne gut darauf spielen. Ja, *er,* das glaub ich. Aber *mir* gab es lauter falsche quiekende Töne an. Da schnitt ich mir von einem gesunden Rohre ein Stück ab, formte es nach meinen Lippen, schabte und kratzte mit dem Messer bis es in jeden Einschnitt meines Mundes paßte – – und das ging herrlich. Ich spielte nach Herzenslust. –

Zuweilen bin ich auf Augenblicke ganz vergnügt. Wenn ich so im offnen Wagen sitze, der Mantel gut geordnet, die Pfeife brennend, neben mir Brockes, tüchtige Pferde, guter Weg, und immer rechts und links die Erscheinungen wechseln, wie Bilder auf dem Tuche bei dem Guckkasten – und vor mir das schöne Ziel, und hinter mir das liebe Mädchen – – und *in mir* Zufriedenheit – dann, ja dann bin ich froh, recht herzlich froh.

Wenn *Du* einmal könntest so neben mir sitzen, zur Linken, Arm an Arm, Hand in Hand, immer Gedanken wechselnd und Gefühle, bald mit den Lippen, bald mit den Fingern – ja das würden schöne, süße herrliche Tage sein.

Was das Reisen hier schnell geht, das glaubst Du gar nicht. Oder ist es die Zeit, die so schnell verstreicht? Fünf Uhr war es als wir von *Oderan* abfuhren, jetzt ist es ½11, also in 5½ Stunde 4 Meilen. Jetzt geht es gleich weiter nach Zwickau. Wir fliegen wie die Vögel über die Länder. Aber dafür lernen wir auch nicht viel. Einige flüchtige Gedanken sind die ganze Ausbeute unsrer Reise.

Sind Sie in *Dresden* gewesen? – »Ja, durchgereist.« – Haben Sie das grüne Gewölbe gesehen? – »Nein.« – Das Schloß? – »Von außen.« – Königsstein? – »Von weitem.« – Pillnitz, Moritzburg? – »Gar nicht.« – Mein Gott, wie ist das möglich? – »Möglich? Mein Freund, das war *notwendig*.«

Weil wir eben von *Dresden* sprechen – da habe ich Dir einige Ansichten dieser Gegend mitgeschickt. So kannst Du Dir deutlicher denken, wo Dein Freund war. Bei *Dresden*, rechts, der grüne Vordergrund, das ist der *Zwinger*. Nein – Eigentlich der Turm, an den der grüne Berg und die grüne Allee stößt, das ist der Zwinger, d. h. der kurfürstliche Garten. Auf diesem grünen Berge stand ich und sah über die Elbbrücke. – Das Stück von *Tharandt* ist schlecht. Tausendmal schöner hat es die Natur gebildet, als dieser Pfuscher von Künstler. Übrigens kann es doch meine Beschreibung davon erklären. Der höchste Berg in der Mitte, wo die schönsten Sträucher stehen, da stand ich. Die Aussicht über den See ist die schönste. Die andern beiden sind hier versteckt. – Das dritte Stück: die *Halsbrücke zu Freiberg* kaufte ich ebenfalls zu Dresden in Hoffnung sie in natura zu sehen. Aber daraus ward nichts, nicht einmal von weitem.

Adieu, in der nächsten Station noch ein Wort, und dann wird der Brief zugesiegelt und abgeschickt.

Zwickau, 3 Uhr nachmittags

Jetzt habe ich das Schönste auf meiner ganzen bisherigen Reise gesehen, und ich will es Dir beschreiben.

Es war das Schloß *Lichtenstein*. Wir sahen von einem hohen Berge herab, rechts und links dunkle Tannen, ganz wie ein gewählter Vordergrund; zwischen durch eine Gegend, ganz wie ein geschlossnes Gemälde. In der Tiefe lag zur Rechten am Wasser das Gebirgsstädtchen; hinter ihm, ebenfalls zur Rechten, auf der Hälfte eines ganz buschigten Felsens, das alte Schloß Lichtenstein; hinter diesem, immer noch zur Rechten ein höchster Felsen, auf welchem ein Tempel steht. Aber zur Linken öffnet sich ein weites Feld, wie ein Teppich, von Dörfern, Gärten und Wäldern gewebt. Ganz im Hintergrunde ahndet das Auge blasse Gebirge und drüber hin, über die höchste matteste Linie der Berge, schimmert der bläuliche Himmel, der Himmel im Norden, der Himmel von Frankfurt, der Himmel, der mein liebes Minchen beleuchtet, und beschützen möge, bis ich es einst wieder in meine Arme drücke.

Ja, mein liebes Mädchen, das ist ein ganz andrer Stil von Gegend, als man in unserm traurigen märkischen Vaterlande sieht. Zwar ist das Tal, das die Oder ausspült, besonders bei Frankfurt sehr reizend. Aber das ist doch nur ein bloßes Miniatürgemälde. Hier sieht man die Natur gleichsam in Lebensgröße. Jenes ist gleichsam wie die Gelegenheitsstücke großer Künstler, flüchtig gezeichnet, nicht ohne meisterhafte Züge, aber ohne Vollendung; dieses hingegen ist ein Stück, mit Begeisterung gedichtet, mit Fleiß und Genie auf das Tableau geworfen, und aufgestellt vor der Welt mit der Zuversicht auf Bewunderung.

Dabei ist alles fruchtbar, selbst die höchsten Spitzen bebaut, und oft bis an die Hälfte des Berges, wie in der Schweiz, laufen saftgrüne Wiesen hinan. –

Aber nun muß ich den Brief zusiegeln. Adieu. Schreibe mir doch ob Vater und Mutter nicht nach mir gefragt haben; und in welcher Art. Aber sei ganz aufrichtig. Ich werde ihnen flüchtige Gedanken, die natürlich sind, nicht verdenken. Aber bleibe Du standhaft, und verlasse Dich darauf, daß ich diesmal besser für Dich, und also für Deine Eltern sorge, als je in meinem Leben.

Adieu – Oder soll ich Dir noch einmal schreiben von der nächsten Station? Soll ich? – Es ist 3 Uhr, um 6 sind wir in *Reichenbach* – ja es sei. – Aber für diesen Brief, für dieses Kunststück einen 8 Seiten langen Brief mitten auf einer ununterbrochenen Extrapost-Reise zu schreiben, dafür, sage ich, mußt Du mir auch bei der Rückkehr entweder – einen Kuß geben, oder mir ein neues Band in den Tobaksbeutel ziehen. Denn das alte ist abgerissen.

Aber nun will ich auch einmal etwas essen. Adieu. In *Reichenbach* mehr. –

Geschwind noch ein paar Worte. Der Postillion ist faul und langsam, ich bin fleißig und schnell. Das ist natürlich, denn er arbeitet für Geld, und ich für den Lohn der Liebe.

Aber geschwind – Ich bin in die sogenannte *große* Kirche gewesen, hier in Zwickau. Da gibt es manches zu sehen. Zuerst ist der Eindruck des Innern angenehm und erhebend. Ein weites Gewölbe wird von wenigen und doch schlanken Pfeilern getragen. Wir sehen es gern, wenn mit geringen Kräften ausgewirkt wird, was große zu erfordern scheint. Ferner war zu sehn ein Stück von *Lucas Cranach*, mit Meisterzügen, aber ohne Plan und Ordnung, wie die durchlöcherten und gefärbten Stücke, die an den Türen der Bauern, Soldaten und Bedienten hangen; doch das kennst Du nicht. Ferner war zu sehn, ein Modell des heiligen Grabes zu Jerusalem aus Holz geschnitzt etc. etc.

Dabei fällt mir eine Kirche ein, die ich Dir noch nicht beschrieben habe; die *Nickolskirche* zu *Leipzig*. Sie ist im Äußern, wie die Religion, die in ihr gepredigt wird, antik, im Innern nach dem modernsten Geschmack ausgebaut. Aus der Kühnheit der äußeren Wölbungen sprach uns der Götze der abenteuerlichen Goten zu; aus der edeln Simplizität des Innern wehte uns der Geist der verfeinerten Griechen an. Schade daß ein – – – ich hätte beinah etwas gesagt, was die Priester übelnehmen. Aber das weiß ich, daß die edeln Gestalten der leblosen Steine wärmer zu meinem Herzen sprachen, als der hochgelehrte Priester auf seiner Kanzel.

Reichenbach, abends 8 Uhr

Nur zwei Dinge möchte ich gewiß wissen, dann wollte ich mich leichter, über den Mangel aller Nachrichten von Dir trösten: erstens ob Du *lebst*, zweitens, ob Du mich *liebst*. Oder nur das erste; denn dies, hoffe ich, schließt bei Dir, wie bei mir, das andere ein. Aber am liebsten fast möchte ich wissen, ob Du ganz ruhig bist. Wenn Du nur damals an jenem Abend in der Gartenlaube nicht geweint hättest, als ich Dir einen doppelsinnigen Gedanken mitteilte, von dem Du gleich den übelsten Sinn auffaßtest. Aber Du versprachst mir Besserung, und wirst Dein Wort halten und vernünftig sein. Wie sollte es Dich einst reuen, Wilhelmine, wenn Du mit Beschämung, vielleicht in kurzem, einsähest, Deinem redlichsten Freunde mißtraut zu haben. Und wie wird es Dich dagegen mit innigem Entzücken erfüllen, wenn Du in wenigen Wochen, den Freund, dem Du alles vertrautest, und der Dich in nichts betrog, in die Arme schließen kannst.

Adieu, liebes Mädchen, jetzt schließe ich den Brief. In der nächsten Station fange ich einen andern Brief an. Es werden doch Zwischenräume von Tagen sein, ehe Du den folgenden Brief empfängst. Vielleicht empfängst Du sie auch alle auf einmal. – Aber was ich in der Nacht denken werde weiß ich nicht, denn es ist finster, und der Mond verhüllt. – Ich werde ein Gedicht machen. Und worauf? – Da fielen mir heute die Nadeln ins Auge, die ich einst in der Gartenlaube aufsuchte. Unaufhörlich lagen sie mir im Sinn. Ich werde in dieser Nacht ein Gedicht *auf* oder *an eine Nadel* machen. Adieu. Schlafe wohl, ich wache für Dich.

H. K.

N. S. Soeben höre ich, daß der Waffenstillstand zwischen Kaiserlichen und Franzosen morgen, den 6., aufhört. Wir reisen grade den Franzosen entgegen, und da wird es was Neues zu sehen geben. Wenn nur die Briefe nicht gehindert werden! Aber Briefe an Damen – die Franzosen sind artig – ich hoffe das Beste. Fürchte nichts für mich.

## 20. An Wilhelmine von Zenge

[Würzburg, 9. oder 10. September 1800]

[Der Anfang fehlt] – – – Werde ich nicht bald einen Brief von Dir erhalten? meine liebe, teure, einzige Freundin! – Wenn Du in so langer Zeit krank geworden sein solltest – wenn Du vielleicht gar nicht mehr wärst – o Gott! Dann wären alle Opfer, alle Bemühungen dieser Reise umsonst! Denn Liebe bedarf ich – und wo würde ich *so viele Liebe* wiederfinden? Für Dich tat ich, was ich nie für einen Menschen tat. – Du würdest mich inniger, treuer, zärtlicher, dankbarer, als irgend ein Mädchen geliebt haben. – O Gott! das wäre schrecklich! Schreibe, schreibe bald. Täglich besuche ich die Post. *Bald* muß ich Nachricht von Dir erhalten, oder meine so lange erhaltene Ruhe wankt. – Schreibe mir nur immer nach Würzburg. Ich bleibe hier, bis ich von Dir Nachricht erhalten habe, ich könnte sonst nicht ruhig weiter reisen. Vielleicht, *ja wahrscheinlich* reise ich auch gar nicht weiter. Adieu.

### 21. An Wilhelmine von Zenge

An das Stiftsfräulein Wilhelmine von Zenge Hochwürd. und Hochwohlgeb. zu Frankfurt a. d. Oder – frei bis Leipzig.

Würzburg, den 11. (und 12.) September 1800

Mein liebstes Herzensmädchen, o wenn ich Dir sagen dürfte, wie vergnügt ich bin – Doch das darf ich nicht. Sei Du auch vergnügt. Aber laß uns davon abbrechen. Bald, bald mehr davon.

Ich will Dir von etwas anderm vorplaudern.

Zuerst von dieser Stadt. Auch diese liegt ganz im Grunde, an einer Krümmung des Mains, von kahlen Höhen eingeschlossen, denen das Laub ganz fehlt und die von nichts grün schimmern, als von dem kurzen Weinstock. Beide Ufer des Mains sind mit Häusern bebaut. Nr. 1 in dem beigefügten – Gekritzel (denn Zeichnung kann man es nicht nennen) ist die Stadt auf dem *rechten* Mainufer, und wir kamen von dieser Seite, von dem Berge a herab in die Stadt. Nr. 2 ist die Stadt auf dem *linken* Mainufer, das sogenannte Mainviertel mit der Zitadelle. Das Ganze hat ein echt katholisches Ansehn. Neun und dreißig Türme zeigen an, daß hier ein Bischof wohne, wie ehemals die ägyptischen Pyramiden, daß hier ein König begraben sei. Die ganze Stadt wimmelt von Heiligen, Aposteln und Engeln, und wenn man durch die Straßen geht, so glaubt man, man wandle durch den Himmel der Christen. Aber die Täuschung dauert nicht lang. Denn Heere von Pfaffen und Mönchen, buntscheckig montiert, wie die Reichstruppen, laufen uns unaufhörlich entgegen und erinnern uns an die gemeinste Erde.

Den Lauf der Straßen hat der regelloseste Zufall gebildet. In dieser Hinsicht unterscheidet sich Würzburg durch nichts, von der Anlage des gemeinsten Dorfes. Da hat sich jeder angebaut, wo es ihm grade gefiel, ohne eben auf den Nachbar viele Rücksicht zu nehmen. Daher findet man nichts als eine Zusammenstellung vieler einzelnen Häuser, und vermißt die Idee eines Ganzen, die Existenz eines allgemeinen Interesses. Oft ehe man es sich versieht ist man in ein Labyrinth von Gebäuden geraten, wo man sich den Faden der Ariadne wünschen muß, um sich heraus zu finden. Das alles könnte man der grauen Vorzeit noch verzeihen; aber wenn heutzutage ganz an der Stelle der alten Häuser neue gebaut werden, so daß also auch die Idee, die Stadt zu ordnen, nicht vorhanden ist, so heißt das ein Versehen verewigen.

Das bischöfliche Residenzschloß zeichnet sich unter den Häusern aus. Es ist lang und hoch. Schön kann man es wohl nicht nennen. Der Platz vor demselben ist heiter und angenehm. Er ist von beiden Seiten durch eine Kolonnade eingeschlossen, deren jede ein Obelisk ziert. – Die übrigen Häuser befriedigen bloß die gemeinsten Bedürfnisse. Nur zuweilen hebt sich über niedrige Dächer eine Kuppel, oder ein Kloster oder das höhere Dach eines Domherrn empor.

Keine der hiesigen Kirchen haben wir so schön gefunden, als die Kirche zu *Eberach*, die ich Dir in meinem vorigen Briefe beschrieb. Selbst der Dom ist nicht so geschmackvoll und nicht so prächtig. Aber alle diese Kirchen sind von früh morgens bis spät abends besucht. Das Läuten dauert unaufhörlich fort. Es ist als ob die Glocken sich selbst zu Grabe läuteten, denn wer weiß, ob die Franzosen sie nicht bald einschmelzen. Messen und Hora wechseln immer miteinander ab, und die Perlen der Rosenkränze sind in ewiger Bewegung. Denn es gilt die Rettung der Stadt, und da die Franzosen für ihren Untergang beten, so kommt es darauf an, wer am meisten betet.

*Ich*, mein liebes Kind, habe Ablaß auf 200 Tage. In einem Kloster auf dem Berge 2 bei b, hinter dem Zitadell, lag vor einem wundertätigen Marienbilde ein gedrucktes Gebet, mit der Ankündigung, daß wer es mit Andacht läse, diesen Ablaß haben sollte. Gelesen habe ich es; doch da es nicht mit der gehörigen Andacht geschah, so werde ich mich doch wohl vor Sünden hüten, und nach wie vor tun müssen, was recht ist.

Wenn man in eine solche katholische Kirche tritt, und das weitgebogene Gewölbe sieht, und diese Altäre und diese Gemälde – und diese versammelte Menschenmenge mit ihren Gebärden – wenn man diesen ganzen Zusammenfluß von Veranstaltungen, sinnend, betrachtet, so kann man gar nicht begreifen, wohin das alles führen solle. Bei uns erweckt doch die Rede des Priesters, oder ein Gellertsches Lied manchen herzerhebenden

Gedanken; aber das ist hier bei dem Murmeln des Pfaffen, das niemand hört, und selbst niemand verstehen würde, wenn man es auch hörte, weil es lateinisch ist, nicht möglich. Ich bin überzeugt, daß alle diese Präparate nicht einen einzigen vernünftigen Gedanken erwecken.

Überhaupt, dünkt mich, alle Zeremonien ersticken das Gefühl. Sie beschäftigen unsern Verstand, aber das Herz bleibt tot. Die bloße Absicht, es zu erwärmen, ist, wenn sie sichtbar wird, hinreichend, es ganz zu erkalten. Mir wenigstens erfüllt eine Todeskälte das Herz, sobald ich weiß, daß man auf mein Gefühl gerechnet hat.

Daher mißglücken auch meist alle Vergnügungen, zu welchen große Anstalten nötig sind. Wie oft treten wir in Gesellschaften, in den Tanzsaal, ohne mehr zu finden, als die bloße Anstalt zur Freude, und treffen dagegen die Freude selbst oft da an, wo wir sie am wenigsten erwarteten.

Daher werde ich auch den *schönsten* Tag, den ich vor mir sehe, nicht nach der Weise der Menschen, sondern nach *meiner* Art zu feiern wissen.

Ich kehre zu meinem Gegenstande zurück. – Wenn die wundertätigen Marienbilder einigermaßen ihre Schuldigkeit tun, so muß in kurzem kein Franzose mehr leben. Wirksam sind sie, das merkt man an den wächsernen Kindern, Beinen, Armen, Fingern etc. etc. die um das Bild gehängt sind; die Zeichen der Wünsche, welche die heilige Mutter Gottes erfüllt hat. – In kurzem wird hier eine Prozession sein, zur Niederschlagung der Feinde, und, wie es heißt, »zur Ausrottung aller Ketzer«. Also auch zu Deiner und meiner Ausrottung –

Ich wende mich jetzt zu einer vernünftigen Anstalt, die ich mit mehrerem Vergnügen besucht habe, als diese Klöster und Kirchen.

Da hat ein Mönch die Zeit, die ihm Hora und Messe übrig ließen, zur Verfertigung eines seltnen Naturalien-Kabinetts angewendet. Ich weiß nicht gewiß, ob es ein Benediktinermönch ist, aber ich schließe es aus dieser nützlichen Anwendung seiner Zeit, indem die Mönche dieses Ordens immer die fleißigsten und arbeitsamsten gewesen sind.

Er ist Professor bei der hiesigen Universität und heißt *Blank*. Er hat, mit Unterstützung des jetzigen Fürstbischofs, eines Herrn von *Fechenbach*, eine sehenswürdige Galerie von Vögeln und Moosen in dem hiesigen Schlosse aufgestellt. Das Gefieder der Vögel ist, *ohne die Haut*, auf Pergament geklebt, und so vor der Nachstellung der Insekten ganz gesichert. – Verzeihe mir diese Umständlichkeit. Ich denke einst diese Papiere für mich zu nützen.

Schon der bloße Apparat ist sehenswürdig und erfordert einen fast beispiellosen Fleiß. Da sind in vielen Gläsern, in besondern Fächern und Schränken, Gefieder aller Art, Häute, Holzspäne, Blätter, Moose, Samenstaub, Spinngewebe, Schilfe, Wolle, Schmetterlingsflügel etc. etc. in der größten Ordnung aufgestellt.

Aber dieser Vorrat von bunten Materialien hat den Mann auf eine Spielerei geführt. Er ist weiter gegangen, als bloß seine nützliche Galerie von Vögeln und Moosen zu vervollkommnen. Er hat mit allen diesen Materialien, ohne weiter irgend eine Farbe zu gebrauchen, *gemalt*, Landschaften, Blumenbuketts, Menschen etc. etc., oft täuschend ähnlich, das Wasser mit Wolle, das Laub mit Moose, die Erde mit Samenstaub, den Himmel mit Spinngewebe, und immer mit der genausten Abwechselung des Lichtes und des Schattens. – Die besten von allen diesen Stücken waren aber, aus Furcht vor den Franzosen, weggeschickt. –

+ Ich werde Dir in der Folge sagen, was das bedeutet.

den 12. September

Was Dir das hier für ein Leben auf den Straßen ist, aus Furcht vor den Franzosen, das ist unbeschreiblich. Bald Flüchtende, bald Pfaffen, bald Reichtsruppen, das läuft alles buntscheckig durcheinander, und fragt und antwortet, und erzählt Neuigkeiten, die in 2 Stunden für falsch erklärt werden.

Der hiesige Kommandant, General D'Allaglio, soll wirklich im Ernst diese Festung behaupten wollen. Aber sei ruhig. Es gilt bloß die Zitadelle, nicht die Stadt. Auch diese ist zwar befestigt, aber sie liegt ganz in der Tiefe, ist ganz unhaltbar, und für sie, sagt man, sei schon eine Kapitulation im Werke. Nach meiner Einsicht ist aber die Zitadelle ebenso unhaltbar. Sie ist nach der Befestigungskunst des Mittelalters erbaut, das heißt, schlecht. Es war eine unglückliche Idee hier eine Festung anzulegen. Aber ursprünglich scheint es eine alte Burg zu sein, die nur nach und nach erweitert worden ist. Schon die Lage ist ganz unvorteilhaft, denn in der Nähe eines Flintenschusses liegt ein weit höherer Berg, der den Felsen der Zitadelle ganz beherrscht. Man will sich indessen in die Kasematten flüchten, und der Kommandant soll geäußert haben, er wolle sich halten, bis ihm das Schnupftuch in der Tasche brennt. Wenn er klug ist, so zündet er es sich selbst an, und rettet so sein Wort und sein Leben. Indessen ist wirklich die Zitadelle mit Proviant auf 3 Monate versehn. Auch soll viel Geschütz oben sein – doch das alles *soll* nur sein, hinauf auf das Zitadell darf keiner. Viele Schießscharten sind da, das ist wahr, aber das sind vielleicht bloße Metonymien.

Besonders des Abends auf der Brücke ist ein ewiges Laufen hinüber und herüber. Da stehn wir denn in einer Nische, Brokes und ich, und machen Glossen, und sehen es diesem oder jenem an, ob er seinen Wein in Sicherheit hat, ob er sich vor der Säkularisation fürchtet oder ob er den Franzosen freundlich ein Glas Wein vorsetzen wird. Die meisten, wenigstens von den Bürgern scheinen die letzte Partie ergreifen zu wollen. Das muß man ihnen aber abmerken, denn durch die Rede erfährt man von ihnen nichts. Du glaubst nicht, welche Stille in allen öffentlichen Häusern herrscht. Jeder kommt hin, um etwas zu erfahren, niemand, um etwas mitzuteilen. Es scheint als ob jeder erst abwarten wollte, wie man ihm kommt, um dann dem andern ebenso zu kommen. Aber das ist eben das Eigentümliche der katholischen Städte. Da hängt man den Mantel, wie der Wind kommt.

Soeben erfahre ich die *gewisse* Nachricht, daß der Waffenstillstand auf unbestimmte Zeit verlängert ist, also schließe ich diesen Brief, damit Du so frühe als möglich diese frohe Nachricht erhältst, die *unsre* Wünsche reifen soll. Adieu. Bleibe mir treu. Bald ein mehreres. Dein Freund Heinrich.

### 22. An Wilhelmine von Zenge

Ihro Hochwohlgeborn und Hochwürden dem Stiftsfräulein Wilhelmine von Zenge in Frankfurt an der Oder – frei bis Berlin [Duderstädt]

Würzburg, den 13. (–18.) September 1800

Mädchen! Wie glücklich wirst Du sein! Und ich! Wie wirst Du an meinem Halse weinen, heiße innige Freudentränen! Wie wirst Du mir mit Deiner ganzen Seele danken! – Doch still!

Noch ist nichts *ganz* entschieden, aber – der Würfel liegt, und, wenn ich recht sehe, wenn nicht alles mich täuscht, so stehen die Augen gut. Sei ruhig. In wenigen Tagen kommt ein froher Brief an Dich, ein Brief, Wilhelmine, der – – Doch ich soll ja nicht reden, und so will ich denn noch schweigen auf diese wenigen Tage. Nur diese *gewisse* Nachricht will ich Dir mitteilen: ich gehe von hier nicht weiter nach Straßburg, sondern bleibe in Würzburg. Eher als Du glaubst, bin ich wieder bei Dir in Frankfurt. Küsse mich, Mädchen, denn ich verdiene es.

Laß uns tun, als ob wir nichts Interessanteres mit einander zu plaudern hätten, als fremdartige Dinge. Denn das, was mir die ganze Seele erfüllt, darf ich Dir nicht, *jetzt noch nicht*, mitteilen.

Also wieder etwas von dieser Stadt.

---

Eine der vortrefflichsten Anstalten, die je ein Mönch hervorbrachte, ist wohl das hiesige *Julius-Hospital*, vom Fürstbischof *Julius*, im 16. Jahrhundert gestiftet, von dem vorletzten Fürstbischof *Ludwig* um mehr als das Ganze erweitert, veredelt und verbessert. Das Stammgebäude schon ist ein Haus, wie ein Schloß; aber nun sind noch, in ähnlicher Form, Häuser hinzugebaut worden, so daß die vordere Fassade 63 Fenster hat, und das Ganze ein geschloßnes Viereck bildet. Im innern Hofe ist ein großer Brunnen angelegt, hinten befindet sich ein vortrefflicher botanischer Garten, Badehäuser, ein anatomisches Theater und ein medizinisch-chirurgisches Auditorium.

Das Ganze ist ein Produkt der wärmsten Menschenliebe. Jedes Gebrechen gibt, *wenn es ganz arm ist*, ein Recht auf unbedingte kostfreie Aufnahme in diesem Hause. Die Wiederhergestellten und Geheilten müssen es wieder verlassen, die Unheilbaren und das graue Alter findet Nahrung, Kleidung und Obdach bis ans Ende des Lebens. Denn nur auf gänzliche Hülflosigkeit ist diese Anstalt berechnet, und wer noch auf irgend eine Art sich selbst helfen kann, der findet hier keinen Platz, weil er ihn einem Unglücklichern, Hülfsbedürftigern nehmen würde.

Dabei ist es besonders bemerkenswürdig und lobenswert, daß die religiöse Toleranz, die nirgends in diesem ganzen Hochstift anzutreffen ist, grade hier in diesem Spital, wo sie so nötig war, Platz gefunden hat, und daß *jeder* Unglückliche seine Zuflucht findet in dieser katholischen Anstalt, wäre es auch ein Protestant oder ein Jude.

Das Innere des Gebäudes soll sehr zweckmäßig eingerichtet sein. Ordnung wenigstens und Plan habe ich darin gefunden. Da beherbergt jedes Gebäude eine eigne Art von Kranken, entweder die medizinische oder chirurgische, und jeder Flügel wieder ein eignes Geschlecht, die männlichen oder die weiblichen. Dann ist ein besonderes Haus für Unheilbare, eines für das schwache Alter, eines für die Epileptischen, eines für die Verrückten etc. Der Garten steht jedem Gesitteten offen. Es wird in großen Sälen gespeiset. Eine recht geschmackvolle Kirche versammelt täglich die Frommen. Sogar die Verrückten haben da ihren vergitterten Platz.

Bei den Verrückten sahen wir manches Ekelhafte, manches Lächerliche, viel Unterrichtendes und Bemitleidenswertes. Ein paar Menschen lagen übereinander, wie Klötze, ganz unempfindlich, und man sollte fast zweifeln, ob sie Menschen zu nennen wären. Dagegen kam uns munter und lustig ein überstudierter Professor entgegen, und fing an, uns auf lateinisch zu harangieren, und fragte so schnell und flüchtig und sprach dabei ein so richtiges, zusammenhangendes Latein, daß wir im Ernste verlegen wurden um die Antwort, wie vor einem gescheuten Manne. In einer Zelle saß, schwarz gekleidet, mit einem tiefsinnigen, höchst ernsten und düstern Blick, ein Mönch. Langsam schlug er die Augen auf uns, und es schien, als ob er unser Innerstes erwog. Dann fing er, mit einer schwachen, aber doch tönenden und das Herz zermalmenden Stimme an, uns vor der Freude zu warnen und an das ewige Leben und an das heilige Gebet uns zu erinnern. Wir antworteten nicht. Er sprach in großen Pausen. Zuweilen blickte er uns wehmütig an, als ob er uns doch für verloren hielte. Er hatte sich einst auf der Kanzel in einer Predigt versprochen und glaubte von dieser Zeit an, er habe das Wort Gottes verfälscht. Von diesem gingen wir zu einem Kaufmann, der aus Verdruß und Stolz verrückt geworden war, weil sein Vater das Adelsdiplom erhalten hatte, ohne daß es auf den Sohn forterbte. Aber am Schrecklichsten war der Anblick eines Wesens, den ein unnatürliches Laster wahnsinnig gemacht hatte – Ein 18jähriger Jüngling, der noch vor kurzem blühend schön gewesen sein soll und noch Spuren davon an sich trug, hing da über die unreinliche Öffnung, mit nackten, blassen, ausgedorrten Gliedern, mit eingesenkter Brust, kraftlos niederhangendem Haupte – Eine Röte, matt und geadert, wie eines Schwindsüchtigen, war ihm über das totenweiße Antlitz gehaucht, kraftlos fiel ihm das Augenlid auf das sterbende, erlöschende Auge, wenige saftlose Greisenhaare deckten das frühgebleichte Haupt, trocken, durstig, lechzend hing ihm die Zunge über die blasse, eingeschrumpfte Lippe, eingewunden und eingenäht lagen ihm die Hände auf dem Rücken – er hatte nicht das Vermögen die Zunge zur Rede zu bewegen, kaum die Kraft den stechenden Atem zu schöpfen – nicht verrückt waren seine Gehirnsnerven aber matt, ganz entkräftet, nicht fähig seiner Seele zu gehorchen, sein ganzes Leben nichts als eine einzige, lähmende, ewige Ohnmacht – O lieber tausend Tode, als ein einziges Leben wie dieses! So schrecklich rächt die Natur den Frevel gegen ihren eignen Willen! O weg mit diesem fürchterlichem Bilde –

Nicht ohne Rührung und Ehrfurcht wandelt man durch die Hallen dieses weiten Gebäudes, wenn man alle diese großen, mühsamen, kostspieligen Anstalten betrachtet, wenn man die Opfer erwägt, die sie dem Stifter und den Unterhaltern kostet. Die bloße Erhaltung der ganzen Anstalt beträgt jährlich 60000 fl. Damit ist zugleich eine Art von chirurgischer Pepiniere verknüpft, so daß bei dem Hospital selbst die künftigen Ärzte desselben gebildet werden. Lehrer sind die praktischen Ärzte, wie Seybold, Brünningshausen etc.

Aber wenn man an den Nutzen denkt, den diese Anstalt bringt, wenn man fragt, ob mit so großen Aufopferungen auf einem minder in die Augen fallenden Wege nicht noch weit mehr auszurichten sein würde, so hört man auf, diese an sich treffliche Anstalt zu bewundern, und fängt an, zu wünschen, daß das ganze Haus lieber gar nicht da sein möchte. Weit inniger greift man in das Interesse des hülflosen Kranken ein, wenn man ihn in seinem Hause, mit Heilung, Kleidung, Nahrung, oder statt der beiden letzten Dinge mit Geld unterstützt. Ihn erfreut doch der stolze Palast und der königliche Garten nicht, der ihn immer an seine demütigende Lage, an die Wohltat, die er nie abtragen kann erinnert; aller dieser Anschein von Pracht wird schwerlich mehr, als den Kranken und sein Gefühl durch den bittern Kontrast mit seinem Elende noch mehr drücken. Es liegt eine Art von Spott darin, erst ganz hilflos werden zu müssen um königlich zu wohnen – – Eigentlich weiß ich mich nicht recht auszudrücken. Aber ich bin gewiß, daß gute, stille, leidende Menschen weit lieber im Stillen Wohltaten annehmen, als sie hier mit prahlerischer Publizität zu empfangen. Auch würde wirklich jedem Kranken leichter geholfen werden, als hier, wo bei dem Zusammenfluß so vieles Elendes Herz und Mut sinken. Besonders die Verrückten können in ihrer eignen Gesellschaft nie zu gesundem Verstande kommen. Dagegen würde dies gewiß bei vielen möglich sein, wenn mehrere vernünftige Leute, etwa die eigne Familie, unter der Leitung eines Arztes, sich bemühte den Unglücklichen zur Vernunft zurückzuführen. Man könnte einwerfen, daß dies alles mehrere Kosten noch verursachen würde, aber man bedenke nur daß die bloße Einrichtung dieser Anstalt Millionen kostet, und daß dies alles dann nicht nötig wäre. – Indessen so viel ist freilich wahr, daß die ganze Wohltat dann nicht so viel Ansehen hätte. Daß doch immer auch Schatten sich zeigt, wo Licht ist!

den 14. September

Nirgends kann man den Grad der Kultur einer Stadt und überhaupt den Geist ihres herrschenden Geschmacks schneller und doch zugleich richtiger kennen lernen, als – in den Lesebibliotheken.

Höre was ich darin fand, und ich werde Dir ferner nichts mehr über den Ton von Würzburg zu sagen brauchen.

»Wir wünschen ein paar gute Bücher zu haben.« – *Hier steht die Sammlung zu Befehl.* – »Etwa von Wieland.« – *Ich zweifle fast.* – »Oder von Schiller, Goethe.« – *Die möchten hier schwerlich zu finden sein.* – »Wie? Sind alle diese Bücher vergriffen? Wird hier so stark gelesen?« – *Das eben nicht.* – »Wer liest denn hier eigentlich am meisten?« – *Juristen, Kaufleute und verheiratete Damen.* – »Und die unverheirateten?« – *Sie dürfen keine fordern.* – »Und die Studenten?« – *Wir haben Befehl ihnen keine zu geben.* – »Aber sagen Sie uns, wenn so wenig gelesen wird, wo in aller Welt sind denn die Schriften Wielands, Goethes, Schillers?« – *Halten zu Gnaden, diese Schriften werden hier gar nicht gelesen.* – »Also Sie haben sie gar nicht in der Bibliothek?« – *Wir dürfen nicht.* – »Was stehn denn also eigentlich für Bücher hier an diesen Wänden?« – *Rittergeschichten, lauter Rittergeschichten, rechts die Rittergeschichten mit Gespenstern, links ohne Gespenster, nach Belieben.* – »So, so.« – –

Nach Vergnügungen fragt man hier vergebens. Man hat hier nichts im Sinn als die zukünftige himmlische Glückseligkeit und vergißt darüber die gegenwärtige irdische. Ein elender französischer Garten, der *Huttensche*, heißt hier ein Rekreationsort. Man ist aber hier so still und fromm, wie auf einem Kirchhofe. Nirgends findet man ein Auge, das auf eine interessante Frage eine interessante Antwort verspräche. Auch hier erinnert das Läuten der Glocken unaufhörlich an die katholische Religion, wie das Geklirr der Ketten den Gefangnen an seine Sklaverei. Mitten in einem geselligen Gespräche sinken bei dem Schall des Geläuts alle Knie, alle Häupter neigen, alle Hände falten sich; und wer auf seinen Füßen stehen bleibt, ist ein Ketzer.

den 15. September

Meine liebe, liebste Freundin! Wie sehnt sich mein Herz nach einem paar freundlicher Worte von Deiner Hand, nach einer kurzen Nachricht von Deinem Leben, von Deiner Gesundheit, von Deiner Liebe, von Deiner Ruhe! Wie viele Tage verlebten wir jetzt getrennt von einander und wie manches wird Dir zugestoßen sein, das auch mich nahe angeht! Und warum erfahre ich nichts von Dir? Bist Du gar nicht mehr? Oder bist Du krank? Oder hast Du mich vergessen, mich, dem der Gedanke an Dich immer gegenwärtig blieb? Zürnst Du vielleicht auf den Geliebten, der sich so mutwillig von der Freundin entfernte? Schiltst Du ihn leichtsinnig, den Reisenden, ihn, der auf dieser Reise Dein Glück mit unglaublichen Opfern erkauft und jetzt vielleicht – *vielleicht* schon gewonnen hat? Wirst Du mit Mißtrauen und Untreue dem lohnen, der vielleicht in kurzem mit den Früchten seiner Tat zurückkehrt? Wird er Undank bei dem Mädchen finden, für deren Glück er *sein Leben* wagte? Wird ihm der Preis nicht werden, auf den er rechnete, *ewige innige zärtliche Dankbarkeit?* – Nein, nein – Du bist für den Undank nicht geschaffen. Ewig würde Dich die Reue quälen. Tausend Ursachen konnten verhindern, daß Briefe von Dir zu mir kamen. Ich halte mich fest an Deine Liebe. Mein Vertrauen zu Dir soll nicht wanken. Mich soll kein Anschein verführen. *Dir* will ich glauben und keinem andern. Ich selbst habe ja auch bestellt, daß alle Briefe in *Bayreuth* liegen bleiben sollten. Andere konnten zwar einen andern Weg über *Duderstadt* nehmen – indessen ich bin ruhig. Schon vor 4 Tagen habe ich nach Bayreuth geschrieben, mir die Briefe nach Würzburg zu senden – heute war noch nichts auf der hiesigen Post, aber morgen, morgen, – oder übermorgen, oder – –

Und was werde ich da alles erfahren! Mit welchen Vorgefühlen werde ich das Kuvert betrachten, das *kleine* Gefäß das so *vieles* in sich schließt! Ach, Wilhelmine, in sechs Worten kann alles liegen, was ich zu meiner Ruhe bedarf. Schreibe mir: *ich bin gesund; ich liebe Dich*, – und ich will weiter nichts mehr.

Aber doch – Nachrichten von Deinen redlichen Eltern und überhaupt von Deinen Geschwistern. Ist alles wieder gesund in Eurem Hause? Schläft Mutter wieder unten? Hat Vater nicht nach mir gefragt? – Was spricht man überhaupt von mir in Frankfurt? – Doch das wirst *Du* wohl nicht hören. Nun, es sei! Mögen sie sprechen, was sie wollen, mögen sie mich immerhin verkennen! Wenn *wir beide* uns nur *ganz* verstehen, so kümmert mich weiter kein Urteil, keine Meinung. Jedem will ich Mißtrauen verzeihen, nur *Dir* nicht; denn für Dich tat ich alles, um es Dir zu benehmen. – Verstehst Du die Inschrift der Tasse? Und befolgst Du sie? Dann erfüllst Du meinen innigsten Wunsch. Dann weißt Du, mich zu ehren.

Vielleicht erhalte ich auch den Aufsatz von Dir – oder ist er noch nicht fertig? Nun, übereile Dich nicht. Ein Frühlingssonnenstrahl reift die Orangenblüte, aber ein Jahrhundert die Eiche. Ich möchte gern etwas Gutes, etwas Seltenes, etwas Nützliches von Dir erhalten das ich selbst gebrauchen kann; und das Gute bedarf Zeit, es zu bilden. Das Schnellgebildete stirbt schnell dahin. Zwei Frühlingstage – und die Orangenblüte ist verwelkt, aber die Eiche durchlebt ein Jahrtausend. Was ich von Dir empfange soll mehr als auf zwei Augenblicke duften, ich will mich seiner erfreuen mein Lebenlang.

Ja, Wilhelmine, wenn Du mir könntest die Freude machen, immer fortzuschreiten in Deiner Bildung mit Geist und Herz, wenn Du es mir gelingen lassen könntest, mir an Dir eine Gattin zu formen, wie ich sie für mich, eine Mutter, wie ich sie für meine Kinder wünsche, erleuchtet, aufgeklärt, vorurteilos, immer der Vernunft gehorchend, gern dem Herzen sich hingebend – dann, ja dann könntest mir für eine Tat lohnen, für eine Tat –

Aber das alles wären vergebliche Wünsche, wenn nicht in Dir die Anlage zu jedem Vortrefflichen vorhanden wäre. Hineinlegen kann ich nichts in Deine Seele, nur entwickeln, was die Natur hineinlegte. Auch das kann *ich* eigentlich nicht, kannst nur *Du* allein. Du selbst mußt Hand an Dir legen, Du selbst mußt Dir das Ziel stecken, ich kann nichts als Dir den kürzesten, zweckmäßigsten Weg zeigen; und wenn ich Dir jetzt ein Ziel aufstellen werde, so geschieht es nur in der Überzeugung, daß es von Dir längst anerkannt ist. Ich will nur deutlich darstellen, was vielleicht dunkel in Deiner Seele schlummert.

Alle echte Aufklärung des Weibes besteht zuletzt darin, vernünftig über die Bestimmung ihres *irdischen* Lebens nachdenken zu können. Über den Zweck unseres ganzen *ewigen* Daseins nachzudenken, auszuforschen, ob der Genuß der Glückseligkeit, wie *Epikur* meinte, oder die Erreichung der Vollkommenheit, wie *Leibniz* glaubte, oder die Erfüllung der trocknen Pflicht, wie *Kant* versichert, der letzte Zweck des Menschen sei, das ist selbst für Männer unfruchtbar und oft verderblich. Wie können wir uns getrauen in den Plan einzugreifen, den die Natur für die Ewigkeit entworfen hat, da wir nur ein so unendlich kleines Stück von ihm, unser Erdenleben, übersehen? Also wage Dich mit Deinem Verstande nie über die Grenzen Deines Lebens hinaus. Sei ruhig über die Zukunft. Was Du für dieses Erdenleben tun sollst, das kannst Du begreifen, was Du für die Ewigkeit tun sollst, nicht; und so kann denn auch keine Gottheit mehr von Dir verlangen, als die Erfüllung Deiner Bestimmung auf dieser Erde. Schränke Dich also ganz für diese kurze Zeit ein. Kümmre Dich nicht um Deine Bestimmung nach dem Tode, weil Du darüber leicht Deine Bestimmung auf dieser Erde vernachlässigen könntest.

den 18. September 1800

Als ich so weit gekommen war, fiel mir ein, daß wohl manche Erläuterungen nötig sein möchten, um gegen Deine Religionsbegriffe nicht anzustoßen. Zugleich sah ich, daß dieser Gegenstand zu reichhaltig war für einen Brief, und entschloß mich daher Dir einen eignen Aufsatz darüber zu liefern. Den Anfang davon macht der beifolgende dritte Bogen. Laß uns beide, liebe Wilhelmine, unsre Bestimmung ganz ins Auge fassen, um sie künftig einst ganz zu erfüllen. Dahin *allein* wollen wir unsre ganze Tätigkeit richten. Wir wollen alle unsre Fähigkeiten ausbilden, eben nur um diese Bestimmung zu erfüllen. Du wirst mich, ich werde Dich darin unterstützen, und daher künftig in diesem Aufsatze fortfahren.

Wie ich auf die Idee des Ganzen gekommen bin, das wirst Du in der Folge leicht erraten. – Wie ich auf den Gedanken gekommen bin, Dich vor religiösen Grübeleien zu warnen, das will ich Dir hiermit sagen. Nicht weil sie etwa von Dir sehr zu befürchten wären, sondern darum, weil ich eben grade in einer Stadt lebe, wo man über die Andacht die Tätigkeit ganz vergißt, und auch darum, weil *Brokes* mich umgibt, der unaufhörlich mit der Natur im Streit ist, weil er, wie er sagt, seine ewige Bestimmung nicht herausfinden kann, und daher nichts für seine irdische tut. Doch darüber in der Folge mehr.

Jetzt muß ich schließen. Ich wollte warten bis ich doch endlich von Dir einen Brief empfangen haben würde, um dies Dir zu melden, aber vergebens. Liebe Wilhelmine! – Sei ruhig. Ich bleibe Dir herzlich gut, in der festen Überzeugung, daß Du auch mir noch herzlich gut bist, – wenn Du noch lebst. – O meine Hoffnung! – Sei ruhig. Mache keine Anstalten wegen der Briefe. Wenn ich in 3 Tagen keinen erhalte, so schicke ich selbst einen Laufzettel zurück. Denn geschrieben hast Du *gewiß*. Lebe wohl.

Dein Heinrich.

den 18. nachmittags

Ich möchte gern diesen Brief noch zurückhalten bis morgen, denn morgen hoffe ich doch gewiß einen Brief zu erhalten. Aber ich habe schon seit 6 Tagen keinen Brief an Dich abgeschickt, und Deiner Ruhe ist doch wohl nicht recht zu trauen. – Mädchen! Mädchen!

Weißt Du was? Es ist möglich, daß grade über Bayreuth die Briefe so unglücklich gehen. Schreibe mir geschwind einen, und adressiere ihn *über Duderstadt* nach Würzburg. Vielleicht glückt das besser.

Wenn ich denke, daß auch Du alle meine Briefe nicht erhalten haben könntest, und mich für untreu hieltest, indessen ich doch mit so inniger Treue an Dich hing – o Gott!

Auch von Ulriken habe ich noch nichts empfangen. Sage ihr dies. Aber noch soll sie keinen Laufzettel schicken.

Und nun noch eine Neuigkeit. Der Waffenstillstand war gestern schon wieder verflossen. Hier erwartet man nun täglich die Franzosen. Es heißt aber, daß mehrere Kaiserliche heranrücken. Die Festung soll nach wie vor behauptet werden. Sei Du aber ganz ruhig über mich. Diese Veränderung hat jetzt keinen Einfluß mehr auf die Erfüllung meines Plans, den ich *fast* schon erfüllt nennen kann. Doch muß ich noch einige Zeit hier bleiben und werde aber bei dem Kriege nichts als ein neutraler Zuschauer sein. Adieu. Ich küsse die liebe Hand, die ich einst *mein* nennen werde. Dein Freund H. K.

*Abgeschickt*
1. Brief aus Berlin
2. _____ Pasewalk
3. _____ Berlin
4. _____ Berlin
5. _____ Leipzig
6. _____ Dresden
7. _____ Reichenbach
8. _____ Bayreuth
9. _____ Würzburg
10. _____ Würzburg
und diesen.

*Empfangen*
2 Briefe.

## 23. An Wilhelmine von Zenge

An die Frau von Kleist, geborene von Zenge, Hochwohlgeb., zu Berlin.

Würzburg, den 19. (–23.) September 1800

Und immer noch keine Nachrichten von Dir, meine *liebe* Freundin? Gibt es denn keinen Boten, der eine Zeile von Dir zu mir herübertragen könnte? Gibt es denn keine Verbindung mehr zwischen uns, keine Wege, keine Brücken? Ist denn ein Abgrund zwischen uns eingesunken, daß sich die Länder nicht mehr ihre Arme, die Landstraßen, zureichen? Bist Du denn fortgeführt von dieser Erde, daß kein Gedanke mehr herüberkommt von Dir zu mir, wie aus einer andern Welt? – Oder ist doch irgend ein Unhold des Mißtrauens zwischen uns getreten, mich loszureißen von Deinem Herzen? Und ist es ihm geglückt, wirklich geglückt –?

Wilhelmine! Bin ich Dir nichts mehr wert? Achtest Du mich nicht mehr? Hast Du sie schon verdammt, diese Reise, deren Zweck Du noch nicht kennst? – Ach, ich verzeihe es Dir. Du wirst genug leiden durch Deine Reue – ich will Dich durch meinen Unwillen nicht noch unglücklicher machen. Kehre um, liebes Mädchen! Hast Du Dich aus Mißtrauen von mir losreißen wollen, so gib es jetzt wieder auf, jetzt, wo bald eine Sonne über mich aufgehen wird. Wie würdest Du, in kurzem, herüberblicken mit Wehmut und Trauer zu mir, von dem Du Dich losgerissen hast grade da er Deiner Liebe am würdigsten war? Wie würdest Du Dich selbst herabwürdigen, wenn ich heraufstiege vor Deinen Augen geschmückt mit den Lorbeern meiner Tat? *Das* würdest Du nicht ertragen – Kehre um, liebes Mädchen. Ich will Dir alles verzeihen. Knüpfe Dich wieder an mich, tue es mit blinder Zuversicht. *Noch* weißt Du nicht ganz, wen Du mit Deinen Armen umstrickst – aber bald, bald! Und Dein Herz wird Dir beben, wenn Du in meines blicken wirst, das *verspreche* ich Dir.

Hast Du noch nie die Sonne aufgehen sehen über eine Gegend, zu welcher Du gekommen warst im Dunkel der Nacht? – Ich aber habe es. Es war vor 3 Jahren im *Harze*. Ich erstieg um Mitternacht den *Stufenberg* hinter *Gernrode*. Da stand ich, schauernd, unter den Nachtgestalten wie zwischen Leichensteinen, und kalt wehte mich die Nacht an, wie ein Geist, und öde schien mir der Berg, wie ein Kirchhof. Aber ich irrte nur, so lange die Finsternis über mich waltete. Denn als die Sonne hinter den Bergen heraufstieg, und ihr Licht ausgoß über die freundlichen Fluren, und ihre Strahlen senkte in die grünenden Täler, und ihren Schimmer heftete um die Häupter der Berge, und ihre Farben malte an die Blätter der Blumen und an die Blüten der Bäume – ja, da hob sich das Herz mir unter dem Busen, denn da sah ich und hörte, und fühlte, und empfand nun mit allen meinen Sinnen, daß ich ein Paradies vor mir hatte. – Etwas Ähnliches verspreche ich Dir, wenn die Sonne aufgehen wird über Deinen unbegreiflichen Freund.

Zuweilen – Ich weiß nicht, ob Dir je etwas Ähnliches glückte, und ob Du es folglich für wahr halten kannst. Aber ich höre zuweilen, wenn ich in der Dämmerung, einsam, dem wehenden Atem des Westwinds entgegen gehe, und besonders wenn ich dann die Augen schließe, ganze Konzerte, vollständig, mit allen Instrumenten von der zärtlichen Flöte bis zum rauschenden Kontra-Violon. So entsinne ich mich besonders einmal als Knabe vor 9 Jahren, als ich gegen den Rhein und gegen den Abendwind zugleich hinaufging, und so die Wellen der Luft und des Wassers zugleich mich umtönten, ein schmelzendes Adagio gehört [zu] habe[n], mit allem Zauber der Musik, mit allen melodischen Wendungen und der ganzen begleitenden Harmonie. Es war wie die Wirkung eines Orchesters, wie ein vollständiges Vaux-hall; ja, ich glaube sogar, daß alles was die Weisen Griechenlands von der Harmonie der Sphären dichteten, nichts Weicheres, Schöneres, Himmlischeres gewesen sei, als diese seltsame Träumerei.

Und dieses Konzert kann ich mir, ohne Kapelle, wiederholen so oft ich will – aber so bald ein *Gedanke* daran sich regt, gleich ist alles fort, wie weggezaubert durch das magische: disparois!, Melodie, Harmonie, Klang, kurz die ganze Sphärenmusik.

So stehe ich nun auch zuweilen an meinem Fenster, wenn die Dämmerung in die Straße fällt, und öffne das Glas und die Brust dem einströmenden Abendhauche, und schließe die Augen, und lasse seinen Atem durch meine Haare spielen, und denke nichts, und horche – O wenn du mir doch einen Laut von *ihr* herüberführen könntest, wehender Bote der Liebe! Wenn du mir doch auf diese zwei Fragen: *lebt sie? liebt sie* (mich)? ein leises *Ja* zuflüstern könntest! – Das *denke* ich – und fort ist das ganze tönende Orchester, nichts läßt sich hören als das Klingeln der Betglocke von den Türmen der Kathedrale.

Morgen, denke ich dann, *morgen* wird ein treuerer Bote kommen, als du bist! Hat er gleich keine Flügel, um *schnell* zu sein, wie du, so trägt er doch auf dem gelben Rocke den doppelten Adler des Kaisers, der ihn treu und pünktlich und sicher macht.

Aber der Morgen kommt zwar, doch mit ihm niemand, weder der Bote der Liebe, noch der Postknecht des Kaisers.

Gute Nacht. Morgen ein mehreres. Dir will ich schreiben, und nicht eher aufhören, als bis Du mir wenigstens schreibst, Du wolltest meine Briefe nicht lesen.

Es ist 12 Uhr nachts. Künftig will ich Dir sagen, warum ich so spät geschrieben habe. Gute Nacht, *geliebtes* Mädchen.

den 20. September

Wenn ich nur wüßte, ob alle meine Briefe pünktlich in Deine und in keines andern Menschen Hände gekommen sind, und ob auch dieser in die Deinigen kommen wird, ohne vorher von irgend einem Neugierigen erbrochen worden zu sein, so könnte ich Dir schon manches mitteilen, was Dir zwar eben noch keinen Aufschluß, aber doch Stoff zu richtigen Vermutungen geben würde. Immer bei jedem Briefe ist es mir, als ob ich ein Vorgefühl hätte, er werde umsonst geschrieben, er gehe verloren, ein andrer erbreche ihn, und dergleichen; denn kann es nicht meinen Briefen gehen, wie den Deinigen? Und wie würdest Du dann zürnen über den Nachlässigen, Ungetreuen, der die Geliebte vergaß, sobald er aus ihren Mauern war, unwissend, daß er in jeder Stadt, an jedem Orte an Dich dachte, ja, daß seine ganze Reise nichts war als ein langer Gedanke an Dich? – Aber wenn ich denke, daß dieses Papier, auf das ich jetzt schreibe, das unter meinen Händen, vor meinen Augen liegt, einst in *Deinen* Händen, vor *Deinen* Augen sein wird, dann – küsse ich es, heimlich, damit es *Brokes* nicht sieht, – und küsse es wieder das liebe Papier, das Du vielleicht auch an Deine Lippen drücken wirst – und bilde mir ein, es wären wirklich schon Deine Lippen. – Denn wenn ich die Augen zumache, so kann ich mir einbilden, was ich will.

Ich will Dir etwas von meinem hiesigen Leben schreiben, und wenn Du etwas daraus erraten solltest, so sei es – Denn ich schicke diesen Brief nicht eher ab, als bis ich Nachrichten von Dir empfangen habe, und folglich beurteilen kann, ob Du diese Vertraulichkeit wert bist, oder nicht.

Zuerst muß ich Dir sagen, daß ich nicht während dieser ganzen Zeit in dem Gasthofe gewohnt habe, der mich bei meiner Ankunft empfing. Sobald ich sicher war, nicht nach *Straßburg* reisen zu dürfen, so sah ich voraus, daß ich mich nun hier wohl einige Wochen würde aufhalten müssen, und mietete mir daher, mit *Brokes*, ein eignes Quartier, um dem teuren Gasthofe zu entgehen.

Denn ob ich gleich im ganzen die Kosten dieser Reise nicht gescheut habe, ja selbst zehnmal so viel, und noch mehr, ihrem Zwecke aufgeopfert haben würde, so suchen wir doch im einzelnen unsre Absicht so wohlfeil als möglich zu erkaufen. Indessen ob wir gleich beide die Absicht haben, zu sparen, so verstehen wir es doch eigentlich nicht, weder Brokes, noch ich. Dazu gehört ein ewiges Abwägen des Vorteils, eine ewige Aufmerksamkeit auf das geprägte Metall, die jungen Leuten mit warmem Blute meistens fehlt, besonders wenn sie auf Reisen das große Gepräge der Natur vor sich sehen. Indessen jede Kleinigkeit, zu sehr verachtet, rächt sich, und daher bin ich doch fest entschlossen, mich an eine größere Aufmerksamkeit auf das Geld zu gewöhnen. Recht herzlich lieb ist es mir, an Dir ein ordnungsliebendes Mädchen gefunden zu haben, das auch diese kleine Aufmerksamkeit nicht scheut. Wir beide wollen uns darin teilen. Rechnungen sind doch in größern Ökonomien notwendig. Im Großen muß sie der Mann führen, im Kleinen die Frau. Ordnung ist nicht ihr einziger Nutzen. Wenn man sich täglich die Summe seines wachsenden Glückes zieht, so mehrt sich die Lust, es zu mehren, und am Ende mehrt sich das Glück wirklich. Ich bin überzeugt, daß mancher Tausende zurücklegte, weil ihm die Berechnung des ersten zurückgelegten Talers, den er nicht brauchte, und der ihm nun wuchern soll, Freude machte.

Doch ich komme zurück. – Wir sind also aus unserm prächtigen Gasthofe ausgezogen, in ein kleines, verstecktes Häuschen, das Du gewiß nicht finden solltest, wenn ich es Dir nicht bezeichnete. Es ist ein Eckhaus, auf drei Seiten, ganz nahe, mit Häusern umgeben, die finster aussehen, wie die Köpfe, die sie bewohnen. Das möchte man, bis auf die Tonne des Diogenes, wohl überhaupt finden, daß das Äußere der Häuser den Charakter ihrer Bewohner ausdrückt. Hier z. B. hat jedes Haus eine Menge Türen, und es könnte da vieles einziehen; aber sie sind verschlossen bis auf eine, und auch diese steht nur dem Seelsorger (oder     ) und wenigen andern offen. Ebenso haben die Häuser einen Überfluß von Fenstern, ja, man könnte sagen, die ganze Fassade sei nichts als ein großes Fenster, und da könnte denn freilich genug Tageslicht einfallen; aber dicht davor steht eine hohe Kirche oder ein Kloster, und es bleibt ewig Nacht. Grade ohngefähr wie bei den Besitzern. – Unser Zimmer ist indessen ziemlich hell. Wir haben das Eckzimmer mit 4 Fenstern von zwei Seiten. In Rom war ein Mann, der in Wänden von Glas wohnte, um die ganze Stadt zum Zeugen aller seiner Handlungen zu machen. Hier würde ganz Würzburg ein Zeuge der unsrigen sein, wenn es hier nicht jene jesuitischen Jalousien gäbe, aus welchen man füglich hinaus sehen kann, ohne daß von außen hinein gesehen werden könnte.

Jetzt, da wir so ziemlich alles gesehen haben in dieser Stadt, sind wir viel zu Hause, Brokes und ich, und lesen und schreiben, wobei mir meine wissenschaftlichen Bücher, die ich aus Frankfurt mitnahm, nicht wenig zustatten kommen. Von der Langenweile, die ich nie empfand, weiß ich also auch hier nichts. Langeweile ist nichts als die Abwesenheit aller Gedanken, oder vielmehr das Bewußtsein ohne beschäftigende Vorstellungen zu sein. Das kann aber einem denkenden Menschen nie begegnen, so lange es noch Dinge überhaupt für ihn auf der Welt gibt; denn an jeden Gegenstand, sei er auch noch so scheinbar geringfügig, lassen sich interessante Gedanken anknüpfen, und das ist eben das Talent der Dichter, welche ebensowenig wie wir in Arkadien leben, aber das Arkadische oder überhaupt Interessante auch an dem Gemeinsten, das uns umgibt, heraus finden können. Wenn wir weiter nichts zu tun wissen, so treten wir ans Fenster, und machen Glossen über die Vorbeigehenden, aber gutmütige, denn wir vergessen nicht, daß, wenn wir auf der Straße gehn, die Rollen getauscht sind, und daß die kritisierten Schauspieler dann kritisierende Zuschauer geworden sind, und umgekehrt. Besonders der Markt an den Sonnabenden ist interessant, die Anstalten, die nötig sind, den Menschen 8 Tage lang das Leben zu fristen, der Streit der Vorteile, indem jeder strebt, so wohlfeil zu kaufen und so teuer zu verkaufen als möglich, auch die Frau an der Ecke, mit einer Schar von Gänsen, denen die Füße gebunden sind, um sich, wie eine französische Mamsell mit ihren gnädigen Fräulein, denen oft noch obenein die Hände gebunden sind, etc. etc.

Unser Wirt heißt übrigens Wirth, und wir befinden uns in diesem doppelten Wirtshause recht wohl. Uns bedient ein Mädchen, mit einer holden Freundlichkeit, und sorgt für uns, wie für Brüder, bringt uns Obst, ohne in allem Ernste Geld zu nehmen, usf. Und wenn uns die Menschen gefallen, die uns grade umgeben, so gefällt uns die ganze Menschheit. Keine Tugend ist doch weiblicher, als Sorge für das Wohl anderer, und nichts dagegen macht das Weib häßlicher und gleichsam der Katze ähnlicher als der schmutzige Eigennutz, das gierige Einhaschen für den eignen Genuß. Das läßt sich freilich verstecken; aber es gibt *eine himmlische Güte des Weibes, alles*, was in ihre Nähe kommt, an sich zu schließen, und an ihrem Herzen zu hegen und zu pflegen mit Innigkeit und Liebe, wie die Sonne (die wir darum auch König*in* nennen, nicht König) alle Sterne, die in ihren Wirkungsraum schweben, an sich zieht mit sanften unsichtbaren Banden, und in frohen Kreisen um sich führt, Licht und Wärme und Leben ihnen gebend – aber das läßt sich nicht anlernen. – – – –

Gute Nacht, Wilhelmine. Es ist wieder 12 Uhr nachts.

den 23. September

Endlich, endlich – ja Du lebst, und liebst mich noch! Hier in diesem Briefe ist es enthalten, in dem ersten, den ich seit 3 Wochen von Dir erhielt. Es ist Deine Antwort auf meinen Dresdner Brief:

*Abgeschickt:*

| den 1. Brief aus | Berlin | 6. | _____ Dresden |
|---|---|---|---|
| 2. | _____ Pasewalk | 7. | _____ Reichenbach |
| 3. | _____ Berlin | 8. | _____ Bayreuth |
| 4. | _____ Berlin | 9. | _____ Würzburg |
| 5. | _____ Leipzig | 10. | _____ Würzburg |
| *Empfangen:* | | 11. | _____ Würzburg |
| 3 Briefe. | | | und diesen 12. |

Deine Briefe aus Wien werden nun wohl auch bald eintreffen. Daß Du nach Berlin gegangen bist, ist mir herzlich lieb, wenn Du dort mehr Beruhigung zu finden hoffst, als in Frankfurt; sei vergnügt, denn jetzt darf Dir der Erfolg meines Unternehmens keine Sorge mehr machen. Aber sei auch vernünftig, und kehre ohne Widerwillen nach dem Orte zurück, an dem Du doch noch lange ohne mich wirst leben müssen. Honig wohnt in jeder Blume, Freude an jedem Orte, man muß nur, wie die Biene, sie zu finden wissen. Und wo kann sie sichrer für Dich blühen, als da, wo einst der Schauplatz unsrer ersten Liebe war, und wo auch Deine und meine Familie wohnt? – Doch darüber werde ich Dir noch mehr schreiben. Jetzt nutze diese Veränderung Deines Wohnortes so gut Du kannst. Auf eine kurze Zeit kann Berlin gefallen, auf eine lange nicht, mich nicht – Du müßtest denn bei mir sein, denn das habe ich noch nicht versucht.

Adieu. Halte Dein Wort, und kehre zur bestimmten Zeit wieder nach Frankfurt zurück. Ich werde es auch tun. Lebe wohl und freue Dich auf den nächsten Brief, denn wenn nicht alles mich täuscht, so – – H. K.

## 24. An Wilhelmine von Zenge

An Fräulein Wilhelmine v. Zenge Hochwohlgeb. zu Frankfurt a. Oder.

Würzburg, den 10. (und 11.) Oktober 1800

Liebe Wilhelmine! Du denkst gewiß heute an mich, so wie ich den ganzen 18. August an Dich dachte, nicht wahr? – O mit welcher Innigkeit denke ich jetzt auch an Dich! Und welch ein unbeschreiblicher Genuß ist mir diese Überzeugung, daß unsere Gedanken sich gewiß jetzt in diesem Augenblicke begegnen! Ja, mein Geburtstag ist heute, und mir ist, als hörte ich die Wünsche, die heute Dein Herz heimlich für mich bildet, als fühlte ich den Druck Deiner Hand, der mir alle diese Wünsche mit einemmale mitteilt. Ja sie werden erfüllt werden alle diese Wünsche, sei davon überzeugt, ich bin es. Wenn uns ein König ein Ordensband wünscht, heißt das nicht ihn uns versprechen? Er selbst hat die Erfüllung seines Wunsches in seiner Hand – Du auch, liebes Mädchen. Alles was ich *Glück* nenne, kann nur von Deiner Hand mir kommen, und wenn *Du* mir dieses Glück wünschest, ja dann kann ich wohl ganz ruhig in die Zukunft blicken, dann wird es mir gewiß zuteil werden. *Liebe* und *Bildung* das ist alles, was ich begehre, und wie froh bin ich, daß die Erfüllung dieser beiden unerläßlichen Bedürfnisse, ohne die ich *jetzt* nicht mehr glücklich sein könnte, nicht von dem Himmel abhangt, der, wie bekannt, die Wünsche der armen Menschen so oft unerfüllt läßt, sondern *einzig und allein von Dir*.

Du hast doch meinen letzten Brief, den ich am Anfange dieses Monats schrieb, und den ich einen *Hauptbrief* nennen möchte, wenn nicht bald ein zweiter erschiene, der noch wichtiger sein wird – Du hast ihn doch erhalten? Vielleicht hast Du ihn in diesen Tagen empfangen, vielleicht empfängst Du ihn in diesem Augenblicke – O wenn ich jetzt neben Dir stehen könnte, wenn ich Dir diesen unverständlichen Brief erklären dürfte, wenn ich Dich vor Mißverständnisse sichern könnte, wenn ich jede unwillige Regung Deines Gefühls gleich in dem ersten Augenblick der Entstehung unterdrücken dürfte – – Zürne nicht, liebes Mädchen, ehe Du mich *ganz* verstehst! Wenn ich mich gegen Dich vergangen habe, so habe ich es auch durch die teuersten Opfer wieder gut gemacht. Laß mir die Hoffnung daß Du mir verzeihen wirst, so werde ich den Mut haben Dir alles zu bekennen. Höre nur erst mein Bekenntnis an, und ich bin gewiß, daß Du dann nicht mehr zürnen wirst.

Ich versprach Dir in jenem Briefe, entweder in 8 Tagen von hier abzureisen, oder Dir zu schreiben. Diese Zeit ist verstrichen, und das erste war noch nicht möglich. Beunruhige Dich nicht – meine Abreise kann morgen oder übermorgen und an jedem Tage erfolgen, der mir etwas Nochzuerwartendes überbringt. In der Folge werde ich mich deutlicher darüber erklären, laß das jetzt ruhen. Jetzt will ich mein Versprechen erfüllen und Dir, statt meiner, wenigstens einen Brief schicken. Sei für jetzt zufrieden mit diesem Stellvertreter, bald wird die Post mich selbst zu Dir tragen.

Aber von *unserm Hauptgegenstande* kann ich Dir jetzt noch nicht mehr schreiben, denn ich muß erst wissen, wie Du jenen letzten Brief aufgenommen hast. Also von etwas anderem.

---

In meiner Seele sieht es aus, wie in dem Schreibtische eines Philosophen, der ein neues System ersann, und einzelne Hauptgedanken auf zerstreute Papiere niederschrieb. Eine große Idee – für Dich, Wilhelmine, schwebt mir unaufhörlich vor der Seele! Ich habe Dir den Hauptgedanken schon am Schlusse meines letzten Briefes, auch schon vorher auf einem einzelnen Blatte mitgeteilt. Du hast ihn doch noch nicht vergessen? – –

Ich ersuchte Dich doch einst mir aufzuschreiben, was Du Dir denn eigentlich von dem Glücke einer künftigen Ehe versprächst? – Errätst Du nicht, warum? Doch wie kannst Du das erraten! – Ich sehe mit Sehnsucht diesem Aufsatz entgegen, den ich immer noch nicht von *Wien* erhalten habe. Sein erstes Blatt, das Du mir mitteiltest, und das mir eine unaussprechliche, aber bittersüße Freude gewährte, scheuchte mich aus Deinen Armen und beschleunigte meine Abreise. Weißt Du wohl noch mit welcher Bewegung ich es am Tage vor unsrer Trennung durchlas, und wie ich es unruhig mit mir nach Hause nahm – und weißt Du auch was ich da, als ich allein war mit diesem Blatte, alles empfand? Es zog mein ganzes Herz an Dich, aber es stieß mich zugleich unwiderruflich aus Deinen Armen – Wenn ich es jetzt wieder lesen werde, so wird es mich dahin zurückführen. Damals war ich Deiner nicht würdig, jetzt bin ich es. Damals weinte ich, daß Du so gut, so edel, so achtungswürdig, so wert des höchstens Glückes warst, jetzt wird es mein Stolz und mein Entzücken sein. Damals quälte mich das Bewußtsein, Deine heiligsten Ansprüche nicht erfüllen zu können, und jetzt, jetzt – – Doch still!

Jetzt, Wilhelmine, werde auch *ich* Dir mitteilen, was ich mir von dem Glücke einer künftigen Ehe verspreche. Ehemals durfte ich das nicht, aber jetzt – o Gott! Wie froh macht mich das! – Ich werde Dir die Gattin *beschreiben*, die mich *jetzt* glücklich machen kann – – und das ist die *große Idee*, die ich für Dich im Sinne habe. Das Unternehmen ist groß, aber der Zweck ist es auch. Ich werde jede Stunde, die mir meine künftige Lage übrig lassen wird, diesem Geschäfte widmen. Das wird meinem Leben neuen Reiz geben, und uns beide schneller durch die Prüfungszeit führen, die uns bevorsteht. In fünf Jahren, hoffe ich, wird das Werk fertig sein.

Fürchte nicht, daß die beschriebene Gattin *nicht von Erde* sein wird, und daß ich sie erst in dem Himmel finden werde. Ich werde sie in 5 Jahren auf dieser Erde finden und mit meinen irdischen Armen umschließen – Ich werde von der Lilie nicht verlangen, daß sie in die Höhe schießen soll, wie die Zeder, und der Taube kein Ziel stecken, wie dem Adler. Ich werde aus der Leinwand kein Bild hauen, und auf dem Marmor nicht malen. Ich kenne die Masse, die ich vor mir habe, und weiß, wozu sie taugt. Es ist ein Erz mit gediegenem Golde und mir bleibt nichts übrig, als das Metall von dem Gestein zu scheiden. Klang und Gewicht und Unverletzbarkeit in der Feuerprobe hat es von der Natur erhalten, die Sonne der Liebe wird ihm Schimmer und Glanz geben, und ich habe nach der metallurgischen Scheidung nichts weiter zu tun, als mich zu wärmen und zu sonnen in den Strahlen, die seine Spiegelfläche auf mich zurückwirft.

Ich selbst fühle wie matt diese Bildersprache gegen den Sinn ist, der mich belebt – – O wenn ich Dir nur einen Strahl von dem Feuer mitteilen könnte, das in mir flammt! Wenn Du es ahnden könntest, wie der Gedanke, aus Dir einst ein vollkommnes Wesen zu bilden, jede Lebenskraft in mir erwärmt, jede Fähigkeit in mir bewegt, jede Kraft in mir in Leben und Tätigkeit setzt! – Du wirst es mir kaum glauben, aber ich sehe oft stundenlang aus dem Fenster und gehe in 10 Kirchen und besehe diese Stadt von allen Seiten, und sehe doch nichts, als ein einziges Bild – Dich, Wilhelmine, und zu Deinen Füßen zwei Kinder, und auf Deinem Schoße ein drittes, und höre wie Du den kleinsten sprechen, den mittleren fühlen, den größten denken lehrst, und wie Du den Eigensinn des einen zu Standhaftigkeit, den Trotz des andern zu Freimütigkeit, die Schüchternheit des dritten zu Bescheidenheit, und die Neugierde aller zu Wißbegierde umzubilden weißt, sehe, wie Du ohne viel zu plaudern, durch Beispiele Gutes lehrst und wie Du ihnen in Deinem eignen Bilde zeigst, was Tugend ist, und wie liebenswürdig sie ist – – Ist es ein Wunder, Wilhelmine, wenn ich für *diese* Empfindungen die Sprache nicht finden kann?

O lege den Gedanken wie einen diamantenen Schild um Deine Brust: *ich bin zu einer Mutter geboren!* Jeder andere Gedanke, jeder andere Wunsch fahre zurück von diesem undurchdringlichen Harnisch. Was könnte Dir sonst die Erde für ein Ziel bieten, das nicht verachtungswürdig wäre? Sie hat nichts was Dir einen Wert geben kann, wenn es nicht die *Bildung edler Menschen* ist. Dahin richte Dein heiligstes Bestreben! Das ist das einzige, was Dir die Erde einst verdanken kann. Gehe nicht von ihr, wenn sie sich schämen müßte, Dich nutzlos durch ein Menschenalter getragen zu haben! Verachte alle die niederen Zwecke des Lebens. Dieser einzige wird Dich über alle erheben. In ihm wirst Du Dein wahres Glück finden, alle andern können Dich nur auf Augenblicke vergnügen. Er wird Dir *Achtung für Dich selbst* einflößen, alles andere kann nur Deine Eitelkeit kitzeln; und wenn Du einst an seinem Ziele stehst, so wirst Du mit Selbstzufriedenheit auf Deine Jugend zurückblicken, und nicht wie tausend andere unglückliche Geschöpfe Deines Geschlechts die versäumte Bestimmung und das versäumte Glück in bittern Stunden der Einsamkeit beweinen.

Liebe Wilhelmine, ich will nicht, daß Du aufhören sollst, Dich zu putzen, oder in frohe Gesellschaften zu gehen, oder zu tanzen; aber ich möchte Deiner Seele nur den Gedanken recht aneignen, daß es höhere Freuden gibt, als die uns aus dem Spiegel, oder aus dem Tanzsaale entgegen lächeln. Das Gefühl, *im Innern schön zu sein*, und das Bild das uns der Spiegel des Bewußtseins in den Stunden der Einsamkeit zurückwirft, das sind Genüsse, die allein unsere heiße Sehnsucht nach Glück ganz stillen können.

Dieser Gedanke möge Dich auf alle Deine Schritte begleiten, vor den Spiegel, in Gesellschaften, in den Tanzsaal. Bringe der Mode, oder vielmehr dem Geschmack die kleinen Opfer, die er nicht ganz mit Unrecht von jungen Mädchen fordert, arbeite an Deinem Putze, frage den Spiegel, ob Dir die Arbeit gelungen ist – aber eile mit dem allen, und kehre so schnell als möglich zu Deinem höchsten Zwecke zurück. Besuche den Tanzsaal – aber sei froh, wenn Du von einem Vergnügen zurückkehrst, wobei nur die Füße ihre Rechnung fanden, das Herz aber und der Verstand den Pulsschlag ihres Lebens ganz aussetzten, und das Bewußtsein gleichsam ganz ausgelöscht war. Gehe in frohe Gesellschaften, aber suche Dir immer den Bessern, Edleren heraus, den, von dem Du etwas lernen kannst – denn das darfst Du in keinem Augenblicke Deines Lebens versäumen. Jede Minute, jeder Mensch, jeder Gegenstand kann Dir eine nützliche Lehre geben, wenn Du sie nur zu entwickeln verstehst – doch von diesem Gegenstande ein andermal mehr.

Und so laß uns denn beide, Hand in Hand, unserm Ziele entgegen gehen, jeder dem seinigen, das ihm zunächst liegt, und wir beide dem letzten, nach dem wir beide streben. Dein nächstes Ziel sei, *Dich zu einer Mutter*, das meinige, *mich zu einem Staatsbürger* zu bilden, und das fernere Ziel, nach dem wir beide streben, und das wir uns beide wechselseitig sichern können, *sei das Glück der Liebe*.

Gute Nacht, Wilhelmine, meine Braut, einst meine Gattin, einst die *Mutter* meiner Kinder!

den 11. Oktober

Ich will aus diesem Briefe kein Buch machen, wie aus dem vorigen, und Dir daher nur kurz noch einiges vor dem Abgange der Post mitteilen.

Ich finde jetzt die Gegend um diese Stadt weit angenehmer, als ich sie bei meinem Einzuge fand; ja ich möchte fast sagen, daß ich sie jetzt schön finde – und ich weiß nicht, ob sich die Gegend verändert hat, oder das Herz, das ihren Eindruck empfing. Wenn ich jetzt auf der steinernen Mainbrücke stehe, die das Zitadell von der Stadt trennt, und den gleitenden Strom betrachte, der durch Berge und Auen in tausend Krümmungen heran strömt und unter meinen Füßen weg fließt, so ist es mir, als ob ich über ein Leben erhaben stünde. Ich stehe daher gern am Abend auf diesem Gewölbe und lasse den Wasserstrom und den Luftstrom mir entgegen rauschen. Oder ich kehre mich um, und verfolge den Lauf des Flusses bis er sich in die Berge verliert, und verliere mich selbst dabei in stille Betrachtungen. Besonders ein Schauspiel ist mir sehr merkwürdig. Gradeaus strömt der Main von der Brücke weg, und pfeilschnell, als hätte er sein Ziel schon im Auge, als sollte ihn nichts abhalten, es zu erreichen, als wollte er es, ungeduldig, auf dem kürzesten Wege ereilen – aber ein Rebenhügel beugt seinen stürmischen Lauf, sanft aber mit festem Sinn, wie eine Gattin den stürmischen Willen ihres Mannes, und zeigt ihm mit edler Standhaftigkeit den Weg, der ihn ins Meer führen wird – – und er ehrt die bescheidne Warnung und folgt der freundlichen Weisung, und gibt sein voreiliges Ziel auf und durchbricht den Rebenhügel nicht, sondern umgeht ihn, mit beruhigtem Laufe, seine blumigen Füße ihm küssend –

Selbst von dem Berge aus, von dem ich Würzburg zuerst erblickte, gefällt es mir jetzt, und ich möchte fast sagen, daß es von dieser Seite am schönsten sei. Ich sahe es letzthin von diesem Berge in der Abenddämmerung, nicht ohne inniges Vergnügen. Die Höhe senkt sich allmählich herab und in der Tiefe liegt die Stadt. Von beiden Seiten hinter ihr ziehen im halben Kreise Bergketten sich heran, und nähern sich freundlich, als wollten sie sich die Hände geben, wie ein paar alte Freunde nach einer lange verflossenen Beleidigung – aber der Main tritt zwischen sie, wie die bittere Erinnerung, und sie wanken, und keiner wagt es, zuerst hinüber zu schreiten, und folgen beide langsam dem scheidenden Strome, wehmütige Blicke über die Scheidewand wechselnd –

In der Tiefe, sagte ich, liegt die Stadt, wie in der Mitte eines Amphitheaters. Die Terrassen der umschließenden Berge dienten statt der Logen, Wesen aller Art blickten als Zuschauer voll Freude herab und sangen und sprachen Beifall, oben in der Loge des Himmels stand Gott. Und aus dem Gewölbe des großen Schauspielhauses sank der Kronleuchter der Sonne herab, und versteckte sich hinter die Erde – denn es sollte ein Nachtstück aufgeführt werden. Ein blauer Schleier umhüllte die ganze Gegend, und es war, als wäre der azurne Himmel selbst hernieder gesunken auf die Erde. Die Häuser in der Tiefe lagen in dunkeln Massen da, wie das Gehäuse einer Schnecke, hoch empor in die Nachtluft ragten die Spitzen der Türme, wie die Fühlhörner eines Insektes, und das Klingeln der Glocken klang wie der heisere Ruf des Heimchens – und hinten starb die Sonne, aber hochrot glühend vor Entzücken, wie ein Held, und das blasse Zodiakallicht umschimmerte sie, wie eine Glorie das Haupt eines Heiligen – –

Vorgestern ging ich aus, einen andern Berg von der Nordseite zu ersteigen. Es war ein Weinberg, und ein enger Pfad führte durch gesegnete Rebenstangen auf seinen Gipfel. Ich hatte nicht geglaubt, daß der Berg so hoch sei – und er war es vielleicht auch nicht, aber sie hatten aus den Weinbergen alle Steine rechts und links in diesen Weg geworfen, das Ersteigen zu erschweren – – grade wie das Schicksal oder die Menschen mir auf den Weg zu dem Ziele, das ich nun doch erreicht habe. Ich lachte über diese auffallende Ähnlichkeit – liebes Mädchen, Du weißt noch nicht alles, was mir in Berlin, und in Dresden, in Bayreuth, ja selbst hier in Würzburg begegnet ist, das alles wird noch einen langen Brief kosten. Damals ärgerte ich mich ebenso über die Steine, die mir in den Weg geworfen wurden, ließ mich aber nicht stören, vergoß zwar heiße Schweißtropfen, aber erreichte doch, wie vorgestern, das Ziel. Das Ersteigen der Berge, wie der Weg zur Tugend, ist besonders wegen der Aussicht, die man eben vor sich hat, beschwerlich. Drei Schritte weit sieht man, weiter nicht, und nichts als die Stufen, die erstiegen werden müssen, und kaum ist ein Stein überschritten, gleich ist ein andrer da, und jeder Fehltritt schmerzt doppelt, und die ganze Mühseligkeit wird gleichsam wiedergekaut – – aber man muß an die Aussicht denken, wenn man den Gipfel erstiegen hat. O wie herrlich war der Anblick des Maintales von dieser Höhe! Hügel und Täler und Wasser, und Städte und Dörfer, alles durcheinander wie ein gewirkter Fußteppich! Der Main wandte sich bald rechts bald links, und küßte bald den einen, bald den andern Rebenhügel, und wankte zwischen seinen beiden Ufern, die ihm gleich teuer schienen, wie ein Kind zwischen Vater und Mutter. Der Felsen mit der Zitadelle sah ernst auf die Stadt herab, und bewachte sie, wie ein Riese sein Kleinod, und an den Außenwerken herum schlich ein Weg, wie ein Spion, und krümmte sich in jede Bastion, als ob er rekognoszieren wollte, wagte aber nicht in die Stadt zu gehen, sondern verlor sich in die Berge –

Aber keine Erscheinung in der Natur kann mir eine so wehmütige Freude abgewinnen, als ein Gewitter am Morgen, besonders wenn es ausgedonnert hat. Wir hatten hier vor einigen Tagen dies Schauspiel – o es war eine prächtige Szene! Im Westen stand das nächtliche Gewitter und wütete, wie ein Tyrann, und von Osten her stieg die Sonne herauf, ruhig und schweigend, wie ein Held. Und seine Blitze warf ihm das Ungewitter zischend zu und schalt ihn laut mit der Stimme des Donners – er aber schwieg der göttliche Stern, und stieg herauf, und blickte mit Hoheit herab auf den unruhigen Nebel unter seinen Füßen, und sah sich tröstend um nach den andern Sonnen, die ihn umgaben, als ob er seine Freunde beruhigen wollte – Und einen letzten fürchterlichen Donnerschlag schleuderte ihm das Ungewitter entgegen, als ob es seinen ganzen Vorrat von Galle und Geifer in einem Funken ausspeien wollte – aber die Sonne wankte nicht in ihrer Bahn, und nahte sich unerschrocken, und bestieg den Thron des Himmels – – und blaß, wie vor Schreck, entfärbte sich die Nacht des Gewölks, und zerstob wie dünner Rauch, und sank unter den Horizont, wenige schwache Flüche murmelnd – –

Aber welch ein Tag folgte diesem Morgen! Laue Luftzüge wehten mich an, leise flüsterte das Laub, große Tropfen fielen mit langen Pausen von den Bäumen, ein mattes Licht lag ausgegossen über die Gegend, und die ganze Natur schien ermattet nach dieser großen Anstrengung, wie ein Held nach der Arbeit des Kampfes – Doch ich wollte ja kein Buch machen und will nur kurz und gut schließen. Schreibe mir, *ob Du mir verzeihen kannst*, und schicke den Brief an *Carln*, damit ich ihn bei meiner Ankunft in Berlin gleich empfange. Dann sollst Du mehr hören.

H. K.

## 25. An Ulrike von Kleist

Berlin, den 27. Oktober 1800

Mein liebes, bestes Ulrickchen, wie freue ich mich wieder so nahe bei Dir zu sein, und so froh, o ich bin es nie in meinem Leben herzlich gewesen, ich *konnte* es nicht, jetzt erst öffnet sich mir etwas, das mich aus der Zukunft anlächelt, wie Erdenglück. *Mir*, mein edles Mädchen, hast Du mit Deiner Unterstützung das Leben gerettet – Du verstehst das wohl nicht? Laß das gut sein. Dir habe ich, nach Brokes, von meiner jetzigen innern Ruhe und Fröhlichkeit, das meiste zu danken, und ich werde das ewig nicht vergessen. Die Toren! Ich war gestern in Potsdam, und alle Leute glaubten, ich wäre darum so seelenheiter, weil ich angestellt würde – o die Toren!

Du möchtest wohl die einzige sein auf dieser Erde, bei der ich zweifelhaft sein könnte, ob ich das Geheimnis aufdecken soll, oder nicht? Zweifelhaft, sagte ich; denn bei jedem andern bin ich *entschieden*, nie wird es aus meiner Seele kommen. Indessen die Erklärung wäre sehr weitläufig, auch bin ich noch nicht ganz entschieden. Ich weiß wohl, daß Du nicht neugierig bist, aber ohne Teilnahme bist Du auch nicht, und Deiner möchte ich am wenigsten gern kalt begegnen. Also laß mich nur machen. Wir werden uns schon einst verstehen. Für jetzt und immer bleibe verschwiegen über alles.

Nach Frankfurt möchte ich jetzt nicht gern kommen, um das unausstehliche Fragen zu vermeiden, da ich durchaus nicht antworten kann. Denn ob ich gleich das halbe Deutschland durchreiset bin, so habe ich doch im eigentlichsten Sinne nichts gesehen. Von Würzburg über Meinungen, Schmalkalden, Gotha, Erfurt, Naumburg, Merseburg, Halle, Dessau, Potsdam nach Berlin bin ich (47 Meilen) in fünf Tagen gereist, Tag und Nacht, um noch vor dem 1. November hier zu sein.

Brokes ist nicht in Paris, sondern in Dresden, und das darum, weil bis auf den heutigen Tag die 100 Dukaten von Wien nicht angekommen sind. Wir haben aber in Würzburg die nötigen Anstalten getroffen. Sie werden nach Dresden geschickt werden.

Sei so gut und gib Zengen, der auf Urlaub kommen wird, den versiegelten Schlüssel vom Büro; er wird die Sorge übernehmen, alle meine Sachen herzuschaffen.

Ich werde auch etwas Geld in Frankfurt vom Vormunde übrig haben, das sei so gut und schicke mir gleich.

Ich sträube mich nach so vielen Bitten noch eine an Dich zu wagen, aber ich sehe mich wirklich gezwungen dazu, indem ich keinen andern Ausweg weiß. Hältst Du indessen diese Bitte für unbescheiden, so betrachte sie lieber als nicht geschehen und bleibe mir nur gut. Du hast genug für mich getan, um mir wohl einmal etwas abzuschlagen, und ich ehre Dich zu herzlich, als daß das nur eine Ahndung von Unwillen bei mir erwecken könnte.

Die Reise und besonders der Zweck der Reise war zu kostbar für 300 Rth. Brokes hat mir mit fast 200 Rth. ausgeholfen. Ich muß diese Summe ihm jetzt nach Dresden schicken. Er hat zu unaussprechlich viel für mich getan, als daß ich daran denken dürfte, diese Verpflichtung nur einen Augenblick zu versäumen. Du weißt daß ich selbst über mein Vermögen nicht gebieten kann, und Du errätst das übrige. Ich bin in einem Jahre majorenn. Diese Summe zurückzuzahlen wird mich nie reuen, ich achte mein ganzes Vermögen nicht um das, was ich mir auf dieser Reise erworben habe. Also deswegen sei unbesorgt. Antworte mir bald hierauf. Wenn mir diese kleine Unbequemlichkeit abgenommen wird, so wird es mir Mühe kosten, zu erdenken, was mir wohl auf der ganzen Erde zu meiner Zufriedenheit fehlen könne. Das wird mir wohl tun nach einem Leiden von 24 Jahren.

Grüße alles, alles und lebe wohl. Dein Bruder Heinrich.

N. S. Hast Du die Musik von Zengen erhalten? Sie kostet 1 Rth. 8 Gr. Von Leopold habe ich 2 Fr.dor empfangen, der Rest wäre also 11 Rth. Diese ziehe ab von dem Gelde, das Du mir schicken wirst, wenigstens von meinem eignen Gelde. Wegen des Agio auf die Louisdors wird Brokes noch schreiben.

N. S. Sollte Tante gern in mein Büro wollen, wegen der Wäsche, so sorge doch auf eine gute Art dafür, daß der obere Teil, worin die Schreibereien, *gar nicht* geöffnet werde.

*26. An Karl August von Struensee*

Ew. Exzellenz ersuche untertänigst um die Erlaubnis, den Sitzungen der technischen Deputation beiwohnen zu dürfen, damit ich in den Stand gesetzt werde, aus dem Gegenstande der Verhandlungen selbst zu beurteilen, ob ich mich getrauen darf, mich dem Kommerz- und Fabrikenfache zu widmen.

Der ich mit der vollkommensten Hochachtung verharre

Ew. Exzellenz untertänigster

Berlin, Kleist
d. 1. November 1800. ehemals Lieutenant im Reg. Garde.

### 27. An Wilhelmine von Zenge

Berlin, den 13. November 1800

Liebe Wilhelmine, o Dein Brief hat mir eine ganz außerordentliche Freude gewährt. Dich so anzuschmiegen an meine Wünsche, so innig einzugreifen in mein Interesse – o es soll Dir gewiß einst belohnt werden! Grade auf diesem Lebenswege, wo Du alles fahren läßt, was doch sonst die Weiber reizt, Ehre, Reichtum, Wohlleben, grade auf diesem Wege wirst Du um so gewisser etwas anderes finden, das doch mehr wert ist als das alles – *Liebe*. Denn wo es noch andere Genüsse gibt, da teilt sich das Herz, aber wo es nichts gibt als Liebe, da öffnet sich ihr das ganze Wesen, da umfaßt es ihr ganzes Glück, da werden alle ihre unendlichen Genüsse erschöpft – ja, *gewiß*, Wilhelmine, Du sollst einst glücklich sein.

Aber laß uns nicht bloß frohen Träumereien folgen – Es ist wahr, wenn ich mir das freundliche Tal denke, das einst unsre Hütte umgrenzen wird, und *mich* in dieser Hütte und *Dich* und die *Wissenschaften*, und weiter nichts – o dann sind mir alle Ehrenstellen und alle Reichtümer verächtlich, dann ist es mir, als könnte mich nichts glücklich machen, als die Erfüllung dieses Wunsches, und als *müßte* ich *unverzüglich* an seine Erreichung schreiten – – Aber die Vernunft muß doch auch mitsprechen, und wir wollen einmal hören, was sie sagt. Wir wollen einmal recht vernünftig diesen ganzen Schritt prüfen.

Ich will kein Amt nehmen. Warum will ich es nicht? – O wie viele Antworten liegen mir auf der Seele! Ich kann nicht eingreifen in ein Interesse, das ich mit meiner Vernunft nicht prüfen darf. Ich soll tun was der Staat von mir verlangt, und doch soll ich nicht untersuchen, ob das, was er von mir verlangt, gut ist. Zu seinen unbekannten Zwecken soll ich ein bloßes Werkzeug sein – ich kann es nicht. Ein eigner Zweck steht mir vor Augen, nach ihm würde ich handeln *müssen*, und wenn der Staat es anders will, dem Staate nicht gehorchen *dürfen*. Meinen Stolz würde ich darin suchen, die Aussprüche meiner Vernunft geltend zu machen gegen den Willen meiner Obern – nein, Wilhelmine, es geht nicht, ich passe mich für kein Amt. Ich bin auch wirklich zu ungeschickt, um es zu führen. Ordnung, Genauigkeit, Geduld, Unverdrossenheit, das sind Eigenschaften die bei einem Amte unentbehrlich sind, und die mir doch ganz fehlen. Ich arbeite nur für meine Bildung gern und da bin ich unüberwindlich geduldig und unverdrossen. Aber für die Amtsbesoldung Listen zu schreiben und Rechnungen zu führen – ach, ich würde eilen, eilen, daß sie nur fertig würden, und zu meinen geliebten Wissenschaften zurückkehren. Ich würde die Zeit meinem Amte stehlen, um sie meiner Bildung zu widmen – nein, Wilhelmine, es geht nicht, es geht nicht. Ja ich bin selbst zu ungeschickt mir ein Amt zu erwerben. Denn zufrieden mir wirklich Kenntnisse zu erwerben, bekümmert es mich wenig, ob andere sie in mir wahrnehmen. Sie zur Schau aufstellen, oder zum Kauf ausbieten, wäre mir ganz unmöglich – und würde man denjenigen wohl begünstigen, der den Stolz hat, jede Gunst zu entbehren, und der durch keine andere Fürsprache steigen will, als durch die Fürsprache seiner eignen Verdienste? – Aber das Entscheidendste ist dieses, daß selbst ein Amt, und wäre es eine Ministerstelle, mich nicht glücklich machen kann. *Mich* nicht, Wilhelmine – denn eines ist gewiß, ich bin einmal in meinem Hause glücklich, oder niemals, nicht auf Bällen, nicht im Opernhause, nicht in Gesellschaften, und wären es die Gesellschaften der Fürsten, ja wäre es auch die Gesellschaft unsres eignen Königs – – und wollte ich darum *Minister* werden, um *häusliches Glück* zu genießen? Wollte ich darum mich in eine Hauptstadt begraben und mich in ein Chaos von verwickelten Verhältnissen stürzen, um still und ruhig bei meiner Frau zu leben? Wollte ich mir darum Ehrenstellen erwerben und mich darum mit Ordensbändern behängen, um Staat zu machen damit vor meinem Weibe und meinen Kindern? Ich will von der Freiheit nicht reden, weil Du mir schon einmal Einwürfe dagegen gemacht hast, ob Du zwar wohl gleich, wie alle Weiber, das nicht recht verstehen magst; aber *Liebe* und *Bildung* sind zwei unerlaßliche Bedingungen meines künftigen Glückes – – und was könnte mir in einem Amte davon zuteil werden, als höchstens ein karger, sparsamer Teil von beiden? Wollte ich an die Wissenschaften gehen, so brächte mir der Sekretär einen Stoß voll Akten, und wollte ich einen großen Gedanken verfolgen, so meldete mir der Kammerdiener, daß das Vorzimmer voll Fremden stehe. Wollte ich den Abend bei meinem Weibe zubringen, so ließe mich der König zu sich rufen, und um mir auch die Nächte zu rauben, müßte ich in die Provinzen reisen und die Fabriken zählen. O wie würde ich den Orden und die Reichtümer und den ganzen Bettel der großen Welt verwünschen, wie würde ich bitterlich weinen, meine Bestimmung so unwiederbringlich verfehlt zu haben, wie würde ich mir mit heißer Sehnsucht trocknes Brot wünschen und mit ihm Liebe, Bildung und Freiheit – Nein, Wilhelmine, ich darf kein Amt wählen, weil ich das ganze Glück, das es gewähren kann, verachte.

Aber darf ich mich auch jedem Amte entziehen? – Ach, Wilhelmine, diese spitzfündige Frage haben mir schon so viele Menschen aufgeworfen. Man müsse seinen Mitbürgern nützlich sein, sagen sie, und darin haben sie recht – und darum müsse man ein Amt nehmen, setzen sie hinzu, aber darin haben sie unrecht. Kann man denn nicht Gutes wirken, wenn man auch nicht eben dafür besoldet wird? O ich darf nur an *Brokes* denken –! Wie vieles Gute, Vortreffliche, tut täglich dieser herrliche Mensch. – Und dann, wenn ich einmal auf Kosten der Bescheidenheit die Wahrheit reden will – habe ich nicht auch während meiner Anwesenheit in Frankfurt unter unsern Familien manches Gute gestiftet –? Durch untadelhaften Lebenswandel den Glauben an die Tugend bei andern stärken, durch weise Freuden sie zur Nachahmung reizen, immer dem Nächsten, der es bedarf, helfen mit Wohlwollen und Güte – ist das nicht auch Gutes wirken? *Dich*, mein geliebtes Mädchen, *ausbilden*, ist das nicht etwas Vortreffliches? Und dann, *mich selbst* auf eine Stufe *näher der Gottheit* zu stellen – – o laß mich, laß mich! Das Ziel ist gewiß hoch genug und erhaben, da gibt es gewiß Stoff genug zum Handeln – – und wenn ich auch auf dieser Erde nirgends meinen Platz finden sollte, so finde ich vielleicht auf einem andern Sterne einen um so bessern.

Aber *kann* ich jedes Amt ausschlagen? das heißt, *ist es möglich?* – Ach, Wilhelmine, wie gehe ich mit klopfendem Herzen an die

Beantwortung dieser Frage! Weißt Du wohl noch am letzten Abend den Erfolg unsrer Berechnungen? – Aber ich glaube doch immer noch – ich habe doch noch nicht alle Hoffnung verloren – – Sieh, Mädchen, ich will Dir sagen, wie ich zuerst auf den Gedanken kam, daß es wohl möglich sein müsse. Ich dachte, Du lebst in Frankfurt, ich in Berlin, warum könnten wir denn nicht, ohne *mehr* zu verlangen, zusammen leben? Aber das Herkommen will, daß wir ein Haus bilden sollen, und unsere Geburt, daß wir mit Anstand leben sollen – o über die unglückseligen Vorurteile! Wie viele Menschen genießen mit wenigem, vielleicht mit einem paar hundert Talern das Glück der Liebe – und wir sollten es entbehren, weil wir von Adel sind? Da dachte ich, weg mit allen Vorurteilen, weg mit dem Adel, weg mit dem Stande – *gute Menschen* wollen wir sein und uns mit der Freude begnügen, die die Natur uns schenkt. *Lieben* wollen wir uns, und *bilden*, und dazu gehört nicht viel Geld – aber doch etwas, *doch etwas* – und ist das, was wir haben, wohl hinreichend? Ja, das ist eben die große Frage. O wenn ich warten wollte, bis ich mir etwas erwerben kann, oder will, o dann bedürften wir weiter nichts als Geduld, denn das ist mir in der Folge gewiß. – Laß mich ganz aufrichtig sein, liebes Mädchen. Ich will von mir mit Dir reden, als spräche ich mit mir selbst. Gesetzt Du fändest die Rede eitel, was schadet es? Du bist nichts anders als ich, und vor Dir will ich nicht besser erscheinen, als vor mir selbst, auch Schwächen will ich vor Dir nicht verstecken. Also aufrichtig und ohne allen Rückhalt.

Ich bilde mir ein, daß ich Fähigkeiten habe, seltnere Fähigkeiten, meine ich – Ich glaube es, weil mir keine Wissenschaft zu schwer wird; weil ich rasch darin vorrücke, weil ich manches schon aus eigener Erfindung hinzugetan habe – und am Ende glaube ich es auch darum, weil alle Leute es mir sagen. Also kurz, ich glaube es. Da stünde mir nun für die Zukunft das ganze schriftstellerische Fach offen. Darin fühle ich, daß ich sehr gern arbeiten würde. – O da ist die Aussicht auf Erwerb äußerst vielseitig. Ich könnte nach Paris gehen und die neueste Philosophie in dieses neugierige Land verpflanzen – doch das siehst Du alles so vollständig nicht ein, als ich. Da müßtest Du schon meiner bloßen Versicherung glauben, und ich versichere Dir hiermit, daß wenn Du mir nur ein paar Jahre, höchstens sechs, Spielraum gibst, ich dann gewiß Gelegenheit finden werde, mir Geld zu erwerben.

Aber so lange sollen wir noch getrennt sein –? Liebe Wilhelmine, ich will auch hierin ganz aufrichtig sein. Ich fühle, daß es mir notwendig ist, *bald* ein Weib zu haben. Dir selbst wird meine Ungeduld nicht entgangen sein – ich muß diese unruhigen Wünsche, die mich unaufhörlich wie Schuldner mahnen, zu befriedigen suchen. Sie stören mich in meinen Beschäftigungen – auch damit ich moralisch gut bleibe, ist es nötig – Sei aber ganz ruhig, ich bleibe es *gewiß*. Nur kämpfen möchte ich nicht gern. Man muß sich die Tugend so leicht machen als möglich. Wenn ich nur erst ein Weib habe, so werde ich meinem Ziele ganz ruhig und ganz sicher entgegen gehen – aber bis dahin – o werde *bald, bald*, mein Weib.

Also ich wünsche es mit meiner ganzen Seele und entsage dem ganzen prächtigen Bettel von Adel und Stand und Ehre und Reichtum, wenn ich nur Liebe bei Dir finde. Wenn es nur möglich ist, daß wir so ohne Mangel beieinander leben können etwa sechs Jahre lang, nämlich bis so lange, wo ich mir etwas zu erwerben hoffe, o dann bin ich glücklich.

Aber ist dies möglich –? O du gutes, treffliches Mädchen! *Ist* es möglich, so ist es nur *durch Dich* möglich. Hätte mich mein Schicksal zu einem andern Mädchen geführt, das nicht so anspruchslos und genügsam wäre, wie Du, ja dann müßte ich diesen innigsten Wunsch unfehlbar unterdrücken. Aber auch Du willst nichts, als Liebe und Bildung – o beides sollst Du von mir erhalten, von dem ersten mehr selbst als Du fordern wirst, von dem andern so viel ich geben kann, aber beides mit Freuden. Ich erwarte mit Sehnsucht Deine Berechnung. Du kannst das alles besser prüfen als ich. Aber laß Dich nicht verführen von Deiner Liebe. Sei karg gegen mich, aber nicht gegen Dich. Nein, ich schwöre Dir, ich will Dich mit dieser scheinbaren Selbstverleugnung nicht an Edelmut übertreffen. Setze also nicht vergeblich Edelmut an Edelmut, das würde unser beiderseitiges Interesse verwirren. Laß uns *wahr* sein, ohne geschraubte Tugend. Wenn ich weniger verlange, als Du, so ist das keine Selbstverleugnung, die mir ein Opfer kostet. Ich fühle, daß ich wirklich wenig bedarf, und mit *wahrer Freude* würde ich selbst manches entbehren, um Dich damit froher zu machen. *Das ist mein Ernst*, Wilhelmine, also laß mir diese Freude. Überfluß wirst Du nicht verlangen, aber an dem Notwendigen, darf es Dir niemals fehlen, o niemals, denn das würde mich selbst unglücklich machen. Also sei nicht karg gegen Dich in der Berechnung. Fordere lieber *mehr* als Du brauchst, als *weniger*. Es steht ja doch immer in der Folge bei Dir, mir zufließen zu lassen, was Du übrig hast, und dann werde ich es gewiß immer gern von Dir annehmen. Ist es unter diesen Bedingungen nicht möglich, daß wir uns bald vereinigen – *nicht möglich*, nun denn, so *müssen* wir auf günstigere Zeiten hoffen – aber dann ist die Aussicht dunkel, o sehr dunkel – und das Schrecklichste wäre mir, Dich betrogen zu haben, Dich, die mich so innig liebte – o weg mit dem abscheulichen Gedanken.

Indessen ich weiß doch noch ein Mittel, selbst wenn unser Vermögen Deiner Berechnung nicht entspräche. Es ist dieses, mir durch Unterricht wenigstens jährlich ein paar hundert Taler zu erwerben. Lächle nicht und bemühe Dich nur ja, alle Vorurteile zu bekämpfen. Ich bin sehr fest entschlossen, den ganzen Adel von mir abzuwerfen. Viele Männer haben geringfügig angefangen und königlich ihre Laufbahn beschlossen. Shakespeare war ein Pferdejunge und jetzt ist er die Bewunderung der Nachwelt. Wenn Dir auch die eine Art von Ehre entgeht, so wird Dir doch vielleicht einst eine andere zuteil werden, die höher ist – Wilhelmine, warte zehn Jahre und Du wirst mich nicht ohne Stolz umarmen.

Mein Plan in diesem Falle wäre dieser. Wir hielten uns irgendwo in Frankreich auf, etwa in dem südlichen Teile, in der französischen Schweiz, in dem schönsten Erdstriche von Europa – und zwar aus diesem Grunde, um Unterricht dort in der deutschen Sprache zu geben. Du weißt, wie überhäuft mit Stunden hier bei uns die Emigrierten sind; das möchte in Frankreich noch mehr der Fall sein, weil es da weniger Deutsche gibt, und doch von der Akademie und von allen französischen Gelehrten unaufhörlich die Erlernung der deutschen Sprache anempfohlen wird, weil man wohl einsieht, daß jetzt von keinem Volke der Erde mehr zu lernen ist, als von den Deutschen. Dieser Aufenthalt in Frankreich wäre mir aus 3 Gründen lieb. Erstlich, weil es mir in dieser Entfernung leicht werden würde, ganz nach meiner Neigung zu leben, ohne die Ratschläge guter Freunde zu hören, die mich und was ich eigentlich begehre, ganz und gar nicht verstehen; zweitens, weil ich so ein paar Jahre lang ganz unbekannt leben könnte und ganz vergessen werden würde, welches ich recht eigentlich wünsche; und drittens, welches der Hauptgrund ist, weil ich mir da recht die französische Sprache aneignen könnte, welches zu der entworfnen Verpflanzung der neuesten Philosophie in dieses Land, wo man von ihr noch gar nichts weiß, notwendig ist. – Schreibe mir unverhohlen Deine Meinung über dieses. – Aber daß ja niemand etwas von diesem Plane erfährt. Wenn Du nicht mein künftiges Weib wärest, so hätte ihn vor der Ausführung kein Mensch von mir erfahren. – Lerne nur auf jeden Fall recht fleißig die französische Sprache. – Wie Vater zur Einwilligung zu bringen ist, davon ein andermal. – Ist das alles nicht ausführbar, so bleibt uns, bis zum Tode, eins gewiß, nämlich *meine Liebe Dir*, und *Deine Liebe mir*. Ich wenigstens gebe nie einem andern Mädchen meine Hand, als Dir.

Und nun muß ich schließen. Ich kann jetzt nicht mehr so lange Briefe schreiben, als auf der Reise, denn jetzt muß ich für Dich und mich arbeiten. Und doch habe ich Dir noch so vieles zu sagen, z. B. über Deine Bildung. O wenn ich bei Dir wäre, so wäre das alles weit kürzer abgemacht. Ich wollte Dir bei meiner Anwesenheit in Frankfurt vorschlagen, ob Du Dir nicht ein Tagebuch halten wolltest, nämlich ob Du nicht alle Abend aufschreiben wolltest, was Du am Tage sahst, dachtest, fühltest etc. Denke einmal darüber nach, ob das nicht gut wäre. Wir werden uns in diesem unruhigen Leben so selten unsrer bewußt – die Gedanken und die Empfindungen verhallen wie ein Flötenton im Orkane – so manche Erfahrung geht ungenutzt verloren – das alles kann ein Tagebuch verhüten. Auch lernen wir dadurch Freude aus uns selbst entwickeln, und das möchte wohl gut sein für Dich, da Du von außen, außer von mir, wenige Freude empfangen wirst. Das könntest Du mir dann von Zeit zu Zeit mitteilen – aber Du müßtest Dich darum nicht weniger strenge prüfen – ich werde nicht hart sein – denke an Deine Verzeihung meines Fehltritts. – Ich werde Dir auch in meinen Briefen alles mitteilen, was mir begegnet. – Adieu. Ich küsse Dein Bild. H. K.

## 28. An Wilhelmine von Zenge

An das Stiftsfräulein Wilhelmine von Zenge Hochwürden und Hochwohlgeb. zu Frankfurt an der Oder.

Berlin, den 16. (und 18.) November (und Zusatz vom 30. Dez.) 1800

### Für Wilhelminen

Man erzählt von *Newton*, es sei ihm, als er einst unter einer Allee von Fruchtbäumen spazieren ging, ein Apfel von einem Zweige vor die Füße gefallen. Wir beide würden bei dieser *gleichgültigen* und *unbedeutenden* Erscheinung nicht viel Interessantes gedacht haben. Er aber knüpfte an die Vorstellung der Kraft, welche den Apfel zur Erde trieb, eine Menge von folgenden Vorstellungen, bis er durch eine Reihe von Schlüssen zu dem Gesetze kam, nach welchem die Weltkörper sich schwebend in dem unendlichen Raume erhalten.

*Galilei* mußte zuweilen in die Kirche gehen. Da mochte ihm wohl das Geschwätz des Pfaffen auf der Kanzel ein wenig langweilig sein, und sein Auge fiel auf den Kronleuchter, der von der Berührung des Ansteckens noch in schwebender Bewegung war. Tausende von Menschen würden, wie das Kind, das die schwebende Bewegung der Wiege selbst fühlt, dabei vollends eingeschlafen sein. Ihm aber, dessen Geist immer schwanger war mit großen Gedanken, ging plötzlich ein Licht auf, und er erfand das Gesetz des Pendels, das in der Naturwissenschaft von der äußersten Wichtigkeit ist.

Es war, dünkt mich, *Pilâtre*, der einst aus seinem Zimmer den Rauch betrachtete, der aus einer Feueresse wirbelnd in die Höhe stieg. Das mochten wohl viele Menschen vor ihm auch gesehen haben. Sie ließen es aber dabei bewenden. Ihm aber fiel der Gedanke ein, ob der Rauch, der doch mit einer gewissen Kraft in die Höhe stieg, nicht auch fähig wäre, mit sich eine gewisse Last in die Höhe zu nehmen. Es versuchte es und ward der Erfinder der Luftschiffahrtskunst.

*Colomb* stand grade an der Küste von Portugal, als der Wind ein Stück Holz ans Ufer trieb. Ein andrer, an seiner Stelle, würde dies vielleicht nicht wahrgenommen haben und wir wüßten vielleicht noch nichts von Amerika. Er aber, der immer aufmerksam war auf die Natur, dachte, in der Gegend, von welcher das Holz herschwamm, müsse wohl ein Land liegen, weil das Meer keine Bäume trägt, und er ward der Entdecker des 4. Weltteiles.

In einer holländischen Grenzfestung saß seit langen Jahren ein Gefangener. In dem Gefängnisse, glaubt man, lassen sich nicht viele interessante Betrachtungen anstellen. Ihm aber war jede Erscheinung merkwürdig. Er bemerkte eine gewisse Übereinstimmung in dem verschiedenen Bau der Spinngewebe mit der bevorstehenden Witterung, so daß er untrüglich das Wetter vorhersagen konnte. Dadurch ward er der Urheber einer höchst wichtigen Begebenheit. Denn als in dem französischen Kriege Holland unter Wasser gesetzt worden war, und Pichegru im Winter mit einem Heere über das Eis bis an diese Festung vordrang, und nun plötzlich Tauwetter einfiel und der französische Feldherr, seine Armee vor dem Wassertode zu retten, mit der größten Eilfertigkeit zurückzukehren befahl, da trat dieser Gefangene auf und ließ dem General sagen, er könne ruhig stehen bleiben, in 2 Tagen falle wieder Frost ein, er stehe mit seinem Kopfe für die Erfüllung seiner Prophezeiung – – und Holland ward erobert. –

Diese Beispiele mögen hinreichend sein, Dir, mein liebes Mädchen, zu zeigen, daß *nichts* in der ganzen Natur unbedeutend und gleichgültig und *jede* Erscheinung der Aufmerksamkeit eines *denkenden* Menschen würdig ist.

Von Dir werde ich freilich nicht verlangen, daß Du durch Deine Beobachtungen die Wissenschaften mit Wahrheiten bereicherst, aber Deinen Verstand kannst Du damit bereichern und tausendfältig durch aufmerksame Wahrnehmung aller Erscheinungen üben.

Das ist es, liebes Mädchen, wozu ich Dir in diesem Bogen die Anleitung geben will.

Mir leuchtet es immer mehr und mehr ein, daß die Bücher schlechte Sittenlehrer sind. Was wahr ist sagen sie uns wohl, auch wohl, was *gut* ist, aber es dringt in die Seele nicht ein. Einen Lehrer gibt es, der ist vortrefflich, wenn wir ihn verstehen; es ist *die Natur.*

Ich will Dir das nicht durch ein langes Geschwätz beweisen, sondern lieber durch Beispiele zeigen, die wohl immer, besonders bei Weibern, die beste Wirkung tun möchten.

Ich ging an jenem Abend vor dem wichtigsten Tage meines Lebens in Würzburg spazieren. Als die Sonne herabsank war es mir als ob mein Glück unterginge. Mich schauerte wenn ich dachte, daß ich vielleicht *von allem* scheiden müßte, von allem, was mir teuer ist.

Da ging ich, in mich gekehrt, durch das gewölbte Tor, sinnend zurück in die Stadt. Warum, dachte ich, sinkt wohl das Gewölbe nicht ein, da es doch *keine* Stütze hat? Es steht, antwortete ich, *weil alle Steine auf einmal einstürzen wollen* – und ich zog aus diesem Gedanken einen unbeschreiblich erquickenden Trost, der mir bis zu dem entscheidenden Augenblicke immer mit der Hoffnung zur Seite stand, daß auch ich mich halten würde, wenn alles mich sinken läßt.

Das, mein liebes Minchen, würde mir kein Buch gesagt haben, und das nenne ich recht eigentlich *lernen von der Natur*.

Einen ähnlichen Trost hatte ich schon auf der Hinreise nach W. Ich stand nämlich mit dem Rücken gegen die Sonne und blickte lange in einen lebhaften Regenbogen. So fällt doch, dachte ich, immer ein Strahl von Glück auf unser Leben, und wer der Sonne selbst den Rücken kehrt und in die trübe Wetterwolke schaut, dem wirft ihr schönres Bild der Regenbogen zu.

In jener herrlichen Nacht, als ich von Leipzig nach Dresden reisete, dachte ich mit wehmütiger Freude: am Tage sehn wir wohl die schöne Erde, doch wenn es Nacht ist sehn wir in die Sterne.

O es gibt Augenblicke, wo uns solche Winke der Natur, wie die freundliche Rede eines Lehrers, entzücken können.

den 18. November
Bemühe Dich also von jetzt an, recht aufmerksam zu sein, auf *alle* Erscheinungen, die Dich umgeben. *Keine* ist unwichtig, *jede*, auch die scheinbar unbedeutendste, enthält doch etwas, das merkwürdig ist, wenn wir es nur wahrzunehmen wissen. Aber bestrebe Dich, nicht bloß die Erscheinungen *wahrzunehmen*, sondern auch *etwas von ihnen zu lernen*. Frage bei jeder Erscheinung entweder: *worauf deutet das hin?* und dann wird die Antwort Dich mit irgend einer nützlichen Lehre bereichern; oder frage wenigstens, wenn das nicht geht: *womit hat das eine Ähnlichkeit?*

und dann wird das Auffinden des Gleichnisses wenigstens Deinen Verstand schärfen.

Ich will Dir auch dieses durch einige anleitende Beispiele erläutern.

Daß Du nicht, wie das Tier, den Kopf zur *Erde* neigst, sondern aufrecht gebaut bist und in den *Himmel* sehen kannst – worauf deutet das hin? – beantworte mir einmal das.

Du hast *zwei Ohren* und doch nur *einen* Mund. Mit den Ohren sollst Du *hören*, mit dem Munde sollst Du *reden*. – Das hältst Du wohl für etwas sehr Gleichgültiges? Und doch läßt sich daraus eine höchst wichtige Lehre ziehen. Frage Dich einmal selbst, worauf das hindeutet, daß Du mehr Ohren hast als Münder? – Troschke könnte die Antwort gebrauchen.

Du *allein* singst nur einen *Ton*, ich *allein* singe auch nur einen *Ton;* wenn wir einen *Akkord* hören wollen, so müssen wir beide *zusammen* singen. – Worauf deutet das hin?

Wenn Du spazieren gehst und in die Sonne blickst, so wenden Dir alle Gegenstände ihre Schattenseite zu – Eine Lehre möchte sich daraus nicht ziehen lassen, aber ein sehr interessantes Gleichnis. Also frage Dich einmal: womit hat das eine Ähnlichkeit?

Ich ging letzthin in der Nacht durch die Königsstraße. Ein Mann kam mir entgegen mit einer Laterne. Sich selbst leuchtete er auf den Weg, mir aber machte er es noch dunkler. – Mit welcher Eigenschaft des Menschen hat diese Blendlaterne Ähnlichkeit?

Ein Mädchen, das verliebt ist, und es vor der Welt verbergen will, spielt in Gegenwart ihres Geliebten gewöhnlich mit dem Fächer. Ich nenne einen solchen Fächer einen Telegraphen (zu deutsch: Fernschreiber) der Liebe. – Warum?

Der Sturm reißt den Baum um, aber nicht das Veilchen, der leiseste Abendwind bewegt das Veilchen, aber nicht den Baum. – Womit hat das eine vortreffliche Ähnlichkeit?

Solche und ähnliche Fragen wirf Dir, mein liebes Minchen, selbst recht oft auf und suche sie dann zu beantworten. An Stoff zu solchen Fragen kann es Dir niemals fehlen, *wenn Du nur recht aufmerksam bist auf alles*, was Dich umgibt. Kannst Du die Frage nicht gleich beantworten, so glaube nicht, daß die Antwort unmöglich sei; aber setze die Beantwortung aus, denn *unangenehm* darfst Du Dir diese Beschäftigung nicht machen, die unserm ganzen Leben großen Reiz geben, die Wichtigkeit aller uns umgebenden Dinge erhöhen und eben dadurch für uns höchst angenehm werden kann. Das heißt recht eigentlich unsern Verstand *gebrauchen* – und dazu haben wir ihn doch?

Wenn Dir aber die Antwort gelingt, so zeichne den ganzen Gedanken gleich auf, in einem dazu bestimmten Hefte. Denn *festhalten* müssen wir, was wir uns selbst *erworben* haben – auch will ich Dir in der Folge noch einen andern Grund sagen warum es gut ist, wenn Du das aufschreibst.

Also von heute an mußt Du jeden Spaziergang bedauern oder vielmehr bereuen, der Dich nicht wenigstens um 1 Gedanken bereichert hätte; und wenn gar ein ganzer Tag ohne solche *moralische Revenüen* vergeht, und wenn gar ganze Wochen ohne solche Einkünfte verstreichen, – dann – dann – – Ja, mein liebes Minchen, *ein* Kapital müssen wir haben, und wenn es kein *Geld* ist, so muß es *Bildung* sein, denn mit dem *Körper* können wir wohl darben, aber mit dem *Geiste* müssen wir es niemals, niemals – und wovon wollen wir leben, wenn wir nicht bei Zeiten sammeln?

Widme Dich also diesem Geschäft so oft als möglich, ja bei der Arbeit selbst. Dadurch wird recht eigentlich die Arbeit veredelt, wenn sie nicht nur unsern Körper sondern auch unsern Geist beschäftigt. Daß dieses allerdings möglich sei, wirst Du bei einiger Betrachtung leicht finden.

Wenn Dir beim Stricken des Strumpfes eine Masche von der Nadel fällt, und Du, ehe Du weiter strickst, behutsam die Masche wieder aufnimmst, damit nicht der eine aufgelöste Knoten alle die andern auflöse und so das ganze künstliche Gewebe zerstört werde – welche nützliche Lehre gibt Dir das für Deine Bildung, oder wohin deutet das?

Wenn Du in der Küche das kochend-heiße Wasser in das kühlere Gefäß gießest, und die sprudelnde Flüssigkeit, indem sie das Gefäß ein wenig erwärmt, selbst dadurch abgekühlt wird, bis die Temperaturen (Wärmegrade) in beiden sich ins Gleichgewicht gesetzt haben – welche vortreffliche Hoffnung ist daraus für uns beide, und besonders für mich zu ziehen, oder worauf deutet das hin?

Ja, um Dir ein Beispiel von der gemeinsten Beschäftigung zu geben – wenn Du ein schmutziges Schnupftuch mit Wasser auswäschst, welches Buch kann Dir eine so hohe, erhabene Lehre geben, als diese Arbeit? Bedürfen wir mehr als *bloß rein* zu sein, um mit der schönsten Farbe der Unschuld zu *glänzen*?

Aber die beste Anleitung, Dich im Selbstdenken zu üben, möchte doch wohl ein nützliches Buch sein, etwa *Wünschs* kosmologische (weltbürgerliche) Unterhaltungen, das ich Dir geschenkt habe. Wenn Du das täglich ein Stündchen in die Hand nähmest, so würdest Du davon einen doppelten Nutzen haben. Erstens, die Natur selbst näher kennen zu lernen, und dann Stoff zu erhalten, um eigne Gedanken anzuknüpfen.

Nämlich so: Gesetzt Du fändest darin den Satz, daß die *äußere* (vordere) Seite des Spiegels nicht eigentlich bei dem Spiegel die Hauptsache sei, ja, daß diese eigentlich weiter nichts ist, als ein notwendiges Übel, indem sie das eigentliche Bild nur verwirrt, daß es aber hingegen vorzüglich auf die Glätte und Politur der *inneren* (hinteren) Seite ankomme, wenn das Bild recht rein und treu sein soll – – welchen Wink gibt uns das für unsere eigne Politur, oder wohin deutet das?

Oder gesetzt Du fändest darin den Satz, daß zwei Marmorplatten nur dann unzertrennlich aneinander hangen, wenn sie sich in *allen* ihren Punkten berühren. Womit haben die Marmorplatten Ähnlichkeit?

Oder, daß die Pflanze ihre Nahrung mehr aus der Luft und dem Regen, also mehr aus dem *Himmel* ziehen muß, als aus der *Erde*, um zu gedeihen – welche zarte Pflanze des Herzens muß das auch?

Bei jedem solchen interessanten Gedanken müßtest Du also immer fragen, entweder: wohin deutet das, wenn man es auf *den Menschen* bezieht? oder: was hat das für eine Ähnlichkeit, wenn man es mit *dem Menschen* vergleicht? Denn der Mensch und die Kenntnis seines ganzen Wesens muß Dein höchstes Augenmerk sein, weil es einst Dein Geschäft sein wird, Menschen zu bilden.

Gesetzt also, Du fändest in diesem Buche, daß die Luftsäure (eine Luftart) sich aus der Fäulnis entwickele und doch auch vor der Fäulnis sichere; so müßtest Du nun fragen, welche Ähnlichkeit hat das wohl, wenn man es in irgend einer Hinsicht mit dem Menschen vergleicht? Da wirst Du leicht finden, daß sich aus dem Laster des Menschen etwas entwickele, das davor sichert, nämlich die Reue.

Wenn Du liesest, daß die glänzende Sonne keine Flecken habe, wenn man sie nicht mühsam mit dem Teleskop aufsuche, um sie zu finden – welch eine vortreffliche Lehre gibt uns das?

O letzthin ward ich plötzlich durch einen bloßen Anblick zurückgeführt im Geiste durch anderthalb Jahre in jene Zeit, wo wir noch unempfindlich neben einander wohnten, unbewußt, daß wir uns einst so nahe verwandt sein würden. Ich öffnete nämlich das Schubfach meines Tisches, in welchem mein Feuerzeug, Stahl und Stein lag. Da liegen sie nebeneinander, dachte ich, als ob sie zu einander nicht gehörten, und wenden einander ihre kalten Seiten zu, und noch läßt sich der Funke nicht ahnden, der doch in beiden schlummert – – Aber jetzt umschließe ich Dich innig mit meinem *warmen* Herzen, mein liebes, liebes Minchen – o *der erste* Funke fing Feuer – vielleicht wäre er doch erloschen, aber Du hast es wohl verstanden, ihn zur Flamme anzufachen – o erhalte sie in der Glut, mein eignes Glück hängt daran, aber von Dir nur hängt es ab. O wache, wie die Vestalinnen, über die heilige Flamme, daß sie nicht erlösche, lege von Zeit zu Zeit etwa ein neues erworbenes Verdienst hinzu, und schlafe nie ein auf den Stufen – o dann wird die Flamme ewig lodern und beide, *uns beide*, erwärmen.

Und nun lebe wohl. – Doch ich wollte Dir ja noch einen andern Grund sagen, warum es gut wäre, Deine eigenen Gedanken aufzuschreiben. Er ist dieser. Du weißt daß ich mich jetzt für das schriftstellerische Fach bilde. Ich selbst habe mir schon ein kleines Ideenmagazin angelegt, das ich Dir wohl einmal mitteilen und Deiner Beurteilung unterwerfen möchte. Ich vergrößere es täglich. Wenn Du auch einen kleinen Beitrag dazu liefertest, so könntest Du den Stolz haben, zu einem künftigen Erwerb auch etwas beizutragen. – Verstehst Du mich? –

Und nun adieu. Ich danke Dir für die 6 Fr. dor. In kurzem erhältst Du sie wieder. Schreibe mir bald, und besonders schicke mir bald die Berechnung. Adieu. H. K.

N. S. Weißt Du wohl, daß *Brokes* ganz unvermutet angekommen ist, und den Winter bei uns wohnen wird? – O hättest Du auch bei Dir eine Freundin, die Dir das wäre, was dieser Mensch mir! Ich bin sehr vergnügt, und muß Dich herzlich küssen. Adieu.

[Zusatz vom 30. Dez. 1800:]

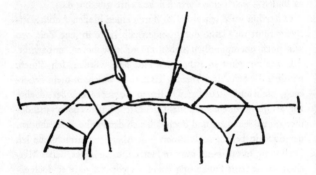

[Frankfurt a. d. O.,] den 30. Xbr 1800,
      am vorletzten Tage im alten Jahrhundert.

## 29. An Wilhelmine von Zenge

Berlin, den 22. November 1800

Liebe Wilhelmine. Deinen Brief empfing ich grade, als ich sinnend an dem Fenster stand und mit dem Auge in den trüben Himmel, mit der Seele in die trübe Zukunft sah. Ich war nicht recht froh, – da glaubte ich durch Deinen Brief aufgeheitert zu werden – aber Du schreibst mir, daß auch Dich die Zukunft beunruhigt, ja daß Dich diese Unruhe sogar krank macht – o da ward ich ganz traurig, da konnte ich es in dem engen Zimmer nicht mehr aushalten, da zog ich mich an, und lief, ob es gleich regnete, im Halbdunkel des Abends, durch die kotigen Straßen dieser Stadt, mich zu zerstreuen und mein Schicksal zu vergessen.

Liebe Wilhelmine! Wenn diese Stimmung in uns herrschend wird, so werden wir die Zeit der Geduld, die uns das Schicksal auferlegt, sehr unglücklich durchleben.

Wenn ich mir ein Glück dachte, das unsere Herzen, das meinige wenigstens, ganz ausfüllen könnte, wenn dieses Glück nicht ganz erreichbar ist, wenn die Vorschläge zu seiner Erreichung Dir unausführbar scheinen, ist denn darum alles verloren? Noch habe ich die Laufbahn in dem Fabrikwesen nicht verlassen, ich wohne den Sitzungen der technischen Deputation bei, der Minister hat mich schriftlich eingeladen, mich anstellen zu lassen, und wenn Du darauf bestehst, so will ich nach zwei Jahren drei Jahre lang reisen und dann ein Amt übernehmen, das uns wohl Geld und Ehre, aber wenig häusliches Glück gewähren wird.

Liebe Wilhelmine, vergißt Du denn, daß ich nur darum so furchtsam bin, ein Amt zu nehmen, weil ich fürchte, daß wir beide darin nicht recht glücklich sein würden? Vergißt Du, daß mein ganzes Bestreben dahin geht, Dich und mich *wahrhaft* glücklich zu machen? Willst Du etwas anderes, als bloß häusliches Glück? Und ist es nicht der einzige Gegenstand meiner Wünsche, Dir und mir dieses Glück, aber ganz uneingeschränkt, zu verschaffen?

Also sei ruhig. Bei allem was ich unternehmen werde, wird mir immer jenes letzte Ziel vorschweben, ohne das ich auf dieser Erde niemals glücklich sein kann, nämlich, einst und zwar so bald als möglich, das Glück der Ehe zu genießen.

Glaubst Du nicht, daß ich bei so *vielen* Bewegungsgründen, mich zu einem brauchbaren Mann zu bilden, endlich brauchbar werden werde? Glaubst Du nicht, daß ich Kräfte genug sammeln werde, einst Dich und mich zu ernähren? Glaubst Du nicht, daß ich mir, bei der vereinten Richtung aller meiner Kräfte auf ein einziges Ziel, endlich ein so bescheidnes Glück, wie das häusliche, erwerben werde?

Daß Dir die Trennung von Deiner Familie so schmerzhaft scheint, ist natürlich und gut. Es entspricht zwar meinen Wünschen nicht, aber Du weißt, warum meine Wünsche gegen die Deinigen immer zurückstehen. *Mein* Glück ist freilich an niemanden gebunden, als bloß an Dich – indessen daß es bei Dir anders ist, ist natürlich und ich verzeihe es Dir gern.

Aber der Aufenthalt bei T[ante] M[assow] und die Verknüpfung unsrer Wirtschaft mit der ihrigen, würde uns doch so abhängig machen, uns so in ein fremdes Interesse verflechten, und unsrer Ehe so ihr Eigentümliches, nämlich eine *eigne* Familie zu bilden, rauben, daß ich Dich bloß an alle diese Übel erinnern zu brauchen glaube, um Dich zu bewegen, diesen Vorschlag aufzugeben.

Dagegen könnte ich bei meiner Majorennität das ganze Haus selbst übernehmen und bewirtschaften, woraus mancher Vorteil vielleicht entspringen könnte. Ich könnte auch in der Folge ein akademisches Lehramt in Frankfurt übernehmen, welches noch das einzige wäre, zu dem ich mich gern entschließen könnte. Du siehst also, daß noch Aussichten genug vorhanden sind, um ruhig zu sein.

Also sei es, liebes Mädchen. O inniger, heißer, kannst Du gewiß eine baldige Vereinigung nicht wünschen, als ich. Beruhige Dich mit diesen Wünschen, die gewiß Deine guten Fürsprecher sind. Sie werden meine Tätigkeit unaufhörlich spornen, sie werden meine Kräfte nie erschlaffen, meinen Mut nie sinken lassen, und endlich mich zu dem glücklichen Tage führen – o Wilhelmine! – –

Auf Weihnachten möchte ich wohl nach F. kommen – Du siehst es doch gern? Ich bringe Dir dann etwas mit. Adieu.

Dein *ewig treuer* Freund H. K.

*30. An Ulrike von Kleist*

Berlin, den 25. November 1800

Liebe Ulrike. Die überschickten 260 Rth. habe ich erhalten und wünsche statt des Dankes herzlich, für so viele mir erfüllten Wünsche, Dir auch einmal einen der Deinigen erfüllen zu können.

Ich habe jetzt manches auf dem Herzen, das ich zwar allen verschweigen muß, aber doch *Dir* gern mitteilen möchte, weil ich von Dir nicht fürchten darf, ganz mißverstanden zu werden.

Indessen das würde, wenn ich ausführlich sein wollte, einen gar zu langen Brief kosten, und daher will ich Dir nur ganz kurz einige Hauptzüge meiner jetzigen Stimmung mitteilen.

Ich fühle mich nämlich mehr als jemals abgeneigt, ein Amt zu nehmen. Vor meiner Reise war das anders – jetzt hat sich die Sphäre für meinen Geist und für mein Herz ganz unendlich erweitert – das mußt Du mir *glauben*, liebes Mädchen.

So lange die Metallkugel noch kalt ist, so läßt sie sich wohl hineinschieben in das enge Gefäß, aber sie paßt nicht mehr dafür, wenn man sie glühet – fast so wie der Mensch nicht für das Gefäß eines Amtes, wenn ein höheres Feuer ihn erwärmt.

Ich fühle mich zu ungeschickt mir ein Amt zu erwerben, zu ungeschickt es zu führen, und am Ende verachte ich den ganzen Bettel von Glück zu dem es führt.

Als ich diesmal in Potsdam war, waren zwar die Prinzen, besonders der jüngere, sehr freundlich gegen mich, aber der König war es nicht – und wenn er meiner nicht bedarf, so bedarf ich seiner noch weit weniger. Denn mir möchte es nicht schwer werden, einen andern König zu finden, ihm aber, sich andere Untertanen aufzusuchen.

Am Hofe teilt man die Menschen ein, wie ehemals die Chemiker die Metalle, nämlich in solche, die sich dehnen und strecken lassen, und in solche, die dies nicht tun – Die ersten, werden dann fleißig mit dem Hammer der Willkür geklopft, die andern aber, wie die Halbmetalle, als unbrauchbar verworfen.

Denn selbst die besten Könige entwickeln wohl gern das schlummernde Genie, aber das entwickelte drücken sie stets nieder; und sie sind wie der Blitz, der entzündliche Körper wohl entflammt, aber die Flamme ausschlägt.

Ich fühle wohl, daß es unschicklich ist, so etwas selbst zu sagen, indessen kann ich nicht leugnen, daß mir der Gedanke durch die Seele geflogen ist, ob es mir nicht einst so gehen könnte?

Wahr ist es, daß es mir schwer werden würde, in ein Interesse einzugreifen, das ich gar nicht prüfen darf – und das muß ich doch, wenn ich bezahlt werde?

Es wäre zwar wohl möglich, daß ich lernen könnte, es wie die andern zu machen – aber Gott behüte mich davor.

Ja, wenn man den warmen Körper unter die kalten wirft, so kühlen sie ihn ab – und darum ist es wohl recht gut, wenn man fern von den Menschen bleibt.

Das wäre auch recht eigentlich mein Wunsch – aber wie ich das ausführen werde, weiß ich noch nicht, und nie ist mir die Zukunft dunkler gewesen als jetzt, obgleich ich nie heitrer hineingesehen habe als jetzt.

Das Amt, das ich annehmen soll, liegt ganz außer dem Kreise

meiner Neigung. Es ist praktisch so gut wie die andern Finanzämter. Als der Minister mit mir von dem Effekt einer Maschine sprach, so verstand ich ganz natürlich darunter den mathematischen. Aber wie erstaunte ich, als sich der Minister deutlicher erklärte, er verstehe unter dem Effekt einer Maschine, nichts anders, als das Geld, das sie einbringt.

Übrigens ist, so viel ich einsehe, das ganze preußische Kommerzsystem sehr *militärisch* – und ich zweifle, daß es an mir einen eifrigen Unterstützer finden würde. Die Industrie ist eine Dame, und man hätte sie fein und höflich aber herzlich einladen sollen, das arme Land mit ihrem Eintritt zu beglücken. Aber da will man sie mit den Haaren herbei ziehn – ist es ein Wunder, wenn sie schmollt? Künste lassen sich nicht, wie die militärischen Handgriffe erzwingen. Aber da glaubt man, man habe alles getan, wenn man Messen zerstört, Fabriken baut, Werkstühle zu Haufen anlegt – Wem man eine Harmonika schenkt, ist der darum schon ein Künstler? Wenn er nur die Musik erst verstünde, so würde er sich schon selbst ein Instrument bauen. Denn Künste und Wissenschaften, wenn sie sich selbst nicht helfen, so hilft ihnen kein König auf. Wenn man sie in ihrem Gange nur nicht stört, das ist alles, was sie von den Königen begehren. – Doch ich kehre zur Hauptsache zurück.

Ich werde daher wahrscheinlich diese Laufbahn nicht verfolgen. Doch möchte ich sie gern mit Ehren verlassen und wohne daher, während dieses Winters, den Sessionen der technischen Deputation bei. Man wollte mir dies zwar anfänglich nicht gestatten, ohne angestellt zu sein, und der Minister drohte mir sogar schriftlich, daß wenn ich mich jetzt nicht gleich anstellen ließe, sich in der Folge für mich wenig Aussichten zeigen würden. Ich antwortete aber, daß ich mich nicht entschließen könnte, mich in ein Fach zu werfen, ohne es genau zu kennen, und bestand darauf, diesen Winter den Sessionen bloß beizuwohnen, ohne darin zu arbeiten. Das ward mir denn endlich, unter der Bedingung, das Gelübde der Verschwiegenheit abzulegen, gestattet. Im nächsten Frühjahr werde ich mich bestimmt erklären.

Bei mir ist es indessen doch schon so gut, wie gewiß, bestimmt, daß ich diese Laufbahn nicht verfolge. Wenn ich aber dieses Amt ausschlage, so gibt es für mich kein besseres, wenigstens kein praktisches. Die Reise war das einzige, das mich reizen konnte, so lange ich davon noch nicht genau unterrichtet war. Aber es kommt dabei hauptsächlich auf List und Verschmitztheit an, und darauf verstehe ich mich schlecht. Die Inhaber ausländischer Fabriken führen keinen Kenner in das Innere ihrer Werkstatt. Das einzige Mittel also, doch hinein zu kommen, ist Schmeichelei, Heuchelei, kurz Betrug – Ja, man hat mich in diese Kunst zu betrügen schon unterrichtet – nein, mein liebes Ulrikchen, das ist nichts für mich.

Was ich aber für einen Lebensweg einschlagen werde –? Noch weiß ich es nicht. Nach einem andern Amte möchte ich mich dann schwerlich umsehen. Unaufhörliches Fortschreiten in meiner Bildung, Unabhängigkeit und häusliche Freuden, das ist es, was ich unerläßlich zu meinem Glücke bedarf. Das würde mir kein Amt geben, und daher will ich es mir auf irgend einem andern Wege erwerben und sollte ich mich auch mit Gewalt von allen Vorurteilen losreißen müssen, die mich binden.

Aber behalte dies alles für Dich. *Niemand* versteht es, das haben mir tausend Erfahrungen bestätigt.

»Wenn du dein Wissen nicht nutzen willst, warum strebst du denn so nach Wahrheit?« So fragen mich viele Menschen, aber was soll man ihnen darauf antworten? Die einzige Antwort die es gibt, ist diese: *weil es Wahrheit ist!* – Aber wer versteht das?

Darum will ich jetzt so viel als möglich alle Vertrauten und Ratgeber vermeiden. Kann ich meine Wünsche nicht ganz erfüllen, so bleibt mir immer noch ein akademisches Lehramt übrig, das ich von allen Ämtern am liebsten nehmen würde.

Also sei auch Du so ruhig, mein liebes Ulrikchen, als ich es bin, und denke mit mir, daß wenn ich hier keinen Platz finden kann, ich vielleicht auf einem andern Sterne einen um so bessern finden werde.

Adieu. Lebe wohl und sei vergnügt auf dem Lande.

Dein treuer Bruder
Heinrich.

N. S. Sage Minetten, daß ich vergebens Löschbrandten täglich erwarte. Er hat nämlich versprochen zu mir zu kommen, wenn er sich mit seinem Advokaten beratschlagt hätte. Noch ist er aber nicht erschienen. Ich habe ihn bisher nicht aufsuchen wollen, um Minettens Sache nicht den Anschein zu geben, als ob sie dringend wäre. Indessen heute will ich es doch versuchen ihn aufzusuchen. In seinem Hause ist er niemals zu finden.

*31. An Wilhelmine von Zenge*

An das Stiftsfräulein Wilhelmine v. Zenge Hochwürden und Hochwohlgeboren zu Frankfurt a. O.

Berlin, den 29. (und 30.) November 1800

Liebe, beste Wilhelmine, ich küsse Dich in Gedanken für Deinen lieben, trefflichen Brief. O wenn ich doch bei Dir wäre und Dich an meine Brust drücken könnte –! Ach, man sollte, um ruhig zu sein, daran gar nicht denken. Aber wer kann das –?

Ganz außerordentlich habe ich mich über Deinen Brief gefreut, und über tausend Dinge in ihm, teils über die Antworten auf meine Fragen, teils über Deine erb- und eigentümlichen Gedanken, auch darum, daß Du meine Vorschläge zu Deiner Bildung so gern erfüllst, aber ganz besonders, daß Du diesen Vorschlag so gut *verstanden* hast. Nutzen und Vergnügen sind gewiß selten so innig verknüpft, als in dieser Beschäftigung, wo man gleichsam mit der Natur selbst spricht, und sie zwingt, auf unsre Fragen zu antworten. Ihre *nützliche* Seite konnte Dir nicht entgehen, aber daß Du auch *Vergnügen* daran findest, das ist es, was mich besonders freut, weil es meine Hoffnung, daß in Dir mehr als das Gemeine enthalten sein möchte, immer mehr und mehr bestätigt. O auch mir sind es die liebsten Stunden, in welchen ich die Natur frage, was recht ist, und edel und gut und schön. Täglich widme ich, zur Erholung, ein Stündchen diesem Geschäfte, und denke niemals ohne Freude an den Augenblick (in Würzburg) wo ich zum erstenmal auf den Gedanken kam, auf diese Art bei der großen Lehrmeisterin Natur in die Schule zu gehen.

Deine Antworten auf meine Fragen haben durchgängig den Sinn getroffen, und ich will nur, Deinem Wunsche gemäß, Deine erb- und eigentümlichen Gedanken prüfen.

Zuerst freut es mich überhaupt, daß Du das Talent besitzest, *wahrzunehmen*. Das, mein liebes Kind, ist kein gemeines Talent. *Sehen* und *hören* usw. können alle Menschen, aber *wahrnehmen*, das heißt mit der Seele den Eindruck der Sinne auffassen und denken, das können bei weitem nicht alle. Sie haben nichts als das tote Auge, und das nimmt das Bild der Natur so wenig wahr, wie die Spiegelfläche des Meeres das Bild des Himmels. Die Seele muß tätig sein, sonst sind doch alle Erscheinungen der Natur verloren, wenn sie auch auf alle Sinne wirkten – und es freut mich, daß diese *erste Bedingung*, von der Natur zu lernen, nämlich, jede ihrer Erscheinungen mit der Seele aufzufassen, so gut bei Dir erfüllt ist.

Ganz vortrefflich, besonders dem Sinne nach, ist der Gedanke, daß es bei dem Menschen, wie bei dem Spiegel, auf seine eigne Beschaffenheit ankommt, wie fremde Gegenstände auf ihn einwirken sollen. Das ist vielleicht der beste Gedanke, den jemals ein Mädchen vor dem Spiegel gehabt hat. Aber nun, mein liebes Kind, müssen wir auch die Lehre nutzen, und fleißig an dem Spiegel unserer Seele schleifen, damit er glatt und klar werde, und treu das Bild der schönen Natur zurückwerfe. Wie mancher Mensch würde aufhören, über die Verderbtheit der Zeiten und der Sitten zu schelten, wenn ihm nur ein einzigesmal der Gedanke einfiele, ob nicht vielleicht bloß der Spiegel, in welchen das Bild der Welt fällt, schief und schmutzig ist? Wie oft stand nicht vielleicht ein solcher Mensch schon vor dem Spiegel, der ihm die lehrreiche Warnung zurief, wenn er sie verstanden hätte – ja *wenn er sie verstanden hätte!* –!

Auch recht gut, dem Sinne nach, sind die beiden andern Gedanken, obschon nicht von einem so eingreifenden Interesse. Ich will Dir daher bloß einiges über ihre Darstellung mitteilen.

Du fragst, warum das Tier so schnell, der Mensch so langsam sich ausbilde? Die Frage ist doch allerdings sehr interessant. Zur Antwort möchte überhaupt schon der allgemeine Grundsatz dienen, daß die Natur immer um so viel mehr Zeit braucht, ein Wesen zu bilden, je vollkommner es werden soll. Das findet sich selbst im Pflanzenreiche bestätigt. Die Gartenpflanze braucht ein paar Frühlingsmorgen, die Eiche ein halbes Jahrhundert, um auszuwachsen. Du aber vergleichst, um die Antwort zu finden, den Menschen mit einer vollstimmigen Sonate, das Tier mit einer eintönigen Musik. Dadurch möchtest Du wohl nicht ausgedrückt haben, was Du Dir eigentlich gedacht hast. Eigentlich hast Du wohl nicht den Menschen, sondern *seine Bestimmung* mit der

Sonate vergleichen wollen, und dann wird das Gleichnis allerdings richtig. Nämlich er ist *bestimmt*, mit allen Zügen seines künstlichen Instruments einst jene große Komposition des Schöpfers auszuführen, indessen das Tier, auf seiner Rohrpfeife, nichts mehr als den einzigen Ton hören lassen soll, den sie enthält. Daher konnte dies freilich seine geringfügige Bestimmung früher erreichen, als der Mensch seine unendlich schwere und mannigfaltige – nicht wahr, das wolltest Du sagen?

Bei einem Bilde oder einem Gleichnis kommt es überhaupt auf möglichst genaue Übereinstimmung und Ähnlichkeit in allen Teilen der beiden verglichnen Gegenstände an. Alles, was von dem einen gilt, muß bei dem andern irgend eine Anwendung finden. Willst Du Dich einmal üben ein recht interessantes Gleichnis heraus zu finden, so vergleiche einmal den Menschen mit einem Klavier. Da müßtest Du dann Saiten, Stimmung, den Stimmer, Resonanzboden, Tasten, den Spieler, die Noten etc. etc. in Erwägung ziehen, und zu jedem das Ähnliche bei dem Menschen herausfinden.

Auch gibt es noch verschiedene andere Mittel, auf eine leichte und angenehme Art Deinen Scharfsinn in dem Auffinden des Ähnlichen zu prüfen. Schreibe Dir z. B. auf verschiedene Blätter folgende Fragen auf, und wenn Du die Antwort gefunden hast, diese darunter. Z. B. Was ist *lieblich*? Ein Maitag; eine Fürsichenblüte; eine frohe Braut etc. etc. – Was ist *erhebend*? Ein Sonnenaufgang; ein Choral am Morgen (ich denke an die schönen Morgen, wenn ich in unsrem Garten arbeitete, und der Choral der Hoboisten aus dem Eurigen zu mir herüberscholl) – Was ist *furchtbar*? Ein herannahendes Gewitter; das Kräuseln der Wellen für den Seemann etc. etc. – Was ist *rührend*? Reden bei der Leiche; ein Sonnenuntergang; Unschuld und Einfalt; Fleiß und Dürftigkeit etc. etc. – Was ist *schrecklich*? Blitz und Schlag in einem Augenblick; des Nachbars Haus oder gar die eigne Treppe in Flammen etc. etc. – Was ist *niederschlagend*? Regen am Morgen einer entworfnen Lustpartie; Kälte in der Antwort, wenn man herzlich und warm fragte; ein schlechtes Kleid, wenn die Gesellschaft es bemerkt; eine Grobheit, die uns aus Mißverständnis zugefügt wird, etc. etc. – Was ist *anbetungswürdig*? Christus am Kreuz; eine Unschuld in Ketten, ohne Klagen und Tränen; ein unerschrocknes Wort vor dem Tribunal blutbegieriger Richter oder, wie Schiller sagt, Männerstolz vor Königsthronen etc. etc. – Was ist *tröstend?* In den Himmel zu sehen; ein herrenhutischer Kirchhof; eine Erbschaft für den traurenden Neffen; ein Licht in der Nacht für den Verirrten. – Was ist *lächerlich?* Im Mondschein über den Schatten eines Laternenpfahles zu springen, in der Meinung es sei ein Graben; die ersten Versuche eines Kindes zu gehen (aber auf weichem Grase); ein ungeschickter Landjunker, der aus Liebe tanzt. – Was ist *unerträglich?* Geschwätz für den Denker; Trostgründe für den Leidenden; Windstille unter der Linie etc. etc. – Was ist *Erwartung erregend?* Ein Pfeifen im Walde; ferne Kanonenschüsse im Kriege; das Klingeln zum Aufziehn des Vorhangs im Theater etc. etc. – Was ist *einladend?* Eine reife Fürsiche; eine aufgeblühte Rose; ein Mund wie eine Kirsche etc. etc. – Was ist *verführerisch?* Schmeicheleien, und zwar für jeden, denn wer sich auch nicht gern schmeicheln hört, der nimmt doch nicht übel, wenn man ihm dies sagt etc. etc. – Was ist *abschreckend?* Keine Antwort; ein großer Hund, der uns in die Beine springt, wenn wir in ein Haus treten. – Was ist *Zutrauen erweckend?* Keine Umstände; auch wenn man mir eine Pfeife Tabak anbietet etc. etc. – Was ist *majestätisch?* Ein Sonnenaufgang über dem Meer; ein englisches Admiralsschiff, das mit vollem Winde segelt; ein Wasserfall; ein fernes Gebirge etc. etc. etc. etc. – – – – Genug, genug, genug. Auf diese Art kannst Du durch eine Menge von Antworten Deinen Verstand schärfen und üben. Das führt uns dann um so leichter ein Gleichnis herbei, wenn wir einmal grade eins brauchen.

O mein liebes Minchen, wie weitläufig ist es, dies alles aufzuschreiben – o wenn wir einst vereint sein werden, und Du neben mir sitzest, und ich Dich unterrichte, und jede gute Lehre mir mit einem Kusse belohnt wird – – o weg, weg mit diesen Bildern – und doch ist es das *einzige* was ich für diese Erde wünsche – und doch ist es ein so *bescheidner* Wunsch – und doch nicht zu erfüllen? und warum nicht? O ich mag gar nicht daran denken, sonst verwünsche ich Stand, Geburt und die ganze elende Last von Vorurteilen – Aber *ich hoffe.* O meine Hoffnung ist das einzige, was mich jetzt froh macht – Gute Nacht, ich gehe zu Bette mit meiner Hoffnung. Ich küsse Dein Bild, gute Nacht, gute Nacht – –

den 30. November

Guten Morgen, guten Morgen, liebe, *liebe*, *liebe* Wilhelmine! Es ist recht heiterer, frischer Wintermorgen, und ich bin selbst sehr heiter und wäre *ganz* glücklich, wenn, wenn, wenn – – – Adieu. Ich küsse Dich von Herzen. Bleibe mir immer treu, und so lange uns auch das Schicksal äfft, liebe mich doch nie kälter, als in dieser schönen Periode unsrer Liebe. Ach kalte Liebe ist so gut wie keine – Adieu, adieu. Schreibe mir bald wieder, und überhaupt *recht oft*, Du weißt nicht, wozu das gut ist. Adieu. Deine 6 Fr.dor will ich Dir wiedergeben, bestimme nur ob ich sie Dir oder der Randow schicken soll. Sei herzlich für diese Gefälligkeit gedankt, und *rechne auf mich* in allen ähnlichen und nicht ähnlichen Fällen. Adieu, adieu, adieu.

## 32. An Ulrike von Kleist

[Frankfurt a. d. Oder, Dezember 1800]

Mein liebes Ulrikchen, ich bin auf 8 Tage in Frankfurt, aber nicht so vergnügt, als wenn Du hier wärest. Ich mußte mir diese Zerstreuung machen, weil mich das Brüten über die schwangere Zukunft wieder ganz verstimmt hatte. In meinem Kopfe sieht es aus, wie in einem Lotteriebeutel, wo neben einem großen Lose 1000 Nieten liegen. Da ist es wohl zu verzeihen, wenn man ungewiß mit der Hand unter den Zetteln herumwühlt. Es hilft zwar zu nichts, aber es entfernt doch den furchtbaren Augenblick, der ein ganzes Lebensgeschick unwiderruflich entscheidet. Mehr als einmal bin ich nahe gewesen mich endlich geduldig in ein Amt zu fügen, bei dem doch viele Männer, wie sie es sagen, froh sind; und am Ende könnte man sich selbst mit dem Apollo trösten, der auch verdammt ward, Knechtdienste auf Erden zu tun. Aber immer noch reizt mich mein früheres, höheres Ziel, und noch kann ich es nicht (wie viele es können) verächtlich als unerreichbar verwerfen, ohne vor mir selbst zu erröten. Das Schlimmste bei dieser Ungewißheit ist, daß niemand mir raten kann, weil ich mich keinem andern ganz erklären kann. – Schreibe Du mir doch ein paar Worte nach Berlin. Adieu. Grüße Schönfeld und Frau, Onkel und Tante Pannwitzens etc.

N. S. Kannst Du mir nicht Nachricht geben, wo sich wohl jetzt meine Kulturgeschichte befindet?

## 33. An Wilhelmine von Zenge

[An Fräulein Louise v. Zenge Hochw. zu Berlin, abzugeben bei dem Kaufmann Clausius]

Berlin, den 11. (und 12.) Januar 1801

Liebe, teure Wilhelmine, ja wenn Du mir so aus Deinem Herzen zu meinem Herzen schreibst, so muß ich Dir gleich antworten und wenn ich noch zehnmal mehr zu tun hätte. O wie schmerzt es mich, daß ich vorgestern in meiner übeln Laune jenen trüben Brief an Dich abschickte, den Du grade heute empfangen haben wirst, grade heute, wo ich den Deinigen empfing, der mir so herrlich den Mut und die Liebe von neuem belebte. Verzeihe mir diesen letzten Ausbruch meiner Unzufriedenheit mit mir, antworte mir gar nicht auf diesen Brief, verbrenne ihn lieber ganz und lies dafür diesen recht oft durch, den ich froh und heiter und mit Innigkeit für Dich niederschreibe.

– – Als ich so weit geschrieben hatte, klingelte jemand; ich mache auf, und wer war es? Dein kleiner Bruder von den Kadetten, den ich noch nie sah und jetzt zu sehen mich sehr freute. Er wollte Carln besuchen, der aber nicht zu Hause war. Ich teilte ihm, an Carls Stelle, Nachrichten von seiner Familie mit, küßte dann den kleinen Schwager (der Jettchen gleicht, und dessen Gesicht etwas Gutes verspricht), leuchtete dann dem armen Jungen durch die öden noch nicht bewohnten Zimmer und Treppen dieses Hauses und kehre nun wieder zu Dir zurück. –

Ja, liebes Mädchen, so oft ich Dir gleich nach Empfang Deines Briefes antworte, kannst Du immer überzeugt sein, daß er mir herzliche Freude gewährt hat; nicht etwa, weil er schön oder künstlich geschrieben ist – denn das achte ich wenig, und darum brauchst Du Dir wenig Mühe zu geben – sondern weil er Züge enthält, die mir Dein Herz liebenswürdiger und Deine Seele ehrwürdiger machen. Denn da ich Dich selbst nicht sehen und beurteilen kann, was bleibt mir übrig, als aus Deinen Briefen auf Dich zu schließen? Denn das glaube ich tun zu dürfen, indem ich Deine Worte nicht bloß für Worte, sondern für Deinen Schattenriß halte. Daher ist mir jeder Gedanke, der Dich in ein schöneres Licht stellt, jede Empfindung, die Dich schmückt, teuer, wie das Unterpfand einer Tat, wie das Zeichen Deines moralischen Wertes; und ein solcher Brief, der mir irgend eine schönere Seite Deiner Seele zeigt und dadurch unwillkürlich, unerwartet, überraschend mir das Bewußtsein Dich zu besitzen plötzlich hell und froh macht, ein solcher Brief, sage ich, wirkt auf meine Liebe, wie ein Öltropfen auf die verlöschende Flamme, die von ihm benetzt plötzlich hell und lustig wieder heraufflodert.

Ja, liebe Wilhelmine, wenn jemals die Erinnerung an Dich in mir immer kälter und kälter werden sollte, so bin ich in meinem heiligsten Innern überzeugt, daß es einzig Deine Schuld sein würde, nie die meinige. Nur dann könnte und müßte ich gleichgültig gegen Dich werden, wenn die Erfahrung mich lehrte, daß der Stein, den ich mit meiner ganzen Seele bearbeitete, den Glanz aus ihm hervorzulocken, kein Edelstein wäre – Ich würde Dich darum nicht verlassen, – denn warum solltest *Du* den Irrtum büßen, den *ich* beging? Aber unglücklich würde ich sein, und Du würdest nicht glücklich sein, weil ich es nicht sein kann; denn das Gemeine kann man nur brauchen, nur das Edlere kann man lieben, und nur die Liebe macht das Leben süß.

Aber sei der Liebe würdig und nie wird es Dir daran fehlen. Nicht als ein Geschenk fordre sie von mir, Du kannst sie Dir erwerben, Du kannst sie von mir erzwingen, und nur so wird sie Dich und mich glücklich machen; denn das Herz ist das einzige Eigentum, das wir uns lieber rauben lassen, als auf Bitten und Gesuche verschenken. Nie ist es einem Mädchen leichter gewesen, sich die Liebe ihres Geliebten zu erhalten als Dir, denn ganz unglücklich würde ich selbst sein, wenn ich sie Dir je entziehen müßte. Ich würde Dich dann nicht verlassen – denn meine Pflicht ist mir höher selbst als mein Glück; aber eben das würde mich ganz unglücklich machen.

Daher kann ein Wechsler die Echtheit der Banknote, die sein Vermögen sichern soll, nicht ängstlicher untersuchen, als ich Deine Seele; und jeder schöne Zug, den ich an ihr entdecke, ist mir lieber, ja lieber selbst, als wenn ich ihn an mir selbst entdeckte. Manches Mädchen habe ich schon mit Dir verglichen, und bin ernst geworden, z. B. die Lettow, die Duhattois etc.; manches ist auch hier in Berlin, das ich gegen Dich halte, und ernst macht mich jedesmal diese Vergleichung; aber Du hast eine jahrelange Bekanntschaft, die innigste Vertraulichkeit, eine beispiellose Tat und ebenso beispiellose Verzeihung für Dich, und wenn Du nur ein weniges noch, nur die Ähnlichkeit mit meinem Ideale, nur den ernsten Willen, es einst in Dir darzustellen, in Deine Waagschale legst, so sinkt die andere mit allen Mädchen und mit allen Schätzen der Erde.

*Ein* Gedanke, Wilhelmine, steht in Deinem Briefe, der mich mit unbeschreiblicher Freude und Hoffnung erfüllt; ein Gedanke, nach dem meine Seele dürstete, wie die Rose in der Mittagsglut nach dem Tau – den ich Dir aber nicht in die Seele zu pflanzen wagte, weil er, wie die Orange, keine Verpflanzung leidet und nur dann Früchte trägt, wenn ihn die Kraft des eignen Bodens hervortreibt –: Du schreibst mir, daß Dir jetzt ein Gefühl die Seele bewegte, als ob eine neue Epoche für Dich anheben würde. – Liebe Wilhelmine! Soll ich Dir gestehen, daß ich mich oft schon, sinnend, mit Ernst und Wehmut fragte, warum sie nicht schon längst eingetreten war? So viele Erfahrungen hatten die Wahrheit in mir bestätigt, daß die Liebe immer unglaubliche Veränderungen in dem Menschen hervorbringt; ich habe schwache Jünglinge durch die Liebe stark werden sehen, rohe ganz weichherzig, unempfindliche ganz zärtlich; Jünglinge, die durch Erziehung und Schicksal ganz vernachlässigt waren, wurden fein, gesittet, edel, frei; ihr ganzes Wesen erlitt schnell eine große Reform, und gewöhnlich fing sie bei dem Anzuge an; sie kleideten sich sorgsamer, geschmackvoller, gewählter; dann kam die Reform an dem Körper, seine Haltung ward edler, sein Gang sicherer, seine Bewegungen zierlicher, offner, freimütiger, und hierbei blieb es, wenn die Liebe nicht von der höheren Art war; aber war sie es, so kam nun auch die große Revolution an die Seele; Wünsche, Hoffnungen, Aussichten, alles wechselte; die alten rohen Vergnügungen wurden verworfen, feinere traten an ihre Stelle; die vorher nur in dem lauten Gewühl der Gesellschaft, bei Spiel und Wein, vergnügt waren, überließen sich jetzt gern in der Einsamkeit ihren stillen Gefühlen; statt der abenteuerlichen Ritterromane, ward eine simple Erzählung von Lafontaine, oder ein erhebendes Lied von Hölty die Lieblingslektüre; nicht mehr wild mit dem Pferde strichen sie über die Landstraßen, still und einsam besuchten sie schattige Ufer, oder freie Hügel, und lernten Genüsse kennen, von deren Dasein sie sonst nichts ahndeten; tausend schlummernde Gefühle erwachten, unter ihnen die Wohltätigkeit meistens am lebhaftesten; wo ein Hülfloser lag, da gingen sie, ihm zu helfen; wo ein Auge in Tränen stand, da eilten sie, sie zu trocknen; alles was schön ist und edel und gut und groß, das faßten sie mit offner, empfänglicher Seele auf, es darzustellen in sich; ihr Herz erweiterte sich, die Seele hob sich ihnen unter der Brust, sie umfaßten irgend ein Ideal, dem sie sich verähnlichen wollten – Ich selbst hatte etwas Ähnliches an mir erfahren; und nun mußte ich mich wohl bei Dir fragen: Warum – warum –? Das war meine erste Frage; und die zweite: liebt sie mich etwa nicht? War doch meine erste Ahndung, daß sie mich nur zu lieben glaubt, weil ich sie liebe, gegründet –?

Das, liebes Mädchen, war, im Vorbeigehn gesagt, die eigentliche Ursache meiner Traurigkeit an jenem Abende. Damals wollte und konnte ich sie Dir nicht sagen, und auch jetzt würde ich sie Dir verschwiegen haben, wenn Du mir den Gedanken nicht selbst aus der Seele genommen hättest. Du selbst fühlst nun, daß Dir eine Epoche bevorstehe, und ich ahnde mit unaussprechlicher Freude, daß es die Liebe ist, die sie Dir eröffnet.

Unsre Väter und Mütter und Lehrer schelten immer so erbittert auf die Ideale, und doch gibt es nichts, das den Menschen wahrhaft erheben kann, als sie allein. Würde wohl etwas Großes auf der Erde geschehen, wenn es nicht Menschen gäbe, denen ein hohes Bild vor der Seele steht, das sie sich anzueignen bestreben? Posa würde seinen Freund nicht gerettet, und Max nicht in die schwedischen Haufen geritten sein. Folge daher nie dem dunkeln Triebe, der immer nur zu dem Gemeinen führt. Frage Dich immer in jeder Lage Deines Lebens ehe Du handelst: wie könntest Du hier am edelsten, am schönsten, am vortrefflichsten handeln? – und was Dein erstes Gefühl Dir antwortet, das tue. Das nenne ich das Ideal, das Dir immer vorschweben soll.

Aber wenn Deine Seele diese Gedanken bestätigt, so gibt es doch noch mehr für Dich zu tun – Weißt Du, welchen Erfolg an jenem vorletzten Abend Dein guter, vernünftiger Rat hatte, doch zuweilen mit Deinem Vater ein wenig zu sprechen? *Ich tat es auf der Stelle.*

Daß Du endlich auch jenen guten Rat mit dem Tagebuche befolgst, freut mich herzlich, und ich verspreche Dir davon im voraus viel Gutes. An dem meinigen arbeite ich auch fleißig und aufmerksam, und gelegentlich können wir sie einmal, wenigstens stellenweise, austauschen.

Ich eile zum Schlusse, liebes Minchen, denn es ist spät, und morgen früh kann ich nicht schreiben.

Deine Gefühle auf dem Universitätsberge, Deine Erinnerung an mich, Deine Gedanken bei dem trocknen Fußsteige, der neben dem beschwerlichen Pfad unbetreten blieb, sind mir wie Perlen, die ich in Gold fassen möchte.

Hier noch einige Nüsse zum Knacken.

1. Wenn die Flamme sich selbst den Zugwind verschafft und so immer höher heraufflodert, inwiefern ist sie mit der Leidenschaft zu vergleichen?

2. Wenn der Sturm kleine Flammen auslöscht, große aber noch größer macht, inwiefern ist er mit dem Unglück zu vergleichen?

3. Wenn du den Nebel siehst, der andere Gegenstände verhüllt, aber nicht den, der Dich selbst umgibt, womit ist das zu vergleichen?

———

Schreibe *bald* und *lang* und *oft*, Du weißt, warum? H. K.

Nachschrift, den 12. Januar 1801

Als ich eben diesen Brief einsiegeln wollte, reichte mir Carl *das Versprochne*. Liebe Wilhelmine, ich küsse Dich. Das Ideal, das Du für mich in Deiner Seele trägst, macht Dich dem ähnlich, das ich für Dich in der meinigen trage. *Wir werden glücklich sein*, Wilhelmine – o fahre fort mir diese Hoffnung immer gewisser und gewisser zu machen. Schenke mir oft einen solchen, oder ähnlichen Aufsatz, der mir, wenn er so unerwartet kommt, wie dieser, das Vergnügen seiner Lesung verdoppelt. Es atmet in dieser Schrift, ein Ernst, eine Würde, eine Ruhe, eine Bescheidenheit, die mich mit unbeschreiblicher Freude erfüllt, wenn ich sie mir *an Deinem Wesen denke*. – Hat Carl vielleicht noch einen Aufsatz bei sich, den er mir erst heute abend, oder morgen früh geben wird – –?

## 34. An Wilhelmine von Zenge

Berlin, den 21. (und 22.) Januar 1801

Liebe Wilhelmine, ich habe bei Clausius zu Mittag gespeiset und mich gegen Abend (jetzt ist es 7 Uhr) weggeschlichen, um ein Stündchen mit Dir zu plaudern. Wie froh macht mich die stille Einsamkeit meines Zimmers gegen das laute Gewühl jener Gesellschaft, der ich soeben entfloh! Ich saß bei Minna, und das war das einzige Vergnügen, das ich genoß – die andern waren lauter Menschen, die man sieht und wieder vergißt, sobald man die Türe hinter sich zu gemacht hat. Eine magdeburgische Kaufmannsfamilie waren die Hauptpersonen des Festes. Der Vater, ein Hypochonder, gesteht, er sei weit fröhlicher gewesen, als er ehemals *nur* 100000 Rth. besaß – – Mutter und Tochter tragen ganz Amerika an ihrem Leibe, die Mutter das nördliche, Labrador, die Tochter das südliche, Peru. Jene trägt auf ihrem Kopfe einen ganzen Himmel von Diamanten, Sonne, Mond und Sterne, und es scheint, als ob sie mit *diesem* Himmel zufrieden sei; diese hat ihren Busen in zehnfache Ketten von Gold geschlagen, und es hat das Ansehn, als ob er, unter diesen Fesseln, nichts Höheres begehrte. Man wird, wenn man vor ihnen steht, ganz kalt, wie der Stein und das Metall, womit sie bepanzert sind. Leckerbissen sind es, die der Fischer über den Angelhaken zieht, damit der Fisch ihn nicht sehe – und auf gut Glück wirft er ihn aus in den Strom – aber wer den Betrug kennt, schaudert; denn so schön der Schmuck auch ist, so fürchte ich doch, daß er an ihnen das – Schönste ist.

Doch nichts mehr von ihnen – von Dir, liebes Minchen, laß mich sprechen; ihnen konnte ich aus meiner Seele kein Wort schenken – für Dich habe ich tausende auf dem Herzen.

Ich muß Dir auf zwei Briefe antworten; aber ich kann es nur kurz – o über jeden Gedanken möchte ich tagelang mit Dir plaudern, aber Du kennst es, das einzige, was ich höher achte – Nicht verloren nenne ich die Stunden, die ich Dir widme, aber ich sollte sie doch meinen, oder vielmehr *unseren* Zwecken nicht entziehen. Daher hatte ich auch zu Anfange nur etwa auf einen Brief für jede 14 Tage gerechnet; aber wie könnte ich schweigen, wenn Du mir so schreibst? Deinen ersten Brief (vom 15.) empfing ich eine ¼ Stunde vorher, ehe Clausius' Wagen vor meine Türe fuhr, mich abzuholen zum Kolonieball – o wie gern hätte ich mich gleich niedergesetzt Dir zu antworten. So tief kannst Du empfinden, Mädchen –? Ich kenne die Erzählung vom »Las Casas« nicht und weiß nicht, ob sie ein so inniges Interesse verdient, obschon es von einem Schriftsteller, wie Engel, zu erwarten ist. Aber das ist gleichviel – daß Du so tief und innig empfinden kannst, war mir eine neue, frohe Entdeckung. Große Empfindungen zeigen eine starke, umfassende Seele an. Wo der Wind das Meer nur flüchtig kräuselt, da ist es flach, aber wo er Wellen türmt, da ist es tief – Ich umarme Dich mit Stolz, mein starkes Mädchen. Der Zweifel, der Dir bei der Lesung des »Ätna« einfiel, ob ich nämlich nicht gleichgültig gegen Dich werden würde, wenn mir Dein Besitz gewiß wäre, möge Dich nicht beunruhigen. Laß nur Deine Liebe immer für mich den Preis der Tugend sein, so wie es die meinige für Dich sein soll – dann wird es immer für uns etwas geben, das des Bestrebens würdig ist, und wenn es nicht mehr das Geschenk der Liebe selbst ist, die wir schon besitzen, so ist es doch die *Erhaltung* derselben, da wir sie immer noch verlieren können.

Du hast ein gutes Vertrauen zu dem Strome, der die Eisscholle trug, ein Vertrauen, das wir beide rechtfertigen können und wollen und werden. So weit auch die Klippe hervorragt in den Lauf des Stromes, die Scholle, die er trägt, scheiternd an sich zu ziehn – sein Lauf ist zu sicher, er führt sie, wenn sie auch die Klippe berührt, ruhig fort ins Meer – –

Ganz willige ich [in] Deinen Vorschlag, ein oder ein paar Wochen mit Schreiben zu pausieren, um nur dann desto mehr schreiben zu können. Sorge und Mühe muß Dir dieser Briefwechsel nie machen, der nur die Stelle eines Vergnügens, nämlich uns mündlich zu unterhalten, ersetzen soll.

Die älteste Schulz ist allerdings ein Mädchen, das mir sehr gefällt, und von dem Du viel lernen kannst. Sie hat Nutzen gezogen aus dem Umgange mit aufgeklärten Leuten und gute Bücher nicht bloß gelesen, sondern auch empfunden – Aber ich sehe nach der Uhr, es ist Zeit, daß ich wieder von Dir scheide. Ich muß wieder zu Clausius, so gern ich auch bei Dir bliebe. Wann werde ich mich nie von Dir trennen dürfen?

den 22. Januar

Ich komme nun zu Deinem andern Briefe.

Schmerzhaft ist es mir, wenn Du mir sagst, daß ich selbst an der Vernachlässigung Deines eignen Äußern schuld bin – – So freilich, wie Du diesen Gegenstand betrachtest, kannst Du recht haben. Du verstehst unter dem Äußern nur Deine Kleidung, und daß diese nicht mehr so gewählt und preziös ist und nicht mehr so viel Geld und was noch schlimmer ist so viel Zeit kostet, daran mag ich freilich schuld sein und es reut mich nicht. Ich bin immer in Wohnzimmern lieber als in den sogenannten Putzstuben, wo ich mich eng und gepreßt fühle, weil ich kaum auftreten und nichts anrühren darf. Fast auf eine ähnliche Art unterscheide ich die bloß angezognen, und die geschmückten Mädchen. Dieser künstliche Bau von Seide und Gold und Edelsteinen, die Sorge, die daraus hervorleuchtet, die vergangne für seine Aufführung, die gegenwärtige für seine Erhaltung, die hervorstechende Absicht, Augen auf sich zu ziehn, und in Ermangelung eignen Glanzes durch etwas zu glänzen, das ganz fremdartig ist und gar keinen innern Wert hat, das alles führt die Seele auf einen Ideengang, der unmöglich den Mädchen günstig sein kann. Daher schaden sie sich meistens selbst durch den Staat – daß Du aber diesen abgelegt hast, das habe ich nie an Dir getadelt. Ich habe Dich nie ordnungs- und geschmacklos angezogen gefunden, und das würde ich Dir gewiß haben merken lassen; denn eine einfache und gefällige Unterstützung ihrer natürlichen Reize ist den Mädchen mehr als bloß erlaubt und die gänzliche Vernachlässigung desselben ist gewiß tadelnswürdig. Aber, liebes Mädchen, an Deiner Kleidung habe ich ja nie etwas ausgesetzt, und wenn ich einmal *stillschweigend* Dich fühlen ließ, daß mir an Deinem *Äußern* etwas zu wünschen übrig blieb, so verstand ich darunter etwas ganz anderes. – – Doch dieses ist gar kein Gegenstand für die Sprache, noch weit weniger für die Belehrung. *Dieses* Äußere kann nicht zugeschnitten werden, wie ein Kleid, es gründet sich in der Seele, von ihr muß es ausgehen, und sie muß es der Haltung, der Bewegung mitteilen, weil es sonst bloß theatralisch ist.

Wenn Du mich nicht verstehen solltest, so halte darum diese unverständliche Sprache nicht für Geschwätz. Fahre nur fort Dich auszubilden, und wenn sich einst auch Dein Sinn für das Schöne erhöht und verfeinert hat, so lies dies einmal wieder. Dann wirst Du es verstehn.

Deine Übereilung in der Teegesellschaft bei Tante Massow darf ich nicht mehr richten; Du hast Dich schon selbst gerichtet. Fahre fort so aufmerksam auf Dich selbst zu sein, und wenn auch jetzt zuweilen Blicke in Dein Inneres Dich schmerzen, künftig werden sie Dich entzücken. – Keine Tugend ist weiblicher, als Duldsamkeit bei den Fehlern andrer. Darüber will ich Dir künftig etwas schreiben. Erinnere mich daran. Adjeu. Ich danke für das Geld, bald empfängst Du es wieder. H. K.

## 35. An Wilhelmine von Zenge

[An das Stiftsfräulein Wilhelmine v. Zenge Hochwürden und Hochwohlgeboren zu Frankfurt a. O.]

Berlin, den 31. Januar 1801

Liebe Wilhelmine, nicht, weil mir etwa Dein Brief weniger lieb gewesen wäre, als die andern, nicht dieses, sage ich, war der Grund, daß ich Dir diesmal etwas später antworte, als auf Deine andern Briefe – Denn das habe ich mir zum Gesetz gemacht, jedes Schreiben, das mir irgend eine schönere Seite von Dir zeigt, und mir darum inniger an das Herz greift, gleich und ohne Aufschub zu beantworten. Aber diesmal war es mir doch ganz unmöglich. Leopold ist hier, Huth hat mich in sein Interesse gezogen und mich aus meiner Einsamkeit ein wenig in die gelehrte Welt von Berlin eingeführt, – worin es mir aber, im Vorbeigehn gesagt, so wenig gefällt, als in der ungelehrten. Allein Du selbst kannst daraus schließen, wie karg ich mit der Zeit sein mußte, um notwendige Arbeiten nicht ganz zu versäumen. Gern möchte ich für Geld Stunden kaufen, wenn dies möglich wäre, und manchem würde damit gedient sein, der daran einen Überfluß hat und nicht weiß, was er damit anfangen soll. Die wenigen Stunden, die mir nach so vielen Zerstreuungen übrig blieben, mußte ich ganz meinem Zwecke widmen – heute endlich hat mir der Himmel einen freien Abend geschenkt und Dir soll er gewidmet sein. – Aber ich hebe das Gesetz nicht auf, und künftig beantworte ich jeden Brief von Dir, wenn er so ist wie der letzte, sogleich – Du mußt dann nur zuweilen mit wenigem zufrieden sein.

Besonders der Blick, den Du mir diesmal in Dein Herz voll

Liebe hast werfen lassen, hat mir unaussprechliche Freude gewährt – obschon das Ganze, um mir Vertrauen zu der Wahrheit Deiner Neigung einzuflößen, eigentlich nicht nötig war. Wenn Du mich nicht liebtest, so müßtest Du verachtungswürdig sein und ich, wenn ich es von Dir nicht glaubte. Ich habe Dir schon einmal gesagt, warum? – Also dieses ist ein für allemal abgetan. Wir lieben uns, hoffe ich, herzlich und innig genug, um es uns nicht mehr sagen zu dürfen, und die Geschichte unsrer Liebe macht alle Versicherungen durch Worte unnötig.

Laß mich jetzt einmal ein Wort von meinem Freunde *Brokes* reden, von dem mein Herz ganz voll ist – Er hat mich verlassen, er ist nach Mecklenburg gegangen, dort ein Amt anzutreten, das seiner wartet – – und mit ihm habe ich den *einzigen* Menschen in dieser volkreichen Königsstadt verloren, der mein *Freund* war, den einzigen, den ich recht *wahrhaft* ehrte und liebte, den einzigen, für den ich in Berlin Herz und Gefühl haben konnte, den einzigen, dem ich es ganz geöffnet hatte und der jede, auch selbst seine geheimsten Falten kannte. Von keinem andern kann ich dies letzte sagen, niemand versteht mich ganz, niemand *kann* mich ganz verstehen, als *er* und *Du* – ja selbst Du vielleicht, liebe Wilhelmine, wirst mich und meine künftigen Handlungen nie ganz verstehen, wenn Du nicht für das, was ich höher achte, als die Liebe, einen so hohen Sinn fassen kannst, als er.

Ich habe Dir schon oft versprochen, Dir etwas von diesem herrlichen Menschen mitzuteilen, der gewiß von den wenigen, die die Würde ihrer Gattung behaupten, einer ist, und nicht der schlechteste unter diesen wenigen. – Eigentlich weiß ich jetzt gar nichts von ihm zu reden, als bloß sein Lob, und ob ich schon gleich mich entsinne, zuweilen auch an diesem den Charakter der Menschheit, nämlich nicht ganz vollkommen zu sein, entdeckt zu haben, so ist doch jetzt mein Gedächtnis für seine Fehler ganz ausgestorben, und ich habe nur eines für seine Tugenden. Ich füge dieses hinzu, damit Du etwa nicht glaubst, daß mein Lob aus einer verblendeten Seele entsprang. Wahr ist es, daß die Menschen uns, wie die Sterne, bei ihrem Verschwinden höher erscheinen, als sie wirklich stehen; aber dieser ist in dem ganzen Zeitraume unsrer vertrauten Bekanntschaft nie von der Stufe herabgestiegen, auf welcher ich ihn Dir jetzt zeigen werde. Ich habe ihn anhaltend beobachtet und in den verschiedensten Lagen geprüft und mir das Bild dieses Menschen mit meiner ganzen Seele angeeignet, als ob es eine Erscheinung wäre, die man nur einmal, und nicht wieder sieht.

Ja wenn Du unter den Mädchen wärest, was dieser unter den Männern – – Zwar dann müßte ich freilich auch erschrecken. Denn müßte ich dann nicht auch sein, wie er, um von Dir geliebt zu werden?

Ich sage Dir nichts von seiner Gestalt, die nicht schön war, aber sehr edel. Er ist groß, nicht sehr stark, hat ein gelbbräunliches Haar, ein blaues Auge, viel Ruhe und Sanftmut im Gesicht, und ebenso im Betragen.

Ebensowenig kann ich Dir von seiner Geschichte sagen. Er hatte eine sehr gebildete und zärtlich liebende Mutter, seine Erziehung war ein wenig poetisch, und ganz dahin abzweckend, sein Herz weich und für alle Eindrücke des Schönen und Guten schnell empfänglich zu machen. Er studierte in Göttingen, lernte in Frankfurt am Main die Liebe kennen, die ihn nicht glücklich machte, ging dann in dänische Militärdienste, wo es sein freier Geist nicht lange aushielt, nahm dann den Abschied, konnte sich nicht wieder entschließen, ein Amt zu nehmen, ging, um doch etwas Gutes zu stiften, mit einem jungen Manne zum zweitenmale auf die Universität, der sich dort unter seiner Anleitung bildete, dessen Eltern interessierten sich für ihn am mecklenburgschen Hofe, der ihm nun jetzt ein Amt anträgt, das er freilich annehmen muß, weil es sein Schicksal so will.

Auch von seinen Tugenden kann ich Dir nur weniges im allgemeinen sagen, weil sonst dieser Bogen nicht hinreichen würde. Er war durchaus immer edel, nicht bloß der äußern Handlung nach, auch dem innersten Bewegungsgrunde nach. Ein tiefes Gefühl für Recht war immer in ihm herrschend, und wenn er es geltend machte, so zeigte er sich zu gleicher Zeit immer so stark und doch so sanft. Sanftheit war überhaupt die Basis seines ganzen Wesens. Dabei war er von einer ganz reinen, ganz unbefleckten Sittlichkeit und ein Mädchen könnte nicht reiner, nicht unbefleckter sein, als er. Frei war seine Seele und ohne Vorurteil, voll Güte und Menschenliebe, und nie stand ein Mensch so unscheinbar unter den andern, über die er doch so unendlich erhaben war. Ein einziger Zug konnte ihn schnell für einen Menschen gewinnen; denn so wie es sein Bedürfnis war, Liebe zu finden, so war es auch sein Bedürfnis, Liebe zu geben. Nur zuweilen gegen Gelehrte war er hart, nicht seine Handlung, sondern sein Wort, indem er sie meistens Vielwisser nannte. Sein Grundsatz war: Handeln ist besser als Wissen. Daher sprach er selbst zuweilen verächtlich von der Wissenschaft, und nach seiner Rede zu urteilen so schien es, als wäre er immer vor allem geflohen, was ihr ähnlich sieht – – aber er meinte eigentlich bloß die Vielwisserei, und wenn er, statt dieser, wegwerfend von den Wissenschaften sprach, so bemerkte ich mitten in seiner Rede, daß er in keiner einzigen ganz fremd und in sehr vielen ganz zu Hause war. Von den meisten hatte er die Hauptzüge aufgefaßt und von den andern wenigstens doch diejenigen Züge, die in sein Ganzes paßten – denn dahin, nämlich alles in sich immer in Einheit zu bringen und zu erhalten, dahin ging sein unaufhörliches Bestreben. Daher stand sein Geist auf einer hohen Stufe von Bildung, obgleich nur eigentlich, wie er sagte, die Ausbildung seines Herzens sein Geschäft war. Denn zwischen diesen beiden Parteien in dem menschlichen Wesen, machte er einen scharfen, schneidenden Unterschied. Immer nannte er den Verstand kalt, und nur das Herz wirkend und schaffend. Daher hatte er ein unüberwindliches Mißtrauen gegen jenen, und hingegen ein ebenso unerschütterliches Vertrauen zu diesem gefaßt. Immer seiner ersten Regung gab er sich ganz hin, das nannte er seinen Gefühlsblick, und ich selbst habe nie gefunden, daß dieser ihn getäuscht habe. Er sprach immer wegwerfend von dem Verstande, obgleich er in einer solchen Rede selbst zeigte, daß er mehr habe, als andere, die damit prahlen. Übrigens war das Sprechen über seinen innern Zustand eben nicht, wie es scheinen möchte, sein Bedürfnis, selten teilte er sich einzelnen mit, vielen nie. In Gesellschaften war er meist still und leidend, wie überhaupt in dem ganzen Leben, und dennoch war er in Gesellschaft immer gern gesehen. Ja ich habe nie einen Menschen gesehen, der so viel Liebe fand bei allen Wesen – und oft habe ich mich sinnend in Gedanken vertieft, wenn ich sah, daß sogar Deines Bruders Spitz, der gegen seinen Herrn und gegen mich nie recht zärtlich war, dagegen unbeschreiblich freudig um dieses Menschen Knie sprang, sobald er in die Stube trat. Aber er war von einem ganz liebenden, kindlichen Wesen, ein natürlicher Freund aller Geschöpfe – liebe Wilhelmine, es ist keine Sprache vorhanden, um das Bild dieses Menschen recht treu zu malen –

Ich will daher von seinem Wesen nur noch das ganz Charakteristische herausheben – das war seine *Uneigennützigkeit*. – Liebe Wilhelmine! Bist Du wohl schon recht aufmerksam gewesen auf Dich und auf andere? Weißt Du wohl, was es heißt, *ganz uneigennützig* sein? Und weißt Du auch wohl, was es heißt, es *immer*, und aus der *innersten* Seele und mit *Freudigkeit* es zu sein? – Ach, es ist schwer – Wenn Du das nicht recht innig fühlst, so widme einmal einen einzigen Tag dem Geschäft, es an Dir und an andern zu untersuchen. Sei einmal recht aufmerksam auf Dich und auf die Dich umgebenden Menschen, – Du wirst Dich und sie oft, o sehr oft, wenn auch nur in Kleinigkeiten, in Lagen sehen, wo das eigne Interesse mit fremdem streitet – dann prüfe einmal das Betragen, aber besonders den Grund, und oft wirst Du vor andern oder vor Dir selbst erröten müssen – Vielleicht hat die Natur Dir jene Klarheit, zu Deinem Glücke versagt, jene traurige Klarheit, die mir zu jeder Miene den Gedanken, zu jedem Worte den Sinn, zu jeder Handlung den Grund nennt. Sie zeigt mir alles, was mich umgibt, und mich selbst, in seiner ganzen armseligen Blöße, und der farbige Nebel verschwindet, und alle die gefällig geworfnen Schleier sinken und dem Herzen ekelt zuletzt vor dieser Nacktheit – O glücklich bist Du, wenn Du das nicht verstehst. Aber glaube mir, es ist *sehr schwer immer ganz uneigennützig* zu sein.

Und diese *schwerste* von allen Tugenden, o nie hat ihr Heiligenschein diesen Menschen verlassen, so lange ich ihn kannte auch nicht auf einen Augenblick. Immer von seiner liebenden Seele geführt, wählte er in jedem streitenden Falle *nie sein eignes*, *immer das fremde* Interesse; und das tat er nicht nur in wichtigen Lagen, nicht nur in solchen Lagen, wo die Augen der Menschen auf ihn gerichtet waren (denn da zeigt sich freilich mancher durch eine Anstrengung uneigennützig, der es ohne diese Anstrengung nicht wäre), – auch in den unscheinbarsten, unbemerktesten Fällen (und das ist bei weitem mehr) zeigte sich seine Seele immer von derselben unbefleckten Uneigennützigkeit, selbst in solchen

Augenblicken, wo wir im gemeinen Leben gern einen kleinen Eigennutz verzeihen, und das immer ganz im Stillen, ganz anspruchlos, ohne die mindeste Rechnung auf Dank, ja selbst dann, wenn es ohne meine, durch das Entzücken über diese nie erblickte Erscheinung, immer rege Aufmerksamkeit, gar nicht empfunden und verstanden worden wäre.

Ich kann Dir zu dem allen Beispiele geben. – Als ich ihm in Pasewalk meine Lage eröffnete, besann er sich nicht einen Augenblick, mir nach Wien zu folgen Er sollte schon damals ein Amt nehmen, er hing innig an seiner Schwester und sie noch inniger an ihm. Ja es ist eine traurige Gewißheit, daß diese plötzliche, geheimnisvolle Abreise ihres Bruders, und das Gefühl, nun von ihrem einzigen Freunde verlassen zu sein, einzig und allein das arme Weib bewogen hat, einen Gatten sich zu wählen, mit dem sie jetzt doch nicht recht glücklich ist – So teuer, Wilhelmine, ward unser Glück erkauft. Werden wir nicht auch etwas tun müssen, es zu verdienen?

Doch ich kehre zurück. Er – ich brauche ihn doch nicht mehr zu nennen? er vergaß sein ganzes eignes Interesse, und folgte mir. Um mir den Verdacht zu ersparen, als sei *ich* der eigentliche Zweck der Reise, und als hätte *ich* ihn nur bewegt mir zu folgen, welches meiner Absicht schaden konnte, gab er bei seiner Familie der ganzen Reise den Anstrich, als geschehe sie nur um seinetwillen. Er selbst hat nur ein kleines Kapital, von mir wollte er sich die Kosten der Reise nicht vergüten lassen, er opferte 600 Rth. von seinem eignen Vermögen, mir zu folgen, und *uns beide* glücklich zu machen – Du liebst ihn doch auch?

Aber das ist doch noch nicht *die* Uneigennützigkeit, die ich meine. Es ist wahr, daß ich ihr die ganze glückliche Wendung meines Schicksals verdanke, aber doch ist das nicht die Uneigennützigkeit, die mich entzückt. Das alles, fühle ich, würde ich für ihn auch getan haben – – aber er hat noch weit mehr getan, o weit mehr! Es ist ganz unscheinbar, und Du wirst vielleicht darüber lächeln, wenn Du es nicht verstehst – aber mich hat es entzückt. Höre.

Wenn wir beide in den Postwagen stiegen, so nahm er sich immer den Platz, der am wenigsten bequem war. – Von dem Stroh, das zuweilen in den Fußboden lag, nahm er sich nie etwas, wenn es nicht hinreichte, die Füße beider zu erwärmen. – Wenn ich in der Nacht zuweilen schlafend an seine Brust sank, so hielt er mich, ohne selbst zu schlafen – Wenn wir in ein Nachtquartier kamen, so wählte er für sich immer das schlechteste Bett. – Wenn wir zusammen Früchte aßen, blieben immer die schönsten, saftvollsten für mich übrig. – Wenn man uns in Würzburg Bücher aus der Lesegesellschaft brachte, so las er nie in dem zuerst, das mir das liebste war – Als man uns zum erstenmale die französischen und deutschen Zeitungen brachte, hatte ich, ohne Absicht, zuerst die französischen ergriffen. So oft die Zeitungen nun wieder kamen gab er mir immer die französischen. Ich merkte das, und nahm mir einmal die deutschen. Seitdem gab er mir immer die deutschen. – Um die Zeit, in welcher mein Arzt mich besuchte, ging er immer spazieren. Ich hatte ihm nie etwas gesagt, aber es mochte schlechtes oder gutes Wetter sein, er verließ das Zimmer und ging spazieren. – Nie kam er in meine Kammer, auch darum hatte ich ihn nicht gebeten, aber er erriet es, und nie ließ er sich darin sehen. – Ich brannte während der Nacht Licht in meiner Kammer, und der Schein fiel durch die geöffnete Tür grade auf sein Bett. Nachher habe ich gelegentlich erfahren, daß er viele Nächte deswegen gar nicht geschlafen habe; aber nie hat er es mir gesagt. O noch einen Zug werde ich Dir einst erzählen, aber jetzt nicht – noch ein Opfer, das ihn nötigte *jede* Nacht mit dem bloßen übergeworfnen Mantel über den kalten Flur zu gehen, und von dem ich auch nicht das mindeste erfuhr, bis spät nachher –

Aber Du lächelst wohl über diese *Kleinigkeiten.* –? O Wilhelmine, wie schlecht verstehst Du Dich dann auf die Menschen! Große Opfer sind Kleinigkeiten, die kleinen sind es, die schwer sind; und es war leichter, mir nach Wien zu folgen, leichter mir 600 Rth. zu opfern, als mit nie ermüdendem Wohlwollen und mit immer stiller und anspruchsloser Beeiferung meinen Vorteil mit dem seinigen zu erkaufen und in der unendlichen Mannigfaltigkeit von Lagen sich nie, auch nicht auf einen Augenblick, anders zu zeigen, als *ganz uneigennützig.*

Du glaubst doch wohl nicht von mir, daß ich nur darum dieser Uneigennützigkeit so lebhaft das Wort rede, weil sie grade *meinem* Vorteil schmeichelte –? O pfui. Ich gebe Dir darauf kein Wort zur Antwort.

O wenn Du ahnden könntest, warum ich grade Dir das alles schrieb! – Denke einmal an alle die Abscheulichkeiten, zu welchen der Eigennutz die Menschen treibt – denke Dir einmal die glückliche Welt, wenn jeder seinen eignen Vorteil, gegen den Vorteil des andern vergäße – denke Dir wenigstens die glückliche Ehe, in welcher diese innige, herzliche Uneigennützigkeit *immer* herrschend wäre – O Du ahndest gewiß die Absicht dieser Zeilen, die Du darum auch gewiß recht oft durchlesen wirst – nicht, als ob ich Dich für eigennützig hielte, o behüte, so wenig als mich selbst. Aber in mir selbst finde ich doch nicht ein so reines, so hohes Wohlwollen für den andern, keine solche innige, unausgesetzte Beeiferung für seinen Vorteil, keine so gänzliche Vergessenheit meines eignen – und das ist jetzt das hohe Bild, das ich mit meiner ganzen Seele mir anzueignen strebe. O möchte es auch das Deinige werden – ja, Wilhelmine, sagte ich nicht, daß unser Glück teuer erkauft ward? Jetzt können wir es verdienen. Laß uns dem Beispiel jenes vortrefflichsten der Menschen folgen – mein heiligster Wille ist es. *Immer* und in *allen* Fällen will ich meines eignen Vorteils ganz vergessen, wie er, und nicht bloß gegen Dich, auch gegen andere und wären es auch ganz Fremde *ganz uneigennützig* sein, wie er. O mache diesen herrlichen Vorsatz auch zu dem Deinen. Verachte nun immer Deinen eignen Vorteil, er sei groß oder klein, gegen jeden anderen, gegen Deine Schwestern, gegen Freunde, gegen Bekannte, gegen Diener, gegen Fremde, gegen alle. Was ist der Genuß eines Vorteils gegen die Entzückung eines freiwilligen Opfers! Auch in dem geringfügigsten Falle erfülle diese schöne Pflicht, ja geize sogar begierig auf Gelegenheit, wo Du sie erfüllen kannst. Rechne aber dabei niemals auf Dank, niemals, wie er. Auch wenn Dein stilles bescheidnes Opfer gar nicht verstanden würde, ja selbst dann wenn Du vorher wüßtest, daß es von keinem verstanden werden würde, so bringe es dennoch – Du selbst verstehst es, und Dein Selbstgefühl möge Dich belohnen. Verlange aber nie ein Gleiches von dem andern, o niemals. Denn wahre Uneigennützigkeit zeigt sich in dem Talent, sich durch den Eigennutz andrer nie gekränkt zu fühlen, ebenso gut, ja selbst noch besser, als in dem Talent ihm immer zuvor zu kommen. Daher klage den andern nie um dieser Untugend an. Wenn er Dein *freiwilliges* Opfer nicht versteht, so schweige und zürne nicht, und wenn er ein Opfer von Dir *verlangt*, vorausgesetzt daß es nur möglich ist, so tue es, und er mag es Dir danken, oder nicht, schweige wieder und zürne nicht. – O Wilhelmine! Gibt es etwas, das Dich mit so hohen Erwartungen in Deine *neue Epoche* einführen kann, als diese herrlichen Vorsätze? Ich freue mich darauf, daß ich Dich nicht wiederkennen werde, wenn ich Dich wiedersehe. Auch Du sollst besser mit mir zufrieden sein. Adieu. Dein *Geliebter* H. K.

*36. An Ulrike von Kleist*

Berlin, den 5. Februar 1801

Mein liebes teures Ulrikchen, ich hatte, als ich Schönfeld im Schauspielhause sah, in dem ersten Augenblicke eine unbeschreiblich frohe Hoffnung, daß auch Du in der Nähe sein würdest – und noch jetzt weiß ich nicht recht, warum Du diese gute Gelegenheit, nach Berlin zu kommen, so ungenutzt gelassen hast. Recht herzlich würde ich mich darüber gefreut haben, und ob ich gleich weiß, daß Du daran nicht zweifelst, so schreibe ich es doch auf, weil ich mich noch weit mehr darüber gefreut haben würde, als Du glaubst. Denn hier in der ganzen volkreichen Königsstadt ist auch nicht *ein* Mensch, der mir etwas Ähnliches von dem sein könnte, was Du mir bist. Nie denke ich anders an Dich, als mit Stolz und Freude, denn Du bist die einzige, oder überhaupt der einzige Mensch, von dem ich sagen kann, daß er mich ganz ohne ein eignes Interesse, ganz ohne eigne Absichten, kurz, daß er nur *mich selbst* liebt. Recht schmerzhaft ist es mir, daß ich nicht ein Gleiches von mir sagen kann, obgleich Du es gewiß weit mehr verdienst, als ich; denn Du hast zu viel für mich getan, als daß meine Freundschaft, in welche sich schon die Dankbarkeit mischt, ganz rein sein könnte. Jetzt wieder bietest Du mir durch Schönfeld Deine Hülfe an, und mein unseliges Verhältnis will, daß ich nie geben kann und immer annehmen muß. Kann Wackerbarth mir 200 Rth. geben, so denke ich damit und mit meiner Zulage den äußerst teuren Aufenthalt in Berlin (der mir eigentlich durch die vielen Besuche aus Potsdam teuer wird) bestreiten zu können. Besorge dies, und fürchte nicht, daß ich, wenn ich dankbarer sein muß, Dich weniger aus dem Innersten meiner Seele lieben und ehren werde. –

Ich habe lange mit mir selbst gekämpft, ob ich Schönfelds Vorschlag, ihm nach Werben zu folgen, annehmen sollte, oder nicht. Allein ich mußte mich für das letztere bestimmen, aus Gründen, die ich Dir kürzlich wohl angeben kann. Ich wünsche nämlich von ganzem Herzen diesen für mich traurigen Ort so bald als möglich wieder zu verlassen. So bald ich nach meinem Plan das Studium einiger Wissenschaften hier vollendet habe, so kehre ich ihm den Rücken. Daher wollte ich diesen ersehnten Zeitpunkt nicht gern durch eine Reise weiter herausschieben, als er schon liegt, und daher versagte ich mir das Vergnügen Dich zu sehn – Ach, wie gern hätte ich Dich gesehen in dem stillen Werben, wie vieles hätte ich Dir mitteilen, wie manches von Dir lernen können – Ach, Du weißt nicht, wie es in meinem Innersten aussieht. Aber es interessiert Dich doch? – O gewiß! Und gern möchte ich Dir alles mitteilen, wenn es möglich wäre. Aber es ist nicht möglich, und wenn es auch kein weiteres Hindernis gäbe, als dieses, daß es uns an einem Mittel zur Mitteilung fehlt. Selbst das einzige, das wir besitzen, die Sprache taugt nicht dazu, sie kann die Seele nicht malen, und was sie uns gibt sind nur zerrissene Bruchstücke. Daher habe ich jedesmal eine Empfindung, wie ein Grauen, wenn ich jemandem mein Innerstes aufdecken soll; nicht eben weil es sich vor der Blöße scheut, aber weil ich ihm nicht *alles* zeigen kann, nicht *kann*, und daher fürchten muß, aus den Bruchstücken falsch verstanden zu werden. Indessen: auf diese Gefahr will ich es bei Dir wagen und Dir so gut ich kann, in zerrissenen Gedanken mitteilen, was Interesse für Dich haben könnte.

Noch immer habe ich mich nicht für ein Amt entscheiden können und Du kennst die Gründe. Es gibt Gründe für das Gegenteil, und auch diese brauche ich Dir nicht zu sagen. Gern will ich immer tun, was recht ist, aber was soll man tun, wenn man dies nicht weiß? Dieser innere Zustand der Ungewißheit war mir unerträglich, und ich griff um mich zu entscheiden zu jenem Mittel, durch welches jener Römer in dem Zelte Porsennas diesen König, als er über die Friedensbedingungen zauderte, zur Entscheidung zwang. Er zog nämlich mit Kreide einen Kreis um sich und den König und erklärte, keiner von ihnen würde den Kreis überschreiten, ehe der Krieg oder der Friede entschieden wäre.

Fast ebenso machte ich es auch. Ich beschloß, nicht aus dem Zimmer zu gehen, bis ich über einen Lebensplan entschieden wäre; aber 8 Tage vergingen, und ich mußte doch am Ende das Zimmer unentschlossen wieder verlassen. – Ach Du weißt nicht, Ulrike, wie mein Innerstes oft erschüttert ist – – Du verstehst dies doch nicht falsch? Ach, es gibt kein Mittel, sich andern *ganz* verständlich zu machen, und der Mensch hat von Natur keinen andren Vertrauten, als sich selbst..

Indessen sehe ich doch immer von Tage zu Tage mehr ein, daß ich ganz unfähig bin, ein Amt zu führen. Ich habe mich durchaus daran gewöhnt, eignen Zwecken zu folgen, und dagegen von der Befolgung fremder Zwecke ganz und gar entwöhnt. Letzthin hatte ich eine äußerst widerliche Empfindung. Ich war nämlich in einer Session, denen ich immer noch beiwohne, weil ich nicht recht weiß, wie ich mich davon losmachen soll, ohne zu beleidigen. Da wird unter andern Berichten, auch immer im kurzen Nachricht erteilt von dem Inhalt gewisser Journale über Chemie, Mechanik etc. Eines der Mitglieder schlug einen großen Folianten auf, der der 5. Teil eines neu herausgekommenen französischen Werkes über Mechanik war. Er sagte in allgemeinen Ausdrücken, er habe das Buch freilich nur flüchtig durchblättern können, allein es scheine ihm, als ob es wohl allerdings manches enthalten könne, was die Deputation und ihren Zweck interessiert. Darauf fragte ihn der Präsident, ob er glaubte, daß es nützlich wäre, wenn es von einem Mitgliede ganz durchstudiert würde; und als er dies bejahend beantwortete, so wandte sich der Präsident schnell zu mir und sagte: nun Herr v. K. das ist etwas für Sie, nehmen Sie dies Buch zu sich, lesen Sie es durch und statten Sie der Deputation darüber Bericht ab. – Was in diesem Augenblicke alles in meiner Seele vorging kann ich Dir wieder nicht beschreiben. Ein solches Buch kostet wenigstens 1 Jahr Studium, ist neu, folglich sein Wert noch gar nicht entschieden, würde meinen ganzen Studienplan stören etc. etc. Ich hatte aber zum erstenmal in 2 Jahren wieder einen Obern vor mir und wußte in der Verlegenheit nichts zu tun, als mit dem Kopfe zu nicken. Das ärgerte mich aber nachher doppelt, ich erinnerte mich mit Freuden, daß ich noch frei war, und beschloß das Buch ungelesen zu lassen, es folge daraus, was da wolle. – Ich muß fürchten, daß auch dieses mißverstanden wird, weil ich wieder nicht alles sagen konnte.

In Gesellschaften komme ich selten. Die jüdischen würden mir die liebsten sein, wenn sie nicht so pretiös mit ihrer Bildung täten. An dem Juden Cohen habe ich eine interessante Bekanntschaft gemacht, nicht sowohl seinetwillen, als wegen seines prächtigen Kabinetts von physikalischen Instrumenten, das er mir zu benutzen erlaubt hat. Zuweilen bin ich bei Clausius, wo die Gäste meistens interessanter sind, als die Wirte. Einmal habe ich getanzt und war vergnügt, weil ich zerstreut war. *Huth* ist hier und hat mich in die gelehrte Welt eingeführt, worin ich mich aber so wenig wohl befinde, als in der ungelehrten. Diese Menschen sitzen sämtlich wie die Raupe auf einem Blatte, jeder glaubt seines sei das beste, und um den Baum bekümmern sie sich nicht.

Ach, liebe Ulrike, ich passe mich nicht unter die Menschen, es ist eine traurige Wahrheit, aber eine Wahrheit; und wenn ich den Grund ohne Umschweif angeben soll, so ist es dieser: sie gefallen mir nicht. Ich weiß wohl, daß es bei dem Menschen, wie bei dem Spiegel, eigentlich auf die eigne Beschaffenheit beider ankommt, wie die äußern Gegenstände darauf einwirken sollen; und mancher würde aufhören über die Verderbtheit der Sitten zu schelten, wenn ihm der Gedanke einfiele, ob nicht vielleicht bloß der Spiegel, in welchen das Bild der Welt fällt, schief und schmutzig ist. Indessen wenn ich mich in Gesellschaften nicht wohl befinde, so geschieht dies weniger, weil andere, als vielmehr weil ich mich selbst nicht zeige, wie ich es wünsche. Die Notwendigkeit, eine Rolle zu spielen, und ein innerer Widerwillen dagegen machen mir jede Gesellschaft lästig, und froh kann ich nur in meiner eignen Gesellschaft sein, weil ich da ganz wahr sein darf. Das darf man unter Menschen nicht sein, und keiner ist es – Ach, es gibt eine traurige Klarheit, mit welcher die Natur viele Menschen, die an dem Dinge nur die Oberfläche sehen, zu ihrem Glücke verschont hat. Sie nennt mir zu jeder Miene den Gedanken, zu jedem Worte den Sinn, zu jeder Handlung den Grund – sie zeigt mir alles, was mich umgibt, und mich selbst in seiner ganzen armseligen Blöße, und dem Herzen ekelt zuletzt vor dieser Nacktheit – – Dazu kommt bei mir eine unerklärliche Verlegenheit, die unüberwindlich ist, weil sie wahrscheinlich eine ganz physische Ursache hat. Mit der größten Mühe nur kann ich sie so verstecken, daß sie nicht auffällt - o wie schmerzhaft ist es, in dem Äußern ganz stark und frei zu sein, indessen man im Innern ganz schwach ist, wie ein Kind, ganz gelähmt, als wären uns alle Glieder gebunden, wenn man sich nie zeigen kann, wie man wohl möchte, nie frei handeln kann, und selbst das Große versäumen muß, weil man vorausempfindet, daß man nicht standhalten wird, indem man von jedem äußern Eindrucke abhangt und das albernste Mädchen oder der elendeste Schuft von Elegant uns durch die matteste Persiflage vernichten kann. – Das alles verstehst Du vielleicht nicht, liebe Ulrike, es ist wieder kein Gegenstand für die Mitteilung, und der andere müßte das alles aus sich selbst kennen, um es zu verstehen.

Selbst die Säule, an welcher ich mich sonst in dem Strudel des Lebens hielt, wankt – – Ich meine, die Liebe zu den Wissenschaften. – Aber wie werde ich mich hier wieder verständlich machen? – Liebe Ulrike, es ist ein bekannter Gemeinplatz, daß das Leben ein schweres Spiel sei; und warum ist es schwer? Weil man beständig und immer von neuem eine Karte ziehen soll und doch nicht weiß, was Trumpf ist; ich meine darum, weil man beständig und immer von neuem handeln soll und doch nicht weiß, was recht ist. *Wissen* kann unmöglich das Höchste sein – handeln ist besser als wissen. Aber ein Talent bildet sich im Stillen, doch ein Charakter nur in dem Strome der Welt. Zwei ganz verschiedne Ziele sind es, zu denen zwei ganz verschiedne Wege führen. Kann man sie beide nicht vereinigen, welches soll man wählen? Das höchste, oder das, wozu uns unsre Natur treibt? – Aber auch selbst dann, wenn bloß Wahrheit mein Ziel wäre, – ach, es ist so traurig, weiter nichts, als gelehrt zu sein. Alle Männer, die mich kennen, raten mir, mir irgend einen Gegenstand aus dem Reiche des Wissens auszuwählen und diesen zu bearbeiten – Ja freilich, das ist der Weg zum Ruhme, aber ist dieser mein Ziel? Mir ist es unmöglich, mich wie ein Maulwurf in ein Loch zu graben und alles andere zu vergessen. Mir ist keine Wissenschaft lieber als die andere, und wenn ich eine vorziehe, so ist es nur wie einem Vater immer derjenige von seinen Söhnen der liebste ist, den er eben bei sich sieht. – Aber soll ich immer von einer

Wissenschaft zur andern gehen, und immer nur auf ihrer Oberfläche schwimmen und bei keiner in die Tiefe gehen? Das ist die Säule, welche schwankt.

Ich habe freilich einen Vorrat von Gedanken zur Antwort auf alle diese Zweifel. Indessen reif ist noch keiner. – – Goethe sagt, wo eine Entscheidung soll geschehen, da muß vieles zusammentreffen. – Aber ist es nicht eine Unart nie den Augenblick der Gegenwart ergreifen zu können, sondern immer in der Zukunft zu leben? – Und doch, wer wendet sein Herz nicht gern der Zukunft zu, wie die Blumen ihre Kelche der Sonne? – Lerne Du nur fleißig aus dem Gaspari, und vergiß nicht die Laute. Wer weiß ob wir es nicht früh oder spät brauchen. Gute Nacht, es ist spät. Grüße Deine liebe Wirtin und alle Bekannte. H. K.

N. S. Soeben erfahre ich, daß Minette und Gustel mit der Moltken und Emilien nach Berlin kommen. Heute werden sie ankommen und bei der Schlichting wohnen.

*37. An Wilhelmine von Zenge*

[An das Stiftsfräulein Wilhelmine v. Zenge Hochwürden und Hochwohlgeboren zu Frankfurt a. O.]

Berlin, den 22. März 1801

Liebe Herzens-Wilhelmine, diese Stunde ist seit unsrer Trennung eine von den wenigen, die ich vergnügt nennen kann, ja vielleicht die erste – Nach vielen unruhigen Tagen kam ich heute von einer Fußreise aus Potsdam zurück. Als ich zu Carln in das Zimmer trat, fragte ich nach Briefen von Dir, und als er mir den Deinigen gab, brach ich ihn nicht ganz ohne Besorgnis auf, indem ich fürchtete, er möchte voll Klagen und Scheltwörter über mein langes Stillschweigen sein. Aber Du hast mir einen Brief geschrieben, den ich in aller Hinsicht fast den *liebsten* nennen möchte – Es war mir fast als müßte ich stolz darauf sein; *denn*, sagte ich zu mir selbst, wenn W.s Gefühl sich so verfeinert, ihr Verstand sich so berichtigt, ihre Sprache sich so veredelt hat, wer ist daran – – wem hat sie es zu – – – Kurz, ich konnte mir den Genuß nicht verweigern, den Brief, sobald ich ihn gelesen hatte, Carln zu überreichen, welches ich noch nie getan habe – Ich küsse die Hand die ihn schrieb, und das Herz, das ihn diktierte. Fahre so fort nach dem Preise zu ringen, mein Bestreben soll es sein, ihn so beneidenswürdig zu machen, als möglich. Du sollst einst einen Mann an Deine Brust drücken, den *edle* Menschen *ehren*, und wenn jemals in Deinem Herzen sich eine Sehnsucht nach etwas regt, was ich Dir nicht leiste, so ist mein Ziel verfehlt, so wie das Deinige, wenn Du nicht immer dieses Bestreben wach in mir erhältst. Ja, Wilhelmine, meine Liebe ist ganz in Deiner Gewalt. Schmerzhaft würde es mir sein, wenn ich Dir jemals aus bloßer Pflicht treu sein müßte. Gern möchte ich meine Treue immer nur der Neigung verdanken. Ich bin nicht flatterhaft, nicht leichtsinnig, nicht jede Schürze reizt mich, und ich verachte den Reichtum; wenn ich doch jemals mein Herz Dir entzöge, Dir selbst, nicht mir, würdest Du die Schuld zuzuschreiben haben. Denn so wie meine Liebe Dein Werk, nicht das meinige war, so ist auch die Erhaltung derselben nur Dein Werk, nicht das meinige. Meine Sorge ist nichts als Deine Gegenliebe, für meine eigne Neigung zu Dir kann ich nichts tun, gar nichts, Du aber *alles*. Dich zu lieben wenn ich Dich nicht liebenswürdig fände, das wäre mir das Unmögliche. Die Hand könnte ich Dir geben, und so mein Wort erfüllen, aber das Herz nicht – denn Du weißt, daß es das seltsame Eigentum ist, welches man sich nur rauben lassen darf, wenn es Zinsen tragen soll. Also sorge nie, daß ich gleichgültig gegen Dich werden möchte, sorge nur, daß *Du* mich nicht gleichgültig gegen Dich *machst*. Sei ruhig, so lange Du in Deinem Innersten fühlst, daß Du meiner Liebe wert bist, und wenn Du an jedem Abend nach einem heiter verflossenen Tage in Deinem Tagebuche die Summe Deiner Handlungen ziehst, und nach dem Abzuge ein Rest bleibt für die guten, und ein stilles, süßes, mächtig-schwellendes Gefühl Dir sagt, daß Du eine Stufe höher getreten bist als gestern, so – – so lege Dich ruhig auf Dein Lager, und denke mit Zuversicht an mich, der vielleicht in demselben Augenblicke mit derselben Zuversicht an Dich denkt, und *hoffe* – nicht zu heiß, aber auch nicht zu kalt – auf bessere Augenblicke, als die schönsten in der Vergangenheit – – auf bessere noch? – Ich sehe das Bild, und die Nadeln, und Vossens »Luise« und die Gartenlaube und die mondhellen Nächte, – und doch – – Still! – »Wer rief?« – Mir wars, als drücktest Du mir den Mund mit Küssen zu.

Ich wollte nun auf Deinen Brief, Punkt vor Punkt, antworten, und las ihn darum zum zweitenmale durch (immer noch mit derselben Freude) – Aber du hast diesmals in jede Zeile ein besonderes Interesse gelegt, und jede verdiente einen eignen Bogen zur Antwort. Ich kann aber nur *einen* Gedanken herausheben, den, der mir der liebste ist. Über die andern muß ich kurz weg eilen.

Fahre fort, dem schönen Beispiel zu folgen, das Dir die Blume an Deinem Fenster gibt. So oft Du auf ein Diner, oder Souper oder Ball gehest, kehre sie um, und wenn sie bei Deiner Rückkehr doch wieder den Kelch der Sonne entgegenneigt, so laß Dich nicht von ihr beschämen, und tue ein Gleiches.

Ich wünsche Dir aus meinem Herzen Glück zu Deinem *weiblichen Brokes*. Nicht leicht würde ich in diese Vergleichung einstimmen, aber diese muß ich doch billigen. Mir selbst hat das Mädchen sehr gefallen. Du hast mir ein paar unbeschreiblich rührende Züge von ihr aufgezeichnet, und wenn gleich das Wesen, dem sie *eigen* sind, sehr viel wert ist, so ist doch auch das Wesen, das sie *verstand*, etwas wert. Denn immer ist es ein Zeichen der eignen Vortrefflichkeit, wenn die Seele auch aus den unscheinbarsten Zügen andrer das Schöne herauszufinden weiß.

Es hätte sich nicht leicht ein Umstand ereignen können, der imstande wäre, Dich so schnell auf eine höhere Stufe zu führen, als Deine Neigung für Rousseau. Ich finde in Deinem ganzen Briefe schon etwas von seinem Geiste – das zweite Geschenk, das ich Dir, von heute an gerechnet, machen werde, wird das Geschenk von Rousseaus sämtlichen Werken sein. Ich werde Dir dann auch die Ordnung seiner Lesung bezeichnen – für jetzt laß Dich nicht stören, den »Emil« ganz zu beendigen. –

Ich komme jetzt zu dem Gedanken aus Deinem Briefe, der mir in meiner Stimmung der teuerste sein mußte, und der meiner verwundeten Seele fast so wohl tat, wie Balsam einer körperlichen Wunde.

Du schreibst: »Wie sieht es aus in Deinem Innern? Du würdest mir viele Freude machen, wenn Du mir etwas mehr davon mitteiltest, als bisher; glaube mir, ich kann leicht fassen, was Du mir sagst, und ich möchte gern Deine Hauptgedanken mit Dir teilen.«

Liebe Wilhelmine, ich erkenne an diesen fünf Zeilen mehr als an irgend etwas, daß Du wahrhaft meine Freundin bist. Nur unsre äußern Schicksale interessieren die Menschen, die innern nur den Freund. Unsere äußere Lage kann ganz ruhig sein, indessen unser Innerstes ganz bewegt ist – Ach, ich kann Dir nicht beschreiben, wie wohl es mir tut, einmal jemandem, der mich versteht, mein Innerstes zu öffnen. Eine ängstliche Bangigkeit ergreift mich immer, wenn ich unter Menschen bin, die alle von dem Grundsatze ausgehen, daß man ein Narr sei, wenn man ohne Vermögen jedes Amt ausschlägt. Du wirst nicht so hart über mich urteilen, – nicht wahr?

Ja, allerdings dreht sich mein Wesen jetzt um einen Hauptgedanken, der mein Innerstes ergriffen hat, er hat eine tiefe erschütternde Wirkung auf mich hervorgebracht – Ich weiß nur nicht, wie ich das, was seit 3 Wochen durch meine Seele flog, auf diesem Blatte zusammenpressen soll. Aber Du sagst ja, Du kannst mich fassen – also darf ich mich schon etwas kürzer fassen. Ich werde Dir den Ursprung und den ganzen Umfang dieses Gedankens, nebst allen seinen Folgerungen einst, wenn Du es wünschest, weitläufiger mitteilen. Also jetzt nur so viel.

Ich hatte schon als Knabe (mich dünkt am Rhein durch eine Schrift von Wieland) mir den Gedanken angeeignet, daß die Vervollkommnung der Zweck der Schöpfung wäre. Ich glaubte, daß wir einst nach dem Tode von der Stufe der Vervollkommnung, die wir auf diesem Sterne erreichten, auf einem andern weiter fortschreiten würden, und daß wir den Schatz von Wahrheiten, den wir hier sammelten, auch dort einst brauchen könnten. Aus diesen Gedanken bildete sich so nach und nach eine eigne Religion, und das Bestreben, nie auf einen Augenblick hienieden still zu stehen, und immer unaufhörlich einem höhern Grade von Bildung entgegenzuschreiten, ward bald das einzige Prinzip meiner Tätigkeit. *Bildung* schien mir das einzige Ziel, das des Bestrebens, *Wahrheit* der einzige Reichtum, der des Besitzes würdig ist. – Ich weiß nicht, liebe Wilhelmine, ob Du diese zwei Gedanken: *Wahrheit* und *Bildung*, mit einer solchen Heiligkeit denken kannst, als ich – Das freilich, würde doch nötig sein, wenn Du den Verfolg dieser Geschichte meiner Seele verstehen willst. Mir waren sie so heilig, daß ich diesen beiden Zwecken, Wahrheit zu sammeln, und Bildung mir zu erwerben, die *kostbarsten* Opfer brachte – Du kennst sie. – Doch ich muß mich kurz fassen.

Vor kurzem ward ich mit der neueren sogenannten Kantischen Philosophie bekannt – und Dir muß ich jetzt daraus einen Gedanken mitteilen, indem ich nicht fürchten darf, daß er Dich so tief, so schmerzhaft erschüttern wird, als mich. Auch kennst Du das Ganze nicht hinlänglich, um sein Interesse vollständig zu begreifen. Ich will indessen so deutlich sprechen, als möglich.

Wenn alle Menschen statt der Augen grüne Gläser hätten, so würden sie urteilen müssen, die Gegenstände, welche sie dadurch erblicken, *sind* grün – und nie würden sie entscheiden können, ob ihr Auge ihnen die Dinge zeigt, wie sie sind, oder ob es nicht etwas zu ihnen hinzutut, was nicht ihnen, sondern dem Auge gehört. So ist es mit dem Verstande. Wir können nicht entscheiden, ob das, was wir Wahrheit nennen, wahrhaft Wahrheit ist, oder ob es uns nur so scheint. Ist das letzte, so *ist* die Wahrheit, die wir hier sammeln, nach dem Tode nicht mehr – und alles Bestreben, ein Eigentum sich zu erwerben, das uns auch in das Grab folgt, ist vergeblich –

Ach, Wilhelmine, wenn die Spitze dieses Gedankens Dein Herz nicht trifft, so lächle nicht über einen andern, der sich tief in seinem heiligsten Innern davon verwundet fühlt. Mein einziges, mein höchstes Ziel ist gesunken, und ich habe nun keines mehr –

Seit diese Überzeugung, nämlich, daß hienieden keine Wahrheit zu finden ist, vor meine Seele trat, habe ich nicht wieder ein Buch angerührt. Ich bin untätig in meinem Zimmer umhergegangen, ich habe mich an das offne Fenster gesetzt, ich bin hinausgelaufen ins Freie, eine innerliche Unruhe trieb mich zuletzt in Tabagien und Kaffeehäuser, ich habe Schauspiele und Konzerte besucht, um mich zu zerstreuen, ich habe sogar, um mich zu betäuben, eine Torheit begangen, die Dir Carl lieber erzählen mag, als ich; und dennoch war der einzige Gedanke, den meine Seele in diesem äußeren Tumulte mit glühender Angst bearbeitete, immer nur dieser: dein *einziges*, dein *höchstes* Ziel ist gesunken –

An einem Morgen wollte ich mich zur Arbeit zwingen, aber ein innerlicher Ekel überwältigte meinen Willen. Ich hatte eine unbeschreibliche Sehnsucht an Deinem Halse zu weinen, oder wenigstens einen Freund an die Brust zu drücken. Ich lief, so schlecht das Wetter auch war, nach Potsdam, ganz durchnäßt kam ich dort an, drückte Leopold, Gleißenberg, Rühle ans Herz, und mir ward wohler – –

Rühle verstand mich am besten. Lies doch, sagte er mir, den »Kettenträger« (ein Roman). Es herrscht in diesem Buche eine sanfte, freundliche Philosophie, die dich gewiß aussöhnen wird, mit allem, worüber du zürnst. Es ist wahr, er selbst hatte aus diesem Buche einige Gedanken geschöpft, die ihn sichtbar ruhiger und weiser gemacht hatten. Ich faßte den Mut diesen Roman zu lesen.

Die Rede war von Dingen, die meine Seele längst schon selbst bearbeitet hatte. Was darin gesagt ward, war von mir schon längst im voraus widerlegt. Ich fing schon an unruhig zu blättern, als der Verfasser nun gar von ganz fremdartigen politischen Händeln weitläufig zu räsonieren anfing – Und das soll die Nahrung sein für meinen glühenden Durst? – Ich legte still und beklommen das Buch auf den Tisch, ich drückte mein Haupt auf das Kissen des Sofa, eine unaussprechliche Leere erfüllte mein Inneres, auch das letzte Mittel, mich zu heben, war fehlgeschlagen – Was sollst du nun tun, rief ich? Nach Berlin zurückkehren ohne Entschluß? Ach, es ist der schmerzlichste Zustand ganz ohne ein Ziel zu sein, nach dem unser Inneres, froh-beschäftigt, fortschreitet – und das war ich jetzt –

Du wirst mich doch nicht falsch verstehen, Wilhelmine? – Ich fürchte es nicht.

In dieser Angst fiel mir ein Gedanke ein.

Liebe Wilhelmine, laß mich reisen. Arbeiten kann ich nicht, das ist nicht möglich, ich weiß nicht zu welchem Zwecke. Ich müßte, wenn ich zu Hause bliebe, die Hände in den Schoß legen, und denken. So will ich lieber spazieren gehen, und denken. Die Bewegung auf der Reise wird mir zuträglicher sein, als dieses Brüten auf einem Flecke. Ist es eine Verirrung, so läßt sie sich vergüten, und schützt mich vor einer andern, die vielleicht unwiderruflich wäre. Sobald ich einen Gedanken ersonnen habe, der mich tröstet, sobald ich einen Zweck gefaßt habe, nach dem ich wieder streben kann, so kehre ich um, ich schwöre es Dir. Mein Bild schicke ich Dir, und Deines nehme ich mit mir. Willst Du es mir unter diesen Bedingungen erlauben? Antworte bald darauf Deinem treuen Freunde *Heinrich*.

N. S. Heute schreibe ich Ulriken, daß ich wahrscheinlich, wenn

Du es mir erlaubst, nach Frankreich reisen würde. Ich habe ihr versprochen, nicht das Vaterland zu verlassen, ohne es ihr vorher zu sagen. Will sie mitreisen, so muß ich es mir gefallen lassen. Ich zweifle aber, daß sie die Bedingungen annehmen wird. Denn ich kehre um, *sobald ich weiß, was ich tun soll.* Sei ruhig. Es muß etwas Gutes aus diesem innern Kampfe hervorgehn.

*38. An Ulrike von Kleist*

Berlin, den 23. März 1801

Mein liebes Ulrikchen, ich kann Dir jetzt nicht so weitläufig schreiben, warum ich mich entschlossen habe, Berlin sobald als möglich zu verlassen und ins Ausland zu reisen. Es scheint, als ob ich eines von den Opfern der Torheit werden würde, deren die Kantische Philosophie so viele auf dem Gewissen hat. Mich ekelt vor dieser Gesellschaft, und doch kann ich mich nicht losringen aus ihren Banden. Der Gedanke, daß wir hienieden von der Wahrheit nichts, gar nichts, wissen, daß das, was wir hier Wahrheit nennen, nach dem Tode ganz anders heißt, und daß folglich das Bestreben, sich ein Eigentum zu erwerben, das uns auch in das Grab folgt, ganz vergeblich und fruchtlos ist, dieser Gedanke hat mich in dem Heiligtum meiner Seele erschüttert – Mein *einziges* und *höchstes* Ziel ist gesunken, ich habe keines mehr. Seitdem ekelt mich vor den Büchern, ich lege die Hände in den Schoß, und suche ein neues Ziel, dem mein Geist, froh-beschäftigt, von neuem entgegenschreiten könnte. Aber ich finde es nicht, und eine innerliche Unruhe treibt mich umher, ich laufe auf Kaffeehäuser und Tabagien, in Konzerte und Schauspiele, ich begehe, um mich zu zerstreuen und zu betäuben, Torheiten, die ich mich schäme aufzuschreiben, und doch ist der einzige Gedanke, den in diesem äußern Tumult meine Seele unaufhörlich mit glühender Angst bearbeitet, dieser: dein einziges, und höchstes Ziel ist gesunken– – Ich habe mich zwingen wollen zur Arbeit, aber mich ekelt vor allem, was Wissen heißt. Ich kann nicht einen Schritt tun, ohne mir deutlich bewußt zu sein, wohin ich will? – Mein Wille ist zu reisen. Verloren ist die Zeit nicht, denn arbeiten könnte ich doch nicht, ich wüßte nicht, zu welchem Zwecke? Ich will mir einen Zweck suchen, wenn es einen gibt. Wenn ich zu Hause bliebe, so müßte ich die Hände in den Schoß legen und denken; so will ich lieber spazieren gehen, und denken. Ich kehre um, sobald ich weiß, was ich tun soll. Ist es eine Verirrung, so läßt sie sich vergüten und schützt mich vielleicht vor einer andern, die unwiderruflich wäre. Ich habe Dir versprochen, das Vaterland nicht zu verlassen, ohne Dich davon zu benachrichtigen, und ich erfülle mein Wort. Willst Du mitreisen, so steht es in Deiner Willkür. Einen frohen Gesellschafter wirst Du nicht finden, auch würden die Kosten nicht gering sein, denn mein Zuschuß kann nicht mehr sein, als 1 Rth. für jeden Tag. Willst Du aber dennoch, so mache ich Dir gleich einige Vorschläge. Das Wohlfeilste würde sein, mit eigner Equipage zu reisen. Den Wagen könntest Du hier kaufen, ebenso ein paar alte ausrangierte polnische Husarenpferde, welche zu diesem Zwecke am besten tauglich sein möchten. Unser hiesiger Bedienter, ein brauchbarer guter Mensch, geht gern mit. Doch auf diesen Fall wäre zu viel zu verabreden, als daß es sich schriftlich leicht tun ließe. Das beste wäre daher, Du führest bis Eggersdorf, und schriebst mir, wann ich Dich dort abholen sollte. Kommt Dir dies alles aber zu rasch, so bleibe ruhig, unsre Reise aufs künftige Jahr bleibt Dir doch unverloren. In diesem Falle hilf mir doch (wenn Du nicht kannst, durch Minetten) mit 300 Rth. Aber so bald als möglich, denn die Untätigkeit macht mich unglücklich. Ich möchte gern mit dem 1. April abreisen, das heißt also schon in 8 Tagen. Mein Wille ist durch Frankreich (Paris), die Schweiz und Deutschland zu reisen. Ich kehre vielleicht in kurzem zurück, vielleicht auch nicht, doch gewiß noch vor Weihnachten. Heinrich.

N. S. Dieser Brief ist verspätet worden, und wenn ich nun auch nicht den ersten April reisen kann, so möchte ich doch gern in den ersten Tagen dieses Monats reisen.

Sage doch Tante Massow sie möchte mir sobald als möglich meine Zulage schicken. Auch außer dieser Zulage von 75 Rth. erhält sie noch 140 Rth. vom Vormund (worüber sie quittieren muß), die ich zugleich zu erhalten wünschte.

## 39. An Wilhelmine von Zenge

Berlin, den 28. März 1801

Liebes Mädchen, ich antworte Dir, nach Deinem Wunsche, *sogleich* auf Deinen Brief, ob ich gleich voraussehe, daß diese Antwort nicht lang werden kann, indem ich schon in einer Stunde zu dem Maler gehen und dann Leopold und ein paar Freunde empfangen muß, die heute aus Potsdam hier ankommen werden, um mich vor meiner Abreise noch einmal zu sehen.

Liebe Wilhelmine, ich ehre Dein Herz, und Deine Bemühung, mich zu beruhigen, und die Kühnheit, mit welcher Du Dich einer eignen Meinung nicht schämst, wenn sie auch einem berühmten System widerspräche – Aber der Irrtum liegt nicht im Herzen, er liegt im Verstande und nur der Verstand kann ihn heben. Ich habe mich unbeschreiblich über den Aufwand von Scharfsinn gefreut, den Du bei dem Gegenstande der Kristallinse anwendest; ich habe Dich besser verstanden, als Du Dich selbst ausdrückst, und *alles*, was Du darüber sagst, ist wahr. Aber ich habe mich nur des Auges in meinem Briefe als eines *erklärenden* Beispiels bedient, weil ich Dir selbst die trockne Sprache der Philosophie nicht vortragen konnte. Alles, was Du mir nun dagegen einwendest, *kann* wahr sein, ohne daß der Zweifel gehoben würde – Liebe Wilhelmine, ich bin durch mich selbst in einen Irrtum gefallen, ich kann mich auch nur *durch mich selbst* wieder heben. Diese Verirrung, wenn es eine ist, wird unsre Liebe nicht den Sturz drohen, sei darüber ganz ruhig. Wenn ich ewig in diesem rätselhaften Zustand bleiben müßte, mit einem innerlich heftigen Trieb zur Tätigkeit, und doch ohne Ziel – ja dann freilich, dann wäre ich ewig unglücklich, und selbst Deine Liebe könnte mich dann nur zerstreuen, nicht mit Bewußtsein beglücken. Aber ich werde das Wort, welches das Rätsel löset, schon finden, sei davon überzeugt – nur ruhig kann ich jetzt nicht sein, in der Stube darf ich nicht darüber brüten, ohne vor den Folgen zu erschrecken. Im Freien werde ich freier denken können. Hier in Berlin finde ich nichts, das mich auch nur auf einen Augenblick erfreuen könnte. In der Natur wird das besser sein. Auch werde ich mich unter Fremden wohler befinden, als unter Einheimischen, die mich für verrückt halten, wenn ich es wage mein Innerstes zu zeigen. Lebe wohl. Dieser Zettel gilt für keinen Brief. Bald, wenn ich Antwort von Ulrike habe, schreibe ich Dir wieder. Bleibe mir so treu, wie ich Dir bleiben werde. H. K.

*40. An Ulrike von Kleist*

An Fräulein Ulrike von Kleist, Hochwohlgeb. zu Frankfurt an der Oder.

Berlin, den 1. April 1801

Mein liebes Ulrikchen, Du kannst bei der Glogern, Verlorne Straße Nr. 22, absteigen.

Ich schreibe Dir hier folgende Berechnung auf, welche Du während Deiner Herreise prüfen kannst.

1. Die Pferde sind, da das Frühjahr und der Marsch (denn es rücken von hier einige Regimenter ins Feld) zusammenkommen, sehr teuer, und wir können rechnen, daß 2 Pferde jetzt wenigstens 10 Fr.dor mehr kosten, als sie unter günstigeren Umständen gekostet haben würden. Sie sind bei unsrer Rückkehr, wo der Winter (und vielleicht auch der Friede) eintritt, sehr wohlfeil, überdies auch nach der Wahrscheinlichkeit schlechter geworden; also kann man rechnen, daß wir wenigstens bei ihrem Verkauf 20 Fr.dor daran verlieren.

2. Sie kosten uns monatlich (mit dem Kutscher) wenigstens 6 Fr.dor, macht für 6 Monate 36 Fr.dor.

3. Man kann Unfälle nach der Wahrscheinlichkeit in Anschlag bringen und etwa annehmen, daß von 10 Reisen durch Krankwerden und Fallen der Pferde eine verunglückt. Man müßte also für jede Reise den 10. Teil des Pferdepreises in Anschlag bringen, macht, die Pferde zu 50 Fr.dor gerechnet, 5 Fr.dor.

Also 20 Fr.dor.
36 –
 5 –

Summa 61 Fr.dor.

4. Dagegen kann man rechnen, daß man zwar, durch die Schikane der Postbedienten, der Wagen mag noch so leicht sein, nach der Regel 3 Extrapost-Pferde zu nehmen gezwungen ist; es muß aber durch Geschicklichkeit oft gelingen (besonders in Frankreich, wo man, wie ich häufig höre, sehr wohlfeil reisen soll), mit 2 Pferden wegzukommen; auch kann man gelegentlich mit Bauernpferden reisen. Gesetzt nun, man müßte die Hälfte der ganzen Reise nach Paris, das heißt 60 Meilen, 3 Pferde bezahlen, macht (in preuß. Staaten à 12 gr., in Frankreich aber weit wohlfeiler à 8 gr., also das Mittel à 10 gr.) $60 \times 30 =$

1800 gr., zweimal genommen (nämlich hin und zurück) 3600 gr. = 150 Rth. Gesetzt ferner, man könnte nur ¼ der ganzen Reise, also 30 Meilen, mit 2 Pferden wegkommen, macht 30 × 20 × 2 = 1200 gr. = 50 Rth. Gesetzt endlich, man könnte nur das letzte Viertel der Reise mit Bauernpferden à 6 gr. fahren, macht 30 × 12 × 2 = 720 gr. = 30 Rth.

Also 150 Rth.<br>
50 –<br>
30 –<br>
―――<br>
230 Rth.

Gesetzt, da alles wohlfeil gerechnet, auch das Biergeld für Postillione vergessen ist, die ganze Reise kostete 70 Rth. mehr, als dieser Anschlag, so würde doch der Betrag nicht größer sein, als 300 Rth.

Dazu kommt, daß wir schneller nach Paris kommen, wo wir uns wohlfeil einmieten können, also in den Wirtshäusern nicht so viel ausgeben.

Endlich ist auch das Betrügen des Kutschers in einem fremden Lande und der Ärger, dem man auf diese Art ausweicht, in Anschlag zu bringen.

Willst Du doch nicht ohne Bedienung reisen (indem wir, wenn wir auf der Hinreise den Brocken besteigen, oder die herrliche Wasserfahrt von Mainz nach Koblenz machen, doch jemanden bei dem Wagen und den Sachen zurücklassen, auch in Paris einen haben müssen, der uns die Stube und Kleider reinigt, Essen holt etc. etc.), so will ich die Hälfte hinzutun, macht etwa 6 Fr.dor für jeden, wobei wir, bei der Ersparung der Biergelder, nicht viel mehr verlieren, als etwa die Hälfte.

Zu einem dritten Reisegesellschafter bin ich weder sehr geneigt, noch ist er leicht zu finden. Brokes und Rühle wären die einzigen, beide sind durch Ämter gefesselt.

Adieu. Ich erwarte Dich Sonnabend. Bringe mir mein Hutfutteral mit. Heinrich.

*41. An Wilhelmine von Zenge*

Berlin, den 9. April 1801

Liebe Wilhelmine! Meine teure, meine *einzige* Freundin! Ich nehme Abschied von Dir! – Ach, mir ist es, als wäre es auf ewig!

Ich habe mich wie ein spielendes Kind auf die Mitte der See gewagt, es erheben sich heftige Winde, gefährlich schaukelt das Fahrzeug über den Wellen, das Getöse übertönt alle Besinnung, ich kenne nicht einmal die Himmelsgegend, nach welcher ich steuern soll, und mir flüstert eine Ahndung zu, daß mir mein Untergang bevorsteht –

Ach, ich weiß es, diese Zeilen sind nicht dazu gemacht, Dir den Abschied zu erleichtern. Aber willst Du nicht mitempfinden, wenn ich leide? O gewiß! Wärst Du sonst meine *Freundin?*

Ich will Dir erzählen, wie in diesen Tagen das Schicksal mit mir gespielt hat.

Du kennst die erste Veranlassung zu meiner bevorstehenden Reise. Es war im Grunde nichts, als ein innerlicher Ekel vor aller wissenschaftlichen Arbeit. Ich wollte nur nicht müßig die Hände in den Schoß legen und brüten, sondern mir lieber unter der Bewegung einer Fußreise ein neues Ziel suchen, da ich das alte verloren hatte, und zurückkehren, sobald ich es gefunden hätte. Die ganze Idee der Reise war also eigentlich nichts, als ein großer Spaziergang. Ich hatte aber Ulriken versprochen, nicht über die Grenzen des Vaterlandes zu reisen, ohne sie mitzunehmen. Ich kündigte ihr daher meinen Entschluß an. Als ich dies aber tat, hoffte ich zum Teil, daß sie ihn wegen der großen Schnelligkeit und der außerordentlichen Kosten nicht annehmen würde, teils fürchtete ich auch nicht, daß, wenn sie ihn annähme, dieser Umstand die eigentliche Absicht meiner Reise verändern könnte. Doch höre wie das blinde Verhängnis mit mir spielte. Ich erkundigte mich bei verschiedenen Männern, ob ich Pässe zur Reise haben müßte. Sie sagten mir, daß wenn ich *allein* auf der Post reisete, ich mit meiner Studentenmatrikel wohl durchkommen würde; in Gesellschaft meiner Schwester aber und eines Bedienten müßte ich durchaus einen Paß haben, weil sonst diese Reise eines Studenten mit seiner unverheirateten Schwester gewiß auffallen würde, wie ich selbst fürchte. Pässe waren aber nicht anders zu bekommen, als bei dem Minister der auswärtigen Angelegenheiten, Herrn v. Alvensleben, und auch bei diesem nicht anders, als wenn man einen hinreichenden Zweck zur Reise angeben kann. Welchen Zweck sollte ich aber angeben? Den *wahren?* konnte ich das? Einen *falschen?* durfte ich das? – Ich wußte nun gar nicht, was ich tun sollte. Ich war schon im Begriff, Ulriken die ganze Reise abzuschreiben, als ich einen Brief bekam, daß sie in 3 Tagen hier schon eintreffen würde. Vielleicht, dachte ich nun, läßt sie sich mit einer kleineren Reise begnügen, und war schon halb und halb willens ihr dies vorzuschlagen; aber Carl hatte schon an so viele Leute so viel von meiner Reise nach Paris erzählt, und ich selbst war damit nicht ganz verschwiegen gewesen, so daß nun die Leute schon anfingen, mir Aufträge zu geben – – sollte sich nun mein Entschluß auf einmal wie ein Wetterhahn drehen? – Ach, Wilhelmine, wir dünken uns frei, und der Zufall führt uns allgewaltig an tausend feingesponnenen Fäden fort. Ich *mußte* also nun reisen, ich mochte wollen oder nicht, und zwar nach Paris, ich mochte wollen oder nicht. Ich erzählte Carln diese ganze seltsame Veränderung meiner Lage, er tröstete mich, und sagte, ich möchte mich jetzt nur in die Verhältnisse fügen, er hoffte, es würde vielleicht recht gut werden, und besser, als ich es glaubte. Denn das ist sein Glaube, daß wenn uns das Schicksal einen Strich durch die Rechnung macht, dies grade oft zu unserm Besten ausfalle. Darf ich es hoffen –? – Ich mußte also nun auch Pässe fordern. Aber welchen Zweck sollte ich angeben? – Ach, meine *liebe* Freundin, kann man nicht in Lagen kommen, wo man selbst mit dem besten Willen doch etwas tun *muß*, was nicht ganz recht ist? Wenn ich nicht reisete, hätte ich da nicht Ulriken angeführt? Und wenn ich reisete, und also Pässe haben mußte, mußte ich da nicht etwas Unwahres zum Zwecke angeben? – Ich gab also denjenigen Zweck an, der wenigstens nicht ganz unwahr ist, nämlich auf der Reise zu lernen (welches eigentlich in *meinem* Sinne ganz wahr ist) oder wie ich mich ausdrückte: in Paris zu studieren, und zwar Mathematik und Naturwissenschaft – – Ach, Wilhelmine, *ich* studieren? In *dieser* Stimmung? – – Doch es mußte so sein. Der Minister, und alle Professoren und alle Bekannten wünschen mir Glück – am Hofe wird es ohne Zweifel bekannt – soll ich nun zurückkehren über den Rhein, so wie ich hinüberging? Habe ich nicht selbst die Erwartung der Menschen gereizt? Werde ich nun nicht in Paris im Ernste etwas lernen *müssen?* Ach, Wilhelmine, in meiner Seele ziehen die Gedanken durcheinander, wie Wolken im Ungewitter. Ich weiß nicht, was ich tun und lassen soll – alles, was die

Menschen von meinem Verstande erwarten, ich kann es nicht leisten. Die Mathematiker glauben, ich werde dort Mathematik studieren, die Chemiker, ich werde von Paris große chemische Kenntnisse zurückbringen – und doch wollte *ich* eigentlich nichts, als allem Wissen entfliehen. Ja ich habe mir sogar Adressen an französische Gelehrte müssen mitgeben lassen, und so komme ich denn wieder in jenen Kreis von kalten, trocknen, einseitigen Menschen, in deren Gesellschaft ich mich nie wohl befand. – Ach liebe Freundin, ehemals dachte ich mit so großer Entzückung an eine Reise – jetzt nicht. Ich versprach mir sonst so viel davon – jetzt nicht. Ich ahnde nichts Gutes – Ich hatte eine unbeschreibliche Sehnsucht Dich noch einmal zu sehen, und war schon im Begriff Dir selbst zu Fuße das Bild zu bringen. Aber immer ein neues Verhältnis und wieder ein neues machte es mir unmöglich. Ja, hätte mir Carl sein Pferd gegeben, ich hätte Dich doch noch einmal umarmt; aber er wollte und konnte auch nicht.

Und so lebe denn wohl! – Ach, Wilhelmine, schenkte mir der Himmel ein grünes Haus, ich gäbe alle Reisen, und alle Wissenschaft, und allen Ehrgeiz auf immer auf! Denn nichts als Schmerzen gewährt mir dieses ewig bewegte Herz, das wie ein Planet unaufhörlich in seiner Bahn zur Rechten und zur Linken wankt, und von ganzer Seele sehne ich mich, wonach die ganze Schöpfung und alle immer langsamer und langsamer rollenden Weltkörper streben, nach *Ruhe!*

Liebe Wilhelmine, Deine Eltern werden die Köpfe schütteln, Ahlemann wird besorgt sein, die Mädchen werden flüstern – wirst Du irgend jemandem jemals mehr Glauben beimessen, als *mir?* O dann, dann wärest Du meiner nicht wert! Denn diesen ganzen innerlichen Kampf, der eigentlich unsre Liebe gar nichts angeht, hat unaufhörlich der Wunsch, einst in Deinen Armen davon auszuruhen, unterbrochen; und hell und lebendig ist in mir das Bewußtsein, daß ich schnell lieber den Tod wählen möchte, als durch das ganze Leben das Gefühl, Dich betrogen zu haben, mit mir herum zu schleppen.

Ich werde Dir *oft* schreiben. Aber es mögen Briefe ausbleiben so lange sie wollen, Du wirst immer überzeugt sein, daß ich alle Abend und alle Morgen, wenn nicht öfter, an Dich denke. Dasselbe werde ich von Dir glauben. Also *niemals* Mißtraun oder Bangigkeit. *Vertrauen auf uns, Einigkeit unter uns!*

Und nun noch ein paar Aufträge. Beifolgendes Bild konnte ich, wegen Mangel an Geld, das ich sehr nötig brauche, nicht einfassen lassen. Tue Du es auf meine Kosten. *Einst* ersetze ich sie Dir. Möchtest Du es ähnlicher finden, als ich. Es liegt etwas Spöttisches darin, das mir nicht gefällt, ich wollte er hätte mich *ehrlicher* gemalt – Dir zu gefallen, habe ich fleißig während des Malens gelächelt, und so wenig ich auch dazu gestimmt war, so gelang es mir doch, wenn ich an Dich dachte. Du hast mir so oft mit der Hand die Runzeln von der Stirn gestrichen, darum habe ich in dem Gemälde wo es nicht möglich war dafür gesorgt, daß es auch nicht nötig war. So, ich meine so *freundlich*, werde ich immer aussehen, wenn wenn – – o Gott! *Wann?* – Küsse das Bild auf der Stirn, da küsse ich es jetzt auch.

Der zweite Auftrag ist dieser, mir anzukündigen, ob ich Dir 73 Rth., oder etwas weniger schuldig bin. Carl meint, ich hätte Dir schon etwas bezahlt, aber ich weiß von nichts. Schreibe mir dies, auch ob ich das Geld der Randow oder Carl geben oder Dir selbst überschicken soll.

Und nun lebe wohl. – Wenn Du mir *gleich* antwortest, so trifft mich Dein Brief noch in Berlin. Dann werde ich Dir zwar nicht mehr von hier, aber doch vielleicht schon von Potsdam schreiben.

Lebe wohl – Grüße alles, wenigstens Louise, der Du alle meine Briefe zeigen kannst. Mache wenn Du willst überhaupt gar kein Geheimnis mehr aus unsrer Liebe, trage das Bild öffentlich, ich selbst habe es hier bei Clausius, der Glogern, Ulrike etc. etc. gezeigt, und alle wissen, für *wen* es bestimmt war. Nenne mich Deinen Geliebten, denn ich *bin* es – und lebe wohl, lebe wohl – lebe wohl – Behalte mich lieb in Deinem *innersten* Herzen, bleibe treu, traue fest auf mich – lebe wohl – lebe wohl – Heinrich.

(Schicke mir doch das Bildfutteral sogleich zurück, denn es gehört zu *Deinem* Bilde.)

## 42. An Gottlob Johann Christian Kunth

Wohlgeborener Herr,
Hochzuverehrender Herr Geheimrat,

Das Wohlwollen, mit welchem Ew. Wohlgeb. meine erste

Bitte, nämlich den Sitzungen der hochlöbl. techn. Deputation beiwohnen zu dürfen, unterstützten, macht mich schüchtern bei einer Erklärung, die ich doch, von höheren Rücksichten bestimmt, nicht unterdrücken darf; bei der Erklärung, daß ich, nach einer ernstlichen Prüfung meiner Kräfte, die Laufbahn, die ich betreten hatte, nicht verfolgen darf, weil sich meine Neigung für das Rein-Wissenschaftliche ganz entschieden hat. Bloß die Erinnerung, daß Ew. Wohlgeb. selbst, schon bei Ihrem ersten Urteile über meine Kräfte, die Wahl eines praktischen Wirkungskreises für mich nicht billigten, gibt mir den Mut, diesen Irrtum selbst offenherzig zu gestehen. Ich danke Ihnen herzlich für diesen einzigen aufrichtigen Rat, den ich in Berlin empfing, und den ich gewiß nicht anders, als zu meinem Besten, nutzen werde, bitte ferner, *mich der hochlöbl. technischen Deputation, zu deren Zweck ich auf meiner bevorstehenden Reise nach Paris bei jeder* kommenden Gelegenheit mitzuwirken bereit bin, gehorsamst zu empfehlen, und verbleibe in der Hoffnung, fortdauernd Ihres Wohlwollens zu genießen, mit der herzlichsten und vollkommensten Hochachtung

Ew. Wohlgeb. ergebenster

Kleist,

Berlin, den 12. April 1801   ehemals Lieut. im Rgt. Garde.

### 43. An Wilhelmine von Zenge

Berlin, den 14. April 1801

Liebe Freundin, die paar Zeilen, die Du mir geschrieben hast, atmen zugleich so viel Wehmut und Würde, daß selbst Dein Anblick mich kaum weniger hätte rühren können. Wenn ich mir Dich denke, wie Du in Deinem Zimmer sitzest, mein Bild vor Dir, das Haupt auf die Arme gedrückt, die Augen voll Tränen – ach, Wilhelmine, dann kommt dieser Gedanke noch zu meinem eignen Kummer, ihn zu verdoppeln. Dir hat die Liebe wenig von ihren Freuden, doch viel von ihrem Kummer zugeteilt, und Dir schon zwei Trennungen zugemessen, deren jede gleich gefährlich war. Du hättest ein so ruhiges Schicksal verdient, warum mußte der Himmel Dein Los an einen Jüngling knüpfen, den seine seltsam gespannte Seele ewig-unruhig bewegt? Ach, Wilhelmine, Du bist so vielen Glückes würdig, *ich* bin es Dir schuldig, Du hast mir durch so vielen Edelmut die Schuld auferlegt – warum kann ich sie nicht bezahlen? Warum kann ich Dir nichts geben zum Lohne, als Tränen? – O Gott gebe mir nur die *Möglichkeit* diese Tränen einst wieder mit Freuden vergüten zu können! – *Liebe*, *teure* Freundin, ich fordre nicht von Dir, daß Du mir den Kummer verheimlichst, wenn Du ihn fühlst, so wie ich selbst immer das süßeste Recht der Freundschaft, nämlich das schwere Herz auszuschütten, übe; aber laß uns beide uns bemühen, so ruhig und so heiter unter der Gewitterwolke zu stehen, als es nur immer möglich ist. Verzeihe mir diese Reise – ja *verzeihen*, ich habe mich nicht in dem Ausdrucke vergriffen, denn ich fühle nun selbst, daß die erste Veranlassung dazu wohl nichts, als eine Übereilung war. Lies doch meine Briefe von dieser Zeit an noch einmal durch und frage Carln recht über mich aus – Mir ist diese Periode in meinem Leben und dieses gewaltsame Fortziehen der Verhältnisse zu einer Handlung, mit deren Gedanken man sich bloß zu spielen erlaubt hatte, äußerst merkwürdig. Aber nun ist es unabänderlich geschehen und ich *muß* reisen – Ach, Wilhelmine, wie hätte sich mir noch vor drei Jahren die Brust gehoben unter der Vorempfindung einer *solchen* Reise! Und jetzt –! Ach, Gott weiß, daß mir das Herz blutet! Frage nur Carln, der mich alle Augenblicke einmal fragt: was seufzest Du denn? – Aber nun will ich doch so viel Nutzen ziehn aus dieser Reise, wie ich kann, und auch in Paris etwas lernen, wenn es mir möglich sein wird. Vielleicht geht doch noch etwas Gutes aus dieser verwickelten Begebenheit meines Lebens hervor – liebe Wilhelmine, soll ich Dir sagen, daß ich es fast *hoffe?* Ach, ich sehne mich unaussprechlich nach Ruhe! Alles ist dunkel in meiner Zukunft, ich weiß nicht, was ich wünschen und hoffen und fürchten soll, ich fühle daß mich weder die Ehre, noch der Reichtum, noch selbst die Wissenschaften allein ganz befriedigen können; nur ein einziger Wunsch ist mir ganz deutlich, *Du* bist es, Wilhelmine – O Gott, wenn mir einst das bescheidne Los fallen sollte, das ich begehre, ein Weib, ein eignes Haus und *Freiheit* – o dann wäre es nicht zu teuer erkauft mit allen Tränen, die ich, und mit allen die Du vergießest, denn mit Entzückungen wollte ich sie Dir vergüten. Ja, laß uns hoffen – Was ich begehre, genießen Millionen, der Himmel gewährt Wünsche gern, die in seinen

Zweck eingreifen, warum sollte er grade uns beide von seiner Güte ausschließen? Also Hoffnung und Vertrauen auf den Himmel und auf uns! Ich will mich bemühen, die ganze unselige Spitzfündigkeit zu vergessen, die schuld an dieser innern Verwirrung ist. Vielleicht gibt es dann doch Augenblicke auf dieser Reise, in welchen ich vergnügt bin. O möchten sie auch Dir werden! Fahre nur fort, Dich immer auszubilden, ich müßte unsinnig sein mit den Füßen von mir zu stoßen, was sich zu meinem eignen Genuß von Tage zu Tage veredelt. Gewinne Deinen Rousseau so lieb wie es Dir immer möglich ist, auf *diesen* Nebenbuhler werde ich nie zürnen. Ich werde Dir oft schreiben, das nächstemal von Dresden, etwa in 8 Tagen. Dahin schreibe mir, aber gleich, und scheue Dich nicht mit eigner Hand die Adresse zu schreiben, unsre Liebe *soll* kein Geheimnis mehr sein. Den 28. April treffe ich ohngefähr in Leipzig ein, da kannst Du an Minna Clausius schreiben, die mit ihrem Vater dort zur Messe ist, und wieder einen Brief einlegen. Wohin Du auf der ganzen Reise schreibst, mußt Du aber immer den Brief bezeichnen: *selbst abzuholen* (in Frankreich französisch). – Und nun adieu. Die 73 Rth., wovon Du vergessen hast mir zu schreiben, habe ich Carln gegeben, in der Meinung, daß es Dir so recht sein wird. Adieu, adieu, sei mein *starkes* Mädchen. Heinrich K.

## 44. *An Wilhelmine von Zenge*

An Fräulein Wilhelmine v. Zenge Hochwohlgeb. zu Frankfurt a. Oder

Dresden, den 4. Mai 1801

Liebe Wilhelmine, heute lag ich auf den Brühlschen Terrassen, ich hatte ein Buch mitgenommen, darin zu lesen, aber ich war zerstreut und legte es weg. Ich blickte von dem hohen Ufer herab über das herrliche Elbtal, es lag da wie ein Gemälde von Claude Lorrain unter meinen Füßen – es schien mir wie eine Landschaft auf einen Teppich gestickt, grüne Fluren, Dörfer, ein breiter Strom, der sich schnell wendet, Dresden zu küssen, und hat er es geküßt, schnell wieder flieht – und der prächtige Kranz von Bergen, der den Teppich wie eine Arabeskenborde umschließt – und der reine blaue italische Himmel, der über die ganze Gegend schwebte – Mich dünkte, als schmeckte süß die Luft, holde Gerüche streuten mir die Fruchtbäume zu, und überall Knospen und Blüten, die ganze Natur sah aus wie ein funfzehnjähriges Mädchen – Ach, Wilhelmine, ich hatte eine unaussprechliche Sehnsucht, nur einen Tropfen von Freude zu empfangen, es schien ein ganzes Meer davon über die Schöpfung ausgegossen, nur ich allein ging leer aus – Ich wünschte mir nur so viel Heiterkeit, und auch diese nur auf eine so kurze Zeit als nötig wäre, Dir einen heitern kurzen Brief zu schreiben. Aber der Himmel läßt auch meine bescheidensten Wünsche unerfüllt. Ich beschloß, auch für diesen Tag noch zu schweigen – Da sah ich Dich im Geiste, wie Du täglich auf Nachrichten harrest, täglich sie erwartest und täglich getäuscht wirst, ich dachte mir, wie Du Dich härmst und Dich mit falschen Vorstellungen quälst, vielleicht mich krank glaubst, oder wohl gar – Da stand ich schnell auf, rief Ulriken, die lesend hinter mir saß, mir zu folgen, ging in mein Zimmer, und sitze nun am Tische, Dir wenigstens zu schreiben, daß ich noch immer lebe und noch immer Dich liebe.

Liebe, *teure* Freundin, erlaß mir eine weitläufigere Mitteilung, ich kann Dir nichts Frohes schreiben, und der Kummer ist eine Last, die noch schwerer drückt, wenn mehrere daran tragen. Noch habe ich seit meiner Abreise von Berlin keine wahrhaft vergnügte Stunde genossen, zerstreut bin ich wohl gewesen, aber nicht vergnügt – Meine heitersten Augenblicke sind solche, wo ich mich selbst vergesse – und doch, gibt es Freude, ohne ruhiges Selbstbewußtsein? Ach, Wilhelmine, Du bist glücklich gegen mich, weil Du eine Freundin hast – ich kann Ulriken alles mitteilen, nur nicht, was mir das Teuerste ist. Du glaubst auch nicht, wie ihr lustiges, zu allem Abenteuerlichen aufgewecktes Wesen, gegen *mein* Bedürfnis absticht – Ach, könnte ich vier Monate aus meinem Leben zurücknehmen! Adieu, adieu, ich will vergessen, was nicht mehr zu ändern ist – Lebe wohl, mit dem *ersten* frohen Augenblick erhältst Du einen recht langen Brief von mir. Bis dahin laß mich schweigen – wenn Du fürchtest, daß ich Dich kälter lieben werde, so quälst Du Dich vergeblich. O Gott, wenn mir ein *einziger Wunsch* erfüllt würde, mich aus diesem Labyrinthe zu retten – Liebe Wilhelmine, schreibe mir doch gleich nach Leipzig. Umstände haben uns verhindert, bereits dort zu sein. Du wirst aber wahrscheinlich einen Brief für mich an Minna Clausius geschickt haben, den sie nun, da sie mich nicht in Leipzig gesprochen hat, wieder nach Berlin zurückgenommen haben wird. Also würde ich jetzt, wenn Du nicht gleich schreibst, keinen Brief von Dir in Leipzig finden, wo ich ohngefähr in 10 Tagen einzutreffen denke. Schreibe also doch gleich, wenn Du kannst, und es Dir nicht auch so schwer wird wie mir – Adieu, grüße Louisen, und denke nur ein halb mal so oft an mich, wie ich an Dich denke, und zur bestimmten Zeit – Du weißt sie doch noch? Vielleicht erhältst Du noch von Dresden aus einen Brief von mir.

H. K.

*45. An Wilhelmine von Zenge*

An das Stiftsfräulein Wilhelmine v. Zenge Hochwürden und Hochwohlgeboren zu Frankfurt a. Oder.

Leipzig, den 21. Mai 1801

Liebe Wilhelmine, ich bin bei meiner Ankunft in dieser Stadt in einer recht großen Hoffnung getäuscht worden. Ich hatte nämlich Dir, und außer Dir noch Leopold, Rühle, Gleißenberg etc. etc. teils schriftlich, teils mündlich gesagt, daß sie ihre Briefe an mich nach Leipzig adressieren möchten, weil ich die Messe hier besuchen würde. Da ich mich aber in Dresden so lange aufhielt, daß die Messe während dieser Zeit vorüberging, so würde ich nun diesen Umweg über Leipzig nicht gemacht haben, wenn ich nicht gehofft hätte, hier eine ganze Menge von Briefen vorzufinden, besonders da ich in Dresden keinen einzigen, außer vor 4 Wochen den Deinigen empfing. Nun aber denke Dir mein Erstaunen als ich auf der hiesigen Post auch nicht *einen einzigen* Brief fand, auch für Ulriken nicht, so daß es fast scheint, als wären wir aus dem Gedächtnis unsrer Freunde und Verwandten ganz ausgelöscht – – Liebe Wilhelmine, bin ich es auch aus dem Deinigen? Zürnst Du auf mich, weil ich von Dresden aus nur einmal, und nur so wenige Zeilen an Dich schrieb? Willst Du Dich darum mit Gleichem an mir rächen? Ach, laß diese Rache fahren – Wenn Du Dir einbildest, daß Du mir nicht mehr lieb und wert bist, so irrst Du Dich, und wenn Du die Kürze meines einzigen Briefes für ein Zeichen davon hältst, so verstehst Du Dich ganz falsch auf meine Seele – Sonst, ja sonst war es meine Freude, mir selbst oder Dir mein Herz zu öffnen, und meine Gedanken und Gefühle dem Papier anzuvertrauen; aber das ist nicht mehr so – Ich habe selbst mein eignes Tagebuch vernachlässigt, weil mich vor allem Schreiben ekelt. Sonst waren die Augenblicke, wo ich mich meiner selbst bewußt ward, meine schönsten – jetzt muß ich sie vermeiden, weil ich mich und meine Lage fast nicht ohne Schaudern denken kann – Doch nichts in diesem Tone. Auch dieses war ein Grund, warum ich Dir so selten schrieb, weil ich voraussah, daß ich Dir doch nichts von mir schreiben könnte, was Dir Freude machen würde. In den letzten Tagen meines Aufenthaltes in Dresden hatte ich schon einen Brief an Dich bis zur Hälfte vollendet, als ich einsah, daß es besser war, ihn ganz zurückzuhalten, weil er Dir doch nichts, als Kummer gewährt haben würde. Ach, warum kann ich dem Wesen, das ich glücklich machen sollte, nichts gewähren, als Tränen? Warum bin ich, wie Tankred, verdammt, das, was ich liebe, mit jeder Handlung zu verletzen? – Doch davon laß mich ein für allemal schweigen. Das Bewußtsein Dich durch meine Briefe, statt zu erfreuen, zu betrüben, macht sie mir selbst so verhaßt, daß ich bei diesen letzten Zeilen schon halb und halb willens war, auch dieses Schreiben zu zerreißen – Doch eines muß vollendet werden – und ich will Dir darum nur kürzlich die Geschichte meines Aufenthaltes in Dresden mitteilen, die Dich nicht betrüben wird, wenn ich Dir bloß erzähle, was ich sah und hörte, nicht was ich dachte und empfand.

Ich zweifle, daß ich auf meiner ganzen bevorstehenden Reise, selbst Paris nicht ausgenommen, eine Stadt finden werde, in welcher die Zerstreuung so leicht und angenehm ist, als Dresden. Nichts war so fähig mich so ganz ohne alle Erinnerung wegzuführen von dem traurigen Felde der Wissenschaft, als diese in dieser Stadt gehäuften Werke der Kunst. Die Bildergalerie, die Gipsabgüsse, das Antikenkabinett, die Kupferstichsammlung, die Kirchenmusik in der katholischen Kirche, das alles waren Gegenstände bei deren Genuß man den Verstand nicht braucht, die nur allein auf Sinn und Herz wirken. Mir war so wohl bei diesem ersten Eintritt in diese für mich ganz neue Welt voll Schönheit. Täglich habe ich die griechischen Ideale und die italienischen Meisterstücke besucht, und jedesmal, wenn ich in die Galerie trat, stundenlang vor dem einzigen Raphael dieser Sammlung, vor jener Mutter Gottes gestanden, mit dem hohen Ernste, mit der stillen Größe, ach Wilhelmine, und mit Umrissen, die mich zugleich an zwei geliebte Wesen erinnerten – Wie oft, wenn ich auf meinen Spaziergängen junge Künstler sitzen fand, mit dem Brett auf dem Schoß, den Stift in der Hand, beschäftigt die schöne Natur zu kopieren, o wie oft habe ich diese glücklichen Menschen beneidet, welche kein Zweifel um das Wahre, das sich nirgends findet, bekümmert, die nur in dem Schönen leben, das sich doch zuweilen, wenn auch nur als Ideal, ihnen zeigt. Den einen fragte ich einst, ob man, wenn man sonst nicht ohne Talent sei, sich wohl im 24. Jahre noch mit Erfolg der Kunst widmen könnte? Er antwortete mir, daß Wouwerman, einer der größten Landschaftsmaler, erst im 40. ein Künstler geworden sei. – Nirgends fand ich mich aber tiefer in meinem Innersten gerührt, als in der katholischen Kirche, wo die größte, erhebenste Musik noch zu den andern Künsten tritt, das Herz gewaltsam zu bewegen. Ach, Wilhelmine, unser Gottesdienst ist keiner. Er spricht nur zu dem kalten Verstande, aber zu allen Sinnen ein katholisches Fest. Mitten vor dem Altar, an seinen untersten Stufen, kniete jedesmal, ganz isoliert von den andern, ein gemeiner Mensch, das Haupt auf die höheren Stufen gebückt, betend mit Inbrunst. Ihn quälte kein Zweifel, er *glaubt* – Ich hatte eine unbeschreibliche Sehnsucht mich neben ihn niederzuwerfen, und zu weinen – Ach, nur einen Tropfen Vergessenheit, und mit Wollust würde ich katholisch werden –. Doch davon wollte ich ja eben schweigen. – Dresden hat eine große, feierliche Lage, in der Mitte der umkränzenden Elbhöhen, die in einiger Entfernung, als ob sie aus Ehrfurcht nicht näher zu treten wagten, es umlagern. Der Strom verläßt plötzlich sein rechtes Ufer, und wendet sich schnell nach Dresden, seinen Liebling zu küssen. Von der Höhe des Zwingers kann man seinen Lauf fast bis nach Meißen verfolgen. Er wendet sich bald zu dem rechten bald zu dem linken Ufer, als würde die Wahl ihm schwer, und wankt, wie vor Entzücken, und schlängelt sich spielend in tausend Umwegen durch das freundliche Tal, als wollte er nicht in das Meer – Wir haben von Dresden aus Moritzburg, Pillnitz, Tharandt, das Du schon kennst, und Freiberg besucht. In Freiberg sind wir beide in das Bergwerk gestiegen. Ich mußte es, damit ich, wenn man mich fragt: sind Sie dort gewesen? doch antworten kann: ja. Ein weiteres Interesse hatte ich jetzt nicht dabei, so sehr mich die Kenntnis, die man sich hier erwerben kann, auch sonst interessiert hätte. Denn wenn das Herz ein Bedürfnis hat, so ist es kalt gegen alles, was es nicht befriedigt, und nur mit halbem Ohre habe ich gehört, wie tief der Schacht ist, wohin der Gang streicht, wieviel Ausbeute er gibt, usw. – Ich hatte ein paar Adressen nach Dresden mit, von denen ich aber nur eine gebrauchte und die andern verbrannt habe. Denn für ein Herz, das sich gern jedem Eindruck hingibt, ist nichts gefährlicher, als Bekanntschaften, weil sie durch neue Verhältnisse das Leben immer noch verwickelter machen, das schon verwickelt genug ist. Doch diese Verstandesregel war es eigentlich nicht, die mich davon abhielt. Ich fand aber in Dresden ein paar so liebe Leute, daß ich über sie alle andern vergaß. Denn ob ich gleich Menschen, die ich kennen lerne, leicht lieb gewinne und dann gern unter ihnen bin, so habe ich doch kein Bedürfnis, viele kennen zu lernen. Diese lieben Leute waren zuerst der Hauptmann v. Zanthier, Gouverneur bei dem jungen Grafen v. Stolberg und Prinzen v. Pleß, ein Mann, dem das Herz an einer guten Stelle sitzt. Er machte uns zuerst mit Dresden bekannt und hat viel zu unserm Vergnügen beigetragen. Außer ihm fanden wir noch in Dresden ein paar Verwandte, den Lieut. v. Einsiedel und seine Frau, welche uns auch mit dem weiblichen Teil von Dresden bekannt machten. Unter diesen waren besonders zwei Fräulein v. Schlieben, arm und freundlich und gut, die Eigenschaften die zusammengenommen mit zu dem Rührendsten gehören, das ich kenne. Wir sind gern in ihrer Gesellschaft gewesen, und zuletzt waren die Mädchen auch so gern in der unsrigen, daß die eine am Abend bei unserem Abschied aus vollem Herzen weinte. – Von Dresden aus machten wir auch noch eine große Streiferei nach Töplitz, 8 Meilen, eine herrliche Gegend, besonders von dem nahegelegenen Schloßberge aus, wo das ganze Land aussieht, wie ein bewegtes Meer von Erde, die Berge, wie kolossalische Pyramiden, in den schönsten Linien geformt, als hätten die Engel im Sande gespielt – Von Töplitz fuhren wir tiefer in Böhmen nach Lowositz, das am südlichen Fuße des Erzgebirges liegt, da, wo die Elbe hineintritt. Wie eine Jungfrau unter Männern erscheint, so tritt sie schlank und klar unter die Felsen – Leise mit schüchternem Wanken naht sie sich – das rohe Geschlecht drängt sich, den Weg ihr versperrend, um sie herum, der Glänzend-

Reinen ins Antlitz zu schauen – sie aber ohne zu harren, windet sich, flüchtig, errötend, hindurch – In Aussig ließen wir den Wagen zu Lande fahren, und fuhren noch 10 Meilen auf der Elbe nach Dresden. Ach, Wilhelmine, es war einer von jenen lauen, süßen, halb dämmernden Tagen, die jede Sehnsucht, und alle Wünsche des Herzens ins Leben rufen – Es war so still auf der Fläche des Wassers, so ernst zwischen den hohen, dunkeln Felsenufern, die der Strom durchschnitt. Einzelne Häuser waren hie und da an den Felsen gelehnt, wo ein Fischer oder ein Weinbauer sich angesiedelt hatte. Mir schien ihr Los unbeschreiblich rührend und reizend – das kleine einsame Hüttchen unter dem schützenden Felsen, der Strom, der Kühlung und Nahrung zugleich herbeiführt, Freuden, die keine Idylle malen kann, Wünsche, die nicht über die Gipfel der umschließenden Berge fliegen – ach, liebe Wilhelmine, ist Dir das nicht auch alles so rührend und reizend wie mir? Könntest Du bei *diesem* Glück nicht auch alles aufgeben, was jenseits der Berge liegt? *Ich* könnte es – ach, ich sehne mich unaussprechlich nach Ruhe. Für die Zukunft leben zu wollen – ach, es ist ein Knabentraum, und nur wer für den Augenblick lebt, lebt für die Zukunft. Ja wer erfüllt eigentlich getreuer seine Bestimmung nach dem Willen der Natur, als der Hausvater, der Landmann? – Ich malte mir ein ganzes künftiges Schicksal aus – ach, Wilhelmine, mit Freuden wollte ich um dieses Glück allen Ruhm und allen Ehrgeiz aufgeben – Zwei Fischer ruderten gegen den Strom, und trieften von Schweiß. Ich nahm unserm Schiffer das Ruder und fing aus Leibeskräften zu arbeiten [an]. Ja, fiel mir ein, das ist ein Scherz, wie aber wenn es Ernst wäre –? Auch das, antwortete ich mir, und beschloß eine ganze Meile lang unaufhörlich zu arbeiten. Es gelang mir doch nicht ohne Anstrengung und Mühe – aber es gelang mir. Ich wischte mir den Schweiß ab, und setzte mich neben Ulriken, und faßte ihre Hand – sie war kalt – ich dachte an den Lohn, an Dich – –

Adieu, adieu. Schreibe mir nach Göttingen, aber gleich, und Dein ganzes Schicksal während der verflossnen Zeit, Deine Verhältnisse, auch etwas von meiner Familie. Wenn es mir so leicht wird, wie heute, so schreibe ich bald wieder. Dein treuer Freund Heinrich.

## 46. An Wilhelmine von Zenge

Göttingen, den 3. Juni 1801

Mein liebes Minchen, ich habe Deinen Brief, der mir aus mehr als einer Rücksicht herzlich wohl tat, gestern hier erhalten und eile ihn zu beantworten. – Du bist nicht zufrieden, daß ich Dir das Äußere meiner Lage beschreibe, ich soll Dir auch etwas aus meinem Innern mitteilen? Ach, liebe Wilhelmine, leicht ist das, wenn alles in der Seele klar und hell ist, wenn man nur in sich selbst zu blicken braucht, um deutlich darin zu lesen. Aber wo Gedanken mit Gedanken, Gefühle mit Gefühlen kämpfen, da ist es schwer zu nennen, was in der Seele herrscht, weil noch der Sieg unentschieden ist. Alles liegt in mir verworren, wie die Wergfasern im Spinnrocken, durcheinander, und ich bin vergebens bemüht mit der Hand des Verstandes den Faden der Wahrheit, den das Rad der Erfahrung hinaus ziehen soll, um die Spule des Gedächtnisses zu ordnen. Ja selbst meine Wünsche wechseln, und bald tritt der eine, bald der andere ins Dunkle, wie die Gegenstände einer Landschaft, wenn die Wolken drüber hinziehn. – Was Du mir zum Troste sagst, ist wirklich das Tröstlichste, das ich kenne. Ich selbst fange an, zu glauben, daß der Mensch zu etwas mehr da ist, als bloß zu *denken* – *Arbeit*, fühle ich, wird das einzige sein, was mich ruhiger machen kann. Alles was mich beunruhigt ist die Unmöglichkeit, mir ein Ziel des Bestrebens zu setzen, und die Besorgnis, wenn ich zu schnell ein falsches ergriffe, die Bestimmung zu verfehlen und so ein ganzes Leben zu verpfuschen – Aber sei ruhig, ich werde das *rechte* schon finden. Falsch ist jedes Ziel, das nicht die reine Natur dem Menschen steckt. Ich habe fast eine Ahndung von dem rechten – wirst Du, Wilhelmine, mir dahin folgen, wenn Du Dich überzeugen kannst, daß es das rechte ist –? Doch laß mich lieber schweigen von dem, was selbst in mir noch ganz undeutlich ist. Die Geschichte Deines Lebens während der Abwesenheit Deiner Eltern, und besonders die Art von Freude, welche Du da genossen hast, hat mich ganz unbeschreiblich gerührt – *Diese* Freude, Wilhelmine, ist Dir gewiß; aber wirst Du Dich mit dieser *einzigen* begnügen können –? *Kann* es ein Mädchen von Deinem Stande, so bist Du es, und dieser Gedanke stärkt mich ganz unbeschreiblich. – Sei zufrieden mit diesen wenigen Zügen aus meinem Innern. Es ist darin so wenig bestimmt, daß ich mich fürchten muß etwas aufzuschreiben, weil es dadurch in gewisser Art bestimmt·wird. Errate daraus was Du willst – gewiß ist es, daß ich kein andres Erdenglück wünsche, als *durch Dich*. Fahre fort, liebes Mädchen, Dich immer fähiger zu machen, zu beglücken. Rousseau ist mir der liebste durch den ich Dich bilden lassen mag, da ich es selbst nicht mehr unmittelbar, wie sonst, kann. Ach, Wilhelmine, Du hast mich an frohe Zeiten erinnert, und alles ist mir dabei eingefallen, auch das, woran Du mich *nicht* erinnert hast. Glaubst Du wohl, daß ein Tag vergeht, ohne daß ich an Dich dächte –? Dein Bild darf ich so oft nicht betrachten als ich wohl möchte, weil mir jeder unbescheidner Zeuge zuwider ist. Mehr als einmal habe ich gewünscht, meinem ersten Entschluß, *allein* zu reisen, treu geblieben zu sein – Ich ehre Ulrike ganz unbeschreiblich, sie trägt in ihrer Seele alles, was achtungswürdig und bewundrungswert ist, vieles mag sie besitzen, vieles geben können, aber es läßt sich, wie Goethe sagt, nicht an ihrem Busen ruhen – Doch dies bleibt, wie alles, unter uns – Von unsrer Reise kann ich Dir auch manches wieder erzählen. Wir reisen, wie Du vielleicht noch nicht weißt, mit eignen Pferden, die wir in Dresden gekauft haben. Johann leistet uns dabei treffliche Dienste, wir sind sehr mit ihm zufrieden, und denken oft mit Dankbarkeit an Carln, der ihn uns freiwillig abtrat. – Carl ist wohl jetzt in Frankfurt? Oder ist er in Magdeburg? Wenn Du ihn siehst oder schreibst, so sage ihm doch auch ein Wörtchen von mir. Ich hatte versprochen, ihm auch zuweilen zu schreiben, aber das Schreiben wird mir jetzt so schwer, daß ich oft selbst die notwendigsten Briefe vernachlässige. Gestern endlich habe ich zum erstenmale an meine Familie nach Pommern geschrieben – sollte man wohl glauben, daß ein Mensch, der in seiner Familie *alles* fand, was ein Herz binden kann, Liebe, Vertrauen, Schonung, Unterstützung mit Rat und Tat, sein Vaterland verlassen kann, ohne selbst einmal schriftlich Abschied zu nehmen von seinen Verwandten? – Und doch sind sie mir die liebsten und teuersten Menschen auf der Welt! So widersprechen sich in mir Handlung und Gefühl – Ach, es ist ekelhaft, zu leben – Schreibe also Carln, er solle nicht zürnen, wenn Briefe von mir ausblieben, großmütig sein, und zuweilen etwas von sich hören lassen, Neuigkeiten schreiben und dergleichen. Bitte ihn doch auch, er möchte sich einmal bei *Rühle* erkundigen, ob dieser denn gar keine Briefe von mir erhalten hat, auch nicht die große Schrift, die ich ihm von Berlin aus schickte? Er möchte ihn doch antreiben, einmal an mich zu schreiben, da mir sehr viel daran gelegen wäre, wenigstens zu wissen, ob die Schrift nicht verloren gegangen ist. – Ich will Dich doch von Leipzig nach Göttingen führen, aber ein wenig schneller, als wir reiseten. Denn wir wandern, wie die alten Ritter, von Burg zu Burg, halten uns auf und wechseln gern ein freundliches Wort mit den Leuten. Wir suchen uns in jeder Stadt immer die Würdigsten auf, in Leipzig Plattner, Hindenburg, in Halle Klügel, in Göttingen Blumenbach, Wrisberg etc. etc. Aber Du kennst wohl diese Namen nicht? Es sind die Lehrer der Menschheit. – In Leipzig fand endlich Ulrike Gelegenheit zu einem Abenteuer, und hörte verkleidet einer öffentlichen Vorlesung Plattners zu. Das geschah aber mit Vorwissen des Hofrats, indem er selbst wünschte, daß sie, Störung zu vermeiden, lieber in Mannskleidern kommen möchte, als in Weiberröcken. Alles lief glücklich ab, der Hofrat und ich, wir waren die einzigen in dem Saale, die um das Geheimnis wußten. – In Halberstadt besuchten wir *Gleim*, den bekannten Dichter, einen der rührendsten und interessantesten Greise, die ich kenne. An ihn waren wir zwar durch nichts adressiert, als durch unsern Namen; aber es gibt keine bessere Adresse als diesen. Er war nämlich einst ein vertrauter Freund Ewald Kleists, der bei Frankfurt fiel. Kurz vor seinem Tode hatte dieser ihm noch einen Neffen Kleist empfohlen, für den jedoch Gleim niemals hatte etwas tun können, weil er ihn niemals sah. Nun glaubte er, als ich mich melden ließ, ich sei es, und die Freude mit der er uns entgegen kam war unbeschreiblich. Doch ließ er es uns nicht empfinden, als er sich getäuscht, denn alles, was Kleist heißt, ist ihm teuer. Er führte uns in sein Kabinett, geschmückt mit Gemälden seiner Freunde. Da ist keiner, sagte er, der nicht ein schönes Werk schrieb, oder eine große Tat beging. Kleist tat beides und Kleist steht oben an – Wehmütig nannte er uns die Namen der vorangegangnen Freunde, trauernd, daß er noch zurück sei. Aber er ist 83 Jahr, und so die Reihe wohl auch bald an ihn – Er besitzt einige hundert Briefe von Kleist, auch sein erstes Gedicht. Gleim war es eigentlich, der ihm zuerst die Aussicht nach dem Parnaß zeigte, und die Veranlassung ist seltsam und merkwürdig genug. Kleist war nämlich in einem Duell blessiert, und lag krank im Bette zu Potsdam. Gleim war damals Regiments-Quartiermeister und besuchte den Kranken, ohne ihn weiter genau zu kennen. Ach, sagte Kleist, ich habe die größte Langeweile, denn ich kann nicht lesen. Wissen Sie was, antwortete Gleim, ich will zuweilen herkommen und Ihnen etwas vorlesen. Damals eben hatte Gleim scherzhafte Gedichte gemacht, im Geschmack Anakreons, und las ihm unter andern eine Ode an den Tod vor, die ohngefähr so lautet: Tod, warum entführst du mir mein Mädchen? Kannst du dich auch verlieben? – – Und so geht es fort. Am Ende heißt es: Was willst du mit ihr machen? Kannst du doch mit Zähnen ohne Lippen, wohl die Mädchen beißen, doch nicht küssen – Über diese Vorstellung, wie der Tod mit seinen nackten, eckigen Zähnen, vergebens sich in die weichen Rosenlippen drückt, einen Kuß zu versuchen, gerät Kleist so ins Lachen, daß ihm bei der Erschütterung, das Band von der Wunde an der Hand abspringt. Man ruft einen Feldscher. Es ist ein Glück, sagt dieser, daß Sie mich rufen lassen, denn unbemerkt ist der kalte Brand im Entstehen und morgen wäre es zu spät gewesen. – Aus Dankbarkeit widmete Kleist der Dichtkunst das Leben, das sie ihm gerettet hatte. – In Wernigerode lernten wir eine sehr liebenswürdige Familie kennen, die Stolbergsche. – In Goslar fuhren wir in den Rammelsberg, wo in großen Höhlen die Erze mit angezündeten Holzstößen abgebrannt werden, und alles vor Hitze nackend arbeitet. Man glaubt in der Hölle, oder doch wenigstens in der Werkstatt der Zyklopen zu sein. – Von Ilsenburg aus bestiegen wir am Nachmittage des 31. den Brocken, den Du schon aus meiner früheren Reisebeschreibung kennst. Ich habe auch Quedlinburg lange wieder, aber nur von weitem, angesehen – In Ilsenburg habe ich den Teich gesehen, auf welchem die Knobelsdorf als Kind herumgefahren ist. Schreibe doch Carl, der alte Otto ließe die Knobelsdorf grüßen. – Und nun lebe wohl. Heute sind wir hier auf einem Balle, wo die Füße springen werden, indessen das Herz weint. Dann geht der Körper immer weiter und weiter von Dir, indessen die Seele immer zu Dir zurück strebt. Bald an diesen, bald an jenen Ort treibt mich das wilde Geschick, indessen ich kein innigeres Bedürfnis habe, als Ruhe – Können so viele

Widersprüche in einem engen Herzen wohnen? –? Lebe wohl. Hier hast Du meine Reiseroute. Morgen geht es nach Frankfurt, Mainz, *Mannheim;* dahin schreibe mir, und teile diese Adresse Carln mit. Wir werden dann unsre Tour über die Schweiz und Südfrankreich nehmen – *Südfrankreich!* Du kennst doch noch das Land? Und das alte Projekt –? In Paris werde ich schon das Studium der Naturwissenschaft fortsetzen müssen, und so werde ich wohl am Ende noch wieder in das alte Gleis kommen, vielleicht auch nicht, wer kann es wissen – Ich bin an lauter Pariser Gelehrten adressiert, und die lassen einen nicht fort, ohne daß man etwas von ihnen lernt. Lebe wohl, grüße die goldne Schwester, Carln, und alle die es gern hören, daß ich mich ihrer erinnere.

Heinrich Kleist.

*47. An Wilhelmine von Zenge*

A Mademoiselle Mademoiselle Wilhelmine de Zenge à Frankfort sur l'Oder, franc.

Straßburg, den 28. Juni 1801

Liebe Wilhelmine, ich habe wieder in Mannheim und in Straßburg vergebens nach Briefen von Dir gefragt, und weiß nun seit 5 Wochen nicht wie Du Dich befindest, wie Du lebst, was Du tust, nichts, *als daß Du mich liebst. Diese* Nachricht bleibt treuen Liebenden nie aus, und ich hoffe, Du wirst sie auch von mir empfangen haben. Täglich habe ich mit der *alten* Innigkeit an Dich gedacht, und jede einsame Stunde benutzt, meine Wünsche im Traume zu erfüllen – Im Traume – denn in der Wirklichkeit – – Ach Wilhelmine, wird es nicht einst einen Augenblick geben, wo wir uns in die Arme drücken und rufen werden: endlich – endlich sind wir glücklich –? –

– Ich muß von andern Dingen reden. – Ich wollte Dir heute von Straßburg aus einen recht langen Brief schreiben, wozu ich auch so ziemlich gestimmt war. Aber höre, auf welche Art Du um diesen langen Brief gekommen bist. Man hat uns hier so viel von den Friedensfesten die am 14. Juli in Paris gefeiert werden sollen vorerzählt, daß wir uns entschlossen haben, die Schweiz im Stiche zu lassen, und direkt nach Paris zu gehen. Nun aber dürfen wir keinen Tag verlieren, um zur rechten Zeit hinzukommen. Wir reisen also in einer Stunde schon ab, und ich nutze diese Frist bloß, um Dir im kurzen einige Nachricht von mir zu geben. Sobald in Paris das Friedensfest vorbei ist, schreibe ich Dir gleich, und zwar einen langen Brief – Ach, Wilhelmine, von der einen Seite ist es mir lieb, endlich einmal wieder ein wenig zur Ruhe zu kommen, von der andern ist es mir, als ob sich mein Herz vor der Stadt, die ich betreten soll, sträubte – Noch habe ich von den Franzosen nichts, als ihre Greuel und ihre Laster kennen gelernt – Und die Toren werden denken, man komme nach Paris, um ihre Sitten abzulernen! Als ich in Halberstadt bei Gleim war, trauerte er, daß ich nach Frankreich ginge. Auf meine Frage: warum? antwortete er: weil ich ein Franzose werden würde. Ich versprach ihm aber, als ein Deutscher zurück zu kehren. – Doch ich muß eilen, der Koffer ist eingepackt. Schreibe mir sogleich nach Paris: A Mon. de Kleist, ci-devant lieut. au reg. des gardes prussiennes, poste-restante, recht viel von Dir, aber auch etwas von den Freunden. Du bist die einzige, von der ich Briefe empfange aus meinem Vaterlande. Adieu, Dein treuer Heinrich.

*48. An Karoline von Schlieben*

Paris, den 18. Juli 1801

Liebe Freundin. Entsinnen Sie sich wohl noch eines armen kleinen Menschen, der vor einigen Monaten an einem etwas stürmischen Tage, als die See ein wenig hoch ging, mit dem Schiffchen seines Lebens in Dresden einlief, und Anker warf in diesem lieben Örtchen, weil der Boden ihm so wohl gefiel, und die Lüfte da so warm wehten, und die Menschen so freundlich waren? Entsinnen Sie sich des Jünglings wohl noch, der zuweilen an kühlen Abenden unter den dunkeln Linden des Schloßgartens, frohe Worte wechselnd, an Ihrer Seite ging, oder schweigend neben Ihnen stand auf der hohen Elbbrücke, wenn die Sonne hinter den blauen Bergen unterging? Entsinnen Sie sich dessen wohl noch, der Sie zuweilen durch den Olymp der Griechen voll Göttern und Heroen führte, und oft mit Ihnen vor der Mutter Gottes stand, vor jener hohen Gestalt, mit der stillen Größe, mit dem hohen Ernste, mit der Engelreinheit? Der Ihnen einst, am Abhange der Terrasse an jenem schönen Morgen die Halme hielt, aus welchen Sie den Glückskranz flochten, der Ihre Wünsche erfüllen soll? Dem Sie ein wenig von Ihrem Wohlwollen schenkten und Ihr Andenken für immer versprachen? Blättern Sie in Ihrem Stammbuch nach – und wenn Sie ein Wort finden, das warm ist, wie ein Herz, und einen Namen, der hold klingt, wie ein Dichternamen, so können Sie nicht fehlen; denn kurz, es ist Heinrich Kleist.

Ja, liebe Freundin, aus einem fernen fremden Lande fliegt der Geist eines Freundes zu Ihnen zurück, und versetzt sich in das holde, freundliche Tal von Dresden, das mehr seine Heimat ist, als das stolze, ungezügelte, ungeheure Paris. Da fand er Wohlwollen bei guten Menschen, und es ist nichts, was ihn inniger rühren, nichts was ihn tiefer bewegen kann, als dieses. O möchte das Gefühl, es *mir* geschenkt zu haben, Sie nur halb so glücklich machen, als mich, es von *Ihnen* empfangen zu haben. Von Ihnen – denn ach, es bricht durch die kalte Kruste der Konvenienz, die von Jugend auf unsre Herzen überzieht, so selten, besonders bei den Weibern so selten, ein warmes Gefühl hervor – Sie dürfen nur immer so viel fühlen, als der Hof erlaubt, und keinen Menschen mehr lieben, als die französischen Gouvernanten vorschreiben. Und doch – den Mann erkennt man an seinem Verstande; aber wenn man das Weib nicht an ihrem Herzen erkennt, woran erkennt man es sonst? Ja, es gibt eine gewisse *himmlische* Güte, womit die Natur das Weib bezeichnet hat, und die ihm allein eigen ist, alles, was sich ihr mit einem Herzen nähert, an sich zu schließen mit Innigkeit und Liebe: so wie die Sonne, die wir darum auch Kön*igin*, nicht König nennen, alle Weltkörper, die in ihrem Wirkungsraum schweben, an sich zieht mit sanften unsichtbaren Banden, und in frohen Kreisen um sich führt, Licht und Wärme und Leben ihnen gebend, bis sie am Ende ihrer spiralförmigen Bahn an ihrem glühenden Busen liegen –

Das ist die Einrichtung der Natur, und nur ein Tor oder ein Bösewicht kann es wagen, daran etwas verändern zu wollen. Die Tugend hat ihren eignen Wohlstand, und wo die Sittlichkeit im Herzen herrscht, da bedarf man ihres Zeichens nicht mehr. Wozu wollte man das Gold vergolden? Lassen Sie sich also nicht irren, was auch der Herold der Etikette dagegen einwendet. Das ist die Weisheit des Staubes; was Ihnen Ihr Herz sagt, ist Goldklang, und der spricht es selbst aus, daß er echt sei. Alle diese Vorschriften für Mienen und Gebärden und Worten und Handlungen, sie sind nicht für den, dem ein Gott in seinem Innern heimlich anvertraut, was *recht* ist. Sie sind nur Zeichen der Sittlichkeit, die oft nicht vorhanden ist, und mancher hüllt sein Herz nur darum in diesen klösterlichen Schleier, die Blößen zu verstecken, die es sonst verraten würden. Ihr Herz aber, liebe Freundin, hat keine – warum wollten Sie es nicht zeigen? Ach, es ist so menschlich zu fühlen und zu lieben – O folgen Sie immer diesem schönsten der Triebe; aber lieben Sie dann auch mit edlerer Liebe, *alles* was edel und gut ist und schön.

Ob Sie dabei glücklich sein werden – Ach, liebe Freundin, wer ist glücklich? –? Der kalte Mensch, dem nie ein Gefühl die Brust erwärmte, der nie empfand, wie süß eine Träne, wie süß ein Händedruck ist, der stumpf bei dem Schmerze, stumpf bei der Freude ist, er ist nicht glücklich; aber das warme, weiche Herz, das unaufhörlich sich sehnt, immer wünscht und hofft, und niemals genießen kann, das etwas ahndet, was es nirgends findet, das von jedem Eindrucke bewegt wird, jedem Gefühle sich hingibt, mit seiner Liebe alle Wesen umfaßt, an alles sich knüpft, wo es mit Wohlwollen empfangen wird, sei es die Brust eines Freundes, die ihm Trost, oder der Schatten eines Baumes, der ihm Kühlung gab – – ist es glücklich –?

Ich habe auf meiner Reise so viele guten lieben Menschen gefunden, in Leipzig einen Mann (Hindenburg), der mir wie ein Vater so ehrwürdig war, in Halberstadt Gleim, der ein Freund von allen ist, die Kleist heißen, in Wernigerode eine treffliche Familie (die Stolbergsche), in Rödelheim bei Frankfurt am Main einen Menschen, den ich fast den *besten* nennen möchte, in Straßburg eine Frau, die ein fast so weiches fühlbares Herz hat, wie Henriette, – – Aber zu schnell wechseln die Erscheinungen im Leben und zu eng ist das Herz, sie alle zu umfassen, und immer die vergangnen schwinden, Platz zu machen den neuen – Zuletzt ekelt dem Herzen vor den neuen, und matt gibt es sich Eindrücken hin, deren Vergänglichkeit es vorempfindet – Ach, es muß öde und leer und traurig sein, später zu sterben, als das Herz –

Aber noch lebt es – Zwar hier in Paris ist es so gut, als tot. Wenn ich das Fenster öffne, so sehe ich nichts, als die blasse, matte, fade Stadt, mit ihren hohen, grauen Schieferdächern und ihren ungestalteten Schornsteinen, ein wenig von den Spitzen der Tuilerieen, und lauter Menschen, die man vergißt, wenn sie um die Ecke sind. Noch kenne ich wenige von ihnen, ich liebe noch keinen, und weiß nicht, ob ich einen lieben werde. Denn in den Hauptstädten sind die Menschen zu gewitzigt, um offen, zu zierlich, um wahr zu sein. Schauspieler sind sie, die einander wechselseitig betrügen, und dabei tun, als ob sie es nicht merkten. Man geht kalt an einander vorüber; man windet sich in den Straßen durch einen Haufen von Menschen, denen nichts gleichgültiger ist, als ihresgleichen; ehe man eine Erscheinung gefaßt hat, ist sie von zehn andern verdrängt; dabei knüpft man sich an keinen, keiner knüpft sich an uns; man grüßt einander höflich, aber das Herz ist hier so unbrauchbar, wie eine Lunge unter der luftleeren Campane, und wenn ihm einmal ein Gefühl entschlüpft, so verhallt es, wie ein Flötenton im Orkan. Darum schließe ich zuweilen die Augen und denke an Dresden – Ach, ich zähle diesen Aufenthalt zu den frohsten Stunden meines Lebens. Die schöne, große, edle erhabene Natur, die Schätze von Kunstwerken, die Frühlingssonne, und so viel Wohlwollen – Was macht Ihre würdige Frau Mutter? Und ihre Tante? Und Einsiedels? Und Ihre liebe Schwester? Wenn ein fremder Maler eine Deutsche malen wollte, und fragte mich nach der Gestalt, nach den Zügen, nach der Farbe der Augen, der Wangen, der Haare, so würde ich ihn zu Ihrer Schwester führen und sagen, das ist ein *echtes* deutsches Mädchen. Was macht auch mein liebes Dresden? Ich sehe es noch vor mir liegen in der Tiefe der Berge, wie der Schauplatz in der Mitte eines Amphitheaters – ich sehe die Elbhöhen, die in einiger Entfernung, als ob sie aus Ehrfurcht nicht näher zu rücken wagten, gelagert sind, und gleichsam von Bewunderung angewurzelt scheinen – und die Felsen im Hintergrunde von Königstein, die wie ein bewegtes Meer von Erde aussehen, und in den schönsten Linien geformt sind, als hätten da die Engel im Sande gespielt – und die Elbe, die schnell ihr rechtes Ufer verläßt, ihren Liebling Dresden zu küssen, die bald zu dem einen, bald zu dem andern Ufer flieht, als würde ihr die Wahl schwer, und in tausend Umwegen, wie *vor Entzücken*, durch die freundlichen Fluren wankt, als wollte sie nicht ins Meer – und Lokowitz, das versteckt hinter den Bergen liegt, als ob es sich schämte – und die Weißritz, die sich aus den Tiefen des Plauenschen Grundes losringt, wie ein verstohlnes

Gefühl aus der Tiefe der Brust, die, immer an Felsen wie an Vorurteilen sich stoßend, nicht zornig, aber doch ein wenig unwillig murmelt, sich unermüdet durch alle Hindernisse windet, bis sie an die Freiheit des Tages tritt und sich ausbreitet in dem offnen Felde und frei und ruhig ihrer Bestimmung gemäß ins Meer fließt –

Einige große Naturszenen, die freilich wohl mit der dresdenschen wetteifern dürfen, habe ich doch auch auf meiner Reise kennen gelernt. Ich habe den Harz bereiset und den Brocken bestiegen. Zwar war an diesem Tage die Sonne in Regenwolken gehüllt, und wenn die Könige trauern, so trauert das Land. Über das ganze Gebirge war ein Nebelflor geschlagen und wir standen vor der Natur, wie vor einem Meisterstücke, das der Künstler aus Bescheidenheit mit einem Schleier verhüllt hat. Aber zuweilen ließ er uns durch die zerrißnen Wolken einen Blick des Entzückens tun, denn er fiel auf ein Paradies –

Doch der schönste Landstrich von Deutschland, an welchem unser großer Gärtner sichtbar con amore gearbeitet hat, sind die Ufer des Rheins von Mainz bis Koblenz, die wir auf dem Strome selbst bereiset haben. Das ist eine Gegend wie ein Dichtertraum, und die üppigste Phantasie kann nichts Schöneres erdenken, als dieses Tal, das sich bald öffnet, bald schließt, bald blüht, bald öde ist, bald lacht, bald schreckt. Pfeilschnell strömt der Rhein heran von Mainz und gradaus, als hätte er sein Ziel schon im Auge, als sollte ihn nichts abhalten, es zu erreichen, als wollte er es ungeduldig auf dem kürzesten Wege ereilen. Aber ein Rebenhügel (der Rheingau) tritt ihm in den Weg und beugt seinen stürmischen Lauf, sanft aber mit festem Sinn, wie eine Gattin den stürmischen Willen ihres Mannes, und zeigt ihm mit stiller Standhaftigkeit den Weg, der ihn ins Meer führen wird – – und er ehrt die edle Warnung und gibt, der freundlichen Weisung folgend, sein voreiliges Ziel auf, und durchbricht den Rebenhügel nicht, sondern umgeht ihn, mit beruhigtem Laufe dankbar seine blumigen Füße ihm küssend –

Aber still und breit und majestätisch strömt er bei Bingen heran, und sicher, wie ein Held zum Siege, und langsam, als ob er seine Bahn wohl vollenden würde – und ein Gebirge (der Hundsrück) wirft sich ihm in den Weg, wie die Verleumdung der unbescholtenen Tugend. Er aber durchbricht es, und wankt nicht, und die Felsen weichen ihm aus, und blicken mit Bewunderung und Erstaunen auf ihn hinab – doch *er* eilt verächtlich bei ihnen vorüber, aber ohne zu frohlocken, und die einzige Rache, die er sich erlaubt, ist diese, ihnen in seinem klaren Spiegel ihr schwarzes Bild zu zeigen –

Ich wäre auf dieser einsamen Reise, die ich mit meiner Schwester machte, sehr glücklich gewesen, wenn, – wenn – – Ach, liebe Freundin, Ulrike ist ein edles, weises, vortreffliches, großmütiges Mädchen, und ich müßte von allem diesen nichts sein, wenn ich das nicht fühlen wollte. Aber – so viel sie auch besitzen, so viel sie auch geben kann, an ihrem Busen läßt sich doch nicht ruhen – Sie ist eine weibliche Heldenseele, die von ihrem Geschlechte nichts hat, als die Hüften, ein Mädchen, das orthographisch schreibt und handelt, nach dem Takte spielt und denkt – – Doch still davon. Auch der leiseste Tadel ist zu bitter für ein Wesen, das keinen Fehler hat, als diesen, zu groß zu sein für ihr Geschlecht.

Seit 8 Tagen sind wir nun hier in Paris, und wenn ich Ihnen alles schreiben wollte, was ich in diesen Tagen sah und hörte und dachte und empfand, so würde das Papier nicht hinreichen, das auf meinem Tische liegt. Ich habe dem 14. Juli, dem Jahrestage der Zerstörung der Bastille beigewohnt, an welchem zugleich das Fest der wiedererrungenen Freiheit und das Friedensfest gefeiert ward. Wie solche Tage würdig begangen werden könnten, weiß ich nicht bestimmt; doch dies weiß ich, daß sie fast nicht unwürdiger begangen werden können, als dieser. Nicht als ob es an Obelisken und Triumphbogen und Dekorationen, und Illuminationen, und Feuerwerken und Luftbällen und Kanonaden gefehlt hätte, o behüte. Aber keine von allen Anstalten erinnerte an die Hauptgedanken, die Absicht, den Geist des Volks durch eine bis zum Ekel gehäufte Menge von Vergnügen zu *zerstreuen*, war überall herrschend, und wenn die Regierung einem Manne von Ehre hätte zumuten wollen, durch die mâts de cocagne, und die jeux de carousels, und die theatres forains und die escamoteurs, und die danseurs de corde mit Heiligkeit an die Göttergaben Freiheit und Frieden erinnert zu werden, so wäre dies beleidigender, als ein Faustschlag in sein Antlitz. – Rousseau ist immer das 4. Wort der Franzosen; und wie würde er sich schämen, wenn man ihm sagte, daß dies *sein* Werk sei? –

Doch ich muß schließen – Diesen Brief nimmt Alexander von Humboldt, der morgen früh mit seiner Familie von Paris abreiset, mit sich bis Weimar; und jetzt ist es 9 Uhr abends. – Von mir kann ich Ihnen nur so viel sagen, daß ich wenigstens ein Jahr hier bleiben werde, das Studium der Naturwissenschaft auf dieser Schule der Welt fortzusetzen. Wohin ich dann mich wenden werde, und ob der Wind des Schicksals noch einmal mein Lebensschiff nach Dresden treiben wird? – Ach, ich zweifle daran. Es ist *wahrscheinlich*, daß ich *nie* in mein Vaterland zurückkehre. In welchem Weltteile ich einst das Pflänzchen des Glückes pflücken werde, und ob es überhaupt irgendwo für mich blüht –? Ach, dunkel, dunkel ist das alles. – Ich hoffe auf etwas Gutes, doch bin ich auf das Schlimmste gefaßt. Freude gibt es ja doch auf jedem Lebenswege, selbst das Bitterste ist doch auf kurze Augenblicke süß. Wenn nur der Grund recht dunkel ist, so sind auch matte Farben hell. Der helle Sonnenschein des Glücks, der uns verblendet, ist auch nicht einmal für unser schwaches Auge gemacht. Am Tage sehn wir wohl die schöne Erde, doch wenn es Nacht ist, sehn wir in die Sterne – –

Und soll ich diesen Brief schließen, ohne Sie mit meiner ganzen Seele zu begrüßen? O möchte Ihnen der Himmel nur ein wenig von dem Glücke schenken, von dem Sie so viel, so viel verdienen. Auf die Erfüllung Ihrer *liebsten* Wünsche zu hoffen, zu *hoffen* –? Ja, immerhin. Aber sie zu *erwarten* –? Ach, liebe Freundin, wenn Sie sich Tränen ersparen wollen, so erwarten Sie wenig von dieser Erde. Sie kann *nichts* geben, was ein reines Herz *wahrhaft* glücklich machen könnte. Blicken Sie zuweilen, wenn es Nacht ist, in den Himmel. Wenn Sie auf diesem Sterne keinen Platz finden können, der Ihrer würdig ist, so finden Sie vielleicht auf einem andern einen um so bessern.

Und nun leben Sie wohl – der Himmel schenke Ihnen einen heitern, frischen Morgen, – einen Regenschauer in der Mittagshitze, – und einen stillen, kühlen sternenklaren Abend, an welchem sich leicht und sanft einschlafen läßt. Heinrich Kleist.

N. S. Ich habe vergessen, Sie um eine Antwort zu bitten; war diese Bitte nötig, oder würden Sie von selbst meinem Wunsche zuvorgekommen sein? – Noch eines. Ich wollte auch Einsiedeln mit dieser Gelegenheit schreiben, aber ich weiß seinen Wohnort nicht, auch ist es jetzt wegen Mangel an Zeit nicht mehr möglich. Er hat mir so viele Gefälligkeiten erzeigt, und ich fühle, daß ich ihm Dank schuldig bin. Wollen Sie es wohl übernehmen, ihm dies einmal gelegentlich mitzuteilen? Es wird ihn sehr interessieren, zu wissen, wie wir mit unsern Pferden, die er uns gekauft hat, zufrieden gewesen sind. Schreiben Sie ihm, daß es keine gesündern, dienstfertigern und fleißigern Tiere gab, als diese zwei Pferde. Wir haben sie unaufhörlich gebraucht, sie haben uns nie im Stiche gelassen, und wenn wir 14 Stunden an einem Tage gemacht hatten, so brauchten wir sie nur vollauf mit Haber zu füttern und ein wenig schmeichelnd hinter den Ohren zu kitzeln, so zogen sie uns am folgenden Tage noch 2 Stunden weiter. In 8 Tagen haben wir ohne auszuruhn von Straßburg bis Paris 120 Poststunden gemacht – Hier nun haben wir sie verkauft, und nie ist mir das Geld so verächtlich gewesen, als der Preis für diese Tiere, die wir gleichgültig der Peitsche des Philisters übergeben mußten, nachdem sie uns mit allen ihren Kräften gedient hatten. Übrigens war dieser Preis 13 französische Louisdor, circa 87 Rth., also nur 2 Taler Verlust. – Ein einziges Mal waren wir ein wenig böse auf sie, und das mit Recht, denke ich. Wir hatten ihnen nämlich in Butzbach, bei Frankfurt am Main, die Zügel abnehmen lassen vor einem Wirtshause, sie zu tränken und mit Heu zu futtern. Dabei war Ulrike so wie ich in dem Wagen sitzen geblieben, als mit einemmal ein Esel hinter uns ein so abscheuliches Geschrei erhob, daß wir wirklich grade so vernünftig sein mußten, wie wir sind, um dabei nicht scheu zu werden. Die armen Pferde aber, die das Unglück haben keine Vernunft zu besitzen, hoben sich hoch in die Höhe und gingen spornstreichs mit uns in vollem Karriere über das Steinpflaster der Stadt durch. Ich griff nach dem Zügel, aber die hingen ihnen, aufgelöset, über der Brust, und ehe ich Zeit hatte, an die Größe der Gefahr zu denken, schlug schon der Wagen mit uns um, und wir stürzten – Und an einem Eselsgeschrei hing ein Menschenleben? Und wenn es nun in dieser Minute geschlossen gewesen wäre, *darum* also hätte ich gelebt? Darum? *Das* hätte der Himmel mit diesem dunkeln, rätselhaften, irdischen Leben gewollt, und weiter nichts –? Doch für diesmal war es noch nicht geschlossen, – *wofür* er uns das Leben gefristet hat, wer kann es wissen? Kurz, wir standen beide ganz frisch und gesund von dem Steinpflaster auf und umarmten uns. Der Wagen lag ganz umgestürzt, daß die Räder zu oberst standen, ein Rad war ganz zerschmettert, die Deichsel zerbrochen, die Geschirre zerrissen, das alles kostete uns 3 Louisdor und 24 Stunden, am andern Morgen ging es weiter – Wann wird der letzte sein?

Grüßen Sie alles, was mich ein wenig liebt, auch Ihren Bruder.

*49. An Wilhelmine von Zenge*

Paris, den 21. Juli 1801

Mein liebes Minchen, recht mit herzlicher Liebe erinnere ich mich in diesem Augenblicke Deiner – O sage, bist Du mir wohl noch mit so vieler Innigkeit, mit so vielem Vertrauen ergeben, als sonst? Meine schnelle Abreise von Berlin, ohne Abschied von Dir zu nehmen, der seltsame Dir halbunverständliche Grund, meine kurzen, trüben, verwirrten und dabei sparsamen Briefe – o sage, hat Dir nicht zuweilen eine Ahndung von Mißtrauen ein wenig das Herz berührt? Ach, ich verzeihe es Dir, und bin in meiner innersten Seele froh durch das Bewußtsein, besser zu sein, als ich scheine. Ja, meine liebe Freundin, wenn mein Betragen Dich ein wenig beängstigt hat, so war doch nicht mein Herz, sondern bloß meine Lage schuld daran. Verwirrt durch die Sätze einer traurigen Philosophie, unfähig mich zu beschäftigen, unfähig, irgend etwas zu unternehmen, unfähig, mich um ein Amt zu bewerben, hatte ich Berlin verlassen, bloß weil ich mich vor der Ruhe fürchtete, in welcher ich Ruhe grade am wenigsten fand; und nun sehe ich mich auf einer Reise ins Ausland begriffen, ohne Ziel und Zweck, ohne begreifen zu können, wohin das mich führen würde – Mir war es zuweilen auf dieser Reise, als ob ich meinem Abgrunde entgegen ginge – Und nur das Gefühl, auch Dich mit mir hinabzuziehen, Dich, mein gutes, treues, unschuldiges Mädchen, Dich, die sich mir ganz hingegeben hat, weil sie ihr Glück von mir erwartet – Ach, Wilhelmine, ich habe oft mit mir gekämpft, – und warum soll ich nicht das Herz haben, Dir zu sagen, was ich mich nicht schäme, mir selbst zu gestehen? Ich habe oft mit mir gekämpft, ob es nicht meine *Pflicht* sei, Dich zu verlassen? Ob es nicht meine *Pflicht* sei, Dich von dem zu trennen, der sichtbar seinem Abgrunde entgegen eilt? – Doch höre, was ich mir antwortete. Wenn Du sie verlässest, sagte ich mir, wird sie dann wohl glücklicher sein? Ist sie nicht doch auch dann um die Bestimmung ihres Lebens betrogen? Wird sich ein andrer Mann um ein Mädchen bewerben, dessen Verbindung weltbekannt ist? Und wird sie einen andern Mann lieben können, wie mich –? Doch nicht Dein Glück allein, auch das meinige trat mir vor die Seele – ach, liebe Freundin, wer kann sich erwehren, ein wenig eigennützig zu sein? Soll ich mir denn, so fragte ich mich, die einzige Aussicht in der Zukunft zerstören, die mich noch ein wenig mit Lebenskraft erwärmt? Soll ich auch den einzigen Wunsch meiner Seele fahren lassen, den Wunsch, Dich mein Weib zu nennen? Soll ich denn ohne Ziel, ohne Wunsch, ohne Kraft, ohne Lebensreiz umherwandeln auf diesem Sterne, mit dem Bewußtsein, niemals ein Örtchen zu finden, wo das Glück für mich blüht – Ach, Wilhelmine, es war mir nicht möglich, allen Ansprüchen auf Freude zu entsagen, und wenn ich sie auch nur in der entferntesten Zukunft fände. Und dann – ist es denn auch so *gewiß*, daß ich meinem Abgrund entgegen eile? Wer kann die Wendungen des Schicksals erraten? Gibt es eine Nacht, die ewig dauert? So wie eine unbegreifliche Fügung mich schnell unglücklich machte, kann nicht eine ebenso unbegreifliche Fügung mich ebenso schnell glücklich machen? Und wenn auch das nicht wäre, wenn auch der Himmel kein Wunder täte, worauf man in unsern Tagen nicht eben sehr hoffen darf, habe ich denn nicht auch Hülfsmittel in mir selbst? Habe ich nicht Talent, und Herz und Geist, und ist meine gesunkene Kraft denn für immer gesunken? Ist diese Schwäche mehr als eine vorübergehende Krankheit, auf welcher Gesundheit und Stärke folgen? Kann ich denn nicht arbeiten? Schäme ich mich der Arbeit? Bin ich stolz, eitel, voll Vorurteile? Ist mir nicht jede *ehrliche* Arbeit willkommen, und will ich einen größern Preis, als Freiheit, ein eignes Haus und Dich?

Küsse mein Bild, Wilhelmine, so wie ich soeben das Deinige geküßt habe – Doch höre. Eines muß ich Dir noch sagen, ich bin es Dir schuldig. Es ist gewiß, daß früh oder spät, aber doch gewiß einmal ein heitrer Morgen für mich anbricht. Ich verdiene nicht unglücklich zu sein, und werde es nicht immer bleiben. Aber – es kann ein Weilchen dauern, und dazu gehört Treue. Auch werde ich die Blüte des Glückes pflücken müssen, wo ich sie finde, überall, gleichviel in welchem Lande, und dazu gehört Liebe – Was sagst Du dazu? Frage Dein Herz. Täusche mich nicht, so wie ich fest beschlossen habe, Dich niemals zu täuschen.

Jetzt muß ich Dir doch auch etwas von meiner Reise schreiben. – Weißt Du wohl, daß Dein Freund einmal dem Tode recht nahe war? Erschrick nicht, bloß nahe, und noch steht er mit allen seinen Füßen im Leben. Am folgenden Tage, nachdem ich meinen Brief an Dich in Göttingen auf die Post gegeben hatte, reiseten wir von dieser Stadt ab nach Frankfurt am Main. Fünf Meilen vor diesem Orte, in Butzbach, einem kleinen Städtchen, hielten wir an einem Morgen vor einem Wirtshause an, den Pferden Heu vorzulegen, wobei Johann ihnen die Zügel abnahm und wir beide sorglos sitzen blieben. Während Johann in dem Hause war, kommt ein Zug von Steineseln hinter uns her, und einer von ihnen erhebt ein so gräßliches Geschrei, daß wir selbst, wenn wir nicht so vernünftig wären, scheu geworden wären. Unsere Pferde aber, die das Unglück haben, keine Vernunft zu besitzen, hoben sich kerzengrade in die Höhe, und gingen dann spornstreichs mit uns über das Steinpflaster durch. Ich griff nach der Leine – aber die Zügel lagen den Pferden, aufgelöset, über der Brust, und ehe wir Zeit hatten, an die Größe der Gefahr zu denken, schlug unser leichter Wagen schon um, und wir stürzten – Also an ein Eselsgeschrei hing ein Menschenleben? Und wenn es geschlossen gewesen wäre, *darum* hätte ich gelebt? *Das* wäre die Absicht des Schöpfers gewesen bei diesem dunklen, rätselhaften irdischen Leben? *Das* hätte ich darin lernen und tun sollen, und weiter nichts –? Doch, noch war es nicht geschlossen. Wozu der Himmel es mir gefristet hat, wer kann es wissen? – Kurz, wir standen beide, frisch und gesund von dem Steinpflaster auf, und umarmten uns. Der Wagen lag ganz umgestürzt, die Räder zu oberst, ein Rad war ganz zertrümmert, die Deichsel zerbrochen, die Geschirre zerrissen. Das kostete uns 3 Louisdor und 24 Stunden; dann ging es weiter – wohin? Gott weiß es.

Von Mainz aus machten wir eine Rheinreise nach Bonn. – Ach, Wilhelmine, das ist eine Gegend, wie ein Dichtertraum, und die üppigste Phantasie kann nichts Schöneres erdenken, als dieses Tal, das sich bald öffnet, bald schließt, bald blüht, bald öde ist, bald lacht, bald schreckt. Am ersten Tag, bis Koblenz, hatten wir gutes Wetter. Am zweiten, wo wir bis Köln fahren wollten, erhob sich schon bei der Abfahrt ein so starker Sturm, in widriger Richtung, daß die Schiffer mit dem großen Postschiff, das ganz bedeckt ist, nicht weiter fahren wollten, und in einem trierischen Dorfe am Ufer landeten. Da blieben wir von 10 Uhr morgens den ganzen übrigen Tag, immer hoffend, daß sich der Sturm legen würde. Endlich um 11 Uhr in der Nacht schien es ein wenig ruhiger zu werden, und wir schifften uns mit der ganzen Gesellschaft wieder ein.

Aber kaum waren wir auf der Mitte des Rheins, als wieder ein so unerhörter Sturm losbrach, daß die Schiffer das Fahrzeug gar nicht mehr regieren konnten. Die Wellen, die auf diesem breiten, mächtigen Strome, nicht so unbedeutend sind, als die Wellen der Oder, ergriffen das Schiff an seiner Fläche, und schleuderten es so gewaltig, daß es durch sein höchst gefährliches Schwanken, die ganze Gesellschaft in Schrecken setzte. Ein jeder klammerte sich alle andern vergessend an einen Balken an, ich selbst, *mich zu halten* – Ach, es ist nichts ekelhafter, als diese Furcht vor dem Tode. Das Leben ist das einzige Eigentum, das nur dann etwas wert ist, wenn wir es nicht achten. Verächtlich ist es, wenn wir es nicht leicht fallen lassen können, und nur der kann es zu großen Zwecken nutzen, der es leicht und freudig wegwerfen könnte. Wer es mit Sorgfalt liebt, moralisch tot ist er schon, denn seine höchste Lebenskraft, nämlich es opfern zu können, modert, indessen er es pflegt. Und doch – o wie unbegreiflich ist der Wille, der über uns waltet! – Dieses rätselhafte Ding, das wir besitzen, wir wissen nicht von wem, das uns fortführt, wir wissen nicht wohin, das unser Eigentum ist, wir wissen nicht, ob wir darüber schalten dürfen, eine Habe, die nichts wert ist, wenn sie uns etwas wert ist, ein Ding, wie ein Widerspruch, flach und tief, öde und reich, würdig und verächtlich, vieldeutig und unergründlich, ein Ding, das jeder wegwerfen möchte, wie ein unverständliches Buch, sind wir nicht durch ein Naturgesetz gezwungen es zu lieben? Wir müssen vor der Vernichtung beben, die doch nicht so qualvoll sein kann, als oft das Dasein, und indessen mancher das traurige Geschenk des Lebens beweint, muß er es durch Essen und Trinken ernähren und die Flamme vor dem Erlöschen hüten, die ihn weder erleuchtet, noch erwärmt.

Das klang ja wohl recht finster? Geduld – Es wird nicht immer so sein, und ich sehne mich nach einem Tage, wie der Hirsch in der Mittagshitze nach dem Strome, sich hineinzustürzen – Aber Geduld! – Geduld –? Kann der Himmel die von seinen Menschen verlangen, da er ihnen selbst ein Herz voll Sehnsucht gab? Zerstreuung! Zerstreuung! – O wenn mir die Wahrheit des Forschens noch so würdig schiene, wie sonst, da wäre Beschäftigung hier in diesem Orte vollauf – Gott gebe mir nur Kraft! Ich will es versuchen. Ich habe hier schon durch Humboldt und Lucchesini einige Bekanntschaften französischer Gelehrter gemacht, auch schon einige Vorlesungen besucht – Ach, Wilhelmine, die Menschen sprechen mir von Alkalien und Säuren, indessen mir ein allgewaltiges Bedürfnis die Lippe trocknet – Lebe wohl, wohl, schreibe mir bald, zum Troste. Dein H. K.
(künftig etwas von Paris)

## 50. An Adolfine von Werdeck

Paris, den 28. (und 29.) Juli 1801

Gnädigste Frau,

Erkennen Sie an diesen Zügen wohl noch die Schrift eines Jünglings, die seit sechs Jahren nicht mehr vor Ihren Augen erschien? Können Sie aus ihrer Form wohl noch, wie sonst, den Namen des Schriftstellers erraten, und regt sich dabei in Ihrer Seele wohl noch ein wenig von dem Wohlwollen, von dem sie ihm einst so viel schenkten? Oder ist diese Hand Ihnen unbekannt geworden? Hat sie sich mit dem Herzen verändert? Ist sie alt geworden mit ihm, und muß sie sein Schicksal teilen, weniger Teilnahme zu finden, als in der Blütenzeit der Jugend? – Ach, was ist das Leben eines Menschen für ein farbenwechselndes Ding! Sechs Jahre! Wie viele Gedanken, wie viele Gefühle, wie viele Wünsche, wie viele Hoffnungen, wie viele Täuschungen, wie viele Freuden, wie viele Leiden schließen sechs Jünglingsjahre ein! Wie der Felsen, dessen drohender Gipfel, wenn wir unter seinen Füßen stehen, Erstaunen und Verwunderung in unsrer Seele erregt, nach und nach, wenn wir uns von ihm entfernen, immer kleiner und kleiner wird, und endlich zu einem dämmernden Pünktchen schwindet, das wir mühsam suchen müssen, um es zu finden, so werden auch die großen Momente der Vergangenheit immer kleiner und kleiner – Selbst Gefühle an deren Ewigkeit wir nicht zweifelten, schwinden ganz aus dem Gedächtnis. Es war eine Zeit, wo ich nicht glaubte, daß diese Seele jemals einen andern Gedanken bearbeiten würde, als einen einzigen, jemals ein anderes Gefühl lieb gewinnen könnte, als ein einziges; und jetzt muß eine Zeitung mir in die Hände fallen, oder ein Komet über die Erde ziehen, um mich seiner zu erinnern –? Ach, die Liebe entwöhnt uns von ihren Freuden, wie die Mutter das Kind von der Milch, indem sie sich Wermut auf die Brust legt – Und doch ist die Erinnerung selbst an das Bitterste noch süß. Ja, es ist kein Unglück, das Glück verloren zu haben, das erst ist ein Unglück, sich seiner nicht mehr zu erinnern. So lange wir noch die Trümmern der Vergangenheit besuchen können, so lange hat das Leben auch immer noch eine Farbe. Aber wenn ein unruhiges Schicksal uns zerstreut, wenn die rohen Bedürfnisse des Daseins die leiseren übertäuben, wenn die Notwendigkeit uns zu denken, zu streben, zu handeln zwingt, wenn neue Gedanken sich zeigen und wieder verschwinden, neue Wünsche sich regen und wieder sinken, neue Bande sich knüpfen, und wieder zerreißen, wenn wir dann zuweilen, flüchtig, mit ermatteter Seele, die geliebten Ruinen besteigen, das Blümchen der Erinnerung zu pflücken, und dann auch hier alles leer und öde finden, die schönsten Blöcke in Staub und Asche gesunken, die letzten Säulen dem Sturze nah, bis zuletzt das ganze Monument matt und flach ist, wie die Ebene, die es trägt, dann erst verwelkt das Leben, dann bleicht es aus, dann verliert es alle seine bunten Farben – Wie viele Freuden habe ich auf dieser Reise genossen, wie viel Schönes gesehen, wie viele Freunde gefunden, wie viele großen Augenblicke durchlebt – Aber zu schnell wechseln die Erscheinungen im Leben, zu eng ist das Herz sie alle zu umfassen, und immer die vergangnen schwinden, Platz zu machen den neuen – Zuletzt ekelt dem Herzen vor den neuen, und matt gibt es sich Eindrücken hin, deren Vergänglichkeit es vorempfindet – Ach, es muß leer und öde und traurig sein, später zu sterben, als das Herz –

Mit welchen Empfindungen ich *Mainz* wiedererblickte, das

ich schon als Knabe einmal sah – wie ließe sich das beschreiben? Das war damals die üppigste Sekunde in der Minute meines Lebens! Sechzehn Jahre, der Frühling, die Rheinhöhen, der *erste* Freund, den ich soeben gefunden hatte, und ein Lehrer wie Wieland, dessen »Sympathien« ich damals las – War die Anlage nicht günstig, einen großen Eindruck tief zu begründen?

Warum ist die Jugend die üppigste Zeit des Lebens? Weil kein Ziel so hoch und so fern ist, das sie sich nicht einst zu erreichen getraute. Vor ihr liegt eine Unendlichkeit – Noch ist nichts bestimmt, und alles möglich – Noch spielt die Hand, mutwillig zögernd, mit den Losen in der Urne des Schicksals, welche auch das *große* enthält – warum sollte sie es nicht fassen *können?* Sie säumt und säumt, indem schon die bloße Möglichkeit fast ebenso wollüstig ist, wie die Wirklichkeit – Indessen spielt ihr das Schicksal einen Zettel unter die Finger – es ist nicht das große Los, es ist keine Niete, es ist ein Los, wie es Tausende schon getroffen hat, und Millionen noch treffen wird.

Damals entwickelten sich meine ersten Gedanken und Gefühle. In meinem Innern sah es so poetisch aus, wie in der Natur, die mich umgab. Mein Herz schmolz unter so vielen begeisternden Eindrücken, mein Geist flatterte wollüstig, wie ein Schmetterling über honigduftende Blumen, mein ganzes Wesen ward fortgeführt von einer unsichtbaren Gewalt, wie eine Fürsichblüte von der Morgenluft – Mir wars, als ob ich vorher ein totes Instrument gewesen wäre, und nun, plötzlich mit dem Sinn des Gehörs beschenkt, entzückt würde über die eignen Harmonieen. –

Wir standen damals in *Bieberich* in Kantonierungsquartieren. Vor mir blühte der Lustgarten der Natur – eine konkave Wölbung, wie von der Hand der Gottheit eingedrückt. Durch ihre Mitte fließt der Rhein, zwei Paradiese aus einem zu machen. In der Tiefe liegt *Mainz*, wie der Schauplatz in der Mitte eines Amphitheaters. Der Krieg war aus dieser Gegend geflohen, der Friede spielte sein allegorisches Stück. Die Terrassen der umschließenden Berge dienten statt der Logen, Wesen aller Art blickten als Zuschauer voll Freude herab, und sangen und sprachen Beifall – Oben in der Himmelsloge stand Gott. Hoch an dem Gewölbe des großen Schauspielhauses strahlte die Girandole der Frühlingssonne, die entzückende Vorstellung zu beleuchten.

Holde Düfte stiegen, wie Dämpfe aus Opferschalen, aus den Kelchen der Blumen und Kräuter empor. Ein blauer Schleier, wie in Italien gewebt, umhüllte die Gegend, und es war, als ob der Himmel selbst hernieder gesunken wäre auf die Erde –

Ach, ich entsinne mich, daß ich in meiner Entzückung zuweilen, wenn ich die Augen schloß, besonders einmal, als ich an dem Rhein spazieren ging, und so zugleich die Wellen der Luft und des Stromes mich umtönten, eine ganze vollständige Sinfonie gehört habe, die Melodie und alle begleitenden Akkorde, von der zärtlichen Flöte bis zu dem rauschenden Kontra-Violon. Das klang mir wie eine Kirchenmusik, und ich glaube, daß alles, was uns die Dichter von der Sphärenmusik erzählen, nichts Reizenderes gewesen ist, als diese seltsame Träumerei.

Zuweilen stieg ich allein in einen Nachen und stieß mich bis auf die Mitte des Rheins. Dann legte ich mich nieder auf den Boden des Fahrzeugs, und vergaß, sanft von dem Strome hinabgeführt, die ganze Erde, und sah nichts, als den Himmel –

Wie diese Fahrt, so war mein ganzes damaliges Leben – Und jetzt! – Ach, das Leben des Menschen ist, wie jeder Strom, bei seinem Ursprunge am höchsten. Es fließt nur fort, indem es fällt – In das Meer müssen wir alle – Wir sinken und sinken, bis wir so niedrig stehen, wie die andern, und das Schicksal *zwingt* uns, so zu sein, wie die, die wir verachten –

Ich habe in der Gegend von Mainz jeden Ort besucht, der mir durch irgend eine Erinnerung heilig war, die Insel bei Bieberich, die ich mit *Müllern*, oft im größten Sturm, umschiffte – das Ufer zwischen Bieberich und Schierstein, an welchem *Gleißenberg* mich einmal mitten in der Nacht, als der Schiffer schelmisch aus unserm Kahn gesprungen war, hinanstieß – das Lager bei Marienborn, wo ich noch Spuren einer Höhle fand, die ich einmal mit *Barßen*, uns vor der Sonne zu schützen, in die Erde gegraben hatte –

Von Mainz aus fuhr ich mit Ulriken auf dem Rheine nach Koblenz – Ach, das ist eine Gegend, wie ein Dichtertraum, und die üppigste Phantasie kann nichts Schöneres erdenken, als dieses Tal, das sich bald öffnet, bald schließt, bald blüht, bald öde ist, bald lacht, bald schreckt. Pfeilschnell strömt der Rhein heran von Mainz, als hätte er sein Ziel schon im Auge, als sollte ihn nichts abhalten, es zu erreichen, als wollte er es, ungeduldig, auf dem kürzesten Wege ereilen. Aber ein Rebenhügel (der Rheingau) beugt seinen stürmischen Lauf, sanft aber mit festem Sinn, wie eine Gattin den stürmischen Willen ihres Mannes, und zeigt ihm mit stiller Standhaftigkeit den Weg, der ihn ins Meer führen wird – Und er ehrt die edle Warnung und gibt sein voreiliges Ziel auf, und durchbricht, der freundlichen Weisung folgend, den Rebenhügel nicht, sondern umgeht ihn, mit beruhigtem Laufe seine blumigen Füße ihm küssend –

Aber still und breit und majestätisch strömt er bei *Bingen* heran, und sicher, wie ein Held zum Siege, und langsam, als ob er seine Bahn doch wohl vollenden würde – Und ein Gebirge (der Hundsrück) wirft sich ihm in den Weg, wie die Verleumdung der unbescholtenen Tugend. Er aber durchbricht es, und wankt nicht, und die Felsen weichen ihm aus, und blicken mit Bewunderung und Erstaunen auf ihn hinab – doch *er* eilt verächtlich bei ihnen vorüber, aber ohne zu frohlocken, und die einzige Rache, die er sich erlaubt, ist diese, ihnen in seinem klaren Spiegel ihr schwarzes Bild zu zeigen –

Und hier in diesem Tale, wo der Geist des Friedens und der Liebe zu dem Menschen spricht, wo alles, was Schönes und Gutes in unsrer Seele schlummert, lebendig wird, und alles, was niedrig ist, schweigt, wo jeder Luftzug und jede Welle, freundlich-geschwätzig, unsere Leidenschaften beruhigt, und die ganze Natur gleichsam den Menschen einladet, vortrefflich zu sein – o war es möglich, daß dieses Tal ein Schauplatz werden konnte für den Krieg? Zerstörte Felder, zertretene Weinberge, ganze Dörfer in Asche, Festen, die unüberwindlich schienen, in den Rhein gestürzt – Ach, wenn ein *einziger* Mensch so viele Frevel auf seinem Gewissen tragen sollte, er müßte niedersinken, erdrückt von der Last – Aber eine ganze Nation errötet niemals. Sie dividiert die Schuld mit 30000000, da kömmt ein kleiner Teil auf jeden, den ein Franzose ohne Mühe trägt. – *Gleim* in Halberstadt nahm mir das Versprechen ab, als *ein Deutscher* zurückzukehren in mein Vaterland. Es wird mir nicht schwer werden, dieses Versprechen zu halten.

Ich wäre auf dieser Rheinreise sehr glücklich gewesen, wenn – wenn – – Ach, gnädigste Frau, es gibt nichts Großes in der Welt, wozu Ulrike nicht fähig wäre, ein edles, weises, großmütiges

Mädchen, eine Heldenseele in einem Weiberkörper, und ich müßte von allem diesen nichts sein, wenn ich das nicht innig fühlen wollte. Aber – ein Mensch kann viel besitzen, vieles geben, es läßt sich doch nicht immer, wie Goethe sagt, an seinem Busen ruhen – Sie ist ein Mädchen, das orthographisch schreibt und handelt, nach dem Takte spielt und denkt, ein Wesen, das von dem Weibe nichts hat, als die Hüften, und nie hat sie gefühlt, wie süß ein Händedruck ist – Aber sie mißverstehen mich doch nicht –? O es gibt kein Wesen in der Welt, das ich so ehre, wie meine Schwester. Aber welchen Mißgriff hat die Natur begangen, als sie ein Wesen bildete, das weder Mann noch Weib ist, und gleichsam wie eine Amphibie zwischen zwei Gattungen schwankt? Auffallend ist in diesem Geschöpf der Widerstreit zwischen Wille und Kraft. Auf einer Fußreise in dem schlesischen Gebirge aß und trank sie nicht vor Ermüdung, ward bei dem Sonnenaufgang auf der Riesenkoppe ohnmächtig, und antwortete doch immer, so oft man sie fragte, sie befinde sich wohl. Vor *Töplitz* fuhren wir mit einem andern beladenen Wagen so zusammen, daß wir weder vor- noch rückwärts konnten, weil auf der andern Seite ein Zaun war. Der Zaun, rief sie, muß abgetragen werden – Es gab wirklich kein anderes Mittel, und der Vorschlag war eines Mannes würdig. Sie aber ging weiter, und legte, ihr Geschlecht vergessend, die schwache Hand an den Balken, der sich nicht rührte – Mitten in einer großen Gefahr auf einem See bei *Fürstenwalde*, wo die ganze Familie im Nachen dem Sturme ausgesetzt war, und alles weinte und schrie, und selbst die Männer die Besinnung verloren, sagte sie: kommen wir doch in die Zeitungen – Mit Kälte und Besonnenheit geht sie jeder Gefahr entgegen, erscheint aber unvermutet ein Hund oder ein Stier, so zittert sie an allen Gliedern – Wo ein anderer überlegt, da entschließt sie sich, und wo er spricht, da handelt sie. Als wir auf der Ostsee zwischen Rügen und dem festen Lande im Sturme auf einem Boote mit Pferden und Wagen dem Untergange nahe waren, und der Schiffer schnell das Steuer verließ, die Segel zu fällen, sprang sie an seinen Platz und hielt das Ruder – Unerschütterte Ruhe scheint ihr das glücklichste Los auf Erden. Von *Bahrdten* hörte sie einst, er habe den Tod seiner geliebten Tochter am Spieltische erfahren, ohne aufzustehen. Der Mann schien ihr beneidens- und nachahmungswürdig. – Wo ein andrer fühlt, da denkt sie, und wo er genießt, da will sie sich unterrichten. In Kassel spielte ein steinerner Satyr durch die Bewegung des Wassers die Flöte. Es war ein angenehmes Lied, ich schwieg und horchte. Sie fragte: wie geht das zu? – Einst sagte sie, sie könne nicht begreifen, wie üppige Gedichte, oder Malereien reizen könnten –? Doch still davon. Das klingt ja fast wie ein Tadel – und selbst der leiseste ist zu bitter für ein Wesen, das keinen andern Fehler hat, als diesen, zu groß zu sein für ihr Geschlecht.

den 29. Juli

Seit dem 3. bin ich nun (über Straßburg) in Paris. – Werde ich Ihnen nicht auch etwas von dieser Stadt schreiben müssen? Herzlich gern, wenn ich nur mehr zum Beobachten gemacht wäre. Aber – kehren uns nicht alle irdischen Gegenstände ihre Schattenseite zu, wenn wir in die Sonne sehen –? Wer die Welt in seinem Innern kennen lernen will, der darf nur flüchtig die Dinge außer ihm mustern. Ach, es ist meine angeborne Unart, nie den Augenblick ergreifen zu können, und immer an einem Orte zu leben, an welchem ich nicht bin, und in einer Zeit, die vorbei, oder noch nicht da ist. – Als ich in mein Vaterland war, war ich oft in Paris, und nun ich in Paris bin, bin ich fast immer in mein Vaterland. Zuweilen gehe ich, mit offnen Augen durch die Stadt, und sehe – viel Lächerliches, noch mehr Abscheuliches, und hin und wieder etwas Schönes. Ich gehe durch die langen, krummen, engen, mit Kot oder Staub überdeckten, von tausend widerlichen Gerüchen duftenden Straßen, an den schmalen, aber hohen Häusern entlang, die sechsfache Stockwerke tragen, gleichsam den Ort zu vervielfachen, ich winde mich durch einen Haufen von Menschen, welche schreien, laufen, keuchen, einander schieben, stoßen und umdrehen, ohne es übelzunehmen, ich sehe jemanden an, er sieht mich wieder an, ich frage ihn ein paar Worte, er antwortet mir höflich, ich werde warm, er ennuyiert sich, wir sind einander herzlich satt, er empfiehlt sich, ich verbeuge mich, und wir haben uns beide vergessen, sobald wir um die Ecke sind – Geschwind gehe ich nach dem Louvre und erwärme mich an dem Marmor, an dem Apoll vom Belvedere, an der medicëischen Venus, oder trete vor das herrliche niederländische Tableau, wo der Sauhiert den Ulysses ausschimpft – Auf dem Rückwege gehe ich durch das Palais royal, wo man ganz Paris kennen lernen kann, mit allen seinen Greueln und sogenannten Freuden – Es ist kein sinnliches Bedürfnis, das hier nicht bis zum Ekel befriedigt, keine Tugend, die hier nicht mit Frechheit verspottet, keine Infamie, die hier nicht nach Prinzipien begangen würde – Noch schrecklicher ist der Anblick des Platzes an der Halle au bléd, wo auch der letzte Zügel gesunken ist – Dann ist es Abend, dann habe ich ein brennendes Bedürfnis, das alles aus den Augen zu verlieren, alle diese Dächer und Schornsteine und alle diese Abscheulichkeiten, und nichts zu sehen, als rundum den Himmel – aber gibt es einen Ort in dieser Stadt, wo man ihrer nicht gewahr würde?

Lucchesini und Humboldt haben mich vorläufig bei einigen französischen Gelehrten eingeführt. Ich soll nämlich hier studieren, ich *soll* es, so will es ein jahrelang entworfener Plan, dem ich folgen muß, wie ein Jüngling einem Hofmeister, von dem er sich noch nicht los machen kann. Ich habe auch schon einigen Vorlesungen beigewohnt – Ach, diese Menschen sprechen von Säuren und Alkalien, indessen mir ein allgewaltiges Bedürfnis die Lippe trocknet – Liebe Freundin, sagen Sie mir, sind wir da, die Höhe der Sonne zu ermessen, oder uns an ihren Strahlen zu wärmen? Genießen! Genießen! *Wo* genießen wir? Mit dem Verstande oder mit dem Herzen? Ich *will* es nicht mehr binden und rädern, frei soll es die Flügel bewegen, ungezügelt um seine Sonne soll es fliegen, flöge es auch gefährlich, wie die Mücke um das Licht – Ach, daß wir ein Leben bedürfen, zu lernen, wie wir leben müßten, daß wir im Tode erst ahnden, was der Himmel mit uns will! – Wohin wird dieser schwankende Geist mich führen, der nach allem strebt, und berührt er es, gleichgültig es fahren läßt – Und doch, wenn die Jugend von jedem Eindrucke bewegt wird, und ein heftiger sie stürzt, so ist das nicht, weil sie keinen, sondern weil sie *starken* Widerstand leistet. Die abgestorbene Eiche, sie steht unerschüttert im Sturm, aber die blühende stürzt er, *weil er in ihre Krone greifen kann* – Ich entsinne mich, daß mir ein *Buch* zuerst den Gedanken einflößte, ob es nicht möglich sei, ein hohes wissenschaftliches Ziel noch zu erreichen? Ich versuchte es, und auf der Mitte der Bahn hält mich jetzt ein *Gedanke* zurück – Ach, ich trage mein Herz mit mir herum, wie ein nördliches Land den Keim einer Südfrucht. Es treibt und treibt, und es kann nicht reifen – Denn Menschen lassen sich, wie Metalle, zwar formen so lange sie warm sind; aber jede Berührung wirkt wieder anders auf sie ein, und nur wenn sie erkalten, wird ihre Gestalt bleibend. Ich möchte so gern in einer *rein-menschlichen* Bildung fortschreiten, aber das Wissen macht uns weder besser, noch glücklicher. Ja, wenn wir den ganzen Zusammenhang der Dinge einsehen könnten! Aber ist nicht der Anfang und das Ende jeder Wissenschaft in Dunkel gehüllt? Oder soll ich alle diese Fähigkeiten, und alle diese Kräfte und dieses ganze Leben nur dazu anwenden, eine Insektengattung kennen zu lernen, oder einer Pflanze ihren Platz in der Reihe der Dinge anzuweisen? Ach, mich ekelt vor dieser Einseitigkeit! Ich glaube, daß *Newton* an dem Busen eines Mädchens nichts anderes sah, als seine krumme Linie, und daß ihm an ihrem Herzen nichts merkwürdig war, als sein Kubikinhalt. Bei den Küssen seines Weibes denkt ein echter Chemiker nichts, als daß ihr Atem Stickgas und Kohlenstoffgas ist. Wenn die Sonne glühend über den Horizont heraufsteigt, so fällt ihm weiter nichts ein, als daß sie eigentlich noch nicht da ist – Er sieht bloß das Insekt, nicht die Erde, die es trägt, und wenn der bunte Holzspecht an die Fichte klopft, oder im Wipfel der Eiche die wilde Taube zärtlich girrt, so fällt ihm bloß ein, wie gut sie sich ausnehmen würden, wenn sie ausgestopft wären. Die ganze Erde ist dem Botaniker nur ein großes Herbarium, und an der wehmütigen Trauerbirke, wie an dem Veilchen, das unter ihrem Schatten blüht, ist ihm nichts merkwürdig, als ihr linnéischer Name. Dagegen ist die Gegend dem Mineralogen nur schön, wenn sie steinig ist, und wenn der alpinische Granit von ihm bis in die Wolken strebt, so tut es ihm nur leid, daß er ihn nicht in die Tasche stecken kann, um ihn in den Glasschrank neben die andern Fossile zu setzen – O wie traurig ist diese zyklopische Einseitigkeit! – Doch genug. Ich habe Ihnen so viel aus meinem Innern mitgeteilt; werden Sie mir diese kindische Neigung zur Vertraulichkeit verzeihen? Ich hoffe es. Ihre Antwort wird mir eine frohe Stunde schenken. Was macht Werdeck? O möchte der Würdigste unter den Menschen doch nicht zugleich der Unglücklichste sein! Grüßen Sie Fr. Schlegel, und wenn in der Tafel Ihres Gedächtnisses noch ein Plätzchen übrig ist, so heben Sie es auf für den Namen Ihres Freundes Heinrich Kleist.

*51. An Wilhelmine von Zenge*

A Mademoiselle Mademoiselle Wilhelmine de Zenge à Francfort sur l'Oder.

Paris, den 15. August 1801

Mein liebes Minchen, Dein Brief, und die paar Zeilen von Carln und Louisen haben mir außerordentlich viele Freude gemacht. Es waren seit 10 Wochen wieder die ersten Zeilen, die ich von Deiner Hand las; denn die Briefe, die Du mir, wie Du sagst, während dieser Zeit geschrieben hast, müssen verloren gegangen sein, weil ich sie nicht empfangen habe. Desto größer war meine Freude, als ich heute auf der Post meine Adresse und Deine Hand erkannte – Aber denke Dir meinen Schreck, als der Postmeister meinen Paß zu sehen verlangte, und ich gewahr ward, daß ich ihn unglücklicherweise vergessen hatte –? Was war zu tun? Die Post ist eine starke halbe Meile von meiner Wohnung entfernt – Sollte ich zurücklaufen, sollte ich noch zwei Stunden warten, einen Brief zu erbrechen, den ich schon in meiner Hand hielt? – Ich bat den Postmeister, er möchte einmal eine Ausnahme von der Regel machen, ich stellte ihm die Unbequemlichkeit des Zurücklaufens vor, ich vertraute ihm an, wie viele Freude es mir machen würde, wenn ich den Brief mit mir zurücknehmen könnte, ich schwor ihm zu, daß ich Kleist sei und ihn nicht betrüge – Umsonst! Der Mann war unerbittlich. Schwarz auf weiß wollte er sehen, Mienen konnte er nicht lesen – Tausendfältig betrogen, glaubte er nicht mehr, daß in Paris jemand ehrlich sein könnte. Ich verachtete, oder vielmehr ich bemitleidete ihn, holte meinen Paß, und vergab ihm, als er mir Deinen Brief überlieferte. Ganz ermüdet lief ich in ein Kaffeehaus und las ihn – und der Ernst, der in Deinem Briefe herrscht, Deine stille Bemühung, Dich immer mehr und mehr zu bilden, die Beschreibung Deines Zustandes, in welchem Du Dich, so sehr ich Dich auch betrübe, doch noch so ziemlich glücklich fühlst, das alles rührte mich so innig, daß ich es in dem Schauspielhause, in welches ich gegangen war, ein großes Stück zu sehen, gar nicht aushalten konnte, noch vor dem Anfang der Vorstellung wieder herauslief, und jetzt, noch mit aller Wärme der ersten Empfindung, mich niedersetze, Dir zu antworten.

Du willst, ich soll Dir etwas von meiner Seele mitteilen? Mein liebes Mädchen, wie gern tue ich das, wenn ich hoffen kann, daß es Dich erfreuen wird. Ja, seit einigen Wochen scheint es mir, als hätte sich der Sturm ein wenig gelegt – Kannst Du Dir wohl vorstellen, wie leicht, wie wehmütig froh dem Schiffer zumute sein mag, dessen Fahrzeug in einer langen finstern stürmenden Nacht, gefährlich-wankend, umhergetrieben ward, wenn er nun an der sanftern Bewegung fühlt, daß ein stiller, heiterer Tag anbrechen wird? Etwas Ähnliches empfinde ich in meiner Seele – O möchtest Du auch ein wenig von der Ruhe genießen, die mir seit einiger Zeit zuteil geworden ist, möchtest Du, wenn Du diesen Brief liesest, auch einmal ein wenig froh sein, so wie ich es jetzt bin, da ich ihn schreibe. Ja, vielleicht werde ich diese Reise nach Paris, von welcher ich keinem Menschen, ja sogar mir selbst nicht Rechenschaft geben kann, doch noch segnen. Nicht wegen der Freuden, die ich genoß, denn sparsam waren sie mir zugemessen; aber alle Sinne bestätigen mir hier, was längst mein Gefühl mir sagte, nämlich daß uns die Wissenschaften weder besser noch glücklicher machen, und ich hoffe daß mich das zu einer Entschließung führen wird. O ich kann Dir nicht beschreiben, welchen Eindruck der erste Anblick dieser höchsten Sittenlosigkeit bei der höchsten Wissenschaft auf mich machte. Wohin das Schicksal diese Nation führen wird –? Gott weiß es. Sie ist reifer zum Untergange als irgend eine andere europäische Nation. Zuweilen, wenn ich die Bibliotheken ansehe, wo in prächtigen Sälen und in prächtigen Bänden die Werke Rousseaus, Helvetius', Voltaires stehen, so denke ich, was haben sie genutzt? Hat ein einziges seinen Zweck erreicht? Haben sie das Rad aufhalten können, das unaufhaltsam stürzend seinem Abgrund entgegeneilt? O hätten alle, die gute Werke *geschrieben* haben, die Hälfte von diesem Guten *getan*, es stünde besser um die Welt. Ja selbst dieses Studium der Naturwissenschaft, auf welches der ganze Geist der französischen Nation mit fast vereinten Kräften gefallen ist, wohin wird es führen? Warum verschwendet der Staat Millionen an alle diese Anstalten zur Ausbreitung der Gelehrsamkeit? Ist es ihm um *Wahrheit* zu tun? Dem *Staate*? Ein Staat kennt keinen andern Vorteil, als den er nach Prozenten berechnen kann. Er will die Wahrheit *anwenden* – Und worauf? Auf Künste und Gewerbe. Er will das Bequeme noch bequemer machen, das Sinnliche noch versinnlichen, den raffiniertesten Luxus noch raffinieren. – Und wenn am Ende auch das üppigste und verwöhnteste Bedürfnis keinen Wunsch mehr ersinnen kann, was ist dann –? O wie unbegreiflich ist der Wille, der über die Menschengattung waltet! Ohne Wissenschaft zittern wir vor jeder Lufterscheinung, unser Leben ist jedem Raubtier ausgesetzt, eine Giftpflanze kann uns töten – und sobald wir in das Reich des Wissens treten, sobald wir unsre Kenntnisse anwenden, uns zu sichern und zu schützen, gleich ist der erste Schritt zu dem Luxus und mit ihm zu allen Lastern der Sinnlichkeit getan. Denn wenn wir zum Beispiel die Wissenschaften nutzen, uns vor dem Genuß giftiger Pflanzen zu hüten, warum sollen wir sie nicht auch nutzen, wohlschmeckende zu sammeln, und wo ist nun die Grenze hinter welcher die Poulets à la suprême und alle diese Raffinements der französischen Kochkunst liegen? Und doch – gesetzt, Rousseau hätte in der Beantwortung der Frage, ob die Wissenschaften den Menschen glücklicher gemacht haben, recht, wenn er sie mit *Nein* beantwortet, welche seltsamen Widersprüche würden aus dieser Wahrheit folgen! Denn es mußten viele Jahrtausende vergehen, ehe so viele Kenntnisse gesammelt werden konnten, wie nötig waren, einzusehen, daß man keine haben müßte. Nun also müßte man alle Kenntnisse vergessen, den Fehler wieder gut zu machen; und somit finge das Elend wieder von vorn an. Denn der Mensch hat ein unwidersprechliches Bedürfnis sich aufzuklären. Ohne Aufklärung ist er nicht viel mehr als ein Tier. Sein moralisches Bedürfnis treibt ihn zu den Wissenschaften an, wenn dies auch kein physisches täte. Er wäre also, wie Ixion, verdammt, ein Rad auf einen Berg zu wälzen, das halb erhoben, immer wieder in den Abgrund stürzt. Auch ist immer Licht, wo Schatten ist, und umgekehrt. Wenn die Unwissenheit unsre Einfalt, unsre Unschuld und alle Genüsse der friedlichen Natur sichert, so öffnet sie dagegen allen Greueln des Aberglaubens die Tore – Wenn dagegen die Wissenschaften uns in das Labyrinth des Luxus führen, so schützen sie uns vor allen Greueln des Aberglaubens. Jede reicht uns Tugenden und Laster, und wir mögen am Ende aufgeklärt oder unwissend sein, so haben wir dabei so viel verloren, als gewonnen. – Und so mögen wir denn vielleicht am Ende tun, was wir wollen, wir tun recht – Ja, wahrlich, wenn man überlegt, daß wir ein

Leben bedürfen, um zu lernen, wie wir leben müßten, daß wir selbst im Tode noch nicht ahnden, was der Himmel mit uns will, wenn niemand den Zweck seines Daseins und seine Bestimmung kennt, wenn die menschliche Vernunft nicht hinreicht, sich und die Seele und das Leben und die Dinge um sich zu begreifen, wenn man seit Jahrtausenden noch zweifelt, ob es ein *Recht* gibt – – kann Gott von solchen Wesen *Verantwortlichkeit* fordern? Man sage nicht, daß eine Stimme im Innern uns heimlich und deutlich anvertraue, was recht sei. Dieselbe Stimme, die dem Christen zuruft, seinem Feinde zu vergeben, ruft dem Seeländer zu, ihn zu braten, und mit Andacht ißt er ihn auf – Wenn die Überzeugung solche Taten rechtfertigen kann, darf man ihr trauen? – Was heißt das auch, etwas Böses tun, der Wirkung nach? Was ist *böse? Absolut böse?* Tausendfältig verknüpft und verschlungen sind die Dinge der Welt, jede Handlung ist die Mutter von Millionen andern, und oft die schlechteste erzeugt die besten – Sage mir, wer auf dieser Erde hat schon etwas *Böses* getan? Etwas, das böse wäre *in alle Ewigkeit fort* –? Und was uns auch die Geschichte von Nero, und Attila, und Cartouche, von den Hunnen, und den Kreuzzügen, und der spanischen Inquisition erzählt, so rollt doch dieser Planet immer noch freundlich durch den Himmelsraum, und die Frühlinge wiederholen sich, und die Menschen leben, genießen, und sterben nach wie vor. – Ja, tun, was der Himmel sichtbar, unzweifelhaft von uns fordert, das ist genug – Leben, so lange die Brust sich hebt, genießen, was rundum blüht, hin und wieder etwas Gutes tun, weil das auch ein Genuß ist, arbeiten, damit man genießen und wirken könne, andern das Leben geben, damit sie es wieder so machen und die Gattung erhalten werde – und dann sterben – Dem hat der Himmel ein Geheimnis eröffnet, der das tut und weiter nichts. Freiheit, ein eignes Haus, und ein Weib, meine drei Wünsche, die ich mir beim Auf- und Untergange der Sonne wiederhole, wie ein Mönch seine drei Gelübde! O um diesen Preis will ich allen Ehrgeiz fahren lassen und alle Pracht der Reichen und allen Ruhm der Gelehrten – Nachruhm! Was ist das für ein seltsames Ding, das man erst genießen kann, wenn man nicht mehr ist? O über den Irrtum, der die Menschen um zwei Leben betrügt, der sie selbst nach dem Tode noch äfft! Denn wer kennt die Namen der

Magier und ihre Weisheit? Wer wird nach Jahrtausenden von uns und unserm Ruhme reden? Was wissen Asien, und Afrika und Amerika von unsern Genien? Und nun die Planeten –? Und die Sonne –? Und die Milchstraße –? Und die Nebelflecke –? Ja, unsinnig ist es, wenn wir nicht grade für die Quadratrute leben, auf welcher, und für den Augenblick, in welchem wir uns befinden. Genießen! Das ist der Preis des Lebens! Ja, wahrlich, wenn wir seiner niemals froh werden, können wir nicht mit Recht den Schöpfer fragen, warum gabst Du es mir? Lebensgenuß seinen Geschöpfen zu geben, das ist die Verpflichtung des Himmels; die Verpflichtung des Menschen ist es, ihn zu verdienen. Ja, es liegt eine Schuld auf den Menschen, etwas Gutes zu tun, verstehe mich recht, ohne figürlich zu reden, schlechthin zu *tun* – Ich werde das immer deutlicher und deutlicher einsehen, immer lebhafter und lebhafter fühlen lernen, bis Vernunft und Herz mit aller Gewalt meiner Seele einen Entschluß bewirken – Sei ruhig, bis dahin. Ich bedarf Zeit, denn ich bedarf Gewißheit und Sicherheit in der Seele, zu dem Schritte, der die ganze Bahn der Zukunft bestimmen soll. Ich will mich nicht mehr übereilen – tue ich es noch einmal, so ist es das letztemal – denn ich verachte entweder alsdann meine Seele oder die Erde, und trenne sie. Aber sei ruhig, ich werde mich nicht übereilen. Dürfte ich auf meine eigne Bildung keine Kräfte verschwenden, so würde ich vielleicht jetzt schon wählen. Aber noch fühle ich meine eigne Blößen. Ich habe den Lauf meiner Studien plötzlich unterbrochen, und werde das Versäumte hier nachholen, aber nicht mehr bloß um der Wahrheit willen, sondern für meinen menschenfreundlicheren Zweck – Erlaß es mir, mich deutlicher zu erklären. Ich bin noch nicht bestimmt und ein geschriebenes Wort ist ewig. Aber hoffe das Beste – Ich werde Dich endlich einmal erfreuen können, Wilhelmine, und Deine Sorge sei es, mir die *Innigkeit* Deiner Liebe aufzubewahren, ohne welche ich in Deinen Armen niemals glücklich sein würde. Kein Tag möge vergehen, ohne mich zu *sehen* – Du kannst mich leicht finden, wenn Du in die Gartenlaube, oder in Carls Zimmer, oder an den Bach gehst, der aus den Linden in die Oder fließt – So möge die Vergangenheit und die Zukunft Dir die Gegenwart versüßen, so mögest Du *träumend* glücklich sein, bis – bis – – – Ja, wer könnte das aussprechen –?

Lebe wohl. Ich drücke Dir einen *langen* Kuß auf die Lippen – –
Adieu adieu –

N. S. Gib das folgende Blatt Louisen, das Billett schicke Carln.
Grüße Deine Eltern – sage mir, warum bin ich unruhig so oft
ich an sie denke, und doch nicht, wenn ich an Dich denke? –
Das macht, weil *wir uns verstehen* – O möchte doch die ganze Welt
in mein Herz sehen! Ja, grüße sie, und sage ihnen daß ich sie ehre,
sie mögen auch von mir denken, was sie wollen. – Schreibe bald
(ich habe Dir schon von Paris aus einmal geschrieben) – aber nicht
mehr poste restante, sondern dans la rue Noyer, No 21.

52. *An Luise von Zenge*

Paris, den 16. August 1801

Empfangen Sie, *goldnes* Louischen, zum Lohne für Ihre lieben,
in Carls Schreiben eingeschlossnen, Worte diesen Brief aus Paris.
Sie beneiden mich, wie es scheint, um meinen Aufenthalt und
wünschen an meiner Stelle zu sein. Wenn Sie mir folgen wollen,
so will ich Ihren Geist in die Nähe der Kulissen führen, die aus
der Ferne betrachtet, so reizend scheinen. Aber erschrecken müssen Sie nicht, wenn Sie die Gestalten ein wenig mit Farben überladen und ein wenig grob gezeichnet finden.

Denken Sie sich in der Mitte zwischen drei Hügeln, auf einem
Flächenraum von ohngefähr einer Quadratmeile, einen Haufen
von übereinandergeschobenen Häusern, welche schmal in die
Höhe wachsen, gleichsam den Boden zu vervielfachen, denken
Sie sich alle diese Häuser durchgängig von jener blassen, matten
Modefarbe, welche man weder gelb noch grau nennen kann,
und unter ihnen einige schöne, edle, aber einzeln in der Stadt zerstreut, denken Sie sich enge, krumme, stinkende Straßen, in welchen oft an einem Tage Kot mit Staub und Staub mit Kot abwechseln, denken Sie sich endlich einen Strom, der, wie mancher fremde Jüngling, rein und klar in diese Stadt tritt, aber
schmutzig und mit tausend Unrat geschwängert, sie verläßt, und
der in fast grader Linie sie durchschneidet, als wollte er den ekelhaften Ort, in welchen er sich verirrte, schnell auf dem kürzesten
Wege durcheilen – denken Sie sich alle diese Züge in *einem* Bilde,
und Sie haben ohngefähr das Bild von einer Stadt, deren Aufenthalt Ihnen so reizend scheint.

Verrat, Mord und Diebstahl sind hier ganz unbedeutende Dinge, deren Nachricht niemanden affiziert. Ein Ehebruch des Vaters mit der Tochter, des Sohnes mit der Mutter, ein Totschlag unter Freunden und Anverwandten sind Dinge, dont on a eu d'exemple, und die der Nachbar kaum des Anhörens würdigt. Kürzlich wurden einer Frau 50000 Rth. gestohlen, fast täglich fallen Mordtaten vor, ja vor einigen Tagen starb eine ganze Familie an der Vergiftung; aber das alles ist das langweiligste Ding von der Welt, bei deren Erzählung sich jedermann ennuyiert. Auch ist es etwas ganz Gewöhnliches, einen toten Körper in der Seine oder auf der Straße zu finden. Ein solcher wird dann in einem an dem Pont St. Michel dazu bestimmten Gewölbe geworfen, wo immer ein ganzer Haufe übereinander liegt, damit die Anverwandten, wenn ein Mitglied aus ihrer Mitte fehlt, hinkommen und es finden mögen. Jedes Nationalfest kostet im Durchschnitt zehn Menschen das Leben. Das sieht man oft mit Gewißheit vorher, ohne darum dem Unglück vorzubeugen. Bei dem Friedensfest am 14. Juli stieg in der Nacht ein Ballon mit einem eisernen Reifen in die Höhe, an welchem ein Feuerwerk befestigt war, das in der Luft abbrennen, und dann den Ballon entzünden sollte. Das Schauspiel war schön, aber es war voraus zu sehen, daß wenn der Ballon in Feuer aufgegangen war, der Reifen auf ein Feld fallen würde, das vollgepfropft von Menschen war. Aber ein Menschenleben ist hier ein Ding, von welchem man 800000 Exemplare hat – der Ballon stieg, der Reifen fiel, ein paar schlug er tot, weiter war es nichts.

Zwei Antipoden können einander nicht fremder und unbekannter sein, als zwei Nachbarn von Paris, und ein armer Fremdling kann sich gar an niemanden knüpfen, niemand knüpft sich an ihn – zuweilen gehe ich durch die langen, krummen, engen, schmutzigen, stinkenden Straßen, ich winde mich durch einen Haufen von Menschen, welche schreien, laufen, keuchen, einander schieben, stoßen, umdrehen, ohne es übel zu nehmen, ich sehe einen fragend an, er sieht mich wieder an, ich frage ihn ein paar Worte, er antwortet mir höflich, ich werde warm, er ennuyiert sich, wir sind einander herzlich satt, er empfiehlt sich, ich verbeuge mich, und wir haben einander vergessen, sobald wir um die Ecke sind – Geschwind laufe ich nach dem Louvre, und erwärme mich an dem Marmor, an dem Apoll von Belvedere, an der mediceischen Venus, oder trete unter die italienischen Tableaus, wo Menschen auf Leinwand gemalt sind –

Übrigens muß man gestehen, daß es vielleicht nirgends Unterhaltung gibt, als unter den Franzosen. Man nenne einem Deutschen ein Wort, oder zeige ihm ein Ding, darauf wird er kleben bleiben, er wird es tausendmal mit seinem Geiste anfassen, drehen und wenden, bis er es von allen Seiten kennt, und alles, was sich davon sagen läßt, erschöpft hat. Dagegen ist der zweite Gedanke über ein und dasselbe Ding dem Franzosen langweilig. Er springt von dem Wetter auf die Mode, von der Mode auf das Herz, von dem Herzen auf die Kunst, gewinnt jedem Dinge die interessante Seite ab, spricht mit Ernst von dem Lächerlichen, lachend von dem Ernsthaften, und wenn man dem eine Viertelstunde zugehört hat, so ist es, als ob man in einen Kuckkasten gesehen hätte. Man versucht es, seinen Geist zwei Minuten lang an einem heiligen Gegenstand zu fesseln: er wird das Gespräch kurzweg mit einem ah ba! abbrechen. Der Deutsche spricht mit Verstand, der Franzose mit Witz. Das Gespräch des erstern ist wie eine Reise zum Nutzen, das Gespräch des andern wie ein Spaziergang zum Vergnügen. Der Deutsche geht um das Ding herum, der Franzose fängt den Lichtstrahl auf, den es ihm zuwirft, und geht vorüber.

Zwei Reisende, die zu zwei verschiednen Zeiten nach Paris kommen, sehen zwei ganz verschiedene Menschenarten. Ein Aprilmonat kann kaum so schnell mit der Witterung wechseln, als die Franzosen mit der Kleidung. Bald ist ein Rock zu eng für einen, bald ist er groß genug für zwei, und ein Kleid, das sie heute einen Schlafrock nennen, tragen sie morgen zum Tanze, und umgekehrt. Dabei sitzt ihnen der Hintere bald unter dem Kopfe, bald über den Hacken, bald haben sie kurze Ärme, bald keine Hände, die Füße scheinen bald einem Hottentotten, bald einem Sineser anzugehören, und die Philosophen mögen uns von der Menschengattung erzählen, was sie wollen, in Frankreich gleicht jede Generation weder der, von welcher sie abstammt, noch der, welche ihr folgt.

Seltsam ist die Verachtung, in welcher der französische Soldat bei dem französischen Bürger steht. Wenn man die Sieger von

Marengo mit den Siegern von Marathon, und selbst mit den Überwundenen von Cannä vergleicht, so muß man gestehen, daß ihnen ein trauriges Schicksal geworden ist. Von allen Gesellschaften, die man hier du ton nennt, sind die französischen Helden ausgeschlossen – warum? Weil sie nicht *artig* genug sind. Denn dem Franzosen ist es nicht genug, daß ein Mensch eine große, starke, erhabene Seele zeige, er will auch, daß er sich zierlich betrage, und ein Offizier möge eine Tat begangen haben, die Bayards oder Turennes würdig wäre, so ist das hinreichend, von ihm zu sprechen, ihn zu loben und zu rühmen, nicht aber mit ihm in Gesellschaften zu sein. Tanzen soll er, er soll wenigstens die 4 französischen Positionen und die 15 Formeln kennen, die man hier Höflichkeiten nennt, und selbst Achilles und Hektor würden hier kalt empfangen werden, weil sie keine éducation hatten, und nicht amusant genug waren.

Eine ganz rasende Sehnsucht nach Vergnügungen verfolgt die Franzosen und treibt sie von einem Orte zum andern. Sie ziehen den ganzen Tag mit allen ihren Sinnen auf die Jagd, den Genuß zu fangen, und kehren nicht eher heim, als bis die Jagdtasche bis zum Ekel angefüllt ist. Ganze Haufen von Affichen laden überall den Einwohner und den Fremdling zu Festen ein. An allen Ecken der Straßen und auf allen öffentlichen Plätzen schreit irgend ein Possenreißer seine Künste aus, und lockt die Vorübergehenden vor seinen Kuckkasten oder fesselt sie, wenigstens auf ein paar Minuten, durch seine Sprünge und Faxen. Selbst mit dem Schauspiele oder mit der Oper, die um 11 Uhr schließt, ist die Jagd noch nicht beendigt. Alles strömt nun nach öffentlichen Orten, der gemeinere Teil in das Palais royal, und in die Kaffeehäuser, wo entweder ein Konzert von Blinden, oder ein Bauchredner oder irgend ein andrer Harlekin die Gesellschaft auf Kosten des Wirtes vergnügt, der vornehmere Teil nach Frascati oder dem Pavillon d'Hannovre, zwei fürstlichen Hotels, welche seit der Emigration ihrer Besitzer das Eigentum ihrer Köche geworden sind. Da wird dann der letzte Tropfen aus dem Becher der Freude wollüstig eingeschlürft: eine prächtige Gruppe von Gemächern, die luxuriösesten Getränke, ein schöner Garten, eine Illumination und ein Feuerwerk – Denn nichts hat der Franzose lieber, als wenn man ihm die Augen verblendet.

Das, *goldnes* Louischen, sind die Vergnügen dieser Stadt. Ist es nicht entzückend, ist es nicht beneidenswürdig, so viel zu genießen? –? Ach, zuweilen wenn ich dem Fluge einer Rakete nachsehe, oder in den Schein einer Lampe blicke oder ein künstliches Eis auf meiner Zunge zergehen lasse, wenn ich mich dann frage: genießest du –? O dann fühle ich mich so leer, so arm, dann bewegen sich die Wünsche so unruhig, dann treibt es mich fort aus dem Getümmel unter den Himmel der Nacht, wo die Milchstraße und die Nebelflecke dämmern –

Ja, zuweilen, wenn ich einmal einen Tag widmete mit dem Haufen auf diese Jagd zu ziehen, die man doch auch kennen lernen muß, wenn ich dann, ohne Beute, ermüdet zurückkehre, und still stehe auf dem Pont-neuf, über dem Seine-Strom, diesem einzigen schmalen Streifen Natur, der sich in diese unnatürliche Stadt verirrte, o dann habe ich eine unaussprechliche Sehnsucht, hinzufliegen nach jener Höhe, welche bläulich in der Ferne dämmert, und alle diese Dächer und Schornsteine aus dem Auge zu verlieren, und nichts zu sehen, als rundum den Himmel – Aber gibt es einen Ort in der Gegend dieser Stadt, wo man ihrer *nicht* gewahr würde?

Überdrüssig aller dieser Feuerwerke und Illuminationen und Schauspiele und Possenreißereien hat ein Franzose den Einfall gehabt, den Einwohnern von Paris ein Vergnügen von einer ganz neuen Art zu bereiten, nämlich das Vergnügen an der Natur. Der Landgraf von Hessen-Kassel hat sich auf der Wilhelmshöhe eine gotische Ritterburg, und der Kurfürst von der Pfalz in Schwetzingen eine türkische Moschee erbaut. Sie besuchen zuweilen diese Orte, beobachten die fremden Gebräuche und versetzen sich so in Verhältnisse, von welchen sie durch Zeit und Raum getrennt sind. Auf eine ähnliche Art hat man hier in Paris die Natur nachgeahmt, von welcher die Franzosen weiter, als der Landgraf von der Ritterzeit und der Kurfürst von der Türkei, entfernt sind. Von Zeit zu Zeit verläßt man die matte, fade, stinkende Stadt, und geht in die – Vorstadt, die große, einfältige, rührende Natur zu genießen. Man bezahlt (im Hameau de Chantilly) am Eingange 20 sols für die Erlaubnis, einen Tag in patriarchalischer Simplizität zu durchleben. Arm in Arm wandert man, so natürlich wie möglich, über Wiesen, an dem Ufer der

Seen, unter dem Schatten der Erlen, hundert Schritte lang, bis an die Mauer, wo die Unnatur anfängt – dann kehrt man wieder um. Gegen die Mittagszeit (das heißt um 5 Uhr) sucht jeder sich eine Hütte, der eine die Hütte eines Fischers, der andere die eines Jägers, Schiffers, Schäfers etc. etc., jede mit den Insignien der Arbeit und einem Namen bezeichnet, welchen der Bewohner führt, so lange er sich darin aufhält. Funfzig Lakaien, aber ganz natürlich gekleidet, springen umher, die Schäfer- oder die Fischerfamilie zu bedienen. Die raffiniertesten Speisen und die feinsten Weine werden aufgetragen, aber in hölzernen Näpfen und in irdenen Gefäßen; und damit nichts der Täuschung fehle, so ißt man mit Löffeln von Zinn. Gegen Abend schifft man sich zu zwei und zwei ein, und fährt, unter ländlicher Musik, eine Stunde lang spazieren auf einem See, welcher 20 Schritte im Durchmesser hat. Dann ist es Nacht, ein Ball unter freiem Himmel beschließt das romantische Fest, und jeder eilt nun aus der Natur wieder in die Unnatur hinein –

Große, stille, feierliche Natur, du, die Kathedrale der Gottheit, deren Gewölbe der Himmel, deren Säulen die Alpen, deren Kronleuchter die Sterne, deren Chorknaben die Jahreszeiten sind, welche Düfte schwingen in den Rauchfässern der Blumen, gegen die Altäre der Felder, an welchen Gott Messe lieset und Freuden austeilt zum Abendmahl unter der Kirchenmusik, welche die Ströme und die Gewitter rauschen, indessen die Seelen entzückt ihre Genüsse an dem Rosenkranze der Erinnerung zählen – so spielt man mit dir –?

Zwei waren doch an diesem Abend in dem Hameau de Chantilly, welche genossen; nämlich ein Jüngling und ein Mädchen, welche, ohne zu tanzen, dem Spiele in einiger Entfernung zusahen. Sie saßen unter dem Dunkel der Bäume, nur matt von den Lampen des Tanzplatzes erleuchtet – nebeneinander, versteht sich; und ob sie gleich niemals lachten, so schienen sie doch so vergnügt, daß ich mich selbst an ihrer Freude erfreute, und mich hinter sie setzte in der Ferne, wo sie mich nicht sahen. Sie hatten beide die nachbarlichen Ärme auf ein Geländer gelehnt, das ihren Rücken halb deckte. Das geschah aber bloß, um sich zu stützen. Die Kante war schmal, und die warmen Hände mußten zuweilen einander berühren. Das geschah aber so unmerklich, daß es niemand sah. Sie sahen sich meistens an, und sprachen wenig, oder viel, wie man will. Wenn sie mit eigentlichen Worten sprachen, so war es ein Laut, wie wenn eine Silberpappel im Winde zittert. Dabei neigten sie einander mehr die Wangen, als das Ohr zu, und es schien, als ob es ihnen mehr um den Atem, als um den Laut zu tun wäre. Ihr Antlitz glühte wie ein Wunsch – – Zuweilen sahen sie, mit feuchten Blicken, träumend in den Schein der Lampen – Es schien, als folgten sie der Musik in ein unbekanntes Land – Dann, schüchtern, mit einemmale zählten sie die Menschen und wogen ihre Mienen – Als sie mich erblickten, warfen sie ihre Augen auf den Boden, als ob sie ihn suchten – Da stand ich auf, und ging weg –

Wohin? Fragen *Sie* das –? Nach Frankfurt ging ich –

Ich wüßte nichts mehr hinzuzusetzen. Leben Sie wohl und behalten Sie lieb Ihren Freund H. K.

N. S. Weil doch kein Blatt unbeschrieben die Reise von Paris nach Frankfurt machen soll, so schreibe ich Ihnen noch ein paar Moden. Das ist Ihnen doch lieb? Binden Sie die Bänder Ihrer Haube so, von dem Ohre an die Kante der Wangen entlang, daß die Schleife grade die Mitte des Kinns schmückt – oder werfen Sie, wenn Sie ausgehen, den Schleier, der an Ihrem Haupte befestigt ist, so um das Haupt Ihrer Schwester, daß er, à l'inséparable, beide bedeckt – und Sie sehen aus wie eine Pariser Dame au dernier goût.

## 53. *An Wilhelmine von Zenge*

[An das Stiftsfräulein Wilhelmine v. Zenge Hochwohlgeboren zu Frankfurt a. Oder.]

Paris, den 10. Oktober 1801

Liebe Wilhelmine. Also mein letzter Brief hat Dir so viele Freude gemacht? O möchte Dir auch dieser, unter so vielen trüben Tagen, ein paar froher Stunden schenken! Andere beglücken, es ist das reinste Glück auf dieser Erde. – Nur schwer ist es, wenn wir selbst nicht glücklich sind, und andere doch grade in unserm Glücke das ihrige setzen. – Indessen fühle ich mich doch wirklich von Tage zu Tage immer heiterer und heiterer, und hoffe, daß endlich die Natur auch mir einmal das Maß von Glück zumessen wird, das sie allen ihren Wesen schuldig ist. Auf welchem Wege ich es suchen soll, darüber bin ich freilich noch nicht recht einig, obgleich sich mein Herz fast überwiegend immer zu *einem* neigt – Aber ob auch Dein Herz sich dazu neigen wird? –? Ach, Wilhelmine, da bin ich fast schüchtern in der Mitteilung. Aber wenn ich denke, daß Du meine *Freundin* bist, so schwindet alle Zurückhaltung, und darum will ich Dir mancherlei Gedanken, die meine Seele jetzt für die Zukunft bearbeitet, mitteilen.

Ein großes Bedürfnis ist in mir rege geworden, ohne dessen Befriedigung ich niemals glücklich sein werde; es ist dieses, *etwas Gutes zu tun*. Ja, ich glaube fast, daß dieses Bedürfnis bis jetzt immer meiner Trauer dunkel zum Grunde lag, und daß ich mich jetzt seiner bloß deutlich bewußt geworden bin. Es liegt eine Schuld auf dem Menschen, die, wie eine Ehrenschuld, jeden, der Ehrgefühl hat, unaufhörlich mahnt. Vielleicht kannst Du Dir, wie dringend dieses Bedürfnis ist, nicht lebhaft vorstellen. Aber das kommt, weil Dein Geschlecht ein leidendes ist – Besonders seitdem mich die Wissenschaften gar nicht mehr befriedigen, ist dieses Bedürfnis in mir rege geworden. Kurz, es steht fest beschlossen in meiner Seele: ich will diese Schuld abtragen.

Wenn ich mich nun aber umsehe in der Welt, und frage: *wo* gibt es denn wohl etwas Gutes zu tun? – ach, Wilhelmine, darauf weiß ich nur eine einzige Antwort. Es scheint allerdings für ein tatenlechzendes Herz zunächst ratsam, sich einen großen Wirkungskreis zu suchen; aber – liebes Mädchen, Du mußt, was ich Dir auch sagen werde, mich nicht mehr nach dem Maßstabe der Welt beurteilen. Eine Reihe von Jahren, in welchen ich über die Welt im großen frei denken konnte, hat mich dem, was die Menschen Welt nennen, sehr unähnlich gemacht. Manches, was die Menschen ehrwürdig nennen, ist es mir nicht, vieles, was ihnen verächtlich scheint, ist es mir nicht. Ich trage eine innere Vorschrift in meiner Brust, gegen welche alle äußern, und wenn sie ein König unterschrieben hätte, nichtswürdig sind. Daher fühle ich mich ganz unfähig, mich in irgend ein konventionelles Verhältnis der Welt zu passen. Ich finde viele ihrer Einrichtungen so wenig meinem Sinn gemäß, daß es mir unmöglich wäre, zu ihrer Erhaltung oder Ausbildung mitzuwirken. Dabei wüßte ich doch oft nichts Besseres an ihre Stelle zu setzen – Ach, es ist so schwer, zu bestimmen, was gut ist, der Wirkung nach. Selbst manche von jenen Taten, welche die Geschichte bewundert, waren sie wohl *gut* in diesem reinen Sinne? Ist nicht oft ein Mann, der *einem* Volke nützlich ist, verderblich für zehn andere? – Ach, ich kann Dir das alles gar nicht aufschreiben, denn das ist ein endloses Thema. – Ich wäre auch in einer solchen Lage nicht glücklich, o gar nicht glücklich. Doch das sollte mich noch nicht abhalten, hineinzutreten, wüßte ich nur etwas wahrhaft Gutes, etwas, das mit meinen innern Forderungen übereinstimmt, zu leisten. – Dazu kommt, daß mir auch, vielleicht durch meine eigne Schuld, die Möglichkeit, eine neue Laufbahn in meinem Vaterlande zu betreten, benommen. Wenigstens würde ich ohne Erniedrigung kaum, nachdem ich zweimal Ehrenstellen ausgeschlagen habe, wieder selbst darum anhalten können. Und doch würde ich auch dieses saure Mittel nicht scheuen, wenn es mich nur auch, zum Lohne, an meinen Zweck führte. – Die Wissenschaften habe ich ganz aufgegeben. Ich kann Dir nicht beschreiben, wie ekelhaft mir ein wissender Mensch ist, wenn ich ihn mit einem handelnden vergleiche. Kenntnisse, wenn sie noch einen Wert haben, so ist es nur, insofern sie vorbereiten zum Handeln. Aber unsere Gelehrten, kommen sie wohl, vor allem Vorbereiten, jemals zum Zweck? Sie schleifen unaufhörlich die Klinge, ohne sie jemals zu brauchen, sie lernen und lernen, und haben niemals Zeit, die Hauptsache zu tun. – Unter diesen Umständen in mein Vaterland zurück zu kehren, kann unmöglich ratsam sein. Ja, wenn ich mich über alle Urteile hinweg setzen könnte, wenn mir ein *grünes Häuschen* beschert wäre, das mich und Dich empfinge – Du wirst mich, wegen dieser Abhängigkeit von dem Urteile anderer, schwach nennen, und ich muß Dir darin recht geben, so unerträglich mir das Gefühl auch ist. Ich selbst habe freilich durch einige seltsamen Schritte die Erwartung der Menschen gereizt; und was soll ich nun antworten, wenn sie die Erfüllung von mir fordern? Und warum *soll* ich denn grade *ihre* Erwartung erfüllen? O es ist mir zur Last – Es mag wahr sein, daß ich so eine Art von verunglücktem Genie bin, wenn auch nicht in ihrem Sinne verunglückt, doch in dem meinen. Kenntnisse, was sind sie? Und wenn Tausende mich darin überträfen, übertreffen sie mein Herz? Aber davon halten sie nicht viel – Ohne ein Amt in meinem Vaterlande zu leben, könnte ich jetzt auch wegen meiner Vermögensumstände fast nicht mehr. Ach, Wilhelmine, wie viele traurige Vorstellungen ängstigen mich unaufhörlich, und Du willst, ich soll Dir vergnügt schreiben? Und doch – habe noch ein wenig Geduld. Vielleicht, wenn der Anfang dieses Briefes nicht erfreulich ist, so ist es sein Ende. – Nahrungssorgen, für mich allein, sind es doch nicht eigentlich, die mich sehr ängstigen, denn wenn ich mich an das Bücherschreiben machen wollte, so könnte ich mehr, als ich bedarf, verdienen. Aber *Bücherschreiben* für Geld – o nichts davon. Ich habe mir, da ich unter den Menschen in dieser Stadt so wenig für mein Bedürfnis finde, in einsamer Stunde (denn ich gehe wenig aus) ein Ideal ausgearbeitet; aber ich begreife nicht, wie ein Dichter das Kind seiner Liebe einem so rohen Haufen, wie die Menschen sind, übergeben kann. Bastarde nennen sie es. Dich wollte ich wohl in das Gewölbe führen, wo ich mein Kind, wie eine vestalische Priesterin das ihrige, heimlich aufbewahre bei dem Schein der Lampe. – Also aus diesem Erwerbszweige wird nichts. Ich verachte ihn aus vielen Gründen, das ist genug. Denn nie in meinem Leben, und wenn das Schicksal noch so sehr drängte, werde ich etwas tun, das meinen innern Forderungen, sei es auch noch so leise, widerspräche. – Nun, liebe Wilhelmine, komme ich auf das Erfreuliche. Fasse Mut, sieh mein Bild an, und küsse es. – Da schwebt mir unaufhörlich ein Gedanke vor die Seele – aber wie werde ich ihn aussprechen, damit er Dir heiliger Ernst, und nicht kindisch-träumerisch erscheine? Ein Ausweg bleibt mir übrig, zu dem mich zugleich Neigung und Notwendigkeit führen. – Weißt Du, was die alten Männer tun, wenn sie 50 Jahre lang um Reichtümer und Ehrenstellen gebuhlt haben? Sie lassen sich auf einen Herd nieder, und bebauen ein Feld. Dann, und dann erst, nennen sie sich weise. – Sage mir, könnte man nicht klüger sein, als sie, und früher dahin gehen, wohin man am Ende doch soll? – Unter den persischen Magiern gab es ein religiöses Gesetz: ein Mensch könne nichts der Gottheit Wohlgefälligeres tun, als dieses, ein Feld zu bebauen, einen Baum zu pflanzen, und ein Kind zu zeugen. – Das nenne ich Weisheit, und keine Wahrheit hat noch so tief in meine Seele gegriffen, als diese. Das *soll* ich tun, das weiß ich *bestimmt* – Ach, Wilhelmine, welch ein unsägliches Glück mag in dem Bewußtsein liegen, seine Bestimmung *ganz* nach dem Willen der Natur zu erfüllen! Ruhe vor den Leidenschaften!! Ach, der unselige Ehrgeiz, er ist ein Gift für alle Freuden. – Darum will ich mich losreißen, von allen Verhältnissen, die mich unaufhörlich zwingen zu streben, zu beneiden, zu wetteifern. Denn nur *in* der Welt ist es schmerzhaft, wenig zu sein, außer ihr nicht. – Was meinst Du, Wilhelmine, ich habe noch etwas von meinem Vermögen, wenig zwar, doch wird es hinreichen mir etwa in der Schweiz einen Bauerhof zu kaufen, der mich ernähren kann, wenn ich selbst arbeite. Ich habe Dir das so trocken hingeschrieben, weil ich Dich durch Deine Phantasie nicht bestechen wollte. Denn sonst gibt es wohl keine Lage, die für ein reines Herz so unüberschwenglich reich an Genüssen wäre, als diese. – Die Romane haben unsern Sinn verdorben. Denn durch sie hat das Heilige aufgehört, heilig zu sein, und das reinste, menschlichste, einfältigste Glück ist zu einer bloßen Träumerei herabgewürdigt worden. – Doch wie gesagt, ich will Deine Phantasie nicht bestechen. Ich will die schöne Seite dieses Standes gar nicht berühren, und dies einem künftigen Briefe aufbewahren, wenn Du Geschmack an diesem Gedanken finden kannst. Für jetzt prüfe bloß mit Deiner Vernunft. Ich will im eigentlichsten Verstande *ein Bauer* werden, mit einem etwas wohlklingenderen Worte, ein Landmann. – Was meine Familie und die Welt dagegen einwenden möchte, wird mich nicht irre führen. Ein jeder hat seine eigne Art, glücklich zu sein, und niemand darf verlangen, daß man es in der seinigen sein soll. Was ich tue, ist nichts Böses, und die Menschen mögen über mich spötteln so viel sie wollen, heimlich in ihrem Herzen werden sie mich ehren müssen. – Doch wenn auch das nicht wäre, ich selbst ehre mich. Meine Vernunft will es so, und das ist genug.

Aber nun, Wilhelmine, wenn ich diese Forderung meiner Vernunft erfülle, wenn ich mir ein Landgut kaufe, bleibt mir dann kein Wunsch übrig? Fehlt mir dann nichts mehr? Fehlt mir nicht noch ein Weib? Und gibt es ein anderes für mich, als Du? Ach, Wilhelmine, wenn es möglich wäre, wenn Deine Begriffe von Glück hier mit den meinigen zusammenfielen! Denke an die heiligen Augenblicke, die wir durchleben könnten! Doch nichts davon, für jetzt – Denke jetzt vielmehr nur an das, was Dir in dieser Lage vielleicht weniger reizend scheinen möchte. Denke an das Geschäft, das Dir anheimfiele – aber dann denke auch an die Liebe, die es belohnen wird. – Wilhelmine! – Ach, viele Hindernisse schrecken mich fast zurück. Aber wenn es möglich wäre, sie zu übersteigen! – Wilhelmine! Ich fühle, daß es unbescheiden ist, ein *solches* Opfer von Dir zu verlangen. Aber wenn Du es mir bringen könntest! Deine Erziehung, Deine Seele, Dein ganzes bisheriges Leben ist von der Art, daß es einen solchen Schritt nicht *unmöglich* macht. – Indessen, vielleicht ist es doch anders. Ängstige Dich darum nicht. Ich habe kein Recht auf *solche* Aufopferungen, und wenn Du *dies* mir verweigerst, so werde ich *darum* an Deiner Liebe nicht zweifeln. – Indessen, liebes Mädchen, weiß ich nur fast keinen andern Ausweg. Ich habe mit Ulriken häufig meine Lage und die Zukunft überlegt, und das Mädchen tut alles Mögliche, mich, wie sie meint, auf den rechten Weg zurückzuführen. Aber das ist eben das Übel, daß jeder seinen Weg für den rechten hält. – Wenn Du einstimmen könntest in meinen innigsten Wunsch, dann, Wilhelmine, dann will ich Dir zeigen, welch ein Glück uns bevorsteht, an das kein anderes reicht. Dann erwarte einen froheren Brief von mir – Wenn ein solcher Schritt *wirklich* Dein Glück begründen könnte, so wird auch Dein Vater nichts dagegen einwenden. – Antworte mir bald. Mein Plan ist, den Winter noch in dieser traurigen Stadt zuzubringen, dann auf das Frühjahr nach der Schweiz zu reisen, und mir ein Örtchen auszusuchen, wo es Dir und mir und unsern Kindern einst wohlgefallen könnte. – Ich muß diesen Brief auf die Post tragen, denn mit Sehnsucht sehe ich Deiner Antwort entgegen. H. K.

## 54. An Wilhelmine von Zenge

A Mademoiselle Mademoiselle de Zenge l'ainée à Francfort sur l'Oder en Allemagne.

Paris, den 27. Oktober 1801

Liebe Wilhelmine, Du wirst ohne Zweifel schon meinen letzten Brief, in welchem ich Dir meinen Plan für die Zukunft mitteilte, nämlich mich in der Schweiz anzukaufen, empfangen haben. Was sagst Du dazu? Freiheit, die edelste Art der Arbeit, ein Eigentum, ein Weib – ach, liebes Mädchen, für mich ist kein Los wünschenswerter, als dieses. Aber auch für Dich? Stelle Dir Deine Lage nicht so reizlos vor. Sie ist es freilich für jeden dem der *rechte* Sinn fehlt. Aber darf ich das von Dir fürchten? Bist Du an Pracht und Verschwendung gewöhnt? Sind die Vergnügungen des Stadtlebens nicht auch flache Freuden für Dich? Kann *Deine Seele* sie genießen? Und bleibt nicht immer noch *ein* Wunsch unerfüllt, den nur allein eine solche Zukunft, wie ich sie Dir bereite, erfüllen kann? – Liebe Wilhelmine, ich habe, Deine Einbildungskraft nicht zu bestechen, in meinem letzten Briefe Dich gebeten, für die erste Zeit meinen Plan nur an seiner weniger reizenden Seite zu prüfen. Aber nun stelle Dir auch einmal seine reizende vor, und wenn Du mit dem *rechten* Sinn Vorteile und Nachteile abwägst, o tief, tief sinkt die Schale des Glückes. Höre mich einmal an, oder vielmehr beantworte mir diese eine Frage: Welches ist das *höchste* Bedürfnis des Weibes? Ich müßte mich sehr irren, wenn Du anders antworten könntest, als: die Liebe ihres Mannes. Und nun sage mir, ob irgend eine Lage alle Genüsse der Liebe so erhöhen, ob irgend ein Verhältnis zwei Herzen so fähig machen kann, Liebe zu geben und Liebe zu empfangen, als ein stilles Landleben? – Glaubst Du daß sich die Leute in der Stadt *lieben?* Ja, ich glaube es, aber nur in der Zeit, wo sie nichts Besseres zu tun wissen. Der Mann hat ein Amt, er strebt nach Reichtum und Ehre, das kostet ihm Zeit. Indessen würde ihm doch noch einige für die Liebe übrig bleiben. Aber er hat Freunde, er liebt Vergnügungen, das kostet ihm Zeit. Indessen würde ihm doch noch einige für die Liebe übrig bleiben. Aber wenn er in seinem Hause ist, so ist sein zerstreuter Geist außer demselben, und so bleiben nur ein paar Stunden übrig, in welchem er seinem Weibe ein paar karge Opfer bringt – Etwas Ähnliches gilt von dem Weibe, und das ist ein Grund, warum *ich* das Stadtleben fürchte. Aber nun das Landleben! Der Mann arbeitet; für wen? Für sein Weib. Er ruht aus; wo? bei seinem Weibe. Er geht in die Einsamkeit; wohin? zu seinem Weibe. Er geht in Gesellschaften; wohin? zu seinem Weibe. Er trauert; wo? bei seinem Weibe. Er vergnügt sich; wo? bei seinem Weibe. Das Weib ist ihm *alles* – und wenn ein Mädchen ein solches Los ziehen kann, wird sie säumen? – Ich sehe mit Sehnsucht einem Briefe von Dir entgegen. Deine Antwort auf meinen letzten Brief wird mich schwerlich noch in Paris treffen. Ich habe überlegt, daß es sowohl meines Vermögens, als der

Zeit wegen notwendig sei, mit der Ausführung meines Planes zu eilen. Überdies fesselt mich Paris durch gar nichts, und ich werde daher noch vor dem Winter nach der Schweiz reisen, um den Winter selbst für Erkundigungen und Anstalten zu nutzen. – Sei nicht unruhig. Deine Einstimmung ist ein Haupterfordernis. Ich werde nichts Entscheidendes unternehmen, bis ich Nachricht von Dir erhalten habe. Auch wenn aus der Ausführung dieses Planes nichts werden sollte, ist es mir doch lieb aus dieser Stadt zu kommen, von der ich fast sagen möchte, daß sie mir ekelhaft ist. – Schreibe mir also sogleich nach *Bern*, und solltest Du mir auch schon nach Paris geschrieben haben. Ich werde mir diesen Brief nachschicken lassen. – Mit Ulriken hat es mir große Kämpfe gekostet. Sie hält die Ausführung meines Planes nicht für möglich, und glaubt auch nicht einmal, daß er mich glücklich machen wird. Aber ich hoffe sie von beiden durch die Erfahrung zu überzeugen. – So gern sie auch die Schweiz sehen möchte, so ist es doch im Winter nicht ratsam. Sie geht also nach Frankfurt zurück, ich begleite sie bis Frankfurt am Main. – Aber dies alles, liebe Wilhelmine, mußt Du aufs sorgfältigste verschweigen; sage auch noch Deinem Vater nichts von meinem Plane, er soll ihn erst erfahren, wenn er ausgeführt ist. Auch bei uns sage nichts, von dem ganzen Inhalt dieses Briefes. Sie möchten sich seltsame Dinge vorstellen, und es ist genug, daß Du im voraus von allem unterrichtet bist. Ulrike wird sie überraschen, und es ihnen beibringen. – Lebe wohl, und wünsche mir Glück. Ich kann nicht länger schreiben, denn der Brief muß auf die Post. – Schreibe Carln, daß er sich gefaßt machen möchte, seinen Johann wieder aufzunehmen. Ende Novembers ist er in Frankfurt a. Oder. H. K.

## 55. *An Ludwig von Brockes* [?]

[Paris, November 1801?]

Kam die Aufforderung zur Erfüllung eines Versprechens, das ich seit 10 Monaten unerfüllt lassen konnte, wirklich von Ihnen selbst, auf Ihre eigene Veranlassung; so beweist sie mehr für Sie, als Ihr gutes immer zärtliches, anspruchsloses Herz vielleicht ahndet. Tausend andere würden im Gefühl des beleidigten Stolzes über ein so langes Stillschweigen es für Erniedrigung gehalten haben, den Vergessenen an sein Versprechen zu erinnern, da er von selbst dessen sich nicht zu erinnern schien, oder wenigstens ihr Andenken für erloschen halten; und so vielleicht, ohne große Bemühung, den Überrest ihrer eigenen Empfindungen für den Strafbaren noch zu bewahren, allmählich eine Vereinigung gänzlich zugrunde gehen lassen, die schon Jahre zählte und auf unserer beider Laufbahn doch manche Blume entstehen ließ. Allein Sie, der Sie selbst so wahr und innig fühlen, was ungeheuchelte und ungekünstelte Freundschaft ist, wußten auch mich richtig zu beurteilen, und dafür sage ich Ihnen den wärmsten Dank. Sie wußten es wohl, daß ich nicht imstande sein könnte, weder Sie, noch die mannigfaltigen Beweise Ihrer Anhänglichkeit für mich, noch die Tage und Stunden zu vergessen, die wir zusammen verlebt haben, und daß also andere Ursachen, als eine solche, die Sie beleidigen und mich beschimpfen würde, mein Schweigen veranlaßt haben mußten. Keine Vorwürfe, keine Klagen, nur eine zärtliche Bitte setzen Sie ihm entgegen, und verraten auch nicht durch den leisesten Wink, daß Sie alle die Ansprüche fühlten, die Sie zu einem ganz andern Betragen von meiner Seite berechtigen. Wirklich ich glaube noch nie so wahr geliebt worden zu sein, aber gewiß ist auch meine Dankbarkeit ebenso wahr, und oft werfe ich mir vor, daß ich sie damals, als wir noch beisammen waren, wohl noch deutlicher manchmal hätte zu erkennen geben können. Und doch waren Sie immer mit mir zufrieden, immer gleich sanft, immer gleich gefällig und nachgebend gegen meine Eigenheiten, meine Launen, obgleich Sie nicht einmal die Ursache davon einsehen konnten. Ich wußte und sehe es täglich, daß ich den ersten Platz in Ihrem Herzen hatte, aber weit entfernt ein Gleiches von mir zu verlangen, erfüllte Sie jeder, auch der kleinste Beweis meiner Zufriedenheit mit der lebhaftesten Freude, und Sie verlangten für die liebevollen Bemühungen zu meinem Vergnügen keinen Dank, als den, daß *ich* nur froh war. Unverdorbene Seele, Zögling der liebenden Natur, wie wenige sind, die Dir gleichen!

Nicht wahr, Sie gedenken meiner jetzt oft, wenn Sie alle die bekannten Gegenden wieder betreten, wo wir mit einander die blühende Natur in ihren tausendfachen Szenen der sanften Freude genossen. Der grünende Wald, die flötende Nachtigall, der aufgehende Mond, die schweigende Nacht, der Abend, wenn er sich im stillen Flusse spiegelt, oder der strahlende Mittag, alles wird Sie an ihren abwesenden Freund und an die Vorzeit erinnern. Möchte Ihnen doch mein Verlust ganz ersetzt sein, ich wüßte Sie so gern recht glücklich, und ich weiß, daß Sie das ohne Freundschaft, wie Sie sie für mich empfanden, nicht sein können; das sagte mir so oft Ihr heitrer Blick, wenn wir uns trafen, das sagten mir Ihre Tränen, als wir schieden.

*56. An Adolfine von Werdeck*

[Paris und Frankfurt am Main, November 1801]
[Der Anfang fehlt] ... Sie es nicht auch –? Doch nichts davon. Es gibt unschuldige Gestalten, welche erröten, wenn *zwei* Menschen sie ansehen. *Einem* zeigen sie sich gern. –

– Also an dem Arminiusberge standen Sie, an jener Wiege der deutschen Freiheit, die nun ihr Grab gefunden hat? Ach, wie ungleich sind zwei Augenblicke, die ein Jahrtausend trennt! *Ordentlich* ist heute die Welt; sagen Sie mir, ist sie noch schön? Die armen lechzenden Herzen! Schönes und Großes möchten sie tun, aber niemand bedarf ihrer, alles geschieht jetzt ohne ihr Zutun. Denn seitdem man die Ordnung erfunden hat, sind alle großen Tugenden unnötig geworden. Wenn uns ein Armer um eine Gabe anspricht, so befiehlt uns ein Polizeiedikt, daß wir ihn in ein Arbeitshaus abliefern sollen. Wenn ein Ungeduldiger den Greis, der an dem Fenster eines brennenden Hauses um Hilfe schreit, retten will, so weiset ihn die Wache, die am Eingange steht, zurück, und bedeutet ihn, daß die gehörigen Verfügungen bereits getroffen sind. Wenn ein Jüngling gegen den Feind, der sein Vaterland bedroht, mutig zu den Waffen greifen will, so belehrt man ihn, daß der König ein Heer besolde, welches für Geld den Staat beschützt. – Wohl dem Arminius, daß er einen großen Augenblick fand. Denn was bliebe ihm heutzutage übrig, als etwa Lieutenant zu werden in einem preußischen Regiment?

– Sie scheinen mit Goethens Person nicht so zufrieden zu sein, wie mit seinen Schriften. – Aber ums Himmels willen, gnädigste Frau, wenn wir von den Dichtern verlangen wollen, daß sie so idealisch sein sollen, wie ihre Helden, wird es noch Dichter geben? Und wenn die Menschen alles tun sollen, was sie in ihren Büchern lehren, wird uns jemand wohl noch Bücher schreiben?

– Ich soll Ihnen etwas von den hiesigen Kunstwerken mitteilen? Herzlich gern, so gut das nämlich durch die Sprache angeht. – Es ist seltsam, daß ich unter den hiesigen Bildern nicht das Vergnügen empfinde, das ich in der dresdenschen Galerie genoß. Es sind hier in drei großen Sälen eine ganz erstaunliche Menge von Gemälden, aus allen Schulen Europas und zwar fast bloß Meisterstücke vorhanden; aber ein Stück kann sehr gelehrt sein, ohne daß es darum gefällt. [Etwa 8 Zeilen fehlen] . . . und die, die ihn von unten empfangen, berühren ihn so wehmütig sanft, als wollten sie ihm noch im Tode Schmerzen ersparen. Dann zähle ich noch zu meinen Lieblingsstücken einen Guido [Reni], die Vereinigung der Zeichnung mit dem Kolorit, höchst sinnreich und gedankenvoll, ein Stück, das keinen andern Fehler hat, als diesen, daß es eine Allegorie ist. Zuletzt ist noch unter den wenigen aufgestellten Raphaelen ein Erzengel, von dem man recht sagen kann, daß er *heranwettert*, einen Teufel niederzuschmettern. Aber – Ach, in Dresden war eine Gestalt, die mich wie ein geliebtes, angebetetes Wesen in der Galerie fesselte – und ich kann mir jetzt die Schwärmerei der alten Chevalerie, Traumgestalten wie Lebende anzubeten, sehr wohl erklären. – Ich sprach von Raphaels Mutter Gottes. Mußte ich das noch hinzusetzen –? Sie sind ja, wie ich aus Ihrem Briefe sehe, in Kassel gewesen. Da werden Sie nicht versäumt haben, in dem Zimmer des Direktors Tischbein zwei seinem hannövrischen Bruder gehörige Stücke zu sehen, die alle landgräflichen Tableaus aufwiegen: nämlich der heilge Johannes von Raphael und ein Engel des Friedens von Guido [Reni]. Das sind ein paar Bilder, die man stundenlang mit immer beschäftigter Seele betrachten kann. Man steht vor einer solchen Gestalt, wie vor einem Schatze von Gedanken, die in üppiger Mannigfaltigkeit auf den Ruf einer Seele heraufsteigen. Wie schlecht verstehn sich die Künstler auf die Kunst, wenn sie, wie Lebrun ganze Wände mit einer zehnfach komplizierten Handlung bemalen. *Eine* Empfindung, aber mit ihrer ganzen Kraft darzustellen, das ist die höchste Aufgabe für die Kunst, und darum ist Raphael auch mir ein Liebling. In dem Antlitz eines einzigen Raphaels liegen mehr Gedanken, als in allen Tableaus der französischen Schule zusammengenommen, und während man kalt vor den Schlachtstücken, deren Anordnung das Auge kaum fassen kann, vorübergeht, steht man still vor einem Antlitz und denkt. – Viele der schönsten Tableaus aus der italienischen Schule sind hier noch nicht aufgestellt, und es ist verboten, Fremde in den Saal zu führen, wo sie auf dem Boden übereinander liegen. Ein freundliches Wort aber und ein kleiner Taler vermögen alles bei dem Franzosen, und der Aufseher ließ mich heimlich in den Saal schlüpfen, wo *Raphaels Verklärung* zu sehen war. – Unwürdig ist es, wie man hier mit den eroberten Kunstwerken umgeht. Nicht genug, daß einige Tableaus ganz verschwunden sind, niemand weiß, wohin? und daß eine Menge von Gemmen, statt in dem Antikenkabinett aufbewahrt zu werden, die Hälse der Weiber französischer Generale schmücken; auch die vorhandnen Kunstwerke werden nicht sorgsam genug aufbewahrt, und besonders in dem noch nicht vollendeten Saale liegen die Blätter, die das Entzücken der Seele sind, wild und bestaubt und mit Kreide beschrieben übereinander. Ja selbst die vollendeten Säle sind bei weitem nicht prächtig genug, um würdig solche Werke aufzubewahren. Der große, wenigstens 200 Schritt lange, aber sehr schmale Saal im Louvre, in welchem mit schlechten hölzernen Rahmen die Tableaus in ungleicher, übergehender Richtung aufgehängt sind, sieht aus wie eine Polterkammer. Der Saal, in welchem die Götter und Heroen der Griechen versammelt sind, ist, statt mit Marmor, mit Holz gefüttert, das den Zuschauer mit der Farbe des ewigen Steines betrügen soll. Recht traurig ist der Anblick dieser Gestalten, die an diesem Orte wie Emigrierte aussehen – Der Himmel von Frankreich scheint schwer auf ihnen zu liegen, sie scheinen sich nach ihrem Vaterlande, nach dem klassischen Boden zu sehnen, der sie erzeugte, oder doch wenigstens als Waisen hoher Abkunft würdig ihrer pflegte. – Ja, wahrlich, kann man weniger tun, als den Diamanten in Gold fassen? Und wenn man für diese ganze Sammlung von Kunstwerken, die kein König bezahlen kann, ein Gebäude aufführte nach allen Forderungen der Pracht und des Geschmacks, hieße das mehr tun, als wenn man ein einziges Tableau in einen vergoldeten Rahm hängt? – Sie können leicht denken, daß die Säle immer dichtgedrängt voll Menschen sind. Selbst der Wasserträger setzt an dem Eingange seine Eimer nieder, um ein Weilchen den Apoll vom Belvedere zu betrachten. Ein solcher Mensch denkt, er vertriebe sich die Zeit, indessen ihn der Gott große Dinge lehrt. – Viel freilich muß der Franzose noch lernen. Kürzlich stand einer neben mir und fragte: tout cela, est il fait à Paris? – In der Bildergalerie zu Versailles kann ein Künstler die französische Schule ganz vollständig studieren. Da ist doch ein Genie, vor dem sich eine Frau, wie Sie, beugen muß. Le Sueur ist sein unbekannter Name. Nahe dem Raphael ist er getreten, und wer weiß wohin er gestiegen wäre, wenn nicht der Neid seines Nebenbuhlers Lebrun ihn aus dem Wege geräumt hätte. Man sagt, daß er, noch ein Jüngling, an der Vergiftung starb. – Noch ein Museum ist hier vorhanden, das ich auch selbst in Hinsicht der äußern Einrichtung vortrefflich nennen möchte. Es ist einzig in seiner Art. Man hat nämlich alle französischen, in den Zeiten des Vandalismus ihrem Untergange nahe, Kunstwerke des Altertums aus Kirchen und Kirchhöfen nach Paris gebracht, und hier in einem Kloster, in seinem Kreuzgange, und in seinem Garten, aufgestellt; und so ist eine Sammlung entstanden, welche den Kunstgeschichtsforscher über den ganzen Gang der Kunst in Frankreich, aufklären kann. Immer den Produkten eines jeden Jahrhunderts ist ein eigner, seinem Geiste entsprechender Saal gewidmet – In dem Garten stehen hier und dort Urnen voll heiliger Asche. Sie würde ich zuerst in einen Winkel des Gartens führen. Da steht unter einer dunkeln Plantane ein altes, gotisches Gefäß. Das Gefäß enthält die Asche Abälards und Heloïsens. – Es wird Ihnen wohl auch interessant sein, etwas von den neuern Kunstwerken zu hören, die während der 5 Ergänzungstage, welche das französische Jahr beschließen, in dem Louvre aufgestellt waren. Erwarten Sie aber nicht viel davon – Erwarten Sie überhaupt nicht viel von der neuern Kunst. Kunstwerke sind Produkte der Phantasie, und der ganze Gang unsrer heutigen Kultur geht dahin, das Gebiet des Verstandes immer mehr und mehr zu erweitern, das heißt, das Gebiet der Einbildungskraft immer mehr und mehr zu verengen.

Frankfurt am Main, den 29. November 1801

Liebe Freundin, wie soll ich Ihnen so vieles, das Ihnen bei dieser Überschrift auffallen wird, erklären? Ach, das Leben wird immer verwickelter und das Vertrauen immer schwerer. – Ich habe mit

Ulriken Paris verlassen und sie bis Frft. am Main begleitet. Von hier aus geht sie allein in ihr Vaterland zurück. Ich gehe nach der Schweiz. – Beim Einpacken fand ich diesen unvollendeten Brief. Halten Sie, wenn es möglich ist, bei dieser Verzögerung meiner seltsamen Stimmung, die Sie nicht kennen, etwas zugute. Ich weiß es, daß Sie auch den Wert, den das Unvollkommene hat, empfinden. – Wenn Sie mir ein paar freundliche Worte nach *Bern* schreiben wollten, so wird es mir herzlich lieb sein. Könnten Sie nicht auch Leopold dazu aufmuntern, von dem ich seit unsrer Trennung nicht eine Zeile gesehen habe? – Wenn es noch Zeit ist, das Kapital von 500 Rth. an Werdeck für Weihnachten auszuzahlen, so ersuche ich ihn, ein paar Worte darüber an Wilhelm Pannwitz zu schreiben, der alle meine Geldgeschäfte besorgt. Wie geht es ihm? Ist er gesund? Und heiter? – Grüßen Sie Fr. Schlegel und Braut, und schenken Sie immer Ihr Wohlwollen Ihrem Freunde Heinrich Kleist.

### 57. An Wilhelmine von Zenge

An Fräulein Wilhelmine v. Zenge zu Frankfurt a. Oder.

Frankfurt am Main, den 2. Dezember 1801

Liebe Wilhelmine, ich fürchte nicht, daß Dich Ulrikens Ankunft ohne mich schmerzhaft überraschen wird, da ich Dich bereits von Paris aus darauf vorbereitet, und Dir meinen Plan, noch in diesem Winter nach der Schweiz zu reisen, darin mitgeteilt habe.

Deinen Brief habe ich noch in Paris, noch an dem Morgen meiner Abreise, fast kaum eine Stunde ehe ich mich in den Wagen setzte, erhalten – Ob er mir Freude gemacht hat –?

Liebe Freundin, ich möchte nicht gern an Deiner Liebe zweifeln müssen, und noch wankt mein Glaube nicht – Wenn es auch keine hohe Neigung ist, innig ist sie doch immer, und noch immer, trotz Deines Briefes, kann sie mich glücklich machen.

Ich wüßte kein besseres, herzlicheres Mittel, uns beide wieder auf die alte Bahn zu führen, als dieses: laß uns beide Deinen letzten Brief vergessen.

Herzlich lieb ist es mir, daß ich ihn nicht gleich in der ersten Stimmung beantwortete, und daß ich auf einer Reise von 15 Tagen Zeit genug gehabt habe, Dich zu entschuldigen. Ich fühle nun, daß ich doch immer noch auf Deine Liebe rechnen kann, und daß Deine Weigerung, mir nach der Schweiz zu folgen, auf vielen Gründen beruhen kann, die unsrer Vereinigung gar keinen Abbruch tun.

Deine Anhänglichkeit an Dein väterliches Haus ist mir so ehrwürdig, und wird mir doch, wenn Du mich nur wahrhaft liebst, so wenig schaden, daß es gar nicht nötig ist, das mindeste dagegen einzuwenden. Sind nicht fast alle Töchter in demselben Falle, und folgen sie nicht doch, so schwer es ihnen auch scheint, dem weisen Spruche aus der Bibel: Du sollst Vater und Mutter verlassen und Deinem Manne anhangen?

Wenn Du mich nur wahrhaft liebst, wenn Du nur wahrhaft bei mir glücklich zu werden hoffst – Und da mochte freilich in meiner ersten Einladung, aus Furcht Dich bloß zu überreden, zu wenig Überzeugendes, zu wenig Einladendes liegen.

Deine ganze Weigerung scheint daher mehr ein Mißverständnis, als die Frucht einer ruhigen Prüfung zu sein. Du schreibst Dein Körper sei zu schwach für die Pflichten einer *Bauersfrau* – und dabei hast Du Dir wahrscheinlich die niedrigsten ekelhaftesten gedacht. Aber denke Dir die besseren, angenehmeren, denke daß Dir in einer solchen Wirtschaft, wie ich sie unternehmen werde, wenigstens 2 oder 3 Mägde zur Seite gehen – wirst Du auch jetzt noch zu schwach sein?

Liebe Wilhelmine, wenn Du Dich jetzt nicht recht gesund fühlst, so denke, daß vielleicht Dein städtisches Leben an manchem schuld sei, und daß gewiß *die* Art der Arbeit, die ich Dir vorschlage, statt Deine Kräfte zu übersteigen, sie vielmehr stärken wird. Aufblühn wirst Du vielleicht – Doch ich verschweige alles, was nur irgend einer Überredung ähnlich sehen könnte. Freiwillig und gern mußt Du mir folgen können, wenn nicht jeder trübe Blick mir ein Vorwurf sein soll. – Dennoch würde ich mehr hinzusetzen, wenn ich nur mit voller Überzeugung wüßte, daß Du mich nicht weniger innig liebst, als ich es doch notwendig bedarf. Manche Deiner Gründe der Weigerung sind so seltsam – Du schreibst, Kopfschmerzen bekämst Du im Sonnenschein – Doch nichts davon. Alles ist vergessen, wenn Du Dich noch mit *Fröhlichkeit* und *Heiterkeit* entschließen kannst. Ich habe Dir kurz vor meiner Abreise von Paris alles gezeigt, was auf dem Wege, den ich Dich führen will, Herrliches und Vortreffliches für Dich liegt. Die Antwort auf diesen Brief soll entscheidend sein. Du wirst ihn wahrscheinlich schon nach Bern geschickt haben, und ich ihn dort bei meiner Durchreise empfangen. Es wird der Augenblick sein, der über das Glück der Zukunft entscheidet. Heinrich Kleist.

N. S. Louisens Vorschlag ist mir um des Wohlwollens willen, das ihn gebildet hat, innig rührend. Aber wenn ich auch, als ich Deinen Brief erhielt, meinen Koffer noch nicht durch die Post nach Bern geschickt gehabt hätte, so würde ich doch nicht haben nach Frkft. zurückkehren können, wenigstens jetzt noch nicht. Denn ob ich gleich alle die falschen Urteile, die von Gelehrten und Ungelehrten über mich ergehen werden, in der Ferne ertragen kann, so wäre es mir doch unerträglich gewesen, sie anzuhören, oder aus Mienen zu lesen. Ich kann nicht ohne Kränkung an alle die Hoffnungen denken, die ich erst geweckt, dann getäuscht habe – und ich sollte nach Frft. zurückkehren? Ja, wenn Frft. nicht größer wäre, als der Nonnenwinkel – Küsse Louisen, und bitte sie ein gutes Wort für mich bei Dir einzulegen. Sage ihr, daß wenn mir keine *Jugendfreundin* zur Gattin würde, ich nie eine besitzen würde. Das wird sie bewegen –

Carln hätte ich eigentlich notwendig schreiben müssen wegen Johann. Es ist mir aber unmöglich und ich bitte Dich, ihn zu benachrichtigen, daß dieser Mensch mich auf eine unwürdige Art, 2 Tage vor der Abreise, da schon die Pferde gekauft waren, in Paris verlassen hat. Wäre er mir nur halb so gut gewesen, als ich ihm, er wäre bei mir geblieben – Gibt es denn nirgends Treue? – – Ach, Wilhelmine –!

### 58. An Ulrike von Kleist

Basel, den 16. Dezember 1801

Mein liebes, teures Ulrikchen, möchtest Du doch das Ziel Deiner Reise so glücklich erreicht haben, wie ich das Ziel der meinigen! Ich kann nicht ohne Besorgnis an Deine einsame Fahrt denken. Niemals habe ich meine Trennung von Dir gebilligt, aber niemals weniger als jetzt. Aber Gott weiß, daß oft dem Menschen nichts anders übrig bleibt als unrecht zu tun. –

Vielleicht bist Du in diesem Augenblick damit beschäftigt, mir aus Frankfurt zu schreiben, daß Du mir *alles* verzeihst. Denn Deine unbezwungene Tugend ist es, ich weiß es – Ach, Ulrike, alles, was ich *nach* dem Trennungstage von Dir denken würde, habe ich monatelang vorhergesehen. Doch ich weiß, daß Du es nicht gerne hörst.

Ich habe auf meiner Reise oft Gelegenheit gefunden, mich Deiner zu erinnern, und wehmütiger, als Du glaubst. Denn immer sah ich Dich, so wie Du Dich in den letzten Tagen, ja auf der ganzen Fahrt von Paris nach Frankfurt mir zeigtest. Da warst Du so sanft – Deine erste Tagereise ging wahrscheinlich bis Hanau, die meinige bis Darmstadt. Das war ein recht trauriger Tag, der gar kein Ende nehmen wollte. Am andern Morgen, als wir über die schöne Bergstraße nach Heidelberg gingen, ward unsre Wanderung heiterer. Denn da war alles so weit, so groß, so weit, und die Lüfte wehten da so warm, wie damals auf dem Kienast in Schlesien. – Vergiß nicht Leopold zu sagen, daß er Gleißenberg von mir grüßen soll. – In Heidelberg bestieg ich wieder die schöne Ruine, die Du kennst. Daran haben wir damals nicht gedacht, daß Clairant und Clara wirklich einander bei dem tiefen Brunnen, der hier in den Felsen gehauen ist, zuerst wiedersahen, und daß doch etwas Wahres an dieser Geschichte ist. – Bei Durlach saßen wir einmal beide auf dem Turnberg, und sahen die Sonne jenseits des Rheins über den Vogesen untergehen. Entsinnst Du Dich wohl noch unsers Gesprächs? Mir war das alles wieder lebendig, als ich diesmal dicht an dem Fuße dieses Berges vorbeiging. – Ich bin diesmal auch in Karlsruhe gewesen, und es ist schade, daß Du diese Stadt, die wie ein Stern gebaut ist, nicht gesehen hast. Sie ist klar und lichtvoll wie eine Regel, und wenn man hineintritt, so ist es, als ob ein geordneter Verstand uns ansprüche. – Bei Straßburg ging ich mit meinem Reisegefährten über den Rhein. Das ist wohl ein guter Mensch, den man recht lieb haben kann. Seine Rede ist etwas rauh, doch seine Tat ist sanft. – Wir rechneten ohngefähr, daß Du an diesem Tage in Leipzig sein könntest. Hast Du Hindenburg wieder gesprochen? Auch die jüngste Schlieben? Ich habe in Straßburg niemanden besucht, vorzüglich darum, weil die Zeit zu kurz war. Denn der schlechte Weg und die kurzen Wintertage hatten uns außerordentlich verspätet. Das Wetter für diese Reise war aber so ziemlich erträglich, fast ebenso erträglich wie auf der Lebensreise, ein Wechsel von trüben Tagen und heitern Stunden. Manche Augenblicke waren herrlich und hätten im Frühlinge nicht schöner sein können. – Von hier aus gingen wir durch das französische Elsaß nach Basel. Es war eine finstre Nacht als ich in das neue Vaterland trat. Ein stiller Landregen fiel überall nieder. Ich suchte Sterne in den Wolken und dachte mancherlei. Denn Nahes und Fernes, alles war so dunkel. Mir wars, wie ein Eintritt in ein anderes Leben. – Ich bin schon seit einigen Tagen hier, und hätte Dir freilich ein wenig früher schreiben können. Aber als ich mich am Morgen nach meiner Ankunft niedersetzte, war es mir ganz unmöglich. – Diese Stadt ist sehr still, man könnte fast sagen öde. Der Schnee liegt überall auf den Bergen, und die Natur sieht hier aus wie eine 80jährige Frau. Doch sieht man ihr an, daß sie in ihrer Jugend wohl schön gewesen sein mag. – Zuweilen stehe ich auf der Rheinbrücke, und es ist erfreulich zu sehen, wie dieser Strom schon an seinem Beginnen so mächtig anfängt. Aber man sagt, er verliert sich im Sande. – Heinrich Zschokke ist nicht mehr hier. Er hat seinen Abschied genommen und ist jetzt in Bern. Er hat einen guten Ruf und viele Liebe zurückgelassen. Man sagt, er sei mit der jetzigen Regierung nicht recht zufrieden. Ach, Ulrike, ein unglückseliger Geist geht durch die Schweiz. Es feinden sich die Bürger untereinander an. O Gott, wenn ich doch nicht fände, auch hier nicht fände, was ich suche, und doch notwendiger bedarf, als das Leben! – Ich wollte, Du wärest bei mir geblieben. – Sind wir nicht wie Körper und Seele, die auch oft im Widerspruche stehen und doch ungern scheiden? – Lebe wohl, schreibe mir nach Bern. Wenn mein liebes, bestes Tantchen *ein* freundliches Wort in Deinem Brief schreiben wollte, wenn auch Minette, Gustel, Leopold, Julchen, das tun wollten, so würde mich das unbeschreiblich freun.     Heinrich Kleist

## 59. *An Heinrich Lohse*

An HErrn Lohse

                      Liestal, den 23. (–29.) Dezember 1801
Mein lieber Lohse, Du empfängst durch einen Boten diesen eingeschlossnen Schlüssel, den ich nicht, wie ich gestern ver-

sprach, selbst nach Basel bringen kann, weil ich mich krankhaft ermattet fühle am Leibe und an der Seele. Sondre Dein Eigentum von dem meinigen ab, schicke den Schlüssel mir zurück, und bedeute unsre lieben Wirtsleute, daß sie meine *beiden* Koffer zurückbehalten sollen bis auf weitere Nachricht.

Und weiter hätte ich Dir nichts zu sagen? O doch, noch etwas. Aber sei unbesorgt. Du sollst keine Vorwürfe von mir hören. Ich will Abschied von Dir nehmen auf ewig, und dabei fühle ich mich so friedliebend, so liebreich, wie in der Nähe einer Todesstunde.

Ich bitte um Deine Verzeihung! Ich weiß, daß eine Schuld auch auf meiner Seele haftet, keine häßliche zwar, aber doch eine, diese, daß ich Dein Gutes nicht nach seiner Würde ehrte, weil es nicht das Beste war. O verzeihe mir! Es ist mein töricht überspanntes Gemüt, das sich nie an dem, was ist, sondern nur an dem, was nicht ist, erfreuen kann. Sage nicht, daß Gott mir verzeihen solle. Tue Du es, es wird *Dir* göttlich stehen.

Ich verzeihe Dir alles, o *alles*. Ich weiß jetzt nicht einmal, ja kaum weiß ich noch, was mich gestern so heftig gegen Dich erzürnt hat, und wenn ich mich in diesem öden Zimmer so traurig einsam sehe, so kann ich mir gar nicht Rechenschaft geben, gar nicht deutlich, warum Du nicht bei mir bist?

Und ich sollte Dich nicht lieben? Ach, wie wirst Du jemals einen Menschen überzeugen können, daß ich Dich nicht liebte! – Du hast wohl selten daran gedacht, was ich schon für Dich getan habe? Und es war doch so viel, so viel, ich hätte für meinen Bruder nicht mehr tun können. Denke nun zuweilen daran zurück, auch an Metz, ich muß Dich nur daran erinnern. Ach es ist nicht möglich, nicht möglich, es muß Dich doch immer rühren, so oft Du daran denkst.

Und doch konntest Du von mir scheiden? So schnell? So leicht –? Ach, Lohse, wenn Caroline Dich einst fragen wird, wie konntest Du so schnell, so leicht von einem Menschen scheiden, der Dir doch so viel Liebes, so viel Gutes tat, wie wirst Du Dich getrauen können zu antworten, es sei geschehen, weil er immer recht haben wollte –?

O weg von dem verhaßten Gegenstande. Du fühlst gewiß nicht einmal, *was* mich daran schmerzt. Ich habe mich in den vergangnen Tagen vergebens bemüht, auch mir diese Empfindlichkeit zu stumpfen. Aber noch die bloße Erinnerung erregt mir die Leidenschaft. – Was suchten wir wohl auf unserm schönen Wege? War es nicht Ruhe vor der Leidenschaft? Warum grade, grade *Du* –? Es war mir doch alles in der Welt so gleichgültig, selbst das Höchste so gleichgültig; wie ging es zu, daß ich mich oft an das Nichtswürdige setzen konnte, als gälte es Tod und Leben? Ach, es ist abscheulich, abscheulich, ich fühle mich jetzt wieder so bitter, so feindselig, so häßlich – Und doch hättest Du alle holden Töne aus dem Instrumente locken können, das Du nun bloß zerrissen hast –

Doch das ist geschehen. Ich will kurz sein. Unsere Lebenswege scheiden sich, lebe wohl – Und wir sollten uns nicht wiedersehen –? O wenn Gott diesmal mein krankhaftes Gefühl nicht betrügen wollte, wenn er mich sterben ließe! Denn niemals, niemals hier werde ich glücklich sein, auch nicht wenn Du wiederkehrst – Und Du glaubst, ich würde eine Geliebte finden? Und kann mir nicht einmal einen Freund erwerben? O geht, geht, ihr habt alle keine Herzen – – Wenn mir geholfen ist, wie ich es wünsche, so ist es auch Dir. Ich weiß wohl noch etwas, worüber Du Tränen des Entzückens weinen sollst. Dann wird auch Caroline Dir etwas von mir erzählen – O Gott, Caroline! – Wirst Du sie denn auch glücklich machen? – O verschmähe nicht eine Warnung. Es ist die letzte, die pflegt aus reiner Quelle zu kommen. Traue nicht dem Gefühl, das Dir sagt, an Dir sei nichts mehr zu ändern. Vieles *solltest* Du ändern, manches auch *könntest* Du. Lerne auch mit dem Zarten umzugehen. – Wenn aber die Lebensreise noch nicht am Ende wäre, dann weiß ich noch nichts Bestimmtes. Bei Heinrich Zschokke wirst Du aber immer erfahren können, wo ich bin. Schreibe mir, in ein paar Monaten, wo Du bist, dann will ich mein Versprechen halten, und Dir die Hälfte von allem überschicken, was mein ist.

Und nun, was ich noch sagen wollte – es wird mir so schwer das letzte Wort zu schreiben – wir waren uns doch in Paris so gut, o so gut – Bist Du nicht auch unsäglich traurig? Ach, höre, willst Du mich nicht noch einmal umarmen? Nichts, nichts gedacht, frage Dein *erstes* Gefühl, dem folge – – Und wenn es *doch* das letzte Wort wäre – O Gott, so sage ich Dir und allen Freuden das Lebewohl Lebewohl Lebewohl. Heinrich Kleist.

Bern, den 27. Dezember

Also Du bist nicht nach Basel gegangen? Ei der Tausend! Wie man doch die dummen Leute anführen kann! Denn ich habe Dich wirklich überall voll Betrübnis gesucht, und die ganze Szene von Metz wiederholt – Also Du bist frisch und gesund in Bern? Nun, das freut mich, freut mich doch – Aber Gott weiß, ich habe jetzt einen innerlichen Widerwillen vor Dir und könnte Dich niemals wieder herzlich umarmen. Ich nehme also das Obengesagte zurück. – Empfange Dein Eigentum in der Krone, schicke mir die Karte, Pantoffeln etc. etc. und lebe recht wohl.

den 29., mittags

Mein lieber Lohse, ich muß Dir jetzt doch mein unverständliches Betragen erklären! – Ich schrieb diesen Brief in Liechstal und empfing ihn in Basel zurück. – Als ich in Bern erfuhr, daß Du hier hier seist, schrieb ich die Nachschrift. Denn damals schien es mir noch süß, Dir wehe zu tun. – Am andern Tage dachte ich wieder, es [sei] so besser Dir das zu ersparen. Darum schickte ich Dir bloß die Sachen ohne den Brief – Heute morgen als ich Dich unter den Arkaden begegnete, Gott weiß, ich hatte das alles vergessen und mir war es wie vor 6 oder 8 Wochen. Aber das war doch wohl nur bloß ein vorübergehendes Gefühl – Prüfe selbst ruhig, ob wir wohl für einander passen – Du wirst wie ich, die *Unmöglichkeit* einsehen – Aber komm noch einmal zu mir, wir wollen ohne Groll scheiden.

## 60. An Ulrike von Kleist

Bern, den 12. Januar 1802
(Adressiere die Briefe nach Bern)

Mein liebes Ulrikchen, der Tag, an welchem ich Deinen Brief empfing, wird einer der traurigsten meines Lebens bleiben. Die vergangne Nacht ist die dritte, die ich schlaflos zugebracht habe, weil mir immer das entsetzliche Bild vorschwebt – So unglücklich mußte diese Reise enden, die Dir niemals viele Freude gemacht hat? – Ich war in der ersten Überraschung ganz außer mir. Mir wars, als geschähe das Unglück indem ich es las, und es dauerte lange, ehe mir zum Troste einfiel, daß es ja schon seit drei Wochen vorbei war. – Wie werden mich die Verwandten von allen Seiten mit Vorwürfen überschüttet haben! Werden sie es mir verzeihen können, daß ich Dich so einsam reisen ließ? Und doch, hätte meine Gegenwart Dir zu etwas anderm dienen können, als bloß den Unfall mit Dir zu teilen?

Die andere Hälfte Deines Briefes, welche mich betrifft, ist auch nicht sehr erfreulich – Mein liebes Ulrikchen, zurückkehren zu Euch ist, so unaussprechlich ich Euch auch liebe, doch unmöglich, unmöglich. Ich will lieber das Äußerste ertragen – Laß mich. Erinnre mich nicht mehr daran. Wenn ich auch zurückkehrte, so würde ich doch gewiß, gewiß ein Amt nicht nehmen. Das ist nun einmal abgetan. Dir selbst wird es einleuchten, daß ich für die üblichen Verhältnisse gar nicht mehr passe. Sie beschränken mich nicht mehr, so wenig wie das Ufer einen anschwellenden Strom. Laß das also für immer gut sein. – Und dann, ich will ja, wohlverstanden, Deinen Willen tun, will ja hineintreten in das bürgerliche Leben, will ein Amt nehmen, eines, das für bescheidne Bedürfnisse gewiß hinreicht, und das noch dazu vor allen andern den Vorzug hat, daß es *mir* gefällt – Ja, wenn auch wirklich mein Vermögen so tief herabgeschmolzen ist, wie Du schreibst, so kann ich doch immer noch meinen stillen, anspruchlosen Wunsch, ein Feld mit eignen Händen zu bebauen, ausführen. Ja zuletzt bleibt mir, bei meinem äußern und innern Zustand, kaum etwas anderes übrig, und es ist mir lieb, daß Notwendigkeit und Neigung hier einmal so freundlich zusammenfallen. Denn immer von meiner Kindheit an, ist mein Geist auf diesem Lebenswege vorangegangen. Ich bin so sichtbar dazu geboren, ein stilles, dunkles, unscheinbares Leben zu führen, daß mich schon die zehn oder zwölf Augen, die auf mich sehen, ängstigen. Darum eben sträube ich mich so gegen die Rückkehr, denn unmöglich wäre es mir, hinzutreten vor jene Menschen, die mit Hoffnungen auf mich sahen, unmöglich ihnen zu antworten, wenn sie mich fragen: wie hast du sie erfüllt? Ich bin nicht, was die Menschen von mir halten, mich drücken ihre Erwartungen – Ach, es ist unverantwortlich, den Ehrgeiz in uns zu erwecken, einer Furie zum Raube sind wir hingegeben – Aber nur *in* der Welt wenig zu sein, ist schmerzhaft, *außer* ihr nicht. Ach, das ist ein häßlicher

Gegenstand. Von etwas anderm. – Ja, was ich sagen wollte, ich bin nun einmal so verliebt in den Gedanken, ein Feld zu bauen, daß es wohl wird geschehen müssen: Betrachte mein Herz wie einen Kranken, diesen Wunsch wie eine kleine Lüsternheit, die man, wenn sie unschädlich ist, immerhin gewähren kann. – Und im Ernste, wenn ich mein letztes Jahr überdenke, wenn ich erwäge, wie ich so seltsam erbittert gewesen bin gegen mich und alles, was mich umgab, so glaube ich fast, daß ich wirklich krank bin. Dich, zum Beispiel, mein liebes, bestes Ulrikchen, wie konnte ich Dich, oft in demselben Augenblicke, so innig lieben und doch so empfindlich beleidigen? O verzeih mir! Ich habe es mit mir selbst nicht besser gemacht. – Du rietest mir einmal in Paris, ich möchte, um heitrer zu werden, doch kein Bier mehr trinken, und sehr empfindlich war mir diese materialistische Erklärung meiner Trauer – jetzt kann ich darüber lachen, und ich glaube, daß ich auf dem Wege zur Genesung bin. Ach, Ulrike, es muß irgendwo einen Balsam für mich geben, denn der bloße Glaube an sein Dasein stärkt mich schon. – Ich will Dir wohl sagen, wie ich mir das letzte Jahr erkläre. Ich glaube, daß ich mich in Frankfurt zu übermäßig angestrengt habe, denn wirklich ist auch seit dieser Zeit mein Geist seltsam abgespannt. Darum soll er für jetzt ruhen, wie ein erschöpftes Feld, desto mehr will ich arbeiten mit Händen und Füßen, und eine Lust soll mir die Mühe sein. Ich glaube nun einmal mit Sicherheit, daß mich diese körperliche Beschäftigung wieder ganz herstellen wird. Denn zuletzt möchte alles Empfinden nur von dem Körper herrühren, und selbst die Tugend durch nichts anderes froh machen, als bloß durch eine, noch unerklärte, Beförderung der Gesundheit – Wie, was war das? So hätte ich ja wohl nicht krank sein müssen, oder –? Wie Du willst, nur keine Untersuchung! In der Bibel steht, arbeite so wird es Dir wohl gehen – ich bilde mir ein, es sei wahr, und will es auf die Gefahr hin wagen.

Und nun einen Schritt näher zum Ziele. Ich will, daß von dem Wackerbarthschen Kapitale Du, die Tante, Stojentin und Werdeck sogleich bezahlt werden. Jeder andere, der irgend mit einer Forderung an mich auftreten könnte, wird vorderhand abgewiesen, weil ich hier nicht genau die Größe der Schuld weiß, und mir zu diesem Behufe erst Papiere aus Berlin schicken lassen muß.\* Auch bin ich von ihnen mehr oder weniger betrogen worden, und will nicht allein leiden, was ich nicht allein verbrach. Ich ersuche also Pannwitz mir zu schreiben, wie viel sie von mir fordern, worauf ich selbst bestimmen werde, wie viel ihnen zu bezahlen ist. Die Schuld soll sodann mit diesem Teile von Seiten der Interessenten als gelöscht angesehen werden. Von mir selbst aber soll sie das nicht, und ich lege mir die Pflicht auf, auch den noch übrigen Teil einst zu bezahlen. Das soll Pannwitz ihnen sagen zu ihrer Ruhe, wenn etwas anderes sie beruhigen kann, als schwarz auf weiß. Das nun, was von meinem gesamten Kapital übrig bleibt, wenn meine Schulden bezahlt sind, darüber will ich nun so bald als möglich frei disponieren können, und ich will Dir jetzt sagen, was ich damit anzufangen denke.

Mir ist es allerdings Ernst gewesen, mein liebes Ulrikchen, mich in der Schweiz anzukaufen, und ich habe mich bereits häufig nach Gütern umgesehen, oft mehr in der Absicht, um dabei vorläufig mancherlei zu lernen, als bestimmt zu handeln. Auf meiner Reise durch dieses Land habe ich fleißig die Landleute durch Fragen gelockt, mir Nützliches und Gescheutes zu antworten. Auch habe ich einige landwirtschaftliche Lehrbücher gelesen und lese noch dergleichen, kurz, ich weiß soviel von der Sache, als nur immer in so kurzer Zeit in einen offnen Kopf hineingehen mag. Dazu kommt, daß ich durch Heinrich Zschokke einige lehrreiche Bekanntschaften gemacht habe, und nun mehrere mit Landmännern machen werde. Überall vertraue ich mich mit ziemlicher Offenheit an, und finde Wohlwollen und Unterstützung durch Rat und Tat. Zschokke selbst will sich ankaufen, sogar in meiner Nähe, auch spricht er zuweilen von dem Schweizer Bürgerrecht, das er mir verschaffen könne, und sieht dabei sehr herzlich aus; aber ich weiß noch nicht, ob ich recht lese. – Kurz, Du siehst, daß ich, ob ich gleich verliebt bin, mich doch

---

\* Du kannst Leopold sagen oder schreiben, er möchte einmal in Berlin bei Zengen in meinem Büro, oder in der Kiste ein blau geheftetes Rechenbuch in Oktav aufsuchen. Da werden auf der vorletzten Seite sämtliche Posten stehen, die ich schuldig bin. – Das Buch kann er nur Pannwitzen schicken.

nicht planlos, in blinder Begierde, über den geliebten Gegenstand hinstürze. Vielmehr gehe ich so vorsichtig zu Werke, wie es der Vernunft bei der Liebe nur immer möglich ist. – Ich habe also unter sehr vielen beurteilten Landgütern endlich am Thuner See eines gefunden, das mir selbst wohl gefällt, und, was Dir mehr gelten wird, auch von meinen hiesigen Freunden für das schicklichste gehalten wird. – Die Güter sind jetzt im Durchschnitt alle im Preise ein wenig gesunken, weil mancher, seiner politischen Meinungen wegen, entweder verdrängt wird, oder freiwillig weicht. Ich selbst aber, der ich gar keine politische Meinung habe, brauche nichts zu fürchten und zu fliehen. – Das Gut also von dem die Rede war, hat ein kleines Haus, ziemlich viel Land, ist während der Unruhen ein wenig verfallen und kostet circa 3500 Rth. Das ist in Vergleichung der Güte mit dem Preise das beste das ich fand. Dazu kommt ein Vorteil, der mir besonders wichtig ist, nämlich daß der jetzige Besitzer das erste Jahr lang in dem Hause wohnen bleiben, und das Gut gegen Pacht übernehmen will, wodurch ich mit dem Praktischen der Landwirtschaft hinlänglich bekannt zu werden hoffe, um mich sodann allein weiter forthelfen zu können. – Auch wird Lohse, den seine Kunst ernährt, bei mir wohnen, und mir mit Hülfe an die Hand gehen. – Wenn ich also, wie Du schreibst, auf Deine Unterstützung rechnen kann, wenn Du mir eine – wie nenne ich es? *Wohltat* erzeigen willst, die mir *mehr* als das Leben retten kann, so lege mir zu meinem übriggebliebenen Kapital so viel hinzu, daß ich das Gut bezahlen kann. Das schicke mir dann *so bald als möglich*, und wenn Du mir auch nur einen Teil gleich, das übrige etwa in einigen Monaten schicken könntest, so würde ich gleich aus dieser Stadt gehen, wo meine Verhältnisse mir immer noch den Aufenthalt sehr teuer machen. Alles, was Du mir zulegst, lasse ich sogleich auf die erste Hypothek eintragen, und verlieren kannst Du in keinem Falle, auch in dem schlimmsten nicht.

Ob Du aber nicht etwas *gewinnen* wirst, ich meine, außer den Prozenten –? Mein liebes Ulrikchen, bei Dir muß ich von gewissen Dingen immer schweigen, denn ich schäme mich zu reden, gegen einen, der handelt. – Aber Du sollst doch noch einmal Deine Freude an mir haben, wenn ich Dich auch jetzt ein wenig betrübe. – Auch Tante und die Geschwister sollen mir wieder gut werden, o gewiß! Denn erzürnt sind sie auf mich, ich fühle es wohl, nicht einmal einen Gruß schenken sie dem Entfernten. Ich aber drücke mich an ihre Brust und weine, daß das Schicksal, oder mein Gemüt – und ist das nicht mein Schicksal? eine Kluft wirft zwischen mich und sie. H. K.

*61. An Heinrich Zschokke*

An den Bürger Regierungs-Statthalter Zschokke zu Bern, in der Gerechtigkeitsgasse neben dem Café Italien.

Thun, den 1. Februar 1802

Mein lieber Zschokke, suchen Sie nur gleich das Ende des Briefes, wenn Sie nicht Zeit haben, mehr als das Wesentliche desselben zu lesen. Da will ich alles, was ich für Sie (oder eigentlich für mich) auf dem Herzen trage, registerartig unter Nummern bringen. Vorher aber noch ein paar Worte Geschwätz, wie unter Liebenden.

Ich kann erst in etwa zwei Wochen aufs Land ziehen, wegen eines Mißverständnisses, das zu weitläufig und zu nichtbedeutend wäre, um Sie damit zu unterhalten. Ich wohne also in Thun, nahe am Tore – übrigens kann man hier nicht wohl anders wohnen. Ich gehe häufig aufs Land, besehe noch mehrere Güter, mache es aber, nach Ihrem Rate, in allen Stücken wie der berühmte Cunctator. Indessen gestehe ich, daß mich mancherlei an dem Ihnen schon beschriebenen Gute zu Gwat reizt, besonders der Umstand, daß es kein Haus hat, welches mir die Freiheit gibt, mir eines a priori zu bauen. Auch ist es so gut wie gewiß daß der Besitzer mit 24000 Pfund zufrieden sein wird. Leute, unparteiische, meinen, unter diesen Umständen sei das Gut weder zu teuer, noch besonders wohlfeil, und grade das könnte den Kauf beschleunigen, denn es flößt mir Vertrauen ein. Überdies hat der Mann eines von den Gesichtern, denen ich zu trauen pflege, man mag die Physiognomik schelten, so viel man will. Damit will ich sagen, daß ich so ziemlich gesinnt sei, fortan dem eignen Lichte zu folgen. Denn zuletzt muß man doch in der Welt an Rechtschaffenheit glauben, und alles Fragen um Meinung und Rat kann uns davon nicht erlösen, weil wir doch wenigstens an die Rechtschaffenheit dessen glauben müssen, den wir um Rat fragen. – Wie stehts mit Ihrer Lust zum Landleben? Wie stehts mit der Schweizer Regierung? Denn das hängt zusammen, und inniger als Sie mir gesagt haben. Immer hoffe ich noch, Sie einmal irgendwo im Staate wieder an der Spitze zu sehen, und nirgends, dünkt mich, wären Sie mehr an Ihrer Stelle, als da. – Was mich betrifft, wie die Bauern schreiben, so bin ich, ernsthaft gesprochen, recht vergnügt, denn ich habe die alte Lust zur Arbeit wiederbekommen. Wenn Sie mir einmal mit Geßnern die Freude Ihres Besuchs schenken werden, so geben Sie wohl acht auf ein Haus an der Straße, an dem folgender Vers steht: »Ich komme, ich weiß nicht, von wo? Ich bin, ich weiß nicht, was? Ich fahre, ich weiß nicht, wohin? Mich wundert, daß ich so fröhlich bin.« – Der Vers gefällt mir ungemein, und ich kann ihn nicht ohne Freude denken, wenn ich spazieren gehe. Und das tue ich oft und weit, denn die Natur ist hier, wie Sie wissen, mit Geist gearbeitet, und das ist ein erfreuliches Schauspiel für einen armen Kauz aus Brandenburg, wo, wie Sie auch wissen, der Künstler bei der Arbeit eingeschlummert zu sein scheint. Jetzt zwar sieht auch hier unter den Schneeflocken die Natur wie eine 80jährige Frau aus, aber man sieht es ihr doch an, daß sie in ihrer Jugend schön gewesen sein mag. – Ihre Gesellschaft vermisse ich hier sehr, denn außer den Güterverkäufern kenne ich nur wenige, etwa den Hauptm. Muelinen und seinen Hofmeister, angenehme Männer. Die Leute glauben hier durchgängig, daß ich verliebt sei. Bis jetzt aber bin ich es noch in keiner Jungfrau, als etwa höchstens in die, deren Stirne mir den Abendstrahl der Sonne zurückwirft, wenn ich am Ufer des Thuner Sees stehe. – Nun genug des Geschwätzes. Hier folgen die Bitten.

I. Ich bitte dem Überbringer dieses, Fuhrmann Becher, den Koffer aus Basel, wenn er im Kaufhause angelangt sein sollte, zu übergeben.

II. Ihn in meine ehemalige Wohnung zu schicken, wo er noch einen Koffer, einen Rock, und einige Wäsche in Empfang nehmen soll.

III. Ihn zu Geßnern zu schicken, wo er die bestellten Bücher übernehmen soll.

IV. Dem Knaben, der mir aufwartete, zu sagen, daß er sich bei dem Hutmacher, der Geßnern gegenüber wohnt, meinen alten von mir dort abgelegten Hut holen soll.

V. Mich unaufhörlich herzlich zu lieben, wie in der ersten Stunde unsres Wiedersehens. Heinrich Kleist.

### 62. An Ulrike von Kleist

Thun, den 19. Februar 1802

Meine liebe Freundin meine einzige – Ich bin fast gewiß, daß Du mir meine Bitte um den Vorschuß zum Ankauf nicht abgeschlagen hast, so groß das Opfer bei Deiner Kenntnis meines Charakters auch war. – Wenn Du es noch nicht abgeschickt hast, so schicke es *nicht* ab. Wundere Dich nicht, diesmal ist das Schicksal wankelmütig, nicht ich. Es hatte allen Anschein, daß die Schweiz sowie Zisalpinien, französisch werden wird, und mich ekelt vor dem bloßen Gedanken. – So leicht indessen wird es dem Allerwelts-Konsul mit der Schweiz nicht gelingen. Zwar tut er sein Mögliches, dieses arme Land durch innere Unruhen immer schwach zu erhalten, und jetzt in diesem Augenblicke noch ist Zürich im Aufstande; indessen gewiß, wenn er sich deutlich erklärt, vereinigt sich alles gegen den allgemeinen Wolf. – Jetzt also, wie Du siehst, und wie alle Männer meiner Bekanntschaft mir raten, ist es höchst gewagt, sich in der Schweiz anzukaufen, obschon die Güter sehr wohlfeil sind. Besonders möchte ich Dein Eigentum nicht so aufs Spiel setzen – kurz, vorderhand tu ich es nicht. – Ich weiß, in welche unangenehme Lage Dich diese neue Zumutung setzen kann, doch trage ich jeden Schaden, der Dir dadurch zufließen könnte. – Sollte uns der Himmel einmal wieder zusammen führen, auf Händen will ich Dich Mädchen, tragen, im physischen und moralischen Sinne – Ich bin jetzt bei weitem heitrer, und kann zuweilen wie ein Dritter über mich urteilen. Hab ich jemals Gewissensbisse gefühlt, so ist es bei der Erinnerung an mein Betragen gegen Dich auf unsrer Reise. Ich werde nicht aufhören Dich um Verzeihung zu bitten, und wenn Du in der Sterbestunde bei mir bist, so will ich es *noch* tun. – Ich gebe indessen den Plan nicht auf, und werde das nächste Jahr in der Schweiz bleiben. Ich wohne in diesem Örtchen, so wohlfeil, als Du es nur erdenken könntest. – Wenn ich Dir nur Deine Sorge für mich nehmen könnte, so hätte ich manchen frohen Augenblick mehr. In Hinsicht des Geldes, kann ich Dir versichern, ist in der Zukunft für mich, zur Notdurft gesorgt. Du kannst es erraten, ich mag darüber nichts sagen. – Nur vorderhand brauche ich noch von meinem eigenen Gelde. Darum will ich doch, daß Du mir nun, oder vielmehr Pannwitz, *alles* schickest, was an *barem* Gelde noch mein ist. Mit dem Hause mag es vorderhand dahin gestellt bleiben. Das mußt Du mir aber *gleich* schicken, und wäre nichts da, so bitte ich Dich um 50 Louisdor, wofür Du meinen Anteil an Interessen des Hauses nehmen könntest, nach Maßgabe.

Lebe wohl, und grüße die Unsrigen von Herzen. Schreib mir doch recht viel von neuen Verhältnissen im Hause durch Gustels Heirat.

– Den Brief adressiere künftig immer nach *Thun*.

Heinrich Kleist.

### 63. An Heinrich Zschokke

An den Bürger Statthalter Zschokke zu Bern.

Thun, den 2. März 1802

Mein lieber Zschokke, ich habe Ihren Brief aus Aarau erhalten, und mit Freude zugleich, und mit Erstaunen, vernommen, daß Sie wirklich mit sichrer Hand das Schiff Ihres Lebens fort von den Küsten der politischen Welt in den Hafen der philosophischen Ruhe führen. Denn niemals (ich darf es *Ihnen selbst* frei gestehn) habe ich an den Ernst Ihres Wunsches geglaubt, und erst jetzt fühle ich in Ihrer Seele, wie gegründet er sein mag, da eine Nacht der Verwirrung über Ihr unglückliches Vaterland hereinzubrechen droht. Es bedarf wohl nicht der Erklärung, daß ich hierbei an den Allerwelts-Konsul, an den Cousin de la Suisse (weil er sich so hoch mit der Verwandtschaft rühmt) denke. Mich erschreckt die bloße Möglichkeit, statt eines Schweizer Bürgers durch einen Taschenspielerskunstgriff ein Franzose zu werden. Sie werden von den Unruhen im Simmetal gehört haben, es sind bereits Franzosen hier eingerückt, und nicht ohne Bitterkeit habe ich ihrem Einzuge beigewohnt. Ist es denn wahr, daß sie auch das pays de Vaud in Besitz genommen? – Unter diesen Umständen denke ich nicht einmal daran, mich in der Schweiz anzukaufen. Ich habe mir eine Insel in der Aare gemietet, mit einem wohleingerichtet Häuschen, das ich in diesem Jahre bewohnen werde, um abzuwarten, wie sich die Dissonanz der Dinge auflösen wird. Ich werde in einigen Wochen einziehen, vorher aber noch, Geschäfte halber, auf ein paar Tage nach Bern kommen. Schreiben Sie mir doch ja, ich bitte Sie, wie weit Sie mit Ihrem Kaufe in Richtigkeit sind. Jetzt denke ich mehr als jemals an eine Zukunft in Ihrer Nachbarschaft, wenn überhaupt das Schicksal mir eine Freistätte in der Schweiz bereitet. Nächstens mündlich mehr davon. Leben Sie recht wohl, und grüßen Sie das Geßnersche Haus, das ich sehr ehre und liebe. Heinrich Kleist.

N.S. Hierbei erfolgen 7 schuldige Batzen. – Wenn Sie doch gelegentlich einmal im Hôtel de Musique das letzte Mittagsessen bezahlen wollten, nur eines, das ich dort schuldig geblieben bin.

*64. An Ulrike von Kleist*

Thun, den 18. März 1802

Mein bestes Ulrickchen, ich habe das Geld empfangen und bin untröstlich, daß mein Brief zu spät angelangt ist. Ich dachte immer, daß Du doch auf jeden Fall aus den Zeitungen die Lage der Schweiz kennen und daraus ersehen würdest, daß es jetzt gar nicht einmal möglich sei, sich mit Sicherheit anzukaufen. Denn kaum hatte ich meinen letzten Brief, in welchem ich Dir von den Züricher Unruhen schrieb, abgeschickt, so entstand sogar 1½ Stunde von hier, im Simmetal, ein Aufruhr unter den Bauern, worauf sogleich ein französischer General mit Truppen in Thun selbst einrückte. Es ist fast so gut wie ausgemacht, daß dies unglückliche Land auf irgend eine Art ein Opfer der französischen Brutalität wird, und ich weiß aus sichern Händen, daß die Schweizer Regierung, die bisher immer noch laviert hat, auf dem Punkte ist, sich ganz unzweideutig gegen die Franzosen zu erklären. Die Erbitterung der Schweizer gegen diese Affen der Vernunft ist so groß, daß jede andere Leidenschaft weicht, und daß die heftigsten Köpfe der Parteien durch den Würfel entscheiden lassen, wer sich in die Meinung des andern fügen soll, bloß um, wie schmollende Eheleute, sich gegen den Dieb zu wehren, der einbricht. Ein Krieg also steht wahrscheinlicher Weise diesem Lande schon in diesem Sommer bevor – doch ich habe Dir meine Gründe schon weitläufiger in meinem letzten Briefe entwickelt. Jetzt nur davon, was soll ich mit dem Gelde anfangen? Ich bin so beschämt durch meine Übereilung und Deine unendliche Güte, daß ich gar nicht weiß, was ich Dir sagen soll. In Deinem Briefe ist so unendlich viel und mancherlei zu lesen, ob es gleich darin nicht geschrieben steht, daß ich immer wechselnd bald mit Entzücken\* an Dich, bald mit Widerwillen an mich denke. Nun, von der einen Seite, mein bestes Mädchen, kann ich jetzt Dich beruhigen, denn wenn mein kleines Vermögen gleich verschwunden ist, so weiß ich jetzt doch wie ich mich ernähren kann. Erlaß mir das Vertrauen über diesen Gegenstand, Du weißt, warum? – Kurz, ich brauche nichts mehr, als Gesundheit, die mir eben auf ein paar Tage gefehlt hat. – Schreibe mir nur, wie ich es mit dem Gelde halten soll, und ob Du Dich auf irgend eine Art an dem Hause schadlos halten kannst. Noch habe ich den Wechsel nicht eingelöset, werde heute nach Bern, und läßt es sich machen, so bleibt das Geld fern von meinen unsichern Händen, bis Du bestimmst, was damit geschehen soll. – Kannst Du Dich an dem Hause schadlos halten, so ist mirs auf jeden Fall lieb das Geld zu besitzen, das ich auf diese Art zu jeder Zeit und Gelegenheit brauchen kann. Schreibe mir bald, grüße die lieben Verwandten, und bald erhältst Du einen recht frohen Brief von Deinem Dir herzlich guten Bruder Heinrich.

\* Entzücken? – Fällt Dir nichts ein? – – – Mir ist das ganze vergangne Jahr wie ein Sommernachtstraum. – Schreibe mir doch, ob sich Johann eingefunden? Hat auch die Lalande geschrieben?

*Wilhelmine v. Zenge an Kleist*
A Monsieur de Kleist, ci-devant lieutenant dans les gardes prussiennes à Thun en Suisse, poste restante.

*Frankfurt [a. d. O.] am 10. April 1802*
*Mein lieber Heinrich. Wo Dein jetziger Aufenthalt ist, weiß ich zwar nicht bestimmt, auch ist es sehr ungewiß ob das was ich jetzt schreibe Dich dort noch treffen wird wo ich hörte daß Du Dich aufhältst; doch ich kann unmöglich länger schweigen. Mag ich auch einmal vergebens schreiben, so ist es doch nicht meine Schuld wenn Du von mir keine Nachricht erhältst. Über zwei Monate war Deine Familie in* Gulben, *und ich konnte auch nicht einmal durch sie erfahren ob Du noch unter den Sterblichen wandelst oder vielleicht auch schon die engen Kleider dieser Welt mit bessern vertauscht habest. –*
*Endlich sind sie wieder hier, und, da ich schmerzlich erfahren habe*

wie wehe es tut, *gar nichts* zu wissen von dem was uns über alles am Herzen liegt – so will ich auch nicht länger säumen Dir zu sagen wie mir es geht. Viel Gutes wirst Du nicht erfahren.

Ulrike wird Dir geschrieben haben daß ich das Unglück hatte, ganz plötzlich meinen liebsten Bruder zu verlieren – wie schmerzlich das für mich war, brauche ich Dir wohl nicht zu sagen. Du weißt daß wir von der frühesten Jugend an, immer recht gute Freunde waren und uns recht herzlich liebten. Vor kurzen waren wir auf der silbernen Hochzeit unserer Eltern so froh zusammen, er hatte uns ganz gesund verlassen, und auf einmal erhalten wir die Nachricht von seinem Tode – Die erste Zeit war ich ganz wie erstarrt, ich sprach, und weinte nicht. Ahlemann, der während dieser traurigen Zeit oft bei uns war, versichert, er habe sich für mein starres Lächeln sehr erschreckt. Die Natur erlag diesem schrecklichen Zustande, und ich wurde sehr krank. Eine Nacht, da Louise nach dem Arzt schickte weil ich einen sehr starken Krampf in der Brust hatte, und jeden Augenblick glaubte zu ersticken, war der Gedanke an den Tod mir gar nicht schrecklich. Doch der Zuruf aus meinem Herzen »es werden geliebte Menschen um dich trauern, *einen* kannst du noch glücklich machen!« der belebte mich aufs neue, und ich freute mich daß die Medizin mich wieder herstellte. Damals! lieber Heinrich, hätte ein Brief von Dir, meinen Zustand sehr erleichtern können, doch Dein Schweigen vermehrte meinen Schmerz. Meine Eltern, die ich gewohnt war immer froh zu sehn, nun mit einemmal so ganz niedergeschlagen, und besonders meine Mutter immer in Tränen zu sehn – das war zu viel für mich. Dabei hatte ich noch einen großen Kampf zu überstehn. In Lindow war die Domina gestorben. Und da man auf die älteste aus dem Kloster viel zu sagen hatte, und ich die zweite war konnte ich erwarten daß *ich* Domina werden würde. Ich wurde auch wirklich angefragt, ob ich es sein wollte, Mutter redete mich sehr zu, da dieser Posten für mich sehr vorteilhaft sein würde, und ich doch meine Zukunft nicht bestimmen könnte. Doch der Gedanke in *Lindow* leben zu müssen (was dann notwendig war) und die Erinnrung an das Versprechen was ich Dir gab, nicht da zu wohnen, bestimmten mich, das Fräulein von Randow, zur Domina zu wählen, welche nun bald ihren Posten antreten wird. Bedauerst Du mich nicht? Ich habe *viel* ertragen müssen. Tröste mich bald durch eine erfreuliche Nachricht von Dir, schenke mir einmal ein paar Stunden und schreibe mir recht *viel*.

*Von Deinen Schwestern höre ich nur daß Du recht oft an sie schreibst, höchstens noch den Namen Deines Aufenthalts, Du kannst Dir also leicht vorstellen wie sehr mir verlangt etwas mehr von Dir zu hören. Pannwitzens sind sehr glücklich. Ich habe mich aber sehr gewundert daß Auguste als Braut so zärtlich war, da sie sonst immer so sehr dagegen sprach, doch es läßt sich nicht gut, über einen Zustand urteilen den man noch nicht erfahren hat.*

*Freuden gibt es jetzt für mich sehr wenig – unsere kleine Emilie macht mir zuweilen frohe Stunden. Sie fängt schon an zu sprechen, wenn ich frage »was macht dein Herz?« so sagt sie ganz deutlich »mon cœur palpite«, und dabei hält sie die rechte Hand aufs Herz. Frage ich »wo ist Kleist?« so macht sie das Tuch voneinander und küßt Dein Bild. Mache Du mich bald froher durch einen Brief von Dir, ich bedarf es sehr von Dir getröstet zu werden.*

*Der Frühling ist wiedergekehrt, aber nicht mit ihm die frohen Stunden die er mir raubte! Doch ich will hoffen!! Der Strom der nie wiederkehrt führt durch Klippen und Wüsten endlich zu fruchtbaren schönen Gegenden, warum soll ich nicht auch vom Strome der Zeit erwarten, daß er auch mich endlich schönern Gefilden zuführe? Ich wünsche Dir recht viel frohe Tage auf Deiner Reise, und dann bald einen glücklichen Ruhepunkt.*

*Ich habe die beiden Gemälde von L. und ein Buch worin Gedichte stehn in meiner Verwahrung. Das übrige von Deinen Sachen hat Dein Bruder. Man glaubte dies gehörte Carln und schickte mir es heimlich zu.*

*Schreibe recht bald an Deine Wilhelmine.*

[Dieser Brief ging ungeöffnet von Thun an Wilhelmine zurück.]

## 65. An Ulrike von Kleist

Auf der Aarinsel bei Thun, den 1. Mai 1802

Mein liebes Ulrikchen, ich muß meiner Arbeit einmal einen halben Tag stehlen, um Dir Rechenschaft zu geben von meinem Leben; denn ich habe immer eine undeutliche Vorstellung, als ob ich Dir das schuldig wäre, gleichsam als ob ich von Deinem Eigentume zehrte.

Deinen letzten Brief mit Inschriften und Einlagen von den Geliebten, habe ich zu großer Freude in *Bern* empfangen, wo ich eben ein Geschäft hatte bei dem Buchhändler Geßner, Sohn des berühmten, der eine Wieland, Tochter des berühmten, zur Frau, und Kinder, wie die lebendigen Idyllen hat: ein Haus, in welchem sich gern verweilen läßt. Drauf machte ich mit Zschokke und Wieland, Schwager des Geßner, eine kleine Streiferei durch den Aargau – Doch das wäre zu weitläufig, ich muß Dich überhaupt doch von manchen andern Wunderdingen unterhalten, wenn wir einmal wieder beisammen sein werden. – Jetzt leb ich auf einer Insel in der Aare, am Ausfluß des Thunersees, recht eingeschlossen von Alpen, ¼ Meile von der Stadt. Ein kleines Häuschen an der Spitze, das wegen seiner Entlegenheit sehr wohlfeil war, habe ich für sechs Monate gemietet und bewohne es ganz allein. Auf der Insel wohnt auch weiter niemand, als nur an der andern Spitze eine kleine Fischerfamilie, mit der ich schon einmal um Mitternacht auf den See gefahren bin, wenn sie Netze einzieht und auswirft. Der Vater hat mir von zwei Töchtern eine in mein Haus gegeben, die mir die Wirtschaft führt: ein freundlich-liebliches Mädchen, das sich ausnimmt, wie ihr Taufname: Mädeli. Mit der Sonne stehn wir auf, sie pflanzt mir Blumen in den Garten, bereitet mir die Küche, während ich arbeite für die Rückkehr zu Euch; dann essen wir zusammen; sonntags zieht sie ihre schöne Schwyzertracht an, ein Geschenk von mir, wir schiffen uns über, sie geht in die Kirche nach Thun, ich besteige das Schreckhorn, und nach der Andacht kehren wir beide zurück. Weiter weiß ich von der ganzen Welt nichts mehr. Ich würde ganz ohne alle widrigen Gefühle sein, wenn ich nicht, durch mein ganzes Leben daran gewöhnt, sie mir selbst erschaffen müßte. So habe ich zum Beispiel jetzt eine seltsame Furcht, ich möchte sterben, ehe ich meine Arbeit vollendet habe. Von allen Sorgen vor dem Hungertod bin ich aber, Gott sei Dank, befreit, obschon alles, was ich erwerbe, so grade wieder drauf geht. Denn, Du weißt, daß mir das Sparen auf keine Art gelingt. Kürzlich fiel es mir einmal ein, und ich sagte dem Mädeli: sie sollte sparen. Das Mädchen verstand aber das Wort nicht, ich war nicht imstande ihr das Ding begreiflich zu machen, wir lachten beide, und es muß nun beim alten bleiben. – Übrigens muß ich hier wohlfeil leben, ich komme selten von der Insel, sehe niemand, lese keine Bücher, Zeitungen, kurz, brauche nichts, als mich selbst. Zuweilen doch kommen

Geßner, oder Zschokke oder Wieland aus Bern, hören etwas von meiner Arbeit, und schmeicheln mir – kurz, ich habe keinen andern Wunsch, als zu sterben, wenn mir drei Dinge gelungen sind: ein Kind, ein schön Gedicht, und eine große Tat. Denn das Leben hat doch immer nichts Erhabneres, als nur dieses, daß man es erhaben wegwerfen kann. – Mit einem Worte, diese außerordentlichen Verhältnisse tun mir erstaunlich wohl, und ich bin von allem Gemeinen so entwöhnt, daß ich gar nicht mehr hinüber möchte an die andern Ufer, wenn Ihr nicht da wohntet. Aber ich arbeite unaufhörlich um Befreiung von der Verbannung – Du verstehst mich. Vielleicht bin ich in einem Jahre wieder bei Euch. – Gelingt es mir nicht, so bleibe ich in der Schweiz, und dann kommst Du zu mir. Denn wenn sich mein Leben würdig beschließen soll, so muß es doch in Deinen Armen sein. – Adieu. Grüße, küsse, danke alle. Heinrich Kleist.

N. S. Ich war vor etwa 4 Wochen, ehe ich hier einzog, im Begriff nach Wien zu gehen, weil es mir hier an Büchern fehlt; doch es geht so auch und vielleicht noch besser. Auf den Winter aber werde ich dorthin – oder vielleicht gar schon nach Berlin. – Bitte doch nur Leopold, daß er nicht böse wird, weil ich nicht schreibe, denn es ist mir wirklich immer eine erstaunliche Zerstreuung, die ich vermeiden muß. In etwa 6 Wochen werde ich wenigstens ein Dutzend Briefe schreiben. –

*66. An Wilhelmine von Zenge*
An Fräulein Wilhelmine von Zenge, Hochwohlgeboren zu Frankfurt an der Oder.

Auf der Aarinsel bei Thun, den 20. Mai 1802
Liebe Wilhelmine, um die Zeit des Jahreswechsels erhielt ich den letzten Brief von Dir, in welchem Du noch einmal mit vieler Herzlichkeit auf mich einstürmst, zurückzukehren ins Vaterland, mich dann mit vieler Zartheit an Dein Vaterhaus und die Schwächlichkeit Deines Körpers erinnerst, als Gründe, die es Dir unmöglich machen, mir in die Schweiz zu folgen, dann mit diesen Worten schließest: wenn Du dies alles gelesen hast, so tue was Du willst. Nun hatte ich es wirklich in der Absicht mich in diesem Lande anzukaufen, in einer Menge von vorhergehenden

Briefen an Bitten und Erklärungen von meiner Seite nicht fehlen lassen, so daß von einem neuen Briefe kein bessrer Erfolg zu erwarten war; und da mir eben aus jenen Worten einzuleuchten schien, Du selbst erwartetest keine weiteren Bestürmungen, so ersparte ich mir und Dir das Widrige einer schriftlichen Erklärung, die mir nun aber Dein jüngst empfangner Brief doch notwendig macht.

Ich werde wahrscheinlicher Weise niemals in mein Vaterland zurückkehren. Ihr Weiber versteht in der Regel ein Wort in der deutschen Sprache nicht, es heißt Ehrgeiz. Es ist nur ein einziger Fall in welchem ich zurückkehre, wenn ich der Erwartung der Menschen, die ich törichter Weise durch eine Menge von prahlerischen Schritten gereizt habe, entsprechen kann. Der Fall ist möglich, aber nicht wahrscheinlich. Kurz, kann ich nicht mit Ruhm im Vaterlande erscheinen, geschieht es nie. Das ist entschieden, wie die Natur meiner Seele.

Ich war im Begriff mir ein kleines Gut in der Schweiz zu kaufen, und Pannwitz hatte mir schon den Rest meines ganzen Vermögens dazu überschickt, als ein abscheulicher Volksaufstand mich plötzlich, acht Tage ehe ich das Geld empfing davon abschreckte. Ich fing es nun an für ein Glück anzusehn, daß Du mir nicht hattest in die Schweiz folgen wollen, zog in ein ganz einsames Häuschen auf einer Insel in der Aare, wo ich mich nun mit Lust oder Unlust, gleichviel, an die Schriftstellerei machen muß.

Indessen geht, bis mir dieses glückt, *wenn* es mir überhaupt glückt, mein kleines Vermögen gänzlich drauf, und ich bin wahrscheinlicher Weise in einem Jahre ganz arm. – Und in dieser Lage, da ich noch außer dem Kummer, den ich mit Dir teile, ganz andre Sorgen habe, die Du gar nicht kennst, kommt Dein Brief, und weckt wieder die Erinnerung an Dich, die glücklicher, glücklicher Weise ein wenig ins Dunkel getreten war –

– Liebes Mädchen, schreibe mir nicht mehr. Ich habe keinen andern Wunsch als bald zu sterben. H. K.

*67. An Wilhelm von Pannwitz*

Bern, im August 1802

Mein lieber Pannwitz, ich liege seit zwei Monaten krank in Bern, und bin um 70 französische Louisdors gekommen, worunter 30, die ich mir durch eigne Arbeit verdient hatte. Ich bitte Gott um den Tod und Dich um Geld, das Du auf mein Hausanteil erheben mußt. Ich kann und mag nichts weiter schreiben, als dies Allernotwendigste. Schicke zur Sicherheit das Geld an den Doktor und Apotheker Wyttenbach, meinem Arzt, einem ehrlichen Mann, der es Euch zurückschicken wird, wenn ich es nicht brauche. Lebet wohl, lebet wohl, lebet wohl.

Heinrich Kleist.

## 68. An Ulrike von Kleist

Weimar, im November 1802

Mein liebes Ulrickchen, ich bin sehr beunruhigt, über das Ausbleiben aller Nachrichten von Dir. Wenn ich nicht irre, so solltest *Du* nach unsrer Verabredung zuerst schreiben –? Sollte *ich* es, so verzeih mir; und dem Himmel sei Dank, daß er mir in diesem Augenblick zufällig die Lust zum Schreiben gab. Denn Du weißt, was ein Brief von mir bedeutet. Es könnte eine Zeit kommen, wo Du ein *leeres* Blatt von mir mit Freudentränen benetztest – Ich wohne hier zur Miete, und hätte allerdings die Geschirre usw. brauchen können; bin aber oft ganze Tage in Oßmannstedt, wo mir ein Zimmer eingeräumt worden ist; denn Wieland hat sich nicht entschließen können, das Haus, in dem es spukt, zu beziehen. Wirklich, im Ernste, wegen seiner Bedienung, die er sonst hätte abschaffen müssen. – Möchte Dich der Himmel doch nur glücklich in die Arme der Deinigen geführt haben! Warum sage ich nicht, der Unsrigen? Und wenn es die Meinigen nicht sind, wessen ist die Schuld, als meine? Ach, ich habe die Augen zusammengekniffen, indem ich dies schrieb – – Wenn Du nur glücklich von Werben nach Guhrow gekommen bist, für das andre bin ich nicht besorgt. – Jetzt eben fällt mir etwas ein, was wohl der Grund Deines langen Stillschweigens sein könnte; nämlich die Arbeit an meinen Hemden. Ich möchte auf jede Hand weinen, die einen Stich daran tut – Lebe wohl. Schreibe doch recht bald, poste restante. Und die Hemden werden mir allerdings wohltun.

Heinrich.

Auch brauche ich immer noch Chemisetts.

*69. An Ulrike von Kleist*

Weimar, den 9. Dezember 1802

Mein liebes Ulrikchen, der Anfang meines Gedichtes, das der Welt Deine Liebe zu mir erklären soll, erregt die Bewunderung aller Menschen, denen ich es mitteile. O Jesus! Wenn ich es doch vollenden könnte! Diesen einzgen Wunsch soll mir der Himmel erfüllen; und dann, mag er tun, was er will. Zur Hauptsache! Ich brauche schon wieder Geld; und kann Dir weiter nichts sagen. Ich habe andern geborgt. Es ist verrückt, ich weiß es. Heinrich Kleist. Schicke mir doch, wenn es sein kann, den *ganzen* Rest.

Dein Geschenk habe ich empfangen, und würde es mit noch größerer Freude tragen, wenn ich wüßte, ob Du es mit eignen lieben Händen verfertigt hast? – Das Weihnachtsfest bringe ich in Oßmannstedt zu. Wieland, der alte, auch der junge, grüßen Dich; und ich alle Unsrigen.

*70. An Ulrike von Kleist*

An Ulrikchen. [Weimar, Anfang Januar 1803]

Mein liebes Ulrikchen,

Da ich heute ungewöhnlich hoffnungsreich bin, so habe ich mich entschließen können, das böse Geschäft an Tantchen zu vollbringen. Ich habe die Feiertage in Oßmannstedt zugebracht, und mich nun (trotz einer sehr hübschen Tochter Wielands) entschlossen, ganz hinauszuziehen. Ich warte nur auf das Geld, um welches ich Dich gebeten habe, um nun zuletzt auf den Platz hinzugehen, an welchem sich mein Schicksal endlich, unausbleiblich, und wahrscheinlich glücklich entscheiden wird; denn ich setze meinen Fuß nicht aus diesem Orte, wenn es nicht auf den Weg nach Frankfurt sein kann. – Die Geßnern ist allerdings endlich niedergekommen; und gesund. Er aber (denke Dir!) hat Deine Koffer Louis, bei welchem Deine Mäntel in Bern zurückblieben, *noch nicht* geschickt! – Schreibe mir doch auch einige Neuigkeiten; denn ich fange wieder an, Anteil an die Welt zu nehmen. H. K.

*71. An Ulrike von Kleist*

Meine vortreffliche Schwester,

Ich hatte gleich nach Empfang Deines Schreibens einige sehr leidenschaftliche Zeilen für Dich aufgesetzt; hielt sie aber aus leicht begreiflichen Gründen lieber zurück. Ich melde Dir daher jetzt bloß, daß ich das Geld empfangen habe. In kurzem werde ich Dir viel Frohes zu schreiben haben; denn ich nähere mich allem Erdenglück.

Oßmannstedt, d. [?] Januar 1803          Heinrich Kleist.

N. S. Ich wohne schon geraume Zeit hier, und es freut mich, daß Du das gern siehst. Ich habe aber mehr Liebe gefunden, als recht ist, und muß über kurz oder lang wieder fort; mein seltsames Schicksal! – Wenigstens bis zum Frühjahr möchte ich hier bleiben. Wieland erzählt mir seine Lebensgeschichte; und ich schreibe sie auf. Er läßt Dich grüßen. Er hat nicht gewußt, daß *Du* es bist, der ihn besucht hat. Jetzt weiß er es. – Herr Gott! Was macht denn Gustchen? Schreibe mir bald, viel und *ruhig*. *Verhehle* mir Deine Besorgnisse nicht. – Grüße alles.

## 72. An Ulrike von Kleist

Leipzig, den 13. (und 14.) März 1803

Ich habe Deinen Brief vom 18. Febr. empfangen, und eile ihn zu beantworten. – Vielen Dank für alle Deine guten Nachrichten. Wie mag doch das kleine Ding aussehen, das Gustel geboren hat? Ich denke, wie die Mäuse, die man aus Apfelkernen schneidet. –

Merkels unbekannter Korrespondent bin ich nicht. –

Du bist doch immer noch die alte reiselustige Ulrike! Die Mara hat anderthalb Meilen von mir gesungen (in Weimar) und wahrhaftig, sie hätte in dem Kruge zu Oßmannstedt singen können; es ist noch die Frage, ob ich mich gerührt hätte. Aber der Himmel behüte mich, Dir diese Reiselustigkeit zu bespötteln. Denn das wäre, als ob einer, der mit sinkenden Kräften gegen einen Fluß kämpfte, die Leute, die auf sein Schreien ans Ufer stürzten, der Neugierde zeihen wollte. –

Das Verzeichnis der Sachen, die ich bei Carl Zenge zurückließ, kann ich nicht geben. –

Und Dich begleitet auf allen Schritten Freude auf meinen nächsten Brief? O du Vortreffliche! Und o du Unglückliche! Wann werde ich den Brief schreiben, der Dir so viele Freude macht, als ich Dir schuldig bin? –

---

Ich weiß nicht, was ich Dir über mich *unaussprechlichen* Menschen sagen soll. – Ich wollte ich könnte mir das Herz aus dem Leibe reißen, in diesen Brief packen, und Dir zuschicken. – Dummer Gedanke!

Kurz, ich habe Oßmannstedt wieder verlassen. Zürne nicht! Ich mußte fort, und kann Dir nicht sagen, warum? Ich habe das Haus mit Tränen verlassen, wo ich mehr Liebe gefunden habe, als die ganze Welt zusammen aufbringen kann; außer Du! –! Aber ich *mußte* fort! O Himmel, was ist das für eine Welt!

Ich brachte die ersten folgenden Tage in einem Wirtshause zu Weimar zu, und wußte gar nicht, wohin ich mich wenden sollte. Es waren recht traurige Tage! Und ich hatte eine recht große Sehnsucht nach Dir, o Du meine Freundin!

Endlich entschloß ich mich nach Leipzig zu gehen. Ich weiß wahrhaftig kaum anzugeben, warum? – Kurz, ich bin hier.

---

Ich nehme hier Unterricht in der Deklamation bei einem gewissen *Kerndörffer*. Ich lerne meine eigne Tragödie bei ihm deklamieren. Sie müßte, gut deklamiert, eine bessere Wirkung tun, als schlecht vorgestellt. Sie würde mit vollkommner Deklamation vorgetragen, eine ganz ungewöhnliche Wirkung tun. Als ich sie dem alten Wieland mit großem Feuer vorlas, war es mir gelungen, ihn so zu entflammen, daß mir, über seine innerlichen Bewegungen, vor Freude die Sprache verging, und ich zu seinen Füßen niederstürzte, seine Hände mit heißen Küssen überströmend.

---

Vorgestern faßte ich ein Herz, und ging zu *Hindenburg*. Da war große Freude. »Nun, wie stehts in Paris um die Mathematik?« – Eine alberne Antwort von meiner Seite, und ein trauriger Blick zur Erde von der seinigen. – »So sind Sie bloß *so herum gereiset?*« – Ja, herum gereiset. – Er schüttelte wehmütig den Kopf. Endlich erhorchte er von mir, daß ich doch *an etwas* arbeite. »*Woran* arbeiten Sie denn? Nun! Kann ich es denn nicht wissen? Sie brachten diesen Winter bei *Wieland* zu; gewiß! gewiß!« – Und nun fiel ich ihm um den Hals, und herzte und küßte ihn so lange, bis er lachend mit mir überein kam: der Mensch müsse *das* Talent anbauen, das er in sich *vorherrschend* fühle.

Ob ich nicht auch mit *Wünschen* so fertig werden könnte? Und Huth? Und Hüllmann? etc. etc. etc. etc. etc.

---

Hindenburg erzählte mir, Du habest von der Gräfin Genlis einen Ruf als Erzieherin in ihr Institut zu Paris erhalten. Was verstehst Du davon? Ich, nichts.

---

Wieland hat Oßmannstedt verkauft, und zieht auf 1. Mai nach Weimar. Der 3. Mai wird zu seiner Ehre mit einem großen Feste gefeiert werden. Ich bin eingeladen; und alles, was süß ist, lockt mich. Was soll ich tun?

Wenn Ihr mich in Ruhe ein paar Monate bei Euch arbeiten lassen wolltet, ohne mich mit Angst, was aus mir werden werde, rasend zu machen, so würde ich – ja, ich *würde!*

---

Leset doch einmal im 34. oder 36. Blatt des »Freimüthigen« den Aufsatz: *Erscheinung eines neuen Dichters.* Und ich schwöre Euch, daß ich noch viel mehr von mir weiß, als der alberne Kauz, der Kotzebue. Aber ich muß Zeit haben, *Zeit* muß ich haben – O Ihr Erinnyen mit Eurer Liebe!

---

Frage aber mit Behutsamkeit nach diesem Blatte, damit der literarische Spürhund, der *Merkel,* nicht rieche, wer der neue Dichter sei? Es darf es überhaupt niemand als etwa meine allernächsten Verwandten erfahren; und auch unter diesen nur die verschwiegenen. – Auch tut mir den Gefallen und *leset das Buch nicht.* Ich bitte Euch darum. [gestrichen: Es ist eine elende Scharteke.] Kurz, tut es nicht. Hört Ihr?

Und nun küsse in meinem Namen jeden Finger meiner ewig verehrungswürdigen Tante! Und, wie sie, den Orgelpfeifen gleich, stehen, küsse sie alle von der obersten bis zur letzten, der kleinen Maus aus dem Apfelkern geschnitzt! Ein einziges Wort von Euch, und ehe Ihrs Euch verseht, *wälze* ich mich vor Freude in der Mittelstube. Adieu! Adieu! Adieu! O Du meine Allerteuerste!

Leipzig, den 14. März 1803                          Heinrich.

### 73. An Heinrich Lohse

[Dresden, April 1803]

Mein lieber Lohse, ich bin seit einigen Tagen in Dresden, und habe das ganze Schl[iebensche] Haus voller Besorgnisse um Dein Schicksal gefunden, weil Du seit so vielen Monaten nicht geschrieben hast. Es ist kein Übel der Erde, unter welchem Dich C[aroline] im Geiste nicht seufzen und erliegen sieht. Bald ist es ihr am wahrscheinlichsten, daß Du krank, bald, daß Du ihr untreu seist etc. Möglich ist, daß die Wahrheit auf eine gewisse Art zwischen inne liegt. Es kann sein, daß Du in einem Augenblick der Hoffnungslosigkeit Dich entschlossen hast, Dein Schicksal von dem Schicksal dieses armen Mädchens zu trennen. Sollte dies der Fall sein, und sollte Trennung von ihr ein Mittel sein, um mit freierer Bewegung Deiner Kräfte wenigstens Dir allein ein erträgliches Los zu erringen (Du verstehst mich), so setze, wie Du es angefangen hast, Dein Stillschweigen fort, und ich will, während meines Hierseins, alles Mögliche tun, um den großen Schmerz, der dieses arme Mädchen dann allerdings träfe, zu mildern. Wenn Du aber zu Deinen Kräften noch ein klein wenig Mut spürst, o mein lieber Lohse, so laß Dir sagen, daß keine Arbeit Dich schrecken muß, die dies vortrefflichste der Mädchen Dir gewinnen kann. Nach meiner (allerdings unvollständigen) Ansicht der Dinge scheint mir die Schweiz immer noch der Ort zu sein, an welchem Du Dein Talent am frühesten und sichersten gelten machen kannst. C[aroline] ist überdies auf dem Wege eine echte Künstlerin zu werden, und wird einst mehr als Dich unterstützen können. Solltest Du aber nicht Dir zutrauen, die Schweizer Maler zu verdrängen (welches Du allerdings darfst und kannst), so kannst Du wahrhaftig nichts Beßres tun, als in Dein Vaterland zurückzukehren, unter Menschen, die Dich lieben, mit Dir verwandt sind, oder wenigstens Deine Sprache verstehn. Deine Pläne mögen aber sein, welche sie wollen, so teile sie Deinem Freunde mit, und scheue Dich nicht, jede Hülfe von ihm zu fordern, die er Dir leisten kann. Ich werde noch einige Zeit, vielleicht einen Teil des Sommers, in Dresden bleiben, und hier wird mich auf jeden Fall Dein Brief finden. Mein Schicksal nähert sich einer Krise, ist sie glücklich, so werden mir Mittel genug zu Gebote stehen, um Dir zu helfen. H. K.

*74. An Ulrike von Kleist*

Meine teuerste Freundin,

Der Rest meines Vermögens ist aufgezehrt, und ich soll das Anerbieten eines Freundes annehmen, von seinem Gelde so lange zu leben, bis ich eine gewisse Entdeckung im Gebiete der Kunst, die ihn sehr interessiert, völlig ins Licht gestellt habe. Ich soll in spätestens zwölf Tagen mit ihm nach der Schweiz gehen, wo ich diese meine literarische Arbeit, die sich allerdings über meine Erwartung hinaus verzögert, unter seinen Augen vollenden soll. Nicht gern aber möchte ich Dich, meine Verehrungswürdige, vorübergehen, wenn ich eine Unterstützung anzunehmen habe; möchte Dir nicht gern einen Freund vorziehen, dessen Börse, in Verhältnis mit seinem guten Willen, noch weniger weit reicht, als die Deinige. Ich erbitte mir also von Dir, meine Teure, so viele Fristung meines Lebens, als nötig ist, seiner großen Bestimmung völlig genug zu tun. Du wirst mir gern zu dem einzigen Vergnügen helfen, das, sei es noch so spät, gewiß in der Zukunft meiner wartet, ich meine, mir den Kranz der Unsterblichkeit zusammen zu pflücken. Dein Freund wird es, die Kunst und die Welt wird es Dir einst danken.

Das liebste wäre mir, wenn Du statt aller Antwort selber kämest. Ich würde Dir mündlich manchen Aufschluß geben, den aufzuschreiben völlig außer meinem Vermögen liegt. In eilf Tagen würdest Du mich noch hier, die nächstfolgenden in Leipzig finden. Da würdest Du auch meinen Freund kennen lernen, diesen vortrefflichen Jungen. Es ist Pfuel, von Königs Regiment. – Doch auch Dein Brief wird mir genug sein. Adieu.

Dresden, den 3. Juli 1803       Heinrich v. Kleist.
N. S. Grüße alles, und gib mir Nachrichten.


*Wieland an Kleist*

[Weimar, Juli 1803]

*Sie schreiben mir, lieber Kleist, der Druck mannigfaltiger Familienverhältnisse habe die Vollendung Ihres Werkes unmöglich gemacht. Schwerlich hätten Sie mir einen Unfall ankündigen können, der mich schmerzlicher betrübt hätte. Zum Glück läßt mich die positive Versicherung des Herrn von W[erdeck], daß Sie zeither mit Eifer daran gearbeitet, hoffen und glauben, daß nur ein mißmutiger Augenblick Sie in die Verstimmung habe setzen können, für möglich zu halten, daß irgend ein Hindernis von außen Ihnen die Vollendung eines Meisterwerks, wozu Sie einen so allmächtigen innerlichen Beruf fühlen, unmöglich machen könne. Nichts ist dem Genius der heiligen Muse, die Sie begeistert, unmöglich. Sie müssen Ihren Guiscard vollenden, und wenn der ganze Kaukasus und Atlas auf Sie drückte.*

75. *An Ulrike von Kleist*

Meine teuerste Ulrike,

Pfuels eigner Vorteil bei meiner Begleitung in die Schweiz ist zu groß, als daß ich jetzt zurücknehmen sollte, was ich unter andern Umständen versprach. Er würde immer noch die Reisekosten für mich bezahlen, um mich nur bei sich zu sehen; und da ich doch einmal in meinem Vaterlande nicht, nicht an Deiner Seite leben kann, so gestehe ich, daß mir selber für jetzt kein Platz auf der Erde lieber, und auch nützlicher ist, als der an der seinigen. Laß mich also nur mit ihm gehen.

Ich bin wirklich immer, Eurer Rückreise wegen, in Sorgen gewesen, und werde es auch bleiben, bis ich Nachrichten von Dir empfange. Das kann aber doch nicht eher sein, als in *Bern*, und dahin adressiere Deinen Brief. Ich selber werde jetzt oft, und mit Vergnügen an Euch schreiben. Seit ich Euch in Dresden sah, scheint mir das leicht, da es mir doch, ich schwöre es Dir, vorher unmöglich war. Ich weiß nicht, welche seltsame Vorstellung von einer unvernünftigen Angst meiner Verwandten über mich, in meinem Hirn Wurzel gefaßt hatte. Zum Teil war ich überdrüssig Euch mit Hoffnungen hinzuhalten, zum Teil schien es mir auch unmöglich, bei Euch noch welche zu erregen. Es ist also einerlei, dachte ich, ob du schreibst oder nicht.

Lies doch inliegenden Brief von Wieland, dem Alten, den ich, auf ein kurzes Empfehlungsschreiben das ich Werdecks mitgab, am Abend Eurer Abreise empfing. Ich sehe sein Antlitz vor Eifer glühen, indem ich ihn lese. – Die beiden letzten Zeilen sind mir die rührendsten. Du kannst sie, wenn Du willst, verstehen.

Schliebens lassen Euch noch tausendmal grüßen. Die jüngste hat mir zum Andenken ein Halbhemdchen gestickt, das ausnehmend schön ist. Ich habe die beiden Mädchen immer die niedlichsten Sachen verfertigen sehen, Kleider, Tücher, Schleier usw., und bemerkte doch niemals, daß sie sie selber trugen. Am Tage vor meiner Abreise erfuhr ich, daß die armen Kinder diese Arbeit ihrer Hände verkaufen. Eine Freundin bezahlt sie ihnen, und sucht sie selber dann wieder bei Kaufleuten abzusetzen. Das ist aber doch immer nur ein sehr ungewisser Absatz, und die armen Mädchen müssen, weil sie so heimlich zu Werke gehen, ihre Ware oft um ein Spottgeld hingeben. Könnte man ihnen nicht helfen? Ließen sich ihre Sachen nicht etwa bei einem der Kaufleute absetzen, die in Gulben auf den Markt kommen? Wenn Du irgend ein Mittel weißt, wie sich dies mit Anstand und Verschweigung des Namens tun läßt, so nimm Dich doch der Sache an. Du kannst in diesem Falle nur gradezu mit ihnen darüber in Korrespondenz treten. (Sie wissen aber davon nichts, daß ich Dir diesen Vorschlag mache.)

Die inliegenden Noten sind für mein neues Kusinchen, Emilie Schätzel. Die Arie ist hier fürs Klavier gesetzt, kann aber von ihrem Lehrer leicht für die Zither angeordnet werden.

Gleißenberg, wie Du wissen wirst, ist Gouverneur bei der Ecole militaire geworden, als Kapitän. Rühle löst ihn in Schlesien ab. – Ich gratuliere von Herzen Carolinen; denn, so wahr ich lebe, sie wird einen Mann heiraten.

Und nun lebe wohl, ich gehe heut mittag von hier ab. Ich küsse Tantchens Hand, und alle meine Geschwister, auch Ottilien.

Leipzig, den 20. Juli 1803                               Heinrich.

### 76. An Ulrike von Kleist

Der Himmel weiß, meine teuerste Ulrike, (und ich will umkommen, wenn es nicht wörtlich wahr ist) wie gern ich einen Blutstropfen aus meinem Herzen für jeden Buchstaben eines Briefes gäbe, der so anfangen könnte: »mein Gedicht ist fertig.« Aber, Du weißt, wer, nach dem Sprüchwort, mehr tut, als er kann. Ich habe nun ein Halbtausend hinter einander folgender Tage, die Nächte der meisten mit eingerechnet, an den Versuch gesetzt, zu so vielen Kränzen noch einen auf unsere Familie herabzuringen: jetzt ruft mir unsere heilige Schutzgöttin zu, daß es genug sei. Sie küßt mir gerührt den Schweiß von der Stirne, und tröstet mich, »wenn jeder ihrer lieben Söhne nur ebenso viel täte, so würde unserm Namen ein Platz in den Sternen nicht fehlen«. Und so sei es denn genug. Das Schicksal, das den Völkern jeden Zuschuß zu ihrer Bildung zumißt, will, denke ich, die Kunst in diesem nördlichen Himmelsstrich noch nicht reifen lassen. Töricht wäre es wenigstens, wenn *ich* meine Kräfte länger an ein Werk setzen wollte, das, wie ich mich endlich überzeugen muß, für mich zu schwer ist. Ich trete vor einem zurück, der noch nicht da ist, und beuge mich, ein Jahrtausend im voraus, vor seinem Geiste. Denn in der Reihe der menschlichen Erfindungen ist diejenige, die ich gedacht habe, unfehlbar ein Glied, und es wächst irgendwo ein Stein schon für den, der sie einst ausspricht.

Und so soll ich denn niemals zu Euch, meine teuersten Menschen, zurückkehren? O niemals! Rede mir nicht zu. Wenn Du es tust, so kennst Du das gefährliche Ding nicht, das man Ehrgeiz nennt. Ich kann jetzt darüber lachen, wenn ich mir einen Prätendenten mit Ansprüchen unter einem Haufen von Menschen denke, die sein Geburtsrecht zur Krone nicht anerkennen; aber die Folgen für ein empfindliches Gemüt, sie sind, ich schwöre es Dir, nicht zu berechnen. Mich entsetzt die Vorstellung.

Ist es aber nicht unwürdig, wenn sich das Schicksal herabläßt, ein so hülfloses Ding, wie der Mensch ist, bei der Nase herum zu führen? Und sollte man es nicht fast so nennen, wenn es uns gleichsam Kuxe auf Goldminen gibt, die, wenn wir nachgraben, überall kein echtes Metall enthalten? Die Hölle gab mir meine halben Talente, der Himmel schenkt dem Menschen ein ganzes, oder gar keins.

Ich kann Dir nicht sagen, wie groß mein Schmerz ist. Ich würde vom Herzen gern hingehen, wo ewig kein Mensch hinkommt. Es hat sich eine gewisse ungerechte Erbitterung meiner gegen sie bemeistert, ich komme mir fast vor wie Minette, wenn sie in einem Streite recht hat, und sich nicht aussprechen kann.

Ich bin jetzt auf dem Wege nach Paris sehr entschlossen, ohne große Wahl zuzugreifen, wo sich etwas finden wird. Geßner hat mich nicht bezahlt, meine unselige Stimmung hat mir viel Geld gekostet, und wenn Du mich noch einmal unterstützen willst, so kann es mir nur helfen, wenn es bald geschieht. Kann sein, auch, wenn es gar nicht geschieht.

Lebe wohl, grüße alles – ich kann nicht mehr.

Genf, den 5. Oktober 1803                                           Heinrich.

N. S. Schicke mir doch Wielands Brief. Du mußt poste restante nach Paris schreiben.

## 77. An Ulrike von Kleist

Meine teure Ulrike! [gestrichen: Sei mein starkes Mädchen.] Was ich Dir schreiben werde, kann Dir vielleicht das Leben kosten; aber ich muß, ich muß, ich *muß* es vollbringen. Ich habe in Paris mein Werk, so weit es fertig war, durchlesen, verworfen, und verbrannt: und nun ist es aus. Der Himmel versagt mir den Ruhm, das größte der Güter der Erde; ich werfe ihm, wie ein eigensinniges Kind, alle übrigen hin. Ich *kann* mich Deiner Freundschaft nicht würdig zeigen, ich kann ohne diese Freundschaft doch nicht *leben*: ich stürze mich in den Tod. Sei ruhig, Du Erhabene, ich werde den schönen Tod der Schlachten sterben. Ich habe die Hauptstadt dieses Landes verlassen, ich bin an seine Nordküste gewandert, ich werde französische Kriegsdienste nehmen, das Heer wird bald nach England hinüber rudern, unser aller Verderben lauert über den Meeren, ich frohlocke bei der Aussicht auf das unendlich-prächtige Grab. O Du Geliebte, Du wirst mein letzter Gedanke sein!

St. Omer, den 26. Oktober 1803   Heinrich von Kleist.

## 78. An Ulrike von Kleist

Mein liebstes Rickchen,

laß Dir einige Nachrichten über den Erfolg meiner Reise mitteilen, ein Hundsfott gibt sie besser, als er kann.

Ich kam Dienstags morgens mit Ernst und Gleißenberg hier an, mußte, weil der König abwesend war, den Mittwoch und Donnerstag versäumen, fuhr dann am Freitag nach Charlottenburg, wo ich Kökritzen endlich im Schlosse fand. Er empfing mich mit einem finstern Gesichte, und antwortete auf meine Frage, ob ich die Ehre hätte von ihm gekannt zu sein, mit einem kurzen: ja. Ich käme, fuhr ich fort, ihn in meiner wunderlichen Angelegenheit um Rat zu fragen. Der Marquis von Lucchesini hätte einen sonderbaren Brief, den ich ihm aus St. Omer zugeschickt, dem Könige vorgelegt. Dieser Brief müsse unverkennbare Zeichen einer Gemütskrankheit enthalten, und ich unterstünde mich, von Sr. Majestät Gerechtigkeit zu hoffen, daß er vor keinen politischen Richterstuhl gezogen werden würde. Ob diese Hoffnung gegründet wäre? Und ob ich, wiederhergestellt, wie ich mich fühlte, auf die Erfüllung einer Bitte um Anstellung rechnen dürfte, wenn ich wagte, sie Sr. Majestät vorzutragen? Darauf versetzte er nach einer Weile: »sind Sie wirklich jetzt hergestellt? Ganz, verstehn Sie mich, hergestellt? – Ich meine«, fuhr er, da ich ihn befremdet ansah, mit Heftigkeit fort, »ob Sie von allen Ideen und Schwindeln, die vor kurzem im Schwange waren, (er gebrauchte diese Wörter) völlig hergestellt sind?« – Ich verstünde ihn nicht, antwortete ich mit so vieler Ruhe als ich zusammenfassen konnte; ich wäre körperlich krank gewesen, und fühlte mich, bis auf eine gewisse Schwäche, die das Bad vielleicht heben würde, so ziemlich wieder hergestellt. – Er nahm das Schnupftuch aus der Tasche und schnaubte sich. »Wenn er mir die Wahrheit gestehen solle«, fing er an, und zeigte mir jetzt ein weit besseres Gesicht, als vorher, »so könne er mir nicht verhehlen, daß er sehr ungünstig von mir denke. Ich hätte das Militär verlassen, dem Zivil den Rücken gekehrt, das Ausland durchstreift, mich in der Schweiz ankaufen wollen, *Versche* gemacht (o meine teure Ulrike!) die Landung mitmachen wollen, usw. usw. usw. Überdies sei des Königs Grundsatz, Männer, die aus dem Militär ins Zivil übergingen, nicht besonders zu protegieren. Er könne nichts für mich tun.« – Mir traten wirklich die Tränen in die Augen. Ich sagte, ich wäre imstande, ihm eine ganz andere Erklärung aller dieser Schritte zu geben, eine ganz andere gewiß, als er vermutete. Jene Einschiffungsgeschichte z. B. hätte gar keine politischen Motive gehabt, sie gehöre vor das Forum eines Arztes weit eher, als des Kabinetts. Ich hätte bei einer fixen Idee einen gewissen Schmerz im Kopfe empfunden, der unerträglich heftig steigernd, mir das Bedürfnis nach Zerstreuung so dringend gemacht hätte, daß ich zuletzt in die Verwechslung der Erdachse gewilligt haben würde, ihn los zu werden. Es wäre doch grausam, wenn man einen Kranken verantwortlich machen wolle für Handlungen, die er im Anfalle der Schmerzen beging. – Er schien mich nicht ganz ohne Teilnahme anzuhören. – Was jenen Grundsatz des Königs beträfe, fuhr ich fort, so könne er des Königs Grundsatz nicht *immer* gewesen sein. Denn Sr. Majestät hätten die Gnade gehabt, mich mit dem Versprechen einer Wiederanstellung zu entlassen; ein Versprechen, an dessen Nichterfüllung ich nicht glauben könne, so lange ich mich seiner noch nicht völlig unwürdig gemacht hätte [zuerst: ein Versprechen, das ich

Sorge getragen hätte, bis auf den heutigen Tag unter meinen Papieren aufzubewahren]. – Er schien wirklich auf einen Augenblick unschlüssig. Doch die zwangvolle Wendung die er jetzt plötzlich nahm, zeigte nur zu gut, was man bereits am Hofe über mich beschlossen hatte. Denn er holte mit einemmale das alte Gesicht wieder hervor, und sagte: »Es wird Ihnen zu nichts helfen. Der König hat eine vorgefaßte Meinung gegen Sie; ich zweifle daß Sie sie ihm benehmen werden. Versuchen Sie es, und schreiben Sie an ihn; doch vergessen Sie nicht die Bitte um Erlaubnis gleich hinzuzufügen, im Fall einer abschlägigen Antwort Ihr Glück im Auslande suchen zu dürfen.« – Was sagst Du dazu, mein liebes Ulrickchen? – Ich antwortete, daß ich mir die Erlaubnis ausbäte, in meinem Vaterlande bleiben zu dürfen. Ich hätte Lust *meinem Könige* zu dienen, keinem andern; wenn er mich nicht gebrauchen könne, so wäre mein Wunsch im Stillen mir und den Meinigen leben zu dürfen. – »Richten Sie Ihren Brief«, fiel er ein wenig betroffen ein, »wie Sie wollen. Es ist möglich, daß der König seine Meinung von Ihnen ändert; und wenn Sie ihn zu einer Anstellung geneigt machen können, so verspreche ich, Ihnen nicht entgegen zu wirken.« – Ich ersuchte ihn jetzt förmlich um diese Gnade, und wir brachen das Gespräch ab. Er bat mich noch, auf eine recht herzliche Art, um Verzeihung, wenn er mich beleidigt haben sollte, verwünschte seinen Posten, der ihm den Unwillen aller Menschen zuzöge, denen er es nicht recht machte: ich versicherte ihn, daß ich ihn mit Verehrung verließe, und fuhr nach Berlin zurück. – Ich las auf dem Wege Wielands Brief, den Du mir geschickt hast, und erhob mich, mit einem tiefen Seufzer, ein wenig wieder aus der Demütigung, die ich soeben erfahren hatte [zuerst: und erhob, in einem tiefen Seufzer, meine Brust über alle diese Menschen, die mich verachten]. – Jetzt habe ich dem Könige nun wirklich geschrieben; doch weil das Anerbieten meiner Dienste wahrscheinlich fruchtlos bleiben wird, so habe ich es wenigstens in einer Sprache getan, welche geführt zu haben, mich nicht gereuen wird. Du selbst hast es mir zur Pflicht gemacht, mich nicht zu erniedrigen; und lieber die Gunst der ganzen Welt verscherzt, als die Deinige. – Ich habe jetzt die Wahl unter einer Menge von sauren Schritten, zu deren einem ich zuletzt fähig sein werde, weil ich es muß. Zu

Deinen Füßen werfe ich mich aber, mein großes Mädchen; möchte der Wunsch doch Dein Herz rühren, den ich nicht aussprechen kann.

Berlin, den 24. Juni 1804                 Dein Heinrich.

N. S. Antworte mir doch bald. Ich will Deinen Brief hier erwarten. Grüße alles.

## 79. An Ulrike von Kleist

[Berlin, 27. Juni 1804]

Meine teure Ulrike,

ob ich Dir gleich vor einigen Tagen einen ziemlich hoffnungslosen Brief überschickt habe, so kann ich Dir doch jetzt etwas über eine Art von Aussicht mitteilen, die sich, wunderlich genug für die Zukunft, mir auf einer ganz unerwarteten Seite eröffnet. – Du wirst Dich noch eines Majors Gualtieri erinnern, welchen ich Dir, wenn ich nicht irre, bei Deiner Anwesenheit in Berlin vor drei Jahren im Schauspielhause vorstellte. Dieser, noch ziemlich junge, Mann, ein Bruder der Kleisten von Königs Regiment, geht jetzt in wenig Monden als Gesandter nach Spanien, und will, es ist ganz sein eigner Einfall, mich als seinen Legationsrat, oder vorderhand, als einen vom König angestellten Attaché bei seiner Gesandtschaft mitnehmen. Ihm sei, sagte er, ein Legationsrat aufgedrungen worden, von welchem er sich, wenn es möglich sei, noch hier, auf jeden Fall aber in Madrid losmachen werde. In diesem letztern Falle müßte ich etwa ein Jahr noch aus eignen Kosten bestreiten, ich hätte jedoch Station auf der Reise, Wohnung und Tisch bei ihm in Madrid frei. Er wisse kein besseres Mittel, mich im Dienste des Königs wieder festen Fuß fassen zu machen, und er wolle, wenn ich auch gleich auf meine erste Bitte um Anstellung eine abschlägige Antwort erhielte (welches sich morgen oder übermorgen entscheiden wird), die Ausführung dieses ganzen Projekts bei Hofe übernehmen. Ich erwarte jetzt von Dir, meine teure Schwester, die Bestimmung, ob ich mich in diesen Vorschlag einlassen soll, oder nicht. Zu einem Amte wird er mir verhelfen, zum Glücke aber nicht. Doch davon soll ich Dir nicht sprechen. Adieu. Adieu.

                        Dein treuer Bruder Heinrich.

N. S. Im Fall Du mich nach Spanien – verbannen willst (wer

weiß ob ich Dich jemals wiedersehe!), so muß ich wohl noch einige Zeit hier verweilen, die Sache einzuleiten, und mir zu diesem Aufenthalte, wenn Du es auftreiben kannst, einiges Geld ausbitten.

– Hast Du die Wiese\* noch nicht wieder besucht?

Gleißenberg läßt sich empfehlen. – Verzeih diesen liederlichen Brief, er ist in Eile geschrieben, um mit Fritzen zu reden. Ich muß soeben wieder zu Gualtieri kommen, der mich in große Affektion genommen hat. Er hält die ganze Sache schon für ausgemacht, und ich esse schon alle Tage bei ihm in der Stadt Paris.

\* die Wiese an der Oder bei Greisers.

## 80. An Ulrike von Kleist

Mein liebes Ulrickchen,

der Major Gualtieri, welcher in einiger Zeit als Gesandter nach Spanien gehen wird, ein Freund meiner Jugend, welcher mir schon in Potsdam, als er noch Flügeladjutant des Königs war, viel Wohlwollen bezeugte, nimmt sich meiner jetzt mit großer Lebhaftigkeit an, und verspricht mir, wenn ich seinem Rate folgen will, mich mit der Zeit zu einem einträglichen und ehrenvollen Posten zu verhelfen. Er will, daß ich mit ihm nach Spanien gehen soll, wohin ich die Reise, dort auch Tisch, vielleicht, nach den Umständen, auch Wohnung frei haben werde, und gibt mir die Versicherung, mir für diesen Fall die Anstellung als Attaché bei seiner Gesandtschaft, in *einem* Jahr dort (vielleicht) eine kleine Zulage vom König, und in (höchstens) 3 Jahren den Legationsratsposten selber auszuwirken. Ich habe Dir dies alles schon vor mehr als 14 Tagen geschrieben, auch um Deinen Rat gebeten, aber keine Antwort erhalten, und daher (weil Deine Antwort auf meinen ersten Brief mir doch keinen andern Ausweg hoffen ließ) mich bereits darauf eingelassen, so daß diese Sache durch den Kabinettsrat Lombard schon völlig im Gange ist. – Was diese Deine Antwort betrifft, so weiß ich nicht, welcher Ausdruck in meinem Schreiben Dich wegen meines Briefes an den König so beunruhigt haben kann. Denn wenn ich *fühle*, was ich mir selbst, so *weiß* ich, was ich dem Könige schuldig bin; welches keiner Rede mehr bedürfen sollte. Auch weiß ich bereits durch Lombard daß der König zwar eine abschlägige Resolution gegeben hat, aber bloß, weil man für mich keinen bezahlten Posten weiß, und mir den Dienst von unten auf nicht anbieten will. Diese königliche Antwort selber habe ich aber bis auf den heutigen Tag (es sind nun 3 Wochen) noch nicht erhalten, bin daher schon einigemal (vergebens) bei Haugwitz und Hardenberg, heute endlich wieder in Charlottenburg bei Kökritz gewesen, der sich darüber sehr wunderte, in meiner Gegenwart zu Kleisten schickte, und da heraus kam, daß eine Unordnung bei Hardenberg oder Haugwitz vorgefallen war, mir riet, die Sache fallen zu lassen, und einen neuen Brief an den König zu schreiben. Dadurch habe ich diesen Mann einigermaßen in mein Interesse gezogen, und bin fast willens, ihm meinen neuen Brief an den König zur Einhändigung zu überreichen. – Übrigens fürchte ich dennoch, daß mir mein *erstes* Gesuch immer abgeschlagen werden wird; mein *zweites* aber gewiß nicht, man sieht gar nicht ein, warum? Gualtieri will mich in diesem Fall mitnehmen nach Landeck in Schlesien, wohin Lombard auch gegangen ist, um mir dort die nähere Bekanntschaft dieses Mannes zu verschaffen, der sein spezieller Freund ist. Ich bin dazu sehr geneigt, besonders da ich *irgend eines Bades* schlechterdings bedarf; wenn Du nur mich von der Geldseite darin unterstützen willst. – Schicke, wenn Du etwas für mich erübrigen kannst, dies doch sobald als möglich nach Berlin *an Gleißenberg;* sobald ich drei oder vier Tage von hier abwesend sein kann, so nutze ich sie, um nach Frankfurt zu reisen, und Dir nähere Auskunft zu geben über die Reise nach Spanien, die ihre gewissen Vorteile zwar hat, aber *ungeheure* Folgen haben kann. Adieu, grüße alles.

Berlin, den 11. Juli 1804                    Dein Heinrich.

N. S. Du bist doch nicht krank, daß Du mir nicht geantwortet hast?

### 81. An Ulrike von Kleist

Mein liebes Ulrikchen,

die Antwort des Königs auf meine Zuschrift, bleibt auf eine mir ganz unverständliche Weise, zum zweitenmale aus. Ich habe nicht wagen dürfen, mich bei Kökritzen nach der Ursach dieses sonderbaren Aufschubs zu erkundigen, da jeder nächste Tag mir immer die Resolution noch bringen konnte. Übermorgen aber geht meine Hoffnung zu Ende, und ich will zum viertenmale nach Charlottenburg hinaus. Denn dieser ungewisse Zustand wird mir nachgerade völlig zum Ekel. – Jene bewußten 20 Rth. sind, weil die Adresse nicht bestimmt genug war, an den Obristen Kleist, Directeur der Militärakademie abgegeben worden. Ich habe Geld und Brief, leider nicht mehr uneröffnet, empfangen, und mich nur betrübt, daß ich diesem Manne nicht jetzt auch Deine früheren Briefe mitteilen konnte. – Ach, Ulrikchen, wie unglücklich wäre ich, wenn ich nicht mehr stolz sein könnte! – Werde nicht irre an mir, mein bestes Mädchen! Laß mir den Trost, daß einer in der Welt sei, der fest auf mir vertraut! Wenn ich in Deinen Augen nichts mehr wert bin, so bin ich wirklich nichts mehr wert! – Sei standhaft! Sei standhaft! Gualtieri reiset in einigen Tagen nach Schlesien, um einen Handel in Gang zu bringen, der nach Spanien unternommen werden soll. Er wartet wirklich bloß auf die Entscheidung meines Schicksals, um sich mich sogleich vom Könige auszubitten. Er will mich unentgeltlich mitnehmen, und ich brauche nichts, als jene 25 Rth., die Ihr mir monatlich ausgesetzt habt, um eine kleine Börse bei mir zu führen. Besorge mir also doch dies Geld, wenn es sein kann, unverzüglich hierher. Wir reisen wahrscheinlich über Frankfurt, und es sollte mir lieb sein, wenn sich Gelegenheit fände, Euch diesen Menschen vorzustellen, an welchem mir selber alles, bis auf seine Liebe zu mir, so unbegreiflich ist. – Adieu. Viele Grüße an Tanten und die Geschwister.

Berlin, d. Freitag, [27.] Juli 1804          Heinrich Kleist.
N. S. Ich wohne in der Spandauer Straße, Nr. 53.

## 82. An Henriette von Schlieben

An Fräulein Henriette von Schlieben Hochwohlgeboren, zu Dresden, wohnhaft beim Japanischen Palais.

Meine teure Freundin Henriette,

ich will diese Reise des Hauptmanns von Gleißenberg, meines Jugendfreundes, nicht unbenutzt lassen, Ihnen ein paar flüchtige Zeilen von Ihrem immer treuen Heinrich Kleist in die Hände zu schanzen. Verzeihen Sie, wenn ich alle Versprechungen, mit welchen ich in Dresden von Ihnen schied, so gänzlich unerfüllt gelassen habe. Wenn uns das Schicksal so unerbittlich grimmig auf der Ferse folgt, so haben wir alle Besinnung nötig, um uns nur vor seinen Schlägen einigermaßen zu retten. Doch es bedarf nur einer kurzen Ruhe, um uns alle frohen Augenblicke der Vergangenheit, und mit ihnen alle gute Menschen ins Gedächtnis zu rufen, denen wir sie schuldig sind.

Wie ist es Ihnen denn dieses ganze lange Jahr über, das wir uns nicht gesehen haben, gegangen? Wie befindet sich Ihre würdige Frau Mutter? Und Ihre Tante? Was macht unsre liebenswürdige Freundin Caroline? Ist Wilhelm in Dresden gewesen? Und ist ihm sein Wunsch erfüllt, und ihm eine Laufbahn im Zivil eröffnet worden? Schreibt Lohse öfter als sonst? Und geht es ihm gut? Wo ist er denn jetzt? Dürfen wir hoffen, unsre liebe Caroline durch ihn bald glücklich zu sehen? – Auf alle diese Fragen, mein teuerstes Kusinchen, wird Ihnen Ihr Herz sagen, daß Sie mir die Antwort schuldig sind.

Ich habe Lohsen auf einige Zeit in Varese gesehen, wo ich einen der frohsten Tage meines Lebens verlebt habe. Wir fuhren, Werdecks, Pfuel, er, und ich, zusammen nach Madonna del Monte, einem ehemaligen Kloster an dem südlichen Fuße der Alpen; und war es *diese* Gesellschaft, und *dieser* Ort, dieser *wunderschöne* Ort, vielleicht auch der Genuß der gewürzreichen Weine, und der noch gewürzreicheren Lüfte dieses Landes: ich weiß es nicht; aber *Freude* habe ich an diesem Tage so lebhaft empfunden, daß mir diese Erscheinung noch jetzt, bei dem Kummer, der mir zugleich damals fressend ans Herz nagte, ganz verwundrungswürdig ist. – Übrigens hatte ich, bei der Gesellschaft, die uns immer umgab, nur selten Gelegenheit, mich ihm vertraulich zu nähern. Seine Verhältnisse schienen in dieser Stadt sehr mannigfaltig, selbst ein wenig verwickelt, er selber gegen mich etwas geheimnisvoll, so daß ich Ihnen keine ganz sichere Nachricht über ihn zu geben imstande war; sonst hätte ich wirklich gleich von dort aus an Sie geschrieben. – Auch hatte er eben einen Brief an Caroline angefangen, so daß ich einen Aufschub wagen zu dürfen glaubte, und späterhin durch eine zunehmende Gemütskrankheit immer unfähiger ward, die Feder zu einem Briefe an Sie anzusetzen.

Von dort aus bin ich, wie von der Furie getrieben, Frankreich von neuem mit blinder Unruhe in zwei Richtungen durchreiset, über Genf, Lyon, Paris nach Boulogne sur Mer gegangen, wo ich, wenn Bonaparte sich damals wirklich nach England mit dem Heere eingeschifft hätte, aus Lebensüberdruß einen rasenden Streich begangen haben würde; sodann von da wieder zurück über Paris nach Mainz, wo ich endlich krank niedersank, und nahe an fünf Monaten abwechselnd das Bett oder das Zimmer gehütet habe. Ich bin nicht imstande vernünftigen Menschen einigen Aufschluß über diese seltsame Reise zu geben. Ich selber habe seit meiner Krankheit die Einsicht in ihre Motiven verloren, und begreife nicht mehr, wie gewisse Dinge auf andere erfolgen konnten. – Jetzt werde ich in meinem Vaterlande bei dem Departement der auswärtigen Angelegenheiten angestellt werden, und mich vielleicht in kurzem wieder zu einer neuen Reise rüsten müssen. Denn ich soll mit einer Gesandtschaft nach Spanien gehen, und werde auf diese Art wohl Verzicht leisten müssen, jemals auf diesem Sterne zur Ruhe zu kommen. – Wie lieb sollte es mir aber sein, wenn mich diese Reise über Dresden führte, und ich an Ihrer Seite, meine liebenswürdigen Freundinnen, einige der schönen Tage der Vergangenheit wiederholen könnte! Bis dahin erfreuen Sie mich gütigst mit einem paar Zeilen von Ihrer Hand, und vergessen Sie meine Bitte nicht um Nachricht über alles, Frohes und Trauriges, was Ihr Haus betroffen haben könnte; denn alles, was *Sie*, geht auch *mich* an.

Berlin, den 29. Juli 1804                             Heinrich Kleist.
N. S. Diesen Brief gebe ich dem Hauptmann v. Gleißenberg mit, der nach Gulben bei Cottbus zu seiner Braut, meiner Kusine, dem Fräulein v. Pannwitz, und vielleicht von dort, in Geschäften seines künftigen Schwiegervaters, nach Dresden geht. In diesem Falle, denk ich, werden Sie ihm wohl, als meinem Freunde, vorläufig ein freundliches Gesicht schenken, bis er Zeit gewonnen hat, es sich bei Ihnen zu verdienen. Er wird sich auch meinen Koffer ausbitten, für dessen gütige Aufbewahrung ich Ihnen allerseits ergebenst danke. – Sollten Hindernisse ihn abhalten, nach Dresden zu gehen, so wird er Ihnen diesen Brief mit der Post schicken; und in diesem Falle möchte ich wohl wissen, ob sich Gelegenheit fände, diesen Koffer mit einem Frachtwagen

nach Gulben bei Cottbus an den Herrn Hauptmann v. Pannwitz zu schicken? Wenn dies nicht möglich ist, so bitte ich ihn gradezu dorthin auf die Post zu geben.

### 83. An Ulrike von Kleist
Meine beste Ulrike,

ich kann Dir jetzt die sichere Nachricht geben, daß der König mein Gesuch günstig aufgenommen hat, obschon ich noch keine offizielle Resolution darüber erhalten habe. Mir hat es Kökritz vorgestern mit einer großen Ermahnung, die Gnade des Königs nicht zum drittenmal aufs Spiel zu setzen, auf eine sehr gütige Art angekündigt, und mir geraten zu Beym zu gehen, und die Beschleunigung der Resolution bei diesem zu betreiben. Der ganze Aufschub derselben scheint bloß daran zu liegen, daß man den Fond zu einer kleinen Besoldung für mich erst eröffnen muß. Beym war gestern nicht zu Hause, und ich habe jetzt einen Brief an ihn entworfen, der vielleicht geschickt ist, ihn ein wenig für meine Sache zu interessieren. – Nach Spanien werde ich nun wohl nicht gehen, so wenig wie nach Schlesien. Gualtieri zwar glaubt es immer noch vorteilhaft für mich, allein er glaubt nicht, daß es der König jetzt bewilligen werde, indem er, wenn er mich bezahlt, auch wohl wird haben wollen, daß ich unmittelbar für ihn arbeite, nicht, daß ich Gualtierin einen Teil seiner Geschäfte in Spanien abnehme. – In diesem Falle wirst Du gewiß Dein Wort halten, und zu mir nach Berlin kommen, das einzige, um dessentwillen mich der glückliche Erfolg meines Gesuches wahrhaft freut. Auch wird Deine Sorge für mich nötig sein, wenn ich mit einer kleinen Besoldung, die doch gewiß 300 Rth. nicht übersteigen wird, meine Bedürfnisse bestreiten soll. Es kann möglich sein, mit dieser Summe auszukommen, aber es ist eine Kunst, und man kann ihre Ausübung von einem Menschen, der dazu einmal nicht taugt, kaum verlangen, so wenig als das Seiltanzen, oder irgend eine andere Kunst. Für jetzt wenigstens, da meine ganze Lebensweise noch so wenig geordnet sein kann, geht es mit 25 Rth. monatlich nicht, und Ihr müßt ein Einsehen haben. Schickt mir nur vorderhand meine Betten, wenn es sein kann; und wenn ich meine paar Möbeln wieder zusammenfinden könnte, so würde ich auch 3 oder 4 Rth. monatlich wohlfeiler wohnen. Adieu. Adieu. Bald ein Mehreres und, ich hoffe, ganz Bestimmtes.

Berlin, den 2. August 1804  Dein Heinrich.
Antworte bald. *Spandauer Straße Nr. 53.*

*84. An Ulrike von Kleist*
Mein vortreffliches Mädchen,

wie überraschest Du mich mit Deinem Antrage, mit diesem neuen Beweis Deiner Sorgfalt für mich, die immer noch im Stillen Dein Herz beschäftigt! Komm, meine Freundin, komm doch gleich zu mir! Gualtieri reiset wirklich in der Mitte künftigen Monats ab, er will immer noch, daß ich ihn nach Spanien begleite, lerne doch diesen Menschen selbst kennen, und die Verhältnisse, und *sage* mir, was ich tun soll. In dem Hause, in welchem ich wohne, ist ein Zimmer noch, neben dem meinigen, zu vermieten, sehr angenehm, ein wenig teuer; opfre dies für einen Monat! Wenn ich nach Spanien gehe, so gehst Du zu Deiner Tante zurück, oder zu Leopolden; und wenn wir zusammen in Berlin uns etablieren können, so kann ich unter Deinen Augen die Anstalten treffen, die Du für zweckmäßig hältst. Wie glücklich könnten wir leben! Es würde nicht wie in Paris sein –! Adieu, adieu! Antworte mir sogleich. Ich küsse Tanten, Minetten, und allen die Hände, die Deiner Liebe zu mir wieder einmal ihre freie Bewegung gelassen haben. Adieu. – Auf baldiges Wiedersehn!

Berlin, den 24. August 1804  Dein treuer Bruder Heinrich.

N. S. Ich habe gestern einen Brief an Euch abgeschickt, doch die Quittung vergessen. Hier erfolgt sie für meine liebe Minette. – Pannwitzens Koffer ist mit Gleißenberg nach Gulben gegangen, um ihn dort abzugeben. Ich glaubte Wilhelm würde hingehen. – Gleißenberg bringt mir den meinigen von Dresden mit. – – Schreibe mir genau *wann* Du eintriffst, ich komme Dir entgegen.

*85. An Ulrike von Kleist*
Meine liebste Ulrike,

ich warte von Tage zu Tage auf eine Entscheidung vom Minister, ob ich vorläufig noch in Berlin bleiben, oder sogleich nach Franken gehen soll. Dieser Umstand ist schuld, daß ich noch immer angestanden habe, mich einzuquartieren, und während dieser Zeit in einem teuren Gasthofe gewohnt habe, wo ich nun Mühe haben werde, heraus zu kommen. Du mußt es schon bei Minetten ausmachen, daß sie für diese außerordentliche Ausgabe etwas auftreibt, ich arbeite ja aus allen Kräften darauf los, es wieder zu bezahlen. Wenn Du Dich mit solchen Dingen nicht befassen willst, so ersuche ich Leopold ihr eine vernünftige Vorstellung zu machen. Ich werde ja überdies dieser Vorschüsse nicht drei Jahre lang bedürftig sein, und so wird es im ganzen nicht mehr ausmachen, wenn man es auf die letzten Monate abrechnet. – Wie wäre es auch, wenn Du zu mir herüber kämest? Ich bin sehr traurig. Du hast zwar nicht mehr viel Mitleiden mit mir, ich leide aber doch wirklich erstaunlich. Komm also nur herüber, und tröste mich ein wenig. Ich weiß doch, daß Du mir gut bist, und daß Du mein Glück willst, Du *weißt* nur nicht, was mein Glück wäre. Nach Potsdam kehr ich auch nicht zurück, wie ich zu Anfange glaubte; wozu also noch länger getrennt sein? Ich sehe hier keinen Menschen, und bedarf Deiner lieben Gesellschaft. Es wird uns selbst eine förmliche Einrichtung nicht viel mehr kosten, als der Aufenthalt in diesem heillosen Gasthofe. Ich hoffe also auf die Erfüllung meiner Bitte. Ich werde noch heute zur Kamken gehen, und sie auffordern, uns eine Wohnung auszumitteln. Chambre garnie, und Du läßt das Mädchen aus Frankfurt kommen. Wie gern würde ich Dich abholen! Doch ich muß schlechterdings in Berlin bleiben. Richte Dich also nur selbst ein. Vielleicht kömmst Du mit der Kleisten, die ja auch nach Berlin wollte. – Das würde mich sehr freuen! Adieu.

Dein Heinrich.

Berlin, den [?] Dezember 1804 (Im goldnen Stern)

*86. An Ernst von Pfuel*

An Herrn Ernst von Pfuel, ehemals Lieutenant im Regiment Sr. Majestät des Königs, Hochwohlgeb. zu Potsdam.

Du übst, du guter, lieber Junge, mit Deiner Beredsamkeit eine wunderliche Gewalt über mein Herz aus, und ob ich Dir gleich die ganze Einsicht in meinen Zustand selber gegeben habe, so rückst Du mir doch zuweilen mein Bild so nahe vor die Seele, daß ich darüber, wie vor der neuesten Erscheinung von der Welt, zusammenfahre. Ich werde jener feierlichen Nacht niemals vergessen, da Du mich in dem schlechtesten Loche von Frankreich auf eine wahrhaft erhabene Art, beinahe wie der Erzengel seinen gefallnen Bruder in der Messiade, ausgescholten hast. Warum kann ich Dich nicht mehr *als meinen Meister* verehren, o Du, den ich immer noch über alles liebe? – Wie flogen wir vor einem Jahre einander, in Dresden, in die Arme! Wie öffnete sich die Welt unermeßlich, gleich einer Rennbahn, vor unsern in der Begierde des Wettkampfs erzitternden Gemütern! Und nun liegen wir, übereinander gestürzt, mit unsern Blicken den Lauf zum Ziele vollendend, das uns nie so glänzend erschien, als jetzt, im Staube unsres Sturzes eingehüllt! *Mein, mein* ist die Schuld, *ich* habe Dich verwickelt, ach, ich kann Dir dies nicht so sagen, wie ich es empfinde. – Was soll ich, liebster Pfuël, mit allen diesen Tränen anfangen? Ich möchte mir, zum Zeitvertreib, wie jener nackte König Richard, mit ihrem minutenweisen Falle eine Gruft aushöhlen, mich und Dich und unsern unendlichen Schmerz darin zu versenken. *So* umarmen wir uns nicht wieder! So nicht, wenn wir einst, von unserm Sturze erholt, denn wovon heilte der Mensch nicht! einander, auf Krücken, wieder begegnen. Damals liebten wir ineinander das Höchste in der Menschheit; denn wir liebten die ganze Ausbildung unsrer Naturen, ach! in ein paar glücklichen Anlagen, die sich eben entwickelten. Wir empfanden, ich wenigstens, den lieblichen Enthusiasmus der Freundschaft! Du stelltest das Zeitalter der Griechen in meinem Herzen wieder her, ich hätte bei Dir schlafen können, Du lieber Junge; so umarmte Dich meine ganze Seele! Ich habe Deinen schönen Leib oft, wenn Du in Thun vor meinen Augen in den See stiegest, mit wahrhaft *mädchenhaften* Gefühlen betrachtet. Er könnte wirklich einem Künstler zur Studie dienen. Ich hätte, wenn ich einer gewesen wäre, vielleicht die Idee eines Gottes durch ihn empfangen. Dein kleiner, krauser Kopf, einem feisten Halse aufgesetzt, zwei breite Schultern, ein nerviger Leib, das Ganze ein musterhaftes Bild der Stärke, als ob Du dem schönsten jungen Stier, der jemals dem Zeus geblutet, nachgebildet wärest. Mir ist die ganze Gesetzgebung des Lykurgus, und sein Begriff von der Liebe der Jünglinge, durch die Empfindung, die Du mir geweckt hast, klar geworden. Komm zu mir! Höre, ich will Dir was sagen. Ich habe mir diesen Altenstein lieb gewonnen, mir sind die Abfassung einiger Reskripte übertragen worden, ich zweifle nicht mehr, daß ich die ganze Probe, nach jeder vernünftigen Erwartung bestehen werde. Ich kann ein Differentiale finden, und einen Vers machen; sind das nicht die beiden Enden der menschlichen Fähigkeit? Man wird mich gewiß, und bald, und mit Gehalt anstellen, geh mit mir nach Anspach, und laß uns der süßen Freundschaft genießen. Laß mich mit allen diesen Kämpfen etwas erworben haben, das mir das Leben wenigstens erträglich macht. Du hast in Leipzig mit mir geteilt, oder hast es doch gewollt, welches gleichviel ist; nimm von mir ein Gleiches an! Ich heirate niemals, sei Du die Frau mir, die Kinder, und die Enkel! Geh nicht weiter auf dem Wege, den du betreten hast. Wirf Dich dem Schicksal nicht unter die Füße, es ist ungroßmütig, und zertritt Dich. Laß es an *einem* Opfer genug sein. Erhalte Dir die Ruinen Deiner Seele, sie sollen uns ewig mit Lust an die romantische Zeit unsres Lebens erinnern. Und wenn Dich einst ein *guter* Krieg ins Schlachtfeld ruft, Deiner Heimat, so geh, man wird Deinen Wert empfinden, wenn die Not drängt. – Nimm meinen Vorschlag an. Wenn Du dies nicht tust, so fühl ich, daß mich niemand auf der Welt liebt. Ich möchte Dir noch mehr sagen, aber es taugt nicht für das Briefformat. Adieu. Mündlich ein mehreres.

Berlin, den 7. Januar 1805                Heinrich v. Kleist.

## 87. An Christian von Massenbach

Verehrungswürdigster Herr Obrist,

Sie tun meinem guten, redlichen, vortrefflichen Freunde Altenstein recht Unrecht, und ich würde recht böse auf Sie sein, wenn der Verdacht, den Sie auf ihn geworfen haben, nicht von der Innigkeit Ihrer Güte für mich, und Ihrer immer regen Besorgnis für mein Wohl herrührte. Es ist so wenig die Rede davon, mich durch einen Kunstgriff von dem Hardenbergschen Departement zu entfernen, daß vielmehr dieser Altenstein, der mit großen Plänen für sein Vaterland (Franken) umgeht, das lebhafteste Interesse zeigt, mich für seine Zwecke zu gewinnen. Die Absicht, die man bei dieser meiner Sendung nach Königsberg hat, ist wirklich keine andere, als mich zu einem tüchtigen Geschäftsmann auszubilden, und die musterhafte Einrichtung der preußischen Kammern, durch meine Beihülfe einst, wenn ich angestellt sein werde, auf die fränkischen überzutragen. Ich werde vielleicht Gelegenheit haben, Ihnen dies alles durch die Mitteilung einer schriftlichen Instruktion, die ich von dem Minister über meine Geschäfte in Königsberg zu erhalten habe, ganz deutlich und augenscheinlich darzutun, und dadurch unzweifelhaft die Unruhe Ihres so väterlich für mich gesinnten Herzens zerstreuen. Nehmen Sie inzwischen die Versicherung meiner innigsten Dankbarkeit, Verehrungswürdigster! für Ihre gütige Empfehlung an Hardenberg an, der dadurch, daß er mich an Altenstein verwies, mir zwar die *einzige*, aber auch die *ganze* Wohltat erzeigte, deren ich bedurfte. Wenn Tätigkeit im Felde der Staatswirtschaft wirklich mein Beruf ist, so habe ich an Altenstein denjenigen gefunden, der mich auf den Gipfel derselben führen wird; *ob* sie aber mein Beruf ist, ist eine andere Frage, über die jedoch mein Herz jetzt keine Stimme mehr hat. – Ich hoffe noch, Ihnen in Potsdam meine Aufwartung zu machen, und mir die Empfehlung nach Königsberg auszubitten, die Sie mir so gütig gewesen sind, anzubieten. Schließlich erfolgt der Krug.

Berlin, den 23. April 1805 H. v. Kleist.


## 88. An Karl Freiherrn von Stein zum Altenstein

Hochwohlgeborner Freiherr,
Hochzuverehrender Herr Geheimer Finanzrat,

Ew. Hochwohlgeboren verfehle ich nicht, von meiner, am 6. dieses erfolgten, glücklichen Ankunft in Königsberg gehorsamst zu benachrichtigen. Ich würde schon den 4. dieses hier eingetroffen sein, wenn mein, in Frankfurt aufgefundner, Wagen nicht einer gänzlichen Herstellung bedurft hätte, und ich sonach zu einem Aufenthalte daselbst von zwei Tagen genötigt worden wäre. Von hier aus ging es inzwischen in ununterbrochener Reise, Tag und Nacht, weiter, und ich glaube mich um so mehr wegen jener kleinen Versäumnis für entschuldigt halten zu dürfen, da ich den Kriegsrat Müller, mit welchem ich von Berlin abzugehen bestimmt war, schon in Marienwerder wieder einholte. Bei dieser großen Schnelligkeit meiner Reise, und dem an Erscheinungen eben nicht reichen Lande, durch welches sie mich führte, blieb meinem Wunsche, mich überall zu unterrichten, kaum mehr, als eine oder die andere flüchtige Wahrnehmung übrig. Wie viel würden nichts desto weniger Sie, oder irgend ein geübterer Statistiker, wer es auch sei, an meiner Stelle gesehen haben. Denn es kommt überall nicht auf den Gegenstand, sondern auf das Auge an, das ihn betrachtet, und unter den Sinnen eines Denkers wird alles zum Stoff. – Ich ging, Ihrem Befehl gemäß, gleich am folgenden Tage zu dem Herrn Kammerpräs. v. Auerswald, um mich bei ihm zu melden. Er empfing mich mit vieler Güte, und sagte mir, daß er bereits offiziell sowohl, als auch durch den Hr. v. Schöne, seinen Schwiegersohn, von dem Zweck meiner Ankunft in Königsberg unterrichtet wäre. Er erteilte mir die Versicherung, daß er mir zu allen Geschäften, die zu meiner Instruktion dienen könnten, Gelegenheit machen würde, und befahl mir zuvörderst, Freitag, morgens, auf der Kammer zu erscheinen. Mein zweiter Gang war zu dem Hr. Kammerdir. v. Salis. Dieser gewiß, wenn mir ein Urteil über ihn erlaubt ist, *vortreffliche* Mann, hat mich auf das Empfehlungsschreiben, womit mich der Hr. Geh. Fin. Rat Nagler zu Berlin beehrte, auf das freundschaftlichste aufgenommen. Er kam mir nicht nur sogleich mit den gefälligsten Anerbietungen entgegen, sondern flößte mir auch, was noch mehr wert war, das Vertrauen ein, davon Gebrauch zu machen. Ihm verdanke ich zum Teil die Anordnung meiner kleinen Ökonomie, er hat mir die Bekanntschaft mehrerer der hiesigen Professoren verschafft, mich bei der Kammer, und in alle Büros derselben, eingeführt, und eben jetzt komme ich von einer Unterredung mit ihm, in welcher er mir einen sehr zweckmäßigen Plan über die Folgereihe meiner Studien und Geschäfte, zur Erfüllung der ganzen Absicht meiner Reise nach Königsberg, mitgeteilt hat. Ich unterstehe mich, Ew. Hochwohlgeb. ergebenst zu bitten, den Hr. Geh. Fin. Rat Nagler für jene gütige Empfehlung, der ich ohne Zweifel alle diese Gefälligkeiten verdanke, meinen gehorsamsten und herzlichsten Dank abzustatten. – Am Freitag habe ich nun wirklich der ersten Session des Kollegiums beigewohnt. Ich habe das Gelübde der Verschwiegenheit mit einem Handschlag bekräftigen, und sodann an einem abgesonderten Tische, unter mehreren Offizieren der hiesigen Garnison, Platz nehmen müssen. Mein ganzes Geschäft bestand, nach meinem eignen Wunsche, an diesem Tage im Hören und Sehen, doch glaube ich, in einiger Zeit zur Übernahme der Akten, und zu den Vorträgen selbst, schreiten zu dürfen. Ich werde, nach dem Vorschlage des Hr. v. Salis, den Anfang mit den Steuersachen machen, und zwar mit den ländlichen, und dann zu den städtischen übergehen. Zuletzt dürfte ein Jahr eine zu kurze Zeit sein, um mich in allen Fächern dieser weitläufigen Kameral-Verwaltung, besonders wenn ich, wie es Ihr Befehl war, [mich] mit so vielem Ernste in das Domänenfach werfen sollte, umzusehen; doch werde ich gewiß nichts unterlassen, um die Strafe einer inkonsequent verlebten Jugend, so sehr sie durch Ihre Güte auch gemildert wird, nicht mehr, als ich es verdiene, zu verlängern. – Vorgestern habe ich nun auch einer finanzwissenschaftlichen Vorlesung des Professors Krause beigewohnt: ein kleiner, unansehnlich gebildeter Mann, der mit fest geschlossenen Augen, unter Gebärden, als ob er im Kreisen begriffen wäre, auf dem Katheder sitzt; aber wirklich Ideen, mit Hand und Fuß, wie man sagt, zur Welt bringt. Er streut Gedanken, wie ein Reicher Geld aus, mit vollen Händen, und führt keine Bücher bei sich, die sonst gewöhnlich, ein Notpfennig, den öffentlichen Lehrern zur Seite liegen. In seiner dieshalbjährigen Vorlesung ist er schon ziemlich weit vorgerückt, doch wird mir Gelegenheit werden, das Vorgetragene noch nachzuholen. Gewerbkunde und Staatswirtschaft, seine Hauptkollegia, liest er inzwischen erst im Winter, und ich werde den Sommer benutzen können, Institutionen oder Pandekten, vielleicht auch die Chemie bei Hagen zu hören, um mich auch in dieser Wissenschaft ein wenig herzustellen. – Doch ich werde zu weitläufig. Meine Voraussetzung, daß Sie an manchen dieser kleinen, nicht sowohl mein Geschäft, als mich, betreffenden Umständen, einigen Anteil nehmen, ist vielleicht noch zu voreilig; doch werde ich das Geschäft meines Lebens daraus machen, mich darum zu bewerben.

Noch muß ich inzwischen Ew. Hochwohlgeb. melden, daß ich das Dekret vom 28. April erhalten – auch, daß ich mich, nach Ew. Hochwohlgeb. Rate, bei des Hr. Staatsministers v. Schrötters Exzll. schriftlich bedankt habe. – Werd ich meine Diäten von Berlin aus, oder vielleicht eine Anweisung zur Erhebung derselben in Königsberg erhalten?

Ich beharre mit der innigsten und ehrfurchtsvollesten Hochachtung

Ew. Hochwohlgebor. ergebenster

Königsberg, den 13. Mai 1805 H. v. Kleist.

### 89. An Ernst von Pfuel

Mein liebster Pfuel,

inliegende 20 Fr.dor sind ein Geschenk von der K[önigin], die die Kleisten schon lange Zeit für Dich in ihrem Büro aufbewahrt hat, und nun bei ihrer Abreise von Potsdam nach Dobran, da sie gar keine Nachricht von Dir bekömmt, mir zuschickt, um sie Dir zu übermachen. Du bist, mein armer Junge, wahrscheinlich krank (wie ich), daß Du die Kleisten noch bis auf diese Stunde nicht mit einem paar Zeilen erfreut hast. Du warst schon als Du hier auf die Post stiegest, unpäßlich, benachrichtige mich doch mit einem paar Worte (aus dem Bette, wie ich) ob meine Besorgnis gegründet ist. Laß dieses angenehme kleine Geschenk (angenehm wirklich durch die Geberin) etwas zu Deiner Herstellung beitragen. Du wirst jährlich 12 Fr.dor auf diesem Wege erhalten. Du möchtest, schreibt die Kleisten, Dich in [einem] kleinen niedlichen Briefe (franz.) bedanken, sie würde die Bestellung dieses Briefes übernehmen. Übrigens versteht sich von selbst, daß das größte Stillschweigen über die ganze Sache beobachtet werden muß. Adieu, ich bin auch bettlägrig, und leide schon seit 14 Tagen an rheumatischen Zufällen, und einem Wechselfieber, das mich, um mit Dir zu reden, ganz auf den Hund bringt. – Was macht denn der Hydrostat.

Königsberg, den 2. Juli 1805 H. v. Kleist.

(An den 20 Fr.dor fehlt das Postgeld, das sie mir von Potsd. bis Königsbg. gekostet haben!)

N. S. Diesen Brief schickte ich vorgestern auf die Post, und bekam ihn zurück mit der Weisung, daß er erst morgen (als am Posttage nach Johannisburg) angenommen werden könne. Soeben erhalte ich nun Deinen Brief; und erbreche den meinigen noch einmal, um Dir zu antworten. Zuvörderst sehe ich zwar daraus, daß Du nicht krank bist, begreife aber jetzt um so weniger, wie es zugeht, daß Du der Kleisten noch nicht geschrieben hast. Es sei nun wirklich Nachlässigkeit, oder Rache, so ist es das

Unwürdigste von der Welt, und nicht wert, daß ich ein Wort darüber verliere. – Was Deine hydrostatische Weisheit betrifft, so muß ich Dich zweierlei bitten, 1) nichts zu schreiben, was Du nicht gut überlegt hast, 2) Dich so bestimmt auszudrücken, als es die Sprache überhaupt zuläßt; weil sonst des Schreibens und Wiederschreibens kein Ende wird. Auf 120' Tiefe (siehe A Deines Briefes) ist die Luft nicht 6.8 (soll doch heißen 6 bis 8 mal) zusammengedrückt, auf 128' Tiefe ist sie genau 8mal zusammengedrückt; d. h. wenn ihre Zusammendrückung über dem Meere = 1, so ist sie 128' unter demselben = 8. Daß sich zweitens (B Deines Briefes) die Luft 24mal verdichten lasse, ist eine sonderbare Annahme, da sie sich bekanntermaßen in der Kolbe der schlechtesten Windbüchse 300mal zusammenpressen läßt. Daß übrigens beim Sinken des Hydrostaten das Luftpumpengeschäft immer sukzessiv schwerer vor sich geht, *indem zusammengedrückte Luft zusammengedrückt werden* muß, ist ein Umstand, den wir schon hier in Königsberg erwogen haben. Wenn sich die Luft, über dem Meere, 400mal zusammenpressen läßt\*, so läßt sie sich

|  |  |  |  |  |
|---|---|---|---|---|
| 32' | unter dem Meere |  |  | 200mal |
| 64' | » | » | » | nur 100mal |
| 128' | » | » | » | nur 50mal |
| 256' | » | » | » | nur 25mal |
| 512' | » | » | » | nur 12½mal usf. |

zusammenpressen. In dieser Tiefe also allerdings ist (oder *wird* doch wenigstens in einer noch größern Tiefe) das Luftpumpengeschäft von ungeheurer Schwierigkeit. Es muß vielleicht hier ganz und gar wegfallen. Doch überall kann man es entbehren, da man an den Gewichten ein Surrogat hat, das, was die vertikale Bewegung betrifft, ganz und gar statt der Luftpumpe dienen kann. – Nach dieser Berechnung fällt der Kubikinhalt für die Magazine auch weit geringer aus. Ein ganz mit Wasser gefülltes Gefäß von 31250 K. F. braucht

|  |  |  |  |
|---|---|---|---|
| 32' unter Wasser | 2.31250 K.F. Luft, | um das Wasser daraus zu vertreiben |
| 64' | » | » | 4.31250 K.F. Luft | » |
| 128' | » | » | 8.31250 K.F. Luft | » |
| 256' | » | » | 16.31250 K.F. Luft | » |

\* welches gar keine übertriebene Annahme ist.

Also, um Deinen Fall zu nehmen, braucht Dein Gefäß von 31250 Kubikfuß Inhalt, 128' unter dem Wasser, gesetzt es wäre alsdann ganz voll Wasser, und man wollte es statt dessen mit Luft füllen, nur 8.31250 = 250000 Kubikfuß Luft, welche, um mitgenommen zu werden, nur eines Raumes von $\frac{250000}{400}$ = 625 Kubikfuß bedürfen. – Endlich verstehe ich gar nicht, was du bei den Schaufeln des Rades für ein Bedenken hast. Wenn das Wasser bis aa steht, so werden die Schaufeln von selbst bis b, b, b im Wasser stehn, ohne im mindesten über die Basis unten hervorragen zu müssen. Übrigens find ich selbst die Erfindung des Rades noch sehr roh, aber bloß wegen der Mitteilung der Bewegung, indem mir ein Ziehen sowohl, als ein Stoßen (der oberen Glocke an die untere) ungeschickt scheint. – Zum Schlusse noch eine Nachricht, die Dir sehr interessant sein müßte, wenn Du wirklich mit Eifer an die Ausbildung der Erfindung arbeitetest: nämlich, Rigolet in Lyon, Vorsteher der dortigen Landstraßen und Brücken, hat ein Fernrohr erfunden, durch welches er den Grund der Flüsse und Seen sehen, und die Grundlage der Wasserbauten untersuchen kann. – Schreibe mir bald ob Du richtig das Geld empfangen hast. Adieu. H. K.

## 90. An Ernst von Pfuel

[Königsberg, Juli 1805]

Hier bekömmst Du den Pope, und einen alten verrosteten Schlüssel von Lexikon zu ihm; zusammen 1 Rth. 8 gr. Ich hatte außerdem noch die Wahl zwischen Thomson und Young; ich denke aber, ich werde es mit der Iliade am besten getroffen haben, ungerechnet, daß sie am wohlfeilsten war.

Was Du mir von der Verschiedenheit von dem Räderwerk in einer Uhr, und von dem Räderwerk in dem Hydrostaten sagst, ist ganz richtig, war mir auch schon selbst eingefallen. Inzwischen brauchen wir das Schaufelrad noch gar nicht aufzugeben. Allerdings ist die Geschwindigkeit, die sich aus meiner Rechnung ergeben hat, sehr gering; allein wir haben aus der Acht gelassen, daß das Resultat auch nur die *Geschwindigkeit des ersten Moments* angab. Dieselbe Kraft, die nötig war; diese ungeheure Masse zu bewegen, würde auch hinwiederum, wenn sie einmal bewegt ist, nötig sein, sie aufzuhalten. Das heißt, sie hat ein *Beharrungsvermögen*, sowohl in der Bewegung, als in der Ruhe zu verbleiben. Mithin kommt mit jedem folgenden Momente, da die Kraft immer die Geschwindigkeit C hat, wenn die Geschwindigkeit der ganzen Masse in dem vorhergehenden Momente c heißt, eine neue Geschwindigkeit C–c hinzu. Setze, ein Kauffahrteischiff wiege eine Million Pfund: so wird es gleichwohl doch häufig bei windstillen Tagen von einem Ruderboote gezogen. Das Ruderboot kann aber unmöglich von der Effikazität sein, als ein gut erfundenes Räderwerk. Es muß also schlechthin möglich sein, den Hydrostaten durch wenigstens 6-8 Seemeilen täglich zu führen.

Mit Gualtieri muß es irgend einen Haken haben. Es hat in einem öffentlichen Blatt gestanden, ein Gesandter einer großen nordischen Macht habe sich Schulden halber von Madrid eklipsiert. Dazu nun dieser sonderbare Todesfall, fast um die nämliche Zeit! Überdies übergeht die Kleist alles mit Stillschweigen, und noch weiß ich so oft ich sie auch darum gefragt habe, weder *wie*, noch *wann*, nicht einmal *wo* er gestorben ist.

Rühle ist in der Tat ein trefflicher Junge! Er hat mir einen Aufsatz geschickt, in welchem sich eine ganz *schöne* Natur ausgesprochen hat. Mit Verstand gearbeitet, aber so viel Empfindung darin, als Verstand. Und aus einem Stück einer Übersetzung des Racine sehe ich, daß er die Sprache (sie ist in Jamben geschrieben) völlig in seiner Gewalt hat. Er kann, wie ein echter Redekünstler, sagen, was er will, ja er hat die ganze Finesse, die den Dichter ausmacht, und kann auch das sagen, was er *nicht* sagt. Es ist besonders welche Kräfte sich zuweilen im Menschen entwickeln, während er seine Bemühung auf ganz andere gerichtet hat. Was hat der Junge nicht über die Elemente der Mathematik gebrütet, wie hat er sich nicht den Kopf zerbrochen, uns in einem unsterblichen Werk begreiflich zu machen, daß zwei mal zwei vier ist; und siehe da, während dessen hat er gelernt, ein Trauerspiel zu schreiben, und wird in der Tat eins schreiben, das uns gefällt.

Das Ende Deines Briefes, und Deine Wehmut daß aus unserm Plane nach Neuholland zu gehen nichts geworden ist, würde mir rührend sein, wenn ich mir einbilden könnte, daß Du wirklich etwas dabei empfunden hättest. Aber unter uns allen ist keiner, der in der Tat resigniert, als ich allein. Warum sollten wir drei, te duce, nicht ein Schiff auf der Ostsee nehmen können? Doch es wird uns kein großer Gedanke mehr ergreifen, so lange wir nicht beisammen sind. *Dahin* also vor allen Dingen sollten wir streben, und brauchten auch, um es zu erreichen, allerdings nichts, wie Du sehr richtig bemerkst, als es zu *wollen;* aber da eben liegt der Hund begraben. – Doch ich muß schließen, weil die Post abgeht. Adieu, den Smith brauche ich selbst. H. v. Kl.

*91. An Karl Freiherrn von Stein zum Altenstein*

Hochwohlgeborner Freiherr,
Hochzuverehrender Herr Geheimer Finanzrat,

Verzeihen Sie mir, wenn ich es wage, mich Ihnen auf eine kurze Stunde wieder in ehrerbietiger Herzlichkeit zu nahn. Vielleicht wäre es meine Pflicht, vor dem zudringlichen Augenblick, in welchem wir leben, zurückzutreten, und von meinem eignen Schicksal zu schweigen, während das Schicksal Ihres ganzen Vaterlandes Sie in Anspruch nimmt. Doch die Zeit ist, bis zu meiner Abreise, ein wenig dringend, und ich möchte so gern noch, was meine künftige Bestimmung betrifft, einige Anweisungen von Ihnen erhalten.

Ich habe diesen ganzen Herbst wieder gekränkelt: ewige Beschwerden im Unterleibe, die mein Brownischer Arzt wohl dämpfen, aber nicht überwinden kann. Diese wunderbare Verknüpfung eines Geistes mit einem Konvolut von Gedärmen und Eingeweiden. Es ist, als ob ich von der Uhr abhängig wäre, die ich in meiner Tasche trage. Nun, die Welt ist groß, man kann sich darin wohl vergessen. Es gibt eine gute Arznei, sie heißt Versenkung, grundlose, in Beschäftigung und Wissenschaft. Wer nur erst die ganze Schule, aber nicht ohne etwas *getan* zu haben, durchgangen wäre. Denn es ist doch nicht, um etwas zu *erwerben,* daß wir hier leben: Ruhm und alle Güter der Welt, sie bleiben ja bei unserem Staube.

Doch ich komme zu meinem Gegenstand. Ich habe mich nun im Domänenfach ein wenig umgesehen, auch im Fache der Gewerkssachen, und würde es auch in Militärsachen getan haben, wenn nicht diese Geschäfte jetzt einer eignen Kommission übergeben wären, zu der mir der Zutritt versagt war. Nun werde ich dies zwar nicht versäumen, sobald mit dem Austritt der Truppen aus der Provinz diese Kommission wieder zu dem Kollegium zurückkehren wird. Allein ich wünschte, mein verehrungswürdigster Freund, zu wissen, für welche spezielle Branche der Geschäfte ich vorzugsweise in Franken bestimmt sein dürfte. Denn da es in einer so kurzen Zeit wohl kaum möglich war, mich in der ganzen Mannigfaltigkeit kameralistischer Arbeiten gehörig zu versuchen, so ist der Wunsch wohl verzeihlich, mich für die letzten Monate meines Hierseins ausschließlich auf eine Geschäftsart legen zu dürfen, um bei einer künftigen Anstellung wenigstens nicht ohne Beifall debütieren zu können. Wenn mir die Wahl gelassen würde, so würde ich mir zwar das Gewerksfach wählen; aber auch jede andere Bestimmung ist mir willkommen, und ich erwarte bloß Ihre Befehle.

Dies, und daß ich Ihren schätzbaren Auftrag an den Doktor Kelch richtig vollzogen habe, war es, was ich Ihnen gehorsamst zu melden hatte. Er hat Ihren schriftlichen Dank für den Elendskopf empfangen, und ist noch, wie er sagte, im Besitz mehrerer Fossile, mit welchen er Ihr Kabinett bereichern würde, wenn er Gelegenheit hätte, sie Ihnen zuzufertigen.

Erfreuen Sie mich bald mit Ihren gütigen Befehlen, und überzeugen Sie sich von der innigsten Verehrung, mit welcher ich beharre,

Ew. Hochwohlgeboren ergebenster
Königsberg, den 13. November 1805            H. v. Kleist.


92. *An Otto August Rühle von Lilienstern*

[Königsberg, Ende November 1805]

Mein lieber, trefflicher Rühle. Ich drücke Dich von ganzem Herzen an meine Brust. Du hast mir mit Deinem letzten Briefe, den Du mir unverdient (weil ich dir auf den vorletzten nicht geantwortet) geschrieben, eine recht innige Freude gemacht. Warum können wir nicht immer bei einander sein? Was ist das für ein seltsamer Zustand, sich immer an eine Brust hinsehnen, und doch keinen Fuß rühren, um daran niederzusinken. Ich wollte, ich wäre eine Säure oder ein Alkali, so hätt es doch ein Ende, wenn man aus dem Salze geschieden wäre. Du bist mir noch immer so wert, als nur irgend etwas in der Welt, und solche Zuschriften, wie die Deinige, sie wecken dies Gefühl so lebhaft, als ob es neugeboren würde; aber eine immer wiederkehrende Empfindung sagt mir, daß diese *Brieffreundschaft* für uns nicht ist, und nur insofern, als Du auch etwas von der Sehnsucht fühlst, die ich nach Dir, d. h. nach der *innigen Ergreifung* Deiner mit allen Sinnen, inneren und äußeren, spüre, kann ich mich von Deinen Schriftzügen, schwarz auf weiß, in leiser Umschlingung ein wenig berührt fühlen. Wie sehr hat mich die Nachricht erfreut, die Du mir von unserm Freunde Pfuël gibst, die Nachricht, daß das Korps, bei welchem er steht, vor die Stadt rückt, in welcher zugleich der Feind und sein Mädchen wohnt! Er ist nicht das erste, ruhmlechzende Herz, das in ein stummes Grab gesunken ist; aber wenn der Zufall die ersten Kugeln gut lenkt, so sieht er mir wohl so aus (und seine Lage fordert ihn ziemlich dringend dazu auf), als ob er die ertränkte Ehre, wie Shakespeare sagt, bei den Locken heraufziehen würde. Dir, mein trefflicher Rühle, hängt sie noch an den Sternen; und Du wirst den Moment nicht versäumen, sie mit einem dreisten Griff herunter zu reißen, schlüge Dich ihr prächtigschmetternder Fall auch zu Boden. Denn so wie die Dinge stehn, kann man kaum auf viel mehr rechnen, als auf einen schönen Untergang. Was ist das für eine Maßregel, den Krieg mit einem Winterquartier und der langmütigen Einschließung einer Festung anzufangen! Bist Du nicht mit mir überzeugt, daß die Franzosen *uns* angreifen werden, in *diesem* Winter noch angreifen werden, wenn wir noch vier Wochen fortfahren, mit den Waffen in der Hand drohend an der Pforte ihres Rückzuges aus Östreich zu stehen? Wie kann man außerordentlichen Kräften mit einer so gemeinen und alltäglichen Reaktion begegnen? Warum hat der König nicht gleich, bei Gelegenheit des Durchbruchs der Franzosen durch das Fränkische, seine Stände zusammenberufen, warum ihnen nicht, in einer rührenden Rede (der bloße Schmerz hätte ihn rührend gemacht) seine Lage eröffnet? Wenn er es bloß ihrem eignen Ehrgefühl anheim gestellt hätte, ob sie von einem gemißhandelten Könige regiert sein wollen, oder nicht, würde sich nicht etwas von Nationalgeist bei ihnen geregt haben? Und wenn sich diese Regung gezeigt hätte, wäre dies nicht die Gelegenheit gewesen, ihnen zu erklären, daß es hier gar nicht auf einen gemeinen Krieg ankomme? Es gelte Sein, oder Nichtsein;

und wenn er seine Armee nicht um 300000 Mann vermehren könne, so bliebe ihm nichts übrig, als bloß ehrenvoll zu sterben. Meinst Du nicht, daß eine solche Erschaffung hätte zustande kommen können? Wenn er alle seine goldnen und silbernen Geschirre hätte prägen lassen, seine Kammerherrn und seine Pferde abgeschafft hätte, seine ganze Familie ihm darin gefolgt wäre, und er, nach diesem Beispiel, gefragt hätte, was die Nation zu tun willens sei? Ich weiß nicht, wie gut oder schlecht es ihm jetzt von seinen silbernen Tellern schmecken mag; aber dem Kaiser in Olmütz, bin ich gewiß, schmeckt es schlecht. – Ja, mein guter Rühle, was ist dabei zu tun. Die Zeit scheint eine neue Ordnung der Dinge herbeiführen zu wollen, und wir werden davon nichts, als bloß den Umsturz der alten erleben. Es wird sich aus dem ganzen kultivierten Teil von Europa ein einziges, großes System von Reichen bilden, und die Throne mit neuen, von Frankreich abhängigen, Fürstendynastien besetzt werden. Aus dem Östreichschen, bin ich gewiß, geht dieser glückgekrönte Abenteurer, falls ihm nur das Glück treu bleibt, nicht wieder heraus, in kurzer Zeit werden wir in Zeitungen lesen: »man spricht von großen Veränderungen in der deutschen Reichsverfassung«; und späterhin: »es heißt, daß ein großer, deutscher (südlicher) Fürst an die Spitze der Geschäfte treten werde.« Kurz, in Zeit von einem Jahre, ist der Kurfürst von Bayern, König von Deutschland. – Warum sich nur nicht einer findet, der diesem bösen Geiste der Welt die Kugel durch den Kopf jagt. Ich möchte wissen, was so ein Emigrant zu tun hat. – Für die Kunst, siehst Du wohl ein, war vielleicht der Zeitpunkt noch niemals günstig; man hat immer gesagt, daß sie betteln geht; aber jetzt läßt sie die Zeit verhungern. Wo soll die Unbefangenheit des Gemüts herkommen, die schlechthin zu ihrem Genuß nötig ist, in Augenblicken, wo das Elend jeden, wie Pfuël sagen würde, in den Nacken schlägt. Übrigens versichre ich Dich, bei meiner *Wahrheit*, daß ich auf Dich für die Kunst rechne, wenn die Welt einmal wieder, früh oder spät, frei atmet. Schreibe bald wieder, und *viel*. H. K.

## 93. An Karl Freiherrn von Stein zum Altenstein

Hochwohlgeborner Freiherr,
Hochzuverehrender Herr Geheimer Oberfinanzrat,

Ew. Hochwohlgeboren unterstehe ich mich, mit diesem wiederholentlichen Schreiben zu behelligen, so vielfach auch, und schmerzhaft vielleicht die Geschäfte sein mögen, die Ihnen in diesen unseligen Augenblicken obliegen.

Ich hoffe immer noch, daß das seit jenem letzten Friedensschluß ausgesprengte Gerücht, wegen Abtretung unsrer fränkischen Provinzen, zu den ungegründeten gehört. Wenigstens wird man, so lange es sich tun läßt, zweifeln müssen, daß unser vortrefflicher König auf einen Vertauschungsplan eingehen werde, der offenbar darauf abzweckt, das geheiligte Band zwischen Fürst und Volk aufzulösen. Jene schönen, herrlichen Länder, sie sind nicht *mein* Vaterland; aber manche Rücksicht, und der Gedanke, einst wohltätig zu ihrer Entwickelung mitwirken zu sollen, hat sie mir wert gemacht: kurz, schmerzen, innig fast, wie Ihnen, würd es mich, wenn sie um einen Kaufwert geschätzt, und einer fremden Regierung dafür preisgegeben werden sollten.

Was in diesem Falle Ihre Bestimmung sein würde, ist mir unbekannt. Das aber weiß ich, daß ich Ihnen folgen möchte, wohin Sie sich auch wenden, und ich bitte Sie, Verehrungswürdigster: veranlassen Sie, daß ich in der Provinz angestellt werde, die unter Ihre Verwaltung gestellt werden wird.

Die Zeit, welche ich in Königsberg zubringen sollte, um mir die nötige kameralistische Ausbildung zu verschaffen, geht nun zu Ende. Eine fortwährende Unpäßlichkeit aber in den ersten Monaten, und späterhin eine Störung des natürlichen Geschäftsganges, durch die Truppenmärsche, haben meine Entwickelung zurückgehalten, und ich nähre den Wunsch, noch das nächste Sommerhalbjahr hier verweilen zu dürfen, um das Versäumte völlig nachzuholen. Dazu kömmt die jetzige Verwirrung der Dinge, die überdies meine Anstellung schwierig machen dürfte.

Ich ersuche daher Ew. Hochwohlgeb., mich zu belehren, ob ich deshalb meinen besonderen Antrag an das Departement zu richten habe, oder ob sich diese Sache vielleicht durch Ihre gütige Verwendung, ohne weitere Einreichung von meiner Seite abmachen läßt. Meine Schwester würde in diesem Falle zu meinem

Schwager, dem Hr. v. Stojentin bei Danzig reisen, von wo ich ihr das Versprechen zu geben wünschte, sie auf den Herbst abholen zu können. Inzwischen bitte ich um eine möglichst baldige Entscheidung hierüber, teils weil diese Reise manche Veranstaltungen notwendig macht, teils weil ich, wegen nur auf ein Jahr gemieteter Wohnung, mir eine neue werde besorgen müssen.

Wenn es mir vergönnt wird, noch diese Zeit über bei der hiesigen Kammer zu arbeiten, so werde ich das Befreiungsgeschäft der Zünfte (mein Lieblingsgegenstand) völlig auslernen. Bisher ist man nur mit Hinwegschaffung der Mißbräuche, und Befreiung der Gewerbe innerhalb der Zunftschranken, beschäftigt gewesen; vor wenig Tagen ist aber ein Reskript eingegangen, das die völlige Auskaufung der Zunftgerechtsame, und gänzliche Wiederherstellung der natürlichen Gewerbsfreiheit eingeleitet hat.

Ich verharre mit der innigsten Hochachtung und Verehrung,
Ew. Hochwohlgeboren, gehorsamster
Königsberg, den 10. Feb. 1806  H. v. Kleist.

## 94. An Karl Freiherrn von Stein zum Altenstein

Hochwohlgeborner Freiherr,
Hochzuverehrender Herr Geheimer Oberfinanzrat!

Es ist mit der innigsten Betrübnis, und nach einem Kampf voll unsäglicher Schmerzen, daß ich die Feder ergreife, um Sie zu bitten, Verehrungswürdigster! mich von der Verpflichtung, die mir obliegt, alle Ihre gütigen Schritte für mich durch Weihung meiner Kräfte für den Dienst des Staates zu rechtfertigen – eine Verpflichtung, die nicht heiliger, als in meiner Brust empfunden werden kann –, wieder loszusprechen.

Ein Gram, über den ich nicht Meister zu werden vermag, zerrüttet meine Gesundheit. Ich sitze, wie an einem Abgrund, mein edelmütiger Freund, das Gemüt immer starr über die Tiefe geneigt, in welcher die Hoffnung meines Lebens untergegangen ist: jetzt wie beflügelt von der Begierde, sie bei den Locken noch heraufzuziehen, jetzt niedergeschlagen von dem Gefühl unüberwindlichen Unvermögens. – Erlassen Sie mir, mich deutlicher darüber zu erklären. Stünd ich vor Ihren Augen, so würd ich Sprache finden, Ihnen deutlicher zu sein, Ihnen! Obschon ich es niemandem in der Welt bin –

Vergebens habe ich mich bemüht, mich aus diesem unglücklichen Zustand, der die ganze Wiederholung eines früheren ist, den ich schon einmal in Frankreich erlebte, emporzuarbeiten. Es ist, als ob das, was auf mich einwirkt, in eben dem Maße wächst, als mein Widerstand; wie die Gewalt des Windes in dem Maße, als die Pflanzen, die sich ihm entgegensetzen. Ich bin seit mehreren Monden schon mit den hartnäckigsten Verstopfungen geplagt. Nicht genug, daß ich bei der Unruhe, in welche sie mich versetzen, unfähig zu jedem Geschäft bin, das Anstrengung erfordert: kaum, daß ich dazu tauge, die Seite eines Buches zu überlesen. Ich bin schüchtern gewesen, schon durch den ganzen Winter, wenn die Reihe des Vortrags mich traf: der Gegenstand, über den ich berichten soll, verschwindet aus meiner Vorstellung; es ist, als ob ich ein leeres Blatt vor Augen hätte. Doch jetzt würde ich zittern, wenn ich vor dem Kollegio auftreten sollte. Es ist eine große Unordnung der Natur, ich weiß es; aber es ist so.

Die wenigen Arbeiten, die ich bei diesem Zustande zu Hause zu übernehmen imstande bin, reichen nicht hin, mir die Masse von Unterricht über die Verhältnisse des bürgerlichen Lebens zu geben, deren ich nach meinem Gefühl noch bedürftig bin. Meine außerordentliche Unbekanntschaft damit verführt mich zu Mißgriffen, die nur die Güte eines so vortrefflichen Chefs, als der Herr Geh. Ob. Fin. Rat v. Auerswald ist, ungetadelt lassen kann. Und eine Bitte um noch längeren Aufenthalt in Königsberg, da Sie die Güte gehabt haben, mir eine solche Bitte schon einmal zu erfüllen, wäre, bei so wenig Hoffnung, mich ihrer würdig zu bezeigen, zu unbescheiden, als daß ich sie wagen sollte.

Überzeugen Sie sich, Verehrungswürdigster, daß es nur das Gefühl der Unmöglichkeit ist, Ihren Erwartungen ganz zu entsprechen, und ein unüberwindlicher Widerwille, es halb und unvollständig zu tun, was mich zu einem Schritte bewegen kann, der mich in eine ganz zweideutige Zukunft führt.

Erlauben Sie mir, daß ich zu meinem Schwager Stojentin in der Gegend von Danzig aufs Land gehen darf, wohin meine Schwester schon zu Anfange dieses Frühjahrs vorangegangen ist, und wo sie sich auch vielleicht ankaufen wird. Ich halte diese Versetzung meiner aus meinem hiesigen isolierten Zustande unter meine Verwandte für notwendig zu meiner Wiederherstellung.

Ich nehme Ihre Güte auf gar keine andre Art in Anspruch: fern sei auch nur der Gedanke von mir!

Würdigen Sie mich, Verehrungswürdigster, bald, und einer unstrafenden, Antwort. – Ich neige mich auf Ihre Hand, und küsse sie, und weine! – Und so lang ich lebe bin ich mit der innigsten Ehrfurcht und Liebe,

Verehrungswürdiger Herr Geheimer Ob. Fin. Rat,

Ihr ergebenster

Königsberg, den 30. Juni 1806           H. v. Kleist.

## 95. An Hans von Auerswald

Hochwohlgeborner Herr,
Hochzuverehrender Herr Geheimer Oberfinanzrat,

Ein fortdauernd kränklicher Zustand meines Unterleibes, der mein Gemüt angreift, und mich bei allen Geschäften, zu denen ich gezogen zu werden, das Glück habe, auf die sonderbarste Art ängstlich macht, macht mich, zu meiner innigsten Betrübnis, unfähig, mich denselben fernerhin zu unterziehen. Ich bitte Ew. Hochwohlgeboren untertänigst, mich fortdauernd gütigst von den Arbeiten zu dispensieren, bis ich von dem Hr. Geh. Ob. Fin. Rat v. Altenstein, dem ich meine Lage, und den Wunsch, gänzlich davon befreit zu werden, eröffnet habe, näher beschieden sein werde. Niemand kann den Schmerz, mich der Gewogenheit, mit welcher ich von Ew. Hochwohlgeboren sowohl, als von einem verehrungswürdigen Kollegio aufgenommen zu werden, das Glück hatte, so wenig würdig gezeigt zu haben, lebhafter empfinden, als ich. Nur die Unmöglichkeit, ihr so, wie ich es wünschte, zu entsprechen, und der Widerwille, es halb und unvollständig zu tun, können diesen Umstand entschuldigen. Ich statte Ew. Hochwohlgeboren meinen innigsten und untertänigsten Dank ab für jede Gnade, deren ich hier teilhaftig geworden bin, und werde die erste Gelegenheit, da es mir mein Zustand erlaubt, benutzen, Ew. Hochwohlgeboren von meiner unauslöschlichen Dankbarkeit, und der Ehrfurcht zu überzeugen, mit welcher ich die Ehre habe, zu sein

Ew. Hochwohlgeboren, gehorsamster

Königsberg, den 10. Juli 1806           Heinrich v. Kleist.

*Auerswald an Kleist*

An d. H. v. Kleist Hochwohlgeb.

*Es tut mir gewiß sehr leid, daß Ew. Hochwohlgeb. Ihre Ansichten Ihre künftige Laufbahn betreffend geändert haben, und ich werde also auch, wenn Ihre Kränklichkeit gehoben, und dadurch ein anderweiter Entschluß bei Ihnen bewirkt werden sollte, gewiß mit Vergnügen dazu die Hand bieten.*

*Königsberg, den 12. Juli 1806*                        *Auerswald.*

## 96. An Karl Freiherrn von Stein zum Altenstein

Ich küsse Ihnen voll der innigsten Rührung und Liebe die Hände, mein verehrungswürdigster Herr Geheimer Oberfinanzrat! Wie empfindlich für fremde Leiden macht das eigene! Wie sehr haben Sie dies in Ihrem mir ewig teuren Briefe gezeigt, wie sehr ich es, als ich ihn las, gefühlt! Ach, was ist dies für eine Welt! Wie kann ein edles Wesen, ein denkendes und empfindendes, wie der Mensch, hier glücklich sein! Wie kann er es nur *wollen*, hier, wo alles mit dem Tode endigt! Wir begegnen uns, drei Frühlinge lieben wir uns, und eine Ewigkeit fliehen wir wieder auseinander! Und was ist des Strebens wert, wenn es die Liebe nicht ist! O es muß noch etwas anderes geben, als Liebe, Ruhm, Glück usw., x, y, z, wovon unsre Seelen nichts träumen. Nur darum ist dieses Gewimmel von Erscheinungen angeordnet, damit der Mensch an *keiner* hafte. Es kann kein böser Geist sein, der an der Spitze der Welt steht: es ist ein bloß unbegriffener! Lächeln wir nicht auch, wenn die Kinder weinen? Denken Sie nur, diese unendliche Fortdauer! Millionen von Zeiträumen, jedweder ein Leben, und für jedweden eine Erscheinung, wie diese Welt! Wie doch der kleine Stern heißen mag, den man auf dem Sirius, wenn der Himmel klar ist, sieht? Und dieses ganze ungeheure Firmament, das die Phantasie nicht ermessen kann, nur ein Stäubchen gegen den unendlichen Raum! O mein edler Freund, ist dies ein Traum? Zwischen je zwei Lindenblättern, abends, wenn wir auf dem Rücken liegen, eine Aussicht, an Ahndungen reicher, als Gedanken fassen, und Worte sagen können! – Wenn ich doch nur *einen* Nachmittag an Ihrer Seite sein könnte! Denn – wo soll ich anfangen? Wie soll ich es möglich machen, in einem Briefe etwas so Zartes, als ein Gedanke ist, auszuprägen? Ja, wenn man

*Tränen* schreiben könnte – doch so – – Ich ging mit dem Entschluß – Wunsch wenigstens (denn so etwas läßt sich nicht beschließen) zum Hr. Gh. Ob. Fin. Rat v. Schön: ich wollte mich ihm anvertrauen. Denn wer hätte ein größeres Recht darauf, als derjenige, auf den Sie mich als *Ihren Freund* zu verweisen, würdigen? Doch – es teilten sich so viele andere, die ihm aufwarten wollten, in seine Aufmerksamkeit; und mein unbescheidnes Herz wäre mit seiner doppelten kaum zufrieden gewesen – Wären Sie doch selbst gekommen! Ich höre, daß Sie nahe dabei gewesen sind, diesen Entschluß zu fassen! – Mein verehrungswürdigster Herr Geheimer Ob. Fin. Rat! Ich mache von Ihrem gütigen Anerbieten, mir Urlaub zu bewilligen, Gebrauch! Ich sende heute einen Brief an den Hr. Staatsminister v. Hardenberg ab, in welchem ich mir einen sechsmonatlichen Urlaub erbitte. Ist diese Bitte zu unbescheiden, so bin ich mit einem fünf- auch viermonatlichen zufrieden. Ich wünsche im Innersten meiner Seele, mich Ihrer Güte einst noch würdig zeigen zu können. Nur jetzt bin ich dazu unfähig. Daß ich auf Diäten, während dieser Zeit, keine Ansprüche mache, glaube ich, mein verehrungswürdigster Freund! gar nicht erklären zu müssen. Auch selbst, ob ich die rückständigen noch empfangen soll, wird ganz von Ihrer Güte abhängen. – Übrigens befinde ich mich jetzt allerdings weit besser, und genieße sehr oft, und mit Heiterkeit, des Vergnügens, im Hause des Hr. Präsidenten eingeladen zu werden. Die Frau Präsidentin, diese vortreffliche Dame, zeigt eine Güte für mich, die mir auf eine unbeschreibliche Art wohl tut. Wie viel bin ich Ihnen schuldig! – Ihre Verfügungen über alle diese Bitten werde ich noch hier erwarten, und verharre inzwischen mit der innigsten Ehrfurcht und Liebe, Ew. Hochwohlgeb. ergebenster

Königsberg, den 4. August [1806]    H. v. Kleist.

## 97. *An Otto August Rühle von Lilienstern*

Mein liebster Rühle,

Wenn ich bisher mit meinen Antworten über die Maßen zögerte, so tatest Du wohl ein übriges, und ergriffst von selbst die Feder, um den auseinander gehenden Kranz unsrer Freundschaft zu umwickeln, auch wohl ein neues Blümchen noch obenein hinzuzutun; doch diesmal läßt Du gewähren, und Deinethalben, scheint es, könnt er auf immer auseinander schlottern. Nun, mein guter Junge, es hat nichts zu sagen, und ich küsse Dich. Dieser Kranz, er ward beim Anfang der Dinge gut gewunden, und das Band wird schon, auch ohne weiteres Zutun, so lange aushalten, als die Blumen. Wenn Du Dich im Innern so wenig veränderst, als ich, so können wir einmal, wenn wir uns früh oder spät wiedersehen, zu einander: guten Tag! sagen, und: wie hast du geschlafen? und unsere Gespräche von vor einem Jahre, als wären sie von gestern, fortsetzen. Ich habe durch die Kleisten den letzten Teil Deiner Liebens- und Lebensgeschichte erhalten. Liebe, mein Herzensjunge, so lange Du lebest; doch liebe nicht, wie der Mohr die Sonne, daß Du schwarz wirst! Wirf, wenn sie auf oder untergeht, einen freudigen Blick zu ihr hinauf, und laß Dich in der übrigen Zeit von ihr in Deinen guten Taten bescheinen, und stärken zu ihnen, und vergiß sie. Der Gedanke will mir noch nicht aus dem Kopf, daß wir noch einmal zusammen etwas *tun* müssen. Wer wollte auf dieser Welt glücklich sein. Pfui, schäme Dich, möcht ich fast sagen, wenn Du es willst! Welch eine Kurzsichtigkeit, o Du edler Mensch, gehört dazu, hier, wo alles mit dem Tode endigt, nach etwas zu streben. Wir begegnen uns, drei Frühlinge lieben wir uns: und eine Ewigkeit fliehen wir wieder auseinander. Und was ist des Strebens würdig, wenn es die Liebe nicht ist! Ach, es muß noch etwas anderes geben, als Liebe, Glück, Ruhm usw., x, y, z, wovon unsre Seelen nichts träumen.

Es kann kein böser Geist sein, der an der Spitze der Welt steht; es ist ein bloß unbegriffener! Lächeln wir nicht auch, wenn die Kinder weinen? Denke nur, diese unendliche Fortdauer! Myriaden von Zeiträumen, jedweder ein Leben, und für jedweden eine Erscheinung, wie diese Welt! Wie doch das kleine Sternchen heißen mag, das man auf dem Sirius, wenn der Himmel klar ist, sieht? Und dieses ganze ungeheure Firmament nur ein Stäubchen gegen die Unendlichkeit! O Rühle, sage mir, ist dies ein Traum? Zwischen je zwei Lindenblättern, wenn wir abends auf dem Rücken liegen, eine Aussicht, an Ahndungen reicher, als Gedanken fassen, und Worte sagen können. Komm, laß uns etwas Gutes tun, und dabei sterben! Einen der Millionen Tode, die wir schon gestorben sind, und noch sterben werden. Es ist, als ob wir aus einem Zimmer in das andere gehen. Sieh, die Welt kommt mir vor, wie eingeschachtelt; das kleine ist dem großen ähnlich. So wie der Schlaf, in dem wir uns erholen, etwa ein Viertel oder Drittel der Zeit dauert, da wir uns, im Wachen, ermüden, so wird, denke ich, der Tod, und aus einem ähnlichen Grunde, ein Viertel oder Drittel des Lebens dauern. Und grade so lange braucht ein menschlicher Körper, zu verwesen. Und vielleicht gibt es für eine ganze Gruppe von Leben noch einen eignen Tod, wie hier für eine Gruppe von Durchwachungen (Tagen) einen. – Nun wieder zurück zum Leben! So lange das dauert, werd ich jetzt Trauerspiele und Lustspiele machen. Ich habe der Kleisten eben wieder gestern eins geschickt, wovon Du die erste Szene schon in Dresden gesehen hast. Es ist der zerbrochene Krug. Sage mir dreist, als ein Freund, Deine Meinung, und fürchte nichts von meiner Eitelkeit. Meine Vorstellung von meiner Fähigkeit ist nur noch der Schatten von jener ehemaligen in Dresden. Die Wahrheit ist, daß ich das, was ich mir vorstelle, schön finde, nicht das, was ich leiste. Wär ich zu etwas anderem brauchbar, so würde ich es von Herzen gern ergreifen: ich dichte bloß, weil ich es nicht lassen kann. Du weißt, daß ich meine Karriere wieder verlassen habe. Altenstein, der nicht weiß, wie das zusammenhängt, hat mir zwar Urlaub angeboten, und ich habe ihn angenommen; doch bloß um mich sanfter aus der Affäre zu ziehen. Ich will mich jetzt durch meine dramatische Arbeiten ernähren; und nur, wenn Du meinst, daß sie auch dazu nicht taugen, würde mich Dein Urteil schmerzen, und auch das nur bloß weil ich verhungern müßte. Sonst magst Du aber über ihren Wert urteilen, wie Du willst. In drei bis vier Monaten kann ich immer ein solches Stück schreiben; und bringe ich es nur à 40 Fried.dor, so kann ich davon leben. Auch muß ich mich im Mechanischen verbessern, an Übung zunehmen, und in kürzern Zeiten, Besseres liefern lernen. Jetzt habe ich ein Trauerspiel unter der Feder. – Ich höre, Du, mein lieber Junge, beschäftigst Dich auch mit der Kunst? Es gibt nichts Göttlicheres, als sie! Und nichts Leichteres zugleich; und doch, warum ist es so schwer? Jede erste Bewegung, alles Unwillkürliche, ist schön; und schief und verschroben alles, sobald es sich selbst begreift. O der Verstand! Der unglückselige Verstand! Studiere nicht zu viel, mein lieber Junge. Deine Übersetzung des Racine hatte treffliche Stellen. Folge Deinem Gefühl. Was Dir schön dünkt, das gib uns, auf gut Glück. Es ist ein Wurf, wie mit dem Würfel; aber es gibt nichts anderes. – Und nun noch eine Kommission. Ich verliere jetzt meine Diäten. Die rückständigen sollen mir aber noch ausgezahlt werden. Sei doch so gut, und gehe auf die fränkische Salarienkasse, bei Hardenberg, und erinnere, daß man sie schickt. Aber tu es gleich. Adieu. Grüße Schlotheim. Was macht der Pfuel? H. K.

[Königsberg,] den 31. [August 1806]

*98. An Ulrike von Kleist*

Meine teuerste Ulrike,

Wie schrecklich sind diese Zeiten! Wie gern möcht ich, daß Du an meinem Bette säßest, und daß ich Deine Hand hielte; ich fühle mich schon gestärkt, wenn ich an Dich denke! Werdet Ihr flüchten? Es heißt ja, daß der Kaiser den Franzosen alle Hauptstädte zur Plünderung versprochen habe. Man kann kaum an eine solche Raserei der Bosheit glauben. Wie sehr hat sich alles bestätigt, was wir vor einem Jahre schon voraussahen. Man hätte das ganze Zeitungsblatt von heute damals schon schreiben können. Habt Ihr Nachrichten von Leopold und Pannwitz? Vom Regiment Möllendorff sollen ja nur drei Offiziere übrig geblieben sein. Vierzig tausend Mann auf dem Schlachtfelde, und doch kein Sieg! Es ist entsetzlich. Pfuel war, kurze Zeit vor dem Ausbruch des Krieges, Adjutant bei dem General Schmettau geworden, der bei Saalfeld geblieben ist. Was aus ihm geworden ist, weiß ich nicht. Auch von Rühlen habe ich seit drei Wochen keine Nachrichten erhalten. Sie standen beide bei dem Korps des Prinzen Hohenlohe, das, wie es heißt, eingeschlossen und von der Elbe abgeschnitten ist. Man kann nicht ohne Tränen daran denken. Denn wenn sie alle denken, wie Rühle und Pfuel, so ergibt sich keiner. Ich war vor einiger Zeit willens, nach Berlin zu gehen. Doch mein immer krankhafter Zustand macht es mir ganz unmöglich. Ich leide an Verstopfungen, Beängstigungen, schwitze und phantasiere, und muß unter drei Tagen immer zwei das Bette hüten. Mein Nervensystem ist zerstört. Ich war zu Ende des Sommers fünf Wochen in Pillau, um dort das Seebad zu gebrauchen; doch auch dort war ich bettlägrig, und bin kaum fünf oder sechsmal ins Wasser gestiegen. Die Präsidentin hat mir noch ganz kürzlich etwas für Dich aufgetragen, mein Kopf ist aber so schwer, daß ich Dir nicht sagen kann, was? Es wird wohl nicht mehr, als ein Gruß gewesen sein. Sie hat durch den Kriegsrat Schäffner etwas von Dir erfahren, von dem Du, glaub ich, eine Anverwandte gesehen und gesprochen hast. Übrigens geht es mir gut. Wenn ich nur an Dir nicht Unrecht getan hätte, mein teuerstes Mädchen! Ich bin so gerührt, wenn ich das denke, daß ich es nicht beschreiben kann. Schreibe mir doch, wenn Ihr, wie ich fast glaube, nach Schorin gehen solltet. Denn Minette wird doch schwerlich die Franzosen in Frankfurt abwarten. Vielleicht käme ich alsdann auch dahin. Kein besserer Augenblick für mich, Euch wiederzusehen, als dieser. Wir sänken uns, im Gefühl des allgemeinen Elends, an die Brust, vergäßen, und verziehen einander, und liebten uns, der letzte Trost, in der Tat, der dem Menschen in so fürchterlichen Augenblicken übrig bleibt. Es wäre schrecklich, wenn dieser Wüterich sein Reich gründete. Nur ein sehr kleiner Teil der Menschen begreift, was für ein Verderben es ist, unter seine Herrschaft zu kommen. Wir sind die unterjochten Völker der Römer. Es ist auf eine Ausplünderung von Europa abgesehen, um Frankreich reich zu machen. Doch, wer weiß, wie es die Vorsicht lenkt. Adieu, meine teuerste Ulrike, ich küsse Dir die Hand. Zweifle niemals an meiner Liebe und Verehrung. Empfiehl mich allen meinen teuren Anverwandten, und antworte mir bald auf diesen Brief. H. v. Kleist.

[Königsberg,] den 24. [Oktober 1806]

## 99. *An Marie von Kleist*

Möchte doch der Genius der Freundschaft diese wenigen Zeilen glücklich durch das Getümmel begleiten, das der Krieg so fürchterlich plötzlich zwischen uns eingewälzt hat! O meine teuerste Freundin! Leben Sie noch? Haben Sie so viele Schrecknisse, gleichzeitig auf Sie einstürzend, ertragen können? Ich schrieb Ihnen zweimal, um die Zeit des Ausbruchs des Krieges etwa, doch ohne von Ihnen Antwort zu erhalten. Darunter ist mir besonders der erste Brief wichtig, in welchem eine Einlage an Fr. v. N. war. Ihr letzter Brief war noch nach Pillau adressiert, traf mich aber schon in Königsberg. Gleich darauf war ich willens, nach Berlin abzureisen, traf auch schon alle Anstalten dazu; doch als ich auf die Post kam, war der Kurs schon unterbrochen. Wie glücklich wären wir schon gewesen, wenn wir so viel Unglück nur hätten miteinander empfinden, und uns wechselseitig trösten können. Was haben Sie denn für Nachrichten von unsern unglücklichen Freunden? Von Kleist? Rühle? Pfuel? Und meinem Bruder? Und den übrigen? Pfuel ist von Brause, der sich hier befindet, in Küstrin noch gesehen worden, von wo er sich zum Hohenlohischen Korps begeben, und bei Prenzlow wahrscheinlich das Schicksal des Ganzen gehabt hat. Von Rühle, Kleist, und den andern, weiß er nichts. Schlotheim, der mit dem Münzkabinett nach Stettin gegangen war, schrieb mir von dort, daß er nicht müßig sein könne, und bei den Fußjägern des Hohenlohischen Korps Dienste suchen wolle, das gleich darauf gefangen ward. Ob er das Unglück gehabt hat, anzukommen, weiß ich nicht. Ach, meine teuerste Freundin! Was ist dies für eine Welt? Jammer und Elend so darin verwebt, daß der menschliche Geist sie nicht einmal in Gedanken davon befreien kann. Ich bin diese Zeit über noch immer krank gewesen, litt am Fieber, Verstopfungen usw. und empfand die Wahrheit des D'Alembertschen Grundsatzes, daß zwei Übel, zusammengenommen, zu einer Tröstung werden können; denn eines zerstreute mich vom andern. Eine Zeitlang gab ich der Hoffnung Raum, daß ich das unsägliche Glück haben würde, Sie hier zu sehen; ich glaubte, weil alles flüchtet, Sie würden vielleicht der K[önigin] folgen; doch ein Tag verging nach dem andern, ohne Erfüllung. Morgen ist nun der allerletzte Termin; denn morgen kommen er und sie hier an. Versuchen Sie doch auch einen Brief, meine liebe Freundin, es läßt sich nicht denken, wer dabei ein Interesse haben sollte, das bürgerliche Leben, und die stillen, unfeindseligen Verbindungen desselben zu stören. Ich möchte so gern einige Nachrichten von meinen Freunden haben, in einer solchen Ungewißheit gelten sie mir für halbtot, und ich leide soviel, als wären sie es ganz.

Auch wenn Sie es möglich machen können, mir das Geld, das Sie noch für mich im Vorrat haben, zuzuschicken, soll es mir lieb sein, denn der meinige geht nachgerade aus. Doch empfehle ich Vorsicht deshalb, und schlage einen Wechsel, oder eine Anweisung vor. Adieu, adieu tausendmal, bis auf bessere Zeiten, lassen Sie bald etwas Erfreuliches von sich hören. H. v. Kl.

[Königsberg,] den 24. Nov. [1806]

*100. An Ulrike von Kleist*

Königsberg, den 6. Dezb. 1806

Meine liebe, vortreffliche, Ulrike,

Dein Brief vom 9. Novbr., den ich erst, Gott weiß, wie es zugeht, heute erhalten habe\*, hat mir, so isoliert wie ich von allen meinen Freunden lebe, gleich, als ob sie alle untergegangen wären, ganz unendliche Freude gemacht. Liebe, Verehrung, und Treue, wallten wieder so lebhaft in mir auf, wie in den gefühltesten Augenblicken meines Lebens. Es liegt eine unsägliche Lust für mich darin, mir Unrecht von Dir vergeben zu lassen; der Schmerz über mich wird ganz überwältigt von der Freude über Dich. Mit meinem körperlichen Zustand weiß ich nicht, ob es besser wird, oder ob das Gefühl desselben bloß vor der ungeheuren Erscheinung des Augenblicks zurücktritt. Ich fühle mich leichter und angenehmer, als sonst. Es scheint mir, als ob das allgemeine Unglück die Menschen erzöge, ich finde sie weiser und wärmer, und ihre Ansicht von der Welt großherziger. Ich machte noch heute diese Bemerkung an Altenstein, diesem vortrefflichen Mann, vor dem sich meine Seele erst jetzt, mit völliger Freiheit, entwickeln kann. Ich habe ihn schon, da ich mich unpäßlich fühlte, bei mir gesehen; wir können wie zwei Freunde mit einander reden. An unsere Königin kann ich gar nicht ohne Rührung denken. In diesem Kriege, den sie einen unglücklichen nennt, macht sie einen größeren Gewinn, als sie in einem ganzen Leben voll Frieden und Freuden gemacht haben würde. Man sieht sie einen wahrhaft königlichen Charakter entwickeln. Sie hat den ganzen großen Gegenstand, auf den es jetzt ankommt, umfaßt; sie, deren Seele noch vor kurzem mit nichts beschäftigt schien, als wie sie beim Tanzen, oder beim Reiten, gefalle. Sie versammelt alle unsere großen Männer, die der K[önig] vernachlässigt, und von denen uns doch nur allein Rettung kommen kann, um

---

\* Es stand darauf: ist gefangen genommen; zurückgeschickt. – Du mußt das Quartier bezeichnen Löb[enichtsche] Langg. 81.

sich; ja sie ist es, die das, was noch nicht zusammengestürzt ist, hält. Von dem, was man sonst hier hoffen mag, oder nicht; und was man für Anstalten trifft; kann ich Dir, weil es verboten sein mag, nichts schreiben. Der Gen. Kalkreuth nimmt den Abschied. Der Gen. Rüchel, der dem Könige, daß er hergestellt sei, angekündigt, und seine Dienste angeboten hat, hat seit acht Tagen noch keine Antwort erhalten. Auch Hardenberg, hör ich, will dimittieren. Altenstein weiß noch nicht, ob er wieder in fremde Dienste gehen, oder sich, mit einem kleinen Vermögen, in den Privatstand zurückziehen soll. Brause habe ich zu meiner größten Freude hier gesprochen. Pfuel hat er in Küstrin noch gesprochen, von Rühle weiß er nichts, Leopold war nicht unter den Toten und Blessierten, die er mir nannte. Deine Nachrichten wären mir noch weit interessanter gewesen, wenn ich sie nicht so spät erhalten hätte. Versäume nicht, mir, sobald Du etwas von den Unsrigen erfährst, es mitzuteilen. Besonders lieb wäre es mir, wenn Du mir etwas von der Kleisten sagen könntest, die ich für tot halten muß, weil sie mir nicht schreibt. Nach Schorin komme ich, sobald es mir möglich sein wird. Vielleicht habe ich doch den besten Weg eingeschlagen, und es gelingt mir, Dir noch Freude zu machen. Das ist einer meiner größten Wünsche! Lebe wohl und grüße alles. H. v. Kleist.

*101. An Ulrike von Kleist*

Ich muß dich bitten, meine teuerste Ulrike, sogleich an die Kleisten zu schreiben. Ich schicke Briefe ohne Ende an sie ab, und weiß nicht mehr, ob sie lebt, oder tot ist. Die Kleisten besitzt 30 Louisdor von mir, Pension von der K[önigin], für die verflossenen Monate April bis Septbr. Hiervon hat sie zwar 10 Louisdor, wie sie mir kurz vor dem Kriege schrieb, an Rühlen geliehen; doch diese 10 Louisdor sind einkassiert, oder es sind doch wenigstens 20 Louisdor bei ihr in Kassa. Ich brauchte dies Geld bisher nicht, teils, weil ich im Frühjahr von ihr 20, vom Dezember vorigen Jahres bis März gesammelte, Louisdor erhielt, teils auch, weil ich noch einige Monate lang Diäten vom fr[änkischen] Departement zog. Nun aber setzt mich dieser Krieg, der uns auf eine so unglaubliche Art unglücklich überrascht, in große Verlegenheit. Nicht sowohl dadurch, daß nun vom Oktober aus wahrscheinlich diese Pension ganz aufhören wird: denn ich hatte nicht so darauf gerechnet, daß sie zu meinem Fortkommen ganz unerläßlich gewesen wäre. Da sie mich ein Jahr lang durchgeholfen hat, so hat sie gewissermaßen ihre Wirkung getan. Aber dadurch, daß der Postenkurs gestört ist, und ich weder dies Geld, noch auch Manuskripte, die ich nach Berlin geschickt hatte, oder ihren Wert, erhalten kann. Ich bitte Dich also, der Kleisten zu sagen (wenn sie noch lebt! ich weiß nicht, was ich für eine unglückliche Ahndung habe) – daß sie mir dies Geld, durch Anweisung oder durch einen Wechsel, in die Hände schaffe. Wie wäre es, wenn sie es nach Schorin schickte? Oder nach Frankfurt? Sollte Stojentin nicht dort eine Zahlung haben? Könnte er nicht das Geld in Stolpe, oder in Danzig, zahlen? Oder in Falkenburg, da Borks aus Falkenburg hier sind, und sie vielleicht eine Anweisung von ihm, aus Gefälligkeit, respektieren würden? Oder gibt es irgend eine andere Art, mir dazu zu verhelfen, da die direkte Überschickung auf der Post unmöglich ist? Interessiere Dich ein wenig für diese Sache mein liebstes Ulrikchen. Ich habe auf das äußerste angestanden, Dich damit zu beunruhigen, indem ich von Tage zu Tage auf Nachrichten von der Kleisten wartete; doch die Not ist jetzt dringend, und dieser Schritt nicht mehr auszuweichen. Wenn ich inzwischen das Geld nicht in vier bis sechs Wochen spätestens erhalten kann, so ist es mir lieber, wenn es bleibt, wo es ist, indem ich mich alsdann schon hier durch den Buchhandel werde geholfen haben: obschon dies auch, bei seinem jetzigen Zustande, nicht anders, als mit Aufopferungen geschehen kann. Mache Dir nur keine Sorgen, es wäre zu weitläufig, Dir auseinander zu setzen, warum Du ruhig sein darfst, ich versichre Dich, daß ohne diese zufälligen Umstände, meine Lage gut wäre, und daß ich Dir, wenn der Krieg nicht gekommen wäre, in kurzem Freude gemacht haben würde. Ich gebe es auch jetzt noch nicht auf, und bin Dein treuer Bruder Heinrich.

[Königsberg,] den 31. Dezb. [1806]

Schicke diesen ganzen Brief der Kleisten, damit sie doch endlich einmal wieder etwas von meiner Hand sieht.

## 102. An Ulrike von Kleist

Meine teuerste Ulrike,

Du wirst zwar schon durch Gleißenberg, oder auf welchem Wege es sei, mein Schicksal erfahren haben, ich muß es Dir aber doch selbst schreiben, damit Du mit Genauigkeit und Bestimmtheit davon unterrichtet wirst. Ich werde mit Gauvain und Ehrenberg, auf Befehl des Generals Clarke, nach Joux in Frankreich (über Mainz, Straßburg, und Besançon) transportiert, um daselbst bis zum Frieden aufbewahrt zu werden. Dir den Grund dieser gewaltsamen Maßregel anzugeben, bin ich nicht imstande, auch scheint es, als ob uns nichts zur Last gelegt würde, als bloß der Umstand, daß wir von Königsberg kamen. Ich hatte, mit einem Paß, den ich mir in Cöslin verschafft, und in Damm und Stettin, wo ich zuerst französische Truppen fand, hatte visieren lassen, glücklich Berlin erreicht. Gauvain und ich waren vorangereist, Ehrenberg kam den andern Tag nach, unsre übrige Reisegesellschaft hatte sich von uns getrennt. Wir wollten auch hier unsre Pässe beim Gouvernement unterzeichnen lassen, hier aber machte man uns die sonderbarsten Schwierigkeiten, verhörte uns, verwarf unsre Dimissionen als falsch, und erklärte uns endlich am dritten Tage, daß wir als Kriegsgefangne nach Frankreich transportiert werden würden. Vergebens beriefen wir uns auf unsre Unschuld, und daß eine ganze Menge der angesehensten Männer unsre Aussage bekräftigen könnten; ohne uns anzuhören, wurden wir arretiert, und am andern Morgen schon, durch die Gensdarmerie, nach Wustermark abgeführt. Du kannst Dir unsern Schreck und unsre bösen Aussichten für die Zukunft denken, als wir hier, den gemeinsten Verbrechern gleich, in ein unterirdisches Gefängnis eingesperrt wurden, das wirklich nicht abscheulicher gefunden werden kann. Es gelang uns glücklich, am folgenden Tage, einen der Gensdarmen, die uns begleiteten, von der Ungerechtigkeit, die uns betroffen, zu überzeugen; er mußte seiner Order gehorchen, versicherte aber, daß er uns von Station zu Station empfehlen würde, und wirklich werden wir auch jetzt an den meisten Orten, unter einer Bewachung vor den Zimmern, einquartiert. Kann man sich aber etwas Übereilteres, als diese Maßregel denken? Man vermißt ganz das gute Urteil der Franzosen darin. Vielleicht gibt es nicht drei Menschen in der

Welt, die ihnen gleichgültiger sein konnten, als wir, in jenem Augenblick. Die Reise geht, wie ich Dir schon gesagt habe, nach Joux, einem Schloß bei Pontarlier, auf der Straße von Neufchâtel nach Paris. Was uns dort bevorsteht, ist wahrscheinlich in einem verschlossnen Briefe enthalten, der uns begleitet, und schwerlich etwas Besseres, als Staatsgefangenschaft. Ich hoffe immer noch von Tage zu Tage, daß die Versuche, die wir schriftlich beim Gen. Clarke gemacht haben, diesen überall als vortrefflich bekannten Mann von unsrer Unschuld überzeugen werden. Wäre dies nicht, so würde ich mir ewig Vorwürfe machen, die Gelegenheiten, die sich mir täglich und stündlich zur Wiedererlangung meiner Freiheit anbieten, nicht benutzt zu haben. Ob mich gleich jetzt die Zukunft unruhig macht, so bin ich doch derjenige von meinen beiden Reisegefährten, der diese Gewalttat am leichtesten verschmerzen kann; denn wenn nur dort meine Lage einigermaßen erträglich ist, so kann ich daselbst meine literarischen Projekte ebenso gut ausführen, als anderswo. Bekümmre Dich also meinetwegen nicht übermäßig, ich bin gesunder als jemals, und das Leben ist noch reich genug, um zwei oder drei unbequeme Monate aufzuwiegen. Lebe wohl, grüße alles, ich werde Dir bald wieder schreiben, und Briefe von Dir in Joux erwarten.

Marburg, den 17. Feb. 1807 H. v. Kleist.

### 103. An den Festungskommandanten de Bureau

A Monsieur Monsieur de Bureau, Commandant du fort de Joux à Pontarlier.

Mon camerade, Msr. d'Ehrenberg, me chargé, de Vous rendre grace, de ce que Vous avès eu la bonté, de lui envoyer le voyage en Italie, d'Archenholz. C'est un compatriote, qu'il retrouve à l'étranger. Je Vous remercie de même, Monsieur, moi et Msr. de Gauvain, du Dictionaire et de la Grammaire française, que Vous avès bien voulu nous prêter; nous en ferons le meilleur usage que possible. J'ai l'honneur de Vous saluer.

Au fort de Joux, 31 Mars, 1807 Kleist.

*104. An Ulrike von Kleist*

Chalons sur Marne, den 23. April 1807

Meine teuerste Ulrike,

Wenn Du meinen Brief von ohngefähr dem 8. oder 10. Febr. erhalten hast, so wirst Du wissen, was für eine sonderbare Veranlassung mich, als einen Staatsgefangnen, nach Frankreich gesprengt hat. Ich setze voraus, daß Dir dieser Brief richtig durch Schlotheim zugekommen ist, und so fahre ich fort, Dir von dem Verlauf meiner Schicksale Nachricht zu geben. Nachdem wir noch mehrere Male in die Gefängnisse geworfen worden waren, und an Orten, wo dies nicht geschah, Schritte tun mußten, die fast ebenso peinlich waren als das Gefängnis, kamen wir endlich den 5. März im Fort de Joux an. Nichts kann öder sein, als der Anblick dieses, auf einem nackten Felsen liegenden, Schlosses, das zu keinem andern Zweck, als zur Aufbewahrung der Gefangenen, noch unterhalten wird. Wir mußten aussteigen, und zu Fuße hinauf gehn; das Wetter war entsetzlich, und der Sturm drohte uns, auf diesem schmalen, eisbedeckten Wege, in den Abgrund hinunter zu wehen. Im Elsaß, und auf der Straße weiterhin, ging der Frühling schon auf, wir hatten in Besançon schon Rosen gesehen; doch hier, auf diesem Schlosse an dem nördlichen Abhang des Jura, lag noch drei Fuß hoher Schnee. Man fing damit an, meinen beiden Reisegefährten alles Geld abzunehmen, wobei man mich als Dolmetscher gebrauchte; mir konnte man keins abnehmen, denn ich hatte nichts. Hierauf versicherte man uns, daß wir es recht gut haben würden, und fing damit an, uns, jeden abgesondert, in ein Gewölbe zu führen, das zum Teil in den Felsen gehauen, zum Teil von großen Quadersteinen aufgeführt, ohne Licht und ohne Luft war. Nichts geht über die Beredsamkeit der Franzosen. Gauvain kam in das Gefängnis zu sitzen, in welchem Toussaint l'Ouverture gestorben war; unsre Fenster waren mit dreifachen Gittern versehen, und wie viele Türen hinter uns verschlossen wurden, das weiß ich gar nicht; und doch hießen diese Behältnisse anständige und erträgliche Wohnungen. Wenn man uns Essen brachte, war ein Offizier dabei gegenwärtig, kaum daß man uns, aus Furcht vor staatsgefährlichen Anschlägen, Messer und Gabeln zugestand. Das Sonderbarste war, daß man uns in dieser hülflosen Lage nichts aussetzte; aber da man nicht wußte, ob wir Staatsgefangne oder Kriegsgefangne waren (ein Umstand, den unsre Order zweifelhaft gelassen hatte): auf welchem Fuß sollte man uns bezahlen? Der Franzose stirbt eher, und läßt die ganze Welt umkommen, ehe er gegen seine Gesetze verfährt. Diese Lage war inzwischen zu qualvoll, als daß sie meine beiden Gefährten, die von Natur krankhaft sind, lange hätten aushalten können. Sie verlangten Ärzte, ich schrieb an den Kommandanten, und dieser, der ein edelmütiger Mann schien, und das Mißverständnis, das bei dieser Sache obwalten mußte, schon voraussah, verwandte sich bei dem Gouverneur in Besançon, worauf man uns andere Behältnisse anwies, die wenigstens den Namen der Wohnungen verdienen konnten. Jetzt konnten wir, auf unser Ehrenwort, auf den Wällen spazieren gehen, das Wetter war schön, die Gegend umher romantisch, und da meine Freunde mir, für den Augenblick, aus der Not halfen, und mein Zimmer mir Bequemlichkeiten genug zum Arbeiten anbot, so war ich auch schon wieder vergnügt, und über meiner Lage ziemlich getröstet. Inzwischen hatten wir, gleich bei unsrer Ankunft, unsre Memoriale an den Kriegsminister eingereicht, und die Abschriften davon an den Prinzen August geschickt. Da unsre Arretierung in Berlin in der Tat ein bloßes Mißverständnis war, und uns, wegen unseres Betragens, gar kein bestimmter Vorwurf gemacht werden konnte, so befahl der Kriegsminister, daß wir aus dem Fort entlassen, und, den andern Kriegsgefangnen gleich, nach Chalons sur Marne geschickt werden sollten. Hier sitzen wir nun, mit völliger Freiheit zwar, auf unser Ehrenwort, doch Du kannst denken, in welcher Lage, bei so ungeheuren Kosten, die uns alle diese Reisen verursacht haben, und bei der hartnäckigen Verweigerung des Soldes, den die andern Kriegsgefangnen ziehn. Ich habe von neuem an den Kriegsminister und an den Prinzen August geschrieben, und da es ganz unerhört ist, einen Bürger, der die Waffen im Felde nicht getragen hat, zum Kriegsgefangnen zu machen, so hoffe ich auf meine Befreiung, oder wenigstens auf gänzliche Gleichschätzung mit den übrigen Offizieren. Daß übrigens alle diese Übel mich wenig angreifen, kannst Du von einem Herzen hoffen, das mit größeren und mit den größesten auf das Innigste vertraut ist. Schreibe mir nur, wie es Dir und den Schorinschen geht, denn dies ist der eigentliche Zweck dieses Briefes, da die Kriegsunruhen, die sich bald nach meiner Entfernung aus Pommern dahin zogen, mich mit der lebhaftesten Sorge für Euch erfüllt haben. Lebe wohl und grüße alles, sobald sich mein Schicksal ändert schreib ich Dir wieder, wenn ich nur Deine Adresse weiß.

Dein Heinrich v. Kleist.

## 105. An Ulrike von Kleist

Wie frohlocke ich, meine teuerste Ulrike, wenn ich alles denke, was Du mir bist, und welch eine Freundin mir der Himmel an Dir geschenkt hat! Ich höre, daß Du Dich in Berlin aufhältst, um bei dem Gen. Clarke meine Befreiung zu betreiben. Von Tage zu Tage habe ich auf die Erfüllung des Versprechens gewartet, das er Dir und der Kl[eisten] darüber gegeben haben soll, und angestanden, Dir zu schreiben, um Dich nicht zu neuen, allzufrühzeitigen Vorstellungen zu verleiten. Man hätte Dir die Antwort geben können, daß der Befehl darüber noch nicht an den hiesigen Kommandanten angekommen wäre. Doch jetzt, nach einer fast vierwöchentlichen vergeblichen Erwartung, scheint es mir wahrscheinlich, daß gar keiner ausgefertigt worden ist, und daß man Dich, mein vortreffliches Mädchen, bloß mit Vorgespiegelungen abgefertigt hat. Ich weiß sogar aus einer sicheren Quelle, daß der hiesige Kommandant wegen meiner Instruktionen hat, die mit dem guten Willen, mich loszulassen, nicht in der besten Verbindung stehn. Inzwischen ist meine Lage hier, unter Menschen, die von Schmach und Elend niedergedrückt sind, wie Du Dir leicht denken kannst, die widerwärtigste; ob ein Frieden überhaupt sein wird, wissen die Götter; und ich sehne mich in mein Vaterland zurück. Es wäre vielleicht noch ein neuer Versuch bei dem Gen. Clarke zu wagen. Vielleicht, daß er immer noch geglaubt hat, etwas herauszubringen, wo nichts herauszubringen ist, daß er mit diesem Verfahren hat Zeit gewinnen wollen und sich jetzt endlich von der Nutzlosigkeit meiner Gefangenschaft überzeugt hat. Wie gern möchte ich Dir, zu so vielem andern, auch noch diese Befreiung daraus verdanken! Wie willkommen ist mir der Wechsel gewesen, den Du mir durch Schlotheim überschickt hast. Es wird Dir unerhört scheinen, wenn ich Dir versichere, daß ich während der ganzen zwei ersten Monate meiner Gefangenschaft keinen Sol erhalten habe; daß ich von einem Ort zum andern verwiesen worden bin; daß mir auch noch jetzt alle Reklamationen nichts helfen, und kurz, daß ich darum förmlich betrogen worden bin. Der allgemeine Grund war immer der, daß man nicht wüßte, ob man mich als Staatsgefangnen oder Kriegsgefangnen behandeln sollte; und ob ich während dieses Streits verhungerte, oder nicht, war einerlei. Jetzt endlich hat es der hiesige Kommandant durchgesetzt, daß ich das gewöhnliche Traktament der kriegsgefangenen Offiziere von 37 Franken monatlich erhalte. Dies und dein Wechsel schützt mich nun vorderhand vor Not; und wenn jetzt nur bald ein Befehl zu meiner Befreiung ankäme, so würde ich, mit den Indemnitäten, die die reisenden Offiziere erhalten, meine Rückreise noch bestreiten können. Zwar, wenn der Friede nicht bald eintritt, so weiß ich kaum, was ich dort soll. Glück kann, unter diesen Umständen, niemandem blühen; doch mir am wenigsten. Rühle hat ein Manuskript, das mir unter andern Verhältnissen das Dreifache wert gewesen wäre, für 24 Louisdor verkaufen müssen. Ich habe deren noch in diesem Augenblick zwei fertig; doch sie sind die Arbeit eines Jahres, von deren Einkommen ich zwei hätte leben sollen, und nun kaum ein halbes bestreiten kann. Inzwischen bleibt es immer das Vorteilhafteste für mich zurückzukehren, und mich irgendwo in der Nähe des Buchhandels aufzuhalten, wo er am wenigsten daniederliegt. – Doch genug jetzt von mir. Es ist widerwärtig, unter Verhältnissen, wie die bestehenden sind, von seiner eignen Not zu reden. Menschen, von unsrer Art, sollten immer nur die Welt denken. Was sind dies für Zeiten! Und das Hülfloseste daran ist, daß man nicht einmal davon reden darf. – Schreibe mir bald, daß ich nach Berlin zurückkehren kann. Angern und die Kleisten sind jetzt nicht mehr da; meine ganze Hoffnung beruht auf Dich. Adieu.

Chalons sur Marne, d. 8. Juni 1807       Heinrich von Kleist.

## 106. An Marie von Kleist

[Chalons sur Marne, Juni 1807]

Was soll jetzt aus meiner Sache werden, da, wie ich höre, auch U[lrike] Berlin verlassen wird, nachdem A[ngern] es längst verlassen hat? Sie sehen, daß alle Ihre Bemühungen für mich gänzlich überflüssig gewesen sind. Von Tage zu Tage habe ich immer noch, dem Versprechen gemäß, das Ihnen der General Clarke gegeben hat, auf eine Order zu meiner Befreiung gewartet. Doch statt dessen sind ganz andre Verfügungen wegen unsrer angekommen, die mir vielmehr alle Hoffnung dazu benehmen. Welch ein unbegreifliches Mißverständnis muß in dieser Sache obwalten. Wenn sich niemand für mich interessierte, weder Sie, noch U[lrike], noch A[ngern], so bliebe mir noch ein Ausweg übrig. Doch so werde ich mich wohl mit dem Gedanken bekannt machen müssen, bis ans Ende des Kriegs in dieser Gefangenschaft aushalten zu müssen. Und wie lange kann dieser Krieg noch dauern, dieser unglückliche Krieg, den vielleicht gar nicht mal ein Friede beendigen wird! Was sind dies für Zeiten. Sie haben mich immer in der Zurückgezogenheit meiner Lebensart für isoliert von der Welt gehalten, und doch ist vielleicht niemand inniger damit verbunden als ich. Wie trostlos ist die Aussicht, die sich uns eröffnet. Zerstreuung, und nicht mehr Bewußtsein, ist der Zustand, der mir wohl tut. Wo ist der Platz, den man jetzt in der Welt einzunehmen sich bestreben könnte, im Augenblicke, wo alles seinen Platz in verwirrter Bewegung verwechselt? Kann man auch nur den Gedanken wagen, glücklich zu sein, wenn alles in Elend darnieder liegt? Ich arbeite, wie Sie wohl denken können, doch ohne Lust und Liebe zur Sache. Wenn ich die Zeitungen gelesen habe, und jetzt mit meinem Herzen voll Kummer die Feder wieder ergreife, so frage ich mich, wie Hamlet den Schauspieler, was mir Hekuba sei? Ernst [v. Pfuel], schreiben Sie mir, ist nach K[önigsberg] zurückgegangen. Es freut mich, weil es das einzige war, was ihm in dieser Lage übrig blieb, doch unersetzlich ist es, daß wir uns nicht, er und R[ühle], in Dresden haben sprechen können. Der Augenblick war so gemacht, uns in der schönsten Begeisterung zu umarmen: wenn wir noch zwei Menschenalter lebten, kömmt es nicht so wieder. Hier in Chalons lebe ich wieder so einsam wie in K[önigsberg]. Kaum merke ich, daß ich in einem fremden Lande bin, und oft ist es mir ein Traum, 100 Meilen gereiset zu sein, ohne meine Lage verändert zu haben. Es ist hier niemand, dem ich mich anschließen möchte: unter den Franzosen nicht, weil mich ein natürlicher Widerwille schon von ihnen entfernt, der noch durch die Behandlung, die wir jetzt erfahren, vermehrt wird, und unter den Deutschen auch nicht. Und doch sehnt sich mein Herz so nach Mitteilung. Letzthin saß ich auf einer Bank im Jard, einer öffentlichen, aber wenig besuchten Promenade, und es fing schon an finster zu werden, als mich jemand, den ich nicht kannte, mit einer Stimme anredete, als ob sie P[fuel] aus der Brust genommen gewesen wäre. Ich kann Ihnen die Wehmut nicht beschreiben, die mich in diesem Augenblick ergriff. Und sein Gespräch war auch ganz so tief und innig, wie ich es nur, einzig auf der Welt, kennen gelernt habe. Es war mir, als ob er bei mir säße, wie in jenem Sommer vor 3 Jahren, wo wir in jeder Unterredung immer wieder auf den Tod, als das ewige Refrain des Lebens zurück kamen. Ach, es ist ein ermüdender Zustand dieses Leben, recht, wie Sie sagten, eine Fatigue. Erscheinungen rings, daß man eine Ewigkeit brauchte, um sie zu würdigen, und, kaum wahrgenommen, schon wieder von andern verdrängt, die ebenso unbegriffen verschwinden. In einer der hiesigen Kirchen ist ein Gemälde, schlecht gezeichnet zwar, doch von der schönsten Erfindung, die man sich denken kann, und Erfindung ist es überall, was ein Werk der Kunst ausmacht. Denn nicht das, was dem Sinn dargestellt ist, sondern das, was das Gemüt, durch diese Wahrnehmung erregt, sich denkt, ist das Kunstwerk. Es sind ein paar geflügelte Engel, die aus den Wohnungen himmlischer Freude niederschweben, um eine Seele zu empfangen. Sie liegt, mit Blässe des Todes übergossen, auf den Knien, der Leib sterbend in die Arme der Engel zurückgesunken. Wie zart sie das zarte berühren; mit den äußersten Spitzen ihrer rosenroten Finger nur das liebliche Wesen, das der Hand des Schicksals jetzt entflohen ist. Und einen Blick aus sterbenden Augen wirft sie auf sie, als ob sie in Gefilde unendlicher Seligkeit hinaussähe: Ich habe nie etwas Rührenderes und Erhebenderes gesehen.

## 107. An Otto August Rühle von Lilienstern

Mein liebster Rühle,

ich schreibe Dir nur ganz kurz, um Dir folgende Notizen zu geben. Soeben ist, von dem Gen. Clarke, der Befehl zu meiner Loslassung angekommen. Ich bin aber ganz ohne Geld, und nicht imstande, zu reisen, wenn Du mir nicht unverzüglich das Geld von Arnold schickst. Ich zweifle auch gar nicht daran, daß Du diese Sache schon, auf meinen Brief, vom Ende vorigen Monats (glaub ich), abgemacht hast, und daß das Geld schon unterweges ist. Sollte es aber doch, unvorhergesehener Hindernisse wegen, unmöglich gewesen sein: so mußt Du es entweder noch möglich machen, und zwar ohne allen Verzug (müßtest Du auch einen Teil der Summe dafür aufopfern), oder aber wenigstens meiner Schwester Ulrike davon Nachricht geben, so höchst unangenehm mir auch dieser Schritt wäre. Ich muß Dir sagen, daß es mir äußerst niederschlagend sein würde, wenn ich mir mit allen meinen Bemühungen nicht so viel erstrebt hätte, als nötig ist, mich aus einer Not, wie die jetzige ist, heraus zu reißen. Arnold hat das Buch, wie Du mir geschrieben hast, schon vor 10 Wochen gedruckt; es läßt sich also gar kein billiger Grund denken, warum er so lange mit der Bezahlung zögert. Ich glaube auch nicht, daß er getan hat; ich glaube auch nicht, daß *Deinem* Eifer irgend etwas vorzuwerfen sei; die Möglichkeit nur, daß das Geld doch, trotz dem allen ausbleiben könnte, macht mich unruhig. Auf jeden Fall erwarte ich *Deine Antwort* hier, auf meinen vorigen Brief, die spätestens in 14 Tagen, wenn Du geschrieben hast, hier eintreffen muß. Ich muß auf Befehl des Gen. Clarke, nach Berlin gehen, und mich dort bei ihm melden. Es ist ungeheuer, jemanden so durch die Welt zu jagen, ohne zu fragen, wo er das Geld dazu hernehme? Bis diese Stunde verweigert man mir noch die Reiseentschädigungen, die sonst einem gefangenen Offizier zukommen; und ob ich mich gleich an das Kriegsgouvernement in Paris wenden werde, so ist doch sehr zweifelhaft, ob ich etwas damit ausrichte. Doch die Post drängt, ich muß schließen. Sobald ich in Berlin bin schreibe ich Dir; und eile in Deine Arme, sobald ich dort meinen Paß habe. Denn ein Verhör werde ich doch wohl noch dort auszustehen haben. Lebe wohl, und bleibe treu                    Deinem H. Kleist.

Chalons sur Marne, den 13. Juli 1807

N. S. Antworte mir unverzüglich auf diesen Brief. Solltest Du den Wechsel schon abgeschickt haben, so kannst Du genau berechnen, wann ich in Berlin bin. Laß mich auch dort einen Brief vorfinden, der mich genau von Deinen Entschlüssen für die Zukunft unterrichtet. Adieu.

*108. An Ulrike von Kleist*

Endlich, meine vortreffliche Ulrike, ist, wahrscheinlich auf Deine wiederholte Verwendung, der Befehl vom Gen. Clarke zu meiner Loslassung angekommen. Ich küsse Dir die Stirn und die Hand. Der Befehl lautet, daß ich, auf Ehrenwort, eine vorgeschriebene Straße befolgen, und mich in Berlin beim Gen. Clarke melden soll, der mich sprechen will. So mancherlei Gedanken mir dies auch erregt, so würde ich doch sogleich meine Reise antreten, wenn ich nicht unpäßlich wäre; wenn man nicht die Unedelmütigkeit hätte, mir die Diäten zu verweigern, die ich mir jedoch noch auszuwirken hoffe; und wenn ich nicht einen Wechsel vom Buchhändler Arnold aus Dresden erwarten müßte, für ein Manuskript, das Rühle daselbst verkauft hat, und von dem er mir geschrieben hat, daß er um diese Zeit abgehen würde. Alle diese Gründe sind schuld daran, daß sich meine Abreise vielleicht noch 14 Tage oder 3 Wochen verspäten wird; doch da sich der Frieden jetzt abschließt, und nach dem Abschluß auch die Auswechselung der Gefangenen sogleich vor sich gehen muß, so ergibt sich vielleicht alsdann eine so viel wohlfeilere Gelegenheit, abzureisen, wenn gleich der Aufenthalt bis dahin hier so viel kostspieliger wird, da ich keinen Sold mehr beziehe.

Die Absicht dieses Briefes ist, Dir, nach der Mitteilung dieser Nachricht einen Vorschlag zu machen. Die Kl[eisten] hat mich versichert, daß die Pension von der K[önigin] nach dem Abschluß des Friedens wieder ihren Fortgang nehmen würde. Da jedoch hierin wenig Sicherheit liegt: denn wer steht uns für einen neuen Krieg? so ist der Plan, diese Pension, bei der nächsten Gelegenheit, in eine Präbende zu verwandeln; und hierin läge dann schon mehr Sicherheit. Wir wollen einmal annehmen, daß uns das Glück auf diese Art günstig wäre; daß ich vorderhand die Pension, und in einiger Zeit, statt ihrer, die Präbende erhielte: was ließe sich wohl damit anfangen?

Ich versichre Dich, meine teuerste Ulrike, daß mir Deine Lage, und das Schmerzhafte, das darin liegen mag, so gegenwärtig ist, als Dir selbst. Ich weiß zwar, daß Du Dich in jedem Verhältnis, auch in dem abhängigsten, würdig betragen würdest; doch die Forderungen, die Dein innerstes Gefühl an Dich macht, kannst Du nicht erfüllen, so lange Du nicht frei bist. Ich selbst kann in keiner Lage glücklich sein, so lange ich es Dich nicht, in der Deinigen, weiß. Ohne mich würdest Du unabhängig sein; und so mußt Du (ich fühle die Verpflichtung auf mich, was Du auch dagegen einwenden mögest), Du mußt es auch wieder *durch mich* werden. Wenn ich mit Äußerungen dieser Art immer sparsam gewesen bin, so hatte das einen doppelten Grund: einmal, weil es mir zukam, zu glauben, daß Du solche Gefühle bei mir voraussetzest, und dann, weil ich dem Übel nicht abhelfen konnte.

Doch jetzt, dünkt mich, zeigt sich, ein Mittel ihm abzuhelfen; und wenn Du nicht willst, daß ich mich schämen soll, unaufhörlich von Dir angenommen zu haben, so mußt Du auch jetzt etwas von mir annehmen. Ich will Dir die Pension, und das, was in der Folge an ihre Stelle treten könnte, es sei nun eine Präbende, oder etwas anderes, abtreten. Es muß, mit dem Rest Deines Vermögens, für ein Mädchen, wie Du bist, hinreichen, einen kleinen Haushalt zu bestreiten. Laß Dich damit, unabhängig von mir, nieder; wo, gleichviel; ich weiß doch, daß wir uns über den Ort vereinigen werden. Ich will mich mit dem, was ich mir durch meine Kunst erwerbe, bei Dir in die Kost geben. Ich kann Dir darüber keine Berechnung anstellen; ich versichre Dich aber, und Du wirst die Erfahrung machen, daß es mich, wenn nur erst der Frieden hergestellt ist, völlig ernährt. Willst Du auf diese Versicherung hin nichts tun, so lebe die erste Zeit noch bei Schönfeld, oder in Frankfurt, oder wo Du willst; doch wenn Du siehst, daß es damit seine Richtigkeit hat, alsdann, mein liebstes Mädchen, versuche es noch einmal mit mir. Du liesest den Rousseau noch einmal durch, und den Helvetius, oder suchst Flecken und Städte auf Landkarten auf; und ich schreibe. Vielleicht erfährst Du noch einmal, in einer schönen Stunde, was Du eigentlich auf der Welt sollst. Wir werden glücklich sein! Das Gefühl, mit einander zu leben, muß Dir ein Bedürfnis sein, wie mir. Denn ich fühle, daß Du mir die Freundin bist, Du Einzige auf der Welt! Vergleiche mich nicht mit dem, was ich Dir in Königsberg war. Das Unglück macht mich heftig, wild, und ungerecht; doch nichts Sanfteres, und Liebenswürdigeres, als Dein Bruder, wenn er vergnügt ist. Und vergnügt werde ich sein, und bin es schon, da ich den ersten Forderungen, die meine Vernunft an mich macht, nachkommen kann. Denke über alles dies nach, meine teuerste

Ulrike; in Berlin, wo ich Dich noch zu finden hoffe, wollen wir weitläufiger mit einander darüber reden. In drei Wochen spättstens muß ich hier abgehen können; und in der fünften bin ich dann in Deinen Armen. Adieu, grüße Gleißenberg. Dein Heinrich, Chalons, den 14. Juli [1807].

N.S. Ich muß Dir sagen, meine teuerste Ulrike, daß ich mich anders entschlossen habe. Man hat mir die Reiseentschädigung bewilligt; und da ich mir den Wechsel von Rühlen, gesetzt er wäre schon von Dresden abgegangen, nach Berlin nachschicken lassen, und dort immer Handlungshäuser sein müssen, die hier Forderungen haben, und bei denen er folglich geltend gemacht werden kann: so will ich mich, auf jene Ungewißheit hin, nicht länger aufhalten, sondern sogleich abgehen. Ich habe Rühlen geschrieben, daß wenn der Wechsel noch nicht abgegangen ist, er jetzt zu Dir nach Berlin geschickt werden soll. Tue mir doch den Gefallen, und wiederhole schriftlich diese Bestimmung an ihn, wenn Du irgend seine Wohnung in Dresden genau erfahren kannst; denn da ich zwischen zwei unglücklichen Hausnummern immer geschwankt habe, so fürchte ich noch obenein, daß ihn mein Brief verfehlt. Auch inliegenden Brief an die Kleisten bitte ich mit der Adresse zu versehen, weil ich lange nichts von ihr gesehen habe, und nicht weiß, ob sie noch in Leuthen ist. In drei, spätstens vier Tagen gehe ich hier, und wenn ich es irgend möglich machen kann, mit dem Kurier, ab, reise Tag und Nacht, und bin in 14 höchstens 16 Tage, bei Dir. Adieu. Ich drücke Dich im voraus schon an meine Brust. Grüße Gl[eißenbergs] und alles, was mir ein wenig gut ist. H. K.

### 109. An Otto August Rühle von Lilienstern

A Monsieur Monsieur de Rühle, Lieutenant de l'Etatmajor de Pruße, actuellement Prisonnier sur parole, à Dresden en Saxe, Pirnsche Vorstadt, Rammsche Gasse N. 134 (oder 143).

Mein liebster Rühle,

Du mußt mir verzeihen, daß ich Dir, in meiner Sache, mit Briefen so oft beschwerlich falle. Doch meine Lage hat so viele Seiten, daß ein Ratschluß immer den anderen verdrängt; und Du weißt, daß es überhaupt nicht meine Kunst ist, zu handeln. Ich habe mich jetzt wieder anders entschlossen. Man hat mir die

Reisediäten bewilligt, und da ich auf die Ungewißheit hin, ob Dein Wechsel schon unterweges ist, mich hier nicht länger aufhalten mag, so raffe ich mein Geld zusammen, und gehe, ohne weiteren Verzug, mit dem Kurier von hier ab. Die Hauptrücksicht, die mich dazu bewogen hat, ist diese, daß Dein Wechsel mir ja, wenn er schon abgeschickt sein sollte, nach Berlin nachgeschickt, und dort ebensogut geltend gemacht werden kann, als hier. Denn es müssen dort immer Handlungshäuser sein, welche Forderungen in der Stadt Frankreichs haben, in welcher der Wechsel zahlbar ausgestellt ist; und wäre dies nicht, so stellen sie es à conto, auf eine zukünftige Forderung. Solltest Du aber den Wechsel noch nicht abgeschickt haben, so wäre es mir allerdings jetzt um so viel lieber. In diesem Falle müßtest Du ihn aber doch unverzüglich nach Berlin an meine Schwester Ulrike, bei Gleißenbergs, schicken, indem ich ganz ohne Geld ankomme, und davon sowohl dort leben, als auch meine Reise zu Dir nach Dresden bestreiten muß. Tue Dein Möglichstes, daß es sich einigermaßen in der Ordnung fügt, damit ich meiner Schwester Ulrike nicht zur Last zu fallen brauche, und ihr einige Hoffnungen für die Zukunft geben kann. In vier höchstens sechs Tagen, denk ich mit dem Kurier hier abzugehen, Tag und Nacht, wenn ich es irgend aushalten kann, zu reisen, und in vierzehn Tagen von hier spätestens in Berlin zu sein. Nur wenige Tage halte ich mich dort auf, und fliege dann zu Dir, wo Du mir auch vorläufig ein wohlfeiles Quartier ausmachen mußt. Adieu. Dieser Brief ist von dreien, die ich Dir seit kurzem geschrieben habe, der letzte. Solltest Du, durch einen Zufall, jene später erhalten, oder von Schlotheim und der Kleisten Aufträge erhalten, die diesem jetzigen Briefe widersprechen, so denke, daß die Willensmeinung in *diesem* meine eigentliche und kategorische ist.

Chalons sur Marne, den 15. Juli 1807     H. v. Kleist.

*110. An Otto August Rühle von Lilienstern*

Mein liebster, bester Rühle,

Ich habe Dir nur drei Dinge zu sagen, und setze mich bei Massenbachs geschwind hin, um sie Dir aufzusetzen, weil die Post eilt, und ich den Brief auf dem [Lücke im Text] Wechsel erhalten habe, und [Lücke] herzlich danke.

Alsdann, daß ich über Cottbus, wo ich meine Verwandte sehen will, zu Dir nach Dresden kommen werde. Ein Bette mußt Du mir vorderhand mieten. Siehe zu, daß Pfuel auch hinkömmt.

Drittens endlich beschwöre ich Dich (*wenn* Du dieses Entschlusses sein solltest) allem, was in den Zeitungen über und gegen Dich gesagt werden mag, öffentlich auch nicht einer Silbe zur Antwort zu würdigen. Tue grade, als ob es gar nicht gedruckt worden wäre, und stellt man Dich persönlich zur Rede, so sage, Du wüßtest davon nichts usw., Du läsest nicht, Du schriebst bloß etc. etc. Über die Gründe wollen wir weitläufiger sprechen.

Adieu. In 14 Tagen spätstens, von heut an gerechnet, bin ich bei Dir. Möchte in den ersten 14 Jahren von keiner Trennung die Rede sein! Am 14. August 1821 wollen wir weiter davon sprechen.

Berlin, den 14. August 1807 H. v. Kleist.

*111. An Ulrike von Kleist*

Ich habe versucht, meine teuerste Ulrike, Dir zu schreiben; doch meine Lage ist so reich, und mein Herz so voll des Wunsches, sich Dir *ganz* mitzuteilen, daß ich nicht weiß, wo ich anfangen und enden soll. Schreibe mir doch, ob ich nach Wormlage kommen darf, um Dich zu sprechen? Oder ob wir uns nicht, auf halbem Wege, irgendwo ein Rendezvous geben können? Ich sollte denken, dies letztere müßte möglich sein. Ich will Dich zu bewegen suchen, zu einer Buch-, Karten- und Kunsthandlung, wozu das Privilegium erkauft werden muß, 500 Rth. zu 5 p. C. auf 1 Jahr herzugeben. Adam Müller (ein junger Gelehrter, der hier im Winter, mit ausgezeichnetem Beifall, öffentliche Vorlesungen hält), Rühle und Pfuel (dem sein Bruder das Geld dazu hergibt) sind die Interessenten. Dir alle Gründe darzutun, aus welchen die Zweckmäßigkeit und Nützlichkeit dieser Unternehmung hervorgeht, ist *schriftlich* unmöglich. Rühle, der mit dem Prinzen jetzt hier ist, und der Pfueln, durch den Unterricht, den dieser dem Prinzen gibt, eine Pension von 600 Rth. verschafft hat, ist von einer praktischen Geschicklichkeit, alles um sich herum geltend zu machen, die bewundrungswürdig und selten ist. Der Herzog würde ihm sehr gern, nach Verlauf der Erziehungsperiode, einen Posten in seinem Lande geben; doch da sein unerläßliches Bedürfnis ist, frei zu sein, so will er alles an dieses Jahr setzen, um es für die übrige Lebenszeit zu werden. Er ist es daher auch eigentlich, der an die Spitze des ganzen Geschäfts treten wird; ein Umstand, der, dünkt mich, nicht wenig für die Sicherheit seines Erfolgs spricht. Er sowohl, als ich, haben jeder ein Werk drucken lassen, das unsern Buchhändlern 6 mal so viel eingebracht hat, als uns. Vier neue Werke liegen fast zum Druck bereit; sollen wir auch hiervon den Gewinn andern überlassen, wenn es nichts als die Hand danach auszustrecken kostet, um ihn zu ergreifen? Die 1200 Rth., die das Privilegium kostet, können nie verloren gehen; denn mißglückt die Unternehmung, so wird es wieder verkauft; und die Zeiten müßten völlig eisern sein, wenn es nicht, auch im schlimmsten Fall, einen größeren Wert haben sollte, als jetzt. Die ganze Idee ist, klein, und nach liberalen Grundsätzen, anzufangen, und das Glück zu prüfen; aber, nach dem Vorbild der Fugger und Medicis, alles hineinzuwerfen, was man auftreiben kann, wenn sich das Glück deutlich erklärt. Erwäge also die Sache, mein teuerstes Mädchen, und wenn Du Dich einigermaßen in diesen Plan, der noch eine weit höhere Tendenz hat, als die merkantilische, hineindenken kannst, so sei mir zu seiner Ausführung behülflich. Ich kann Dir, wie schon erwähnt, nicht alles sagen, was ich auf dem Herzen habe, Du müßtest selbst hier sein, und die Stellung, die wir hier einnehmen, kennen, um beurteilen zu können, wie günstig sie einer solchen Unternehmung ist. Fast möchte ich Dich dazu einladen! Ich würde Dich in die vortrefflichsten Häuser führen können, bei Hazas, beim Baron Buol (Kaisl. Östr. Gesandten) beim App. Rat Körner usw., Häuser, in deren jedem ich fast, wie bei der Kl[eisten] in Potsdam, bin. Zwei meiner Lustspiele (das eine gedruckt, das andere im Manuskript) sind schon mehrere Male in öffentlichen Gesellschaften, und immer mit wiederholtem Beifall, vorgelesen worden. Jetzt wird der Gesandte sogar, auf einem hiesigen Liebhabertheater, eine Aufführung veranstalten, und Fitt (den Du kennst) die Hauptrolle übernehmen. Auch in Weimar läßt Goethe das eine aufführen. Kurz, es geht alles gut\*,

---

\* Kürzlich war ich mit dem östr. Gesandten in Töplitz: bei Gentz, wo ich eine Menge großer Bekanntschaften machte. – Was würdest Du wohl sagen, wenn ich eine Direktionsstelle beim Wiener Theater bekäme? – Grüße alles in Wormlage.

meine liebste Ulrike, ich wünsche bloß, daß Du hier wärest, und
es mit eignen Augen sehen könntest. Schreibe mir auf welche Art
wir es machen, daß wir uns auf einen Tag sprechen, und sei versichert, daß ich ewig Dein *treuer* Bruder bin, H. v. Kl.

Dresden, den 17. September 1807

*112. An Johann Friedrich Cotta*

Ew. Wohlgeboren

haben durch den Hr. v. Rühle, während meiner Abwesenheit
aus Deutschland, eine Erzählung erhalten, unter dem Titel Jeronimo
und Josephe, und diese Erzählung für das Morgenblatt bestimmt.
So lieb und angenehm mir dies auch, wenn ich einen
längeren Aufenthalt in Frankreich gemacht hätte, gewesen sein
würde, so muß ich doch jetzt, da ich zurückgekehrt bin, wünschen,
darüber auf eine andre Art verfügen zu können. Wenn
daher mit dem Abdruck noch nicht vorgegangen ist, so bitte ich
Ew. Wohlgeboren ergebenst, mir das Manuskript, unter nachstehender
Adresse, gefälligst wieder zurückzusenden. Ich setze
voraus, daß dieser Wunsch Ew. Wohlgeboren in keine Art der
Verlegenheit setzt, und bin mit der vorzüglichsten Hochachtung

Ew. Wohlgeboren ergebenster

Dresden, den 17. September 1807    Heinrich von Kleist.
Pirnsche Vorstadt, Rammsche Gasse Nr. 123

*113. An Ulrike von Kleist*

Ich setze mich nur auf ein paar Augenblicke hin, meine teuerste
Ulrike, um Dich zu fragen, ob Du nicht einen Brief erhalten
hast, den ich schon vor drei Wochen von hier abgesendet habe?
In diesem Briefe ließ ich mich weitläufig über meine Lage, über
meine Zukunft, und über ein Projekt aus; Dinge, deren keines ich
berühren kann, ohne mich auf bogenlanges Schreiben gefaßt zu
machen. Ich weiß zwar, daß Briefe von hier in die Lausitz sehr
langsam gehen, Lamprecht, den ich hier gesprochen habe, ist einer
19 Tage unterweges gewesen; doch sollte überhaupt vielleicht die
Adresse *bei Alt-Döbern* falsch sein? Und doch weiß ich keine
andere zu setzen. – Antworte mir sobald wie möglich hierauf.
Denn, wie gesagt, wenn Du diesen Brief nicht erhalten hast, so
muß ich ihn noch einmal schreiben; und Du weißt, wie ungern

ich an solche weitläufigen Erörterungen gehe. – Ich wollte, Du wärest hier, um Dich mit mir zu freuen, und alles mit eignen Augen selbst zu sehen. *Schriftlich*, kann ich Dir kaum etwas anderes sagen, als nur im allgemeinen, daß es mir gut geht. Es erfüllt sich mir *alles*, ohne Ausnahme, worauf ich gehofft habe – gib mir nur erst, wie gesagt, Nachricht von Dir, so sollst Du mehr hören. Es wäre sonderbar, wenn grade der erste Brief, der Dir Freude zu machen bestimmt war, hätte verloren gehen müssen. Grüße alles, lebe wohl und schreibe bald Deinem treuen Bruder

Dresden, den 3. Oktober 1807 H. v. Kleist.
Pirnsche Vorstadt, Rammsche Gasse Nr. 123

*114. An Ulrike von Kleist*

Deine Unlust am Schreiben, meine teuerste Ulrike, teile ich nicht mehr mit Dir, seitdem es mir vergönnt ist, Dich von frohen Dingen unterhalten zu können. Es geht mir in jedem Sinne so, wie ich es wünsche, und in dem Maße, als der Erfolg jetzt meine Schritte rechtfertigt, geht mir ein ganzer Stoff zu einer, die Vergangenheit erklärenden, Korrespondenz auf, mit der ich Dir noch verschuldet bin. Ich wußte wohl, daß Du mir in einem Falle, wo es in der Tat darauf ankommt, mir ein Vermögen zu verschaffen, nach so vielen Aufopferungen die letzte nicht verweigern würdest, die ihre ganze schöne Reihe schließt. Wenn es möglich gewesen wäre, rascher zu sein, so hätten wir schon, bei der gegenwärtigen Leipziger Messe, in den Buchhandel eintreten können; doch so hat diese Verzögerung andere nach sich gezogen, so, daß wir uns jetzt nicht eher, als bei der nächstfolgenden, werden darin zeigen können. Inzwischen hat dieser Aufschub, doch auch sein Gutes gehabt. Denn statt des Privilegii, das nun verkauft ist, hat uns der Hr. v. Carlowitz, einer der reichsten Partikuliers des Landes, ein unentgeltliches Privilegium in seiner Immediatstadt *Liebstadt* angeboten; ein ganz vortrefflicher Umstand, da wir dadurch das Recht bekommen, hier in Dresden ein Warenlager zu halten, und somit aller Vorteile eines städtischen Privilegii teilhaftig werden. Ferner ist während dessen, durch den hiesigen französischen Gesandten, der sich schon während meiner Gefangenschaft für mich interessiert hatte, und dessen nähere Bekanntschaft mir nun geworden ist, an Clarke in Paris geschrieben worden. Es ist nicht unmöglich, daß wir den Kodex Napoleon zum Verlag bekommen, und daß unsere Buchhandlung überhaupt von der französischen Regierung erwählt wird, ihre Publikationen in Deutschland zu verbreiten; wodurch, wie Du leicht denken kannst, die Assiette des ganzen Instituts mit einem Male gegründet wäre. Du wirst nicht voreilig sein, politische Folgerungen aus diesem Schritte zu ziehn, über dessen eigentliche Bedeutung ich mich hier nicht weitläufiger auslassen kann. – Was nun, zur Antwort auf Deinen Brief, den *Termin* anbetrifft, an welchem ich das Geld erhalten müßte, so kann ich Dir diesen jetzt genau nicht sagen, indem sich, wie gesagt, das Geschäft ein wenig in die Länge gezogen hat; inzwischen würdest Du es doch zu Neujahr in Bereitschaft halten müssen, da von diesem Zeitpunkt an für die kommende Messe vorgearbeitet werden muß. Übrigens muß es *Konventionsgeld* sein, d. h. der *Wert* davon, gleichviel in welcher Münzart, wenn nur *nicht preußisch*. Wenn es uns mit dem Kodex Napoleon glücken sollte (ich bitte Dich, nichts von dieser Sache zu sagen), so würde es vielleicht nötig sein, so schnell und so viel Geld herbei zu schaffen, daß ich noch nicht recht weiß, wie wir uns aus dieser Verlegenheit ziehen werden. 2000 Rth. haben wir in allem zusammen; doch Du kannst leicht denken, daß eine solche Unternehmung mehr erfordert, als dies. Ich nehme hier Gelegenheit zu einem andern Gegenstand überzugehen. Mein Auskommen wird mir in der Folge, wenn alles gut geht, aus einer doppelten Quelle zufließen; einmal aus der Schriftstellerei: und dann aus der Buchhandlung. Da ich die Manuskripte, die ich jetzt fertig habe, zum eignen Verlag aufbewahre, so ernähre ich mich jetzt bloß, durch fragmentarisches Einrücken derselben in Zeitschriften, und Verkauf zum Aufführen an ausländische Bühnen; und doch hat mir dies schon nahe an 300 Rth. eingebracht (der östr. Gesandte hat mir 30 Louisdor von der Wiener Bühne verschafft), woraus Du leicht schließen kannst, daß die Schriftstellerei allein schon hinreicht, mich zu erhalten. Wie wärs also, mein teuerstes Mädchen, wenn *Du*, statt meiner, als Aktionär in den Buchhandel trätest, der von jener Schriftstellerei ganz abgesondert ist? Du hast immer gewünscht, Dein Vermögen in einer Unternehmung geltend zu machen; und eine günstigere Gelegenheit ist kaum möglich, da der Vorteil, nach einem mäßigen mittleren Durchschnitt 22 p. C. ist. Ich verlange gar nicht, daß Du Dich hierüber kategorisch erklärst, Du mußt notwendig selbst hier sein, um Dich von dem innern Zusammenhang der Sache, und der Solidität derselben, zu überzeugen. Es kömmt gar nicht darauf an, Dich gleich mit Deinem ganzen Vermögen hineinzuwerfen, sondern nur mit einer etwas größeren Summe, als jene 500 Rth., und den Augenblick, wo das übrige zu wagen wäre, von der Zeit zu erwarten. Allerdings müßtest Du, in diesem Falle, jene Erklärung, die Du mir auf unsrer Reise von Gulben nach Wormlage gemacht hast, zurücknehmen und Dich entschließen können, mit mir zusammen zu leben. Und dies würde doch nicht schlechterdings unmöglich sein? Wenn Du vorderhand auf dies alles noch nicht eingehen willst, so bleibt es beim alten, d. h. bei der Verzinsung und Zurückzahlung des Kapitals. Ich sagte es nur, weil ich wünsche, Dir einen Vorteil verschaffen zu können, und weil eine Art von Ungerechtigkeit darin liegt, Dir das Geld zu 5 p. C. zu verinteressieren, während es mir 4 mal so viel abwirft. Nichts ist mir unangenehmer, als daß Du ganz abgesondert bist von der literarischen Welt, in dem Augenblick, da Dein Bruder zum zweitenmale darin auftritt. Ich wüßte nicht, was ich darum gäbe, wenn Du hier wärst. Eben jetzt wird in der Behausung des östr. Gesandten, der selbst mitspielt, ein Stück von mir, das noch im Manuskript ist, gegeben, und Du kannst wohl denken, daß es in den Gesellschaften, die der Proben wegen, zusammenkommen, Momente gibt, die ich *Dir*, meine teuerste Ulrike, gönne; warum? läßt sich besser fühlen, als angeben. Auch bist Du schon völlig in diesen Gesellschaften eingeführt, und es braucht nichts, als Deine Erscheinung, um wie unter Bekannten darin zu leben. Leopold und Gustel stehen in Deinem Briefe auf eine sonderbare Art neben einander. Man könnte sie beide gratulieren – auch beide bedauern; doch dies ist zu *hamletisch* für diesen Augenblick: ich küsse sie, und schweige. Adieu, lebe wohl, meine liebste Ulrike, grüße alles, und antworte mir bald. Wer hat denn die Hemden gemacht?

Dresden, den 25. Okt. 1807 H. v. Kleist.

N. S. Den *10. Okt.* bin ich bei dem östr. Gesandten an der Tafel mit einem Lorbeer gekrönt worden; und das von zwei niedlichsten kleinen Händen, die in Dresden sind. Den Kranz habe ich noch bei mir. In solchen Augenblicken denke ich immer an Dich. Adieu, adieu, adieu – Du wirst mich wieder lieb bekommen.

N. S. Die Quittungen erfolgen hierbei. Aber mit denen vom Jan. und Febr. 1806 hat es nicht seine Richtigkeit. Wann hörten denn die Vorschüsse auf? –

*115. An Adolfine von Werdeck*

Sein Sie nicht böse, meine gnädigste Frau, daß ich so viele Jahre habe vorübergehen lassen, ohne Ihnen ein Wort von mir zu sagen. Ich bin, was das Gedächtnis meiner Freunde anbetrifft, mit einer ewigen Jugend begabt, und dies seltsame Bewußtsein ist allein schuld an der Unart, nicht zu schreiben. Eben weil alles, über alle Zweideutigkeit hinaus, so *ist*, wie es sein *soll*, glaube ich mich der Verpflichtung überhoben, es zu sagen. Die verschiednen Momente in der Zeit, da mir ein Freund erscheint, kann ich so zusammenknüpfen, daß sie wie *ein Leben* aussehen, und die fremden Zeiträume, die zwischen ihnen sind, ganz verschwinden. So ist mir der Abend, da ich von Boulogne zurückkehrte, und Sie, mir zu Liebe, die Oper aufopferten, gegenwärtig, als wär er von gestern; und wenn ich Sie wiedersehe, wird mir grade sein, als ob Sie mit Bertuch, von wo? weiß ich nicht, wieder kämen; denn Sie stiegen grade ein, als ich Paris verließ. Nach Dittersbach konnte ich nicht kommen, weil ich in der Tat krank war; und noch jetzt ist mein mittlerer Zustand (der Durchschnitt derselben) krankhaft: meine Nerven sind zerrüttet, und ich bin nur periodenweise gesund. Für Leopolds, mir mitgeteilten, Brief danke ich. Sein Entschluß, wieder in Dienste zu gehen, hat eine doppelte Seite. Wenn er es um des Königs willen tut, so muß man ihn loben; doch tut er es um seinetwillen, bedauern. Was sagen Sie zur Welt, d. h. zur Physiognomie des Augenblicks? Ich finde, daß mitten in seiner Verzerrung etwas Komisches liegt. Es ist, als ob sie im Walzen, gleich einer alten Frau, plötzlich nachgäbe (sie wäre zu Tode getanzt worden wenn sie fest gehalten hätte); und Sie wissen, was dies auf den Walzer für einen Effekt macht. Ich lache darüber, wenn ich es denke. Wissen Sie denn, daß ich auch einen Schleifer mitgemacht habe, nach dem Fort de Joux über Chalons und wieder zurück? Es scheint fast, nein: doch dies ist Stoff für die Winterabende, wenn Sie nach Dresden kommen. Wie lange bleiben Sie denn noch aus? Wollen Sie in Dittersbach einschneen? Denn hier hat es schon gestöbert. Grüßen Sie Werdeck, Pfuel empfiehlt sich ihm und Ihnen, auch dem Kleinen, so wie ich, auf den ich mich unmäßig freue.

Dresden, den 30. Okt. 1807 H. v. Kleist.

*116. An Marie von Kleist*

[Dresden, Spätherbst 1807]

Ich habe die Penthesilea geendigt, von der ich Ihnen damals, als ich den Gedanken zuerst faßte, wenn Sie sich dessen noch erinnern, einen so begeisterten Brief schrieb. Sie hat ihn wirklich aufgegessen, den Achill, vor Liebe. Erschrecken Sie nicht, es läßt sich lesen. [Lücke im Text] Es ist hier schon zweimal in Gesellschaft vorgelesen worden, und es sind Tränen geflossen, soviel als das Entsetzen, das unvermeidlich dabei war, zuließ. Ich werde einige Blätter aus der Handschrift vom Schluß zusammenraffen, und diesem Brief einlegen. Für Frauen scheint es im Durchschnitt weniger gemacht als für Männer, und auch unter den Männern kann es nur einer Auswahl gefallen. Pfuels kriegerisches Gemüt ist es eigentlich, auf das es durch und durch berechnet ist. Als ich aus meiner Stube mit der Pfeife in der Hand in seine trat, und ihm sagte: jetzt ist sie tot, traten ihm zwei große Tränen in die Augen. Sie kennen seine antike Miene: wenn er die letzten Szenen liest, so sieht man den Tod auf seinem Antlitz. Er ist mir so lieb dadurch geworden, und so Mensch. Ob es, bei den Forderungen, die das Publikum an die Bühne macht, gegeben werden wird, ist eine Frage, die die Zeit entscheiden muß. Ich glaube es nicht, und wünsche es auch nicht, so lange die Kräfte unsrer Schauspieler auf nichts geübt, als Naturen, wie die Kotzebueschen und Ifflandschen sind, nachzuahmen. Wenn man es recht untersucht, so sind zuletzt die Frauen an dem ganzen Verfall unsrer Bühne schuld, und sie sollten entweder gar nicht ins Schauspiel gehen, oder es müßten eigne Bühnen für sie, abgesondert von den Männern, errichtet werden. Ihre Anforderungen an Sittlichkeit und Moral vernichten das ganze Wesen des Drama, und niemals hätte sich das Wesen des griechischen Theaters entwickelt, wenn sie nicht ganz davon ausgeschlossen gewesen wären.

## 117. An Marie von Kleist

[Dresden, Spätherbst 1807]

Daß Ihnen, wie Sie in R[ühle]s Brief sagen, das letzte, in seiner abgerißnen Form höchst barbarische Fragment der Penthesilea, worin sie den Achill tot schlägt, gleichwohl Tränen entlockt hat, ist mir, weil es beweiset, daß Sie die Möglichkeit einer dramatischen Motivierung denken können, selbst etwas so Rührendes, daß ich Ihnen gleich das Fragment schicken muß, worin sie ihn küßt, und wodurch jenes allererst rührend wird. Diese Ihre Neigung, sich auf die Partei des Dichters zu werfen, und durch Ihre eigne Einbildung geltend zu machen, was nur halb gesagt ist, bestimmt mich, mir öfter das Vergnügen zu machen, Ihnen im Laufe meiner Arbeiten abgerissne Stücke derselben zuzusenden. Um alles in der Welt möcht ich kein so von kassierten Varianten strotzendes Manuskript einem andern mitteilen, der nicht von dem Grundsatz ausginge, daß alles seinen guten Grund hat. Doch Sie, die sich den Text mitten aus allen Korrekturen, in voller Autorität, als wäre er groß Fraktur gedruckt, herausklauben, macht es mir Vergnügen zu zeigen, wo mein Gefühl geschwankt hat.

## 118. An Marie von Kleist

[Dresden, Spätherbst 1807]

Unbeschreiblich rührend ist mir alles, was Sie mir über die Penthesilea schreiben. Es ist wahr, mein innerstes Wesen liegt darin, und Sie haben es wie eine Seherin aufgefaßt: der ganze Schmutz zugleich und Glanz meiner Seele. Jetzt bin ich nur neugierig, was Sie zu dem Käthchen von Heilbronn sagen werden, denn das ist die Kehrseite der Penthesilea, ihr andrer Pol, ein Wesen, das ebenso mächtig ist durch gänzliche Hingebung, als jene durch Handeln.

## 119. An Ulrike von Kleist

Ich habe gewagt, meine teuerste Ulrike, auf die 500 Rth., die Du mir versprachst, zu rechnen, und in der Hoffnung, daß sie mit Weihnachten eingehen werden, den Verlag eines Kunstjournals, *Phöbus*, mit Adam Müller, anzufangen. Die Verlagskosten, für den ganzen Jahrgang, betragen 2500 Rth., wozu

Rühle 700 und Pfuel 900 Rth. hergeben, macht mit meinen 500 Rth. in allem 2100 Rth., der Rest kann von dem, was monatlich eingeht, schon bestritten werden. Es ist noch nie eine Buchhandlung unter so günstigen Aussichten eröffnet worden; eben weil wir die Manuskripte selbst verfertigen, die wir drucken und verlegen. Rühles Buch über den Feldzug hat die zweite Auflage erlebt; er bekömmt zum zweitenmal von Cotta 300 Rth. Und hätte er es selbst verlegt, so wären 2000 Rth. das mindeste, was es ihm eingebracht hätte. Das erste Heft des Phöbus wird Ende Januars erscheinen; Wieland auch (der alte) und Johannes Müller, vielleicht auch Goethe, werden Beiträge liefern. Sobald die Anzeigen gedruckt sind, werde ich Dir eine schicken. Ich wünsche nichts, als daß Du hier wärst, um Dich von dem innersten Wesen der Sache besser überzeugen zu können. Ich bin im Besitz dreier völlig fertigen Manuskripte, deren jedes mir denselben Gewinn verschaffen würde, den wir von dem Journal erwarten, und das ich nur bloß nicht drucken lassen kann, weil mir das Geld dazu fehlt. Inzwischen denken wir doch, daß wir zu Ostern schon so viel zusammengebracht haben, um eines davon: Penthesilea, ein Trauerspiel, zu verlegen. Wenn Du Dich entschließen könntest, hierher zu ziehen, so wären folgende Sachen gewiß, 1) ich würde Dir im ersten Jahre nichts kosten, 2) im zweiten würd ich Dich unterstützen können, 3) Du würdest mit eignen Augen sehen können, ob die Sache glückt oder nicht, 4) Du würdest Dich, wenn sie glückt, mit Deinem ganzen Vermögen hinein werfen können, 5) dadurch würde die Sache, die sich vielleicht sonst nur langsam entwickelt, ganz schnell reifen, und 6) und letztens, wir würden uns einander lieben können. Was willst Du gegen so viel Gründe einwenden? – Überlege Dir die Sache und schreibe mir. Ich muß schließen, ich bin wieder ein Geschäftsmann geworden, doch in einer angenehmeren Sphäre, als in Königsberg. – Was wäre doch wohl in Königsberg aus mir geworden? – Adieu, grüß alles, was mir gut ist, vielleicht komme ich im Frühjahr auf ein paar Tage, und sehe, was Ihr macht. Dein Heinrich.

Dresden, den 17. Dez. 1807

## 120. An Christoph Martin Wieland

Dresden, den 17. Dez. 1807
Pirnsche Vorstadt, Rammsche Gasse Nr. 123.

Mein verehrungswürdigster Freund,

Mein Herz ist, wie ich eben jetzt, da ich die Feder ergreife, empfinde, bei dem Gedanken an Sie noch ebenso gerührt, als ob ich, von Beweisen Ihrer Güte überschüttet, Oßmanstedt gestern oder vorgestern verlassen hätte. Sie können mich, und die Empfindung meiner innigsten Verehrung Ihrer, noch viel weniger aus dem Gedächtnis verloren haben, da Ihnen die göttliche Eigenschaft, nicht älter zu werden, mehr als irgend einem andern Menschen zuteil geworden ist. Im März dieses Jahres schrieb ich Ihnen zweimal vom Fort de Joux, einem festen Schloß bei Neufchâtel, wohin ich durch ein unglückliches, aber bald wieder aufgeklärtes, Mißverständnis, als ein Staatsgefangener abgeführt worden war. Der Gegenstand meines Briefes war, wenn ich nicht irre, der Amphitryon, eine Umarbeitung des Molierischen, die Ihnen vielleicht jetzt durch den Druck bekannt sein wird, und von der Ihnen damals das Manuskript, zur gütigen Empfehlung an einen Buchhändler, zugeschickt werden sollte. Doch alle Schreiben, die ich von jenem unglücklichen Fort erließ, scheinen von dem Kommandanten unterdrückt worden zu sein; und so ging die Sache einen ganz anderen Gang. Jetzt bin ich willens, mit *Adam Müller*, dem Lehrer des Gegensatzes, der hier, während mehrerer Winter schon, ästhetische, von dem Publiko sehr gut aufgenommene, Vorlesungen gehalten hat, ein Kunstjournal herauszugeben, monatsweise, unter dem Titel, weil doch einer gewählt werden muß: *Phöbus*. Ich bin im Besitz dreier Manuskripte, mit denen ich, für das kommende Jahr, fragmentarisch darin aufzutreten hoffe; einem Trauerspiel, *Penthesilea;* einem Lustspiel, *der zerbrochne Krug* (wovon der Gh. Rt. v. Goethe eine Abschrift besitzt, die Sie leicht, wenn die Erscheinung Sie interessiert, von ihm erhalten könnten); und einer Erzählung, *die Marquise von O..* Adam Müller wird seine ästh. und phil. Vorlesungen geben; und durch günstige Verhältnisse sind wir in den Besitz einiger noch ungedruckter Schriften des Novalis gekommen, die gleichfalls in den ersten Heften erscheinen sollen. Ich bitte Sie, mein verehrungswürdigster Freund, um die Erlaubnis, *Sie* in der Anzeige als einen der Beitragliefernden nennen zu dürfen; *einmal*, in der Reihe der Jahre, da Sie der Erde noch, und nicht den Sternen angehören, werden Sie schon einen Aufsatz für meinen Phöbus erübrigen können; wenn Sie gleich Ihrem eigenen Merkur damit karg sind. Ferner wünsche ich, daß Sie den Hr. Hofrat Böttiger für das Institut interessieren möchten; es sei nun, daß Sie ihn bewegten, uns unmittelbar mit Beiträgen zu beschenken (wir zahlen 30 Rth. p[ro] B[ogen])\*, oder auch nur, diese junge literarische Erscheinung im allgemeinen unter seinen kritischen Schutz zu nehmen. Ich werde zwar selbst deshalb meinen Antrag bei ihm machen; doch ein Wort von Ihnen dürfte mich leicht besser empfehlen, als alle meine Dramen und Erzählungen. Ich wollte, ich könnte Ihnen die Penthesilea so, bei dem Kamin, aus dem Stegreif vortragen, wie damals den Robert Guiskard. Entsinnen Sie sich dessen wohl noch? Das war der stolzeste Augenblick meines Lebens. Soviel ist gewiß: ich habe eine Tragödie (Sie wissen, wie ich mich damit gequält habe) von der Brust heruntergehustet; und fühle mich wieder ganz frei! In kurzem soll auch der Robert Guiskard folgen; und ich überlasse es Ihnen, mir alsdann zu sagen, welches von beiden besser sei; denn ich weiß es nicht. – Wo ist denn Louis? Was macht Ihre vortreffliche Tochter Louise? und die übrigen Ihrigen? – Vielleicht, daß ich in kurzem mit Rühle, dem Gouverneur des Prinzen Bernhard, zu Ihnen komme, und mich völlig wieder in Ihrem Gedächtnis auffrische, wenn die Zeit doch mein Bild bei Ihnen ein wenig verlöscht haben sollte. Erfreuen und beehren Sie bald mit einer Antwort Ihren treuen und gehorsamen

Heinrich von Kleist.

\*wir verlegen *selbst*.

### 121. An Johann Friedrich Cotta

Ew. Wohlgeboren

habe ich das Vergnügen zu melden, daß Hr. Adam Müller und ich, durch den Kapitalvorschuß eines Kunstfreundes, in den Stand gesetzt worden sind, ein Kunstjournal, unter dem Titel: Phöbus, monatsweise, nach dem erweiterten Plane der Horen, zu redigieren und zu verlegen. Die Herren p. Wieland, Böttiger, Joh. Müller, wie wir hoffen, auch Hr. v. Goethe, ohne andere würdige Namen zu nennen, werden die Güte haben, uns mit Beiträgen zu unterstützen, und Hr. Maler Hartmann, da es mit Zeichnungen erscheinen soll, die Redaktion der Kupferstiche übernehmen. Da der Fortgang dieses, einzig zur Festhaltung deutscher Kunst und Wissenschaft, gegründeten Instituts schlechthin nicht anders, als unter Ew. Wohlgeb. Schutz möglich ist, so haben wir, im ganz unumstößlichen Vertrauen auf Ihre Beförderung, gewagt, Sie in der Anzeige, als Kommissionär für Tübingen, zu nennen. Wir empfehlen Ew. Wohlgeb. den Phöbus, sowohl was die Einsammlung der Bestellungen, als den Vertrieb selbst betrifft, auf das Angelegentlichste und Dringendste, damit er, trotz seiner Verspätung, seines Namens noch würdig, in unserm Vaterlande erscheine. Aus inliegender Anzeige, der eine größere noch folgen wird, werden Sie den Plan dieser, in diesem Augenblick mit keiner andern ihrer Art wetteifernden Zeitschrift übersehen. Ew. Wohlgeb. übersende ich zugleich einen Aufsatz für das Morgenblatt, in welchem ich nicht, wenn es mir vergönnt ist, unterlassen werde, von Zeit zu Zeit aufzutreten. Ich ersuche Sie, den Abdruck der überschickten Anzeigen gefälligst dafür in *das Morgenblatt* und *die allgemeine Zeitung* einrücken zu lassen *(möglichst bald beides)* und mir die Differenz der Werte, falls *ich* der Schuldner bliebe, gütigst zur Erstattung anzuzeigen. In sichrer Hoffnung, in allen diesen Stücken keine Fehlbitte zu tun, habe ich die Ehre, mit der vorzüglichsten Hochachtung zu sein

Ew. Wohlgeboren ergebenster
Dresden, den 21. Dez. 1807  Heinrich v. Kleist.
Pirnsche Vorstadt, Rammsche Gasse Nr. 123

## 122. An Hans von Auerswald

Hochwohlgeborner Herr,
Hochzuverehrender Herr Geheimer Oberfinanzrat,

Ew. Hochwohlgeboren nehme ich mir die Freiheit, in der Anlage die Anzeige eines Kunstjournals zu überschicken, das ich, unterstützt von den Hr. p. Wieland, Goethe, für das Jahr 1808 herauszugeben denke. Mir werden die vielfältigen Beweise von Gewogenheit, die ich, während meiner Anstellung bei der Kammer, in Ew. Hochwohlgeboren Hause empfing, ewig unvergeßlich sein. Durch den Hr. Grafen von Dohna, den ich die Ehre hatte, in Töplitz zu sprechen, werden Ew. Hochwohlgeboren vielleicht schon wissen, daß ich das Unglück hatte, auf meiner Rückreise von Königsberg in Berlin arretiert, und als ein Staatsgefangener nach dem Fort de Joux (bei Neufchâtel) abgeführt zu werden. Über diesen großen Umweg erst ist es mir geglückt, nach Dresden zu kommen, um einen, der Politik in jeder Hinsicht gleichgültigen, literarischen Plan auszuführen, an dem ich arbeitete. Ich empfehle den Phöbus Ew. Hochwohlgeboren Schutz und Beförderung, erneuere mich damit in dem Angedenken Ihrer sowohl, als Ihrer verehrungswürdigen Frau Gemahlin, Fr. und Frl. Tochter, und habe die Ehre, mit der innigsten Hochachtung und Ehrfurcht zu sein,

Ew. Hochwohlgeboren, untertänigster
Dresden, den 22. Dez. 1807　　　　Heinrich von Kleist.
Pirnsche Vorstadt, Rammsche Gasse Nr. 123

N. S. Soeben lese ich, in den öffentlichen Blättern, daß S. M. der König nach Elbing gegangen sind. Da Hr. v. Altenstein ihm wahrscheinlich, wohin er auch gegangen ist, gefolgt sein wird, dies aber Ew. Hochwohlgeb. bekannt sein muß, so bitte ich untertänigst, inliegenden Brief gnädigst für ihn auf die Post geben zu lassen.　　　　H. v. K.

*123. An Karl Freiherrn von Stein zum Altenstein*

Verehrungswürdigster Herr Geheimer Oberfinanzrat,

Indem ich Ihnen, in der Anlage, die Anzeige eines Kunstjournals überschicke, das ich, unterstützt von Goethe und Wieland, für das Jahr 1808 herauszugeben denke, mache ich den Anfang damit, einer sehr heiligen Forderung meiner Seele ein Genüge zu tun. Denn niemals wird das Bestreben in mir erlöschen, der Welt zu zeigen, daß ich der Güte und Gewogenheit, deren Sie mich, bei meiner Anstellung in Berlin, würdigten, wenn auch nicht in dem Sinn, in dem ich es damals versprach, doch in einem anderen, würdig war. Sie wissen wohl nicht, mein verehrungswürdigster Freund, welch ein sonderbares Schicksal mich, auf meiner Reise von Königsberg nach Dresden getroffen hat? Ich ward, gleich nach meiner Ankunft in Berlin, durch den Gen. Clarke, kein Mensch weiß, warum? arretiert, und als ein Staatsgefangener, durch die Gensdarmerie, nach dem Fort de Joux (bei Neufchâtel) abgeführt. Hier saß ich, in einem abscheulichen Gefängnis, fünf Wochen lang, hinter Gitter und Riegel, bis ich späterhin nach Châlons zu den übrigen Kriegsgefangenen gebracht, und endlich, auf die dringende Fürsprache meiner Verwandten, wieder in Freiheit gesetzt ward. Doch es ist dahin gekommen, daß man, wie Rosse im Macbeth sagt, beim Klang der Sterbeglocke nicht mehr fragt, wen es gilt? Das Unglück der vergangenen Stunde ist was altes. – Jetzt lebe ich in Dresden, als dem günstigsten Ort in dieser, für die Kunst, höchst ungünstigen Zeit, um einige Pläne, die ich gefaßt habe, auszuführen. Möchten wir uns recht bald in Berlin wiedersehen! Denn niemals, wohin ich mich auch, durch die Umstände gedrängt, wenden muß, wird mein Herz ein anderes Vaterland wählen, als das, worin ich geboren bin. Erhalten Sie mir in Ihrer Brust die Gefühle, auf die ich stolz bin, niemals wird die innigste Verehrung und Dankbarkeit in mir erlöschen, und wenn Sie jemals eines Freundes und einer Tat, bedürfen, so finden Sie keinen, der sich mit treuerem und heißerem Bestreben für Sie hingeben wird, als mich. Ich sterbe mit der Liebe, mit welcher ich mich nenne,

Verehrungswürdigster Herr Geheimer Oberfinanzrat,

Ihr ergebenster

Dresden, den 22. Dez. 1807   Heinrich von Kleist.

*Auerswald an Kleist*

An Herrn v. Kleist Hochwohlgeboren zu Dresden.

Königsberg, den 5. Jan. 1808

*Ew. p. gefäll. Zuschrift vom 22. v. Mts. habe ich zu erhalten das Vergnügen gehabt. Ich danke Ihnen für die mir darin gemachte Mitteilung der Anzeige des für das Jahr 1808 herauskommenden Kunstjournals verbindlichst, und benachrichtige Sie, daß ich es mir angelegen sein lassen werde, solche nach Möglichkeit zu verbreiten. Ich hoffe, daß der Erfolg dieses Unternehmens Ew. p. Wünschen entsprechen wird, da Sie dieses Institut gewiß mit dem regsten Eifer für die Kunst leiten werden und auf Beiträge von den ersten Schriftstellern Deutschlands rechnen dürfen.*

*Ich habe die Ehre p.*

*Auerswald.*

*124. An Ulrike von Kleist*

Dresden, den 5. Jan. 1808

Es sind nun schon wieder nahe an drei Monaten, meine teuerste Ulrike, daß ich keine Zeile von Deiner Hand gesehen habe. Dieses Wormlage liegt in einem solchen Winkel der Erde, daß die Post es gar nicht kennt, und der eine sagt, die Briefe gingen über Berlin, der andere, über Cottbus. Ich schicke Dir also diesen Boten, als eine Art von Exekution, die nicht eher von Dir gehe, als bis Du Dich zu einer Antwort entschlossen hast. Setze Dich sogleich hin, mein liebstes Mädchen, und schreibe mir, warum das Geld, das Du mir zu Weihnachten versprochen hast, ausgeblieben ist? Jeder Grund ist zu verschmerzen, nur nicht der, daß Du mir böse bist. Wenn Du es nicht auftreiben kannst, was sehr wohl möglich ist, so muß ich dies wenigstens *wissen*, damit irgend ein andrer Rat geschafft werden kann. Denn unsere literarische Unternehmung, die den besten Fortgang verspricht, ist in vollem Laufe, Dresden allein bringt 50 Subskribenten auf, woraus Du das Resultat des Ganzen berechnen magst, wenn Du auch nur annimmst, daß von den übrigen Städten in Deutschland, jede 1 nimmt. Die Horen setzten 3000 Exemplare ab; und schwerlich konnte man sich, bei ihrer Erscheinung, lebhafter dafür interessieren, als für den Phöbus. Durch alle drei Hauptgesandten dieser Residenz (den franz., östr. und russischen, welcher letztere sogar (Graf Kanikow) Aufsätze hergibt) zirkulieren Subskriptionslisten, und wir werden das erste Heft auf Velin durch sie an alle Fürsten Deutschlands senden. Es kömmt alles darauf an, daß wir die Unternehmung, in den drei ersten Monaten, aus eigner Kasse bestreiten können, um nachher in jeder Rücksicht völlig gedeckt zu sein. Schreibe mir also unverzüglich, ob Du mir mit einem Vorschuß zu Hülfe kommen kannst, oder nicht; und wenn es bloß daran liegt, daß Du das Ganze, das Du versprachst, nicht auftreiben kannst, so schicke den Teil, den Du vorrätig hattest, und zwar gleich, durch meinen Boten, welches ein, zum Postamt gehöriger, Portechaisenträger, und völlig sicher. Ich schicke Dir eine Handvoll Anzeigen, damit Du auch, oder wer es sei, eine Subskription, wo sich die Gelegenheit findet, veranlassen kannst. Julchen kann eine oder zwei an Martini nach Frankfurt schicken, wo ja auch Lesegesellschaften sein müssen. Adieu, grüße alles, und schreibe mir, was Du willst, nur nicht, daß Du mir nicht mehr so gut bist, als sonst –

Dein Heinrich.
(Pirnsche Vorstadt, Rammsche Gasse Nr. 123)

N. S. Der Bote ist bezahlt.

*Jean Paul an die Redaktion des Phöbus*

*5. Jan. 1808*

*Auch ohne die originelle Mittlerin [Frl. v. Hake] würd ich mich zwei solchen kritischen Vermittlern, deren drei Kunstwerke der Prose und Poesie ich schon so lange geschätzt, zu ihrem höheren überrheinschen Bunde angeschlossen haben, sobald sie es begehrt hätten. Ihre Ankündigungs-Worte haben mein Inneres erquickt. Auch ich bin für die vermittelnde Kritik – ist ja alles und das ganze Leben nur Vermittlung und nur die Ewigkeit nicht – und alle jetzigen kritischen Vermittlungen finden in späteren Zeiten und Genien wieder die höhere Vermittlung. Ich werde Ihrem Phöbus zum Gespann vorlegen, was ich Bestes habe – kein Stecken-, Schaukel-, Nürnbergspferd –, und kann ich ihm und mir nicht helfen, so mag meines so nebenher laufen, wie man sonst in Neapel ledige Pferde zur Lust neben dem Gespann mittraben ließ.*

## 125. An Johann Wolfgang von Goethe

Hochwohlgeborner Herr,
Hochzuverehrender Herr Geheimrat,

Ew. Exzellenz habe ich die Ehre, in der Anlage gehorsamst das 1. Heft des Phöbus zu überschicken. Es ist auf den »Knieen meines Herzens« daß ich damit vor Ihnen erscheine; möchte das Gefühl, das meine Hände ungewiß macht, den Wert dessen ersetzen, was sie darbringen.

Ich war zu furchtsam, das Trauerspiel, von welchem Ew. Exzellenz hier ein Fragment finden werden, dem Publikum im Ganzen vorzulegen. So, wie es hier steht, wird man vielleicht die Prämissen, als möglich, zugeben müssen, und nachher nicht erschrecken, wenn die Folgerung gezogen wird.

Es ist übrigens ebenso wenig für die Bühne geschrieben, als jenes frühere Drama: der Zerbrochne Krug, und ich kann es nur Ew. Exzellenz gutem Willen zuschreiben, mich aufzumuntern, wenn dies letztere gleichwohl in Weimar gegeben wird. Unsre übrigen Bühnen sind weder vor noch hinter dem Vorhang so beschaffen, daß ich auf diese Auszeichnung rechnen dürfte, und so sehr ich auch sonst in jedem Sinne gern dem Augenblick angehörte, so muß ich doch in diesem Fall auf die Zukunft hinaussehen, weil die Rücksichten gar zu niederschlagend wären.

Herr Adam Müller und ich, wir wiederholen unsre inständigste Bitte, unser Journal gütigst mit einem Beitrag zu beschenken, damit es ihm nicht ganz an dem Glanze fehle, den sein, ein wenig dreist gewählter, Titel verspricht. Wir glauben nicht erst erwähnen zu dürfen, daß die, bei diesem Werke zum Grunde gelegten Abschätzungsregeln der Aufsätze, in einem Falle keine Anwendung leiden können, der schlechthin für uns unschätzbar sein würde. Gestützt auf Ew. Exzellenz gütige Äußerungen hierüber, wagen wir, auf eine Mitteilung zu hoffen, mit der wir schon das 2. Heft dieses Journals ausschmücken könnten. Sollten Umstände, die wir nicht übersehen können, dies unmöglich machen, so werden wir auch eine verzuglose, wenn es sein kann, mit umgehender Post gegebene, Erklärung hierüber als eine Gunstbezeugung aufnehmen, indem diese uns in den Stand setzen würde, wenigstens mit dem Druck der ersten, bis dahin für Sie offenen, Bogen vorzugehn.

Der ich mich mit der innigsten Verehrung und Liebe nenne

Ew. Exzellenz

gehorsamster
Dresden, den 24. Jan. 1808     Heinrich von Kleist.
Pirnsche Vorstadt, Rammsche Gasse Nr. 123

*Goethe an Kleist*

*Ew. Hochwohlgebornen bin ich sehr dankbar für das übersendete Stück des Phöbus. Die prosaischen Aufsätze, wovon mir einige bekannt waren, haben mir viel Vergnügen gemacht. Mit der Penthesilea kann ich mich noch nicht befreunden. Sie ist aus einem so wunderbaren Geschlecht und bewegt sich in einer so fremden Region daß ich mir Zeit nehmen muß mich in beide zu finden. Auch erlauben Sie mir zu sagen (denn wenn man nicht aufrichtig sein sollte, so wäre es besser, man schwiege gar), daß es mich immer betrübt und bekümmert, wenn ich junge Männer von Geist und Talent sehe, die auf ein Theater warten, welches da kommen soll. Ein Jude der auf den Messias, ein*

*Christ der aufs neue Jerusalem, und ein Portugiese der auf den Don Sebastian wartet, machen mir kein größeres Mißbehagen. Vor jedem Brettergerüste möchte ich dem wahrhaft theatralischen Genie sagen: hic Rhodus, hic salta! Auf jedem Jahrmarkt getraue ich mir, auf Bohlen über Fässer geschichtet, mit Calderons Stücken, mutatis mutandis, der gebildeten und ungebildeten Masse das höchste Vergnügen zu machen. Verzeihen Sie mir mein Geradezu: es zeugt von meinem aufrichtigen Wohlwollen. Dergleichen Dinge lassen sich freilich mit freundlichern Tournüren und gefälliger sagen. Ich bin jetzt schon zufrieden, wenn ich nur etwas vom Herzen habe. Nächstens mehr.*

*Weimar, den 1. Februar 1808* *Goethe.*

### 126. An Heinrich Dieterich

Herrn Herrn Buchhändler Dietrich Wohlgeboren zu Göttingen. Hierbei ein wachsleinenes Paket Sign. H. B. D. worin Bücher.

Ew. Wohlgeboren
haben wir die Ehre anbeigehend 20 Exemplare unsers Journals Phöbus zum Debit zu übersenden. Wir bitten uns den dafür eingehenden Betrag nach Abzug von $33^{1}/_{3}$ pCt Rabatt auf nächster Ostermesse zu berechnen. Die Herren Perthes, Cotta, Bertuch, Nicolovius, das Industriecomptoir in Wien, in Leipzig Breitkopf, die Realschulbuchh. in Berlin und Ew. Wohlgeboren haben den Debit ganz ausschließend und niemandem weiter wird unmittelbar zugesendet. Wir bitten Ew. Wohlgeboren um geneigte Beförderung des beikommenden Sr. Majestät von Westfalen adressierten Pakets und wünschen daß Sie sich so viel als möglich für unsere Unternehmung interessieren mögen.

Dresden, 29. Januar 1808        H. v. Kleist   Adam Müller

### 127. An Ulrike von Kleist

Meine teuerste Ulrike,
 ich schicke Dir das 1. Heft des Phöbus, es wird Dir doch Vergnügen machen, es zu lesen. Grüße alles, ich habe heute keine Zeit, zu schreiben, und bin

Dein treuer Bruder
Dresden, den 1. Feb. 1808        Heinrich.

*128. An Joseph Thaddäus Freiherrn von Sumeraw*

Hoch- und Wohlgeborner Freiherr!
Höchst zu verehrender Herr Staatsminister!

Wir verdanken Ew. Exzellenz gnädiger Verwendung die Gewährung unsres alleruntertänigsten Gesuchs, Seiner Majestät dem Kaiser unser Kunstjournal Phöbus überreichen zu dürfen, und so wagen wir es Hochdenenselben unser Dankgefühl auszudrücken. Die mannigfachen Schwierigkeiten womit ein wohlgemeintes Unternehmen, wie das unserige, in der gegenwärtigen Zeit zu kämpfen hat, sind nichts gegen die Genugtuung, welche wir empfinden, indem uns die Gunst eines erleuchteten Staatsmannes und die Aussicht auf das Wohlwollen des erhabensten Souveräns gewährt wird.

Ew. Exzellenz gnädiger Empfehlung unsre Arbeiten würdig zu machen und in einem Geiste zu schreiben, der Hochdenenselben gefallen könne, wird unter allen Rücksichten, welche sowohl unser Stoff als die Zeit und das deutsche Vaterland uns auflegen, allezeit die erste und teuerste sein.

Unter Gefühlen der tiefsten Verehrung und Dankbarkeit haben wir die Ehre zu sein

Ew. Exzellenz untertänigst

Dresden, den 4. Februar 1808      H. v. Kleist    Adam Müller


*129. An Ulrike von Kleist*

Mein liebes Herzens-Rickchen, ich danke Dir. Du hast mich gerührt dadurch, daß Du mich um Verzeihung bittest, daß es nicht mehr sei. Es ist kein Zweifel, daß wir, was den Verlag des Phöbus betrifft, damit auskommen werden. Auf den 1. Jan. 1809, wenn irgend die Sache gut geht, kriegst Du Dein Geld wieder. Hier in Dresden interessiert sich alles, was uns kennt, für unsre Unternehmung. Stelle Dir vor, daß wir von der Regierung, als eine Gesellschaft von Gelehrten, höchstwahrscheinlich (die Sache ist schon so gut, als gewiß) eine kostenfreie Konzession zum Buchhandel erhalten werden; die vier Buchhändler, die hier sind, treten allzusamt dagegen auf, doch man ist festentschlossen, die Konkurrenz zu vergrößern. Es kann uns, bei unsern literarischen und politischen Konnexionen gar nicht fehlen, daß wir den ganzen Handel an uns reißen. Dazu gibt noch obenein keiner von uns den Namen her, sondern die Handlung wird heißen: Phönix-Buchhandlung. Ferner: die Familie Hardenberg hat uns beauftragt, die gesamten Schriften des Novalis (Hardenberg-Novalis, von dem Du mir nicht sagen wirst, daß Du ihn nicht kennst) zu verlegen, und verlangt nichts, als die Veranstaltung einer Prachtausgabe. Wenn die Sache klug, auf dem Wege der Subskription, angefangen wird, so kann dieser einzige Artikel (da so viel seiner Schriften noch ungedruckt waren) unsern Buchhandel heraufbringen; und wir wagen, im schlimmsten Fall, nicht das allermindeste dabei. Auch Goethe und Wieland haben geschrieben, und werden an unserm Journal Anteil nehmen. Der zerbrochene Krug (ein Lustspiel von mir) wird im Februar zu Weimar aufgeführt, wozu ich wahrscheinlich mit Rühle (der Major und Kammerherr geworden ist), wenn der Prinz dahingeht, mitreisen werde. Kurz, alles geht gut, und es fehlt nichts, als daß ich noch ein Jahr älter bin, um Dich von einer Menge von Dingen zu überzeugen, an die Du noch zweifeln magst. Aber sei nur nicht so karg mit Briefen! Was mir verzeihlich war, zu seiner Zeit, ist es darum noch Dir nicht; und wenn Du nicht antwortest, so denk ich, Du machst Dir nichts daraus, wenn ich Dir was Gutes melde. Adieu, grüße alles, aufs Frühjahr bin ich gewiß bei Euch – was ist denn das für ein Komet, den mir Caroline Schönfeld zeigen will? Bald ein mehreres.

[Dresden,] d. 8. [Februar 1808]     H. v. Kleist.


*130. An Heinrich Joseph von Collin*

Ew. Wohlgeboren

uns, mit so vieler Herzlichkeit gegebene, Versicherung, unser Kunstjournal, einer eignen Unternehmung gleich, zu unterstützen, hat mir sowohl, als H. Adam Müller, die größte Freude gemacht. Es geschieht, Ihnen einen Beweis zu geben, wie sehr wir jetzt auf Sie rechnen, daß wir unser Gesuch, uns mit einem Beitrag zu beschenken, gleich nach Empfang Ihres Schreibens noch einmal wiederholen. Es könnte uns, bei dem Ziel, das wir uns gesteckt haben, keine Verbindung lieber sein, als mit Ihnen, und so wenig es uns an Manuskripten fehlt: es liegt uns daran, daß

Ihr Name bald im Phöbus erscheine. Da das Institut vorzüglich auch dazu bestimmt ist, von großen dramatischen Arbeiten, die unter der Feder sind, Proben zu geben, so würden uns Szenen aus Werken, die unter der Ihrigen sind, ganz vorzüglich willkommen sein. Doch auch für alles andere, was Sie uns geben wollen, werden wir dankbar sein; schicken Sie es nur gradezu an die hiesige Kaisl. Königl. Gesandtschaft, welche alle unsere wechselseitige Mitteilungen zu besorgen die Güte haben wird. Ich bin, außer der Penthesilea, von welcher ein Fragment im ersten Hefte steht, im Besitz noch zweier Tragödien, von deren einen Sie eine Probe im dritten oder vierten Heft sehen werden. Diese Bestrebungen, ernsthaft gemeint, *müssen* dem Phöbus seinen Charakter geben, und auf der Welt ist niemand, der in diese Idee eingreifen kann, als Sie. Das erste Werk, womit ich wieder auftreten werde, ist Robert Guiskard, Herzog der Normänner. Der Stoff ist, mit den Leuten zu reden, noch ungeheurer; doch in der Kunst kommt es überall auf die Form an, und alles, was eine Gestalt hat, ist meine Sache. Außerdem habe ich noch ein Lustspiel liegen, wovon ich Ihnen eine, zum Behuf einer hiesigen Privatvorstellung (aus der nichts ward) genommene Abschrift schicke. H. v. Goethe läßt es in Weimar einstudieren. Ob es für das Wiener Publikum sein wird? weiß ich nicht; wenn der Erfolg nicht *gewiß* ist (wahrscheinlich, wir verstehen uns) so erbitte ich es mir lieber wieder zurück. Es ist durch den Baron v. Buol (K. K. Chargé d'Affaires) der es sehr in Affektion genommen hatte, mehreremal dem H. Grafen v. Palfy empfohlen worden (nicht zugeschickt), – aber niemals darauf eine entscheidende Antwort erfolgt. – Von der Penthesilea, die im Druck ist, sollen Sie ein Exemplar haben, sobald sie fertig sein wird. – Sagen Sie mir, ums Himmelswillen, ist denn das 1. Phöbusheft bei Ihnen noch nicht erschienen? Und wenn nicht, warum nicht? Wir sind sehr betreten darüber, von dem Industriecomptoir in Wien, dem wir es in Kommission gegeben haben, gar nichts, diesen Gegenstand betreffend, erfahren zu haben. Würden Sie wohl einmal gelegentlich die Gefälligkeit haben, sich danach zu erkundigen? Das zweite Heft ist fertig; und noch nicht einmal die Ankündigung ist in Wien erschienen! – Ich hätte noch dies und das andere, das ich Ihnen schreiben, und worum ich Sie bitten möchte, doch man muß seine Freunde nicht zu sehr quälen, leben Sie also wohl, und überzeugen Sie sich von der Liebe und Verehrung dessen, der sich nennt

Dresden, den 14. Feb. 1808             Ihr H. v. Kleist.
Pirnsche Vorstadt, Nr. 123

### 131. An Otto August Rühle von Lilienstern

An den Maj. v. Rühle.

Mein liebster Rühle,

Du mußt mir gleich etwas Geld schicken, um einige notwendige Ausgaben zu bestreiten. Laß es, wenn es sein kann, 30 Rth. sein; Du kannst es Dir ja, nach der Verabredung von gestern, ersetzen.

Sonnabend, d. – April 1808             H. v. K.

### 132. An Otto August Rühle von Lilienstern

An den Maj. und Gouverneur Sr. des Pr. Bernhard v. Weimar, H. v. Rühle Hochw. zu Weimar. cito.

Mein liebster Rühle,

ich muß Dich nur noch über einen Punkt instruieren, in Betreff des Ph[öbus], der bei unsrer letzten Zusammenkunft nicht hinlänglich ausgemacht worden ist. Der Ph. muß *schlechterdings* verkauft werden, es ist an gar keine Kommission zu denken, weil wir die Verlagskosten nicht aufbringen können. Wir müssen uns daher zu *jedwedem* Opfer verstehen. Weil das Kapital, das wir hineingesteckt, doch verloren sein würde, wenn er aufhört, so muß es lieber in die Schanze geschlagen [werden] zu einer Zeit, da dies noch ein Mittel werden kann, ihn (für künftige Jahre) aufrecht zu erhalten. Ja, um dem Skandal zu entgehen, müssen wir uns noch obenein, wenn man uns nur Kredit geben will, für das Risiko *verschreiben* – ich weiß, daß Du mit dieser Maßregel nicht voreilig sein wirst. – Adieu.

Dresden, den 4. Mai 1808             H. v. Kl.

### 133. An Georg Joachim Göschen

Ew. Wohlgeboren

nehme ich mir die Freiheit, gestützt auf eine eben erhaltene Zuschrift des Hr. v. Rühle, und auf die eigene Bekanntschaft, die ich mit Denselben vor einigen Jahren zu machen das Glück

hatte, in Betreff *des Phöbus* folgenden Vorschlag zu machen. –
Es war die gutgemeinte, aber etwas voreilige Hoffnung, die uns
der Hr. App. Rat Körner zur Erlangung einer Buchhandlung
machte, die uns verführte, den Verlag dieses Kunstjournals auf
eigne Kosten zu übernehmen. Die Verweigerung derselben setzt
uns außerstand, den Vertrieb desselben gehörig zu besorgen, und
hat zugleich unser Verhältnis mit den hiesigen Buchhändlern so
gestellt, daß an eine Näherung nicht wohl zu denken ist. Da wir
auf jeden andern Vorteil, als diesen, das Werk aufrecht zu erhalten und ihm die Allgemeinheit zu geben, deren es würdig ist,
Verzicht leisten: so bieten wir Ew. Wohlgeboren denselben gegen
Übernahme der Totalkosten (wovon die Berechnung hier einliegt) von Ihrer Seite – und von unsrer, gänzlich unentgeltliche
Lieferung der Manuskripte, und Kredit, was die schon vorhandenen Kosten betrifft, bis zur Ostermesse 1809 an. Für den künftigen Jahrgang müßte ein neuer Kontrakt geschlossen werden.
Ich sende Ew. Wohlgeboren das Verzeichnis des 4. und 5. Heftes,
und einige, bereits fertige, Sachen davon, woraus sich das Ansehn dieser, zur Messe noch erscheinenden, Lieferung einigermaßen wird beurteilen lassen. – Indem ich nur noch hinzusetze,
daß der Druck notwendig nach wie vor hier würde vor sich
gehen müssen, versichre ich, daß wir gefällig sein werden, in
jedem andern noch nicht berührten Punkt, und habe die Ehre,
mit der vorzüglichsten Hochachtung zu sein,

Ew. Wohlgeboren ergebenster

Dresden, den 7. Mai 1808  Heinrich v. Kleist.

### 134. An Johann Friedrich Cotta

Ew. Wohlgeboren

nehme ich mir die Freiheit, in Betreff einiger Manuskripte, die
ich vorrätig liegen habe, folgende Vorschläge zu machen.

1) Ob Dieselben das Trauerspiel: *Penthesilea*, in Verlag nehmen
wollen, wovon, um Ursachen, die hier zu weitläufig auseinander
zu setzen sind, bereits 7 Bogen gedruckt sind. Dieser Druck der
ersten Bogen schreckt die Hr. Buchhändler ab, das Werk anders,
als in Kommission, zu übernehmen, und gleichwohl setzen mich
die großen Kosten, die mir der Phöbus verursacht, außerstand,
im Druck dieses Werks fortzufahren. Da die verspätete Erschei-

nung der Dramen, wovon der Phöbus Fragmente liefert, diesem Journal in letzter Instanz tötlich sein würde (indem es nur darauf berechnet ist), so muß ich mich, in dieser Lage, an jemand wenden, dem das Interesse der Kunst selbst am Herzen liegt. Ich bin erbötig, Ew. Wohlgeb. die Bestimmung des Honorars gänzlich zu überlassen und Kredit darauf zu geben, bis Ostern 1809, wenn Dieselben nur die Druckkosten, nach dem inliegenden Anschlag, übernehmen, und mir, zur Fortsetzung des Werkes, übersenden wollen. Wenn es nicht anders, als in Kommission genommen werden kann, so bin ich bereit, auf die Berechnung bis Ostern 1810 Kredit zu geben, falls Dieselben mich, durch einen Vorschuß von 150 Rth., in den Stand setzen wollen, Ihnen das Werk unverzüglich zu liefern. – Ich erbitte mir auf einen dieser Punkte eine gefällige Antwort.

2) Ob Ew. Wohlgeb. den Verlag eines *Taschenbuchs* übernehmen wollen, wozu ich Denselben jährlich ein Drama im Manuskript, und Zeichnungen von Hr. Hartmann, der Szenen daraus darstellen will, überliefern würde. Ich würde, in diesem Jahre, das *Käthchen von Heilbronn* dazu bestimmen, ein Stück, das mehr in die romantische Gattung schlägt, als die übrigen. – Doch auch eines der andern Stücke, wovon im Phöbus Fragmente erschienen, stehen Ew. Wohlgeboren zu Diensten. – Es wird nächstens noch eins erscheinen, vielleicht, daß dies Denenselben zusagt. Ich erbitte mir über diesen Punkt, wenn er angenommen wird, gefällige Vorschläge.

3) Erbitten wir uns, Hr. Ad. Müller und ich, da Sie außerstand sind, den Phöbus in diesem Jahr zu übernehmen, wenigstens alle Gefälligkeiten, die nötig sind, ihn zu halten. Wir werden Denenselben eine Kritik (wir hoffen, von Hr. Fr. Schlegel, oder wenn dies nicht sein kann, von Hr. Dokt. Wetzel) der fünf erschienenen Hefte, und eine Inhaltsanzeige des sechsten (in welchem Beiträge von Fr. v. Staël und Fr. Schlegel erscheinen werden) zuschicken und bitten, dieselben gefälligst im Morgenblatt zu verbreiten.

Ich habe die Ehre, mit der vorzüglichsten Hochachtung zu sein,
Ew. Wohlgeboren ergebenster

Dresden, den 7. Juni 1808　　　　　　　　Heinrich v. Kleist.
Pirnsche Vorstadt, 123

## 135. An Johann Friedrich Cotta

Ew. Wohlgeboren

haben sich wirklich, durch die Übernahme der Penthesilea, einen Anspruch auf meine herzliche und unauslöschliche Ergebenheit erworben. Ich fühle, mit völlig lebhafter Überzeugung, daß diesem Ankauf, unter den jetzigen Umständen, kein anderes Motiv zum Grunde liegen kann, als der gute Wille, einen Schriftsteller nicht untergehen zu lassen, den die Zeit nicht tragen kann; und wenn es mir nun gelingt, mich, ihr zum Trotz, aufrecht zu erhalten, so werd ich in der Tat sagen müssen, daß ich es Ihnen zu verdanken habe. Ew. Wohlgeboren erhalten hierbei ein Exempl. dieses Werks. 300 andere sind bereits an Hr. Böhme in Leipzig abgegangen; 50 hat Arnold erhalten. Ich bitte nur,

1) den 13. Druckbogen (da das Werk nur c. 12 enthält) gelegentlich, von den mir überschickten 353 Rth., in Abrechnung zu stellen;

2) mir schleunigst den Ladenpreis zu bestimmen, damit Hr. Arnold hier mit dem Verkauf vorgehen kann; und

3) zu disponieren, wohin die übrigen Exemplare versandt werden sollen?

Was das *Taschenbuch* betrifft, so übergebe ich mich damit nunmehr, so wie mit allem, was ich schreibe, ganz und gar in Ew. Wohlgeboren Hände. Wenn ich *dichten* kann, d. h. wenn ich mich mit jedem Werke, das ich schreibe, so viel erwerben kann, als ich notdürftig brauche, um ein zweites zu schreiben; so sind alle meine Ansprüche an dieses Leben erfüllt. Das Schauspiel, das für das Taschenbuch bestimmt ist, wird, hoff ich, in Wien aufgeführt werden. Da bisher noch von keinem Honorar die Rede war, so hindert dies die Erscheinung des Werkes nicht; inzwischen wünschte ich doch, daß es so spät erschiene, als es Ihr Interesse zuläßt. Ich bitte also, mir gefälligst

1) den äußersten Zeitpunkt vor Michaeli zu bestimmen, da Sie das Manuskript zum Druck in Händen haben müssen.

Ich habe die Ehre mit der herzlichsten und innigsten Verehrung zu sein,            Ew. Wohlgeboren ergebenster

Dresden, den 24. Juli 1808                     H. v. Kleist.

Pirnsche Vorstadt, Rammsche Gasse Nr. 123

*136. An Ulrike von Kleist*

Meine teuerste Ulrike,

Ich hätte Dich so gern diesen Sommer einmal gesehen, um Dir über so manche Dinge Auskunft zu geben und abzufordern, die sich in Briefen nicht anders, als auf eine unvollkommene Art, abtun lassen. Doch mancherlei Ursachen, die gleichfalls zu weitläufig sind, um auseinander gesetzt zu werden, verhindern mich, bis noch auf diese Stunde, Dresden zu verlassen. Der Phöbus hat sich, trotz des gänzlich danieder liegenden Buchhandels, noch bis jetzt erhalten; doch was jetzt, wenn der Krieg ausbricht, daraus werden soll, weiß ich nicht. Es würde mir leicht sein, Dich zu überzeugen, wie gut meine Lage wäre, und wie hoffnungsreich die Aussichten, die sich mir in die Zukunft eröffnen: wenn diese verderbliche Zeit nicht den Erfolg aller ruhigen Bemühungen zerstörte. Gleichwohl ist die Bedingung, unter der ich hier lebe, noch erträglich, und ich fürchte sehr, daß es Euch allen nicht besser geht. Ich habe jetzt wieder ein Stück, durch den hiesigen Maître de plaisir, Grf. Vizthum, an die Sächsische Hauptbühne verkauft, und denke dies, wenn mich der Krieg nicht stört, auch nach Wien zu tun; doch nach Berlin geht es nicht, weil dort nur Übersetzungen kleiner französischer Stücke gegeben werden; und in Kassel ist gar das deutsche Theater ganz abgeschafft und ein französisches an die Stelle gesetzt worden. So wird es wohl, wenn Gott nicht hilft, überall werden. Wer weiß, ob jemand noch, nach hundert Jahren, in dieser Gegend deutsch spricht. Ich bitte Dich, nicht böse zu werden, wenn ich Dir vorderhand die Interessen der 500 Rth. nicht auszahlen kann, ich versichre Dich, daß es ganz unmöglich ist, indem die meisten Buchhändler bis auf Ostern 1809 unsre Schuldner sind. Die eigentliche Absicht dieses Briefes ist, bestimmt zu erfahren, wo Du bist, und Dich zu fragen, ob Du wohl einen reitenden Boten, den ich von hier aus nach Wormlage abfertigen würde, von dort aus weiter nach Fürstenwalde besorgen kannst? Man wünscht jemanden, der in der Mark wohnt (es ist der G. P.), schnell von der Entbindung einer Dame, die in Töplitz ist, zu benachrichtigen. Schreibe mir nur bestimmt: *ja*, weiter brauch ich nichts; ich überlasse es Dir, ob Du den Boten, den Du in Wormlage aufbringst, wegen etwa allzu großer Weite, erst nach Gulben schicken, und dort einen neuen beitreiben lassen – oder jenen gleich nach Fürstenwalde abgehen lassen willst. Schnelligkeit wird sehr gewünscht. Auch mir antworte *sogleich* auf diesen Punkt. Vielleicht komme ich in etwa drei Wochen selbst zu Euch, sehe, was Ihr macht, und berichtige meine, oder vielmehr die Schuld eines Freundes. Lebe inzwischen wohl, schreibe mir, was unsre teuerste Tante macht, und die übrigen, und zweifle nie an der unauslöschlichen Liebe Deines

Dresden, den [?] Aug. 1808 H. v. K.

## 137. An Ulrike von Kleist
Meine teuerste Ulrike,

Ich hatte mir, in der Tat, schon einen Paß besorgt, um nach Wormlage zu kommen, weil ich Dich in einer wichtigen Sache zu sprechen wünschte. Doch ein heftiges Zahngeschwür hält mich davon ab. Da die Sache keinen Aufschub leidet, so bitte ich Dich, Dich auf einen Wagen zu setzen und zu mir her zu kommen. Ich weiß wohl, daß man keiner andern Schwester so etwas zumuten könnte; doch grade weil Du es bist, so tue ich es. Der Überbringer ist mein Bedienter, in dessen Begleitung Du so sicher, wie in Abrahams Schoß, reisen kannst. Auch kannst Du, wenn Du vorlieb nehmen willst, bei mir wohnen. Es soll mir lieb sein, wenn Du länger bleiben willst, doch ich brauche Dich nur auf einen Tag, und Du kannst, wenn Du willst, mit demselben Wagen wieder zurückreisen. Ich gebe Dir alsdann meinen Bedienten wieder mit. Entschließe Dich, meine liebste Ulrike, schürz und schwinge Dich, das Wetter ist gut, und in drei Tagen ist alles, als wär es nicht geschehen.

Dresden, den 30. Sept. 1808 H. v. Kleist.

## 138. An Heinrich Joseph von Collin
Ew. Hochwohlgeboren

habe ich die Ehre, hiermit die Penthesilea, als ein Zeichen meiner innigsten und herzlichsten Verehrung, zu überschicken, und damit ein Versprechen zu lösen, das ich Denenselben zu Anfange des laufenden Jahres gegeben habe.

Herr Hofrat Müller sowohl, als ich, wiederholen die Bitte uns, wenn die öffentlichen Verhältnisse ruhig bleiben sollten, gefälligst mit einem Beitrag für den Phöbus zu versehen.

Das Käthchen von Heilbronn, das ich für die Bühne bearbeitet habe, lege ich Ew. Hochwohlgeb. hiermit ergebenst, zur Durchsicht und Prüfung, ob es zu diesem Zweck tauglich sei, bei.

Indem ich noch bitte, mir, wenn es Ihren Beifall haben, und die Bühne es an sich zu bringen wünschen sollte, diesen Umstand gefälligst bald anzuzeigen, damit mit dem Druck, in Tübingen bei Cotta, der das Werk in Verlag nimmt, nicht vorgegangen werde, habe ich die Ehre mit der vorzüglichsten Hochachtung zu sein,

Ew. Hochwohlgeboren ergebenster

Dresden, den 2. Okt. 1808 Heinrich v. Kleist.
Pirnsche Vorstadt, Rammsche Gasse Nr. 123

## 139. An Karl August Varnhagen von Ense

[Dresden, 6. Oktober 1808]

Lieber Varnhagen,

Ich bin zweimal im goldnen Engel gewesen, ohne Sie zu treffen. Heute bin ich krank. Wollen Sie nachmittag eine Tasse Kaffee bei mir trinken? Sie werden damit sehr erfreuen,

Ihren ergebensten

Donnerstag H. v. Kleist.

## 140. An Ulrike von Kleist

Meine liebste, teuerste Ulrike,

Ich reise, in diesem Augenblick, in der Sache der Fr. v. Haza, von welcher ich Dich, bei Deinem Hiersein in Dresden, einigermaßen unterrichtet habe, nach Lewitz, in der Gegend von Posen ab. Da ich wieder durch die Lausitz gehe, so glaubte ich, bei dieser Gelegenheit, meine Schuld an Pannwitz, abtragen zu können; doch die Ausgaben wachsen mir so über den Kopf, daß ich es nicht bestreiten kann. Tue mir den Gefallen, und decke die 20 Rth., die ich ihm schuldig; *ihm* schuldig zu sein, quält mich nicht, doch unsrer Minette, die sie ihm vorgeschossen hat. Ich lege Dir den Brief bei, den Du, in diesem Fall, zuzusiegeln, und an ihn abzuschicken hast. Fr. v. Haza ist eine liebenswürdige und vortreffliche Dame, und die ersten Schritte, die ich für sie getan habe, machen es ganz notwendig, daß ich die letzten auch tue. Das allererstemal, daß ich Geld kriege, will ich, so wahr ich bin, gleich an Dich denken. Adieu, vor 14 Tagen bin ich nicht hier zurück.

Dresden, den 2. Nov. 1808                         Dein Heinrich.

N. S. Der Buchhändler Walter hat den Phöbus übernommen, und alle Ausgaben sind gedeckt.

*141. An Heinrich Joseph von Collin*

An Herrn Heinrich von Collin Hochwohlgeboren zu Wien.

Teuerster Herr von Collin,

Das Käthchen von Heilbronn, das, wie ich selbst einsehe, notwendig verkürzt werden muß, konnte unter keine Hände fallen, denen ich dies Geschäft lieber anvertraute, als den Ihrigen. Verfahren Sie ganz damit, wie es der Zweck Ihrer Bühne erheischt. Auch die Berliner Bühne, die es aufführt, verkürzt es; und ich selbst werde vielleicht noch, für andere Bühnen, ein Gleiches damit vornehmen. – Wie gern hätte ich das Wort von Ihnen gehört, das Ihnen, die Penthesilea betreffend, auf der Zunge zu schweben schien! Wäre es auch gleich ein wenig streng gewesen! Denn wer das Käthchen liebt, dem kann die Penthesilea nicht ganz unbegreiflich sein, sie gehören ja wie das $+$ und $-$ der Algebra zusammen, und sind ein und dasselbe Wesen, nur unter entgegengesetzten Beziehungen gedacht. – Sagen Sie mir dreist, wenn Sie Zeit und Lust haben, was Sie darüber denken; *gewiß!* es kann mir nicht anders, als lehrreich und angenehm sein. – Hier erfolgt zugleich die Quittung an die K. K. Theaterkasse. Ich schicke sie Ihnen, teuerster Herr von Collin, weil es mir an Bekanntschaften in Wien fehlt, und die Güte, die Sie für mich zeigen, mich zu dieser Freiheit aufmuntert. Besorgen Sie gefälligst die Einziehung des Honorars, und senden Sie es mir, da es Papiere sind, nur mit der Post zu, wenn sich keine andre sichre und prompte Gelegenheit findet. – Schlagen Sie es doch in ein Kuvert ein, an den *Baron v. Buol*, hiesigen K. K. Chargé d'affaire, so ersparen wir das Postgeld. – Ich verharre mit der innigsten Hochachtung,

                     Herr von Collin,
                     Ihr ergebenster

Dresden, den 8. Dezmbr. 1808            Heinrich von Kleist.

Pirnsche Vorstadt, Rammsche Gasse Nr. 123

*142. An Otto August Rühle von Lilienstern*

An den H. Maj. v. Rühle Hochw. zu Dresden. [Dresden, 1808]

Mein liebster Rühle, schenke mir oder leihe mir, auf mein ehrliches Gesicht, zehn Taler, zum Lohn für das, was ich Dir gestern getan habe. Wenn ich auf Dich böse bin, so überlebt diese Regung nie eine Nacht, und schon als Du mir die Hand reichtest, beim Weggehen, kam die ganze Empfindung meiner Mutter über mich, und machte mich wieder gut. H. v. K.

*143. An Heinrich Joseph von Collin*

An den H. von Collin Hochwohlgeb. zu Wien.

Verehrungswürdigster Herr von Collin,

Sie erhalten, in der Anlage, ein neues Drama, betitelt: *die Hermannsschlacht*, von dem ich wünsche, daß es Ihnen gleichfalls, wie das Käthchen von Heilbronn, ein wenig gefallen möge. Schlagen Sie es gefälligst der K. K. Theaterdirektion zur Aufführung vor. Wenn dieselbe es annehmen sollte, so wünsche ich fast (falls dies noch möglich wäre) daß es früher auf die Bühne käme, als das Käthchen; es ist um nichts besser, und doch scheint es mir seines Erfolges sichrer zu sein.

Ich hoffe, daß Sie den, das Käthchen betreffenden, Brief, in welchem auch die Quittung enthalten war, durch Hr. v. Gentz, der ihn, von Prag aus, dem Hr. Pr[inzen] von Rohan nach Wien mitgegeben hat, empfangen haben werden.

In Erwartung einer gütigen Antwort verharre ich mit der innigsten und lebhaftesten Hochachtung,

    Herr von Collin Ihr ergebenster

Dresden, den 1. Januar 1809      Heinrich v. Kleist.
Pirnsche Vorstadt, Rammsche Gasse Nr. 123

*144. An Karl Freiherrn von Stein zum Altenstein*

Hochwohlgeborner Freiherr,
Hochzuverehrender Herr Finanzminister,

Ich möchte Ihre Hand ergreifen, mein großer und erhabener Freund, und einen langen und heißen Kuß darauf drücken! Denn was soll ich Ihnen, so wie die Verhältnisse stehn, sagen, in dem Tumult freudiger Empfindungen, durch den Inhalt der letzten Berliner Zeitungsblätter erregt? Möchte jedes Herz nur, wie das meinige, Ihnen zufliegen, das Vaterland müßte, wie jener Sohn der Erde, von seinem Fall erstehn: mächtiger, blühender, glücklicher und herrlicher, als jemals!

Ew. Exzellenz Ankunft in Berlin erwarte ich bloß (denn darauf dürfen wir doch hoffen?), um Denenselben die Abschrift einer *Hermannsschlacht* zuzustellen, die ich eben jetzt nach Wien geschickt habe. Schon aus dem Titel sehen Sie, daß dies Drama auf keinem so entfernten Standpunkt gedichtet ist, als ein früheres, das jetzt daselbst auf die Bühne kommt. Und wenn der Tag uns nur völlig erscheint, von welchem Sie uns die Morgenröte heraufführen, so will ich lauter Werke schreiben, die in die Mitte der Zeit hineinfallen.

Ich kann diesen Augenblick, in welchem Ew. Exzellenz gewiß, mehr als jemals, bemüht sind, alle Kräfte um sich zu versammeln, nicht vorübergehen lassen, ohne Sie auf einen Freund, den Herzogl. Weimarisch. Hofr. Adam Müller (einen Preußen von Geburt) aufmerksam zu machen. Ew. Exzellenz wird vielleicht schon, aus öffentlichen Blättern, bekannt sein, daß dieser außerordentliche Geist, im Laufe dieses Winters, vor einer geschlossenen Gesellschaft, einen Kursus politisch-ökonomischer Vorlesungen angefangen hat; es ist fast das ganze diplomatische Korps (mit Ausnahme des Hr. v. Bourgoing), das sich, zweimal in der Woche, in der Wohnung des Pr[inzen] Bernh. v. Weimar, mit einem in der Tat seltenen Beifall, um ihn versammelt. Ich nehme mir die Freiheit, Ew. Exzellenz die zehnte Vorlesung, die ich ihm halb im Scherz, halb im Ernst, entrissen habe, als eine Probe, auf eine wie weltumfassende Art er seinen Gegenstand behandelt, mitzuteilen. Da ihn das Leben eigentlich mehr, als das Studium, innerhalb der Grenzen der Bücher, erzogen hat, und sein Gemüt, wie gewiß jeder anerkennen wird, von einer großen praktischen Fähigkeit ist, so wüßte ich nicht, wie ich das unauslöschliche Bestreben, dem Vaterlande, auch außer dem Dichterkreise, der mir verzeichnet ist, noch nützlich zu sein, besser betätigen könnte, als dadurch, daß ich Ew. Exzellenz diesen Mann zu empfehlen wage. Seine Lage ist zwar hier, als öffentlicher sowohl, als auch als Lehrer des Pr. Bernhard von Weimar, so, daß ich nicht weiß, wie die Bedingungen beschaffen sein müßten, die ihn reizten: der Herzog v. Weimar will ihn, nach vollendeter Erziehung seines

Sohnes, in seine Dienste nehmen; doch der große, innige und begeisterte Anteil, den er an die Wiedergeburt des Vaterlandes nimmt, und die gänzliche Versenkung seines Geistes in die Zeitungsblätter, die davon handeln, verstatten keinen Zweifel, daß er nicht, selbst auch mit Hintansetzung pekuniärer Vorteile, einem Rufe folgen sollte, wenn nur sonst der Wirkungskreis, in welchen er dadurch versetzt würde, seinen Kräften angemessen wäre. Er weiß von diesem Schreiben nichts, obschon er im allgemeinen wohl ahndet, zu welchem Zweck ich jene Vorlesung an mich genommen habe. Wie glücklich wäre ich, wenn in Ew. Exzellenz gütigem Antwortschreiben, auf das ich zu hoffen wage, eine Äußerung enthalten wäre, auf die gestützt ich ihn aufmuntern könnte, sich selbst bei Höchstdenselben um einen Platz in dem Geschäftskreise zu bewerben, in dessen Mitte Sie stehn! – Gänzliche Vergessenheit, mein erhabner Freund, über diese Zeilen, wenn sie etwas Unbescheidnes enthalten!

Ich verharre in der innigsten und tiefsten Verehrung,

Ew. Exzellenz gehorsamster

Dresden, den 1. Januar 1809 H. v. Kleist.
Pirnsche Vorstadt, Rammsche Gasse Nr. 123

## 145. An Heinrich Joseph von Collin

An Herrn Heinrich von Collin, Hochwohlgeboren zu Wien, fr.

Ew. Hochwohlgeboren

habe ich, zu Anfang Dezmbrs. v. Jahres, durch eine Gelegenheit, die Quittung über die bewußten 300 Guld. Banknoten, für das Manuskript: *das Käthchen von Heilbronn*, und bald darauf die Abschrift eines zweiten Dramas: *die Hermannsschlacht*, durch eine andere Gelegenheit, ergebenst zugesandt. Da ich nicht das Glück gehabt habe, seitdem mit einer Zuschrift Ew. Hochwohlgeb. beehrt zu werden, so bitte ich Dieselben inständigst, mir, wenn es sein kann, mit nächster Post, gefälligst anzuzeigen, ob diese beiden Adressen richtig in Ihre Hände gekommen sind? Es würde mir, besonders um dieser letzten willen, leid tun, wenn die Überlieferung derselben, durch irgend ein Versehn, vernachlässigt worden wäre, indem dies Stück mehr, als irgend ein anderes, für den Augenblick berechnet war, und ich fast wünschen muß, es ganz und gar wieder zurückzunehmen, wenn die Verhältnisse, wie

leicht möglich ist, nicht gestatten sollten, es im Laufe dieser Zeit
aufzuführen.

Ich habe die Ehre, mit der vorzüglichsten Hochachtung zu sein,
Ew. Hochwohlgeb. ergebenster

Dresden, den 22. Feb. 1809　　　　　　　　　Heinrich v. Kleist.
Rammsche Gasse, Pirnsche Vorst. Nr. 123

*146. An Georg Moritz Walther*

An den H. Buchhändler Walther Wohlgeb. zu Dresden.

Ew. Wohlgeboren

sehe ich mich genötigt, zu melden, daß der Kontrakt, in welchem der Hofr. Müller die Forderung der Phöbus-Redaktion, in Pausch und Bogen, für 130 Rth. an Sie abgetreten hat, gänzlich ohne mein Vorwissen abgeschlossen worden ist.

Ich zweifle nicht, daß Ew. Wohlgeb. dieser Umstand unbekannt war, und daß der Hofr. Müller Ihnen die Versicherung gegeben hat: ich wäre von diesem Schritte unterrichtet.

Inzwischen ist, durch ein so wenig freundschaftliches Verfahren, wozu noch andere Schritte kommen, die nicht hierher gehören, das gute Vernehmen gestört worden, das bisher unter uns obwaltete.

Wenn also Dieselben, wie mir der Hofrat versichert, den Phöbus, für das nächste Jahr, in Verlag nehmen wollen: so trete ich entweder von der Redaktion zurück, oder suche mir einen andern Korredakteur, als den Hofr. Müller.

Indem ich Ew. Wohlgeboren gefällige Erklärung über diese Punkte erwarte, habe ich die Ehre, zu sein,

Ew. Wohlgeboren ergebenster

Dresden, den 5. April 1809　　　　　　　　　Heinrich v. Kleist.
Willsche Gasse, Löwenapotheke, 4 Treppen hoch

*147. An Ulrike von Kleist*

Meine teuerste Ulrike,

Ich werde mit der Kaiserl. Gesandtschaft, wenn sie von hier abgeht, nach Wien reisen. Nur wünsche ich lebhaft, Dich vorher noch einmal zu sprechen; und doch ist es mir unmöglich, Dresden auf mehrere Tage zu verlassen, eben weil die Gesandtschaft jede Stunde den Befehl zum Aufbruch erhalten kann. Könntest

Du mir nicht auf den halben Weg bis – – wie heißt der Ort 4 Meilen von Wormlage und 3 Meilen von Dresden? – entgegenkommen? Wenn Du es möglich machen kannst: so schreibe mir den Tag und den *Namen* dieses Orts; und verlaß Dich darauf daß ich alsdann mit Dir zugleich dort eintreffe. Auch wünsche ich, zum Behuf dieser Reise, einiges Geld von der kleinen Erbschaft, die ich gemacht habe, voraus zu empfangen. Könntest Du mir nicht, auf irgend eine Art, dazu verhelfen und es mir mitbringen? Wenn es auch nur 50 oder 30 Rth. wären. Schreibe mir ein paar bestimmte Worte, *wann* und *wohin* Du kommen willst; und noch einmal verlaß Dich darauf, daß ich alsdann dort bin.

Dein
Heinrich v. Kleist.

Dresden, den 8. April 1809
Willsche Gasse, Löwenapotheke

N. S. Sieh doch zu, daß wir spätestens *Mittwoch* oder *Donnerstag* (allerspätestens) zusammentreffen können. Wir müssen zu Mittag ankommen, den Nachmittag und Abend zusammen bleiben, und die Nacht dort zubringen.

*148. An das Stadtgericht zu Frankfurt a. d. Oder*

Daß ich das Testament vom 20. Januar 1790, Testament vom 5. April 1803, Kodizill vom 28. Januar und 7. März 1808 und Publikations-Protokoll vom 18. Januar 1809 gelesen, und gegen die Verfügungen meiner geliebten und verewigten Tante, Fr. Maj. v. Massow, nichts einzuwenden habe, erkläre und bescheinige ich hiermit, mit meiner Namensunterschrift und Petschaft.

Dresden, den 14. April 1809          Heinrich v. Kleist.

*149. An Heinrich Joseph von Collin*

Teuerster Herr von Collin,

Die 300 fl. Banknoten sind in Berlin angekommen. Ich habe sie zwar noch nicht erhalten; doch kann ich Ihnen die Quittung darüber, nebst meinem ergebensten Dank, zustellen.

Ihre mutigen Lieder östr. Wehrmänner haben wir auch hier gelesen. Meine Freude darüber, Ihren Namen auf dem Titel zu sehen (der Verleger hat es nicht gewagt, sich zu nennen), war unbeschreiblich. Ich auch finde, man muß sich mit seinem ganzen

Gewicht, so schwer oder leicht es sein mag, in die Waage der Zeit werfen; Sie werden inliegend mein Scherflein dazu finden. Geben Sie die Gedichte, wenn sie Ihnen gefallen, *Degen* oder wem Sie wollen, in öffentliche Blätter zu rücken, oder auch einzeln (nur nicht zusammenhängend, weil ich eine größere Sammlung herausgeben will) zu drucken; ich wollte, ich hätte eine Stimme von Erz, und könnte sie, vom Harz herab, den Deutschen absingen.

Vorderhand sind wir der Franzosen hier los. Auf die erste Nachricht der Siege, die die Österreicher erfochten, hat Bernadotte sogleich, mit der sächsischen Armee, Dresden verlassen, mit einer Eilfertigkeit, als ob der Feind auf seiner Ferse wäre. Man hat Kanonen und Munitionswagen zertrümmert, die man nicht fortschaffen konnte. Der Marsch, den das Korps genommen hat, geht auf Altenburg, um sich mit Davoust zu verbinden; doch wenn die Österreicher einige Fortschritte machen, so ist es abgeschnitten. Der König und die Königin haben laut geweint, da sie in den Wagen stiegen. Überhaupt spricht man sehr zweideutig von dieser Abreise. Es sollen die heftigsten Auftritte zwischen dem König und Bernadotte vorgefallen sein, und der König nur, auf die ungeheuersten Drohungen, Dresden verlassen haben. Jetzt ist alles darauf gespannt, was geschehen wird, wenn die Armee über die Grenze rücken soll. Der König soll entschlossen sein, dies nicht zu tun; und der Geist der Truppen ist in der Tat so, daß es kaum möglich ist. Ob er alsdann, den Franzosen so nahe, noch frei sein wird? – ist eine andere Frage. – Vielleicht erhalten wir einen Pendant zur Geschichte von Spanien. – Wenn nur die Österreicher erst hier wären!

Doch, wie stehts, mein teuerster Freund, mit der Hermannsschlacht? Sie können leicht denken, wie sehr mir die Aufführung dieses Stücks, das einzig und allein auf diesen Augenblick berechnet war, am Herzen liegt. Schreiben Sie mir bald: es wird gegeben; jede Bedingung ist mir gleichgültig, ich *schenke* es den Deutschen; machen Sie nur, daß es gegeben wird.

Mit herzlicher Liebe und Hochachtung,

Ihr
Heinrich v. Kleist.

Dresden, den 20. April 1809
Willsche Gasse, Löwenapotheke

N. S. Das sächsische Korps ist auf Wägen plötzlich nach *Plauen* und von da, wie es heißt, nach *Zwickau* aufgebrochen. Was dies bedeuten soll, begreift niemand. – Im Preußischen ist, mit der größten Schnelligkeit, alles auf den Kriegsfuß gesetzt worden. den 23. [April 1809]


*150. An Ulrike von Kleist*

Meine teuerste Ulrike,

Ich schreibe Dir nur ganz kurz, um Dir einige flüchtige Nachrichten und Aufträge zu geben. Den 29. April habe ich Dresden verlassen. B[uol], mit dem ich, wie ich Dir sagte, reisen wollte, war schon fort; und auch hier in Töplitz, habe ich ihn nicht mehr angetroffen. Alles stand damals so gut, daß ich in Dresden bleiben zu können glaubte; doch die letzten Begebenheiten haben mich gezwungen, von dort hinwegzugehen. Was ich nun eigentlich in diesem Lande tun werde, das weiß ich noch nicht; die Zeit wird es mir an die Hand geben, und Du es alsdann, hoffe ich, auch erfahren. Für jetzt gehe ich über Prag nach Wien.

Inzwischen habe ich von Dresden nicht weggehen können, ohne einige Schulden daselbst zurückzulassen, die zu Johanni zahlbar sind. Nur die Gewißheit, daß mir die Erbschaft alsdann ausgezahlt werden wird, hat diesen Schritt überhaupt möglich gemacht. Ich beschwöre Dich also, meine teuerste Ulrike, für diesmal noch mit Deiner Forderung zurückzustehen, und mir das Geld, zu Bezahlung jener Schuld zukommen zu lassen. Noch weiß ich nicht, ob ich nicht vielleicht in kurzem wieder nach Dresden zurückkehre. Sollte dies nicht geschehen, so bitte ich Gusten, *Dir* die Zahlung zu machen; und Dich bitte ich, das Geld dem Kaufmann Salomon Ascher, Dresden Große Büttelgasse Nr. 472, gegen Rückgabe der Schuldverschreibungen, zuzustellen. Um den Kaufmann, wegen dieses Umstands, sicher zu stellen, hast Du wohl die Gefälligkeit, ihm, mit wenig Worten, kurz, unter der besagten Adresse, zu melden, *daß* dies zu Johanni geschehen werde. Versäume dies ja nicht, meine teuerste Ulrike, damit keine, mir auf das äußerste empfindliche, Irrungen daraus entstehen. Lebe inzwischen wohl, wir mögen uns wiedersehn oder nicht, Dein Name wird das letzte Wort sein, das über meine

Lippen geht, und mein erster Gedanke (wenn es erlaubt ist) von jenseits wieder zu Dir zurückkehren! Adieu, adieu! Grüße alles.

Töplitz, den 3. Mai 1809

Dein
H. v. Kleist.

*151. An Friedrich von Pfuel [?]*

[von fremder Hand: Reçu le 1. Juin 1809, le lendemain du retour de Kleist.]

Hier, mein teuerster Freund, schicke ich Ihnen, was ich soeben, feucht aus der Presse kommend, aus den Händen des Gen. Grf. Radetzky, erhalten habe. Fast hätte ich es Ihnen durch eine Estafette zugeschickt, um es desto früher an Knesebeck zu spedieren. Nun zweifle ich keinen Augenblick mehr daß der König v. Preußen und mit ihm das ganze Norddeutschland losbricht, und so ein Krieg entsteht, wie er der großen Sache, die es gilt, würdig ist.

Der Gen. Caulaincourt und zwei andre fr. Brigade-Generale sind gefangen.

Leider werden Sie meinen zweiten Brief von vorgestern nicht empfangen haben, weil mir jemand, der aus Znaim kam, sagte, Sie wären von dort abgereist. Der Brief, mit der ganzen Beschreibung dessen, was ich am 22. in Enzersdorf selbst sah, ist nach Prag gegangen, an den Grf. Kollowrat. Schreiben Sie doch Knesebeck, daß er ihn abholen lasse, und erbreche. Manches darin wird ihm interessant sein.

Wir gehen heute, Dahlmann und ich, auf das Schlachtfeld, nach Kakeran und Aspern, um alles zu betrachten, und uns von dem Gang der Begebenheiten zu unterrichten. – Es heißt der Erzh. Carl sei die Nacht vom 23. zum 24. über die Donau gegangen.

Schreiben Sie mir doch einmal nach Langen-Enzersdorf poste restante, wo ich von heut an wahrscheinlich mein Quartier aufschlagen werde. Wie steht es denn mit Ihren Plänen auf Sachsen?

Adieu,

Ihr

Stockerau, den 25. Mai 1809    Heinrich v. Kleist.

N. S. In dem Briefe, der für Sie nach Prag gegangen ist, liegt ein Brief an *Hartmann*. Wenn Knesebeck den Brief erbrechen soll, so müssen Sie ihn erinnern, daß er den Brief an *Hartmann* nicht etwa auf die Post gebe. Der Brief muß durch Eichler gehn. – Die Einlage an *Hartmann*, die in *diesem* Briefe liegt, besorgen Sie doch *möglichst* schnell.

## 152. An Friedrich von Schlegel
Teuerster Herr v. Schlegel,

Durch den Obristburggrafen, H. Grf. v. Wallis, ist ein Gesuch, das H. v. Dahlmann und ich, um die Erlaubnis, ein Journal, oder eigentlich ein Wochenblatt, unter dem Titel: Germania, herausgeben zu dürfen, bei der Regierung eingereicht hatten, Sr. Exz. dem H. Grf. v. Stadion vorgelegt worden. Was dieses Blatt enthalten soll, können Sie leicht denken; es ist nur ein Gegenstand, über den der Deutsche jetzt zu reden hat. Wir vereinigen uns beide, H. v. Dahlmann und ich, Sie zu bitten, bei dem H. Grafen, durch Ihre gütige Verwendung, das, was etwa nötig sein möchte, zu tun, um die in Rede stehende Erlaubnis, und zwar so geschwind, als es die Umstände verstatten, zu erhalten. Diesem Gesuch fügen wir noch ein anderes bei, das uns fast ebenso wichtig ist: nämlich uns gefälligst mit Beiträgen, oder wenigstens mit *einem* vorläufig zu beschenken, indem wir durch die Anerbietungen des Buchhändlers ziemlich imstand sein werden, sie so gut, wie ein anderer, zu honorieren. Es versteht sich von selbst, daß wir (falls die Einsendung nicht zu stark wäre) sogleich eines der ersten Blätter damit ausschmücken würden; weniger um Sie zu ehren, was Sie nicht bedürfen, als uns und unser Institut. Überhaupt will ich mit der Eröffnung desselben weiter nichts – (denn ihm persönlich vorzustehen, fühle ich mich nur, in Ermangelung eines Besseren, gewachsen) als unsern Schriftstellern, und besonders den norddeutschen, eine Gelegenheit zu verschaffen, das, was sie dem Volke zu sagen haben, gefahrlos in meine Blätter rücken zu lassen. Wir selber nennen uns nicht; und mithin auch keinen anderen, wenn es nicht ausdrücklich verlangt wird. Indem wir bald einer gütigen Antwort entgegensehen, schließe ich mit der Versicherung meiner innigen Verehrung und Liebe, und bin,

Herr von Schlegel,

Prag, den 13. Juni 1809  Ihr gehorsamster
Kleine Seite, Brückengasse Nr. 39  Heinrich v. Kleist.

*Nachschrift.* Das Hauptquartier des östr. Korps, das in Sachsen eingerückt ist, ist am 10. d. in *Dippoldiswalde* gewesen. *Thielmann,* der in Dresden kommandiert, hat eine fulminante Prokl. an die Sachsen erlassen. Auch das braunschweigsche Korps ist in Sachsen, und Nostitz, mit seinem Haufen, in Bayreuth eingefallen. Diese Bewegungen können Schill vielleicht retten. Schill hat sich vor dem fr. Gen. Gratien nach *Stralsund* zurückgezogen, und Schiffe genommen, um nach Rügen zu gehen. 900 Dänen (was sagen Sie dazu?) haben sich mit dem Gen. Gratien vereinigt.

## 153. An Ulrike von Kleist

Noch niemals, meine teuerste Ulrike, bin ich so erschüttert gewesen, wie jetzt. Nicht sowohl über die Zeit – denn das, was eingetreten ist, ließ sich, auf gewisse Weise, vorhersehen; als darüber, daß ich bestimmt war, es zu überleben. Ich ging aus D[resden] weg, wie Du weißt, in der Absicht, mich mittelbar oder unmittelbar, in den Strom der Begebenheiten hinein zu werfen; doch in allen Schritten, die ich dazu tat, auf die seltsamste Weise, konterkariert, war ich genötigt, hier in Prag, wohin meine Wünsche gar nicht gingen, meinen Aufenthalt zu nehmen. Gleichwohl schien sich hier, durch B[uol], und durch die Bekanntschaften, die er mir verschaffte, ein Wirkungskreis für mich eröffnen zu wollen. Es war die schöne Zeit nach dem 21. und 22. Mai, und ich fand Gelegenheit, einige Aufsätze, die ich für ein patriotisches Wochenblatt bestimmt hatte, im Hause des Grf. v. Kollowrat, vorzulesen. Man faßte die Idee, dieses Wochenblatt zustande zu bringen, lebhaft auf, andere übernahmen es, statt meiner, den Verleger herbeizuschaffen, und nichts fehlte, als eine höhere Bewilligung, wegen welcher man geglaubt hatte, einkommen zu müssen. So lange ich lebe, vereinigte sich noch nicht soviel, um mir eine frohe Zukunft hoffen zu lassen; und nun vernichten die letzten Vorfälle nicht nur diese Unternehmung – sie vernichten meine ganze Tätigkeit überhaupt.

Ich bin gänzlich außerstand zu sagen, wie ich mich jetzt fassen werde. Ich habe Gleißenberg geschrieben, ein paar ältere Manuskripte zu verkaufen; doch das eine wird, wegen seiner Beziehung auf die Zeit, schwerlich einen Verleger, und das andere, weil es keine solche Beziehung hat, wenig Interesse finden. Kurz, meine teuerste Ulrike, das ganze Geschäft des Dichtens ist mir gelegt; denn ich bin, wie ich mich auch stelle, in der Alternative, die ich Dir soeben angegeben habe.

Die große Not, in der ich mich nun befinde, zwingt mich, so ungern ich es tue, den Kaufmann Ascher in Dresden, dem ich zu Johanni mit einer Schuld verfallen bin, um Prolongation des Termins zu bitten. Es bleibt mir nichts anderes übrig, wenn ich mir auch nur, bis ich wieder etwas ergriffen habe, meine Existenz fristen will. In Verfolg dieser Maßregel bitte ich Dich, mir die 272 Rth., oder was aus den Pfandbriefen der Tante Massow herauskommen mag, in Konv. Münze, nach Prag zu schicken. Ich bitte Dich, es sobald als möglich ist, zu tun, um mich aus Prag, wo ich sonst gar nicht fort könnte, frei zu machen. Was ich ergreifen werde, wie gesagt, weiß ich nicht; denn wenn es auch ein Handwerk wäre, so würde, bei dem, was nun die Welt erfahren wird, nichts herauskommen. Aber Hoffnung muß bei den Lebenden sein. – Vielleicht, daß die Bekanntschaften, die ich hier habe, mir zu irgend etwas behülflich sein können. – Adieu, lebe wohl, und erfreue bald mit einer Antwort

Deinen Bruder

Prag, den 17. Juli 1809 Heinrich v. Kl.
Kleine Seite, Brückengasse Nr. 39

*154. An Ulrike von Kleist*

An Fräulein Ulrike v. Kleist, Hochwohl., zu Schorin bei Stolpe in Hinterpommern.

Meine teuerste Ulrike,

Aus inliegender Abschrift meines Schreibens an den Syndikus Dames, wirst Du ersehen, was ich, meinen Anteil an das hiesige Haus betreffend, für Verfügungen getroffen habe.

Die Veranlassung dazu ist nicht gemacht, Dir in einem Briefe mitgeteilt zu werden.

Ich glaubte Dich in dieser Gegend zu finden, und mein Wille war, mich unmittelbar, wegen Aufnahme des Geldes, an Dich zu wenden; doch diese Hoffnung ward, durch Deine Abreise nach Pommern, vereitelt.

Adieu, mein teuerstes Mädchen; ich gehe nach dem Österreichischen zurück, und hoffe, daß Du bald etwas Frohes von mir erfahren wirst.

Frankfurt a. Oder, den 23. Nov. 1809        Heinrich v. Kleist.

## 155. An George Friedrich Dames
Abschrift.

Verehrungswürdigster Herr Syndikus,

Bei meiner Abreise von hier will ich noch folgende Verfügungen hiermit schriftlich bei Ihnen niederlegen.

Zuerst bitte ich, dem Hr. Kaufm. Wöllmitz, für das mir geliehene Kapital von 500 Rth., à 6 p.C., messentlich 10 Rth. zu entrichten.

2) Den Rest der auf mich fallenden Zinsen bitte ich, nach wie vor, meiner Schwester Ulrike von Kleist, einzuhändigen.

3) Sollte das Haus verkauft werden, so bitte ich gleichfalls, den auf mich fallenden Teil des Kaufpreises, er sei so groß er wolle, meiner Schwester Ulrike zu übermachen, die ihn, auf Abschlag dessen, was ich ihr schuldig bin, als ihr Eigentum zu betrachten hat.

Frankfurt a. Oder, den 23. Nov. 1809        Heinrich v. Kleist.

## 156. An Johann Friedrich Cotta
Ew. Wohlgeboren

habe ich die Ehre, Ihrem Brief vom 1. Juli 8 gemäß, das Käthchen von Heilbronn zu überschicken. Mehrere Reisen, die ich gemacht, sind schuld, daß ich das Versprechen, es zum Druck zu liefern, erst in diesem Jahre nachkomme. Ich erhielt einen Brief von Hr. v. Collin, kurz vor dem Ausbruch des Kriegs, worin er mir schreibt: die Rollen wären ausgeteilt, und es sollte unmittelbar, auf dem Theater zu Wien, gegeben werden. Weiter weiß ich von seinem Schicksal nichts. Es steht nun in Ew. Wohlg. Willen, ob es in Taschenformat, oder auf andere Weise, erscheinen soll: obschon mir ersteres, wie die Verabredung war, lieber wäre. Ich würde, wenn es Glück macht, jährlich eins, von der romantischen Gattung, liefern können. Ew. Wohlgeb. Brief, den ich bei der Hand habe, enthält, daß Dieselben sich erst, nach Verlauf eines Jahrs, über das Honorar zu entscheiden wünschen. Die Reise, die ich gemacht habe, setzt mich gleichwohl in einige Verlegenheit, und ich stelle es Ihrer Güte anheim, ob Sie der Bitte, mir irgend was es auch sei, *gleich* zu überschicken, gefälligst willfahren wollen. Es wäre nicht das erstemal, daß Sie sich meine Dankbarkeit lebhaft verpflichtet hätten. In diesem Falle bitte ich, es nach *Berlin*, poste restante, zu senden, wohin ich in einigen Tagen abgehen werde. Ich habe die Ehre, mit der vorzüglichsten Hochachtung zu sein,

Ew. Wohlgeb. ergebenster

Frankfurt a. Main, den 12. Januar 1810      Heinrich v. Kleist.

## 157. An Heinrich Joseph von Collin

Teuerster Herr von Collin,

Kurz vor dem Ausbruch des Krieges erhielt ich ein Schreiben von Ihnen, worin Sie mir sagten, daß Sie das Drama: die Hermannsschlacht, das ich Ihnen zugeschickt hatte, der K. K. Theaterdirektion, zur Prüfung und höheren Entscheidung, vorgelegt hätten. Natürlich machten die Vorfälle, die bald darauf eintraten, unmöglich, daß es aufgeführt werden konnte. Jetzt aber, da sich die Verhältnisse wieder glücklich geändert haben, interessiert es mich, zu wissen: ob sich das Manuskript noch vorfindet? ob daran zu denken ist, es auf die Bühne zu bringen? und wenn nicht, ob ich es nicht nach Berlin zurück erhalten kann? – Ebenso lebhaft interessiert mich das Käthchen von Heilbronn, das Sie die Güte hatten, für die Bühne zu bearbeiten. In demselben, schon erwähnten Briefe schrieben Sie: die Rollen seien ausgeteilt, und alles zur Aufführung bereit. Ist es aufgeführt? Oder nicht? Und wird es noch werden? – Alle diese Fragen, die mir, wie Sie begreifen, nahe gehen, bitte ich, in einem freien Augenblick, wenn Sie ihn Ihren Geschäften abmüßigen können, freundschaftlich zu beantworten. – Wie herzlich haben uns Ihre schönen Kriegslieder erfreut; und wie herzlich erfreut uns der Dank, den der Kaiser, Ihr Herr, Ihnen kürzlich öffentlich dafür ausgedrückt hat! Nehmen Sie die Versicherung meiner innigsten Liebe und Hochachtung an, und erhalten Sie ferner Ihr Wohlwollen demjenigen, der sich nennt      Ihr ergebenster

Gotha, den 28. Jan. 1810      Heinrich v. Kleist.

N. S. Ich war nur auf kurze Zeit hier, und gehe morgen nach *Berlin* zurück, wohin ich poste restante zu antworten bitte.

## 158. An Johann Friedrich Cotta

Ew. Wohlgeboren

bitte ich ganz ergebenst, mir zu melden, ob Sie aus *Frankfurt am Main*, durch die Buchhandlung, in der Mainzer Gasse daselbst, die Ihre Kommissionen besorgt (ich habe den Namen vergessen), das Schauspiel: *das Käthchen von Heilbronn* erhalten haben, das ich Ihnen, einer früheren Verabredung gemäß, von dort zuschickte. Da bereits nah an sieben Wochen, seit meiner Durchreise daselbst, verflossen sind, so befremdet mich der Umstand, deshalb von Ew. Wohlgeb. keine Nachricht erhalten zu haben, und ich fürchte fast, daß durch irgend ein Mißverständnis, die Ablieferung in Frankfurt versäumt worden ist. Indem ich Ew. Wohlgeb. ganz ergebenst bitte, mir über das Schicksal dieses Manuskripts, das mir sehr am Herzen liegt, einige Zeilen zu schreiben, habe ich die Ehre, mit der vorzüglichsten Hochachtung zu sein,

Ew. Wohlgeboren ergebenster

Berlin, den 4. März 1810　　　　　Heinrich v. Kleist.
Mauerstraße Nr. 53

## 159. An Ulrike von Kleist

Frl. Ulrike von Kleist zu Schorin.

Berlin, 19. März 1810
Mauerstraße Nr. 53

Meine teuerste Ulrike,

Denkst Du nicht daran, in einiger Zeit wieder, in diese Gegend zurückzukehren? Und wenn Du es tust: könntest Du Dich nicht entschließen, auf ein oder ein paar Monate, nach Berlin zu kommen, und mir, als ein reines Geschenk, Deine Gegenwart zu gönnen? Du müßtest es nicht begreifen, als *ein Zusammenziehen mit mir*, sondern als einen freien, unabhängigen Aufenthalt, zu Deinem Vergnügen; Gleißenberg, der, zu Anfang Aprils, auf drei Monate nach Gulben geht, bietet Dir dazu seine Wohnung an. Du würdest täglich in Altensteins Hause sein können, dem die Schwester die Wirtschaft führt, und der seine Mutter bei sich hat; würdige und angenehme Damen, in deren Gesellschaft Du Dich sehr wohl befinden würdest. Sie sehen mich nicht, ohne mich zu fragen: was macht Ihre Schwester? Und warum kömmt sie nicht her? Meine Antwort an den Minister ist: es ist mir nicht so gut gegangen, als Ihnen; und ich kann sie nicht, wie Sie, in meinem Hause bei mir sehn. Auch in andre Häuser, als z. B. beim Geh. Staatsrat Staegemann, würde ich Dich einführen können, dessen Du Dich vielleicht, von Königsberg her, errinnerst. Ich habe der Königin, an ihrem Geburtstag, ein Gedicht überreicht, das sie, vor den Augen des ganzen Hofes, zu Tränen gerührt hat; ich kann ihrer Gnade, und ihres guten Willens, etwas für mich zu tun, gewiß sein. Jetzt wird ein Stück von mir, das aus der Brandenburgischen Geschichte genommen ist, auf dem Privattheater des Prinzen Radziwil gegeben, und soll nachher auf die Nationalbühne kommen, und, wenn es gedruckt ist, der Königin übergeben werden. Was sich aus allem diesen machen läßt, weiß ich noch nicht; ich glaube es ist eine Hofcharge; das aber weiß ich, daß Du mir von großem Nutzen sein könntest. Denn wie manches könntest Du, bei den Altensteinschen Damen, zur Sprache bringen, was mir, dem Minister zu sagen, schwer, ja unmöglich fällt. Doch ich verlange gar nicht, daß Du auf diese Hoffnungen etwas gibst; Du müßtest auf nichts, als das Vergnügen rechnen, einmal wieder mit mir, auf einige Monate, zusammen zu sein. Aber freilich müßte die Frage, ob Du überhaupt Pommern verlassen willst, erst abgemacht sein, ehe davon, ob Du nach Berlin kommen willst, die Rede sein kann. Wie glücklich wäre ich, wenn Du einen solchen Entschluß fassen könntest! Wie glücklich, wenn ich Deine Hand küssen, und Dir über tausend Dinge Rechenschaft geben könnte, über die ich jetzt Dich bitten muß, zu schweigen. Adieu, grüße Fritzen und Stojentin, und antworte bald Deinem

H. v. Kl.

*160. An Johann Friedrich Cotta*

H. Buchhändler Cotta Wohlgeb. zu Tübingen.

Aus Ew. Wohlgeboren Schreiben vom 22. Feb. d. ersehe ich, daß Dieselben das Käthchen von Heilbronn, im Laufe dieses Jahres, nicht drucken können. Da mir eine so lange Verspätung nicht zweckmäßig scheint, so muß ich mich um einen anderen Verleger bemühen, und ich bitte Ew. Wohlgeb. ergebenst, mir das Manuskript mit der Post zuzuschicken.

Berlin, den 1. April 1810            Heinrich v. Kleist.
Mauerstraße Nr. 53

*161. An Wilhelm Reuter*

An H. Reuter Wohlgeb. zu Berlin im Anspachschen Palais.

Ew. Wohlgeboren

muß ich bemerken, daß Herr von Schlotheim nunmehr unfehlbar geschrieben haben würde, wenn er es für nötig gehalten hätte. Ich bitte also ganz ergebenst, wegen Auszahlung der 22 Pränumerationsscheine, in deren Besitz ich bin, keine Schwierigkeiten zu machen. Ew. Wohlgeboren bitte ich zu erwägen, daß, da die Pränumerationsscheine auf den Vorzeiger lauten, der Umstand, von wem ich sie habe, eigentlich ganz gleichgültig ist, und daß es mithin gar keiner Anweisung, von Seiten des Herrn von Schlotheim, bedarf.

Ew. Wohlgeboren ergebenster

Berlin, den 8. April 1810  H. v. Kleist.
Mauerstraße Nr. 53

*162. An Wilhelm Reuter*

Ew. Wohlgeboren

muß ich ergebenst bitten, den Brief an H. von Schlotheim selbst zu bestellen, indem ich in diesem Augenblick keine Gelegenheit weiß, die ihn nach Gotha mitnehmen könnte. Überdies ist es nicht wahrscheinlich, daß derselbe, auf irgend eine Weise, in Ihrer Schuld stehen wird, zu einer Zeit, da er mir zu wiederholten Malen, eine Forderung an Sie überläßt. Ist er es gleichwohl, so wird es bei der anerkannten Rechtschaffenheit desselben, nichts bedürfen, als einer Darlegung Ihrer Ansprüche, um sie erfüllt zu sehen, ohne daß es nötig wäre, diese Sache mit den Pränumerationsscheinen, in deren Besitz ich stehe, zu vermischen.

Ew. Wohlgeboren bitte ich daher ganz ergebenst um eine bestimmte und unumwundene Erklärung, ob Dieselben die Pränumerationsscheine honorieren wollen oder nicht?

Mit der vorzüglichsten Hochachtung

Ew. Wohlgeboren ergebenster

Berlin, den 16. April 1810  H. v. Kleist.
Mauerstraße Nr. 53

## 163. An Georg Andreas Reimer

30 Thl. habe ich auf Abschlag eines Honorars von 50 Thl. für einen Band von Erzählungen, der in drei Monaten à dato abzuliefern ist, von H. Buchhändler Reimer, empfangen. Welches ich hiermit bescheinige.

Berlin, den 30. April 1810            Heinrich v. Kleist.

## 164. An Wilhelm Reuter

H. Reuter, Wohlgeb. allhier.

Ew. Wohlgeboren
überschicke ich einen Brief des H. v. Schlotheim, und bitte Dieselben, mich gefälligst von dem, was Sie darauf beschließen, zu benachrichtigen.

Berlin, den 8. Mai 1810        Dero ergebenster
Mauerstraße Nr. 53               H. v. Kleist.

## 165. An Georg Andreas Reimer

[Berlin, Mai 1810]

Lieber Herr Reimer,

Ich schicke Ihnen das Fragment vom Kohlhaas, und denke, wenn der Druck nicht zu rasch vor sich geht, den Rest, zu rechter Zeit, nachliefern zu können.

Es würde mir lieb sein, wenn der Druck so wohl ins Auge fiele, als es sich, ohne weiteren Kostenaufwand, tun läßt, und schlage etwa den »Persiles« vor.

Der Titel ist: Moralische Erzählungen von Heinrich von Kleist.

Ihr treuer und ergebener

H. v. Kl.

## 166. An Georg Andreas Reimer

Lieber Herr Reimer,

Wollen Sie mein Drama, das Käthchen von Heilbronn, zum Druck übernehmen? Es ist den 17. 18. und 19. März, auf dem Theater an der Wien, während der Vermählungsfeierlichkeiten, zum erstenmal gegeben, und auch seitdem häufig, wie mir Freunde sagen, wiederholt worden. Ich lege Ihnen ein Stück, das, glaube ich, aus der Nürnberger Zeitung ist, vor, worin dessen Erwähnung geschieht. Auch der Moniteur und mehrere andere

Blätter, haben darüber Bericht erstattet. Die hiesige Zeitungsredaktion hat den inliegenden Artikel abgedruckt, und von ihr ist es, daß ich ihn erhalten habe.

Ihr gehorsamster

Berlin, den 10. August 1810 H. v. Kleist.


## 167. An August Wilhelm Iffland

Wohlgeborner Herr,
Hochzuverehrender Herr Direktor,

Ew. Wohlgeboren ersuche ich ganz ergebenst, mir das Stück das Käthchen von Heilbronn, das ich Denenselben, durch Hr. Hofrat Römer, zur Beurteilung habe vorlegen lassen, gefälligst, auf ein paar Tage, zurückzuschicken, indem ich es, in einem Kreis von Freunden, der es kennen zu lernen wünscht, vorzulesen versprochen habe. Und indem ich mir ein Vergnügen daraus machen werde, es Ihnen wieder zurückzusenden, wenn Dieselben noch nicht sollten Zeit gehabt haben, es Ihrer Prüfung, behufs einer Darstellung auf der Bühne, zu unterwerfen, habe ich die Ehre, mit der vorzüglichsten Hochachtung zu sein,

Ew. Wohlgeboren, ergebenster

Berlin, den 10. August 1810 Heinrich v. Kleist.
Mauerstraße Nr. 53


## 168. An August Wilhelm Iffland

Wohlgeborner Herr,
Hochzuverehrender Herr Direktor!

Ew. Wohlgeboren haben mir, durch Hr. Hofrat Römer, das, auf dem Wiener Theater, bei Gelegenheit der Vermählungsfeierlichkeiten, zur Aufführung gebrachte Stück, das Käthchen von Heilbronn, mit der Äußerung zurückgeben lassen: es gefiele Ihnen nicht. Es tut mir leid, die Wahrheit zu sagen, daß es ein Mädchen ist; wenn es ein Junge gewesen wäre, so würde es Ew. Wohlgeboren wahrscheinlich besser gefallen haben. Ich bin mit der vorzüglichsten Hochachtung,

Ew. Wohlgeboren, ergebenster

Berlin, den 12. August 1810 Heinrich von Kleist.
Mauerstraße Nr. 53

*169. An Georg Andreas Reimer*
p. p.                                            [Berlin, 12. August 1810]

Hier erfolgt das Käthchen von Heilbronn. Ich wünsche,
1) zu Montag früh Bescheid,
2) hübschen Druck und daß es auf die Messe kömmt;
3) Honorar überlasse ich Ihnen, wenn es nur *gleich* gezahlt wird.

H. v. Kl.

*Iffland an Kleist*

*Hochwohlgeborner Herr!*

*Als Herr Major von Schack mir Ihr Trauerspiel Käthchen von Heilbronn übergab, habe ich nach meiner Überzeugung und den Pflichten meiner Stelle erwidert: daß ich die bedeutenden dramatischen Anlagen ehre, welche diese Arbeit dartut, daß aber das Stück in der Weise und Zusammenfügung, wie es ist, auf der Bühne sich nicht halten könne. Nach denen aus Wien erhaltnen Nachrichten von den wenigen Vorstellungen des Stückes daselbst hat sich dieses auch also bestätigt.*

*Neulich hat Frau von Berg über Ewer Hochwohlgeboren ausführlich zu mir gesprochen und ich bin in das Interesse, wie sie es dabei genommen, bereitwillig eingegangen. Herr Hofrat Römer hat das Trauerspiel Käthchen von Heilbronn bis jetzt mir noch nicht zustellen können, da [ich] ihm versichert habe daß ich es in dieser Zeit nicht gleich wieder würde lesen können. Als Sie es zurückbegehren ließen und er mich eben besuchte, meldete ich es ihm und ersuchte denselben:* »Herrn von Kleist mündlich zu sagen, daß das Stück, dessen poetisches Verdienst ich erkenne, ohne gänzliche Umarbeitung, auf der Bühne sich unmöglich halten könne.«

*Ich habe keinesweges, wie Sie mir schreiben, dem Herrn Hofrat Römer gesagt:* »es Ihnen mit der Äußerung zurückzugeben, es gefiele mir nicht.«

*Damit würde ich eine Gemeinheit begangen haben, die ich nicht erwidre, auch wenn solche gegen mich gebraucht werden sollte.*

*Ich bin verpflichtet Ihnen meine Herrn Hofrat Römer bei diesem Anlaß gegebne Antwort bekannt zu machen, als Direktionsführer.*

*Ihr Schreiben an mich werde ich der Frau von Berg selbst vorlegen, um damit die Aufträge zu erledigen, welche sie mir, in Beziehung auf Sie, erteilen zu wollen, die Ehre erwiesen.*

*Mit gebührender Achtung*

*Ewer Hochwohlgeboren ergebenster*
Berlin, den 13. August 1810                                         *Iffland.*

*170. An Georg Andreas Reimer*

H. Buchh. Reimer.

Mein lieber Freund,

Die Zeiten sind schlecht, ich weiß, daß Sie nicht viel geben können, geben Sie, was Sie wollen, ich bin mit allem zufrieden, nur geben Sie es gleich. – Ihre Erinnerungen sollen mir von Herzen willkommen sein.

[Berlin,] den 13. August 1810 H. v. Kleist.

*171. An Johann Daniel Sander*

Herrn Buchhändler Sander Wohlgeb.

Können Sie mir, lieber Freund, sagen, wann ich das Honorar empfangen kann? Und ob ich es gleich empfangen kann, welches mir allerdings das liebste wäre? Schicken Sie mir so viel, oder so wenig, als Sie wollen; es soll mir alles recht sein.

Ihr gehorsamster
Berlin, den 15. August 1810 H. v. Kleist.

*172. An Georg Andreas Reimer*

H. Buchh. Reimer Wohlgb. allhier.

Mein lieber Freund Reimer,

Ich bitte um Geld, wenn Sie es entbehren können; denn meine Kasse ist leer. – Die Nummern vom Morgenblatt sind 217 bis 221, Septb. 1807.

[Berlin,] den 4. Sept. 1810 H. v. Kleist.

*173. An Georg Andreas Reimer*

[Berlin, 5. September 1810]

In den Heften, liebster Reimer, die Sie mir geschickt haben, finde ich die Erzählung [Erdbeben in Chili] nicht. Es ist mir höchst unangenehm, daß Ihnen diese Sache so viel Mühe macht. Hierbei erfolgt inzwischen die Marquise von O... – Was das Käthchen betrifft, so habe ich, meines Wissens, gar keine Forderung getan; und wenn ich wiederhole, daß ich es ganz und gar Ihrem Gutbefinden überlasse: so ist das keine bloße Redensart, durch welche, auf verdeckte Weise, etwas Unbescheidenes gefordert wird; sondern, da ich gar wohl weiß, wie es mit dem Buchhandel steht, so bin ich mit 80, ich bin mit 60 Talern völlig zufrieden. Wenn es nur für *diese* Messe gedruckt wird. Ihr H. v. Kleist.

## 174. An Georg Andreas Reimer

Mein lieber Reimer,

Wenn Sie, bei der Revision des Käthchens, Anstoß nehmen bei ganzen Worten und Wendungen, so bitte ich mir den Revisionsbogen gefälligst noch einmal zurück. – Hier ist das Morgenblatt; schicken Sie es ja dem Seydel bald wieder, denn es liegt ihm am Herzen wie ein Werk in usum Delphini.

[Berlin,] den 8. Sept. [1810]   H. v. Kleist.

## 175. An Julius Eduard Hitzig

Ich habe schon längst gebeten, dem Kriegsrat Pequillhen ein Exemplar des Abendblatts zu besorgen; sein Sie doch so gefällig, und richten diese Sache ein.

[Berlin,] den 2. Okt. 1810   H. v. Kleist.

## 176. An Achim von Arnim

H. A. v. Arnim Hochb.

Machen Sie doch den Brentano wieder gut, liebster Arnim, und bedeuten Sie ihm, wie unpassend und unfreundlich es ist, zu so vielen Widerwärtigkeiten, mit welchen die Herausgabe eines solchen Blattes verknüpft ist, noch eine zu häufen. Ich erinnere mich genau, daß ich Sie, während meiner Unpäßlichkeit, um einer undeutlichen Stelle willen, die einer Ihrer Aufsätze enthielt, zu mir rufen ließ, und daß Sie, in seiner Gegenwart, gesagt haben: Freund, mit dem, was wir Euch schicken, macht, was Ihr wollt; dergestalt, daß ich noch einen rechten Respekt vor Euch bekam, wegen des tüchtigen Vertrauens, daß das, was Ihr schreibt, nicht zu verderben, oder Euer Ruhm mindestens, falls es doch geschähe, dadurch nicht zu verletzen sei. Wie ich mit dem verfahre, worunter Ihr Euren Namen setzt, das wißt Ihr; was soll ich aber mit Euren anderen Aufsätzen machen, die es Euch leicht wird, lustig und angenehm hinzuwerfen, ohne daß Ihr immer die notwendige Bedingung, daß es kurz sei, in Erwägung zieht? Hab ich denn einen bösen Willen dabei gehabt? Und wenn ich aus Irrtum gefehlt habe, ist es, bei einem solchen Gegenstande, wert, daß Freunde Worte deshalb wechseln? – Und nun zum Schluß: werd ich die Komposition von Fräul.

Bettine [Brentano] erhalten? Weder daran, noch sonst an irgend
etwas, was mir jemals wieder ein Mensch zuschickt, werde ich
eine Silbe ändern. Guten Morgen!

[Berlin,] den 14. Okt. [1810] H. v. Kleist.

*177. An Eduard Prinz von Lichnowsky*

An den Prinzen von Lichnowsky Durchlaucht, Berlin.

Mein gnädigster Herr,

Durch die Teilnahme, die Sie dem Abendblatt schenken, fühle
ich mich zu gleicher Zeit aufs lebhafteste geschmeichelt und gerührt.

Was aber die beiden Artikel betrifft, wegen welcher Sie mir
freundschaftliche Vorstellungen machen, so führe ich zu meiner
Entschuldigung an,

1) daß das Blatt, in welchem sie stehen, ein *Volksblatt* d. h. (weil
es kein Zentrum der Nation gibt) ein Blatt für *alle* Stände des
Volks sein soll.

2) daß Aufsätze, wie der vom Tambour (der Beobachter an der
Spree hat ihn schon abgedruckt) das Volk vergnügen und dasselbe reizen, auch wohl die anderen Aufsätze, die nicht unmittelbar für dasselbe geschrieben sind, zu überlesen.

3) daß der Kerl, nach meinem innersten Gefühl, verglichen mit
dem, was bei Jena vorgefallen, eine so herrliche und göttliche Erscheinung ist, daß mich dünkt, das Unschickliche, was in seiner
Tat liegt, verschwinde ganz und gar, und die Geschichte könnte,
so wie ich sie aufgeschrieben, in Erz gegraben werden.

Gleichwohl, mein teuerster, gnädigster Herr, kann man auch
des Guten zu viel tun; und auf Ihre freundliche Warnung aufmerksam (denn mit der *guten* Gesellschaft möcht ich es keineswegs gern verderben) soll wenigstens vorderhand nichts dem
Ähnliches erfolgen.

Ihr gehorsamster

[Berlin,] den 23. Okt. 1810 H. v. Kleist.

*Achim von Arnim an Kleist*

Schreiben an den Herausgeber dieser Blätter [November 1810]

*Sie versichern mir, daß Sie sich aus einer späteren zum Abdruck eingesandten Erklärung vom Verfasser des zweiten Aufsatzes über Kraus völlig überzeugt haben, daß der Ungenannte dem Verfasser des ersten, durch die Zusammenstellung mit dem Verfasser der »Feuerbrände« nicht habe schaden wollen, daß Sie aber ohne Störung Ihrer Leser diese weiteren Verhandlungen, die ohne Beziehung auf den eigentlichen Gegenstand der Untersuchung, nicht mitteilen können und doch allen Teilen gerecht sein möchten. Da die beiderseitigen Aufsätze gedruckt vor jedermanns Augen liegen, so kann jeder entscheiden, auf wessen Seite die Ursache des Mißverständnisses gelegen; der Wunsch sich zu rechtfertigen beweist in jedem Falle, daß die Absicht des Ungenannten dem Mißverständnis seiner Worte nicht unterworfen gewesen. Ich glaube durch diese Erklärung jene öffentliche Verhandlung, an welcher nur wenige Teil nehmen können, billig und gerecht zu schließen, indem ich dem Ungenannten durch rücksichtslose Nennung meines Namens, Gelegenheit gebe, alle etwaigen Gegenerinnerungen unmittelbar an mich zu senden.* Ludwig Achim von Arnim.

### 178. An Christian Freiherrn von Ompteda

Ew. Hochwohlgeboren Aufsatz: *Über die neueste Lage von Großbritannien,* sende ich Denenselben gedruckt und von der Zensur durchstrichen zurück. Diese zwei Striche kommen mir vor, wie zwei Schwerter, kreuzweis durch unsre teuersten und heiligsten Interessen gelegt. Es würde vergeblich sein, Ihnen den Zustand von triumphierender Freude und Rührung zu schildern, in welchen die Lesung dieses ganz meisterhaften Aufsatzes, und besonders sein erhabener Schluß, mich und all die Meinigen (denn es kursieren schon mehrere Abschriften davon) versetzt hat. Und indem ich Ew. Hochwohlgeboren ganz gehorsamst bitte, mir eine Gelegenheit zu verschaffen, Denenselben die Gefühle von Hochachtung und Freundschaft, die ich für Sie empfinde, mündlich äußern zu können, unterschreibe ich mich,

Ew. Hochwohlgeboren ergebenster

H. v. Kleist.

Berlin, den 24. Nov. 1810
Mauerstraße Nr. 53

N. S. Die Druckbögen gehen zur Zensur, bevor sie in die Korrektur kommen. – Im Namen des Druckers, der diese Zensurbögen braucht, erbitte ich mir denselben gehorsamst zurück.

*Frh. v. Ompteda an Kleist*

*Berlin, 28. Nov. 1810*

*Euer Hochwohlgeboren haben durch Ihre Zuschrift meinem Stolze eine unverdiente Nahrung dargeboten. Der Wert meines Aufsatzes lag allein in den Gegenständen. Bei einer anschaulichen Kenntnis derselben – insofern jedes unbefangene Auge sie in dem nämlichen Lichte erblicken kann und muß –, bei mehrjähriger und vielfältiger Gelegenheit, welche ich gehabt habe mit ihnen vertrauter zu werden, bei einer auf tausendfache Weise begründeten dankbaren Anhänglichkeit, die sich nur mit meinem Leben endigen wird, wäre es schwer gewesen weniger zu sagen. Aber wohl hätte die Größe und das Verdienst der Gegenstände eine vollkommenere Darstellung und ein würdigeres Lob erfordert.*

*Könnte ich einen Anspruch auf Ihr freundliches Vorurteil machen, so würde ich es lieber auf eine gegenseitige Gesinnung begründen, welche ich gefaßt hatte, ehe ich Ihren Namen, noch überhaupt irgend etwas näheres von den Abendblättern wußte, wie dasjenige, was aus ihnen selbst hervorzugehen schien. Ich kannte, überhaupt hier mehrstens unbekannt geworden, und jetzt gänzlich isoliert, weder den Herausgeber noch irgend einen der tätigen Teilnehmer. Nur in dem früheren Aufsatze unterzeichnet P. S., und einigen andern unter verschiedener Signatur glaubte ich, wiewohl auch persönlich unbekannt, in Geist, Grundsätzen und Stil, einen schätzbaren Gelehrten zu erraten, der mir durch einige nähere, bereits früher von einem mir sehr teuren Bruder [Ludwig] erteilte Aufschlüsse, und als mit diesem in freundschaftlichen Verhältnissen stehend, interessant war. Unter diesen Umständen schrieb ich Ihnen bei Gelegenheit einiger dargebotenen Mitteilungen, und erst nachher ersah ich aus Nr. 19 Ihren Namen, ein Namen, der mir bereits in früher Jugend achtungswert geworden war, als blühend in dem Garten von Deutschlands schöner Literatur –*

*»Wenn nach der Flucht der Nacht, die Sonn' im Orient*
*Nach Äthiopien ihr goldnes Antlitz wendet« usw.*

*(Möchte doch in nicht ferner Zukunft eine goldne Sonne sich u n s e r m Äthiopien wieder zuwenden.)*

*– zu früh, wiewohl schon und fruchtreich gereift auf den Feldern der Ehre der Vorzeit, und unvergeßlich aufbewahrt in der Galerie deutscher Edlen.*

*Der Geist der, lebendig und kraftvoll ergreifend, sich in der Ode an den König in Nr. 5 ausspricht, beurkundete die Abstammung.*

*Dennoch hätte ich beinahe mit Ihnen in eine anscheinende Feindseligkeit geraten können, so entfernt ich auch war, gegen die Abendblätter oder ihren Herausgeber irgend etwas Feindseliges zu beabsichtigen. Gern hätte ich bei dem scheinbaren Angriffe das gradezu erklärt, wenn ich es mit Schicklichkeit anzufangen gewußt hätte. Die ungezwungene Erklärung der Achtung für alle meine deutschen Landsleute, deren achtungswerte Wahrheitsliebe die ursprüngliche geblieben ist, glaubte ich hinlänglich für denjenigen, der selbst eine ausgezeichnete Stelle unter ihnen behauptet.*

*Auch sehe ich, daß ich mich nicht geirrt habe, welches mich um so mehr freuet, da seitdem mein Bruder, der vormalige Hannoversche Gesandte am hiesigen und am Dresdener Hofe, mir gesagt hat, daß er des Vergnügens Ihrer persönlichen Bekanntschaft teilhaftig sei.*

*Nach allem diesem muß nichts befremdender für Sie sein, als wenn ich, durch Umstände gezwungen, deren Erörterung ich mir zu ersparen Sie ersuchen muß, den Schritt vernachlässige, den ich zu andern Zeiten an die Stelle dieser Antwort gesetzt haben würde, nämlich Sie persönlich aufzusuchen und Ihnen auf jede mögliche Weise alles Wohlwollende was Sie mir ausgedrückt haben, zu erwidern. Aber diese Genugtuung muß ich mir, gleich manchen andern, versagen. Verzeihen Sie – ich könnte hinzusetzen, bedauern Sie mich, wünschte ich nicht eher jeden andern Eindruck bei Ihnen zu erregen – wenn ich mich unumgänglich gezwungen halte, für jetzt einer mir sonst unendlich schätzbaren Zusammenkunft mich zu entziehen. Ob ich je die Möglichkeit treffen werde eine andre wie diese notwendig nachteilig auffallende, aber nicht von mir abhängende Handelsweise zu beobachten, ist zweifelhaft. In einem Falle ist sie denkbar. Tritt der ein, dann lassen Sie mich darauf rechnen, daß Sie die Hand fassen werden, welche ich Ihnen in mehr wie einem Vertrauen, schon jetzt so gern darreiche, und lassen Sie mich hoffen, daß wir dann in mehr wie einer Laufbahn uns finden, und uns, wie auch der Anschein jetzt gegen mich sein mag, gegenseitig die Achtung ferner begründen werden, von der ich Ihrerseits Sie hier ersuche, die aufrichtige Versicherung anzunehmen.*

*N. S. Ich ersuche Sie, meiner namentlich nicht zu erwähnen. Gegen die Zirkulation meines Aufsatzes, da wo Sie solche für angemessen halten, habe ich nichts, und wiewohl ich ohne Not nicht als der Verfasser bekannt zu sein wünsche, so bin ich bereit, erforderlichen Falls, mich zu den Wahrheiten, die er enthält zu bekennen.*

### 179. An Christian Freiherrn von Ompteda

H. C. v. Ompteda, Hochwohlgeb.

Ew. Hochwohlgeboren

habe ich, in Erwiderung auf Ihr gefälliges Schreiben vom 1. d., die Ehre anzuzeigen, daß Hr. A. Müller *nicht* der Verfasser der »Bemerkungen etc.« ist. Dieser Aufsatz ist mir, gleich nach Erscheinung Ihrer Fragmente, zugestellt worden, und nur der außerordentliche Andrang von Manuskripten verhinderte, ihn aufzunehmen. Der Verfasser ist mir, und allen meinen Freunden, gänzlich unbekannt; er unterschreibt sich mit einem W. – Demnach, Ihrem bestimmt ausgesprochenen Wunsche gemäß, sende ich Ihnen den Aufsatz »Einige Worte etc.« zurück; zu jeder Erklärung, die Sie für gut finden werden, stehen Ihnen die Abendblätter offen – auch haben sich schon Freunde von meiner Bekanntschaft daran gemacht, für Sie in die Schranken zu treten. – Was den Aufsatz »Fragment eines Schreibens« betrifft, so hat derselbe meinen vollkommenen Beifall, wird auch, sobald es sich irgend tun läßt, nach einigen Erläuterungen, die ich mir von Ihnen selbst persönlich auszubitten, die Freiheit nehmen werde, eingerückt werden.

Mit der innigsten und vollkommensten Hochachtung,

Ew. Hochwohlgeb. ergebenster

Berlin, den 2. Dez. 1810      H. v. Kleist.

### 180. An Karl August Freiherrn von Hardenberg

Hoch- und Wohlgeborner Freiherr,
Höchstgebietender Herr Staatskanzler,

Ew. Exzellenz haben, nach den Eröffnungen, die mir der Präsident der Polizei, Hr. Gruner, gemacht hat, die Gnade gehabt, in Bezug auf die von mir redigierten Berliner Abendblätter, zu äußern, daß Höchstdieselben nicht abgeneigt wären, diesem Institut, dessen Zweck Beförderung der, durch Ew. Exzellenz, in diesem Augenblick, in einer so glücklichen Wendung begriffenen, vaterländischen Angelegenheiten ist, irgend eine zweckmäßige höhere Unterstützung angedeihen zu lassen. Die deshalb von mir bei dem Pol. Präsidenten, Hr. Gruner, gehorsamst eingereichten Vorschläge, werden ohne Zweifel Rücksprachen mannigfacher Art, mit den Chefs der dabei interessierten höheren Behörden, veranlassen. Da gleichwohl der Zeitpunkt heranrückt, in welchem, für den Lauf des nächsten Quartals, eine erneuerte Ankündigung dieses Journals erscheinen muß, und, falls Ew. Exzellenz meinem Unternehmen günstig gestimmt sind, eben dies der Augenblick ist, in welchem Höchstdieselben dies vorzugsweise huldreich betätigen können: so unterstehe ich mich Ew. Exzellenz untertänigst um die Erlaubnis zu bitten, beifolgende kurze Anzeige, in welcher ich mich auf Ew. Exzellenz ehrfurchtsvoll zu beziehen wage, in die öffentlichen Blätter einrücken zu lassen. Diese Gnade wird meinen sowohl, als den Eifer mehrerer der vorzüglichsten Köpfe dieser Stadt, mit welchen ich, zu dem besagten Zweck, verbunden zu sein die Ehre habe, auf das lebhafteste befeuern; und mit der Versicherung, daß wir nur auf den Augenblick warten, da wir, durch Ew. Exzellenz nähere Andeutungen oder Befehle, in den Stand gesetzt sein werden, die Weisheit der von Ew. Exzellenz ergriffenen Maßregeln gründlich und vollständig dem Publiko auseinander zu legen, habe ich, in der unbegrenztesten Hochachtung, die Ehre zu sein,

Ew. Exzellenz, untertänigster

Berlin, den 3. Dez. 1810 Heinrich v. Kleist.
Mauerstraße Nr. 53

[Beilage]

*Ankündigung*

Durch die Gnade Sr. Exzellenz des Hr. Staatskanzlers Freiherrn von Hardenberg, werden die zur Erhebung und Belebung des Anteils an den vaterländischen Angelegenheiten unternommenen, und mit dem Beifall des Publikums auf unerwartete Weise beehrten

*Berliner Abendblätter*

von nun an offizielle Mitteilungen, über alle bedeutenden, das Gemeinwohl und die öffentliche Sicherheit betreffenden Ereignisse in dem ganzen Umfange der Monarchie enthalten. Pränumerationen für das nächstfolgende Quartal müssen vor dem 1. Jan. 1811 in der Expedition der Abendblätter eingehen, indem nur diejenige Zahl von Exemplaren, auf welche sich die Bestellung beläuft, gedruckt werden wird.

[Vermerk Hardenbergs: Zu den Akten, da H. v. Kleist anderweite Anträge machen wird. Berlin, 7. Dez. 10. Hbg.]

*181. An Georg Andreas Reimer*

Mein liebster Reimer,

Können Sie nicht die Gefälligkeit für mich haben, mir, für den Z[erbrochnen] K[rug] das Honorar, das Sie mir zugedacht haben, zu überschicken? Ich bin, wegen der Lage meines Abendblatts, in mancherlei Bedrängnis; die indirekte Zerstörung desselben ist völlig organisiert, man hat mir sogar angekündigt, daß man mir ein für allemal das Zeitungsbülletin, das ich darin aufnahm, streichen würde. Ich bin im Begriff, mich unmittelbar an den König zu wenden – doch davon denke ich Sie mündlich weitläufiger zu unterhalten. – Der Brief ist doch besorgt?

[Berlin,] den 12. D[ez.] 1810          Ihr H. v. Kleist

*Friedrich von Raumer an Kleist*

*Berlin, den 12. Dez. 1810*

*Da dem Herrn Kanzler [Hardenberg] der Grund durchaus unbekannt ist, warum Herr Präsident Gruner Ihnen die letzte so unangenehme Eröffnung gemacht hat, so hat er mir erlaubt, darüber bei diesem anzufragen; und ich kann nicht anders, als überzeugt sein, daß jenes Bedenken sich dann leicht wird heben lassen. Sie sehen hieraus, daß Sie ohne hinreichende Veranlassung und auf eine unbillige Weise voraussetzen, daß ich der Urheber von Maßregeln sei, die Ihnen nachteilig werden könnten, da ich doch in der ganzen Angelegenheit nur der Dolmetscher eines ganz allgemeinen Befehls des Herrn Kanzlers war; nämlich keinem Berliner Blatt irgendeiner Art den offiziellen Charakter beizulegen. Wenn Sie sich also beim Herrn Kanzler über mich beschweren wollen, so bitte ich, ihm meine Briefe zu zeigen, wenn Sie dieselben noch besitzen; er wird dann, sofern ich ihn mißverstanden, oder mich undeutlich ausgedrückt hatte, die Sache leicht aufklären, zu unserer beiderseitigen Beruhigung.*

*Noch einen Irrtum berühre ich: nicht ich habe Ihnen eine Pension anbieten können, noch weniger zu dem speziellen Zweck einer Verteidigung Sr. Exzellenz; sondern ich äußerte, daß Se. Exzellenz, sobald der Charakter der Abendblätter sich als tüchtig bewähre, er für dasselbe, wie für alles Nützliche im Staate wohl gern etwas tun würde. Dies stimmt mit den Äußerungen Sr. Exzellenz, und darauf erwähnten Sie selbst eines ähnlichen Anerbietens. Sie wissen am besten, welch unglücklicher Zufall dem Abendblatt Verdruß bereitet hat, und worauf sich die Forderung, sich zu bewähren, beziehen mußte. Das ist vorbei und niemand hat jetzt die entfernteste Veranlassung, demselben auch nur im mindesten übel zu wollen. Am allerwenigsten ich selbst, der ich aufrichtig wünsche, daß Ihre Wünsche und die Befehle des Herrn Kanzlers in Übereinstimmung gebracht werden. Jenes aus Hochachtung und Freundschaft, dies als Dolmetscher des Willens eines höchst verehrungswürdigen Mannes.*

### 182. An Friedrich von Raumer

H. Regierungsrat von Raumer, Hochwohl., Berlin.

Ew. Hochwohlgeboren habe ich die Ehre ganz gehorsamst anzuzeigen, daß Sr. Exzellenz im Verlauf der heutigen Audienz die Gnade [zunächst, sorgfältig gestrichen: die, in diesem Augenblick, in der Tat unerwartete Gnade] gehabt haben, mir huldreich eine schriftliche Privatempfehlung, wegen zweckmäßiger Unterstützung der Abendblätter durch offizielle Beiträge, sowohl bei Ihren Exzellenzen, den Hr. Graf v. Golz und Hr. v. Kircheisen, als auch bei dem Hr. Geh. Staatsrat Sack, anzugeloben. Die Verabredung ist getroffen, daß ich mich, in Verfolg dieser gnädigsten Verwendung, selbst zu den resp. Hr. Ministern und Geh. Staatsräten begeben, und das Wohlwollen und die Gefälligkeit derselben, in Betreff der Abendblätter, (grade so, wie, zu Anfang des Instituts, die Unterstützung des Pol. Präsidenten, Hr. Gruner) in Anspruch nehmen soll. Durch diese, die Interessen Sr. Exzellenz sowohl, als die meinigen, aufs glücklichste verbindende Maßregel, sind vorläufig alle meine Wünsche für die Abendblätter erfüllt; ich begehre nichts, als eine unabhängige Stellung zu behaupten, deren ich, zu meiner innerlichen Freude an dem Geschäft, dem ich mich unterzogen habe, bedarf. Ew. Hochwohlgeb. ersuche ich nur ganz ergebenst, zur möglichst raschen Betreibung der Sache, mir irgend eine kurze, gütige Anzeige davon, sobald jene Empfehlungen an ihre Adresse erlassen sind, zukommen zu lassen. Und indem ich Sr. Exzellenz das Versprechen anzunehmen bitte, daß ich nunmehr mit meiner Ehre für den Geist der Abendblätter, und für den Umstand, daß kein andrer Aufsatz, als der in Sr. Exzellenz Interessen geschrieben ist, darin aufgenommen werden soll, hafte, behalte ich mir bevor, Ew. Hochwohlgeboren mündlich wegen der, zwischen uns im Drang mancher widerwärtigen Umstände, stattgehabten Mißverständnisse innigst und herzlichst um Verzeihung zu bitten, und habe die Ehre zu sein,

Ew. Hochwohlgeboren ergebenster

Berlin, den 13. Dez. 1810 H. v. Kleist.

*183. An Friedrich von Raumer*

Ew. Hochwohlgeboren sage ich – unter gehorsamster Zurückschickung des Schreibens vom Präs. Gruner – für alle mir in Ihrem letzten Schreiben erteilten gütigen Nachrichten meinen verbindlichsten Dank. Ich wußte wohl, daß die Strenge, die ich bei der Polizei erfuhr, von einem Mißverständnis, herrührte, indem ich dieselbe, bei meinem guten und völlig reinen Willen, auf keine Weise verschuldet hatte.

Ew. Hochwohlgeboren lege ich folgenden für die Abendblätter bestimmten Aufsatz gehorsamst vor. Ich bitte mir überhaupt die Erlaubnis aus, alle, die Maßregeln Sr. Exzellenz betreffenden Aufsätze, Ew. Hochwohlgeboren zur vorläufigen Durchsicht mitteilen zu dürfen.

Auch bringe ich hier noch einmal eine Bitte gehorsamst zur Sprache, deren Gewährung mir alle andern Wünsche, die, unter dem Drang der Verhältnisse, haben unerfüllt bleiben müssen, vergüten und ersetzen kann: nämlich Ew. Hochwohlgeboren persönliche Teilnahme an dem Journal, und Beschenkung der Abendblätter mit Dero vortrefflichen Aufsätzen, welche Dieselben bisher in die Zeitungen haben einrücken lassen.

Ew. Hochwohlgeboren denke ich, zur Erörterung sowohl dieses als mancher andern Punkte, heute zwischen 2 und 4 Uhr aufzuwarten.

[Berlin,] den 15. D[ez.] 1810 H. v. Kleist.

N. S. Soeben erhalte ich folgendes Schreiben von Hr. A. Müller. Er will, daß der Aufsatz, der darin enthalten ist, noch heute gedruckt werde; aber zum Teil ist dies unmöglich, zum Teil auch habe ich mir vorgenommen, alle dergleichen Aufsätze Ew. Hochwohlgeb. vorzulegen. Demnach tue ich etwas, was ich vielleicht bei meinem Freunde nicht verantworten kann: ich schicke Ew. Hochwohlgeboren das Schreiben originaliter zu, obschon es sein bestimmt ausgesprochner Wille ist, daß sein Name verschwiegen bleibe. Meine Absicht ist, Ew. Hochwohlgeb. mit der innerlichen Stellung seines Gemüts, gegen die Maßregeln sowohl als die Person Sr. Exz. bekannt zu machen; das Ganze ist, wie Sie sehen, eine bloß freundschaftliche Ergießung, die keineswegs bestimmt war, zu offizieller Wissenschaft zu gelangen. – Ew. Hochwohlgeb. brauche ich nicht um *immerwährendes* Stillschweigen über diesen Punkt zu bitten. H. v. Kl.

## 184. An August Friedrich Ferdinand Graf von der Goltz

Hochgeborner Graf,
Hochgebietender Herr Staatsminister,

Ew. Exzellenz haben dem Präsidenten der Polizei, Hr. Gruner, aufgegeben, die Aufnahme politischer Artikel in den Abendblättern nicht zuzulassen. Da Hr. v. Raumer willens ist, in diesem Journal mehrere Fragen, die Maßregeln Sr. Exzellenz des Hr. Staatskanzlers anbetreffend, zu beantworten und zu erörtern, und demselben daher ein möglichst großer Wirkungskreis, wozu obiger Artikel nicht wenig beiträgt, zu wünschen ist: so unterstehe ich mich, Ew. Exzellenz untertänigst um die Aufhebung besagter obigen höchsten Anordnung zu ersuchen. Ew. Exzellenz bitte ich gehorsamst das Versprechen anzunehmen, daß ich selbst, mit der größten Gewissenhaftigkeit, über die politische Unschädlichkeit dieses Artikels wachen werde. Und indem ich mir vorbehalte, Ew. Exzellenz Gnade, die Abendblätter anbetreffend, noch in mehreren anderen Punkten, in einer persönlichen untertänigen Aufwartung in Anspruch zu nehmen, habe ich, in unbegrenzter Hochachtung, die Ehre zu sein,

Ew. Exzellenz untertänigster

Berlin, den 15. Dez. 1810 H. v. Kleist.
Mauerstraße Nr. 53

## 185. An Wilhelm Römer

H. Hofr. Römer, Leipz. St. 75.
Lieber Hofrat,

Von dem Absatz, den das Blatt im Publiko finden wird, überzeugt, bin ich mit Ihren Bedingungen zufrieden. Ich bitte mir nur noch, außer dem Stipulierten, 50 Rth. sogleich als Vorschuß aus, wofür ich Ihnen, unabhängig von dem ganzen Kontrakt,

verpflichtet bleiben will. Was aber die Hauptsache ist, ist, daß *Sie* von Hitzig die Auflage übernehmen, *mir* fehlt es an aller Kenntnis, und Sie würden mir ja doch denselben Preis zurückzahlen müssen. Sehen Sie hier ein 20 oder 30 Rth. nicht an, die Unternehmung ist gut, und verspricht einen weiten Wirkungskreis. Ich gehe zu Kuhn, der mir auch Vorschläge hat machen lassen, und komme alsdann zu Ihnen heran. Ihr
[Berlin,] den 17. D[ez. 1810] H. v. Kleist.

### 186. An Friedrich Schulz
A. Just Fr. Schulz, Dr., Berlin.

Liebster Schulz,

Wenn Sie morgen zu Kuhn gehen, um die Richtigkeit der Unterschriften zu bescheinigen, so wünsche ich zwar, daß Sie die Unschicklichkeit seiner Einmischung in die Redaktion zur Sprache brächten; von einer Abtretung der ganzen Redaktion aber an ihn, bitte ich noch nichts zu erwähnen, weil sich die Schwierigkeiten bei der Zensur hoffentlich legen werden. – Hauptsächlich aber fordre ich Sie auf, Ihr Versprechen wegen förmlicher Übernahme des Theaterartikels in Erfüllung zu bringen. Ich wünsche, daß Sie die Sache als einen zwischen uns bestehenden Vertrag betrachten möchten; und indem ich Sie nun bitte, mir das Honorar, mit welchem ich Ihnen verhaftet sein soll, anzugeben, unterschreibe ich mich Ihren
[Berlin,] den 1. Jan. 1811 H. v. Kleist.

### 187. An Georg Andreas Reimer
Ich bitte, lieber Reimer, mir 2 Ex. meiner *Erzählungen* zu überschicken und auf Rechnung zu setzen.

[Berlin,] den 12. Jan. 1811 H. v. Kleist.

### 188. An Georg Andreas Reimer
Mein lieber Freund,

Darf ich Sie wohl um den Rest des Honorars bitten, mit dem ich Sie gern, bis zur Messe, verschont haben würde, das ich aber in einer *dringenden* Verlegenheit bedarf? Sie würden mir einen großen Dienst erweisen, wenn Sie es mir *gleich* zufertigten.

[Berlin,] den 30. Jan. 1811 H. v. Kleist.

*Theodor Anton Heinrich Schmalz an Kleist*

An Herrn H. v. Kleist, abzugeben in dem Kunst- und Industriecomptoir des Herrn A. Kuhn.

*Berlin, 1. Februar 1811*
*Der löblichen Redaktion der Berliner Abendblätter teilt der unterzeichnete Rektor der Universität in Verfolg einer ihr von dem Polizeipräsidenten Gruner deshalb wahrscheinlich schon zugegangenen Anweisung, anliegend eine Erklärung zur Berichtigung einer in Nr. 41 des Abendblattes enthaltenen Anzeige, von einer angeblich zwischen Studenten und Handwerksburschen auf einem hiesigen Tanzboden vorgefallenen Schlägerei, mit dem Ersuchen mit, dieselbe den Abendblättern einzuverleiben, und ein Exemplar, worin der Abdruck geschehen, nachrichtlich dem Unterzeichneten zuzusenden.*

*Rektor der Universität*
*Schmalz.*

### 189. An Georg Andreas Reimer

[Berlin, den 10. Febr. 1811]
Ich bitte um einige Expl. *zerbroch. Krug.*   H. v. Kleist.

### 190. An Karl August Freiherrn von Hardenberg

Hoch- und Wohlgeborner Freiherr,
Hochgebietender Herr Geheimer Staatskanzler,

Ew. Exzellenz habe ich die Ehre ganz untertänigst anzuzeigen, daß sich ein solches halbministerielles Blatt, als ich, in diesem Augenblick, in Zwecken der Staatskanzlei, redigiere, sich, auf keine Weise, ohne bestimmte Unterstützung mit offiziellen Beiträgen, halten kann. Der Absatz ist unter dem Mittelmäßigen; und ich erlebe die verdrießliche Sache, daß mein Buchhändler, wegen Ausbleibens dieser Beiträge, in meine Befugnis, sie ihm zu versprechen, Mißtrauen setzt: er tritt von dem zwischen uns abgeschlossenen Kontrakt, der ihm eine Verbindlichkeit von 800 Rth. jährliches Honorar gegen mich auferlegt, zurück, und fordert noch obenein, wegen nicht gedeckter Verlagskosten, ein Entschädigungsquantum von mir von 300 Rth. So bestimmt ich nun auch, zu Anfang dieser Unternehmung, auf die mir gnädigst angebotene Geldvergütigung Verzicht leistete, so bin ich doch, da die Sache gescheitert ist, gänzlich außerstand, diesen doppelten, beträchtlichen Ausfall zu tragen. Ew. Exzellenz stelle ich anheim, ob Höchstdieselben mich der Notwendigkeit, mit meinem Buchhändler, wegen des besagten Kontrakts, einen Prozeß führen zu müssen, gnädigst überheben wollen; und indem ich, zu diesem Zweck, gehorsamst vorschlage, entweder das Abendblatt, für das laufende Jahr, durch ein Kapital so zu fundieren, daß meinem Buchhändler die Kosten gedeckt werden, oder aber, falls dies nicht Ihren Absichten gemäß sein sollte, die Deckung der obigen in Streit begriffenen 1100 Rth. zu übernehmen, habe ich, in der tiefsten Hochachtung, die Ehre zu sein

Ew. Exzellenz untertänigster

Berlin, den 13. Febr. 1811     H. v. Kleist.

*Hardenberg an Kleist*

*Ich kann Ew. Hochw. meine Verwunderung nicht bergen, daß Sie in Ihrem Schreiben vom 13. Februar die Abendblätter ein halboffizielles Blatt nennen, und aus dieser Benennung grundlose Ansprüche auf Entschädigungen wegen des schlechten Absatzes dieses Blattes herleiten wollen. Ich habe Ihnen ausdrücklich erklärt, daß ich dem Abendblatt durchaus keinen offiziellen Charakter beigelegt wissen wollte, wie denn auch der Augenschein lehrt, daß es keinen solchen Charakter hat, und die Zwecke des Staates davon ganz unabhängig sind und daselbst nicht mehr oder besser, als aller Orten erläutert werden. Ich habe Sie ferner nicht im mindesten beschränkt, in der Art vor dem Publikum aufzutreten, noch in den Mitteln, Ihr Blatt interessant zu machen. Sie sind keiner anderen, als den durchaus allgemeinen Vorschriften unterworfen, und diese sind nicht von der Art, daß sie nicht verstatteten, Interesse zu wecken, sobald hinreichende Mittel dazu angewandt werden. Wenn ich Ihren Wunsch, von den Behörden Notizen für das Publikum zu erhalten, unterstützte, so war dies eine Gefälligkeit, die ich Ihnen so wenig wie jedem anderen abzuschlagen veranlaßt war; allein es erscheint unüberlegt, eine Entschädigungsforderung darauf zu gründen, daß jenen Behörden keine passende Gelegenheit vorkam, durch Mitteilungen Gefälligkeiten zu erweisen.*

*Ein zweiter Irrtum Ihres Schreibens besteht darin, daß Sie eine dargebotene Geldunterstützung zur Führung jenes Blattes ausgeschlagen hätten, denn diese ist Ihnen nie in dieser Beziehung angeboten, sondern von mir nur auf Ihre Veranlassung geäußert worden, daß der Staat verdienstvolle Schriftsteller, wenn es seine Kräfte erlauben, gern unterstützen würde. Ich bin aber überzeugt, daß Ew. Hochw. alsdann Ihre Verdienste nicht von dem Inhalt und dem Schicksal der Abendblätter abhängig erklären, sondern auf andere Weise begründen werden.*

*Berlin, den 18. Februar 1811*                                    *Hardenberg.*

## 191. An Friedrich von Raumer

Ew. Hochwohlgeboren habe ich die Ehre anzuzeigen, daß ich die Zugrundrichtung des Abendblatts ganz allein Ihrem Einfluß, und der Empfindlichkeit über die Verachtung zuschreibe, mit welcher ich, bei unsrer ersten Zusammenkunft, Ihr Anerbieten, Geld für die Verteidigung der Maßregeln Sr. Exzellenz anzunehmen, ausgeschlagen habe. Es ist kein Grund mehr für mich vorhanden, meinen Unwillen über die unglaubliche und unverantwortliche Behandlung, die mir widerfahren ist, zurückzuhalten; und indem ich Ew. Hochwohlgeboren anzeige, daß wenn Dieselben nicht Gelegenheit nehmen, Sr. Exzellenz, noch vor Aufhören des Blattes, welches in diesen Tagen erfolgen soll, von der Gerechtigkeit meiner Entschädigungsforderung zu überzeugen, ich die ganze Geschichte des Abendblatts im Ausland drucken lassen werde, habe ich die Ehre zu sein,

                             Ew. Hochwohlgeb. ergebenster

Berlin, den 21. Febr. 1811                                    H. v. Kleist.

## 192. An Karl August Freiherrn von Hardenberg

Hoch- und Wohlgeborner Freiherr,
Hochgebietender Herr Geheimer Staatskanzler,

Ew. Exzellenz nehme ich mir die Freiheit, inliegende Abschrift eines Schreibens an den Hr. v. Raumer zu überschicken, mit der gehorsamsten und untertänigsten Bitte, die Meinung desselben, in der Sache des Abendblatts, nicht mehr zu Rate zu ziehn. Ich unterstehe mich, gegen die mir von Ew. Exzellenz, in Ihrem gnädigsten Schreiben vom 18. d. gemachten Äußerungen einige ehrfurchtsvolle Vorstellungen zu machen. Ein Blatt ist allerdings ein halbministerielles zu nennen, das, nach bestimmten Verabredungen mit dem Ministerio, geschrieben wird, und in allem, was Gesetzgebung und Finanzverwaltung betrifft, unter seiner speziellen Aufsicht steht. Nur ein Ununterrichteter kann sagen, daß ich in der Heraugabe dieses Blattes nicht beschränkt worden sei, da die außerordentlichen Maßregeln, die mich genötigt haben, den ganzen Geist der Abendblätter umzuändern, nur zu wohl bekannt sind. Was endlich die mir angebotene Pension betrifft, so lasse ich Ew. Exzellenz Meinung, wie es sich von selbst versteht, ehrfurchtsvoll dahingestellt sein; Hr. v. Raumers Meinung aber, in unsrer ersten, auf Befehl Ew. Exzellenz abgehaltenen Konferenz, war, daß ich diese Pension für das Geschäft der Führung dieses Blattes beziehen sollte: wie ich mir auch die Freiheit genommen habe, ihm dies in dem beifolgenden Billett, worauf ich seine Antwort erwarte, zu äußern. Ew. Exzellenz werden das Versehen, womit in dem Abendblatte einmal bewußtlos gegen die Interessen der Staatskanzlei angestoßen worden ist, bei so vielem guten Willen von meiner Seite, es wieder gut zu machen, nicht so streng ahnden; und indem ich nochmals auf mein untertänigstes Entschädigungsgesuch zurückkomme, und inständigst bitte, mich durch einen Bescheid, gnädiger als den erhaltenen, vor der Prostitution zu sichern, welche sonst unfehlbar eintreten würde, das Blatt unmittelbar, noch vor Ablauf des Vierteljahrgangs, aufhören lassen zu müssen, habe ich die Ehre zu sein,

Ew. Exzellenz untertänigster

Berlin, den 22. Feb. 1811                    H. v. Kleist.

*Raumer an Kleist*

Berlin, den 21. Februar 1811

*1) Warum die Abendblätter zugrunde gehen, zeigt ihr Inhalt.*

*2) Meine geringe Empfindlichkeit beweise ich Ihnen dadurch, daß ich die Wiederholung Ihres großen Irrtums über das Geldanerbieten ruhig ertrage, nachdem Sie selbst jenen Irrtum erkannt und mit der Höflichkeit zurückgenommen haben, welche Ihre jetzige Stimmung Ihnen leider nicht zu erlauben scheint.*

*3) Für oder wider das Abendblatt habe ich keine Veranlassung mit Sr. Exzellenz zu sprechen, da die Sache hinlänglich besprochen ist; ich werde Ihnen auch Ihr Unrecht nicht nochmals schriftlich auseinandersetzen, weil ich meine Zeit besser benutzen kann.*

*4) Drucken mögen Sie lassen, was Sie verantworten können.*

*193. An Friedrich von Raumer*

Ew. Hochwohlgeboren zeige ich ergebenst an, daß ich dem Hr. Staatskanzler, am heutigen Morgen, eine Abschrift meines gestern an Sie erlassenen Schreibens zugeschickt, und Demselben, mit der Bitte, Sie ferner nicht, in der Sache des Abendblatts, zu Rate zu ziehen, nochmals die Gerechtigkeit meines Entschädigungsgesuchs auseinander gelegt habe. Da ich Sr. Exzellenz nun, zur Begründung meines Anspruchs, versichert habe, daß Ew. Hochwohlgeboren mir, bei unsrer ersten Zusammenkunft, die in Rede stehende Geldvergütigung zu einer, den Zwecken der Regierung, gemäßen, Führung des Blattes, und als eine Entschädigung für das dabei gebrachte Opfer der Popularität, angeboten haben: so bitte ich mir, wegen der Stelle, in Ihrem soeben empfangenen Billett, welche diesem Umstand zu widersprechen scheint, eine Erklärung aus. Ew. Hochwohlgeboren fühlen von selbst, daß ich, zu so vielen Verletzungen meiner Ehre, die ich erdulden muß, vor Sr. Exzellenz nicht noch als ein Lügner erscheinen kann; und indem ich Denenselben anzeige, daß ich im Fall einer zweideutigen oder unbefriedigenden Antwort, Dieselben um diejenige Satisfaktion bitten werde, die ein Mann von Ehre in solchen Fällen fordern kann, habe ich die Ehre zu sein,

Ew. Hochwohlgeboren gehorsamster

Berlin, den 22. Feb. 1811   H. v. Kleist.

*Raumer an Kleist*

*Berlin, den 22. Febr. 1811*
*Als ich aus einem Ihrer Billette, welches ich nicht aufbewahrt, und aus mündlichen Äußerungen schließen mußte, daß Ew. Hochwohlgeboren den Sinn meiner im Auftrage des Herrn Kanzlers Ihnen gemachten Bemerkungen usw. mißverstanden hatten, gab ich Ihnen eine schriftliche authentische Erklärung. Darauf schrieben Sie mir unterm 13. Dezember v. J., Ihre Wünsche für die Abendblätter wären durch die Empfehlung an die Behörden erfüllt, Sie begehrten nichts, als eine unabhängige Stellung zu behaupten. Sie schrieben ferner in Hinsicht auf die hieher gehörige falsche frühere Auslegung meiner Worte: »Ich behalte mir vor, Ew. mündlich wegen der zwischen uns im Drange mancher widerwärtiger Umstände stattgehabten Mißverständnisse, innigst und herzlichst um Verzeihung zu bitten.« Ich habe dem Herrn*

*Kanzler Ihre Briefe vorgelegt und muß Sie jetzt als Offiziant bitten, das Gleiche mit den meinigen und insbesondere mit demjenigen zu tun, welcher Ihr Schreiben vom 13. Dezember und die Lösung der jetzt unerwartet erneuerten Mißverständnisse nach sich zog. Alsdann wird der Herr Kanzler entscheiden, ob ich seinen Sinn getroffen oder mißverstanden, also als Offiziant gefehlt oder Sie induziert habe.*

*Wenn Sie, nachdem dies geschehen ist, glauben, daß ich auch auf andere Weise gegen Sie gefehlt, bin ich zu jeder Genugtuung bereit, welche Sie irgend zu fordern sich für berechtigt halten.*

## 194. An Friedrich von Raumer

Ew. Hochwohlgeboren nehme ich mir die Freiheit, die, in Ihrem heutigen Billett, unerledigt gebliebene Frage:

»ob Dieselben mir, behufs einer den Zwecken der Staatskanzlei gemäßen Führung des Blattes, ein Geldanerbieten gemacht haben?«

noch einmal vorzulegen. Und mit der Bitte, mir dieselbe, binnen 2 mal 24 Stunden, mit: Ja, oder: Nein, zu beantworten, habe ich die Ehre zu sein,

Ew. Hochwohlgeboren gehorsamster

Berlin, den 26. Febr. 1811                                  H. v. Kleist.

### Raumer an Kleist

*Berlin, den 26. Febr. 1811*

*Ew. Hochwohlgeboren erwidere ich auf das heutige Billett, daß die Antwort auf Ihre heut wiederholte Frage vollständig in demjenigen meiner Briefe enthalten ist, auf welchen der Ihrige vom 13. Dezember erfolgt ist. Ich will dieser Antwort weder etwas abnehmen noch zusetzen, sondern ganz dafür offiziell und außeroffiziell verantwortlich sein und bleiben.*

### Hardenberg an Kleist

*Es ist unbegreiflich, wie Ew. Hochwohlgeboren sich haben beigehen lassen können, mir das Schreiben mitzuteilen, welches Sie an den Regierungsrat v. Raumer abgelassen haben, da Sie wissen mußten, daß es Behauptungen enthielt, deren Ungrund mir ganz genau bekannt war.*

*Das Abendblatt hat nicht bloß meine Aufmerksamkeit auf sich gezogen, sondern die Sr. Majestät des Königs Höchstselbst, weil Sie in* eben dem Augenblicke, wo die neuen Finanzgesetze erschienen, Artikel darin aufnahmen, die geradezu dahin abzielten, jene Gesetze anzugreifen. Es wäre genug gewesen, die Zensur zu schärfen oder Ihr Blatt ganz zu verbieten, da es bei aller Freiheit, die man unparteiischen Diskussionen über Gegenstände der Staatsverwaltung bewilligt, doch durchaus nicht gestattet werden kann, daß in Tageblättern Unzufriedenheit mit den Maßregeln der Regierung aufgeregt werde. Aus wahrer Wohlmeinung gegen Sie sprach ich aber mit Ihnen, und versprach Ihnen Unterstützung, wenn Sie ein zweckmäßiges Blatt schrieben. Die Auslegung, welche Sie diesem Anerbieten gaben, als ob man Sie hätte erkaufen wollen, ist ebenso unrichtig, als die Behauptung, daß Sie die angebotene Unterstützung abgelehnt hätten. Sie haben aber keinen Anspruch darauf, weil die Abendblätter auf keine Weise den Zweck erfüllen und durch ihren Unwert von selbst fallen müssen, denn Auszüge aus längst gelesenen politischen Zeitungen und ein paar Anekdoten können, wie Sie selbst einsehen werden, nicht das mindeste Recht auf Unterstützung reklamieren oder die Benennung eines halboffiziellen Blattes verdienen. Ew. Hochwohlgeboren haben es sich demnach allein selbst zuzuschreiben, wenn die gute Absicht, die ich für Sie hegte, nicht erfüllt wird, und ich kann nicht umhin, Ihnen zu sagen, daß Ihre Korrespondenz mit dem Herrn v. Raumer, in der Sie sich im Widerspruch mit sich selbst befinden, mir äußerst mißfallen hat.

Berlin, den 26. Febr. 1811 Hardenberg.

## 195. An Karl August Freiherrn von Hardenberg

Hoch- und Wohlgeborner Freiherr,
Hochgebietender Herr Geheimer Staatskanzler,

Ew. Exzellenz unterstehe ich mich, nicht ohne einige Schüchternheit, noch einmal, in der Entschädigungssache des Abendblatts, in welcher ich unglücklich genug gewesen bin, mir höchst Ihre Ungnade zuzuziehen, mit einer Vorstellung zu nahn. Hr. v. Raumer ist von mir, diese Sache betreffend, mit solchen Erläuterungen versehen worden, die, wie ich nicht zweifle, alle Mißverständnisse, welche darüber, durch mancherlei Umstände veranlaßt, obgewaltet haben mögen, zerstreuen werden. Ew. Exzellenz ersuche ich demnach, in der tiefsten Ehrfurcht, ihn, auf eine kurze Viertelstunde, darüber anzuhören; und indem ich die Versicherung anzunehmen bitte, daß diesem Wunsch keine andere Absicht zum Grunde liegt, als Rechtfertigung meiner Schritte vor den Augen Ew. Exzellenz und Rückkehr in Ew. Exzellenz mir über alles teure und unschätzbare Huld und Gnade, ersterbe ich,

Ew. Exzellenz, untertänigster

Berlin, den 10. März 1811 H. v. Kleist.

*Hardenberg an Kleist*

An den Herrn v. Kleist, Hochwohlgeboren.

*Es ist mir angenehm gewesen, aus Ew. Hochwohlgeboren Schreiben vom 10. März und den mir vom Herrn Reg. Rat v. Raumer gegebenen Erläuterungen zu ersehen, daß die früheren Mißverständnisse weder durch Schuld eines Dritten, noch durch vorsätzlichen Irrtum entstanden und herbeigeführt worden sind. Nach dieser genügenden Aufklärung der Sache kann ich Ihnen also gern versichern, daß mir von keiner Seite eine weitere Entschuldigung oder Rechtfertigung nötig erscheint.*

*Berlin, den 11. März 1811 Hardenberg.*

### 196. An Friedrich von Raumer

Ew. Hochwohlgeboren

nehme ich mir, unter Abstattung meines gehorsamsten und innigsten Danks, für die, durch Ihre gütige Vermittelung erfolgte, Beseitigung der stattgefundenen Mißverständnisse, die Freiheit, inliegendes Schreiben an Sr. Exzellenz, den Hr. Staatskanzler, zu überschicken. Ich unterstehe mich, Sr. Exzellenz darin, mit Übergehung der ganzen bewußten Entschädigungssache, als einen bloßen Beweis ihrer Gnade, um Übertragung der Redaktion des kurmärkischen Amtsblatts zu bitten. Ew. Hochwohlgeboren ersuche ich ganz ergebenst, im Vertrauen auf Ihre edelmütige Vergebung alles Vorgefallenen, diese Sache, zur Befriedigung aller Interessen, in Schutz zu nehmen; und in der Überzeugung, daß, in Rücksicht des großen Verlustes, den ich erlitten, meine Bitte, falls ihr nicht unüberwindliche Schwierigkeiten im Wege stehen, erfüllt werden wird, habe ich die Ehre, mit der vollkommensten und herzlichsten Hochachtung zu sein,

Ew. Hochwohlgeboren, gehorsamster

Berlin, den 4. April 1811 H. v. Kleist.

*197. An Karl August Freiherrn von Hardenberg*

Hoch- und Wohlgeborner Freiherr,
Hochgebietender Herr Staatskanzler,

Ew. Exzellenz unterstehe ich mich, gestützt auf die Huld und Gnade, womit Hochdieselben sich, in Ihrem Schreiben vom 11. v. M., über die, in Bezug auf die Abendblätter statt gefundenen, Mißverständnisse zu erklären geruhen, ein untertänigstes Gesuch vorzutragen. Es betrifft eine, meinen Kräften und Verhältnissen angemessene Anstellung bei der Redaktion des soeben durch die Gesetzsammlung angekündigten, offiziellen, kurmärkischen Amtsblatts. Ich führe, Ew. Exzellenz gnädigste Entscheidung zu bestimmen, ehrfurchtsvoll für mich an, daß ich nicht nur ein Kabinettsschreiben Sr. Maj. des Königs vom 13. April 1799 besitze, worin Höchstdieselben mir, bei meinem Austritt aus dem Militär, als ich die Universitäten besuchte und auf Reisen ging, eine Anstellung im Zivil allergnädigst zu versprechen geruhten; sondern auch, daß ich bereits, Ew. Exzellenz höchsteigenem Befehl zufolge, im Jahr 1805 und 1806, wirklich bei der Königsbergischen Kammer gearbeitet habe, und eine, mir bestimmte, Anstellung, bei einer der fränkischen Kammern, nur späterhin durch den Ausbruch des Krieges, wieder rückgängig ward. Ew. Exzellenz in Ihrem huldreichen Schreiben vom 11. enthaltenen Äußerungen voll Gewogenheit flößen mir das Vertrauen ein, daß Hochdieselben auf dies mein untertänigstes Gesuch einige Rücksicht nehmen werden; und unter der gehorsamsten Versicherung, daß es mir, in diesem Fall, weder an Eifer noch an Kräften fehlen wird, mich derselben würdig zu machen, ersterbe ich in der tiefsten Ehrfurcht,

Ew. Exzellenz untertänigster

Berlin, den 4. April 1811             H. v. Kleist.

*Hardenberg an Kleist*

An den Herrn H. v. Kleist Hochw.

*Ehe ich die Kurmärkische Regierung befrage ob Ew. die Redaktion des kurmärkischen Amtsblatts übertragen werden könnte, muß ich Sie auf einige Punkte aufmerksam machen die schon an und für sich die Zurücknahme Ihres Gesuchs begründen möchten. Zuvörderst würden Sie Ihren Aufenthalt in Potsdam nehmen müssen; dann kann die*

*Redaktion weil alle Inserate von dem Kollegium selbst entworfen und vollzogen werden, bloß in dem ganz äußerlichen Geschäft des Korrigierens des Drucks und in einigen andern gleich unerheblichen Bemühungen bestehn. Ich glaube nicht daß diese an sich zwar nötige aber uninteressante Beschäftigung Ihren Wünschen angemessen sein kann, und gebe Ihnen zu bedenken daß die Vergütung für diese Geschäfte immer nicht füglich höher bestimmt werden kann, als sie von dem zahlreichen Nebenpersonal der Regierung verlangt werden wird.*

*Sollten Sie aber überhaupt wünschen wieder in den Königl. Dienst einzutreten, so wird dies keine Schwierigkeiten haben, sobald Sie sich den allgemeinen gesetzlichen Bedingungen unterwerfen.*

*Berlin, den 18. April 1811*                                          *Hardenberg.*

### 198. An Henriette Hendel-Schütz

Frau Prof. Schütz, Wohlgeb., Blaufabrik Kronenstraße.

[Berlin, 22. oder 23. April 1811]

Wenn es Sie und Schütz nicht stört, liebste Frau: so mache ich von Ihrer Erlaubnis, mich um 11 Uhr im Saal, wenn Sie Ihre Vorbereitungen halten, einzufinden, Gebrauch. Aber, wie gesagt, es muß Sie nicht stören. Für mein Herz, das sich auf die Kunst versteht, zu ergänzen, fürchten Sie nichts; ich meine Ihre Spur im Sande mit Vergnügen betrachten zu können.

H. v. Kleist.

N. S. Ich bitte um 2 Billetts.

### 199. An Friedrich de la Motte Fouqué

Mein liebster Fouqué,

Ihre liebe, freundliche Einladung, nach Nennhausen hinaus zu kommen und daselbst den Lenz aufblühen zu sehen, reizt mich mehr, als ich es sagen kann. Fast habe ich ganz und gar vergessen, wie die Natur aussieht. Noch heute ließ ich mich, in Geschäften, die ich abzumachen hatte, zwischen dem Ober- und Unterbaum, über die Spree setzen; und die Stille, die mich plötzlich in der Mitte der Stadt umgab, das Geräusch der Wellen, die Winde, die mich anwehten, es ging mir eine ganze Welt erloschener Empfindungen wieder auf. Inzwischen macht mir eine Entschädigungsforderung, die ich, wegen Unterdrückung des Abendblatts, an den Staatskanzler gerichtet habe, und die ich gern durchsetzen möchte, unmöglich, Berlin in diesem Augenblick zu verlassen. Der Staatskanzler hat mich, durch eine unerhörte und ganz willkürliche Strenge der Zensur, in die Notwendigkeit gesetzt, den ganzen Geist der Abendblätter, in bezug auf die öffentl. Angelegenheiten, umzuändern; und jetzt, da ich, wegen Nichterfüllung aller mir deshalb persönlich und durch die dritte Hand gegebenen Versprechungen, auf eine angemessene Entschädigung dringe: jetzt leugnet man mir, mit erbärmlicher diplomatischer List, alle Verhandlungen, weil sie nicht schriftlich gemacht worden sind, ab. Was sagen Sie zu solchem Verfahren, liebster Fouqué? Als ob ein Mann von Ehre, der ein Wort, ja, ja, nein, nein, empfängt, seinen Mann dafür nicht ebenso ansähe, als ob es, vor einem ganzen Tisch von Räten und Schreibern, mit Wachs und Petschaft, abgefaßt worden wäre? Auch bin ich, mit meiner dummen deutschen Art, bereits ebenso weit gekommen, als nur ein Punier hätte kommen können; denn ich besitze eine Erklärung, ganz wie ich sie wünsche, über die Wahrhaftigkeit meiner Behauptung, von den Händen des Staatskanzlers selbst. – Doch davon ein mehreres, wenn ich bei Ihnen bin, welches geschehen soll, sobald diese Sache ein wenig ins reine ist. – Müllers Buch, das ich damals, als Sie hier waren, besaß, mußte mir unseliger Weise bald darauf Marwitz aus Friedersdorf abborgen. Er nahm es, um es zu studieren, nach seinem Gute mit, und hat es noch bis diese Stunde nicht zurückgeschickt. Inzwischen habe ich schon Anstalten gemacht, es wieder zu erhalten; und ich hoffe es Ihnen, behufs Ihrer freundschaftlichen Absicht, durch Frh. v. Luck zuschicken zu können. Erinnern Sie das Volk daran, daß es da ist; das Buch ist eins von denen, welche die Störrigkeit der Zeit die sie einengt nur langsam wie eine Wurzel den Felsen, sprengen können; nicht par explosion. – Was schenken Sie uns denn für diese Messe? Wie gern empfinge ich es von *Ihnen selbst*, liebster Fouqué; ich meine, von Ihren Lippen, an Ihrem Schreibtisch, in der Umringung Ihrer teuren Familie! Denn die Erscheinung, die am meisten, bei der Betrachtung eines Kunstwerks, rührt, ist, dünkt mich, nicht das Werk selbst, sondern die Eigentümlichkeit des Geistes, der es hervorbrachte, und der sich, in unbewußter Freiheit und Lieblichkeit, darin entfaltet. – Nehmen Sie gleichwohl das Inliegende, wenn Sie es in diesem Sinne lesen wollen, mit Schonung und Nachsicht auf. Es kann auch, aber nur für einen sehr kritischen Freund, für eine Tinte meines Wesens gelten; es ist nach dem Tenier gearbeitet, und würde nichts wert sein, käme es nicht von einem, der in der Regel lieber dem göttlichen Raphael nachstrebt. Adieu! Es bleibt grade noch ein Platz zu einem Gruß an Fr. v. Briest, den ich hiermit gehorsamst bestelle. H. v. Kleist.

[Berlin,] den 25. April 1811

*200. An Friedrich Karl Julius Schütz*

H. Prof. Schütz, Wohlgeb.

Mein lieber Schütz,

Ich bin genötigt gewesen, eine Einladung zu einem Verwandten aufs Land anzunehmen, und die Schnelligkeit, womit wir unsre Reise antreten, hindert mich daran, Ihnen noch einmal in Ihrem Hause aufzuwarten, und Ihrer lieben Frau, für die vortreffliche Darstellung der Penthesilea, meinen Dank abzustatten. Inzwischen bin ich in drei oder vier Tagen, also noch vor Ihrer Abreise, zurück, um noch das Nötige, wegen unserer Theaterkritik, mit einander abzusprechen. Geben Sie mittlerweile doch Ihre Rezension des Ifflandschen Almanachs, die ich gern lesen möchte, in meiner Wohnung ab, von wo sie mir morgen nachgeschickt werden kann. Meinen herzlichsten Gruß an Ihre teure Frau.

[Berlin,] den 26. April 1811             H. v. Kleist.

N. S. Händigen Sie doch dem Überbringer die Iliade wieder ein.

*201. An Wilhelm Prinz von Preußen*

Durchlauchtigster Fürst,

Gnädigster Prinz und Herr!

Ew. Königlichen Hoheit nehme ich mir, im herzlichen und ehrfurchtsvollen Vertrauen auf die mir, seit früher Jugend, bei manchen Gelegenheiten erwiesene, höchste Huld und Gnade, die Freiheit, folgenden sonderbaren und für mich bedenklichen Vorfall, der kürzlich zwischen Sr. Exzellenz, dem Hr. Staatskanzler, Frh. v. Hardenberg und mir statt gefunden hat, vorzutragen. Der Wunsch, gnädigster Fürst und Herr, den ich willens bin, dem

Schluß meines gehorsamsten Berichts anzuhängen, wird nichts Unedelmütiges und Unbescheidenes enthalten; meine Sache ist ganz in der Ordnung, und vielleicht bedarf es nichts, als einer Wahrnehmung des Staatskanzlers, daß Ew. Königliche Hoheit von dem ganzen Zusammenhang der Sache unterrichtet sind, um mir eine, meiner gerechten Forderung völlig angemessene, Entscheidung bei ihm auszuwirken. Der Fall, in welchem ich Ew. Königliche Hoheit um Ihre gnädigste Protektion bitte, ist dieser.

In dem von mir, von Oktober vorigen Jahres bis April des jetzigen, herausgegebenen *Berliner Abendblatt*, hat ein, ganz im allgemeinen die Grundsätze der Staatswirtschaft untersuchender Aufsatz gestanden, der das Unglück gehabt hat, Sr. Exzellenz, dem Hr. Staatskanzler, zu mißfallen. Sr. Exzellenz veranlaßten, von der einen Seite, ein Zensurgesetz, welches die Fortdauer des Blattes, in dem Geiste, der ihm eigen war, äußerst erschwerte, ja fast unmöglich machte; und von der anderen Seite ließen Dieselben mir mündlich, durch den damaligen Präsidenten der Polizei, Hr. Gruner, die Eröffnung machen, daß man das Blatt mit Geld unterstützen wolle, wenn ich mich entschließen könne, dasselbe so, wie es den Interessen der Staatskanzlei gemäß wäre, zu redigieren. Ich, dessen Absicht keineswegs war, den Maßregeln Sr. Exzellenz, deren Zweckmäßigkeit sich noch gar nicht beurteilen ließ, mit bestimmten Bestrebungen in den Weg zu treten, ging nun zwar in den mir gemachten Vorschlag ein; leistete aber, aus Gründen, die ich Ew. Königl. Hoheit nicht auseinander zu setzen brauche, ehrfurchtsvoll auf die Geldvergütigung Verzicht, und bat mir bloß, zu einiger Entschädigung, wegen dargebrachten Opfers der Popularität, und dadurch vorauszusehenden höchst verminderten Absatz des Blattes, die Lieferung offizieller Beiträge, von den Chefs der obersten Landesbehörden, aus. Denn diese, wenn sie mit Einsicht und so, daß sie das Publikum interessierten, gewählt wurden, konnten, auf gewisse Weise, einen jenen Verlust wieder aufhebenden und kompensierenden Geldwert für mich haben. Auf diese Begünstigung wollte sich jedoch Hr. Regierungsrat v. Raumer, mit dem ich jetzt auf Befehl Sr. Exzellenz unterhandelte, nicht einlassen; er zeigte mir, in sehr verlegenen Wendungen, wie die dadurch an den Tag kommende Abhängigkeit von der Staatskanzlei, dem Blatt alles Vertrauen des

Publikums rauben würde, und gab mir zu verstehen, daß auch die Pension, von welcher mir Sr. Exzellenz bereits selbst mündlich gesprochen hatten, mir nur unter der Bedingung, daß davon nichts zur Kenntnis des Publikums käme, gezahlt werden könne. Bald darauf, da ich mit gänzlichem Stillschweigen über diesen Punkt, der mir, so vorgetragen, gänzlich verwerflich schien, auf die mir von Sr. Exzellenz gleichfalls versprochenen offiziellen Beiträge, als welche allein in dem Kreis meiner Wünsche lagen, bestand: hielt Hr. v. Raumer es für das beste, alle Verhandlungen mit mir, in einem höflichen Schreiben, gänzlich abzubrechen. Nun wäre mir zwar dieser Umstand völlig gleichgültig gewesen, wenn man mir erlaubt hätte, das Blatt, mit gänzlicher Freiheit der Meinungen, so, wie Ehrfurcht vor das bestehende Gesetz sie, bei einer liberalen Ordnung der Dinge, zu äußern gestatten, fortzuführen. Da aber die Zensurbehörde, durch die willkürlichsten und unerhörtesten Maßregeln (wofür ich mir den Beweis zu führen getraue), das Blatt, dessen tägliche Erscheinung nur mit der größten Anstrengung erzwungen werden konnte, ganz zu vernichten drohte: so erklärte ich, daß wenn ich nicht derjenigen Freiheit, die alle übrigen Herausgeber öffentlicher Blätter genössen, teilhaftig würde, ich mich genötigt sehen würde, mir im Ausland einen Verleger für dieses Wochenblatt aufzusuchen. Auf diese Erklärung willigten, in einer ganz unerwarteten Wendung, Sr. Exzellenz, der Hr. Staatskanzler, plötzlich in meinen vorigen, schon ganz aufgegebenen Wunsch; Dieselben ließen mir durch Hr. v. Raumer melden, daß sie, wegen Lieferung der offiziellen Beiträge, das Nötige an die Chefs der resp. Departementer, erlassen hätten; und ich, der in eine solche Zusage kein Mißtrauen setzen konnte, schloß mit meinem Buchhändler einen Kontrakt für das laufende Jahr auf 800 Thl. Pr. Kur. Honorars ab. Dem gemäß veränderte nun, in der Tat wenig zu meiner Freude, das Blatt seinen ganzen Geist; alle, die Staatswirtschaft betreffenden, Aufsätze gingen unmittelbar zur Zensur der Staatskanzlei, Hr. v. Raumer deutete mir, in mündlichen und schriftlichen Eröffnungen, mehrere Gedanken an, deren Entwickelung der Staatskanzlei angenehm sein würde, und der Präsident der Polizei, Hr. Gruner, schickte selbst einen Aufsatz, unabhängig von meiner Meinung darüber, zur Insertion in das Blatt ein. Inzwischen machte ich, zu meiner großen Bestürzung, gar bald die Erfahrung, daß man in meinen Vorschlag bloß gewilligt hatte, um des Augenblicks mächtig zu werden, und um der Herausgabe des Blattes im Auslande, von welcher ich gesprochen hatte, zuvorzukommen. Denn die offiziellen Beiträge blieben von den resp. Staatsbehörden gänzlich aus, und auf mehrere Beschwerden, die ich deshalb bei Hr. v. Raumer führte, antwortete derselbe weiter nichts, als daß es den Chefs der Departements wahrscheinlich an schicklichen und passenden Materialien fehle, um mich damit zu versorgen. Da nun das Blatt durch diesen Umstand, der das Publikum gänzlich in seiner Erwartung täuschte, allen Absatz verlor und schon, beim Ablauf des ersten Vierteljahrs, sowohl aus diesem Grunde, als wegen des dem Publiko wenig analogen Geistes, den ihm die Staatskanzlei einprägte, gänzlich zugrunde ging: so zeigte ich Sr. Exzellenz, dadurch in die größte Verlegenheit gestürzt, an, daß ich zwar zu Anfange auf jede Geldvergütigung Verzicht geleistet, daß ich aber nicht umhin könnte, ihn wegen jenes, ganz allein durch die Staatskanzlei veranlaßten, Verlustes meines jährlichen Einkommens, worauf meine Existenz gegründet gewesen wäre, um eine Entschädigung zu bitten. Aber wie groß war mein Befremden, als ich von der Staatskanzlei ein äußerst strenges Schreiben empfing, worin man mir, gleich einem unbescheidnen Menschen, unter der Andeutung, daß mein Vorgeben, ein Geldanerbieten von ihr, behufs einer den Interessen derselben gemäßen Führung des Blattes, empfangen zu haben, äußerst beleidigend sei, mein Entschädigungsgesuch rund abschlug! Bei dieser Sache war ich von mancher Seite zu sehr interessiert, als daß ich mich mit diesem Bescheid hätte beruhigen sollen. Sr. Exzellenz, der Hr. Staatskanzler, der den Brief unterschrieben hatte, konnten zwar, wie ich begriff, bei der Menge der ihnen obliegenden Geschäfte, die Äußerungen, die sie mir selbst mündlich gemacht hatten, vergessen haben; da ich aber keinen Grund hatte, so etwas bei demjenigen, der diesen Brief entworfen hatte, welches Hr. v. Raumer war, vorauszusetzen: so bat ich mir von demselben, wie Männer von Ehre in solchen Fällen zu tun pflegen, eine gefällige Erklärung über die Eröffnungen aus, die er mir im Namen Sr. Exzellenz, des Hr. Staatskanzlers, gemacht hatte. Ja, auf das Antwortschreiben Hr. v. Raumers, welches unbestimmt und unbedeutend war und nichts, als einige diplomatische Wendungen enthielt: wiederholte ich noch einmal mein Gesuch, und bat mir, binnen zweimal vier und zwanzig Stunden, mit Ja oder Nein, eine Antwort aus. Auf diesen Schritt schickte Hr. v. Raumer mir den Geh. Ob. Postrat Pistor ins Haus, um sich näher nach den Gründen, worauf ich meine Forderung stütze, zu erkundigen; und da derselbe aus meinen Papieren fand, daß auch schon der Staatsrat Gruner mir im Namen Sr. Exzellenz ein Geldanerbieten gemacht hatte: so erschien bald darauf, zur Beilegung dieser Sache, ein Schreiben von Sr. Exzellenz, dem Hr. Staatskanzler, worin dieselben, nach besserer Erwägung der Sache, wie es hieß, mein Recht, eine Entschädigung zu fordern, eingestanden. Inzwischen wollte man sich, aus welchen Gründen weiß ich nicht, auf keine unmittelbare Vergütigung einlassen; man ließ mir durch den Geh. Rat Pistor zu erkennen geben, daß man die Absicht habe, mir, zur Entschädigung wegen des gehabten Verlustes, die Redaktion des kurmärkischen Departementsblatts zu übertragen. Gleichwohl, mein gnädigster Fürst und Herr, als ich den Staatskanzler, bei der bald darauf erfolgten Einrichtung dieses Blattes, um die Redaktion desselben bat: schlug er mir dieselbe nicht nur, unter dem allgemeinen, und völlig grundlosen Vorgeben, daß sie für mich nicht passend sei, ab, sondern ging auch überhaupt auf mein Begehren, im Königl. Zivildienst angestellt zu werden, nur insofern ein, als ich mich dabei den gewöhnlichen, gesetzlichen Vorschriften, wie es hieß, unterwerfen würde. Da nun weder das Alter, das ich erreicht, noch auch der Platz, den ich in der Welt einnehme, zulassen, mich bei der Bank der Referendarien anstellen zu lassen: so flehe ich Ew. Königliche Hoheit inständigst an, mich gegen so viel Unedelmütigkeiten und Unbilligkeiten, die meine Heiterkeit untergraben, in Ihren gnädigsten Schutz zu nehmen. Ich bitte Ew. Königliche Hoheit, den Staatskanzler zu bewegen, mir, seiner Verpflichtung gemäß, eine, meinen Verhältnissen angemessene, und auch mit meinen anderweitigen literarischen Zwecken vereinbare, Anstellung im Königl. Zivildienst anzuweisen, oder aber, falls sich ein solcher Posten nicht sobald ausmitteln lassen sollte, mir wenigstens unmittelbar ein *Wartegeld* auszusetzen, das für jenen empfindlichen Verlust, den ich erlitten, und den ich zu tragen ganz unfähig bin, einigermaßen als Entschädigung gelten kann. Die Zugrundrichtung jenes Blattes war um so grausamer für mich, da ich kurz zuvor durch den Tod der verewigten Königin Majestät, meiner erhabenen Wohltäterin, eine Pension verloren hatte, die Höchstdieselbe mir, zur Begründung einer unabhängigen Existenz, und zur Aufmunterung in meinen dichterischen Arbeiten, aus ihrer Privatschatulle, durch meine Kusine, Frau von Kleist, auszahlen ließ: es war eben um jenen Ausfall zu decken, daß ich dieses Blatt unternahm. Auch in diesem Umstand, durchlauchtiger, königlicher Prinz, liegt, unabhängig von meinem persönlichen Vertrauen zu Ihnen, noch ein Grund, der mich mit meiner gehorsamsten Bitte um Verwendung, vor Ihr Antlitz führt, indem ich niemand auf Erden wüßte, durch dessen Vermittelung ich das, was ich durch den Tod jener angebeteten Herrscherin verlor, lieber ersetzt zu sehen wünschte, als durch die Ihrige; und indem ich nur noch die Versicherung anzunehmen bitte, daß es die Aufgabe meines Lebens sein wird, mich dieser höchsten Gnade würdig zu machen, welches vielleicht gar bald, nach Wiederherstellung meiner äußeren Lage, durch Lieferung eines tüchtigen Werks, geschehen kann, unterschreibe ich mich, in der allertiefsten Unterwerfung, Ehrfurcht und Liebe,

Ew. Königlichen Hoheit, untertänigster
Berlin, den 20. Mai 1811　　　　　　　　Heinrich von Kleist.
Mauerstraße Nr. 53

## 202. An Georg Andreas Reimer

[Berlin, 31. Mai 1811]

Ich bitte um die Gefälligkeit, mein teurer Freund, mir ein Exemplar *des zerbrochnen Kruges* auf Velin zu überschicken, oder aber, falls Sie heut nicht zu Hause sein sollten, es so zurecht zu legen, daß es morgen abgeholt werden kann.　　H. v. Kleist.

## 203. An Karl August Freiherrn von Hardenberg

Hoch- und Wohlgeborner Freiherr,
Hochgebietender Herr Geheimer Staatskanzler,

Ew. Exzellenz habe ich die Ehre, als ein Zeichen meiner innigsten Verehrung beifolgendes, soeben auf der Messe von mir erschienenes Werk, ehrfurchtsvoll zu überreichen. Ich würde mein schönstes Ziel erreicht haben, wenn ich imstande wäre, dadurch eine Stunde der kostbaren Muße Ew. Exzellenz zu erheitern, und wenn mir der Beifall eines Mannes zuteil würde, der, neben der Kunst zu regieren, sich zugleich als einen der einsichtsvollsten Kenner der Kunst, welche Melpomene lehrt, bewährt hat.

Bei dieser Gelegenheit kann ich nicht umhin, Ew. Exzellenz den empfindlichen Verlust, den ich durch das Aufhören der Abendblätter erlitten habe, und mein gehorsamstes Gesuch um Entschädigung wieder in untertänigste Erinnerung zu bringen. Ich fühle, wie verletzend von mancher Seite die erneuerte Berührung dieser Sache sein mag; aber die gänzliche Unfähigkeit, jenen Ausfall, auf dem meine Existenz basiert war, zu ertragen, zwingt mich, Ew. Exzellenz Gnade und Gerechtigkeit von neuem wieder in Anspruch zu nehmen. Es ist nicht nur Hr. Regierungsrat v. Raumer, sondern auch früherhin schon, und in weit bestimmteren und weitläufigeren Eröffnungen, der Staatsrat, Hr. Gruner, der mir, im Namen Ew. Exzellenz, behufs einer in ihrem Geiste gänzlich veränderten Führung des Blattes, ein Geldanerbieten gemacht haben. Die offiziellen Beiträge sollten bloß statt dieser Geldunterstützung, die ich ehrfurchtsvoll ablehnte, gelten, um den verminderten Absatz, der wegen geringerer Popularität zu fürchten war, zu decken, und der, durch das Ausbleiben dieser Beiträge späterhin erfolgte Untergang des Blattes, ist demnach ein ganz allein durch das Verschulden der Staatskanzlei über mich gebrachter Verlust. Ew. Exzellenz selbst, indem Sie den mir in Ihrem gnädigsten Schreiben vom 26. Februar d. J., über meine Entschädigungsforderung geäußerten Unwillen, durch Ihr huldreiches Schreiben vom 11. März, zurücknehmen und für ein Mißverständnis erklären, scheinen dies zu empfinden; und Höchstdieselben sind zu gerecht, als daß Sie meine Befugnis, eine Entschädigung zu fordern, anerkennen sollten, ohne über diese Entschädigung selbst irgend etwas gnädigst zu verfügen. Ew. Exzellenz ersuche ich ganz untertänigst um die Gewogenheit, mich auf eine, meinen Verhältnissen angemessene Weise, im Königl. Zivildienst anzustellen, oder aber, falls sich eine solche Anstellung nicht unmittelbar, wie sie mit meinen übrigen literarischen Zwecken paßt, ausmitteln lassen sollte, mir wenigstens unmittelbar ein Wartegeld auszusetzen, das, statt jenes beträchtlichen Verlusts, als Entschädigung gelten kann. Ich glaube zu Ew. Exzellenz das Vertrauen haben zu dürfen, mit diesem gehorsamsten Gesuch, dessen Verweigerung mich aller Mittel, ferner im Vaterlande zu bestehen, berauben würde, keine Fehlbitte zu tun, und ersterbe, in Erwartung einer baldigst huldreichen Antwort, in der tiefsten und vollkommensten Ehrfurcht,

Ew. Exzellenz untertänigster

Berlin, den 6. Juni 1811  H. v. Kleist.
Mauerstraße Nr. 53

## 204. An Friedrich Wilhelm III.

Großmächtigster,

Allergnädigster König und Herr,

Ew. Königlichen Majestät erhabenem Thron unterstehe ich mich, in einem Fall, der für mein ferneres Fortkommen im Vaterlande von der höchsten Wichtigkeit ist, mit folgender untertänigsten Bitte um allerhöchste Gerechtigkeit, zu nahen. Sr. Exzellenz, der Hr. Staatskanzler, Freiherr v. Hardenberg, ließen mir, im November vorigen Jahres, bei Gelegenheit eines in dem Journal: das Abendblatt, enthaltenen Aufsatzes, der das Unglück hatte, denenselben zu mißfallen, durch den damaligen Präsidenten der Polizei, Hr. Gruner, und späterhin noch einmal wiederholentlich durch den Hr. Regierungsrat von Raumer, die Eröffnung machen, daß man dies Institut mit Geld unterstützen wolle, wenn ich mich entschließen könne, dasselbe so, wie es den Interessen der Staatskanzlei gemäß wäre, zu redigieren. Ich, der keine anderen Interessen, als die Ew. Königlichen Majestät, welche, wie immer, so auch diesmal, mit denen der Nation völlig zusammenfielen, berücksichtigte, weigerte mich anfangs, auf dieses Anerbieten einzugehen; da mir jedoch, in Folge dieser Verweigerung, von Seiten der Zensurbehörde solche Schwierigkeiten in den Weg gelegt wurden, die es mir ganz unmöglich machten, das Blatt in seinem früheren Geiste fortzuführen, so bequemte ich mich endlich notgedrungen in diesen Vorschlag: leistete aber in einem ausdrücklichen Schreiben an den Präsidenten, Hr. Gruner, vom 8. Dez. v. J. auf die mir angebotene Geldunterstützung ehrfurchtsvoll Verzicht, und bat mir bloß, zu einiger Entschädigung, wegen beträchtlich dadurch verminderten Absatzes, der zu erwarten war, die Lieferung offizieller das Publikum interessierender Beiträge von den Landesbehörden aus. Von dem Augenblick an, da Sr. Exzellenz mir dies versprachen, gab das Blatt den ihm eignen Charakter von Popularität gänzlich auf; dasselbe trat unter unmittelbare Aufsicht der Staatskanzlei, und alle Aufsätze, welche die Staatsverwaltung und Gesetzgebung betrafen, gingen zur Prüfung des Hr. Regierungsrats von Raumer. Gleichwohl blieben jene offiziellen Beiträge, ohne welche, bei so verändertem Geiste, das Blatt auf keine Weise bestehen konnte, gänzlich aus; und obschon ich weit entfernt bin, zu behaupten, daß Sr. Exzellenz Absicht war, dies Blatt zugrunde zu richten, so ist doch gewiß, daß die gänzliche Zugrundrichtung desselben, in Folge jener ausbleibenden offiziellen Beiträge, erfolgte, und daß mir daraus ein Schaden von nicht weniger als 800 Thl. jährlich erwuchs, worauf das Honorar mit meinem Verleger festgesetzt war. Wenn ich nun gleich, wie schon erwähnt, anfangs jede Geldunterstützung gehorsamst von mir ablehnte, so war doch nichts natürlicher, als daß ich jetzt, wegen des Verlusts meines ganzen Einkommens, wovon ich lebte, bei Sr. Exzellenz um eine Entschädigung einkam. Aber wie groß war mein Befremden, zu sehen, daß man jene Verhandlungen mit der Staatskanzlei, auf welche ich mich berief, als eine lügenhafte Erfindung von mir behandelte und mir, als einem Zudringlichen, Unbescheidenen und Überlästigen, mein Gesuch um Entschädigung gänzlich abschlug! Sr. Exzellenz haben nun zwar, auf diejenigen Schritte, die ich deshalb getan, in ihrem späterhin erfolgten Schreiben vom 18. April d. J., im allgemeinen mein Recht, eine Entschädigung zu fordern, gnädigst anerkannt; über die Entschädigung selbst aber, die man mir durch eine Anstellung zu bewirken einige Hoffnung machte, ist, so dringend meine Lage auch solches erfordert, bis diesen Augenblick noch nichts verfügt worden, und ich dadurch schon mehr als einmal dem traurigen Gedanken nahe gebracht worden, mir im Ausland mein Fortkommen suchen zu müssen. Zu Ew. Königlichen Majestät Gerechtigkeit und Gnade flüchte ich mich nun mit der alleruntertänigsten Bitte, Sr. Exzellenz, dem Hr. Staatskanzler aufzugeben, mir eine Anstellung im Zivildienst anweisen zu lassen, oder aber, falls eine solche Stelle nicht unmittelbar, wie sie für meine Verhältnisse paßt, auszumitteln sein sollte, mir wenigstens unmittelbar ein Wartegeld auszusetzen, das, statt jenes besagten Verlusts, als eine Entschädigung gelten kann. Auf diese allerhöchste Gnade glaube ich um so mehr einigen Anspruch machen zu dürfen, da ich durch den Tod der verewigten Königin Majestät, welche meine unvergeßliche Wohltäterin war, eine Pension verloren habe, welche Höchstdieselbe mir, zu Begründung einer unabhängigen Existenz und zur Aufmunterung in meinen literarischen Arbeiten, aus ihrer Privatschatulle auszahlen ließ.

Der ich in der allertiefsten Unterwerfung und Ehrfurcht ersterbe,     Ew. Königlichen Majestät,
Berlin, den 17. Juni 1811          alleruntertänigster
Mauerstraße Nr. 53             Heinrich von Kleist.

## 205. An Georg Andreas Reimer

Wollen Sie ein Drama von mir drucken, ein *vaterländisches* (mit mancherlei Beziehungen) namens *der Prinz von Homburg,* das ich jetzt eben anfange, abzuschreiben?

– Lassen Sie ein paar Worte hierüber wissen

Ihrem Freund
[Berlin,] den 21. Juni 1811          H. v. Kleist.

## 206. An Georg Andreas Reimer

[Berlin, 26. Juli 1811]

Ich bitte um die Gefälligkeit, mir
1 Ex. Käthchen von Heilbronn
und 1 Ex. Erzählungen
zu überschicken und auf Rechnung zu stellen.

Zugleich bitte ich um eine Nachricht über den Prinz Homburg.

Ihr
H. v. Kleist.

## 207. An Georg Andreas Reimer

[Berlin, Ende Juli 1811]

Mein liebster Reimer,

Ich bitte um die Gefälligkeit, mir Ihre Entschließung wegen des Pr. v. Homburg zukommen zu lassen, welchen ich bald gedruckt zu sehen wünsche, indem es meine Absicht ist, ihn der

Prinzess. Wilhelm zu dedizieren. – Dabei zeige ich zugleich an, daß ich mit einem *Roman* ziemlich weit vorgerückt bin, der wohl 2 Bände betragen dürfte, und wünsche zu wissen, ob Sie imstande sind\*, mir bessere Bedingungen zu machen, als bei den Erzählungen. Es ist fast nicht möglich, für diesen Preis etwas zu liefern, und so ungern ich außerhalb der Stadt drucken lasse, so würde ich doch mit Cotta wieder in Verbindung treten müssen, der, wie ich glaube, nicht abgeneigt ist, meine Sachen zu verlegen.

Ihr

H. v. Kleist.

\* falls er Ihnen gefiele.


*208. An Marie von Kleist*

[Berlin, Juli 1811]

[Adam] Müllers Abreise hat mich in große Einsamkeit versenkt. Er war es eigentlich, um dessentwillen ich mich vor nun ohngefähr einem Jahr wieder in Berlin niederließ, und ich bin gewiß, so wenig dies auch mancher begreifen wird, daß er mich in Wien, wohin ich ihm nicht habe folgen können, vermissen werde. Nicht als ob ich ihm zu seinem Zwecke daselbst hätte behülflich sein können, sondern weil er mich braucht, um sich dessen, was er sich erringt und erstrebt, am Ziel zu erfreuen. Ich kann Ihnen nicht sagen, wie rührend mir die Freundschaft dieses Menschen ist, fast so rührend, wie seine Liebe zu seiner Frau. Denn sein Treiben in der Welt, abgerissen und unvollendet, wie es noch da liegt, ist mancherlei Mißdeutungen unterworfen: es gehört ein Wohlgefallen, so gänzlich rücksichtslos, und uneigennützig, in Persönlichkeiten, die ihm ganz fremd und ungleichartig sind, dazu, um die innerliche Unschuld und Güte seines Wesens zu erkennen. Derjenige, mit dem ich jetzt am liebsten, wenn ich die Wahl hätte, in ein näheres Verhältnis treten möchte, ist der gute, sonst nur zu sehr von mir vernachlässigte Achim Arnim. Aber dieser läßt sich, seitdem er verheiratet ist, weder bei mir noch einem andern sehen. Er hat sich mit seiner Frau ganz wie lebendig in einen Pavillon des Vossischen Gartens begraben, und es ist nichts Lächerlicheres zu sehen, als das Acharnement der Menschen über diese Einsamkeit. Sie würden ihm eher alles andre vergeben, als daß er sich bei seiner Frau besser gefällt als in ihrer nichtigen und erbärmlichen Gesellschaft. Auch Beckendorf, den ich sonst zuweilen sah, ist fort von hier, und ich kann wohl sagen, daß ich, von so mancher Seite verlassen, ihn mehr als sonst vermisse.

### 209. An Achim von Arnim

[Berlin, Sommer 1811]

Adam Müller wohnt Wien N. 871 beim Freih. du Beine.

H. v. Kleist.

### 210. An Marie von Kleist

[Berlin, Sommer 1811]

Das Leben, das ich führe, ist seit Ihrer und A. Müllers Abreise gar zu öde und traurig. Auch bin ich mit den zwei oder drei Häusern, die ich hier besuchte, seit der letzten Zeit ein wenig außer Verbindung gekommen, und fast täglich zu Hause, von Morgen bis auf den Abend, ohne auch nur einen Menschen zu sehen, der mir sagte, wie es in der Welt steht. Sie helfen sich mit Ihrer Einbildung und rufen sich aus allen vier Weltgegenden, was Ihnen lieb und wert ist, in Ihr Zimmer herbei. Aber diesen Trost, wissen Sie, muß ich unbegreiflich unseliger Mensch entbehren. Wirklich, in einem so besondern Fall ist noch vielleicht kein Dichter gewesen. So geschäftig dem weißen Papier gegenüber meine Einbildung ist, und so bestimmt in Umriß und Farbe die Gestalten sind, die sie alsdann hervorbringt, so schwer, ja ordentlich schmerzhaft ist es mir, mir das, was wirklich ist, vorzustellen. Es ist, als ob diese in allen Bedingungen angeordnete Bestimmtheit meiner Phantasie, im Augenblick der Tätigkeit selbst, Fesseln anlegte. Ich kann, von zu viel Formen verwirrt, zu keiner Klarheit der innerlichen Anschauung kommen; der Gegenstand, fühle ich unaufhörlich, ist kein Gegenstand der Einbildung: mit meinen Sinnen in der wahrhaftigen lebendigen Gegenwart möchte ich ihn durchdringen und begreifen. Jemand, der anders hierüber denkt, kömmt mir ganz unverständlich vor; er muß Erfahrungen angestellt haben, ganz abweichend von denen, die ich darüber gemacht habe. Das Leben, mit seinen zudringlichen, immer wiederkehrenden Ansprüchen, reißt zwei Gemüter schon in dem Augenblick der Berührung so vielfach aus einander, um wie viel mehr, wenn sie getrennt sind. An ein

Näherrücken ist gar nicht zu denken; und alles, was man gewinnen kann, ist, daß man auf dem Punkt bleibt, wo man ist. Und dann der Trost in verstimmten und trübseligen Augenblicken, deren es heutzutage so viel gibt, fällt ganz und gar weg. Kurz, Müller, seitdem er weg ist, kömmt mir wie tot vor, und ich empfinde auch ganz denselben Gram um ihn, und wenn ich nicht wüßte, daß Sie wieder kommen, würde mir es mit Ihnen ebenso gehn.

## 211. An Marie von Kleist

[Berlin, Sommer 1811]

Sobald ich mit dieser Angelegenheit fertig bin, will ich einmal wieder etwas recht Phantastisches vornehmen. Es weht mich zuweilen, bei einer Lektüre oder im Theater, wie ein Luftzug aus meiner allerfrühesten Jugend an. Das Leben, das vor mir ganz öde liegt, gewinnt mit einemmal eine wunderbar herrliche Aussicht, und es regen sich Kräfte in mir, die ich ganz erstorben glaubte. Alsdann will ich meinem Herzen ganz und gar, wo es mich hinführt, folgen und schlechterdings auf nichts Rücksicht nehmen, als auf meine eigne innerliche Befriedigung. Das Urteil der Menschen hat mich bisher viel zu sehr beherrscht; besonders das Käthchen von Heilbronn ist voll Spuren davon. Es war von Anfang herein eine ganz treffliche Erfindung, und nur die Absicht, es für die Bühne passend zu machen, hat mich zu Mißgriffen verführt, die ich jetzt beweinen möchte. Kurz, ich will mich von dem Gedanken ganz durchdringen, daß, wenn ein Werk nur recht frei aus dem Schoß eines menschlichen Gemüts hervorgeht, dasselbe auch notwendig darum der ganzen Menschheit angehören müsse.

## 212. An Marie von Kleist

[Berlin, Sommer 1811]

Ich fühle, daß mancherlei Verstimmungen in meinem Gemüt sein mögen, die sich in dem Drang der widerwärtigen Verhältnisse, in denen ich lebe, immer noch mehr verstimmen, und die ein recht heiterer Genuß des Lebens, wenn er mir einmal zuteil würde, vielleicht ganz leicht harmonisch auflösen würde. In diesem Fall würde ich die Kunst vielleicht auf ein Jahr oder länger ganz ruhen lassen, und mich, außer einigen Wissenschaften, in denen ich noch etwas nachzuholen habe, mit nichts als der Musik beschäftigen. Denn ich betrachte diese Kunst als die Wurzel, oder vielmehr, um mich schulgerecht auszudrücken, als die algebraische Formel aller übrigen, und so wie wir schon einen Dichter haben – mit dem ich mich übrigens auf keine Weise zu vergleichen wage – der alle seine Gedanken über die Kunst, die er übt, auf Farben bezogen hat, so habe ich, von meiner frühesten Jugend an, alles Allgemeine, was ich über die Dichtkunst gedacht habe, auf Töne bezogen. Ich glaube, daß im Generalbaß die wichtigsten Aufschlüsse über die Dichtkunst enthalten sind.

### 213. An Ulrike von Kleist

Meine teuerste Ulrike,

In dem Louisenstift, dessen erste Abteilung erst organisiert ist, wird nun für die zweite Abteilung, welche gleichfalls organisiert werden soll, eine Oberaufseherin gesucht; eine Dame, deren Bestimmung nicht eigentlich unmittelbar die Erziehung der Kinder, sondern die Aufsicht über das ganze weibliche Personale ist, dem jenes Geschäft anvertraut ist. Eine solche Stelle, an und für sich demnach ehrenvoll genug, ist mit völlig freier Station und einem Gehalt von 400 Rth. verknüpft. Da Du nun, wie ich höre, damit umgehst, eine Pension in Frankfurt anzulegen, und sogar dazu schon einige Schritte getan hast: so ist mir eingefallen, ob es Dir vielleicht, die wohl vorzugsweise dazu geeignet ist, konvenieren würde, eine solche Stelle anzunehmen? Du würdest Dich in diesem Fall, wie es sich von selbst versteht, auf keine Weise darum zu bewerben brauchen; sondern Dein Ruf würde hoffentlich die Schritte, die ich deshalb bei den Vorstehern dieses Instituts, deren mehrere mir bekannt sind, tun könnte, dergestalt unterstützen, daß man eine Aufforderung an Dich dazu ergehen ließe. Dieser Plan schmeichelt meinem Wunsch, Dich auf dauerhafte Weise in meiner Nähe zu wissen; und obschon mancherlei Verhältnisse, zum Teil auch die Einrichtung dieses Instituts selbst, unmöglich machen, mich mit Dir zusammen zu etablieren, so würde mir doch Dein Aufenthalt in Berlin, von wo ich mich wohl sobald nicht zu entfernen denke, zur größten Freude und Befriedigung gereichen. Demnach bitte ich Dich um die Freundschaft, mir hierüber einige Worte zu schreiben; und mit der Versicherung, daß mich, falls es nur in Deine Zwecke paßt, nichts glücklicher machen würde, als alles, was in meinen Kräften steht, an die Ausführung dieser Sache zu setzen, unterschreibe ich mich

Dein treuer Bruder

Berlin, den 11. Aug. 1811  H. v. Kleist.
Mauerstraße Nr. 53

### 214. An Friedrich de la Motte Fouqué

Mein liebster Fouqué,

Zum Dank für das liebe, freundliche Geschenk das Sie mir mit Ihren Schauspielen und Ihre Frau Gemahlin mit ihren kleinen Romanen gemacht haben, übersende ich Ihnen diesen soeben fertig gewordenen zweiten Band meiner Erzählungen. Möge er Ihnen nur halb so viel Vergnügen machen, als mir die vortrefflichen Erzählungen Ihrer Frau Gemahlin, in welchen die Welt der Weiber und Männer wunderbar gepaart ist, gemacht haben. Auch Ihren vaterländischen Schauspielen bin ich einen Tag der herzlichsten Freude schuldig; besonders ist eine Vergiftungsszene im Waldemar mit wahrhaft großem und freien dramatischen Geiste gedichtet und gehört zu dem Musterhaftesten in unserer deutschen Literatur. Wenn es Ihnen recht ist, so machen wir einen Vertrag, uns alles, was wir in den Druck geben, freundschaftlich mitzuteilen; es soll an gutem Willen nicht fehlen, mein Geschenk dem Ihrigen, so viel es in meinen Kräften steht, gleich zu machen. Vielleicht kann ich Ihnen in kurzem gleichfalls ein vaterländisches Schauspiel, betitelt: der Prinz von Homburg, vorlegen, worin ich auf diesem, ein wenig dürren, aber eben deshalb fast, möcht ich sagen, reizenden Felde, mit Ihnen in die Schranken trete. Geschäfte, der unangenehmsten und verwickeltsten Art, haben mich für diesen Sommer abgehalten, Ihnen in Nennhausen meine Aufwartung zu machen; inzwischen kommt es mir vor, als ob eine Verwandtschaft zwischen uns prästabilitiert wäre, die sich in kurzer Zeit gar wunderbar entwickeln müßte, und es gehört zu meinen liebsten Wünschen, dies noch im Lauf dieses Herbstes zu versuchen. Vielleicht, mein liebster Fouqué, wenn Sie zu Hause bleiben, erscheine ich noch ganz unvermutet bei Ihnen, und erinnere Sie an die freundschaftliche Einladung, die Sie mir zu wiederholtem Male gemacht und nun vielleicht schon wieder vergessen haben. Meine gehorsamste Empfehlung an Ihre Fr. Gemahlin, so wie an Frl. v. Luck und alle übrigen, in deren Andenken ich stehe; wenn Sie, wie man hier sagt, nach Berlin kommen sollten, so werden Sie nicht vergessen, Ihre Gegenwart auf einen Augenblick zu schenken

Ihrem treusten und ergebensten

Berlin, den 15. August 1811 H. v. Kleist.

## 215. An Marie von Kleist

[Berlin, 17. Sept. 1811]

Wenn ich doch zu Ihren Füßen sinken könnte, meine teuerste Freundin, wenn ich doch Ihre Hände ergreifen und mit tausend Küssen bedecken könnte, um Ihnen den Dank für Ihren lieben, teuren Brief auszudrücken. Das lange Ausbleiben desselben hatte mir die Besorgnis erweckt, daß es Ihre Absicht sein könnte, mir gar nicht mehr zu schreiben; in der Tat hatte ich es verdient, und ich war darauf gefaßt, wie man auf das Trostloseste, das über ein Menschenleben kommen kann, gefaßt sein kann. Mehreremal, wenn ich auf den Gedanken geriet, daß Sie vielleicht einen Brief von mir erwarteten, hatte ich die Feder ergriffen, um Ihnen zu schreiben; aber die gänzliche Unfähigkeit, mich anders, als durch die Zukunft auszusprechen, machte sie mir immer wieder aus den Händen fallen. Denn die Entwickelung der Zeit und der Anteil, den ich daran nehmen werde, ist das einzige, was mich wegen des Vergangenen mit Ihnen versöhnen kann; erst wenn ich tot sein werde, kann ich mir denken, daß Sie mit dem vollen Gefühl der Freundschaft zu mir zurückkehren werden. Endlich gestern komme ich zu Hause und finde einen Brief so voll von Vergebung – ach, was sage ich, Vergebung? so voll von Güte und Milde, als ob ich gar keine Schuld gegen Sie hätte, als ob in Ihrer Brust auch nicht der mindeste Grund zum Unwillen gegen mich vorhanden wäre. Sagen Sie mir, wodurch habe ich so viele Liebe verdient? Oder habe ich sie nicht verdient, und schenken Sie sie mir bloß, weil Sie überhaupt nicht hassen können, weil Sie alles, was sich Ihrem Kreise nähert, mit Liebe umfassen müssen? Nun, der Himmel lohne Ihnen diesen Brief, der mir, seit Ihrer Abreise, wieder den ersten frohen Lebensaugenblick geschenkt hat. Ich würde

Ihnen den Tod wünschen, wenn Sie zu sterben brauchten, um glücklich zu werden; es scheint mir, als ob Sie, bei solchen Empfindungen, das Paradies in Ihrer Brust mit sich herum tragen müßten.

Unsre Verhältnisse sind hier, wie Sie vielleicht schon wissen werden, friedlicher als jemals; man erwartet den Kaiser Napoleon zum Besuch, und wenn dies geschehen sollte, so werden vielleicht ein paar Worte ganz leicht und geschickt alles lösen, worüber sich hier unsere Politiker die Köpfe zerbrechen. Wie diese Aussicht auf mich wirkt, können Sie leicht denken; es ist mir ganz stumpf und dumpf vor der Seele, und es ist auch nicht ein einziger Lichtpunkt in der Zukunft, auf den ich mit einiger Freudigkeit und Hoffnung hinaussähe. Vor einigen Tagen war ich noch bei G[neisenau] und überreichte ihm, nach Ihrem Rat, ein paar Aufsätze, die ich ausgearbeitet hatte; aber das alles scheint nur, wie der Franzose sagt, moutarde après diner. Wirklich, es ist sonderbar, wie mir in dieser Zeit alles, was ich unternehme, zugrunde geht; wie sich mir immer, wenn ich mich einmal entschließen kann, einen festen Schritt zu tun, der Boden unter meinen Füßen entzieht. G[neisenau] ist ein herrlicher Mann; ich fand ihn abends, da er sich eben zu einer Abreise anschickte, und war, in einer ganz freien Entfaltung des Gesprächs nach allen Richtungen hin, wohl bis um 10 Uhr bei ihm. Ich bin gewiß, daß wenn er den Platz fände, für den er sich geschaffen und bestimmt fühlt, ich, irgendwo in seiner Umringung, den meinigen gefunden haben würde. Wie glücklich würde mich dies, in der Stimmung, in der ich jetzt bin, gemacht haben! Denn es ist eine Lust, bei einem tüchtigen Manne zu sein; Kräfte, die in der Welt nirgends mehr an ihrem Orte sind, wachen, in solcher Nähe und unter solchem Schutze, wieder zu einem neuen freudigen Leben auf. Doch daran ist nach allem, was man hier hört, kaum mehr zu denken. Wozu raten Sie mir denn, meine teuerste Freundin, falls auch diese Aussicht, die sich mir eröffnete, wieder vom Winde verweht würde? Soll ich, wenn ich das Geld von Ulriken erhalte, nach Wien gehen? Und werde ich es erhalten? – Ich gestehe, daß ich mit ebenso viel Lust, bei Regen und Schneegestöber, in eine ganz finstere Nacht hinaus gehen würde, als nach dieser Stadt. Nicht, als ob sie mir an und für sich, widerwärtig wäre; aber es scheint mir trostlos, daß ich es nicht beschreiben kann, immer an einem anderen Orte zu suchen, was ich noch an keinem, meiner eigentümlichen Beschaffenheit wegen, gefunden habe. Gleichwohl sind die Verhältnisse, in die ich dort eintreten könnte, von mancher Seite vorteilhaft: es läßt sich denken, daß meine Liebe zur Kunst dort von neuem wieder aufwachte – und auf jeden Fall ist gewiß, daß ich hier nicht länger bestehen kann. Sprechen Sie ein Wort, meine teuerste Freundin, sprechen Sie ein bestimmtes Wort, das mich entscheide; ich bin schon so gewohnt, alles auf Ihre Veranlassung und Ihren Anstoß zu tun, daß ich die Kraft, mich selbst zu entscheiden, fast ganz entbehre. – Der Brief an R[ex] ist besorgt und zwar, wie Sie mir befohlen haben, eigenhändig. Ich habe dabei in einer sehr langen Unterredung auch ihn Gelegenheit gehabt, näher kennen zu lernen, und kann [unlesbar gemachter Name] Meinung über ihn nicht ganz teilen; mich dünkt er hat Herz und Verstand, mehr als Sie alle beide ihm zutrauen. – Und nun leben Sie wohl, meine teuerste Freundin; ich sinke noch einmal zu Ihren Füßen nieder und küsse Ihre Hand für Ihren Brief; beschenken Sie mich bald wieder mit einem! H. v. Kl.

*Königl. Kabinettsorder an Kleist*

An den Heinrich v. Kleist zu Berlin, Mauerstraße Nr. 53.

*Berlin, den 11. September 1811*
*Ich erkenne mit Wohlgefallen den guten Willen, der Ihrem Dienstanerbieten zum Grunde liegt; noch ist zwar nicht abzusehen, ob der Fall, für den Sie dies Anerbieten machen, wirklich eintreten wird; sollte solches aber geschehen, dann werde Ich auch gern Ihrer in der gewünschten Art eingedenk sein, und gebe Ich Ihnen dies auf Ihr Schreiben vom 7. d. M. hiermit in Antwort zu erkennen. Friedrich Wilhelm.*

[Aktenvermerk: Wird zur Anstellung notiert]

*216. An Ulrike von Kleist*

Fräulein Ulrike von Kleist hier.  [Frankfurt a. O., 18. September 1811]
Meine liebste Ulrike,
Der König hat mich durch ein Schreiben im Militär angestellt, und ich werde entweder unmittelbar bei ihm Adjutant werden, oder eine Kompanie erhalten. Die Absicht, in der ich hierher kam, war, mir zu einer kleinen Einrichtung, welche dies nötig macht, Geld zu verschaffen, entweder unmittelbar von Dir, oder

durch Dich, auf die Hypothek meines Hauses. Da Du Dich aber, mein liebes, wunderliches Mädchen, bei meinem Anblick so ungeheuer erschrocken hast, ein Umstand, der mich, so wahr ich lebe, auf das allertiefste erschütterte: so gebe ich, wie es sich von selbst versteht, diesen Gedanken völlig auf, ich bitte Dich von ganzem Herzen um Verzeihung, und beschränke mich, entschlossen, noch heut nachmittag nach Berlin zurückzureisen, bloß auf den anderen Wunsch, der mir am Herzen lag, Dich noch einmal auf ein paar Stunden zu sehn. Kann ich bei Dir zu Mittag essen? – Sage nicht erst, ja, es versteht sich ja von selbst, und ich werde in einer halben Stunde bei Dir sein. Dein Heinrich.

*217. Aufzeichnung auf Gut Friedersdorf*

[Kleist]

1) Der Krieg zwischen Napoleon und Fr. Wilhelm bricht binnen hier und vier Wochen aus:
2) Die Franzosen fangen den Krieg nicht an; sie setzen den König so, daß er den Frieden brechen muß; und dann erdrücken sie ihn.
3) Das Korps des Königs wird versuchen bei Frankfurt über die Oder zu gehen, es aber nicht bewerkstelligen und sich nach Spandow werfen.
4) Der König, für seine Person, geht nach Kolberg.
5) Für den (nicht erwarteten) Fall, daß der König mit dem Korps über die Oder käme, ist am 14. Okt. eine Schlacht, in welcher er erdrückt wird.

Friedersdorf, den 18. Sept. 1811 H. v. Kl.

[Ludwig von der Marwitz]

*ad 1) Zwischen Napoleon und Fr. W. kommt kein Krieg zum Ausbruch.*
*2) Die Franzosen erdrücken (irgend einmal) den König so, daß er einen Krieg anzufangen nicht Zeit hat.*
*3) Ein Korps des Königs kömmt gar nicht zusammen.*
*4) Kann sein.*
*5) Zwischen hier und dem 14. Oktober ist der preußische Staat oder dessen Armee noch nicht vernichtet.*

*Friedersdorf, den 18. Sept. 1811*

[Charlotte von der Marwitz]

*Mir ahndet, daß die letzte Stunde des Königs geschlagen. Er wird seine Natur nie verändern; ewig unentschlossen, wird er alle wohlberechnete Plane vereiteln und die Kräfte derer die sich für ihn aufopfern wollen lähmen. Es werden auf Gneisenaus Vorschlag alle Waffenfähige zusammen gerufen werden, der König wird sie nicht zu gebrauchen verstehn, alles wird auseinander getrieben, ehe es Konsistenz gewonnen; die es redlich und kräftig meinen, werden allein stehn, und so wird alles seiner Bestimmung dem Untergang entgegen gehen. Eine große entscheidende Schlacht wird nicht vorfallen, sondern einzeln die Korps, durch Übermacht, Uneinigkeit, schlechte Anstalt aufgerieben werden.*

*den 18. Sept. 1811*  C. M.

### 218. An Karl August Freiherrn von Hardenberg

Hochgeborner Freiherr,
Hochgebietender Herr Geheimer Staatskanzler,

Wenn gleich die Entfernung Hr. v. Raumers, der gewiß allein schuld an der Ungnade war, die Ew. Exzellenz unlängst auf mich geworfen haben, mich von der einen Seite aufmuntert, meine Entschädigungssache wegen des Abendblatts wieder aufzunehmen, so ist doch der Augenblick, da das Vaterland eine Gefahr bedroht, zu wenig geeignet und geschickt dazu, als daß ich eine solche Streitsache wieder in Erinnerung bringen sollte. Ich lasse, in Erwartung einer besseren Zeit, in welcher es mir ohne Zweifel glücken wird, Ew. Exzellenz zu überzeugen, wie wenig unbillig meine Forderung war, diesen Gegenstand gänzlich fallen. Da jedoch Sr. Majestät der König geruht haben, mich, durch ein soeben empfangenes allerhöchstes Schreiben, im Militär anzustellen, und mir, bei der beträchtlichen Unordnung, in welche, durch eben jenen Verlust des Abendblatts, meine Kasse geraten ist, die Anschaffung einer Equipage höchst schwierig wird: so wage ich, im Vertrauen auf Ew. Exzellenz vielfach erprobten Patriotismus, Höchstdieselben um einen Vorschuß von 20 Louisdor, für welche ich Denenselben persönlich verantwortlich bleibe, anzugehn. Die Gewährung dieser Bitte wird mir die meinem Herzen äußerst wohltuende Beruhigung geben, daß Ew. Exzellenz Brust weiter von keinem Groll gegen mich erfüllt ist; und indem ich Ew.

Exzellenz die Versicherung anzunehmen bitte, daß ich unmittelbar nach Beendigung des Krieges, Anstalten treffen werde, Höchstdenenselben diese Ehrenschuld, unter dem Vorbehalt meiner ewigen und unauslöschlichen Dankbarkeit, wieder zuzustellen, ersterbe ich,

Ew. Exzellenz untertänigster

Berlin, den 19. Sept. 1811                                       H. v. Kleist.
Mauerstraße Nr. 53

[Vermerk Hardenbergs: H. v. Kleist bittet um ein Privatdarlehen von 20 St. Fr.dor. Zu den Akten, da der p. v. Kleist 21. 11. 11 nicht mehr lebt. Berlin, den 22. Nov. 11. Hardenberg.]

### 219. An Sophie Sander

Pour Mad. Sander. Hierbei ein Gesangbuch.     [Berlin, Okt. 1811]

Meine liebste Freundin,

Nun werde ich einmal Ihre Freundschaft auf die Probe stellen und sehen, ob Sie mir böse werden, wenn ich heute abend nicht komme. Ich werde morgen herankommen, und Ihnen sagen, welch ein ganz *unvermeidliches* Geschäft, dem Sie selbst dies Beiwort zugestehen werden, mich davon abgehalten hat; und wenn Sie mir, liebste, beste Freundin, ein krauses Gesicht ziehn und mir böse sind, so erinnere ich Sie an den Vertrag, den wir beide miteinander abgeschlossen haben.          H. v. Kleist.

### 220. An Rahel Levin

Pour Mademoiselle Robert.

Liebe, warum sind Sie so repandiert? Eine Frau, die sich auf ihren Vorteil versteht, geht nicht aus dem Hause; da erst gilt sie alles, was sie kann und soll. Doch, machen Sie das mit Ihrem Gewissen aus. Ein Freund vom Hause läßt sich nicht abschrecken, und ich bin Sonnabend, noch vor Sonnabend, vielleicht noch heute, bei Ihnen.          H. v. Kleist.
[Berlin,] den 16. [Oktober 1811]

### 221. An Rahel Levin

Obschon ich das Fieber nicht hatte, so befand ich mich doch, infolge desselben, unwohl, sehr unwohl; ich hätte einen schlechten Tröster abgegeben! Aber wie traurig sind Sie, in Ihrem Brief.

– Sie haben in Ihren Worten so viel Ausdruck, als in Ihren Augen. Erheitern Sie sich; das Beste ist nicht wert, daß man es bedaure! Sobald ich den Steffen ausgelesen bringe ich ihn zu Ihnen.

[Berlin,] den 24. [Oktober 1811]            H. v. Kleist.

## 222. An Marie von Kleist

[Berlin,] den 10. Nov. 1811

Deine Briefe haben mir das Herz zerspalten, meine teuerste Marie, und wenn es in meiner Macht gewesen wäre, so versichre ich Dich, ich würde den Entschluß zu sterben, den ich gefaßt habe, wieder aufgegeben haben. Aber ich schwöre Dir, es ist mir ganz unmöglich länger zu leben; meine Seele ist so wund, daß mir, ich möchte fast sagen, wenn ich die Nase aus dem Fenster stecke, das Tageslicht wehe tut, das mir darauf schimmert. Das wird mancher für Krankheit und überspannt halten; nicht aber Du, die fähig ist, die Welt auch aus andern Standpunkten zu betrachten als aus dem Deinigen. Dadurch daß ich mit Schönheit und Sitte, seit meiner frühsten Jugend an, in meinen Gedanken und Schreibereien, unaufhörlichen Umgang gepflogen, bin ich so empfindlich geworden, daß mich die kleinsten Angriffe, denen das Gefühl jedes Menschen nach dem Lauf der Dinge hienieden ausgesetzt ist, doppelt und dreifach schmerzen. So versichre ich Dich, wollte ich doch lieber zehnmal den Tod erleiden, als noch einmal wieder erleben, was ich das letztemal in Frankfurt an der Mittagstafel zwischen meinen beiden Schwestern, besonders als die alte Wackern dazukam, empfunden habe; laß es Dir nur einmal gelegentlich von Ulriken erzählen. Ich habe meine Geschwister immer, zum Teil wegen ihrer gutgearteten Persönlichkeiten, zum Teil wegen der Freundschaft, die sie für mich hatten, von Herzen lieb gehabt; so wenig ich davon gesprochen habe, so gewiß ist es, daß es einer meiner herzlichsten und innigsten Wünsche war, ihnen einmal, durch meine Arbeiten und Werke, recht viel Freude und Ehre zu machen. Nun ist es zwar wahr, es war in den letzten Zeiten, von mancher Seite her, gefährlich, sich mit mir einzulassen, und ich klage sie desto weniger an, sich von mir zurückgezogen zu haben, je mehr ich die Not des Ganzen bedenke, die zum Teil auch auf ihren Schultern ruhte; aber der Gedanke, das Verdienst, das ich doch zuletzt, es sei nun groß oder klein, habe, gar nicht anerkannt zu sehn, und mich von ihnen als ein ganz nichtsnutziges Glied der menschlichen Gesellschaft, das keiner Teilnahme mehr wert sei, betrachtet zu sehn, ist mir überaus schmerzhaft, wahrhaftig, es raubt mir nicht nur die Freuden, die ich von der Zukunft hoffte, sondern es vergiftet mir auch die Vergangenheit. – Die Allianz, die der König jetzt mit den Franzosen schließt, ist auch nicht eben gemacht mich im Leben festzuhalten. Mir waren die Gesichter der Menschen schon jetzt, wenn ich ihnen begegnete, zuwider, nun würde mich gar, wenn sie mir auf der Straße begegneten, eine körperliche Empfindung anwandeln, die ich hier nicht nennen mag. Es ist zwar wahr, es fehlte mir sowohl als ihnen an Kraft, die Zeit wieder einzurücken; ich fühle aber zu wohl, daß der Wille, der in meiner Brust lebt, etwas anderes ist, als der Wille derer, die diese witzige Bemerkung machen: dergestalt, daß ich mit ihnen nichts mehr zu schaffen haben mag. Was soll man doch, wenn der König diese Allianz abschließt, länger bei ihm machen? Die Zeit ist ja vor der Tür, wo man wegen der Treue gegen ihn, der Aufopferung und Standhaftigkeit und aller andern bürgerlichen Tugenden, von ihm selbst gerichtet, an den Galgen kommen kann.

## 223. An Marie von Kleist

[Berlin, den 19. Nov. 1811]

Meine liebste Marie, mitten in dem Triumphgesang, den meine Seele in diesem Augenblick des Todes anstimmt, muß ich noch einmal Deiner gedenken und mich Dir, so gut wie ich kann, offenbaren: Dir, der einzigen, an deren Gefühl und Meinung mir etwas gelegen ist; alles andere auf Erden, das Ganze und Einzelne, habe ich völlig in meinem Herzen überwunden. Ja, es ist wahr, ich habe Dich hintergangen, oder vielmehr ich habe mich selbst hintergangen; wie ich Dir aber tausendmal gesagt habe, daß ich dies nicht überleben würde, so gebe ich Dir jetzt, indem ich von Dir Abschied nehme, davon den Beweis. Ich habe Dich während Deiner Anwesenheit in Berlin gegen eine andere Freundin vertauscht; aber wenn Dich das trösten kann, nicht gegen eine, die mit mir leben, sondern, die im Gefühl, daß ich ihr ebenso wenig treu sein würde, wie Dir, mit mir sterben will. Mehr Dir zu sagen, läßt mein Verhältnis zu dieser Frau nicht zu. Nur so viel wisse, daß meine Seele, durch die Berührung mit der ihrigen, zum Tode ganz reif geworden ist; daß ich die ganze Herrlichkeit des menschlichen Gemüts an dem ihrigen ermessen habe, und daß ich sterbe, weil mir auf Erden nichts mehr zu lernen und zu erwerben übrig bleibt. Lebe wohl! Du bist die allereinzige auf Erden, die ich jenseits wieder zu sehen wünsche. Etwa Ulriken? – ja, nein, nein, ja: es soll von ihrem eignen Gefühl abhangen. Sie hat, dünkt mich, die Kunst nicht verstanden sich aufzuopfern, ganz für das, was man liebt, in Grund und Boden zu gehn: das Seligste, was sich auf Erden erdenken läßt, ja worin der Himmel bestehen muß, wenn es wahr ist, daß man darin vergnügt und glücklich ist. Adieu! – Rechne hinzu, daß ich eine Freundin gefunden habe, deren Seele wie ein junger Adler fliegt, wie ich noch in meinem Leben nichts Ähnliches gefunden habe; die meine Traurigkeit als eine höhere, festgewurzelte und unheilbare begreift, und deshalb, obschon sie Mittel genug in Händen hätte mich hier zu beglücken, mit mir sterben will; die mir die unerhörte Lust gewährt, sich, um dieses Zweckes willen, so leicht aus einer ganz wunschlosen Lage, wie ein Veilchen aus einer Wiese, heraus heben zu lassen; die einen Vater, der sie anbetet, einen Mann, der großmütig genug war sie mir abtreten zu wollen, ein Kind, so schön und schöner als die Morgensonne, um meinetwillen verläßt: und Du wirst begreifen, daß meine ganze jauchzende Sorge nur sein kann, einen Abgrund tief genug zu finden, um mit ihr hinab zu stürzen. – Adieu noch einmal! –

### 224. An Sophie Müller

Der Himmel weiß, meine liebe, treffliche Freundin, was für sonderbare Gefühle, halb wehmütig, halb ausgelassen, uns bewegen, in dieser Stunde, da unsere Seelen sich, wie zwei fröhliche Luftschiffer, über die Welt erheben, noch einmal an Sie zu schreiben. Wir waren doch sonst, müssen Sie wissen, wohl entschlossen, bei unseren Bekannten und Freunden keine Karten p. p. c. abzugeben. Der Grund ist wohl, weil wir in tausend glücklichen Augenblicken an Sie gedacht, weil wir uns tausendmal vorgestellt haben, wie Sie in Ihrer Gutmütigkeit aufgelacht (aufgejauchzt) haben würden, wenn Sie uns in der grünen oder roten Stube beisammen gesehen hätten. Ja, die Welt ist eine wunderliche Einrichtung! – Es hat seine Richtigkeit, daß wir uns, Jettchen und ich, wir zwei trübsinnige, trübselige Menschen, die sich immer ihrer Kälte wegen angeklagt haben, von ganzem Herzen lieb gewonnen haben, und der beste Beweis davon ist wohl, daß wir jetzt mit einander sterben.

Leben Sie wohl, unsre liebe, liebe Freundin, und seien Sie auf Erden, wie es gar wohl möglich ist, recht glücklich! Wir, unsererseits, wollen nichts von den Freuden dieser Welt wissen und träumen lauter himmlische Fluren und Sonnen, in deren Schimmer wir, mit langen Flügeln an den Schultern, umherwandeln werden. Adieu! Einen Kuß von mir, dem Schreiber, an Müller; er soll zuweilen meiner gedenken, und ein rüstiger Streiter Gottes gegen den Teufel Aberwitz bleiben, der die Welt in Banden hält. –

[Nachschrift von Henriette Vogel]

*Doch wie dies alles zugegangen,*
*Erzähl ich euch zur andren Zeit,*
*Dazu bin ich zu eilig heut. –*

*Lebt wohl denn! Ihr, meine lieben Freunde, und erinnert Euch in Freud und Leid der zwei wunderlichen Menschen, die bald ihre große Entdeckungsreise antreten werden.*    *Henriette.*

[Wieder von Kleists Hand]

Gegeben in der grünen Stube
[Berlin,] den 20. November 1811    H. v. Kleist.

*225. An Frau Manitius*
[Stimmings »Krug« bei Potsdam, den 21. Nov. 1811]
[Henriette Vogel:]

*Meine überaus geliebte Manitius! Hier mit diesen paar Zeilen übergebe ich Dir mein schönstes Kleinod, was ich nächst Vogel auf Erden zurücklasse. Erschrick nicht, teure Frau, wenn ich Dir sage, daß ich sterben werde, ja daß ich heut sterben werde. – Die Zeit ist kurz, die mir noch übrig ist, deshalb beschwöre ich Dich nun bei unserer Liebe, mein Kind, mein Einziges, zu Dir zu nehmen, Du wirst ihm ganz Mutter sein und mich so unaussprechlich beruhigen. Über meinen Tod werde ich Dir jenseit mehr Auskunft geben können. – Lebe denn wohl, meine liebe liebe Manitius, Vogel wird Dir wahrscheinlich Paulinchen selbst bringen und erzählen, was er davon begreifen kann. Herr von Kleist, der mit mir stirbt, küßt Dir zärtlichst die Hände und empfiehlt sich mit mir aufs angelegentlichste Deinem teuren Mann. Adieu, adieu Deine Deine bis in alle Ewigkeit.*

[Kleist]

Adieu, adieu! v. Kleist.

### 226. An Ulrike von Kleist

An Fräulein Ulrike von Kleist Hochwohlgeb. zu Frankfurt a. Oder.

Ich kann nicht sterben, ohne mich, zufrieden und heiter, wie ich bin, mit der ganzen Welt, und somit auch, vor allen anderen, meine teuerste Ulrike, mit Dir versöhnt zu haben. Laß sie mich, die strenge Äußerung, die in dem Briefe an die Kleisten enthalten ist, laß sie mich zurücknehmen; wirklich, Du hast an mir getan, ich sage nicht, was in Kräften einer Schwester, sondern in Kräften eines Menschen stand, um mich zu retten: die Wahrheit ist, daß mir auf Erden nicht zu helfen war. Und nun lebe wohl; möge Dir der Himmel einen Tod schenken, nur halb an Freude und unaussprechlicher Heiterkeit, dem meinigen gleich: das ist der herzlichste und innigste Wunsch, den ich für Dich aufzubringen weiß.

*Stimmings bei Potsdam*                                  Dein
d. – am Morgen meines Todes.                  Heinrich.

### 227. An Marie von Kleist

[Stimmings »Krug« bei Potsdam, den 21. Nov. 1811]

Meine liebste Marie, wenn Du wüßtest, wie der Tod und die Liebe sich abwechseln, um diese letzten Augenblicke meines Lebens mit Blumen, himmlischen und irdischen, zu bekränzen, gewiß Du würdest mich gern sterben lassen. Ach, ich versichre Dich, ich bin ganz selig. Morgens und abends knie ich nieder, was ich nie gekonnt habe, und bete zu Gott; ich kann ihm mein Leben, das allerqualvollste, das je ein Mensch geführt hat, jetzo danken, weil er es mir durch den herrlichsten und wollüstigsten aller Tode vergütigt. Ach, könnt ich nur etwas für Dich tun, das den herben Schmerz, den ich Dir verursachen werde, mildern könnte! Auf einen Augenblick war es mein Wille mich malen zu lassen; aber alsdann glaubte ich wieder zuviel Unrecht gegen Dich zu haben, als daß mir erlaubt sein könnte vorauszusetzen, mein Bild würde Dir viel Freude machen. Kann es Dich trösten, wenn ich Dir sage, daß ich diese Freundin niemals gegen Dich vertauscht haben würde, wenn sie weiter nichts gewollt hätte, als mit mir leben? Gewiß, meine liebste Marie, so ist es; es hat Augenblicke gegeben, wo ich meiner lieben Freundin, offenherzig, diese Worte gesagt habe. Ach, ich versichre Dich, ich habe Dich so lieb, Du bist mir so überaus teuer und wert, daß ich kaum sagen kann, ich liebe diese liebe vergötterte Freundin mehr als Dich. Der Entschluß, der in ihrer Seele aufging, mit mir zu sterben, zog mich, ich kann Dir nicht sagen, mit welcher unaussprechlichen und unwiderstehlichen Gewalt, an ihre Brust; erinnerst Du Dich wohl, daß ich Dich mehrmals gefragt habe, ob Du mit mir sterben willst? – Aber Du sagtest immer nein – Ein Strudel von nie empfundner Seligkeit hat mich ergriffen, und ich kann Dir nicht leugnen, daß mir ihr Grab lieber ist als die Betten aller Kaiserinnen der Welt. – Ach, meine teure Freundin, möchte Dich Gott bald abrufen in jene bessere Welt, wo wir uns alle, mit der Liebe der Engel, einander werden ans Herz drücken können. – Adieu.

### 228. *An Ernst Friedrich Peguilhen*

[Stimmings »Krug« bei Potsdam, den 21. Nov. 1811]

H. Kriegsrat Peguillhin, Wohlgeb., Berlin, Markgrafenstraße, im Falkschen Hause, das zweite Haus von der Behrenstraße. Der Bote bekommt noch 12 Gr. Kurant.

[Henriette Vogel]

*Mein sehr werter Freund! Ihrer Freundschaft die Sie für mich, bis dahin immer so treu bewiesen, ist es vorbehalten, eine wunderbare Probe zu bestehen, denn wir beide, nämlich der bekannte Kleist und ich befinden uns hier bei* Stimmings, *auf dem Wege nach Potsdam, in einem sehr unbeholfenen Zustande, indem wir* erschossen *da liegen, und nun der Güte eines wohlwollenden Freundes entgegen sehn, um unsre gebrechliche Hülle, der sicheren Burg der Erde zu übergeben. Suchen Sie liebster Peguilhen diesen Abend hier einzutreffen und alles so zu veranstalten, daß mein guter Vogel möglichst wenig dadurch erschreckt wird, diesen Abend oder Nacht wollte Louis seinen Wagen*

*nach Potsdam [schicken], um mich von dort, wo ich vorgab hinzureisen,
abholen zu lassen, dies möchte ich Ihnen zur Nachricht sagen, damit
Sie die besten Maßregeln darnach treffen können. Grüßen Sie Ihre
von mir herzlich geliebte Frau und Tochter viel tausendmal, und sein
Sie teurer Freund überzeugt daß Ihre und Ihrer Angehörigen Liebe
und Freundschaft mich noch im letzten Augenblick meines Lebens die
größte Freude macht.*                      *Ihre A. Vogel*

   *Ein kleines versiegeltes schwarzes ledernes Felleisen, und einen
versiegelten Kasten worin noch Nachrichten für Vogel, Briefe, Geld
und Kleidungsstücke auch Bücher vorhanden, werden Sie bei* Stimmings *finden. Für die darin befindlichen 10 Rth. Kurant wünschte
ich eine recht schöne* blaßgraue Tasse, *inwendig vergoldet, mit einer
goldnen Arabeske auf weißem Grunde zum Rand, und am Oberkopf
im weißen Felde mein Vornamen, die Fasson wie sie jetzt am modernsten ist. Wenn Sie sich dieser Kommission halber an Buchhalter Meves
auf der Porzellanfabrik wendeten, mit dem Bedeuten diese Tasse am*
Weihnachts-Heiligabend Louis *eingepackt zuzuschicken, doch
würden Sie mein lieber Freund mit der Bestellung eilen müssen, weil sie
sonst nicht fertig werden möchte. Leben Sie wohl und glücklich. –*
   *Einen kleinen Schlüssel werden Sie noch eingesiegelt im Kasten
finden, er gehört zum Vorhängeschloß des einen Koffer zu* Hause bei
Vogel, *worin noch mehrere Briefe und andre Sachen zum Besorgen
liegen.*

[Kleist]

   Ich kann wohl Ihre Freundschaft auch mein liebster Peguillhin
für einige kleine Gefälligkeiten in Anspruch nehmen. Ich habe
nämlich vergessen, meinen Barbier für den laufenden Monat zu
bezahlen, und bitte, ihm 1 Rth. à 1/3 C zu geben, die Sie einge-
wickelt in dem Kasten der Mad. Vogel finden werden. Die Vogeln sagt mir eben, daß *Sie* den Kasten aufbrechen und alle Kommissionen die sich darin finden besorgen möchten: damit Vogel
nicht gleich damit behelligt würde – Endlich bitte ich noch, das
ganze, kleine, schwarzlederne Felleisen, das mir gehört, mit Ausnahme der Sachen die etwa zu meiner Bestattung gebraucht werden möchten, meinem Wirt, dem Quartiermeister Müller,
Mauerstraße Nr. 53, als einen kleinen Dank für seine gute Aufnahme und Bewirtung, zu schenken. – Leben Sie recht wohl,

mein liebster Peguillhin; meinen Abschiedsgruß und Empfehlung an Ihre vortreffliche Frau und Tochter.   H. v. Kleist.

Man sagt hier d. 21. Nov.; wir wissen aber nicht ob es wahr ist.

N. S. In dem Koffer der Mad. Vogel, der in Berlin in ihrem Hause in der Gesindestube mit messingnem Vorlegeschloß steht, und wozu der kleine versiegelte Schlüssel, der hier im Kasten liegt, paßt – in diesem Koffer befinden sich drei Briefe von mir, die ich Sie noch herzlichst zu besorgen bitte. Nämlich:

1) einen Brief an die Hofrätin Müller, nach Wien;

2) einen Brief an meinen Bruder Leopold nach Stolpe, welche beide mit der Post zu besorgen sind (der erstere kann vielleicht durch den guten Brillen-Voß spediert werden); und

3) einen Brief, an Fr. v. Kleist, geb. v. Gualtieri, welchen ich an den Major v. Below, Gouverneur des Prinzen Friedrich von Hessen, auf dem Schlosse, abzugeben bitte.

Endlich liegt

4) noch ein Brief an Fr. v. Kleist, in den hiesigen Kasten der Mad. Vogel, welchen ich gleichfalls und *zu gleicher Zeit* an den Major v. Below, abzugeben bitte. – Adieu!

[Auf einem nachträglich eingeschobenen Zettel]

N. S. Kommen Sie recht bald zu Stimmings hinaus, mein liebster Peguillhin, damit Sie uns bestatten können. Die Kosten, was mich betrifft, werden Ihnen von Frankfurt aus, von meiner Schwester Ulrike wieder erstattet werden. – Die Vogeln bemerkt noch, daß zu dem Koffer mit dem messingnen Vorhängeschloß, der in Berlin, in ihrer Gesindestube steht, und worin viele Kommissionen sind, der Schlüssel hier versiegelt in dem hölzernen Kasten liegt. – Ich glaube, ich habe dies schon einmal geschrieben, aber die Vogel besteht darauf, daß ich es noch einmal schreibe.   H. v. Kl.

# LEBENSTAFEL

1777 18. Oktober (nach Kleists Angabe: 10. Oktober), nachts um 1 Uhr: Bernd Heinrich Wilhelm v. Kleist geboren in FRANKFURT a. d. O. als der älteste Sohn des Kompaniechefs (Kapitäns) Joachim Friedrich v. Kleist und seiner zweiten Frau Juliane Ulrike geb. v. Pannwitz. Aus erster Ehe des Vaters mit Karoline Luise geb. v. Wulffen stammen Kleists Stiefschwestern Wilhelmine und Ulrike, aus zweiter Ehe die Geschwister Friederike, Auguste, Leopold und Juliane.

27. Oktober: getauft durch Feldprediger Karl Samuel Protzen.

Erster Unterricht mit Karl v. Pannwitz bei dem Hauslehrer Christian Ernst Martini.

1788 18. Juni. Tod des Vaters. Verwandtenbesuch mit Leopold auf Gut Tschernowitz bei Guben (Gedicht auf den Kuhstall).

BERLIN: Erziehung mit den Vettern Pannwitz und Schönfeldt in der Pension des Predigers Samuel Heinrich Catel. *Eintragung* im Stammbuch der Schwester Wilhelmine.

1792 20. Juni: Konfirmation durch Feldprediger Christian Gotthelf Krüger in Frankfurt a. d. O.

Danach (unter dem Datum: 1. Juni): Eintritt in das Garderegiment zu POTSDAM als Gefreiterkorporal.

Dezember: auf Heimaturlaub in FRANKFURT a. d. O. (bis Anfang März 1793); das Regiment rückt inzwischen (28. 12.) zum Rheinfeldzug aus.

1793 3. Februar: Tod der Mutter.

3. März: in acht Tagen über Leipzig, Lützen, Rippach, Weißenfels, Naumburg, Erfurt, Gotha, Eisenach (Wartburg), Berka, Vacha, Fulda, Schlüchtern, Salmünster, Gelnhausen, Hanau nach FRANKFURT a. M. (11. 3.). Erster erhaltener *Brief*.

22. März: Abmarsch nach MAINZ (4. 4./22. 7.: Belagerung unter Kalckreuth); in BIEBRICH b. Mainz in Quartier. Lektüre von Wielands »Sympathien«. Gedicht: *Der höhere Frieden*.

1794 Gefechte in der PFALZ bei Pirmasens, Kaiserslautern und Trippstadt.

1795 Anfang: zu ESCHBORN bei Frankfurt a. M. in Quartier. Westfalen.

14. Mai: Beförderung zum Portepeefähnrich. 11. Juli: Rückkehr nach POTSDAM.

1796 General v. Rüchel. Sommerreise mit den Geschwistern nach Sagard auf RÜGEN; dort Bekanntschaft mit Gräfin Eickstedt und Ludwig v. Brockes.

1797 Februar: Ernst v. Pfuel nach Potsdam versetzt.

7. März: Beförderung zum Sekondeleutnant.

1798 14. Febr.: Rühle v. Lilienstern in Potsdam; gemeinsame mathemat. Studien bei Konrektor Bauer an der Großen Stadtschule. Klarinettenspiel im Offiziersquartett mit Rühle, Schlotheim und Gleißenberg; gemeinsamer Ausflug in den HARZ. Marie v. Kleist; Luise v.

Linckersdorf. Differenzen mit General Rüchel. *Aufsatz, den sichern Weg des Glücks zu finden.*

1799 4. April: Kleist erhält den erbetenen Abschied. 13. April: der König stellt ihm spätere Anstellung im Zivildienst in Aussicht.

10. April: nach bestandener Reifeprüfung Immatrikulation an der Universität FRANKFURT a. d. O. (3 Semester Physik, Mathematik, Kulturgeschichte, Naturrecht, Latein).

Geselligkeiten im Kleistschen und Zengeschen Hause. »Wunderliches Hauswesen« unter Frau v. Massow.

Juli: RIESENGEBIRGSREISE mit Martini, Ulrike und Leopold über Crossen, Sagan, Bunzlau, Flinsberg (dort Gleißenberg getroffen), Hirschberg, Warmbrunn zum Kynast, zur Schlesischen Baude und Schneekoppe (12. u. 13. 7.).

Anstrengendes Wintersemester. Privatvorlesung bei Prof. Wünsch (November/April 1800).

1800 Anfang: Verlobung mit Wilhelmine v. Zenge. Das Kleistsche Gut Guhrow bei Cottbus wird verkauft.

14. August: Abreise nach BERLIN. Lektüre: Wallenstein. Führung eines *Tagebuchs*.

17. August: über Oranienburg, Templin, Prenzlau nach Koblentz bei PASEWALK, um Brockes abzuholen; Rückreise am 22. 8. nach BERLIN. Gespräch mit Struensee.

28. August: mit Brockes über Potsdam, Treuenbrietzen, Wittenberg, Düben nach LEIPZIG (30. 8./1. 9.; Immatrikulation unter falschem Namen); weiter über Grimma, Waldheim, Nossen, Wilsdruf nach DRESDEN (2./4. 9.; Tharandt). Von dort über Freiberg, Oederan (4. 9.), Chemnitz, Lungwitz, Lichtenstein, Zwickau, Reichenbach (5. 9.), Bayreuth nach WÜRZBURG (9. 9.).

»Wichtigster Tag meines Lebens.«

Rückreise in fünf Tagen über Meiningen, Schmalkalden, Gotha, Erfurt, Naumburg, Merseburg, Halle, Dessau, Potsdam nach BERLIN (27. 10.).

Bildung für das »schriftstellerische Fach«; *Ideenmagazin.* Widerwillige Vorbereitung auf den Staatsdienst (Fabrikwesen).

Besuch bei der königlichen Familie in Potsdam.

Ende November: Brockes in Berlin (bis Januar 1801) als »einziger Mensch in dieser volkreichen Königsstadt«.

3. Dezember: Erste Teilnahme an einer Sitzung der technischen Deputation.

17. Dezember: Prof. Huth in Berlin.

Ende Dezember: Besuch in FRANKFURT a. d. O.

1801 Verkehr in den Häusern der Kaufleute Clausius und Cohen sowie bei Gelehrten. Zweifel an seiner Bestimmung.

März: Kant-Krise; Fußreise nach Potsdam (Rühle, Gleißenberg, Leopold). Lektüre: Klingers »Kettenträger«. *Geschichte meiner Seele.*

Anfang April: Peter Friedel malt das Miniaturbild von Kleist.

15. April: Abreise mit Ulrike nach DRESDEN (Schliebens, Lohse, Einsiedels; Gemäldegalerie. Wagenfahrt nach Teplitz, Lobositz, Aussig, von dort zu Schiff zurück).

18. Mai: Weiterfahrt mit eigenen Pferden über Leipzig (Hindenburg, Platner), Halle (Klügel), Halberstadt (Gleim), Wernigerode (Stolbergs), Ilsenburg (Brockenbesteigung), Goslar (Rammelsberggrube), Göttingen (3. 6.; Blumenbach, Wrisberg), Kassel (Tischbein), Butzbach (Wagenunfall), Rödelheim, Frankfurt a. M., Mainz (Bootsfahrt nach Bonn), Mannheim, Heidelberg, Durlach, Straßburg (28. 6.), Chalons s. M. nach PARIS (6. 7.).

14. Juli: Friedensfeste. W. v. Humboldt, Lalande, Lucchesini, Lohse; Griechisch-Unterricht. Lektüre: Rousseau, Montesquieus »Lettres persanes«.

Ende November: über Metz (Streit mit Lohse), nach FRANKFURT a. M. (29. 11./2. 12.; Trennung von Ulrike).

Anfang Dezember: mit Lohse über Darmstadt, Bergstraße, Heidelberg, Karlsruhe, Straßburg, Elsaß nach BASEL (13./22. 12); von Liestal b. Basel nach BERN (27. 12.): Lohse, Zschokke, Geßner, L. Wieland, Pestalozzi.

1802 Februar: THUN. Hauptmann Mülinen; Hausinschrift. Fußwanderung mit Zschokke und L. Wieland nach AARAU.

1. April: DELOSEA-INSEL bei Thun. Mädeli. *Familie Ghonorez*, Anfänge von *Guiskard* und *Zerbr. Krug*.

Mai: endgültiger Bruch mit Wilhelmine, die ihm sein Bild zurückschickt.

Juli/August: krank in BERN; Dr. med. Wyttenbach. Ulrike fährt zu ihm.

Mitte Oktober: statt nach Wien, mit Ulrike und L. Wieland über Basel, Erfurt nach JENA und WEIMAR (November/Dezember). Weihnachten beim alten Wieland in OSSMANNSTEDT.

1803 Anfang Januar–24. Februar: OSSMANNSTEDT. Luise Wieland. Arbeit am *Guiskard;* Wielands Biographie. Lektüre: Richardsons »Clarissa«.

März–April: LEIPZIG. Verleger Göschen; Prof. Hindenburg. Deklamationsunterricht bei Kerndörffer.

Frühjahr: Buchausgabe der *Familie Schroffenstein* (anonym bei Geßner in Bern).

April–Mitte Juli: DRESDEN. Ernst v. Pfuel, Fouqué, J. D. Falk, Karoline und Henriette v. Schlieben (»Kleists Braut«). Lektüre: Aristophanes, Sophokles. Arbeit am *Guiskard, Krug, Amphitryon*. Wielands Trostbrief.

Mitte Juli: Ulrike zu Besuch.

20. Juli: mit Pfuel von LEIPZIG nach BERN und THUN. Auf einer Wanderung vom Grindel Zusammentreffen mit Werdecks in Meiringen (11. 8.); gemeinsamer Ausflug ins Reichenbachtal. Von Thun nach BELLINZONA (21. 8.), von dort mit Werdecks nach

Varese (Madonna del Monte). Weiter nach MAILAND (und VE-
NEDIG?); zurück über Thun, Bern, Waadtland, GENF (5. 10.),
Lyon nach PARIS (10. 10.).
Werdecks, Lucchesini. Bruch mit Pfuel; Verbrennung des *Guis-
kard*. Ohne Paß an die Nordküste.
26. Oktober: ST. OMER; von dort nach BOULOGNE, um französische Kriegsdienste zu nehmen; ein französischer Major nimmt ihn als Bedienten in seinen Schutz. Rückkehr nach PARIS (trifft Werdecks und Bertuch); von Lucchesini nach Deutschland zurückgeschickt.
Winter: Erkrankung in MAINZ. Dr. med. Wedekind. (Bekanntschaft mit Wiesbadener Pfarrerstochter und mit Karoline v. Günderode?) Absicht, in Koblenz Tischler zu werden.

1804 14. Januar: Aufführung der *Familie Schroffenstein* in Graz.
Anfang Juni: von Mainz über Weimar (Besuch Wielands), Frankfurt a. d. O., Potsdam (Pfuel) nach BERLIN.
22. Juni: Audienz bei Köckeritz. Bewerbung um Anstellung im Zivildienst.
Ende Juni: Gualtieri will ihn als Attaché nach Madrid mitnehmen. Marie v. Kleist, Massenbach, Pfuel, Rühle, Gleißenberg.

1805 Anfang: Auf Massenbachs und Hardenbergs Empfehlung Arbeit im Finanzdepartement unter Altenstein. Aussicht auf Anstellung in Ansbach.
8. April: Selbstmordversuch Schlotheims; Maries Befremden über Kleists Anteilnahme.
23. April: Manuskript des *Zerbr. Krug* (?) an Massenbach geschickt.
1. Mai: von Berlin über Frankfurt a. d. O. nach KÖNIGSBERG (6. 5.).
Als Diätar an der Domänenkammer unter Präsident v. Auerswald.
Finanz- und staatswissenschaftl. Vorlesungen bei Prof. Kraus.
Kriegsrat Scheffner, Stägemann, Kammerdirektor v. Salis.
Ulrike zieht zu ihm. Wiedersehen mit Wilhelmine (Frau Prof. Krug) und Luise v. Zenge. *Über die allmähliche Verfertigung der Gedanken beim Reden*.
Herbst: Fortdauernde Unpäßlichkeit.

1806 Frühjahr: Ulrike zieht nach Stolp i. Pom.
Mitte August: Sechsmonatiger Urlaub aus Gesundheitsgründen; fünfwöchiger Badeaufenthalt in PILLAU. *Zerbr. Krug* an Marie v. Kleist geschickt. Intensive Arbeit an seinen Dramen.
14. Oktober: Napoleons Sieg bei Jena; Preußens Zusammenbruch.
Der Hof flüchtet nach Königsberg; Altenstein und Anfang Dezember auch Pfuel treffen ein.

1807 Anfang Januar: mit Pfuel, Gauvain, Ehrenberg über Stolp, Köslin, Stettin nach BERLIN (26./27. 1.). Pfuel zweigt vorher nach Nennhausen ab; Kleist will nach Dresden.
30. Januar: Verhaftung als angebliche Spione; über Wustermark (31. 1.), Marburg (17. 2.), Mainz, Besançon (3. 3.) nach FORT DE JOUX bei Pontarlier (5. 3.).

3. April: Ulrikes Schreiben an General Clarke in Berlin.
Anfang April (aufgrund einer Verfügung vom 26. 3.): Transport über Besançon (11.4.) in das Kriegsgefangenenlager CHALONS s. Marne.
Anfang Mai: in Dresden erscheint der *Amphitryon* mit Vorwort von Adam Müller.
9. Juli: Friede von Tilsit zwischen Frankreich und Preußen.
12. Juli: Clarkes Entlassungsbefehl trifft ein.
Ende Juli: Rückreise nach Berlin (14. 8); von dort über Cottbus nach DRESDEN (Ende August).
Rühle, Pfuel, Adam Müller, Chr. G. Körner (Dora Stock, Juliane Kunze, Emma Körner), K. A. Böttiger, G. H. Schubert, Wetzel, Dippold, K. Chr. F. Krause, F. Hartmann, G. v. Kügelgen, C. D. Friedrich, Ehepaar v. Haza, K. A. v. Carlowitz, Ernst Ludw. v Bose, Baron Buol-Mühlingen, Graf Chanikoff, Graf Bourgoing.
Anfang September: Besuch in Teplitz bei Gentz. *Jeronimo und Josephe* (Erdbeben in Chili) im »Morgenblatt«.
Pläne zur Gründung einer »Buch-, Karten- und Kunsthandlung« (Verlag eigener Werke; Code Napoléon). Arbeit an *Penthesilea*.
Anfang Oktober: Reise zu Ulrike über Gulben bei Cottbus nach Wormlage.
10. Oktober: an seinem 30. Geburtstag im Hause Buol mit dem Lorbeer gekrönt; geplante Privataufführung des *Zerbr. Krug*.
Winter: Vorlesungen von A. Müller über das Schöne, von G. H. Schubert über die Nachtseiten der Naturwissenschaft (im Hause Carlowitz).
Anfang Dezember: *Penthesilea* vollendet; Vorlesung durch A. Müller im Hause Körner.
17. Dezember: Gründung des »Phöbus«; Aufforderung zur Mitarbeit an Goethe, Wieland, J. v. Müller, Jean Paul u. a.
21. Dezember: A. Müllers Konzessionsgesuch für eine Buchhandlung (wird am 22. 2. 1808 auf Einspruch der Dresdner Buchhändler abgelehnt).

1808  23. Januar: erstes Phöbusheft (»Organisches Fragment« der *Penthesilea*). Widmungsexemplare gehen an Franz I. von Österreich und Jérôme von Westfalen.
Angeblicher Auftrag der Familie Hardenberg, den Novalis-Nachlaß zu verlegen.
Ende Februar: zweites Phöbusheft (*Marquise von O.*)
2. März: Mißlungene Aufführung des *Zerbr. Krug* in Weimar. Zerwürfnis mit Goethe.
Ende März: finanzielle Schwierigkeiten; A. Müller will Phöbus-Redaktion an Kleist abtreten.
Ende April: drittes Phöbusheft (Fragmente aus *Zerbr. Krug*).
Anfang Mai: der »Phöbus« soll verkauft werden.
Juli: Ludwig Tieck auf der Durchreise in Dresden; Kleist zeigt ihm die Urfassung des *Käthchen*.

Anfang Juni: viertes/fünftes Phöbusheft *(Guiskard*-Fragment; erstes *Käthchen*-Fragment, *Epigramme)*. Frau v. Staël und Gebrüder Schlegel zu Besuch in Dresden.

Juli: Buchausgabe der *Penthesilea;* die schon gedruckte Auflage wird von Cotta übernommen. Versuch, von der Familie 200 Taler zur Fortsetzung des »Phöbus« zu leihen.

August: Einreichung des *Käthchen*-Manuskripts an die Dresdner Bühne (Graf Vitzthum), Oktober: an die Wiener Bühne (durch Collin), Dezember: an die Berliner Bühne unter Iffland (durch Major v. Schack).

Anfang Oktober: kurzer Besuch Ulrikes in Dresden.

Mitte Oktober: Varnhagen in Dresden; Kleist ist vorübergehend verreist. Buchhändler Walther übernimmt den Verlag des »Phöbus«.

Erste Novemberhälfte: Reise im Auftrag Frau v. Hazas nach Lewitz bei Meseritz über Wormlage.

Mitte November: sechstes Phöbusheft *(Kohlhaas*-Fragment, *Epigramme);* die weiteren Hefte in kurzem Abstand (zweites *Käthchen*-Fragment, *Gelegenheitsgedichte).*

Dezember: Fertigstellung der *Hermannsschlacht* (1. 1. 1809 nach Wien geschickt). Entleihung von Quellenliteratur für *Zerstörung Jerusalems* und *Prinz von Homburg.*

Geheime politische Tätigkeit im Bunde mit Gneisenau, Arndt, Reimer u. a.

Winter: A. Müllers staatswissenschaftliche Vorlesungen beim Prinzen von Weimar. Empfehlung durch Kleist an Altenstein in Berlin.

1809 11. Januar: Tod der Tante v. Massow; Erbschaft von 400 Taler, auszahlbar nach sechs Monaten.

Ende Februar: letztes (12.) Phöbusheft *(Der Schrecken im Bade).*

März: *Politische Schriften, Kriegslyrik.*

5. April: Kleist erfährt erst jetzt, daß Adam Müller alle Phöbus-Außenstände an Buchhändler Walther abgetreten hat; heftige Auseinandersetzung, Duellforderung Müllers, die von Rühle und Pfuel beigelegt wird.

9. April: die österr. Armee marschiert in Bayern ein; die Franzosen räumen Dresden, die österr. Gesandtschaft reist ab. Preußen mobilisiert.

14. April: Kleist trifft sich vor seiner Abreise mit Ulrike.

18. April: Pfuel verläßt Dresden, kämpft in der Fränkischen Legion; Rühle macht auf französischer Seite den Feldzug in Österreich mit.

23. April: *Kriegslieder* nach Wien geschickt. In Berlin verweigert Gruner das Imprimatur für die *Ode an den König.*

29. April: mit Dahlmann von Dresden über Teplitz (3. 5.), PRAG (5. 5.), nach ZNAIM (Zusammentreffen mit Knesebeck und Friedrich v. Pfuel; auch Friedrich Schlegel war vom 14. 5. bis 30. 5. dort).

13. Mai: Wien von den Franzosen besetzt.

21./22. Mai: Schlacht von Aspern. Kleist und Dahlmann in GROSS-ENZERSDORF (22. 5.) und STOCKERAU (24./25. 5.). Von dort mit Wagen auf das Schlachtfeld von ASPERN (25. 5.); nach Übernachtung in Kagran zurück nach PRAG (31. 5.).

Buol, Stadthauptmann Graf Kolowrat, Oberstburggraf Graf Wallis.

12. Juni: Gesuch zur Herausgabe der »Germania« wird von Prag nach Wien geleitet und am 17. 7. dem Kaiser vorgelegt (am 13. 9. noch nicht entschieden).

6. Juli: Niederlage von Wagram; 12. Juli: Waffenstillstand.

Anfang September: in Berlin verbreitet sich durch Adam Müller das Gerücht von Kleists Tod im Prager Spital.

16. Oktober: Friedensschluß.

31. Oktober: Ausstellung von Pässen für Kleist und Dahlmann nach DRESDEN.

23. November: in FRANKFURT a. d. O., Aufnahme eines Darlehens von 500 Talern; Wiedersehen mit Luise v. Zenge. Kleist will wieder nach Österreich, bleibt aber in BERLIN.

15. Dezember: Einladung bei Adam und Sophie Müller, die seit dem Sommer in Berlin sind, mit Frau v. Werdeck, Gebrüder Eichendorff, Graf Loeben.

Winter: Zusammentreffen mit E. M. Arndt bei Reimer.

23. Dezember: Rückkehr des Königs nach Berlin.

1810 Anfang Januar: über LEIPZIG (Besuch bei Ehepaar Krug) nach FRANKFURT a. M. (12. 1.); nach vergeblichen Versuchen, das *Käthchen* bei einer Bühne anzubringen, wird das Manuskript von hier an Cotta geschickt. Rückreise über GOTHA (28./29. 1.; Besuch von Schlotheim), Potsdam nach BERLIN (4. 2.).

23. Februar: Souper bei Wolfart; A. Müller, Arnim, Brentano, Loeben, Eichendorff, Theremin, Kohlrausch, Römer.

10. März: *Sonett* zum Geburtstag der Königin überreicht. Ein »Stück aus der Brandenburgischen Geschichte« soll auf dem Privattheater des Prinzen Radziwill aufgeführt werden.

17.–19. März: Aufführung des *Käthchen* im Theater an der Wien.

April: Zwistigkeiten mit W. Reuter wegen 22 Taler Pränumeration.

Mai: Freundschaft mit Rahel. Mitte Juni: Bei Sophie Sander Zusammentreffen mit Amalie v. Helvig. Arbeit am ersten Band der *Erzählungen* (Fertigstellung des *Kohlhaas*).

19. Juli: Tod der Königin Luise. 5. Aug.: Kleist, Adam und Sophie Müller sowie Ernst v. Pfuel hören die Leichenpredigten.

12. August: schroffer Bruch mit Iffland wegen Ablehnung des *Käthchen*.

Ende September: Buchausgabe von *Käthchen*, und *Erzählungen Bd. 1* bei Reimer.

1. Oktober: erste Nummer der »Berliner Abendblätter« unter dem Protektorat von Polizeipräsident Gruner; Mitarbeiter: Arnim,

Beckedorff, Brentano, Fouqué, Loeben, Friedrich v. Luck, Möllendorff, A. Müller, Ompteda, Friedr. Schulz, Wetzel in Bamberg, Wilhelm Grimm in Kassel.

Mitte Oktober: Redaktionsärger mit Arnim, Brentano, Fürst Lichnowsky.

3. November: Meldung über französ. Verluste in Portugal führt zu einer Beschwerde des französ. Gesandten und zur Verschärfung der Zensur.

Mitte November: Marie v. Kleist in Berlin und Potsdam (bis Mai 1811).

16. November: Taufe der Cäcilie Müller durch Franz Theremin. Paten: Kleist, Arnim, Beckedorff, Elisabeth v. Stägemann, Henriette Vogel, Frau Peguilhen u. a.

16. November: Müllers Aufsatz »Vom Nationalkredit« erregt Anstoß beim König und der Regierung; Zensurverschärfung.

26. November: Theaterskandal um Dem. Schmalz in der »Schweizerfamilie«.

12. Dezember: mit Arnim, Brentano u. F. A. Wolf auf der Zelterschen Liedertafel.

seit Anfang Dezember: Verhandlungen mit Raumer und Hardenberg wegen zweckdienlicher Unterstützung der »Abendblätter«.

24. Dezember: Übernahme des 2. Quartals der »Abendblätter« durch den Verleger Kuhn; Zeitungsfehde mit dem ersten Verleger Hitzig.

1811  18. Januar: Gründung der Deutschen Tischgesellschaft (»Freßgesellschaft«) durch Arnim; Mitglieder: Beckedorff, Brentano, Fichte, Kleist, A. Müller, Möllendorff, Pistor, Friedrich v. Pfuel, Radziwill, Joh. Friedr. Reichardt, Reimer, Savigny, Friedrich Schulz, Stägemann, Lichnowsky, Louis Vogel, Zelter u. a.

Anfang Februar: Buchausgabe des *Zerbr. Krug* bei Reimer.

10. Februar: Hardenberg erhält Nachricht von der Fragwürdigkeit der angeblich durch die Königin ausgesetzten Kleistschen Pension.

Zweite Februarhälfte: Scharfe, bis zur Duellforderung führende Kontroverse mit Raumer und Hardenberg wegen der angeblich versprochenen finanziellen Unterstützung; Geheimrat Pistor wird in Kleists Wohnung geschickt (26. 2.); vorläufige Beilegung (10. 3.).

11. März: Arnims Hochzeit mit Bettina Brentano.

25. März – 5. April: *Verlobung in St. Domingo* in Kuhns »Freimüthigem«.

30. März: Letzte Nummer der »Abendblätter«.

4. April: Bewerbung (auf Pistors Veranlassung) um den Redaktionsposten des Kurmärkischen Amtsblatts oder andere Anstellung; hinhaltende Antwort Hardenbergs (18. 4.).

23. April: Pantomimische Darstellung von *Penthesilea*-Szenen durch Henriette Hendel-Schütz im Konzertsaal des Nationaltheaters, mit Rezitation durch Prof. Schütz.

26. April: kurze Reise »zu einem Verwandten aufs Land« (Marie v. Kleist in Sakrow?).

20. Mai: Bittgesuch an Prinz Wilhelm mit Schilderung der Abendblatt-Affaire.

Ende Mai: Adam Müller geht nach Wien, Marie v. Kleist nach Mecklenburg; auch Beckedorff verläßt Berlin.

6. Juni: Nochmaliges Gesuch an Hardenberg um Anstellung im Zivildienst oder Aussetzung eines Wartegelds.

17. Juni: Gesuch an den König in gleicher Sache.

Ende Juni: Anfertigung der Reinschrift des *Prinz von Homburg*. Arbeit an einem *Roman* in zwei Bänden. Marie v. Kleist, die Anfang Juni zwei Briefe Kleists erhalten hatte, bittet um Mitteilung seiner Arbeiten.

Anfang August: *Erzählungen Bd. 2* bei Reimer (Erstdruck von *Findling* und *Zweikampf*).

Ende August–Anfang September: Marie v. Kleist in Berlin; vielfältige Bemühungen für Kleist. Kriegserwartung.

3. September: Überreichung des Widmungsexemplars von *Prinz von Homburg* an Prinzessin Marianne durch Marie v. Kleist, mit einem Bittgesuch an Prinz Wilhelm um eine Pension von 100 Talern für Kleist.

Nach Maries Abreise (9. oder 10. 9.):

11. September: Audienz beim König mit Maries Empfehlungsschreiben vom 9. 9. (soll Adjutant des Königs werden).

Besuche bei Gneisenau, dem »einige sehr gute« politische Aufsätze vorgelegt werden.

18. September: Nach Empfang der Kabinettsorder mit Aussicht auf Anstellung im Militär zu Ulrike nach FRANKFURT a. O.; Demütigung an der Mittagstafel. Von dort nachmittags nach FRIEDERSDORF, Gespräch mit Ludwig und Charlotte v. d. Marwitz.

19. September: Bitte an Hardenberg um Darlehen für Offiziersausrüstung.

24. Oktober: Marie v. Kleist sorgt sich um Kleist, der in vier Wochen nur einmal geschrieben habe; falls er noch in Berlin sei, will sie ihm Geld schicken, das Ulrike ihr anvertraut habe.

10. November: verzweifelter Brief an Marie (die in Groß-Gievitz erkrankt ist): »es ist mir ganz unmöglich länger zu leben«.

Dahlmanns Einladung nach Kiel zu einem gemeinsamen Leben gelangt nicht in Kleists Hände. Eine angebliche Unterstützung »von seiten des Staates« soll sich durch Hardenbergs Einspruch verzögert haben.

Enge Freundschaft mit Henriette Vogel. *Todeslitanei*.

19. November: »Triumphgesang im Augenblick des Todes« (an Marie). Abschiedsbesuch bei Elisabeth v. Stägemann, die sich nicht sprechen läßt.

20. November vormittags: Abschiedsbriefe in Henriettes grüner

Stube; nachmittags: Eintreffen im Neuen Krug bei POTSDAM. In der Nacht dort weitere Abschiedsbriefe.

21. November: Mittags 12 Uhr Abgang des Boten mit Brief an Peguilhen.

Gegen 4 Uhr nachmittags die beiden Pistolenschüsse am Wannsee.

Gegen 6 Uhr Eintreffen von Peguilhen und Vogel.

22. November nachmittags: gerichtliche Untersuchung und Sektion; abends Beisetzung in zwei Särgen.

26. November: Zeitungsanzeigen von Louis Vogel und Peguilhen (als »Vollstrecker des letzten Willens der beiden Verewigten«).

2. Dezember: nachträgliche kirchliche Beerdigung am Wannsee.

1812 14. Mai: Marie bedankt sich bei Prinzeß Wilhelm für die Unterstützung Ulrikes: eine nachträglich Kleist erwiesene Wohltat.

Juni: Marie bietet das *Homburg*-Manuskript Hitzig an, der mit Fouqué zusammen Kleists Nachlaß herausgeben will; Einspruch der Prinzessin Marianne.

1813 März: Ernst v. Pfuel gibt *Germania-Ode* heraus.

1814/1815 Tieck verschafft sich das Widmungsexemplar des *Prinz von Homburg* von der Prinzessin Marianne, »welches da, wo es sich befand, gering geschätzt wurde«.

1818 Pfeilschifter veröffentlicht unabhängig von Tieck einige Szenen der *Hermannsschlacht* in den »Zeitschwingen«.

1821 Tiecks Ausgabe der »Hinterlassenen Schriften« *(Prinz von Homburg, Hermannsschlacht)*. Erste Aufführungen des *Prinz von Homburg* in Wien (Oktober) und Dresden (Dezember).

# NACHWORT

Heute und je gibt es Menschen, die von Kleists Dasein und seinem Werk auf eine seltsam starke und unmittelbare Weise ergriffen werden. Sie fühlen, daß hier ein Mensch mit aller Unbedingtheit in die Welt tritt, der das Menschsein von Ursprung herein neu erlebt und unter Verzicht auf Konventionen und Gepflogenheiten mit rücksichtsloser Ehrlichkeit und erstaunlich konkreter Wirklichkeitserfahrung die Forderungen seines Herzens besteht, ohne sich in klassische oder romantische Ideologien zu flüchten.

Zunächst noch von dem Geiste der Aufklärung bestimmt, die den Menschen aus der Abhängigkeit von Tradition und Autorität herauszulösen und ihn einzig seiner eigenen Vernunft vertrauen zu lehren suchte, hatte er sich gegen die soldatische Tradition seiner Familie aufgelehnt; einem selbstgeschaffenen Lebensplan gemäß sollte ein naturwissenschaftliches und philosophisches Studium die Kräfte seines vollen Menschentums entwickeln helfen. Seine mangelnde Vorbildung machte ihn zum Autodidakten, der sich mit Leidenschaft auf jede neue Erkenntnis stürzte, von der er sich Erfüllung seines Wahrheitsstrebens versprach. Als er freilich aus der Beschäftigung mit der Kantischen Philosophie glaubte folgern zu müssen, daß der Mensch niemals zu einer wirklichen Erkenntnis der Welt durch seine Sinne und die Vernunft gelangen könne, gab es kein Äußeres mehr, das ihn leiten konnte. Er mußte in sich einen unmittelbaren Zugang zur Welt finden, zum Ich des anderen, zu Gott, einen Zugang, der unabhängig von allen trügerischen Sinneserkenntnissen und der Ohnmacht des Leibes war. Kleist nennt ihn das »Gefühl«. Und fast alle seine Dichtungen kreisen um die Unverwirrbarkeit dieses »Gefühls«, das nichts mit romantischer Empfindung zu tun hat, sondern ein die Sinne überspringendes Erkenntnisorgan des Ich darstellt. Zugleich wird die Frage nach der zerstörenden und rettenden Kraft des Bewußtseins bedeutsam.

Es gibt eine Szene in der »Familie Schroffenstein«, in der Sylvester durch einen seelischen Schock in Ohnmacht fällt. Der Geist, dieses »elend Ding«, zeigt seine Abhängigkeit vom Leib.

Und doch, der Mensch vermag »durch nichts als das Bewußtsein« sich auch wieder herzustellen:

> Was mich freut,
> Ist, daß der Geist doch mehr ist, als ich glaubte,
> Denn flieht er gleich auf einen Augenblick,
> An seinen Urquell geht er nur, zu Gott,
> Und mit Heroenkraft kehrt er zurück.

In »Robert Guiskard« wird der Kampf des Geistes mit dem pestkranken Leib zum wesentlichen Motiv; die Marquise von O fällt durch eine Ohnmacht in Verstrickungen, aus denen sie sich nur durch das Bewußtsein ihrer Unschuld erheben kann. Der Leib liefert den Menschen durch seine Schwäche und seine zu täuschenden Sinne mannigfachen Irrtümern und Gefahren aus. In der »Familie Schroffenstein« bleibt der Blinde zum Schluß der einzig Sehende; Agnes und Ottokar aber bewahrten trotz aller sie verblendenden Indizien das unbedingte, nicht zu zerstörende Vertrauen zueinander.

So werden schon in Kleists genialem Erstlingswerk die Akkorde angeschlagen, die in den späteren Werken weiterklingen. Nichts kann in Wahrheit der Alkmene, dem Käthchen, dem Herrn Friedrich (in der Zweikampf-Novelle) die »Goldwaage der Empfindung« betrügen. Alkmene sagt:

> Nimm Aug und Ohr, Gefühl mir und Geruch,
> Mir alle Sinn und gönne mir das Herz:
> So läßt du mir die Glocke, die ich brauche ...

Dem »Glockenspiel der Brust« gibt sich das Göttliche im Schicksal und im andern Menschen kund, und naht gar Gott selbst in der Gestalt des Amphitryon, so übertönt die Glocke alles Irdische. Das Herz wird Schicksal.

Zugleich ist es dieses in sich selbst gegründete Gefühl, das seine Helden trägt, so wie das Gewölbe steht, »weil seiner Blöcke jeder stürzen will«. Aufs stärkste erlebt Kleist die Unzerstörbarkeit der menschlichen Entelechie. Von dem »jungen, die Erde begrüßenden Kinde« sagt er im »Allerneuesten Erziehungsplan«: »es ist kein Wachs, das sich, in eines Menschen Händen, zu einer beliebigen Gestalt kneten läßt: es lebt, es ist frei; es trägt ein unabhängiges und eigentümliches Vermögen der Entwicklung, und das Muster aller innerlichen Gestaltung, in sich.« Im »Gebet des Zoroaster« weiß Kleist um das »freie, herrliche und üppige Leben«, das dem Menschen bestimmt ist, und ahnt, »von welchen Gipfeln der Mensch um sich schauen kann: Kräfte unendlicher Art, göttliche und tierische, spielen in seiner Brust zusammen, um ihn zum König der Erde zu machen«. Aus dem Erlebnis der unermeßlichen Möglichkeiten des Menschen war ihm das Bewußtsein seiner Aufgabe als Dichter erwachsen.

Aber vermag dieser »einzige Lebensfunke im weiten Reiche des Todes«, von dem Kleist einmal spricht und den er als sein Ich erlebte, wirklich den Stürmen zu widerstehen, denen nicht nur seine Helden, denen er selbst vom Schicksal aufs stärkste ausgesetzt wurde? Ist es vielleicht nichts weiter als ein »Sturm-und-Drang«-Erlebnis, das, wie sein eigenes Leben zu erweisen scheint, stärkeren Belastungen nicht standzuhalten vermag? Kleist kennt sehr wohl die Gefahren, die der Gefühlssicherheit von seiten des reflektierenden Bewußtseins drohen. Er spricht davon, daß die Menschheit in ihrer Entwicklung mehr und mehr die ursprüngliche Grazie, die angeborene Heldenkraft verloren hat. Kleist aber weiß auch im Gegensatz zu den Romantikern, daß es kein Zurück mehr gibt: »Das Paradies ist verriegelt und der Cherub hinter uns; wir müssen die Reise um die Welt machen, und sehen, ob es vielleicht von hinten irgendwo offen ist.« Auch im äußeren Leben war er von einer Leidenschaft zu reisen ergriffen, doch enden fast alle Fahrten, auf denen er das »Paradies« zu suchen unternahm, mit dem Fall in eine jener Krankheiten, von deren Ursache auch die moderne Medizin wenig zu sagen weiß.

Erst gegen Ende seines Lebens wurden ihm seltsam erhellende Erkenntnisse zuteil, Antworten auf die Frage, wie die Harmonie des Menschen, unter deren Zerstörung er sein Leben lang litt, wiederherzustellen sei. Sie werden in dem höchst bedeutsamen Aufsatz »Über das Marionettentheater« und in der Wandlung des Prinzen von Homburg, der durch das Todeserlebnis hindurch sein naives Heldentum auf höherer, nun bewußt gewordener Stufe wiedergewinnt, angedeutet. Für Kleist aber bedeutete jede Erkenntnis zugleich Lebensrealität. Nach der Zerstörung allen äußeren Haltes ahnt er, daß es ein geistiges Todeserlebnis zu bestehen gilt, um zu einem Unzerstörbaren zu kommen. Das Bewußtsein muß »gleichsam durch ein Unendliches« gehen. In der furchtbaren Einsamkeit, die ihn am Ende seines Lebens umgibt, als er sich in dem alles auflösenden Brennpunkte befindet, von dem er im »Marionettentheater« spricht, wird aus der geistigen Erfahrung physische Realität. Uns aber will scheinen, als habe er wie aus Versehen die falsche Tür ergriffen, um in den Bezirk des Unzerstörbaren einzudringen, an dessen Schwelle er stand.

Von seinem äußeren Leben wissen wir in großen Zügen folgendes: Nach dem frühen Verlust des Vaters tritt er mit vierzehn Jahren, selbstverständlicher Familientradition folgend, als Fahnenjunker in das Potsdamer Garderegiment ein, macht die Belagerung von Mainz mit und wird mit 19 Jahren Leutnant. Sein Hauslehrer Martini, der ihn als Knaben unterrichtet hatte, schildert ihn als »nicht zu dämpfenden Feuergeist«. In der Garnison spielt er Klarinette und studiert Philosophie und Mathematik. Nach dem »Verlust von sieben kostbaren Jahren« entsagt er mit 21 Jahren endgültig dem Soldatenstand, studiert in Frankfurt a. d. Oder, verlobt sich mit der still-ergebenen Wilhelmine von Zenge und unternimmt mit dem Freund Ludwig von Brockes eine bedeutsame, von ihm selbst in Dunkel gehüllte Reise nach Würzburg. Vermutlich suchte und fand er dort Heilung von einem für die Ehe untauglich machenden Leiden – eine recht nüchterne Erklärung für Kleists eigene enthusiastische Äußerungen. In Berlin versucht er sich auf den Staatsdienst vorzubereiten und unternimmt, um sich von unerträglichen Zweifeln zu befreien, mit seiner treuen Stiefschwester Ulrike eine längere Reise nach Paris. Dort klärt sich sein Entschluß, Dichter zu werden und unter Verzicht auf äußeren Ehrgeiz – er will sich in der Schweiz als Bauer ansiedeln – nur seinem Werke zu leben. Das Verlöbnis mit Wilhelmine löst sich.

In der Schweiz, in Gesellschaft literarischer Genossen und einsam auf lieblicher Insel des Thuner Sees, arbeitet er zäh an mehreren dramatischen Versuchen, bis er krank zusammenbricht. Kleist fährt nach Weimar, findet beim alten Wieland, dessen vierzehnjährige Tochter Luise sich in ihn verliebt, freundliche Aufnahme und neuen Ansporn zu seinem gewaltigen Guiskard-Versuch. Aber wie damals sein Bildungsideal an der vermeintlichen Unzulänglichkeit der Erkenntniskraft scheiterte, so flucht er jetzt seinen »halben« künstlerischen Talenten. Auf einer zweiten Pariser Reise mit seinem Freunde Ernst von Pfuel, die ihn noch einmal in die Schweiz und nach Oberitalien führt, verbrennt er sein Werk und will in napoleonische Dienste treten, um den Tod zu suchen. Wieder fällt er in schwere Krankheit, wird in Mainz gesund gepflegt, bewirbt sich in Berlin um Staatsdienste und kommt als wissenschaftlicher Hilfsarbeiter an die Domänenkammer in Königsberg. Der Achtundzwanzigjährige trifft dort seine Braut als Frau des Philosophie-Professors Krug, Kants Nachfolger in Königsberg, wieder. Still und zielbewußt arbeitet er neben dem Amt an seinen Dichtungen, bis neue körperliche Beschwerden und die nach der preußischen Niederlage bei Jena immer bedrohlicher werdende politische Entwicklung seine dortige Tätigkeit beenden. Auf dem Wege nach Dresden wird Kleist vor den Toren Berlins als angeblicher Spion ergriffen und nach Frankreich in Kerkerhaft gebracht.

Nach seiner Befreiung, die er vor allem der stets aufopferungsbereiten Ulrike verdankt, versucht Kleist seine schriftstellerischen Pläne in dem aufblühenden Dresden zu verwirklichen und gibt mit dem Staatswissenschaftler Adam Müller, einem einflußreichen, aber Kleist nicht immer förderlichen Manne, eine Kunstzeitschrift, den »Phöbus«, heraus. Man wird auf Kleist aufmerksam, bis ein Zerwürfnis mit Goethe, der den »Zerbrochnen Krug« in Weimar höchst unzulänglich aufführen ließ, Kleist unmöglich macht.

Neue, bedeutende Aufgaben scheinen heranzuwachsen. Kleist traut nicht mehr den zerbrechlichen Idealen von Wahrheit und Schönheit, er sucht die Tat, die politische Wirksamkeit; als sich Österreich gegen Napoleon erhebt, scheint es ihm ein Signal, sich mit dem ganzen Gewicht in die Waage der Zeit zu werfen. Er unterhält Beziehungen zu bedeutenden österreichischen und preußischen Politikern und weiß sich im Bunde mit allen hochgesinnten Deutschen. Das Bewußtsein, in einer Gemeinschaft zu stehen, vervielfacht seine Schwungkraft. Seine Kriegslieder und die »Hermannsschlacht« sind das Ungeheuerlichste, was in dieser Art in Deutschland geschrieben wurde. Kleist scheint wirklich Medium des Zeitgeistes zu werden, fast möchte man meinen, eines Geistes, dessen volle Wirksamkeit erst im nächsten Jahrhundert furchtbare Realität wurde. Kleist hält sich in unmittelbarer Nähe der Ereignisse in Österreich auf und versucht von

Prag aus, ein politisches Wochenblatt, die »Germania«, zustande zu bringen, bis die Niederlage bei Wagram alle politischen Hoffnungen begräbt. Wieder kommt es zum Zusammenbruch aus dem grandiosen Gefühlsüberschwang, der seine letzte Zuflucht in dieser gebrechlichen Welt geworden war. In Deutschland glauben ihn seine Bekannten tot.

Zum Ende seines Lebens ist er wieder in Berlin. Ähnlich wie in Dresden trifft er auch hier einen Kreis von Literaten, Gelehrten und Politikern meist konservativer Richtung. In den volkstümlichen »Berliner Abendblättern«, die er mit großem Geschick herausgibt und mit seinen herrlichen Anekdoten und tiefsinnigen Betrachtungen füllt, will er alle dem Gemeinwohl dienenden Stimmen zu Worte kommen lassen. Im Kampfe mit der Zensur und politischen Ränken, denen Kleists aufrechte und vertrauensvolle Haltung nicht gewachsen ist, scheitert auch dieses Unternehmen, mit dem Kleists letzte Existenz verknüpft war. Einsam kämpft er gegen menschliche Intrige und Unzulänglichkeit. Um sein Leben zu fristen, bietet er den Verlegern seine vorhandenen oder rasch ausgearbeiteten Manuskripte zum Druck an und arbeitet vermutlich an anderen Zeitschriften mit. Manche der wertvollen letzten Arbeiten ist verschollen, vor allem ein Roman in zwei Bänden, der noch nach seinem Tode vorhanden gewesen sein soll. Zu Marie von Kleist, der sechzehn Jahre älteren, damals in Scheidung liegenden Freundin, einer enthusiastischen Frau, die sich wiederholt nachdrücklich für Kleist einsetzte, findet er am Ende seines Lebens eine tiefe Beziehung. Dagegen konnte er mit Henriette Vogel, der schöngeistig überspannten und anschmiegsamen Frau eines höheren Beamten, die er durch Adam Müller kennengelernt hatte, nur wenig gemein haben. Ihre Aufforderung, sie, die an einem Krebsleiden unheilbar krankte, zu erschießen, empfindet er als den höchsten Vertrauensbeweis, den ihm ein Mensch darbringen konnte, und jauchzend ergreift er die dargebotene Hand, um in Gemeinschaft dieser Frau sein Leben, »das allerqualvollste, das je ein Mensch geführt hat«, zu enden. Varnhagen, sein Zeitgenosse, urteilt so unrecht nicht, wenn er schreibt: »Welch ein ungeheurer Schmerz muß in ihm gewütet haben, eh er sein Talent aufgab, das er in seinem verwüsteten Leben wie den unzerstörbaren Talisman eines verheißenen Glücks betrachtete.«

Während wir bei Goethe über fast jeden Umstand seines Lebens unterrichtet sind, liegt über so vieles, was Kleist betrifft, ein seltsames Dunkel. Über seine äußere Erscheinung sind wir recht ungenügend informiert. Als wirklich authentisches Bild darf nur die bekannte Miniatur aus dem Jahre 1801 gelten, die einen nicht allzu bedeutenden runden Kinderkopf mit Ponyhaaren zeigt. Dagegen gehört die viel reproduzierte angebliche Kleist-Maske zweifellos nicht ihm, sondern Achim von Arnim zu. Tieck urteilt über sein Äußeres: »Heinrich Kleist war von mittlerer Größe und ziemlich starken Gliedern, er schien ernst und schweigsam, keine Spur von vordringender Eitelkeit, aber viele Merkmale eines würdigen Stolzes in seinem Betragen. Er schien mir mit den Bildern des Torquato Tasso Ähnlichkeit zu haben, auch hatte er mit diesem die etwas schwere Zunge gemein.« Fouqué spricht von dem »kräftigen, aber nur im treuherzigen Lächeln seiner Augen anmutigen Heinrich«. Brentano schildert ihn als einen »sanften, ernsten Mann von 32 Jahren, mit einem erlebten runden stumpfen Kopf, gemischt launig, kindergut, arm und fest«. Gleichfalls aus der letzten Lebenszeit stammt Achim von Arnims Urteil: »Er ist der unbefangenste, fast zynische Mensch, der mir lange begegnet, hat eine gewisse Unbestimmtheit in der Rede, die sich dem Stammern nähert und in seinen Arbeiten durch stetes Ausstreichen und Abändern sich äußert. Er lebt sehr wunderlich, oft ganze Tage im Bette, um da ungestörter bei der Tabakspfeife zu arbeiten.«

Kleist ist ebensowenig einer künstlerischen Schule wie einer politischen Partei zuzurechnen. Aus einer starken sozialen Gesinnung heraus hatte er in seinen Schriften die überhebliche Anmaßung seiner junkerlichen Standesgenossen aufs schärfste gegeißelt, so im »Kohlhaas«, im satirischen Brief »Über die Luxussteuern« und manchen Anekdoten – was nicht hinderte, daß die absurde Behauptung von Kleists Zugehörigkeit zur reaktionären Adelspartei noch heute durch die Literaturgeschichten geistert. Kleist war kein Romantiker. Seine ästhetischen Bemerkungen, sein einzigartiger, aus dem Musikalisch-Deklamatorischen geborener Stil, den man mit dem der altnordischen Sagas verglichen hat, sein Ringen um die Form eines neuen Dramas, in dem die antiken und die Shakespeareschen Elemente vereinigt werden, sind völlig antiromantisch. Aufschlußreich ist Achim von Arnims Urteil: »Wenige Dichter mögen sich eines gleichen Ernstes, einer ähnlichen Strenge in ihren Arbeiten rühmen dürfen, wie der Verstorbene; statt ihm vorzuwerfen, daß er der neueren [romantischen] Schule angehangen, wozu wohl kein Mensch so wenig Veranlassung gegeben wie Kleist, hätte man eher bedauern müssen, daß er keine Schule anerkannt, das heißt, nur in seltnen Fällen dem Hergebrachten und dem Urteile seiner Kunstfreunde nachgab.« Kleist selbst aber weiß von sich: »In der Reihe der menschlichen Erfindungen ist diejenige, die ich gedacht habe, unfehlbar ein Glied, und es wächst irgendwo ein Stein schon für den, der sie einst ausspricht.«

Kleist, Deutschlands eigentlicher und größter Dramatiker, hat selbst kein einziges Stück von sich auf der Bühne gesehen. 1804 war es zu einer einmaligen Aufführung der »Familie Schroffenstein« in Graz gekommen, 1808 zu Goethes mißglückter Inszenierung des »Zerbrochnen Krug« in Weimar, 1810 und 1811 wurde das »Käthchen« in Wien, Graz und Bamberg aufgeführt. Stets war der Widerhall schwach, und selten wird er zu Kleist gedrungen sein. Der alte Wieland und Jean Paul etwa erkannten sein Genie, während Goethe, auf den Kleist all seine Hoffnungen gesetzt hatte, ihn verständnislos ablehnte. Erst langsam, vor allem durch das Bemühen Ludwig Tiecks, der 1821 die nachgelassenen und 1826 die gesammelten Schriften Kleists herausgab, wuchs das Verständnis seiner überragenden dichterischen und menschlichen Bedeutung.

# INHALT

BRIEFE VON UND AN KLEIST

1. An Auguste Helene von Massow, 13. bis 18. März 1793 .......................... 463
2. An Ulrike von Kleist, 25. Februar 1795 ...... 470
3. An Christian Ernst Martini, 18. und 19. März 1799 .......................................... 472
   Königl. Kabinettsorder an Kleist, 13. April 1799 .......................................... 486
4. Revers, 17. April 1799 ..................... 486
5. An Ulrike von Kleist, Mai 1799 ............ 486
6. An Ulrike von Kleist, 12. November 1799 .. 493
7. An Wilhelmine von Zenge, Anfang 1800 ... 500
8. An Wilhelmine von Zenge, Anfang 1800 ... 501
9. An Wilhelmine von Zenge, 30. Mai 1800 ... 505
10. Verschiedene Denkübungen für Wilhelmine von Zenge, Frühjahr bis Sommer 1800 (1–5) .. 508
11. An Ulrike von Kleist, 14. August 1800 ...... 513
12. An Wilhelmine von Zenge, 16. August 1800 .. 515
13. An Wilhelmine von Zenge, 20. August 1800 .. 522
14. An Ulrike von Kleist, 21. August 1800 ...... 525
15. An Wilhelmine von Zenge, 21. August 1800 .. 527
16. An Ulrike von Kleist, 26. August 1800 ...... 531
17. An Wilhelmine von Zenge, 30. August und 1. September 1800 ........................ 534
18. An Wilhelmine von Zenge, 3. und 4. September 1800 .............................. 538
19. An Wilhelmine von Zenge, 4. und 5. September 1800 .............................. 546
20. An Wilhelmine von Zenge, 9. oder 10. September 1800 .............................. 553
21. An Wilhelmine von Zenge, 11. und 12. September 1800 .............................. 554
22. An Wilhelmine von Zenge, 13. bis 18. September 1800 .............................. 558
23. An Wilhelmine von Zenge, 19. bis 23. September 1800 .............................. 567
24. An Wilhelmine von Zenge, 10. und 11. Oktober 1800 .............................. 574
25. An Ulrike von Kleist, 27. Oktober 1800 .... 582
26. An Karl August von Struensee, 1. November 1800 .......................................... 583
27. An Wilhelmine von Zenge, 13. November 1800 .......................................... 584

28. An Wilhelmine von Zenge, 16. und 18. November 1800, Zusatz vom 30. Dezember 1800 . 591
29. An Wilhelmine von Zenge, 22. November 1800 ............................... 598
30. An Ulrike von Kleist, 25. November 1800 ... 600
31. An Wilhelmine von Zenge, 29. und 30. November 1800 ........................ 604
32. An Ulrike von Kleist, Dezember 1800 ...... 608
33. An Wilhelmine von Zenge, 11. und 12. Januar 1801 ...................................... 609
34. An Wilhelmine von Zenge, 21. und 22. Januar 1801 ...................................... 614
35. An Wilhelmine von Zenge, 31. Januar 1801 .. 617
36. An Ulrike von Kleist, 5. Februar 1801 ...... 625
37. An Wilhelmine von Zenge, 22. März 1801 .. 630
38. An Ulrike von Kleist, 23. März 1801 ....... 636
39. An Wilhelmine von Zenge, 28. März 1801 ... 637
40. An Ulrike von Kleist, 1. April 1801 ........ 639
41. An Wilhelmine von Zenge, 9. April 1801 ... 640
42. An Gottlob Johann Christian Kunth, 12. April 1801 ...................................... 644
43. An Wilhelmine von Zenge, 14. April 1801 .. 645
44. An Wilhelmine von Zenge, 4. Mai 1801 .... 647
45. An Wilhelmine von Zenge, 21. Mai 1801 ... 649
46. An Wilhelmine von Zenge, 3. Juni 1801 .... 654
47. An Wilhelmine von Zenge, 28. Juni 1801 ... 658
48. An Karoline von Schlieben, 18. Juli 1801 ... 659
49. An Wilhelmine von Zenge, 21. Juli 1801 .... 667
50. An Adolfine von Werdeck, 28. und 29. Juli 1801 ...................................... 671
51. An Wilhelmine von Zenge, 15. August 1801 .. 680
52. An Luise von Zenge, 16. August 1801 ...... 685
53. An Wilhelmine von Zenge, 10. Oktober 1801 691
54. An Wilhelmine von Zenge, 27. Oktober 1801 696
55. An Ludwig von Brockes, November 1801 ... 698
56. An Adolfine von Werdeck, November 1801 .. 700
57. An Wilhelmine von Zenge, 2. Dezember 1801. 704
58. An Ulrike von Kleist, 16. Dezember 1801 ... 706
59. An Heinrich Lohse, 23. bis 29. Dezember 1801 708
60. An Ulrike von Kleist, 12. Januar 1802 ...... 711
61. An Heinrich Zschokke, 1. Februar 1802 .... 716
62. An Ulrike von Kleist, 19. Februar 1802 ..... 718
63. An Heinrich Zschokke, 2. März 1802 ....... 719
64. An Ulrike von Kleist, 18. März 1802 ....... 720
Wilhelmine von Zenge an Kleist, 10. April 1802 ...................................... 721

65. An Ulrike von Kleist, 1. Mai 1802 ......... 723
 66. An Wilhelmine von Zenge, 20. Mai 1802 ... 725
 67. An Wilhelm von Pannwitz, August 1802 .... 726
 68. An Ulrike von Kleist, November 1802 ...... 727
 69. An Ulrike von Kleist, 9. Dezember 1802 .... 728
 70. An Ulrike von Kleist, Anfang Januar 1803 .. 728
 71. An Ulrike von Kleist, Januar 1803 .......... 728
 72. An Ulrike von Kleist, 13. und 14. März 1803   729
 73. An Heinrich Lohse, April 1803 ............ 731
 74. An Ulrike von Kleist, 3. Juli 1803 ......... 732
     Wieland an Kleist, Juli 1803 ............. 733
 75. An Ulrike von Kleist, 20. Juli 1803 ........ 734
 76. An Ulrike von Kleist, 5. Oktober 1803 ..... 735
 77. An Ulrike von Kleist, 26. Oktober 1803 .... 737
 78. An Ulrike von Kleist, 24. Juni 1804 ........ 737
 79. An Ulrike von Kleist, 27. Juni 1804 ........ 740
 80. An Ulrike von Kleist, 11. Juli 1804 ......... 741
 81. An Ulrike von Kleist, 27. Juli 1804 ........ 742
 82. An Henriette von Schlieben, 29. Juli 1804 .... 743
 83. An Ulrike von Kleist, 2. August 1804 ....... 746
 84. An Ulrike von Kleist, 24. August 1804 ...... 747
 85. An Ulrike von Kleist, Dezember 1804 ...... 747
 86. An Ernst von Pfuel, 7. Januar 1805 ........ 748
 87. An Christian von Massenbach, 23. April 1805   750
 88. An Karl Freiherrn von Stein zum Altenstein,
     13. Mai 1805 ............................ 751
 89. An Ernst von Pfuel, 2. und 4. Juli 1805 ..... 754
 90. An Ernst von Pfuel, Juli 1805 .............. 756
 91. An Karl Freiherrn von Stein zum Altenstein,
     13. November 1805 ...................... 758
 92. An Otto August Rühle von Lilienstern, Ende
     November 1805 .......................... 759
 93. An Karl Freiherrn von Stein zum Altenstein,
     10. Februar 1806 ......................... 762
 94. An Karl Freiherrn von Stein zum Altenstein,
     30. Juni 1806 ............................ 763
 95. An Hans von Auerswald, 10. Juli 1806 ...... 765
     Auerswald an Kleist, 12. Juli 1806 .......... 766
 96. An Karl Freiherrn von Stein zum Altenstein,
     4. August 1806 .......................... 766
 97. An Otto August Rühle von Lilienstern,
     31. August 1806 ......................... 767
 98. An Ulrike von Kleist, 24. Oktober 1806 .... 770
 99. An Marie von Kleist, 24. November 1806 ... 771
100. An Ulrike von Kleist, 6. Dezember 1806 .... 773
101. An Ulrike von Kleist, 31. Dezember 1806 ... 774

102. An Ulrike von Kleist, 17. Februar 1807 ..... 776
103. An den Festungskommandanten de Bureau, 31. März 1807 .......................... 777
104. An Ulrike von Kleist, 23. April 1807 ....... 778
105. An Ulrike von Kleist, 8. Juni 1807 ......... 780
106. An Marie von Kleist, Juni 1807 ............ 781
107. An Otto August Rühle von Lilienstern, 13. Juli 1807 ..................................... 783
108. An Ulrike von Kleist, 14. Juli 1807 ......... 785
109. An Otto August Rühle von Lilienstern, 15. Juli 1807 ..................................... 787
110. An Otto August Rühle von Lilienstern, 14. August 1807 .............................. 788
111. An Ulrike von Kleist, 17. September 1807 ... 789
112. An Johann Friedrich Cotta, 17. September 1807 791
113. An Ulrike von Kleist, 3. Oktober 1807 ....... 791
114. An Ulrike von Kleist, 25. Oktober 1807 ...... 792
115. An Adolfine von Werdeck, 30. Oktober 1807 795
116. An Marie von Kleist, Spätherbst 1807 ....... 796
117. An Marie von Kleist, Spätherbst 1807 ....... 797
118. An Marie von Kleist, Spätherbst 1807 ....... 797
119. An Ulrike von Kleist, 17. Dezember 1807 ... 797
120. An Christoph Martin Wieland, 17. Dez. 1807 799
121. An Johann Friedrich Cotta, 21. Dezember 1807 800
122. An Hans von Auerswald, 22. Dezember 1807 . 801
123. An Karl Freiherrn von Stein zum Altenstein, 22. Dezember 1807 ...................... 802
Auerswald an Kleist, 5. Januar 1808 .......... 803
124. An Ulrike von Kleist, 5. Januar 1808 ....... 804
Jean Paul an die Redaktion des Phöbus, 5. Januar 1808 ................................ 805
125. An Johann Wolfgang von Goethe, 24. Januar 1808 ..................................... 805
Goethe an Kleist, 1. Februar 1808 ........... 806
126. An Heinrich Dieterich, 29. Januar 1808 ..... 807
127. An Ulrike von Kleist, 1. Februar 1808 ...... 807
128. An Joseph Thaddäus Freiherrn von Sumeraw, 4. Februar 1808 .......................... 808
129. An Ulrike von Kleist, 8. Februar 1808 ...... 808
130. An Heinrich Joseph von Collin, 14. Februar 1808 ..................................... 809
131. An Otto August Rühle von Lilienstern, April 1808 ..................................... 811
132. An Otto August Rühle von Lilienstern, 4. Mai 1808 ..................................... 811
133. An Georg Joachim Göschen, 7. Mai 1808 ..... 811

134. An Johann Friedrich Cotta, 7. Juni 1808 ..... 812
135. An Johann Friedrich Cotta, 24. Juli 1808 .... 814
136. An Ulrike von Kleist, August 1808 ......... 815
137. An Ulrike von Kleist, 30. September 1808 ... 816
138. An Heinrich Joseph von Collin, 2. Okt. 1808 816
139. An Karl August Varnhagen von Ense, Oktober 1808 ..................................... 817
140. An Ulrike von Kleist, 2. November 1808..... 817
141. An Heinrich Joseph von Collin, 8. Dez. 1808 818
142. An Otto August Rühle von Lilienstern, 1808.. 819
143. An Heinrich Joseph von Collin, 1. Januar 1809 819
144. An Karl Freiherrn von Stein zum Altenstein, 1. Januar 1809 ........................... 819
145. An Heinrich Joseph von Collin, 22. Februar 1809 ..................................... 821
146. An Georg Moritz Walther, 5. April 1809 ..... 822
147. An Ulrike von Kleist, 8. April 1809 ........ 822
148. An das Stadtgericht zu Frankfurt an der Oder, 14. April 1809 ........................... 823
149. An Heinrich Joseph von Collin, 20. und 23. April 1809 ............................... 823
150. An Ulrike von Kleist, 3. Mai 1809 ......... 825
151. An Friedrich von Pfuel, 25. Mai 1809 ....... 826
152. An Friedrich von Schlegel, 13. Juni 1809 .....827
153. An Ulrike von Kleist, 17. Juli 1809 ......... 828
154. An Ulrike von Kleist, 23. November 1809 ... 829
155. An George Friedrich Dames, 23. Nov. 1809 .. 830
156. An Johann Friedrich Cotta, 12. Januar 1810 ... 830
157. An Heinrich Joseph von Collin, 28. Januar 1810 831
158. An Johann Friedrich Cotta, 4. März 1810 .... 832
159. An Ulrike von Kleist, 19. März 1810 ......... 832
160. An Johann Friedrich Cotta, 1. April 1810 .... 833
161. An Wilhelm Reuter, 8. April 1810 ......... 834
162. An Wilhelm Reuter, 16. April 1810 ........ 834
163. An Georg Andreas Reimer, 30. April 1810 .. 835
164. An Wilhelm Reuter, 8. Mai 1810 .......... 835
165. An Georg Andreas Reimer, Mai 1810 ...... 835
166. An Georg Andreas Reimer, 10. August 1810 835
167. An August Wilhelm Iffland, 10. August 1810 . 836
168. An August Wilhelm Iffland, 12. August 1810 . 836
169. An Georg Andreas Reimer, 12. August 1810 .. 837
    Iffland an Kleist, 13. August 1810 ............ 837
170. An Georg Andreas Reimer, 13. August 1810 .. 838
171. An Johann Daniel Sander, 15. August 1810 ... 838
172. An Georg Andreas Reimer, 4. September 1810 838
173. An Georg Andreas Reimer, 5. September 1810 838

174. An Georg Andreas Reimer, 8. September 1810  839
175. An Julius Eduard Hitzig, 2. Oktober 1810 .... 839
176. An Achim von Arnim, 14. Oktober 1810 .. 839
177. An Eduard Prinz von Lichnowsky, 23. Oktober 1810 ................................... 840
    Achim von Arnim an Kleist, November 1810  840
178. An Christian Freiherrn von Ompteda, 24. November 1810 ......................... 841
    Frh. v. Ompteda an Kleist, 28. November 1810 842
179. An Christian Freiherrn von Ompteda, 2. Dezember 1810 ............................. 844
180. An Karl August Freiherrn von Hardenberg, 3. Dezember 1810 ........................ 844
181. An Georg Andreas Reimer, 12. Dezember 1810 846
    Friedrich von Raumer an Kleist, 12. Dezember 1810 ................................ 846
182. An Friedrich von Raumer, 13. Dezember 1810 847
183. An Friedrich von Raumer, 15. Dezember 1810 848
184. An August Friedrich Ferdinand Graf v. d. Goltz, 15. Dezember 1810 ..................... 849
185. An Wilhelm Römer, 17. Dezember 1810 .... 849
186. An Friedrich Schulz, 1. Januar 1811 ......... 850
187. An Georg Andreas Reimer, 12. Januar 1811 . 850
188. An Georg Andreas Reimer, 30. Januar 1811 . 850
    Theodor Anton Heinrich Schmalz an Kleist, 1. Februar 1811 ........................... 851
189. An Georg Andreas Reimer, 10. Februar 1811 851
190. An Karl August Freiherrn von Hardenberg, 13. Februar 1811 ......................... 851
    Hardenberg an Kleist, 18. Februar 1811 ..... 852
191. An Friedrich von Raumer, 21. Februar 1811 .. 853
192. An Karl August Freiherrn von Hardenberg, 22. Februar 1811 ......................... 853
    Raumer an Kleist, 21. Februar 1811 ........ 854
193. An Friedrich von Raumer, 22. Februar 1811 .. 855
    Raumer an Kleist, 22. Februar 1811 ........ 855
194. An Friedrich von Raumer, 26. Februar 1811 . 856
    Raumer an Kleist, 26. Februar 1811 ........ 856
    Hardenberg an Kleist, 26. Februar 1811 ..... 856
195. An Karl August Freiherrn von Hardenberg, 10. März 1811 ............................ 857
    Hardenberg an Kleist, 11. März 1811 ........ 858
196. An Friedrich von Raumer, 4. April 1811 .... 858
197. An Karl August Freiherrn von Hardenberg, 4. April 1811 .............................. 859
    Hardenberg an Kleist, 18. April 1811 ....... 859

198. An Henriette Hendel-Schütz, 22. oder 23. April 1811 .................................... 860
199. An Friedrich de la Motte Fouqué, 25. April 1811  860
200. An Friedrich Karl Julius Schütz, 26. April 1811  862
201. An Wilhelm Prinz von Preußen, 20. Mai 1811  862
202. An Georg Andreas Reimer, 31. Mai 1811 ..... 867
203. An Karl August Freiherrn von Hardenberg, 6. Juni 1811 ................................ 867
204. An Friedrich Wilhelm III., 17. Juni 1811 ...... 869
205. An Georg Andreas Reimer, 21. Juni 1811 ..... 871
206. An Georg Andreas Reimer, 26. Juli 1811 ..... 871
207. An Georg Andreas Reimer, Ende Juli 1811 ... 871
208. An Marie von Kleist, Juli 1811 .............. 872
209. An Achim von Arnim, Sommer 1811 ....... 873
210. An Marie von Kleist, Sommer 1811 ........ 873
211. An Marie von Kleist, Sommer 1811 ........ 874
212. An Marie von Kleist, Sommer 1811 ........ 874
213. An Ulrike von Kleist, 11. August 1811 ...... 875
214. An Friedrich de la Motte Fouqué, 15. Aug. 1811  876
215. An Marie von Kleist, 17. September 1811 ... 877
    Königl. Kabinettsorder an Kleist, 11. Sept. 1811 .. 879
216. An Ulrike von Kleist, 18. September 1811 .. 879
217. Aufzeichnung auf Gut Friedersdorf, 18. September 1811 ............................. 880
218. An Karl August Freiherrn von Hardenberg, 19. September 1811 ...................... 881
219. An Sophie Sander, Oktober 1811 .......... 882
220. An Rahel Levin, 16. Oktober 1811 ......... 882
221. An Rahel Levin, 24. Oktober 1811 ......... 882
222. An Marie von Kleist, 10. November 1811 ... 883
223. An Marie von Kleist, 19. November 1811 ... 884
224. An Sophie Müller, 20. November 1811 ..... 885
225. An Frau Manitius, 21. November 1811 ..... 886
226. An Ulrike von Kleist, 21. November 1811 .. 887
227. An Marie von Kleist, 21. November 1811 ... 887
228. An Ernst Friedrich Peguilhen, 21. Nov. 1811  888

Lebenstafel .................................... 891
Nachwort ..................................... 901

# GESAMTÜBERSICHT

### Band I

| | |
|---|---|
| Gedichte | 7 |
|    Gelegenheitsverse und Albumblätter | 43 |
| Dramen | 47 |
|    Die Familie Schroffenstein | 49 |
|    Robert Guiskard | 153 |
|    Der zerbrochne Krug | 175 |
|    Amphitryon | 245 |
|    Penthesilea | 321 |

### Band II

| | |
|---|---|
| Das Käthchen von Heilbronn | 429 |
| Die Hermannsschlacht | 533 |
| Prinz Friedrich von Homburg | 629 |

### Band III

| | |
|---|---|
| Erzählungen und Anekdoten | 7 |
|    Michael Kohlhaas | 9 |
|    Die Marquise von O... | 104 |
|    Das Erdbeben in Chili | 144 |
|    Die Verlobung in St. Domingo | 160 |
|    Das Bettelweib von Locarno | 196 |
|    Der Findling | 199 |
|    Die heilige Cäcilie | 216 |
|    Der Zweikampf | 229 |
|    Anekdoten | 262 |

| | |
|---|---|
| Anekdoten-Bearbeitungen . . . . . . . . . . | 283 |
| Varianten zu den Erzählungen . . . . . . . | 292 |
| Kleine Schriften . . . . . . . . . . . . . . . | 299 |
| Kunst- und Weltbetrachtung . . . . . . . . | 301 |
| Politische Schriften des Jahres 1809 . . . . . | 350 |
| Berichterstattung und Tageskritik 1810–1811 | 383 |
| Übersetzungen aus dem Französischen . . . | 434 |
| Redaktionelle Anzeigen und Erklärungen . . | 446 |

## Band IV

| | |
|---|---|
| Briefe . . . . . . . . . . . . . . . . . . . . . | 463 |
| Lebenstafel . . . . . . . . . . . . . . . . . | 891 |
| Nachwort . . . . . . . . . . . . . . . . . . | 901 |
| Inhaltsverzeichnis . . . . . . . . . . . . . . | 909 |